Alsace

Massif des Vosges, Escapade en Forêt-Noire et à Bâle

La Maison Pfister de style Renaissance (1537) dans la rue des Marchands à Colmar.
A. Kauffmann/hemis.fr

Les microrégions du guide :
(voir la carte à l'intérieur de la couverture ci-contre)

Sommaire

NOS INCONTOURNABLES

ORGANISER SON VOYAGE

COMPRENDRE L'ALSACE ET LES VOSGES

DÉCOUVRIR LA RÉGION

1 RÉGION DE STRASBOURG ET VOSGES MOYENNES

2 COLMAR ET LE VIGNOBLE ALSACIEN

3 RÉGION DE MULHOUSE ET JURA ALSACIEN

POUR CHAQUE SITE, RETROUVEZ NOS ADRESSES

4 VOSGES DU SUD

5 RÉGION DE SAVERNE ET VOSGES DU NORD

6 ESCAPADE EN FORÊT-NOIRE ET À BÂLE

Nos incontournables

Le centre historique et la cathédrale de **Strasbourg**★★★, au Patrimoine mondial de l'Unesco *(p. 96)*.

Au royaume des grands espaces sur la **Route des Crêtes**★★★ *(p. 334)*.

Une sélection de nos plus beaux sites étoilés.

Château du Haut-Kœnigsbourg★★, perché à près de 800 m *(p. 181)*.

Écomusée d'Alsace★★, le plus grand musée à ciel ouvert de France *(p. 269)*.

Parc naturel régional des Ballons des Vosges★★, où vivent chamois, lynx, écrevisses, truites… *(p. 294)*.

Colmar★★★ et les pittoresques canaux du quartier de la Petite Venise *(p. 188)*.

Le Struthof★★, haut lieu de mémoire et unique camp de concentration situé sur le territoire français *(p. 150)*.

Cité de l'Automobile★★★ de **Mulhouse**★★, et les fabuleuses Bugatti de la collection Schlumpf *(p. 254)*.

Éblouissant travail du verre et du cristal au **musée Lalique**★★ à Meisental *(p. 386)*.

Route des Vins★★★, l'une des plus fameuses routes gastronomiques de France *(p. 202)*.

Crédits photographiques :
Page 4 : R. Mattes/hemis.fr (haut) ; B. Rieger/hemis.fr (bas)
Page 5 : B. Rieger/hemis.fr (haut gauche) ; H. Meyer zur Capellen/imagebroker/age fotostock (haut droit) ; D. Bringard/hemis.fr (bas)
Page 6 : B. Jannsen/age fotostock (haut) ; D. Caviglia/hemis.fr (bas)
Page 7 : Y. Levy/age fotostock (haut gauche) ; J. Frumm/hemis.fr (haut droit) ; R. Mattes/hemis.fr (bas)

ORGANISER SON VOYAGE

Vue aérienne du Rhin.
G. Marché/Photononstop

Suggestions d'itinéraires

3 JOURS	UN LONG WEEK-END À STRASBOURG
Programme	**Jour 1 :** Au cœur du quartier historique, un tour de la cathédrale Notre-Dame, complété par une visite au musée de l'Œuvre Notre-Dame ou au Musée historique, offre une magnifique introduction à l'histoire mouvementée de la ville. Profitez de l'après-midi pour flâner dans la Petite France, visiter le barrage Vauban et vous promener sur les quais de l'Ill, avant de rejoindre les rues du « Carré d'or » très animées le soir. **Jour 2 :** En fonction de vos centres d'intérêt, optez pour le Musée alsacien ou le musée d'Art moderne et contemporain. Vous trouverez facilement à vous restaurer dans le quartier de la Krutenau, avant d'enfourcher un « Vélhop » pour rejoindre le quartier de l'Europe et le parc de l'Orangerie. **Jour 3 :** En tram ou à vélo, prenez la direction du Rhin. Au-delà du port fluvial, le jardin des Deux Rives vous invite à faire un saut de l'autre côté de la frontière, à Kehl.
Transports	Tram, vélo ou bateau : vous aurez l'embarras du choix.
Conseils	De l'embarcadère du palais Rohan partent des navettes qui proposent d'intéressantes promenades commentées sur l'Ill.
4 JOURS	**ESCAPADE AU « PAYS DE NOËL »**
Programme Itinéraire de 240 km, de Strasbourg à l'Écomusée d'Alsace (Ungersheim)	**Jour 1 :** À Strasbourg, en 1570, se tenait autour de la cathédrale Notre-Dame le premier « Christkindlmärik ». Une visite de l'édifice gothique (magnifique crèche napolitaine) est tout indiquée avant de partir à la découverte des 12 marchés de la capitale alsacienne. À ne pas manquer : les illuminations dans le quartier de la cathédrale, l'immense sapin de la place Kléber, le marché principal installé sur la place de Broglie… **Jour 2 :** Avec ses maisons anciennes, ses canaux et ses églises, Colmar offre un magnifique écrin pour ses cinq marchés. Profitez de votre passage dans la ville pour visiter le musée Unterlinden et l'église des Dominicains. **Jour 3 :** Renommés pour leur beauté toute l'année, les villages de Kaysersberg, Riquewihr et Ribeauvillé prennent à l'approche de Noël des allures de conte de fées. Commencez votre parcours par Ribeauvillé (des trois villages, le plus éloigné de Colmar) : des figurants en costumes médiévaux y jouent tous les week-ends un spectacle très animé. Faites ensuite halte à Riquewihr, village de vignerons blotti derrière ses remparts : sans surprise, le vin y est à l'honneur. Kaysersberg, enfin, est notre coup de cœur : les chalets s'y font discrets, la décoration y est soignée et la sélection des produits particulièrement authentique. **Jour 4 :** Promenez-vous à travers le village alsacien reconstitué à l'Écomusée d'Alsace. Nombreuses animations festives, expositions et ateliers.
Transports	En plus des aléas climatiques liés à la saison, comptez avec des routes souvent encombrées en raison de l'affluence touristique. Le réseau de TER alsacien constitue donc une alternative intéressante. Il dessert notamment les villes de Strasbourg, Colmar et Bollwiller (Écomusée d'Alsace). De Colmar, les villages d'Eguisheim, Kaysersberg, Riquewihr et Ribeauvillé sont accessibles par des navettes. L'Écomusée est accessible depuis la gare de Bollwiller par une navette hippomobile *(merc., w.-end et j. fériés - sur réserv.)*.

Conseils	**Hébergement :** autour de Noël, les prix des hôtels s'envolent. Regardez plutôt du côté des gîtes et chambres d'hôte et dans les villages alentour. **Emploi du temps :** les marchés de Noël prennent une autre dimension à la nuit tombée. Profitez de la journée pour vous promener et visiter les musées. **Avec des enfants :** consultez à l'avance le programme des animations proposées quotidiennement à Strasbourg *(www.noel.strasbourg.eu)*, Colmar *(www.noel-colmar.com/fr)* et à l'Écomusée *(www.ecomusee-alsace.fr)*. **Shopping :** les « alsatrucs », astucieux objets proposés par la Fédération des métiers d'art alsaciens, revisitent l'art décoratif régional – à retrouver place de Broglie (Strasbourg) et au Koïfhus (Colmar).
4 JOURS	**DE COLMAR À GÉRARDMER LE LONG DE LA ROUTE VERTE**
Programme Itinéraire de 60 km, de Colmar à Gérardmer, en passant par Turkheim et Munster	**Jour 1 :** À Colmar, commencez par visiter le musée Unterlinden qui abrite le célèbre retable d'Issenheim. Après un déjeuner dans une des nombreuses *winstubs* de la ville, orientez-vous vers la Petite Venise et le quartier des Tanneurs. En chemin, arrêtez-vous à la Maison des Têtes ou au musée Bartholdi, la maison natale du sculpteur de la Statue de la Liberté. Terminez par une agréable promenade en barque. **Jour 2 :** De Colmar, prenez le TER (10mn) ou le bus n° 248 (15mn) pour Turckheim. À l'entrée de la vallée de Munster, flânez dans cette cité, au pied du vignoble du Brand, dont les origines remontent au 8e s. Malgré les destructions de la guerre, la ville a su préserver son caractère moyenâgeux. Ne manquez pas la porte de France s'ouvrant dans une tour massive et quadrangulaire du 14e s. et coiffée d'un nid de cigognes. **Jour 3 :** Poursuivez votre escapade vers Munster en TER (10mn) ou avec le bus n° 248 (15mn). Vous voilà sur la route du Fromage. En bus, à vélo ou à pied, des sentiers balisés vous mèneront au musée du Fromage ou à l'une des savoureuses fermes-auberges de la vallée. Profitez-en aussi pour visiter la belle et passionnante Maison du Parc, le siège du Parc naturel des Ballons des Vosges, dans une ancienne aile d'un palais abbatial. **Jour 4 :** Le bus n° 1B vous emmènera ensuite en 50mn jusqu'à Gérardmer. Cap sur l'une des plus célèbres stations touristiques des Vosges entre lacs, forêts et montagnes. Ski (alpin et nordique), baignade, randonnée : selon la saison, vous aurez l'embarras du choix. À moins que vous ne prévoyiez votre séjour en fonction de l'un des trois festivals de cinéma organisés par la ville.
Transports	Pour ce circuit estampillé « route verte », la voiture n'est pas obligatoire. Vous pourrez ensuite revenir sur vos pas (avec une correspondance obligatoire à Munster) ou prendre le bus n° 29 pour rejoindre directement la gare d'Épinal en 45mn.
Conseils	Vous pouvez aisément prolonger d'une journée l'une de ces étapes (passer une journée au col de la Schlucht avec des enfants par exemple) en fonction de vos centres d'intérêt. Vous pouvez aussi l'allonger et le moduler sur le site www.route-verte.com qui propose encore davantage d'étapes, toujours sans voiture. Cette « route verte » résolument européenne permet aussi à partir de Colmar des escapades en Allemagne à Breisach, Freiburg et jusqu'à Donaueschingen.

5 JOURS	EN FAMILLE DANS LES VOSGES DU SUD
Programme Itinéraire de 310 km, de Thann à Gérardmer en passant par la route des Crêtes et St-Dié-des-Vosges	**Jour 1 :** Quittez Thann en suivant la route Joffre pour gagner le ballon d'Alsace (information à la Maison du tourisme, située au col du Ballon). Vous pourrez ensuite vous restaurer à St-Maurice-sur-Moselle. Retournez à Thann par le col de Bussan puis la vallée de la Thur. En chemin, faites une halte à Husseren-Wesserling pour visiter l'Écomusée textile et les quatre jardins du parc de Wesserling. **Jour 2 :** De Thann, gagnez Cernay pour rejoindre la route des Crêtes qui alterne la traversée de forêts avec de splendides panoramas. À ne pas manquer : une visite à l'historial franco-allemand Hartmannswillerkopf (ou Vieil-Armand), qui commémore l'une des batailles les plus emblématiques de la Première Guerre mondiale, ainsi qu'une promenade au Grand Ballon *(30mn AR)*, point culminant des Vosges (1 424 m), et au Hohneck *(45mn AR)*. Au col de la Schlucht, dirigez-vous vers Munster pour y faire étape. **Jour 3 :** Retour au col de la Schlucht et à la route des Crêtes. Après une halte à la réserve naturelle du Gazon du Faing (étonnants paysages), obliquez, au col du Calvaire, vers le val d'Orbey (D 48II) qui ménage de belles perspectives et des échappées vers les lacs Noir et Blanc. À l'Espace des métiers du bois et du patrimoine de Labaroche, vous apprendrez tout sur le travail du bois, avant de faire halte pour la soirée et la nuit à Orbey. **Jour 4 :** Gagnez par la D 415 le col du Bonhomme et poursuivez vers le nord. Au col des Bagenelles, dirigez-vous vers le Brézouard au panorama très étendu *(promenade de 45mn AR)*. Revenez sur vos pas pour suivre la vallée de la Liépvrette. À La Tellure, une visite au Centre d'exploration des mondes souterrains constitue une bonne introduction à la découverte de Ste-Marie-aux-Mines. Rendez-vous ensuite à St-Dié pour y faire étape. **Jour 5 :** À St-Dié-des-Vosges, ne manquez pas de visiter la cathédrale et le musée Pierre-Noël. Terminez votre périple à Gérardmer, au bord du lac… à moins que vous ne souhaitiez en profiter pour faire le tour des usines textiles qui continuent de faire la réputation des Vosges.
Transports	Pour ce circuit, une voiture est indispensable.
Conseils	Attention, en hiver, la route des Crêtes est transformée en piste de ski de fond entre le Grand Ballon et le col de la Schlucht.

7 JOURS	FLÂNERIE LE LONG DE LA ROUTE DES VINS
Programme Itinéraire de 300 km, de Strasbourg à Thann	**Jour 1 :** De Strasbourg, rejoignez Marlenheim où commence officiellement la route des Vins qui égraine ensuite villes et vignobles sur 125 km. À Molsheim, ne manquez pas la Metzig et, à Rosheim, l'église St-Pierre-et-St-Paul (12e s.), caractéristique du style roman alsacien. **Jour 2 :** Comptez une journée pour profiter d'Obernai, renommée pour son architecture médiévale et Renaissance. La ville est un bon point de départ pour visiter le mont Ste-Odile, tout proche. **Jour 3 :** Reprenez la route vers le sud. À proximité de Kintzheim, bifurquez vers le Haut-Kœnigsbourg dont la haute silhouette surplombe la plaine. À Ribeauvillé, vous pénétrez au cœur du vignoble alsacien. Un peu plus loin, le Centre de réintroduction des cigognes de Hunawihr parfait l'image de l'Alsace telle qu'on aime à la représenter. Très touristique, la petite ville de Riquewihr mérite cependant qu'on y fasse une halte pour admirer les vieilles maisons du 16e s. aux enseignes colorées. Particulièrement bien dotée en adresses gourmandes, la charmante ville de Kaysersberg constitue enfin une excellente étape. Tout proche, Kientzheim possède un intéressant musée du Vignoble et des Vins. **Jour 4 :** Rendez-vous à Colmar. Pour découvrir la ville, rien de mieux qu'une promenade à travers les places et ruelles de son centre ancien et le long des canaux de la « Petite Venise ». Après un passage à l'église des Dominicains qui accueille *La Vierge au buisson de roses*, profitez de la soirée pour découvrir la gastronomie, suivre une visite guidée nocturne ou assister à l'un des événements culturels qui rythment l'année. **Jour 5 :** Toujours à Colmar, consacrez la matinée à la visite du musée Unterlinden, avant de reprendre la route vers le sud. À la belle saison (d'avril à octobre), quittez la route des Vins à Husseren, pour suivre la « route des Cinq-Châteaux ». Faites halte pour la nuit à Rouffach ou Guebwiller. **Jour 6 :** À quelques kilomètres de la route des Vins, l'église de Murbach vaut le détour… et vous rapproche du Grand Ballon, point culminant des Vosges. Rejoignez ensuite la route des Vins à Soultz-Haut-Rhin pour découvrir la cave vinicole du Vieil-Armand. **Jour 7 :** Dominée par le superbe clocher gothique de la collégiale St-Thiébaut, la petite ville de Thann marque en beauté le terme de la route des Vins avec son prestigieux vignoble du Rangen.
Transports	Une voiture est indispensable.
Conseils	De nombreux sentiers viticoles parcourent les vignobles. Attention, pendant les vendanges *(fin sept.-mi-oct.)*, leur accès peut être limité.

4 JOURS	NATURE, HISTOIRE ET INDUSTRIE DANS LES VOSGES DU NORD
Programme Itinéraire de 170 km, de Saverne à Wissembourg, en passant par Bitche	**Jour 1 :** À Saverne, commencez par visiter le château et, au printemps, la roseraie. L'après-midi, rendez-vous au château du Haut-Barr surnommé « l'œil de l'Alsace » pour son panorama exceptionnel, puis à Marmoutier pour son église romane. **Jour 2 :** De Saverne, dirigez-vous vers La Petite-Pierre qui abrite la Maison du PNR des Vosges du Nord et une intéressante exposition sur ce territoire. Partez ensuite à la découverte du travail du verre et du cristal *(voir ci-dessous nos conseils)*. Poursuivez jusqu'à Bitche, pour y faire étape. **Jour 3 :** À Bitche, une visite de la citadelle, conçue par Vauban, s'impose. En fonction de la météo, consacrez le reste de la journée à une randonnée autour de l'étang de Hanau – à moins qu'une séance aux thermes de Niederbronn-les-Bains ne vous tente davantage ? **Jour 4 :** La route qui mène à Wissenbourg compte d'intéressants châteaux forts (Vieux Windstein, Fleckenstein), témoins des remous que connut cette région frontalière. Harmonieuses cités alsaciennes, Wissembourg et le village d'Hunspach apportent un contrepoint aussi charmant que paisible.
Transports	Pour ce circuit, une voiture est indispensable.
Conseils	Comment choisir entre les trois musées dédiés au travail du verre et du cristal ? Le centre de Meisenthal est adapté à une visite en famille en raison des démonstrations proposées ; le musée St-Louis, axé sur les prouesses techniques, plaira à ceux qui aiment comprendre avant tout ; les amateurs d'histoire et de design privilégieront le somptueux musée Lalique.

Séjours thématiques

NATURE	
Promenades et randonnées	Autour du mont Ste-Odile★★ Dans le Hohwald★★, rocher de Neuntelstein★★ et Champ du Feu★★ Sur la route des Vins, autour de Thann★, sentiers à travers les vignobles Les Vosges du Sud sont particulièrement propices à la pratique de la randonnée. Parmi les sites les plus remarquables, citons le ballon d'Alsace★★★, celui de Servance★★, le Petit Ballon★★ et le Hohneck★★★ Dans les Vosges du Nord, autour du château et de la cascade du Nideck★★
Faune et flore	Au sud de Strasbourg, le Grand Ried, zone marécageuse des bords du Rhin Plus au sud, à proximité de Kembs, la Petite Camargue alsacienne★ À Mulhouse, parc zoologique et botanique★★

SÉJOURS THÉMATIQUES

LOISIRS	
Parc d'attractions	En Forêt-Noire (Allemagne), Europa-Park★★★ Le Parc du Petit Prince★ à Ungersheim
Baignade, pêche et activités nautiques	Dans les Vosges du Sud, le lac de Gérardmer★ et le lac Blanc★ proposent toutes sortes d'activités sportives et ludiques. Il est possible de pêcher dans les lacs de Gérardmer★ et Retournemer★, ainsi que dans le lac Noir★. Dans les Vosges du Nord, l'étang de Hanau★ se prête à la baignade.
Stations de ski	Dans les Vosges du Sud, domaines skiables de Gérardmer, de la vallée de Munster et de La Bresse (ski alpin et, surtout, ski de fond).
Achats	Artisanat régional : céramiques vernissées de Soufflenheim et poteries en grès au sel de Betschsdorf. Liqueurs et alcools : à Obernai et Ribeauvillé ; dans les Vosges du Sud. Dans l'esprit de Noël : en dehors des marchés du mois de décembre, vous trouverez toute l'année décorations et friandises à Strasbourg et à Riquewihr. Textiles : à Mulhouse ou à Gérardmer. Vins : vous aurez l'embarras du choix parmi les caves de la route des Vins.
CULTURE	
Beaux-arts	À Strasbourg, musée de l'Œuvre Notre-Dame★★, musée des Beaux-Arts★ et musée d'Art moderne et contemporain★★ À Colmar, musée d'Unterlinden★★★ En Forêt-Noire (Allemagne), musée Frieder-Burda★★ à Baden-Baden, et musée des Augustins★★ à Fribourg-en-Brisgau À Bâle (Suisse), musée des Beaux-Arts★★★ et Vitra Design Museum ★★
Architecture religieuse	À Strasbourg, cathédrale Notre-Dame★★★ À Marmoutier, église abbatiale★★ À Murbach, église de Murbach★★ À Thann, collégiale St-Thiébaut★★ En Forêt-Noire (Allemagne), cathédrale de Fribourg-en-Brisgau★★
Arts et traditions populaires	À Strasbourg, Musée alsacien★★ et musée des Arts décoratifs★★ À Pfaffenhoffen, musée de l'Image populaire★ À proximité d'Ungersheim, Écomusée d'Alsace★★
Patrimoine industriel	À Mulhouse★★, la Cité du Train★★★ et la Cité de l'Automobile (collection Schlumpf)★★★ Dans les Vosges du Nord, le musée du Cristal St-Louis★, le Centre international verrier de Meisenthal★ et le musée Lalique★★ présentent différentes facettes du travail du verre et du cristal.
Histoire militaire	Château du Haut-Kœnigsbourg★★ Citadelles de Neuf-Brisach★ et de Bitche★★ Fort de Mutzig★★, site du Linge★ et d'Hartmannswillerkopf (ou Vieil-Armand)★★ Gros ouvrage du Simserhof★ (ligne Maginot) En marge de l'histoire militaire, le Struthof★★, ancien camp de concentration, accueille aujourd'hui le Centre européen du résistant déporté.

Aller dans la région

Par la route

GRANDS AXES

L'autoroute de l'Est **A 4** Paris-Strasbourg dessert Saverne avant de poursuivre par l'**A 352** jusqu'à Obernai ; l'autoroute **A 31** Luxembourg-Dijon traverse les Vosges et poursuit par l'**A 6** vers Lyon ; l'autoroute **A 35** relie Obernai, Colmar, Mulhouse et Bâle ; l'autoroute **A 36** relie Besançon à Mulhouse et remonte jusqu'à Karlsruhe.

Informations : ✆ 0 892 681 077 - www.autoroutes.fr

Péages :
Paris-Strasbourg : 38 €
Lyon-Strasbourg : 29,60 €
Bordeaux-Strasbourg : 54,40 €
Nantes-Strasbourg : 74,20 €

CARTES MICHELIN

Carte de France n° 721
Carte Région 516 (Alsace, Lorraine)
Cartes Départements 314 (Haute-Saône, Vosges) et **315** (Bas-Rhin, Haut-Rhin, Territoire de Belfort).
Carte Zoom 131 (Forêt-Noire, Alsace)
En ligne : **www.ViaMichelin.fr**

En train

INFORMATIONS ET RÉSERVATIONS

✆ 36 35 (0,34 €/mn) - www.voyages-sncf.com

TGV

Le **TGV Est-européen** relie Paris à Strasbourg (1h48), ainsi que Colmar et Mulhouse (2h30).

Le **TGV Rhin-Rhône** relie Mulhouse à Dijon. Mulhouse est à 2h40 de Paris, 2h50 de Lyon, 4h de Lille et 4h39 de Marseille. Strasbourg se trouve à 2h de Dijon, 3h15 de Lyon.

TRAINS VAUBAN

3 à 4 fois par jour, liaison Bruxelles-Bâle (voire Zurich), *via* Luxembourg (3h), Strasbourg, Colmar et Mulhouse (6h).
www.voyages-sncf.com
www.b-europe.com

TRAINS EXPRESS RÉGIONAUX

Les **TER** sillonnent toute la région au départ des villes principales. Durée indicative des trajets : de Strasbourg à Mulhouse, 1h ; à Colmar, 40mn ; à Sainte-Marie-aux-Mines, 1h12. www.ter-sncf.com

TRAJETS COMBINÉS

La région permet et encourage certains trajets sans voiture.
www.vialsace.eu
Il est aussi utile de télécharger le guide *L'Alsace sans ma voiture* sur le site de l'Agence de développement touristique du Bas-Rhin.
www.tourisme67.com

En avion

COMPAGNIES AÉRIENNES

Air France – Liaisons directes journalières entre l'aéroport de Strasbourg et Paris, Bordeaux, Lille, Lyon, Nantes, Nice, Marseille, Rennes et Toulouse, mais

également vers quelques capitales européennes. La compagnie dessert Bâle-Mulhouse depuis Paris et Lyon.
Renseignements : ✆ 0 820 820 820 ou 36 54 - www.airfrance.fr
Swiss – La compagnie relie Nice à l'aéroport de Bâle-Mulhouse. ✆ 0 820 040 506 ou 0 892 601 09 56 - www.swiss.com
Twin Jet – Au départ des aéroports de Bâle-Mulhouse, vols pour Toulouse et Marseille. ✆ 0 892 707 737 - www.twinjet.fr
Brussels Airlines – Vols entre Bruxelles et Strasbourg. www.brusselsairlines.com

AÉROPORTS

Aéroport Strasbourg International – 67960 Entzheim - ✆ 03 88 64 67 67 - www.strasbourg.aeroport.fr - navette bus-tram entre l'aéroport et le centre-ville de Strasbourg toutes les 20 ou 40mn - 4,20 € - liaison en train (4/h) de et vers la gare SNCF en 9mn pour 2,60 €.
Aéroport de Karlsruhe- Baden-Baden – À environ 40 km au nord-est de Strasbourg, principalement desservi par des compagnies aériennes *low cost* proposant des vols vers plusieurs villes d'Europe. ✆ (07229) 66 20 00 - www.baden-airpark.de
Aéroport de Bâle-Mulhouse-Fribourg (EuroAirport) – ✆ 03 89 90 31 11 - www.euroairport.com. Navettes n° 11 *(www.distribus.com)* entre l'aéroport et la gare de St-Louis toutes les 30mn (10mn) - 2,50 €.

DISTANCES

	Colmar	Gérardmer	Mulhouse	Saverne	Strasbourg
Caen	690	667	708	687	725
Colmar	-	54	45	87	74
Dijon	254	237	221	308	335
Gérardmer	54	-	86	114	118
Lille	555	512	581	482	520
Limoges	652	631	620	736	733
Lyon	414	392	381	497	494
Marseille	725	703	692	809	805
Metz	206	163	233	124	163
Mulhouse	45	86	-	128	116
Nancy	148	106	175	112	156
Nantes	823	779	819	825	864
Paris	452	430	470	450	488
Saverne	87	114	128	-	50
Strasbourg	74	118	116	50	-
Toulouse	866	845	834	950	947

Avant de partir

Météo

INFORMATIONS

Services téléphoniques de Météo France – ✆ 32 50
Accès aux prévisions du département – ✆ 0 899 71 02 suivi du numéro du département (0,34 €/mn) - www.meteo.fr

CLIMAT

Le climat alsacien est continental : hiver long et rude, été souvent très chaud. Les précipitations sont nombreuses : pluies d'orage en été, neiges abondantes en hiver. Le relief accentué modifie ces conditions en créant des microclimats. Ainsi, Colmar est la deuxième ville la plus sèche de France. La meilleure période pour découvrir la région reste sans doute le printemps, lumineux et serein à partir du mois d'avril.

Adresses utiles

COMITÉS RÉGIONAUX DE TOURISME

Alsace – 20A r. Berthe-Molly - 68005 Colmar - ✆ 03 89 24 73 50 - www.tourisme-alsace.com.
Lorraine – Abbaye des Prémontrés - BP 97 - 54704 Pont-à-Mousson Cedex - ✆ 03 83 80 01 80 - www.tourisme-lorraine.fr.

COMITÉS DÉPARTEMENTAUX DE TOURISME

Bas-Rhin – Agence de développement touristique du Bas-Rhin - 4 r. Bartisch - 67100 Strasbourg - ✆ 03 88 15 45 88 - www.tourisme67.com.
Haut-Rhin – Agence de développement touristique de Haute-Alsace - 1 r. Schlumberger - BP 60337 - 68000 Colmar - ✆ 03 89 20 10 68 - www.haute-alsacetourisme.com.
Vosges – Av. du Gén.-de-Gaulle - BP 80018 - 88001 Épinal Cedex - ✆ 03 29 82 02 14 - www.tourismevosges.fr.

LABEL

Fédération des stations vertes de vacances et villages de neige – BP 71698 - 21016 Dijon Cedex - ✆ 03 80 54 10 50 - www.stationverte.com. L'Alsace compte 11 destinations de vacances familiales reconnues pour la qualité de leurs structures d'accueil.

MAISONS DE PAYS

Maison de l'Alsace – 39 av. des Champs-Élysées - 75008 Paris - ✆ 01 53 83 10 00 - www.maison-alsace.com. Documentation sur l'Alsace et les Vosges, proposition de circuits et séjours. Restaurant.
Espace Vosges – Maison du tourisme - aire de Lorraine-Sandaucourt-la-Trelle - A 31 - 88170 Sandaucourt - ✆ 03 29 94 66 60.

OFFICES DE TOURISME

Vous trouverez les adresses des offices de tourisme dans les rubriques « S'informer » en début de chapitre dans la partie « Découvrir la région ».
En ligne : www.tourisme.fr

PASS MUSÉES

Il peut être judicieux de se renseigner sur certaines cartes d'accès aux musées comme le

Passeport des musées du Rhin supérieur. Celui-ci vous coûtera 98 € pour une personne ou 183 € pour deux et reste valable un an dans plus de 190 musées en France, en Suisse et en Allemagne. Sachant qu'il offre l'accès gratuit aux expositions permanentes et temporaires de tous les musées membres et que chaque carte permet d'emmener jusqu'à 5 enfants de moins de 18 ans gratuitement (et sans aucune obligation de lien de parenté), c'est souvent un calcul intéressant pour un couple ou une famille.
Disponible auprès des musées membres ou en ligne : www.museumspass.com

SITES INTERNET

www.tourisme-alsace.com
www.massif-des-vosges.com
www.musees-alsace.org
www.alsace-culture.com
www.region-alsace.eu
www.route-verte.com

TOURISME DES PERSONNES HANDICAPÉES

Le symbole ♿ signale les sites accessibles aux personnes à **mobilité réduite**.

Sites touristiques

Consultez les sites labellisés **Tourisme et Handicap** sur http://be.france.fr, rubrique « Infos pratiques », puis « Tourisme et Handicap ».
Association Tourisme et Handicaps – 43 r. Marx-Dormoy - 75018 Paris - ✆ 01 44 11 10 41 - www.tourisme-handicaps.org.
Association des paralysés de France – www.apf.asso.fr

Transports

Train – Un guide gratuit *Mobilité réduite* est disponible dans les gares et boutiques SNCF.
SNCF Accès Plus – ✆ 0 890 640 650 (0,12 €/mn, 7h-22h). Service gratuit facilitant le voyage des personnes handicapées, disponible sur réservation 48h avant le départ dans 350 gares de France. En ligne : www.accessibilite.sncf.fr.
Avion – Air France propose aux personnes handicapées le service d'**assistance Saphir** - ✆ 09 69 36 72 77 - www.airfrance.fr.

Se loger

Retrouvez notre sélection d'hébergements dans « Nos adresses à… » situées en fin de description des principaux sites de la partie « Découvrir la région ». Les prix que nous indiquons correspondent au tarif minimal et maximal d'une chambre double durant la haute saison.

NOTRE SÉLECTION

Les établissements sont classés par catégories de prix : Premier prix, Budget moyen, Pour se faire plaisir et Une folie (*tableau p. 21*). À consulter aussi : **Le Guide Michelin France** et le **Guide Camping Michelin France**.

LES BONS PLANS

Services de réservation

Fédération nationale Clévacances France – 54 bd de l'Embouchure - CS 22361 - 31022 Toulouse Cedex - ✆ 05 61 13 55 66 - www.clevacances.com.

Locations de maison

www.abritel.fr ; www.1000gites.com ; www.homelidays.com ; www.a-gites.com ; www.pour-les-vacances.com ; http://vacances.explorimmo.com ; www.fr.lastminute.com ; www.terres-de-vacances.com.

Hébergement rural

Bienvenue à la ferme – Le guide *Bienvenue à la ferme*, édité par l'Assemblée permanente des chambres d'agriculture (service Agriculture et Tourisme - 9 av. George-V - 75008 Paris - ✆ 01 53 57 11 50), est en vente en librairie ou sur **www.bienvenue-a-la-ferme.com**. Il existe aussi une édition spécifique pour le département des **Vosges**, disponible gratuitement à la chambre d'agriculture des Vosges (Relais agriculture et tourisme - 17 r. André-Vitu - BP 598 - 88026 Épinal Cedex - ✆ 03 29 29 23 23 - www.cda-vosges.fr) ou sur www.bienvenue-a-la-ferme.com/lorraine.

Fermes-auberges – 1 r. Schlumberger - 68007 Colmar - ✆ 03 89 20 10 68 - http://fermeaubergealsace.fr - *Guide des fermes-auberges de Haute-Alsace* - édité par l'association des fermes-auberges du Haut-Rhin et vendu 9 € à la Maison du tourisme.

Maison des gîtes de France et du tourisme vert – 56 r. St-Lazare - 75439 Paris Cedex 09 - ✆ 01 49 70 75 75 - www.gites-de-france.com.

Gîtes Panda, exclusivement situés dans des environnements naturels de qualité. www.gites-panda.fr

Hébergement pour randonneurs

Guide Gîtes d'étape et refuges – Les randonneurs peuvent consulter le site www.gites-refuges.com et le guide *Gîtes d'étape et refuges, France et frontières*, d'A. et S. Mouraret (éd. Rando, 5 €).

Les auberges de jeunesse

Ligue française pour les auberges de la jeunesse – 67 r. Vergniaud - bâtiment K - 75013 Paris - ✆ 01 44 16 78 78 - www.auberges-de-jeunesse.com.

Vous trouverez une auberge de jeunesse LFAJ à Xonrupt-Longemer.

Fédération unie des auberges de jeunesse (FUAJ) – Centre national - 27 r. Pajol - 75018 Paris - ✆ 01 44 89 87 27 - www.fuaj.org.

Auberges de jeunesse de la FUAJ à Saverne, Strasbourg, Colmar, Lautenbach, Ventron, St-Dié-des-Vosges et Mulhouse.

POUR DÉPANNER

Les chaînes hôtelières

À partir de 50 € en chambre double :

Akena – www.hotels-akena.com.

B & B – ✆ 0 892 782 929 - www.hotel-bb.com.

Ibis Budget Hôtel – ✆ 0 892 688 900 - www.ibis.com.

Formule1/Hôtels F1 – ✆ 0 892 685 685 - www.hotelformule1.com ou www.hotelf1.com.

À partir de 60 € la chambre :

Campanile – ✆ 0 892 23 48 12 - www.campanile.fr.

Kyriad – ✆ 0 825 003 003 - www.kyriad.fr.

Se restaurer

Retrouvez notre sélection de restaurants dans « Nos adresses à… » situées en fin de description des principaux sites de la partie « Découvrir la région ». Ils sont listés par catégorie de prix *(voir tableau ci-contre).*

À consulter aussi : **Le Guide Michelin France**.

En ligne : les fermes-auberges sur http://fermeaubergealsace.fr.

SITES REMARQUABLES DU GOÛT

Le label « Site remarquable du goût » a été octroyé à la route de la Carpe frite dans le Sundgau et à la route des Vins d'Alsace.
www.sitesremarquablesdugout.com

LIEUX TYPIQUES

En Alsace, on trouve deux types d'établissements traditionnels : les *winstubs* et les brasseries. Liées au commerce du vin sur la rivière

NOS CATÉGORIES DE PRIX				
	Hébergement		**Restauration**	
	Province	**Grandes villes**	**Province**	**Grandes villes**
Premier prix	jusqu'à 45 €	jusqu'à 65 €	jusqu'à 14 €	jusqu'à 16 €
Budget moyen	de 45 € à 65 €	de 65 € à 100 €	de 14 € à 25 €	de 16 € à 30 €
Pour se faire plaisir	de 65 € à 100 €	de 100 € à 160 €	de 25 € à 40 €	de 30 € à 50 €
Une folie	plus de 100 €	plus de 160 €	plus de 40 €	plus de 50 €

l'Ill, les **winstubs** ont été créées par les viticulteurs strasbourgeois pour promouvoir leurs vins. Dans ces restaurants à l'ambiance chaleureuse, on s'attardera devant un pichet de vin d'Alsace en dégustant une choucroute, du cervelas en salade, du coq au riesling, une tourte vigneronne, un *presskopf* (hure de porc en gelée), ou une *flammekueche*…
Dans les **brasseries**, les amateurs savoureront une bière fabriquée sur place et un plat régional.
Tradition des Hautes-Vosges, les **fermes-auberges de Lorraine** se sont constituées en association. Étapes de choix pour les randonneurs, mais souvent accessibles aux automobilistes, elles proposent des produits de la ferme et parfois même l'hébergement (gîte ou chambre d'hôte). Certaines fermes servent un **repas marcaire** qui comprend en général une tourte de la vallée, de la viande de porc fumée garnie de *roïgabrageldi*, pommes de terre aux oignons et lardons, du munster et une tarte aux myrtilles.

De nombreux restaurants ferment pendant la période de Noël, en particulier les 25 et 26 décembre. Renseignez-vous à l'avance si vous souhaitez passer les fêtes de fin d'année sur place. De même, la journée du dimanche reste pour beaucoup d'enseignes et de commerces une journée de repos, même à Strasbourg.

Sur place de A à Z

Pour obtenir de la documentation, adressez-vous aux **comités départementaux** et **comités régionaux** de tourisme *(voir p. 18)*. Reportez-vous aussi aux rubriques « Visites » et « Activités » de nos carnets d'adresses, dans la partie « Découvrir la région ».

BRASSERIES

Visite guidée de certaines brasseries :
Heineken – 4 r. St-Charles - 67300 Schiltigheim - 03 88 19 57 50 ou 55 - www.heinekenfrance.fr et www.ville-schiltigheim.fr - visite guidée (2h) sur RV - tlj sf w.-end et j. fériés - gratuit.
Météor – 6 r. du Gén.-Lebocq - 67270 Hochfelden - 03 88 02 22 22 - www.brasserie-meteor.fr - juil.-août : lun.-jeu. 14h sur RV.

CYCLOTOURISME

Parc naturel régional des Ballons des Vosges – Nombreux circuits balisés pour le VTT. La liste est disponible sur demande. Gratuit.
Guides et brochures – Le guide *L'Alsace à vélo*, aux éditions Dernières Nouvelles d'Alsace, propose une cinquantaine de circuits tous niveaux.
Brochures téléchargeables sur : www.tourisme67.com (*Le Bas-Rhin en roue libre*, 22 itinéraires), www.haute-alsacetourisme.com (*La Haute-Alsace à vélo*).
Le réseau movelo Alsace fédère plus de 70 stations qui louent des vélos électriques (13 € la 1/2 j ou 20 €/j).
www.moveloalsace.wordpress.com.
Comités départementaux du tourisme, p. 18.

MARCHÉS DE NOËL

Strasbourg est le plus ancien et le plus renommé des marchés de Noël (une tradition venue d'Allemagne), mais c'est Kaysersberg qui a relancé le goût de cette manifestation, il y a plus de 25 ans. Depuis, il s'en crée sans cesse. Ainsi, à Strasbourg, Kaysersberg, Ribeauvillé, Obernai, Munster, Riquewihr, Saverne, ou Sélestat pour ne citer que les plus célèbres, vous trouverez décorations de Noël, pâtisseries traditionnelles et artisanat alsacien.
Autour de Noël, p. 47.

NATURE

Parcs et jardins

« Rendez-vous aux jardins » – Un week-end de juin, de nombreux jardins privés ou publics de la région et quelques-uns en Allemagne vous ouvrent leurs portes. www.rendezvousauxjardins.culture.fr.

Parcs naturels régionaux

Maison du Parc naturel régional des Ballons des Vosges – 1 cour de l'Abbaye - 68140 Munster - 03 89 77 90 34 - www.parc-ballons-vosges.fr - possibilité de visite guidée sur demande (2 j. av.) - de mi-juin à mi-sept. : tlj sf lun. 10h-12h, 13h30-17h30 ; reste de l'année : tlj sf w.-end, dim. 13h30-17h30 - fermé janv., certains j. fériés - gratuit.
Maison du Parc naturel régional des Vosges du Nord – Au château de la Petite-Pierre - 67290 La Petite-Pierre - 03 88 01 49 59 - www.parc-vosges-nord.fr - fév.-déc. : 10h-12h, 14h-18h - fermé janv., 24, 25 et 31 déc., lun. et mar. - 2,50 € (-12 ans gratuit).

Conservatoires régionaux d'espaces naturels

Conservatoire des sites alsaciens – Maison des Espaces naturels - Écomusée - 68190 Ungersheim - ✆ 03 89 83 34 20 - www.conservatoire-sites-alsaciens.eu.

NAVIGATION DE PLAISANCE

Il existe plusieurs grands axes : le canal de la Marne au Rhin, le Rhin et le grand canal d'Alsace de Bâle à Lauterbourg, et le canal du Rhône au Rhin (versant nord).

Location de bateaux habitables

La location de « bateaux habitables » *(house-boats)* aménagés en général pour 6/8 personnes permet une approche insolite des sites parcourus sur les canaux. Diverses formules : à la journée, au week-end ou à la semaine. Bases de location de bateaux sans permis à Lutzelbourg, Saverne, Schiltigheim, Strasbourg.

Nicols – 11 r. de l'Orangerie - 67700 Saverne - ✆ 03 88 91 34 80 - location de bateaux habitables, sans permis (2 à 12 pers.) pour naviguer, au dép. de Saverne, sur le canal de la Marne au Rhin - Centrale de réservation : rte du Puy-St-Bonnet - 49300 Cholet - ✆ 02 41 56 46 56 - www.nicols.com.

Port autonome de Strasbourg – 25 r. de la Nuée-Bleue - 67000 Strasbourg - ✆ 03 88 21 74 74 - 8h-12h, 13h-17h - fermé w.-end et j. fériés.

Avant de partir, il est conseillé de se procurer les cartes nautiques et cartes-guides : **Librairie Fluvial** - 2 r. des Consuls - 34973 Lattes Cedex - ✆ 04 67 50 42 69 - www.librairiefluvial.com.

Éditions du Plaisancier – 26 r. Jacob - 75006 Paris - ✆ 01 42 34 96 69 - www.vagnon.fr.

Croisières organisées

Des compagnies fluviales proposent des promenades à l'heure, à la demi-journée ou à la journée.

CroisiEurope-Alsace Croisières – 12 r. de la Div.-Leclerc - 67000 Strasbourg - ✆ 08 26 10 12 34 - www.croisieurope.com. Croisières fluviales de 1 à 13 jours sur le Rhin, la Moselle, la Sarre, le Neckar, le Main, le Danube, le Rhône, la Saône, la Seine, l'Elbe, le Pô (Italie), le Douro (Portugal), le Guadalquivir (Espagne), la Tisza et le delta du Danube.

PATRIMOINE MILITAIRE

Terres de passage, mais aussi territoires stratégiques, l'Alsace et la Lorraine furent souvent ravagées par les guerres et les invasions.
La région garde les vestiges d'anciennes forteresses, enceintes, tours, portes construites au Moyen Âge. Citadelles, villes fortifiées, champs de bataille, casemates, abris, ouvrages évoquent le souvenir d'innombrables combats. On peut encore voir aujourd'hui quelques places fortifiées au 17e s. par Vauban (Neuf-Brisach) et visiter la citadelle de Bitche.
Construite à partir de 1930, afin de protéger la frontière nord-est de toute nouvelle invasion, la ligne Maginot, malgré son ampleur, n'a pas résisté à l'assaut. De nombreux musées évoquent les différentes guerres : St-Amarin, St-Dié-des-Vosges, Thann, Wissembourg, Wœrth ou le mémorial Alsace-Moselle à Schirmeck…
La ligne Maginot, p. 76.

PÊCHE

Rappel : quel que soit l'endroit choisi pour pêcher, il convient d'observer la réglementation nationale et locale, de s'affilier pour l'année en cours dans le

département de son choix à une association de pêche et de pisciculture agréée, d'acquitter les taxes afférentes au mode de pêche pratiqué ou d'acheter une carte journalière.

Fédération nationale de la pêche en France et de la protection du milieu aquatique – 17 r. Bergère - 75009 Paris - 01 48 24 96 00 - www.federationpeche.fr. Vous y trouverez les coordonnées des fédérations départementales de pêche et de protection du milieu aquatique.

RANDONNÉES ÉQUESTRES

Centres équestres

Délégation au tourisme équestre, région Alsace – 6 rte d'Ingersheim - 68000 Colmar - 03 89 24 43 18 - www.chevalsace.com - tlj sf w.-end 8h-12h. Brochure gratuite sur demande.

Comité départemental de tourisme équestre du Bas-Rhin – 17 r. de la Westermatt - 67202 Wolfisheim - 03 88 77 39 64 - www.chevalsace.com.

Comité départemental de tourisme équestre des Vosges – 87 r. du Fort - 88550 Pouxeux - 06 71 06 52 67 - www.cdtevosges.ffe.com - tlj 9h-21h.

Demandez la brochure annuelle aux comités, *Cheval nature, l'officiel du tourisme équestre*.

Idées de randonnées

Jura alsacien ; vallons du Sundgau ; pays des étangs – Ferme équestre Zum Blaue - 5 r. Wolschwiller - 68480 Kiffis -

✆ 03 89 40 35 25 - www.cheval-kiffis.com.
Promenades à cheval tous niveaux.

RANDONNÉES PÉDESTRES

Le Club vosgien – 7 r. du Travail - 67000 Strasbourg - ✆ 03 88 32 57 96 - www.club-vosgien.eu - lun.-vend. 8h-12h, 13h-16h45 (16h30 le vend.).

Les sentiers de grande randonnée – Certains des sentiers de grande randonnée, balisés par le Club vosgien (rectangle de couleur), portent le balisage GR aux intersections.

Le **GR 5**, de la frontière du Luxembourg au ballon d'Alsace, traverse le Parc naturel régional de Lorraine.

Le **GR 53**, de Wissembourg au col du Donon, traverse le Parc naturel des Vosges du Nord.

Le **GR 7** parcourt les Vosges du ballon d'Alsace à Bourbonne-les-Bains et poursuit son itinéraire en Bourgogne.

Le **GR 533** va de Sarrebourg au ballon d'Alsace.

Fédération française de randonnée pédestre – 64 r. du Dessous-des-Berges - 75013 Paris - ✆ 01 44 89 93 90 - www.ffrandonnee.fr.

ROUTES THÉMATIQUES

Tourisme à thème

Pour les routes à thème, adressez-vous aux CRT d'Alsace *(voir p. 18)*.

Route du Rhin, de Lauterbourg à St-Louis.

Circuit des Vosges du Nord, à travers les Vosges moyennes.

Route des Potiers, avec les ateliers de Soufflenheim et de Betschdorf.

Route de l'Amitié, de Paris à Münich, qui fait connaître la Lorraine, les deux versants des Vosges, Strasbourg, la Forêt-Noire…

Route Verte, route franco-allemande reliant Domrémy en Lorraine à Donaueschingen en Forêt-Noire.

Route romane d'Alsace, un choix à opérer parmi 120 sites, des plus prestigieux aux plus secrets.

Gastronomie

Route de la Choucroute ; route gourmande de la Vallée de la Sauer ; route de la Matelote ; route de la Truite ; route de la Carpe frite ; route du Fromage.

Vins

Route des Vins d'Alsace ; route de la Bière d'Alsace.

SKI

Le massif vosgien est le « massif du ski en douceur » dans un environnement de sapins, de paysages sereins s'étageant de 600 m à 1 400 m d'altitude.

Le ski alpin se pratique sur de nombreux sites totalisant 109 remontées mécaniques, 10 télésièges, certains équipés d'installations d'enneigement et d'éclairage pour la pratique du ski nocturne, notamment les stations de **Gérardmer** et de **La Bresse**.

Pour les amateurs de ski de fond, plus de 300 km de pistes sont balisés et régulièrement entretenus. www.skifrance.fr.

SOUVENIRS

Vins

Vous trouverez un grand choix de vins d'Alsace (riesling, gewurztraminer, sylvaner, pinot blanc, pinot noir, pinot gris et muscat) dans toutes les caves de villages vignerons comme dans les boutiques spécialisées des grandes villes. N'oubliez pas les foires aux vins qui ont lieu en général de juillet à septembre.

Bière

L'Alsace est bien sûr le pays de la bière, industrielle (Kronenbourg, Heineken…) ou artisanale (*voir aussi p. 22*).

Douceurs
Bonbons au miel des Vosges, ou le fameux *kugelhopf* (brioche aux raisins secs et aux amandes).

Produits fermiers
L'Alsace est une des régions réputées pour la fabrication du foie gras. Pour le fromage, dont l'incontournable munster, sachez qu'il supporte mal le transport.

Poterie
Un *kugelhopf* confectionné dans un véritable moule en terre vernissée, c'est tout de même meilleur. Vous trouverez plats, moules à gâteau, cruches et autres pots dans les villages potiers de Betschdorf et Soufflenheim.

Linge de maison
Torchons en lin, draps en coton, nappes damassées ou jacquard de Gérardmer.

Jouets en bois
L'Alsace entretient la tradition des jouets en bois. On en trouve en particulier à Ingwiller et Éloyes, dans les Vosges du Nord.

THERMALISME

Sources minérales et thermales
L'appellation de « **source minérale** » désigne soit des sources d'eaux infiltrées, soit des sources issues des profondeurs, dont les eaux se sont chargées de substances ou de gaz présentant des propriétés thérapeutiques. Le qualificatif « **thermal** » s'applique aux eaux dont la température est d'au moins 35 °C. Les sources thermales sont situées soit sur des failles du plateau lorrain, soit au voisinage des massifs cristallins. L'est des Vosges plus montagneux possède des sources chaudes.

Sources chaudes – À l'opposé de la plaine vosgienne, la « montagne » possède des sources d'origine volcanique caractérisées moins par leur minéralisation que par leur thermalité et leur teneur en principes radioactifs. Connues également des Romains, grands amateurs de sources chaudes, et même des Celtes et des Gaulois, ces sources ont un long et riche passé. Elles sont au nombre de deux en Alsace (**Niederbronn-les-Bains** et la petite station de **Morsbronn-les-Bains**).

Stations et spécialités
Morsbronn-les-Bains – Rhumatologie, séquelles de traumatismes. Saison : mars-nov.

Niederbronn-les-Bains – Rhumatologie, traumatismes, rééducation fonctionnelle. Saison : de mi-mars à mi-déc.

Thermalisme et tourisme
Chaîne thermale du soleil – 32 av. de l'Opéra - 75002 Paris - ✆ 0 800 05 05 32 - www.chainethermale.fr.

TRAINS TOURISTIQUES

Quelques exemples : la vallée de la Doller de Cernay à Sentheim ; le long du Rhin entre le port rhénan de Neuf-Brisach et Baltzenheim, circuit ferré combiné avec une promenade en bateau. *Se reporter à l'index pour retrouver ces noms.*

Petit train du plan incliné de St-Louis-Arzviller – À bord du petit train touristique *Le Teigelbach,* découvrez l'ancien canal de la Marne au Rhin. Vous longerez les trois écluses les plus rapprochées d'Europe *(voir p. 376).* ✆ 03 87 25 30 69 - www.plan-incline.com - ne circule pas les jours de pluie - arriver 20mn à 30mn à l'avance - parcours : 7 km (1h30) - juil.-août : 10h30, 14h30, 16h ; oct. : 10h30, 14h30, 16h - mai, juin et sept. uniquement pour les groupes de plus de 25 pers. sur reservation - 8 € (5-15 ans 6 €).

VILLES ET PAYS D'ART ET D'HISTOIRE

Sous ce label décerné par le ministère de la Culture et de la Communication sont regroupés quelque 167 villes et pays qui œuvrent activement à la mise en valeur et à l'animation de leur architecture et de leur patrimoine. Renseignements auprès des offices de tourisme des Villes et Pays d'art et d'histoire cités dans ce guide : le pays de Guebwiller, Mulhouse et le pays du val d'Argent.

VINS ET VIGNOBLES

L'Alsace compte sept cépages à Appellation d'origine contrôlée. Ils sont tous blancs sauf le pinot noir, le pinot gris et le muscat. Les grands crus d'Alsace, au nombre de 51, sont issus de terroirs privilégiés. La route des Vins d'Alsace est balisée de Marlenheim à Thann ; elle relie bourgades et petites villes aux noms prestigieux *(voir p. 202)*.

De nombreux producteurs proposent la visite de leurs caves, suivie, souvent, d'une dégustation. Quelques adresses où cueillir des informations sur le vin :

Maison des vins d'Alsace – 12 av. de la-Foire-aux-Vins - 68000 Colmar - ✆ 03 89 20 16 20 - www.vinsalsace.com - ♿ - 4 janv.-23 déc. : tlj sf w.-end et j. fériés 8h-12h, 14h-17h. Ce centre regroupe cinq importants organismes viticoles de la région : le Conseil interprofessionnel des vins d'Alsace, le service régional de l'Institut national des appellations d'origine, l'Association des viticulteurs d'Alsace, le Centre interprofessionnel de dégustation et le Syndicat des producteurs de crémant d'Alsace. Le visiteur découvrira une carte en relief de 6 m de long, avec les villages et les grands crus, une évocation du travail du vigneron à l'aide de maquettes interactives.

Château de Kientzheim – 1 Grand'Rue - 68240 Kientzheim (près de Kaysersberg) - ✆ 03 89 78 21 36 ou 03 89 78 23 84 - www.confrerie-st-etienne.com ou www.musee-du-vignoble-alsace.fr. Siège de la confrérie St-Étienne qui délivre un « sigille » de qualité aux meilleurs vins d'Alsace, le château abrite également le musée du Vignoble et des Vins d'Alsace.

Espace Alsace Coopération – 68980 Beblenheim - ✆ 03 89 47 91 33. Sur la route des Vins, il regroupe les 16 caves coopératives d'Alsace, propose toute une sélection de vins et offre un aperçu des produits du terroir.

Centre de formation, lycée viticole – 8 aux Remparts - 68250 Rouffach - ✆ 03 89 78 73 07 - www.cfppa-rouffach.fr - janv.-mai : stages de perfectionnement à la dégustation des vins d'Alsace et à la connaissance des terroirs.

VISITE GUIDÉE

Vous trouverez des informations concernant les visites guidées qui ont retenu notre attention dans les rubriques « S'informer » au début des chapitres dans « Découvrir la région ».

VUE DU CIEL

Aérovision – 34 chemin de la Speck - 68000 Colmar - ✆ 03 89 77 22 81 - www.aerovision-montgolfiere.com. Vols en montgolfière : survols des sommets vosgiens, baptêmes de l'air au-dessus du vignoble ou de la plaine alsacienne, vols de nuit, vol « découverte » 252 € par pers.

Parc du Petit Prince – Ungersheim - ✆ 03 89 62 43 00 - www.parcdupetitprince.com. Depuis 2014, l'Alsace accueille le premier parc aérien au monde avec deux ballons captifs qui permettent de s'élever à 150 mètres d'altitude. Entrée : 22 € plus de 15 ans (enf. de plus de 1 m à 14 ans : 16 € ; enf. de moins de 1 m : gratuit).

En famille

Nous avons sélectionné des sites et activités *(voir le tableau ci-dessous)* susceptibles de plaire à vos enfants. Vous les repérerez dans la partie « Découvrir la région » grâce au pictogramme.

S'INFORMER

La brochure **Bibouille** (téléchargeable sur www.bibouille.net) répertorie les activités à caractère ludique d'Alsace et des Vosges.

Le **Pass'Famille** dans les Vosges du Nord propose des réductions dans quatre parcs de loisirs.

Le Parc naturel des Vosges du Nord met en place chaque été les **Amuse'musées** (✆ 03 88 01 49 59 ou 03 88 01 49 78 - www.parc-vosges-nord.fr ou www.amusemusees.com), découverte ludique des musées du Parc.

LABELS

Villes et Pays d'art et d'histoire

Le réseau des Villes et Pays d'art et d'histoire *(voir la rubrique « Visites guidées » au début des chapitres dans « Découvrir la région »)* propose pour les enfants des **visites découverte** et des **ateliers du patrimoine** les mercredis, samedis et pendant les vacances scolaires.

En juillet-août, dans le cadre de l'opération « L'Été des 6-12 ans », ces activités sont également proposées pendant la visite des adultes.

Stations vertes

La Fédération des stations vertes de vacances *(voir p. 18)* décerne chaque année un prix de l'accueil des enfants. www.stationverte.com.

OBSERVER LES CIGOGNES

La région compte de nombreux enclos à cigognes : Eguisheim, Ensisheim, Kaysersberg, Molsheim, Rouffach, Soultz, Turckheim, Ungersheim, La Wantzenau…

SITES OU ACTIVITÉS À FAIRE EN FAMILLE			
Chapitres du guide	**Nature**	**Musées**	**Loisirs**
Bâle	Prendre un bac sur le Rhin *(p. 464 et 470)*	Musée du Papier *(p. 468)*	
Bitche		Moulin d'Eschviller à Volmunster *(p. 414)*	
Château du Haut-Kœnigsbourg		Découvrir le quotidien d'un château fort *(p. 182)*	
Colmar	Promenade en barque *(p. 198)*	Musée animé du Jouet et des Petits Trains *(p. 196)* Musée d'histoire naturelle *(p. 197)*	
Écomusée d'Alsace		Site de l'Écomusée *(p. 269)*	Parc du Petit Prince *(p. 271)*

Chapitres du guide	Nature	Musées	Loisirs
Eguisheim		Château du Hohlandsbourg *(p. 234)*	
Europa-Park			Parc d'attractions *(p. 450)*
Gérardmer	Luge d'été au col de la Schlucht *(p. 333)*	Musée Faune Lorraine *(p. 327)*	Confiserie géromoise *(p. 332)* Graines des toiles *(p. 333)*
Guebwiller	Vivarium de Lautenbach-Zell *(p. 242)*		
Haguenau	La forêt et le site du Gros Chêne *(p. 129)*		
La Petite-Pierre		Grange aux Paysages *(p. 405)*	
Le Hohwald	Parc-aquarium Les Naïades à Ottrott *(p. 166)*	Musée du Pain d'épice et le Palais du pain d'épice à Gertwiller *(p. 165)*	Parc Alsace Aventure à Breitenbach *(p. 169)*
Le Sundgau		Maison de la nature *(p. 289)*	
Massif du Donon	Le chemin de fer forestier *(p. 364)*		
Molsheim		Musée Oberlin *(p. 147)*	
Mulhouse	Parc zoologique et botanique *(p. 265)*	Cité du Train *(p. 256)* ; EDF Électropolis *(p. 258)* ; Musée historique *(p. 261)*	Cité de l'Automobile *(p. 255)* Stade nautique *(p. 268)*
Munster	Promenade au col du Wettstein *(p. 313)*	Maison du Parc *(p. 309)* Maison du fromage à Gunsbach *(p. 315)*	Parc Formaventure *(p. 317)*
Neuf-Brisach	Le train à vapeur *(p. 276)*	La visite avec un guide en costume d'époque *(p. 276)*	
Nord de la vallée du Rhin	Centre d'initiation à la nature de Munchhausen *(p. 140)*	« Il était une fois le Rhin » à Mothern *(p. 140)*	Base de loisirs à Plobsheim *(p. 141)* Canoës du ried à Sélestat *(p. 142)*
PNR Ballons des Vosges	Sentier découverte autour de la chaume sommitale *(p. 296)* Lac de Sewen *(p. 297)*		Aire de loisirs de Rouge Gazon *(p. 302)*
PNR Vosges du Nord	Maison rurale de l'outre-forêt de Kutzenhausen *(p. 393)* ; musée du Sabotier de Soucht *(p. 386)*	Les amuse-musées *(p. 380)* Maison du verre et du cristal de Meisenthal *(p. 385)*	Château des défis et le P'tit Fleck à Fleckenstein *(p. 390)* Aire de jeux médiévale à Gimbelhof *(p. 391)*
Ribeauvillé			Petit train touristique *(p. 218)*

EN FAMILLE

Chapitres du guide	Nature	Musées	Loisirs
Route badoise du Vin		Musée du Carnaval à Kenzingen *(p. 442)* et à Gengenbach *(p. 440)*	
Route des Crêtes	Parc de réintroduction des cigognes à Cernay *(p. 340)*		Train à vapeur *(p. 340)*
Route des Vins	Centre de réintroduction des cigognes et des loutres *(p. 206)*		Jardin des papillons exotiques vivants à Hunawihr *(p. 207)*
Sainte-Marie-aux-Mines		Centre d'exploration des mondes souterrains de Tellure *(p. 353)*	Confiserie des Hautes-Vosges à Plainfaing *(p. 357)*
Saverne			Plan incliné de St-Louis-Arzviller *(p. 376)*
Sélestat	La Volerie des aigles et la Montagne des singes à Kintzheim *(p. 178)* Réserve de l'Illwald *(p. 180)*	La Maison du pain d'Alsace *(p. 175)*	Cigoland à Kintzheim *(p. 178)*
Soultz-Haut-Rhin		La Nef des jouets *(p. 245)*	
Strasbourg	Promenade en bateau sur l'Ill *(p. 109)* Mini zoo au parc de l'Orangerie *(p. 114)*	La flèche *(p. 98)* et l'horloge astronomique *(p. 101)* de la cathédrale ; Musée historique *(p. 107)*, musée Ungerer *(p. 111)* ; musée zoologique *(p. 117)*	Planétarium de l'université *(p. 113)* Le Vaisseau *(p. 116)*
Sud de la vallée du Rhin		Maison des énergies à Fessenheim *(p. 278)* Mémoire du Rhin et Mémoire de saumon à la Petite Camargue alsacienne *(p. 281)*	Parc des Eaux-Vives à Huningue *(p. 282)* Bases de loisirs à Vogelgrun et Village-Neuf *(p. 282)* Pistes cyclables *(p. 282)*
Thann	L'Œil de la sorcière *(p. 249)*		La légende des Trois Sapins *(p. 248)*
Val d'Orbey		Espace des métiers du bois et du patrimoine à Labaroche *(p. 322)* La Graine au Lait à Lapoutroie *(p. 324)*	Parc d'aventures du lac Blanc *(p. 324)*
Vallée de la Thur		La ferme du parc de Wesserling - Écomusée textile *(p. 305)*	Parc Arbre Aventure à Kruth *(p. 307)*

Mémo

Agenda

Retrouvez ces manifestations ainsi que d'autres de moindre importance dans nos carnets d'adresses de la partie « Découvrir la région ». Pour suivre les manifestations et festivités d'Alsace, consultez la brochure éditée par l'association Ronde des fêtes à télécharger sur son site Internet ou à se faire envoyer par la poste (gratuitement). ✆ 03 89 68 80 80 - www.ronde-des-fetes.asso.fr.

JANVIER

Gérardmer – Festival international du film fantastique. Dernière sem. du mois - ✆ 03 29 60 98 21 - www.festival-gerardmer.com.

FÉVRIER

Strasbourg – Carnaval, Mardi gras.
Mulhouse – Carnaval international. Dimanche suivant le mercredi des Cendres - www.carnaval-mulhouse.com.
Sélestat – Grande cavalcade carnavalesque « Les Machores » - w.-end suivant Mardi gras - ✆ 03 88 58 85 75 - www.ville-selestat.fr.

MARS

Illkirch – Le Printemps des Bretelles, festival d'accordéon - ✆ 03 89 65 31 06 - www.printempsdesbretelles.com.
Strasbourg – Giboulées de la Marionnette - www.theatre-jeune-public.com.

MI-AVRIL

Gérardmer – Fête des jonquilles (années impaires, prochaine édition en 2017) - ✆ 03 29 63 12 89 - www.societe-des-fetes-gerardmer.org.
Strasbourg – Festival des Artefacts, musiques actuelles - www.festival.artefact.org.

AVRIL-MAI

Altkirch – Festival international du film d'Altkirch : courts-métrages le w.-end - ✆ 03 89 08 36 03 - www.forum-plus.com ou www.sundgau-sudalsace.fr.
Gérardmer – Rencontres du cinéma de Gérardmer : une vingtaine de films présentés en avant-première avec les équipes de tournage. www.rencontres-du-cinema.com.

MAI

Neuf-Brisach – Fête du muguet avec grand cortège historique (le 1er) - ✆ 03 89 72 56 66.
Strasbourg – Nouvelles Strasbourg Danse Performance - www.pole-sud.fr.

ASCENSION

La Bresse – Festival international de sculpture Camille Claudel (toute la sem.) - ✆ 03 29 25 40 21 - www.labresse.fr.
Ste-Marie-aux-Mines – Festival aux chandelles, église St-Pierre-sur-l'Hâte - ✆ 03 89 58 80 50 - www.festivalauxchandelles.fr. Le festival s'ouvre le jeudi de l'Ascension et se poursuit au mois d'août.
Guebwiller – Foire aux vins (le jeu.) - ✆ 03 89 76 10 63 - www.tourisme-guebwiller.fr.
Ungersheim – Fête du cochon (toute la sem.) - ✆ 03 89 48 11 28.

JUIN

Alsace – Festival Voix et Route romane - www.voix-romane.com.
Bâle - Art Basel : la plus grande foire internationale d'art contemporain,

présenté sous toutes ses formes, avec des marchands et galeristes venus du monde entier - www.artbasel.com.
Ste-Marie-aux-Mines – Bourse internationale Mineral & Gem - www.euromineral.fr.
Saverne – Fête des roses - ✆ 03 88 91 80 47 - www.ot-saverne.fr.
Thann – Crémation des Trois Sapins pour la commémoration de la création de la ville (le 30) - ✆ 03 89 37 96 20 - www.ot-thann.fr.
Strasbourg – Festival de musique - ✆ 03 88 15 44 66 - www.festival-strasbourg.com.

JUILLET

Mulhouse – Festival automobile (grande parade, rallyes…) - ✆ 03 69 77 67 77 - www.festivalauto.mulhouse.fr.
Colmar – Festival international de musique (1re quinzaine) - ✆ 03 89 20 68 97 - www.festival-colmar.com.
Seebach – Streisselhochzeit, fête des traditions (le w.-end après le 14) - ✆ 03 88 94 74 06 - www.uas.fr.
Storckensohn – Grande Fête du moulin - www.ot-saint-amarin.com.
Ribeauvillé – Foire aux vins (w.-end suivant le 14) - ✆ 03 89 73 23 23 - www.ribeauville-riquewihr.com.

JUILLET-AOÛT

Steinseltz – Fête des géraniums (années impaires, fin juil.-déb. août) - ✆ 03 88 94 01 51.
Senones – Relève de la garde (certains dim. en juil.-août, le matin) - www.paysdesabbayes.com.
Bussang – Représentations au Théâtre du Peuple - ✆ 03 29 61 50 48 - www.theatredupeuple.com.
Phalsbourg – Festival de théâtre (fin juil.-déb. août) - ✆ 03 87 24 42 42 - www.phalsbourg.fr.
Rouffach – Musicalta, festival de musique (juil.-août) - ✆ 04 37 41 00 18 - www.musicalta.com.

AOÛT

Colmar - Foire aux vins d'Alsace (1re quinzaine) - www.foire-colmar.com.
Munchhouse – Fête de la carpe frite (1re quinzaine) - www.tourisme-rhin.com.
Sélestat – Corso fleuri (2e w.-end) - www.ville-selestat.fr.
Gérardmer – Spectacle pyrosymphonique sur le lac (le 14) - www.gerardmer.net.
Marlenheim – Fête du mariage de l'ami Fritz, en costumes régionaux (les 14 et 15) - www.mariage-ami-fritz.fr.
N.-D. de Thierenbach – Pèlerinage. Procession aux flambeaux la veille (les 14 et 15).
Oderen – Procession à N.-D.-du-Bon-Secours (le 15).
Erstein – Festival du sucre (dernier w.-end) - ✆ 03 88 98 14 33 - www.grandried.fr.
Geispolsheim – Fête de la choucroute (dernier dim.) - www.ville-geispolsheim.fr.
Eguisheim – Fête des vignerons (dernier w.-end) - ✆ 03 89 23 40 33 - www.ot-eguisheim.fr.
Haguenau – Festival du folklore mondial et Fête du houblon (durant une sem., mi-août) - www.tourisme-haguenau.eu.

FIN AOÛT-DÉBUT SEPTEMBRE

Ste-Marie-aux-Mines – Festival aux chandelles (voir *Ascension*).

SEPTEMBRE

Ribeauvillé – Fête des ménétriers ou *Pfifferdaj* : cortège historique, dégustation à la fontaine du vin (1er w.-end) - ✆ 03 89 73 20 04 - www.ribeauville-riquewihr.com.
Oderen – Pèlerinage à N.-D.-du-Bon-Secours (le 8).

FIN SEPTEMBRE-DÉBUT OCTOBRE

Strasbourg – Musica : festival international de musique d'aujourd'hui - ✆ 03 88 23

46 46 - www.festivalmusica.org ; Nuits électroniques de l'Ososphère - www.ososphere.org.

OCTOBRE

Gérardmer – Graines des toiles : une vingtaine de films pour jeune public, des animations et des expositions chaque année. www.grainesdestoiles.com.

Saint-Dié-des-Vosges – Festival international de géographie (1er w.-end) - ✆ 03 29 42 22 22 - www.fig.saint-die-des-vosges.fr.

NOVEMBRE

Strasbourg – Jazzdor, créations de jazz internationales - www.jazzdor.com.

DÉCEMBRE

Dans toutes les villes – Fête de la St-Nicolas le 6 déc.

Dans les grandes villes et de nombreux villages – Marchés de Noël.

Kaysersberg – « Préludes de Noël à Kaysersberg » (les vend. et w.-ends de l'avent) - www.kaysersberg.com.

Mont Ste-Odile – Fête de sainte Odile : pèlerinage le plus fréquenté d'Alsace (le 13) - ✆ 03 88 95 80 53 - www.mont-sainte-odile.com.

Turckheim – Ronde du veilleur de nuit (le 31, à minuit) - www.turckheim.com.

Bibliographie

OUVRAGES GÉNÉRAUX, TOURISME

GERMONVILLE J.-P., **Vosges**, La Renaissance du Livre, 1996.

ASSOCIATION RECHERCHES MÉDIÉVALES, **Châteaux et seigneurs : histoire d'Alsace**, Coprur, 1997.

RAUZIER M.-Pa., **La Route des châteaux d'Alsace**, Ouest-France, 2013.

WINTER L., **Ciel ! Mon mari est muté en Alsace...**, La Nuée Bleue, 2008.

HISTOIRE, ETHNOGRAPHIE

DOLLINGER P., **Histoire de l'Alsace**, Ouest-France, 2001.

DESBORDES C., **Noël d'Alsace**, Édisud, 2002.

GIRAULT M., **St-Louis, quatre siècles de cristallerie au pays de Bitche**, La Renaissance du Livre, 2007.

CANDIR R., **Hansi à travers ses cartes postales : 1895-1951**, Éd. du Rhin, 1996.

MULLER C. et WEBER C., **Les Alsaciens, une région dans la tourmente (1870-1950)**, Les Arènes, 2012.

DEBRIFFE M. ADAM P., **Étonnantes histoires d'Alsace**, Éd. du Donon, 2012.

DESLAIS P., **L'Alsace, géographie curieuse et insolite**, Ouest-France, 2014.

GASTRONOMIE

MEYER E., **Cahier d'une cuisinière alsacienne**, De Borée, 2012.

H. MAETZ H. et EHRHARD M., **Cuisine alsacienne d'hier et d'aujourd'hui**, Ouest France, 2010.

HAEBERLIN M., **Marc Haeberlin dans votre cuisine**, Flammarion, 2011.

POTEL-JEHL J.-D. et COLIN J.-C., **La Bière en Alsace**, Coprur, 1990.

MULLER C., **Vins d'Alsace, histoire d'un vignoble**, Coprur, 1999.

LITTÉRATURE

BAZIN R., **Les Oberlé**, Siloe, 2002.

ERCKMANN E. et CHATRIAN A., **L'Ami Fritz ; L'Invasion**, Hachette Livre BNF, 2013.

GAUTIER T., **Vacances du lundi**, Éd. Champ Vallon, 1994.

GIOVANNI J., **Le Haut-Fer**, Folio Gallimard, 1998 (roman qui inspira le film *Les Grandes Gueules* de R. Enrico).

FORTIER J., **Sherlock Holmes et le mystère du Haut-Kœnigsbourg**, Éd. du Verger, 2009.

HUGO V., **Le Rhin**, La Nuée Bleue, 1991.

MAUROIS A., **Les Bourgeois de Witzheim**, 1920 (décrit la vie des bourgeois de Bischwiller).

VANOYEKE V., **Le Serment des quatre rivières**, coll. Jeannine Balland, Presses de la Cité, 1995.

HUGUES P., **Marthe et Mathilde**, Les Arènes, 2009.

POUR LES ENFANTS ET LES ADOLESCENTS

Alsace, mon guide, Casterman, 1997.

HANSI, **L'Histoire d'Alsace racontée aux enfants**, Éd. Herscher, 1991.

Graines de Voyageurs : l'Alsace, Éd. Graine2, 2010.

MIYAZAKI H., **Le Château ambulant**, 2006 (l'Alsace qui inspire le maître du dessin animé japonais).

webdocumentaire, ci-contre.

BD

COLLECTIF, **Cette histoire qui a fait l'Alsace**, Éd. du Signe, 12 vol., 2009-2012 (un superbe tableau de l'histoire régionale).

GRATON J., **L'Affaire Bugatti (Michel Vaillant)**, 1991 (l'histoire se déroule dans la Cité de l'Automobile à Mulhouse).

HUREAU S., **L'Empire des Hauts murs**, Éd. Delcourt, 2005 (l'histoire se déroule dans la Cour du Corbeau à Strasbourg).

METAPAT et JULLN, **Dreamers Rebirth 2**, Éd. Paquet, 2010 (dans une Alsace futuriste, énigme autour du retable d'Issenheim).

VIDÉOS

Le Vignoble d'Alsace, La Route des Vins, coll. Visages d'Alsace, Mitria Production.

Sundgau, Mémoires d'une terre magique, coll. Terres magiques.

L'Alsace gourmande, Itinéraires des saveurs et traditions culinaires, coll. Visages d'Alsace, Mitria Production.

Le Défi des bâtisseurs - la cathédrale de Strasbourg en 3D, de M. Jampolsky, Arte Geie et Seppia, 2012.

MÉDIAS

Quotidiens

L'Est républicain *(www.estrepublicain.fr)*, **L'Alsace** *(www.lalsace.fr)*, **Les Dernières Nouvelles d'Alsace** *(www.dna.fr)*.

Revues

L'Alsace, Découverte et passions (Éd. Freeway).

WEBDOCUMENTAIRE

Le Défi des bâtisseurs *(http://cathedrale.arte.tv)* propose de se mettre dans la peau d'un jeune architecte pour créer une seconde tour virtuelle à la cathédrale de Strasbourg.

COMPRENDRE L'ALSACE ET LES VOSGES

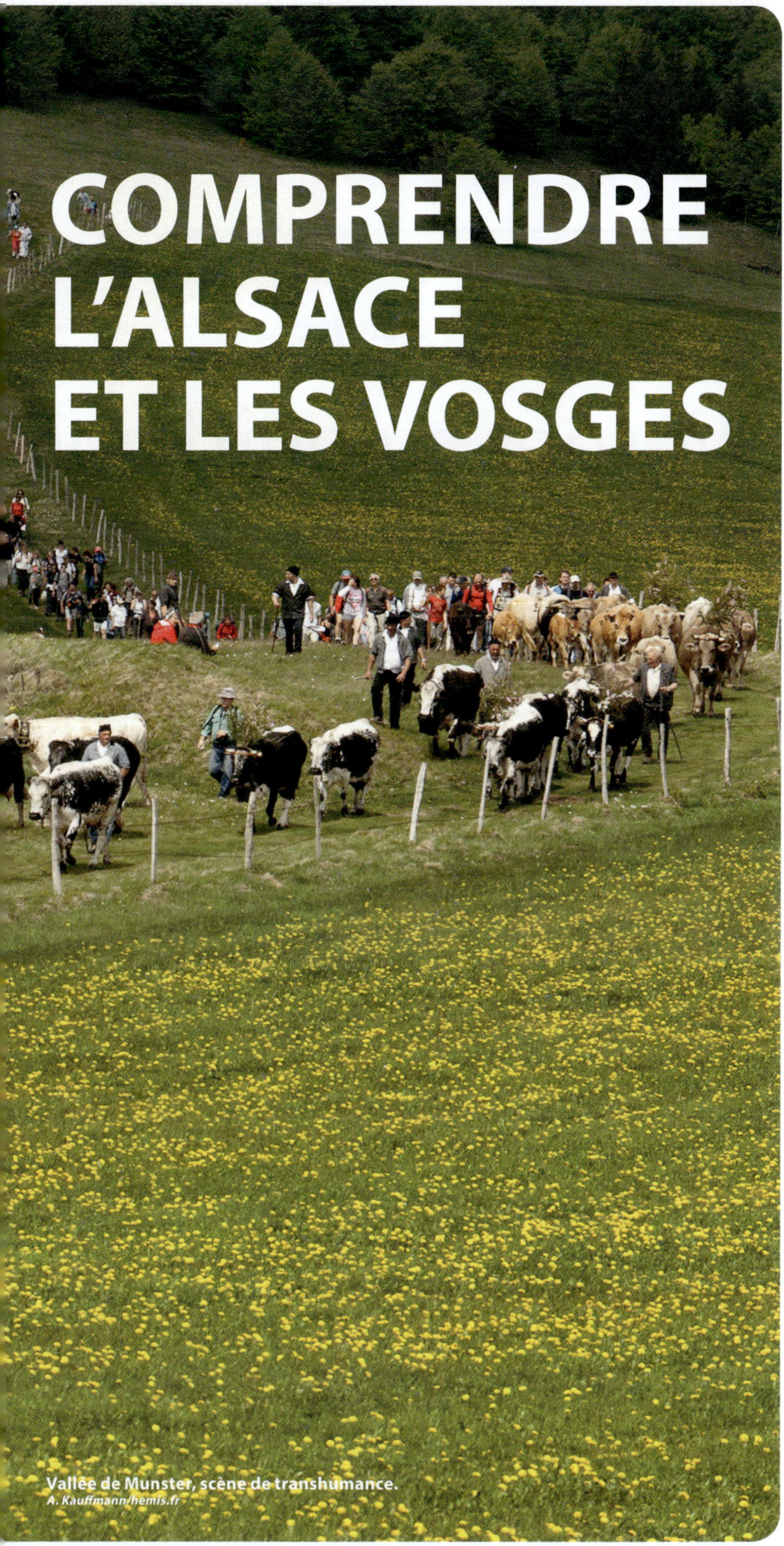

Vallée de Munster, scène de transhumance.
A. Kauffmann/hemis.fr

L'Alsace et les Vosges aujourd'hui

Région frontalière, propice au développement de nombreux échanges, l'Alsace affiche une identité singulière et dynamique, tant sur le plan national qu'européen. La singularité de son histoire transparaît toujours dans son droit local et ses dialectes. La santé économique de la région se montre relativement stable. Elle bénéficie de l'activité avec la Suisse et l'Allemagne, d'une industrie diversifiée et d'un tourisme florissant. La présence du Rhin, sa position au sein du pôle économique rhénan, les TGV Est et Rhin-Rhône ne peuvent qu'aider le développement du territoire. À l'ouest, les Vosges présentent un visage très différent, avec leurs sommets arrondis et leurs petits lacs aux eaux froides et profondes. En retrait de la riche plaine d'Alsace, cette terre sauvage est aussi une terre d'accueil, qui a vu se développer très tôt une intense activité artisanale puis industrielle, avant de s'ouvrir aujourd'hui à un tourisme vert au succès grandissant.

Portraits

IDENTITÉS POLITIQUES

« En Alsace, l'inverse est toujours vrai », plaidait volontiers le chansonnier Germain Muller (1921-1994). Cet homme de théâtre, qui fut également auteur de revues satiriques et maire-adjoint de Strasbourg, aurait-il cerné en une boutade son Alsace natale ? Pas toujours facile pour le *hergeloffener* (nouvel arrivant) de s'y retrouver ! Certes, c'est à Strasbourg que fut composée et interprétée pour la première fois en 1792 *La Marseillaise* de Rouget de Lisle, futur hymne national français. Mais si l'Alsace reste solidement ancrée dans la République, elle ne renie pas pour autant ses influences germaniques – entendez par là allemandes et suisses – ni encore moins ses particularismes locaux.

SINGULARITÉS JURIDIQUES

L'Alsace est soumise au droit français, mais sur certaines questions le droit local l'emporte. L'Alsace et la Moselle bénéficient depuis 1911 d'une autorité administrative propre inspirée à la fois des lois françaises d'avant 1870 et allemandes d'après 1871. Un exemple ? La loi 1901 relative aux associations n'a pas cours en Alsace et les associations locales peuvent avoir un but lucratif. Plus anecdotique mais appréciable : le calendrier civil compte deux jours fériés de plus que le reste de la France : le Vendredi saint (avant Pâques) et le 26 décembre.
Autre exemple plus connu : le **régime du Concordat**. Signé par Napoléon avec le Saint-Siège en 1801, ce traité qui conférait un statut officiel aux Églises catholique, luthérienne et réformée, de même

qu'à la religion juive, a été abrogé en 1905 dans toute la France par la loi de séparation de l'Église et de l'État. Or l'Alsace et la Moselle, alors annexées par l'Allemagne, sont restées à l'écart de ce mouvement. En 1918, lors du retour de la région dans le giron français, les Alsaciens se sont farouchement opposés à la disparition de ce qui leur apparaît comme une donnée essentielle du droit local. Le Concordat est donc toujours en vigueur et se traduit notamment par l'enseignement de la religion à l'école primaire et au collège (à moins d'une demande de dispense) et l'indemnisation des ministres du culte par l'État. Enfin, les universités de Strasbourg et de Metz sont les seules universités publiques de France à enseigner la théologie.

DIALECTES ET CULTURES

L'Alsace appartient à l'aire linguistique germanique, qui est divisée en plusieurs grandes familles de dialectes. Ainsi, l'**alémanique**, répandu sur l'ancien territoire des Alamans, qui peuplaient la région au haut Moyen Âge, couvre le nord de la Suisse, le sud-ouest de l'Allemagne et la plus grande partie de l'Alsace. En revanche, le dialecte de la région de Wissembourg correspond au **francique**, issu des Francs installés dans la région du Rhin.

LE WELCHE DES HAUTES VOSGES

Dans une **partie des hautes vallées vosgiennes**, on a longtemps parlé un dialecte roman rattaché aux parlers lorrains, le « **welche** ». C'est ainsi que les peuples germaniques voisins désignaient tous ceux qui ne relevaient pas de l'aire des parlers germaniques, autrement dit ceux qui étaient « de langue et culture gallo-romaines ».

La différence n'était pas un obstacle aux relations et les crêtes vosgiennes, qui marquent la limite entre les deux zones d'influence linguistique, étaient bien plus une terre de rencontres qu'une frontière. Les cols servant de voies de passage, constamment empruntées par des colons suisses, bavarois, alsaciens ou tyroliens venus travailler dans les mines ou les forêts. Leurs patronymes ont ainsi parfois été transformés « à la welche », tandis qu'ils ont contribué à germaniser la toponymie.

Mais rien n'est simple car, d'une part, la division politique de ces régions, qui a perduré jusqu'à leur rattachement à la France, a favorisé les particularismes et les façons locales de s'exprimer; d'autre part, la frontière linguistique qui s'est fixée un peu avant l'an 1000 n'a jamais coïncidé avec les frontières provinciales.

Les événements politiques sont venus ensuite compliquer les choses. Le français et l'allemand sont entrés en concurrence à cause de la succession des annexions et des rattachements. Ces deux langues ont d'ailleurs joué chacune un rôle très différent au cours des trois derniers siècles : après la conquête de l'Alsace par Louis XIV, un vocabulaire français abondant, prononcé « à l'alsacienne », s'est intégré au dialecte. L'allemand correspondait alors davantage à l'expression écrite de la population qui le comprenait naturellement. Il a eu cependant très peu d'influence sur le dialecte, et la façon dont il fut imposé après 1871 n'a fait que créer un fort sentiment de rejet.

Dans ce contexte, le dialecte devint un élément majeur de l'identité et de la culture régionales.

Après 1918, des mesures très maladroites de francisation brutale ont nourri un mouvement régionaliste. Finalement, après la Seconde Guerre mondiale et l'occupation nazie, le bilinguisme français-alsacien est entré dans les faits.

Même si son usage est, depuis 1945, en régression constante, l'alsacien reste la **deuxième langue régionale parlée en France** après le corse. Une enquête de l'Office pour la langue et la culture d'Alsace ne recense que 43 % de locuteurs en 2012 contre 60 % dans les années 1990. La proportion de dialectophones décroît surtout parmi les jeunes (12 % seulement chez les 18-29 ans). Malgré tout, l'alsacien était encore en 2013 la première langue régionale présentée au baccalauréat. Le dialecte disparaît au profit du « **fralsacien** », un français coloré de tournures et de tonalités alsaciennes. Le dialecte fait partie du patrimoine local et il est perçu par la population alsacienne comme un symbole de son identité régionale. En pratique, on le parle surtout dans le cadre de relations familiales ou de voisinage. Il offre aussi de nombreuses images, appréciées dans la poésie, le théâtre, les spectacles de cabaret et même les bandes dessinées. Il reste présent par petites touches dans les quotidiens régionaux et sur les télévisions locales.

L'enseignement de l'allemand, qui reste compris d'une partie de la population, se développe dans

Statue de la Réconciliation de Joseph Fromm, près du pont de Kehl sur le Rhin.
X. Richer/Photononstop

les classes franco-allemandes. Ces dernières ont le vent en poupe depuis les années 1990.

Pour en savoir plus sur le dialecte alsacien : www.olcalsace.org (site de l'Office pour la langue et la culture d'Alsace).

IDENTITÉS GÉOGRAPHIQUES

Notons enfin que l'Alsace n'est plus, administrativement parlant, la plus petite région de France métropolitaine. Avec l'entrée en vigueur du nouveau découpage des régions, l'ancienne Alsace fait place officiellement depuis le 1er janvier 2016 à la région « Grand Est » qui fédère Alsace, Champagne-Ardenne et Lorraine. Avec une **population** en 2013 pour l'Alsace seule de 1,86 million d'habitants répartis sur 8 280 km^2, l'Alsace seule est en outre l'un des territoires les plus densément peuplés (224 hab./km^2). Tout en longueur, il est bordé à l'est, sur 180 km, par le **Rhin**, frontière naturelle avec l'Allemagne. L'observation d'une carte montre que la plupart des grandes villes alsaciennes sont alignées sur une ligne parallèle à ce fleuve, qui reste un axe d'échanges extrêmement dynamique.

Limitée au sud par les cantons suisses du Jura, de Soleure et de Bâle, l'Alsace est ourlée, à l'ouest, par le massif montagneux des Vosges auquel elle est désormais rattachée administrativement. Sur ce point, le nouveau découpage des régions reflète ici les relations toujours étroites de la Lorraine avec l'Alsace rhénane, lui fournissant un arrière-pays riche en ressources naturelles et artisanales.

Économies et dynamismes

SECTEURS D'ACTIVITÉS

L'Alsace est située au cœur de l'ensemble européen qui regroupe 25 % du PIB de l'Union européenne. En 2012, elle occupait le 4e rang des régions les plus riches de France, au regard du PIB par habitant.

L'**agriculture** apporte une forte valeur ajoutée. Si la surface cultivée est très faible, en raison de l'importance des forêts et de l'urbanisation, le revenu agricole élevé s'explique par le poids de la viticulture et des cultures spécialisées comme les céréales ou le houblon. Du côté du **secteur industriel**, l'essentiel des grandes activités s'inscrit dans des logiques de croissance intensive avec réductions d'emploi : automobile (PSA est le premier employeur de la région), mécanique et chimie en font les frais. De ce point de vue, l'Alsace ne présente pas un territoire homogène et certaines régions connaissent plus de difficultés que d'autres. L'Alsace du Nord-Ouest et les vallées vosgiennes se singularisent par le poids important qu'occupent encore dans leur économie les secteurs du bois, du textile, de l'habillement et de la mécanique. Ces industries sensibles ont connu de fortes pertes d'emplois depuis les années 1970. La situation est analogue dans la région de Mulhouse, qui connaît de grandes restructurations industrielles depuis le début des années 1980. Très dynamique, le triangle Strasbourg-Haguenau-Molsheim concentre encore plus du quart des emplois industriels, même si, depuis 2008, une réduction d'emplois est à noter. Entretemps, l'Alsace s'est engagée dans une politique régionale de diversification et tente de développer les domaines d'innovation (véhicules du futur, recherches thérapeutiques et fibres naturelles) pour juguler la hausse du taux de **chômage** (historiquement inférieur à la moyenne nationale, il tend aujourd'hui à s'en rapprocher – 9 % de la population active en Alsace contre 9,7 % en France en 2015).

LA VOCATION TOURISTIQUE

Comme dans le reste de la France, la part du secteur tertiaire dans l'économie alsacienne est en augmentation. Le tourisme y a une place de choix, occupant environ 5 % de la population active. Première destination touristique non littorale, l'Alsace est en effet, avec ses richesses patrimoniales, culturelles, historiques, son terroir varié, une destination touristique de longue date (la route des Vins n'a-t-elle pas célébré en 2013 ses 60 ans ?), dotée d'une capacité d'hébergement importante, confortable et diversifiée. En 2014, le territoire affiche 18,5 millions de visiteurs et 10,8 millions de nuitées marchandes. Les **visites de villes** occupent une place prédominante. Parmi les sites les plus visités, Strasbourg, le Haut-Kœnigsbourg, la Cité de l'Automobile et le parc zoologique de Mulhouse, le musée

L'IMPACT DU TGV

Située au carrefour de l'Europe, l'Alsace s'est logiquement trouvée très vite associée aux projets de TGV transnationaux.

Le **TGV Est européen** a été inauguré en 2007. Destiné à relier la France à l'Allemagne, il est considéré par les villes qu'il dessert comme un véritable levier de développement, dont les retombées sont économiques, mais aussi touristiques : en témoigne la hausse des courts séjours. Le prolongement de la Ligne à Grande Vitesse (LGV) Est à Strasbourg annoncé pour avril 2016 place la capitale régionale à 1h48 seulement de Paris.

Autre révolution : l'inauguration, en 2011, de la première ligne à grande vitesse de province à province, qui relie Mulhouse à Dijon *via* Belfort et Besançon. Avec le **TGV Rhin-Rhône**, l'Alsace se retrouve ainsi plus proche de Lyon et du sud de la France. Ce faisant, elle affirme sa place sur l'axe européen Rotterdam-Anvers-Bâle-Lyon-Gênes.

Unterlinden à Colmar et l'Écomusée d'Alsace. Des « musts », donc, qui ne doivent pas faire oublier tout le reste...
À côté du tourisme culturel, l'Alsace développe un tourisme de détente tourné vers les **loisirs de plein air**. Les Vosges ont beaucoup d'atouts pour satisfaire les amateurs de randonnées et de sports d'hiver et d'été de moyenne montagne. Les fermes d'estive – ou marcairies – proposent aux promeneurs des repas simples de paysans fondés sur l'exceptionnelle qualité de leurs produits. Aujourd'hui, les plaisirs se sont multipliés avec le cheval et le vélo, les activités des bases nautiques au bord des lacs ou, plus récemment, les sports aériens, parapente, deltaplane ou montgolfière. L'abondante neige hivernale a très tôt permis le développement des sports d'hiver, en particulier du ski de fond. Avec un réseau de plus de 1 000 km de pistes, les Vosges s'en sont fait une spécialité. Le ski alpin y a aussi sa place dans des stations « familiales » à taille humaine.
Autre atout, le **thermalisme** : dans le nord de l'Alsace, deux stations (Niederbronn-les-Bains et Morsbronn-les-Bains) proposent des activités de relaxation et de détente.
Le **tourisme fluvial**, enfin, s'est développé avec 400 km de canaux navigables, qui relient l'Alsace à la Lorraine, à l'Allemagne et à la Suisse. Une autre façon de découvrir la région, au fil de l'eau.

DIMENSION TRANSFRONTALIÈRE

Figure de l'espace rhénan, l'Alsace bénéficie de l'activité économique de ses voisins : Palatinat et Bade-Wurtemberg en Allemagne, cantons suisses germanophones. En plus des coopérations établies dans de nombreux domaines (formation, université, environnement, culture, santé, tourisme...), l'Alsace accueille plusieurs grands groupes étrangers et bénéficie localement de débouchés immédiats, qui la placent au 4e rang des régions françaises pour les exportations. L'Allemagne reste, sans surprise, son principal partenaire commercial.
La région compte un grand nombre de travailleurs frontaliers. Selon l'Insee, en 1962, près de 3 900 frontaliers résidant en Alsace travaillaient en Allemagne ou en Suisse ; ils étaient 62 502 en 2011, soit un actif sur douze.
L'exemple de Bâle est significatif : on parle même d'agglomération trinationale pour évoquer l'ensemble urbain transfrontalier organisé autour de la ville suisse. Cet îlot de croissance, particulièrement performant dans les domaines de la pharmacie et des biotechnologies, bénéficie d'un réseau de liaisons aériennes très favorable, et draîne toute la région, à commencer par la ville alsacienne de St-Louis, qui sera reliée à Bâle en 2017 par une ligne de tramway.

L'Alsace en quelques personnalités

DU MONDE DES ARTS

Martin Schongauer (1450-1491) est un peintre alsacien reconnu de la fin du Moyen Âge, admiré par Michel-Ange, et qui a laissé *La Vierge au buisson de roses* encore exposée dans sa ville natale de Colmar. Le peintre sundgauvien **Jean-Jacques Henner** (1829-1905), Grand Prix de Rome en 1858, est un portraitiste reconnu. Deux de ses toiles célèbrent particulièrement son Alsace natale, *Eugénie Henner*, sa nièce peinte en costume régional en 1870, et *Elle attend*, qui, réalisée en 1871, devint un symbole de la province perdue.
Le créateur de la Statue de la Liberté inaugurée à New York en 1886, **Frédéric Auguste Bartholdi**, est né à Colmar en 1834. Il quitte

rapidement l'Alsace pour Paris, mais y reviendra souvent jusqu'à sa mort en 1904. Un musée lui est consacré dans sa maison natale à Colmar. **Gustave Stoskopf** (1869-1944), figure importante du « réveil alsacien », réalise des portraits d'Alsaciens d'un grand réalisme et laisse un chef-d'œuvre en dialecte : *D'r Herr Maire*.

Jean (Hans) Arp (1887-1966), né à Strasbourg, est un artiste majeur du 20e s. Poète, peintre et sculpteur, il est un des membres fondateurs du dadaïsme et participe avec sa femme, Sophie Taeuber, au surréalisme, avant de s'intéresser à l'art abstrait. Le musée d'Art moderne de Strasbourg possède une trentaine de ses œuvres.

Dessinateur et satiriste récompensé par de nombreux prix, **Tomi Ungerer** est né en 1931. Enfant, il subit à Colmar l'endoctrinement nazi à l'école, qu'il relate dans *À la guerre comme à la guerre* (paru en 1991). Après des études de graphisme à Strasbourg, il s'installe aux États-Unis. Mais, attaché à son Alsace natale, il lui consacre un album détonant, *L'Alsace en torts et de travers*.

DU MONDE DES LETTRES

Né à Mayence, c'est durant un long séjour de dix ans à Strasbourg que **Gutenberg** (1394-1468) met au point l'imprimerie. Suite à cette invention, Strasbourg deviendra, en concurrence avec Nuremberg, la plus grande ville d'imprimeurs du monde à la fin du 15e s.

Émile **Erckmann** (1822-1899) et Alexandre **Chatrian** (1826-1890) signent à quatre mains des romans qui rendront populaire une certaine image de l'Alsace, notamment *L'Ami Fritz* et de nombreux contes.

DU MONDE DU SPECTACLE

Le mime **Marcel Marceau** (1923-2007) passe son enfance à Strasbourg. Passionné de théâtre et de cinéma, il crée en 1947 le célèbre Bip. Fondateur de l'École internationale de mimodrame, ouverte à Paris en 1978, il est reçu à l'Académie des beaux-arts en 1991. Également né à Strasbourg, l'acteur **Claude Rich** (1929) tourne pour la première fois au cinéma en 1955 dans *Les Grandes Manœuvres* de René Clair, avant de s'illustrer avec drôlerie dans le rôle d'Antoine Delafoy pour *Les Tontons flingueurs*. Son rôle dans *Le Souper* d'Édouard Molinaro en 1992 lui vaut le César du meilleur acteur.

Thierry Mugler (1948), styliste de haute-couture puis photographe, est natif de Strasbourg. Enfant, il est passé par l'Opéra national du Rhin, avant de se lancer dans la mode à Paris.

Plusieurs figures de la chanson française ont grandi dans la région : l'artiste **Alain Bashung** (1946-2009), le slameur et compositeur **Abd Al Malik** (1975), le danseur et chanteur R'n'B **M. Pokora** (1985).

DU MONDE POLITIQUE

Né à Paris mais fils d'un faïencier alsacien, le politicien **Victor Schœlcher** (1804-1893) signe le décret d'abolition de l'esclavage en 1848.

Né à Saint-Dié, dans les Vosges, **Jules Ferry** (1832-1893) est tour à tour député républicain, maire de Paris, ambassadeur, ministre de l'Instruction publique et président du Conseil. On lui doit notamment la gratuité et la laïcité de l'enseignement, ainsi que l'accès des filles aux lycées.

DU MONDE DES SCIENCES

Personnage atypique, **Albert Schweitzer** (1875-1965), qui fut le premier médecin sans frontières, est né à Kaysersberg. Il mène un combat contre le sous-développement et la maladie en Afrique. Arrêté comme ressortissant allemand en 1917 par les autorités françaises, il retourne au Gabon en 1924. Jusqu'à sa mort, il se consacre à son hôpital de Lambaréné, où son « œuvre vivante » se poursuit toujours. Il reçoit le prix Nobel de la paix en 1952. **Alfred Kastler** (1902-1984), né à Guebwiller, a reçu le prix Nobel de physique en 1966. Et **Jean-Marie Lehn**, né en 1939 à Rosheim, est lauréat prix Nobel de chimie en 1987.

DU MONDE DU SPORT

Le pilote **Sébastien Loeb** (1974), natif de Haguenau, a longtemps régné sur le championnat du monde des rallyes WRC, avec ses neuf titres mondiaux de 2004 à 2012. Il amorce, depuis, sa reconversion sportive *(voir p. 128)*.

Bien qu'il joue aujourd'hui au club de Montpellier AHB, le gardien de handball **Thierry Omeyer** (1976) est né à Mulhouse. Double champion olympique (2008 et 2012), quadruple champion du monde (2001, 2009, 2011 et 2015) en équipe de France, il a été désigné meilleur gardien de handball des Jeux olympiques de Pékin et Londres.

DU MONDE RELIGIEUX

Grand théologien de la Réforme, né à Sélestat, **Martin Bucer** (1491-1551) joue un rôle déterminant dans l'organisation de la Nouvelle Église et, avec **Jacques Sturm** (1489-1553), diplomate, il contribue au rayonnement européen de Strasbourg au 16e s. Après la victoire de Charles Quint sur les protestants, le premier s'exile et meurt en Angleterre, et le second tombe en disgrâce.

Homme des Lumières, le **pasteur Oberlin** (1740-1826) entreprend une œuvre extraordinaire dans les domaine de l'agriculture, de la construction des routes et des ponts, mais surtout de la pédagogie et de l'enseignement. Il est, entre autres, l'inventeur de l'école maternelle *(voir p. 147)*.

DU MONDE MILITAIRE

L'épopée napoléonienne est l'occasion pour de grands militaires alsaciens de s'illustrer. Le Strasbourgeois **Jean-Baptiste Kléber** (1753-1800) gagne ses galons lors des guerres de la Révolution et se voit confier par Napoléon des missions importantes en Égypte, où il devient commandant en chef. Il est assassiné au Caire le 14 juin 1800. Ses cendres rapatriées à Strasbourg sont placées sous sa statue, au cœur de la place qui porte son nom depuis 1840. Quant à **François Joseph Lefebvre** (1755-1820), né à Rouffach, ses faits d'armes lui valent d'être fait duc de Dantzig, puis maréchal. Il est aussi l'époux de « Madame Sans-Gêne ».

Il ne faut pas oublier le célèbre Colmarien **Jean Rapp** (1772-1821), général et comte d'empire, fils du portier de l'Ancienne Douane de Colmar, ni le Strasbourgeois **François Christophe Kellermann** (1735-1820), que Napoléon fait maréchal et duc de Valmy.

Le capitaine **Alfred Dreyfus** (1859-1935), né à Mulhouse, eut le grand tort d'être juif. Injustement accusé de trahison, il est condamné à la déportation perpétuelle en Guyane en 1894. L'affaire Dreyfus marque profondément la IIIe République, partagée entre les antidreyfusards et les défenseurs de Dreyfus, emmenés par Émile Zola. Une première révision du procès maintient sa condamnation « avec des circonstances atténuantes » ; il faut attendre 1906 pour que Dreyfus soit gracié et réintégré dans l'armée.

Traditions et art de vivre

Au carrefour des chemins entre mondes latin, germanique et centre-européen, l'Alsace a hérité de nombreuses traditions qu'elle a fait siennes et interprète aujourd'hui encore de manière vivante et authentique. Expression de la mémoire collective, les nombreuses fêtes, en particulier les rites et les marchés de Noël, témoignent de la volonté des Alsaciens de pérenniser leurs coutumes. À l'image de ce folklore haut en couleur, la gastronomie alsacienne bénéficie d'une reconnaissance qui dépasse les frontières régionales, et s'agrémente de vins aussi variés que savoureux.

Folklore et fêtes

SAINT NICOLAS ET HANS TRAPP

Selon la légende, saint Nicolas aurait ressuscité trois enfants qu'un boucher avait découpés et mis au saloir. En réalité, cet évêque du 3e s., originaire d'Asie Mineure, fut canonisé pour sa foi et sa grande générosité. Quoi qu'il en soit, la piété populaire a fait de lui le protecteur des enfants, à qui il vient distribuer jouets et friandises chaque **6 décembre**. Ce même jour, de nombreuses processions honorent le saint en Alsace et plus largement dans une grande partie de l'Europe du Nord. Mais saint Nicolas a, depuis le 16e s., un triste compagnon : Hans Trapp, c'est-à-dire le père Fouettard, qui vient, lui, punir les enfants désobéissants… D'origine alsacienne, ce personnage

Le marché de Noël de Strasbourg sur la place de la Cathédrale.
R. Mattes/hemis.fr

Autour de Noël

Dans la tradition chrétienne, quatre semaines avant Noël commence le temps de l'**avent**. Cette période entre automne et hiver était traditionnellement un temps de préparation à la venue du « divin Messie », l'enfant de la crèche. En Alsace, les multiples rituels qui entouraient la fête continuent de se transmettre, et, si la dimension spirituelle de l'événement n'est plus au premier plan, le temps de Noël garde un parfum particulier, entre nostalgie, gourmandise et émerveillement !

LES ATOURS DE LA FÊTE

Dès la fin du mois de novembre, les Alsaciens commencent les préparatifs. Alors que les jours vont se réduisant, les illuminations prennent toute leur importance. Sur la **couronne de l'avent**, on allume chaque dimanche, premier jour de la semaine chrétienne, une bougie supplémentaire. Au chiffre 4, traditionnellement associé à la vie terrestre (en référence aux éléments, aux saisons...), répond la forme circulaire du support qui évoque l'éternité divine. Saviez-vous que l'origine du **sapin de Noël** se trouve dans les Vosges ? Les livres de comptes de la ville de Sélestat datés de 1521 témoignent de la coupe d'arbres tout exprès pour cette occasion. Le sapin possède une forte valeur symbolique puisqu'il est l'un des rares arbres à garder sa verdure et sa vitalité à la morte saison. Signe de pérennité, il est aussi promesse de renaissance.

Une fois l'arbre coupé, il faut le décorer ! Les **boules de verre** seraient originaires de Meisenthal, berceau de la verrerie du pays de Bitche : les habitants avaient l'habitude de suspendre aux branches de leurs sapins des noix et des pommes. Mais la mauvaise récolte de 1858 invita les verriers de la ville à trouver d'autres décorations : ils eurent alors l'idée de souffler et peindre des boules de verre.

Les **friandises** ne sont pas en reste. À chaque étape de la fête correspond une spécialité, du **manele** (brioche de la St-Nicolas, fêtée le 6 décembre), à la galette des rois (pour l'Épiphanie, premier dimanche de janvier) en passant par les **bredele** (petits biscuits aux formes variées parfumés à l'anis, à l'amande, aux oranges confites, au chocolat... dont chaque famille garde jalousement les recettes), le pain d'épice et le **christolle** (ce pain enrichi de fruits secs et d'épices, enveloppé d'un « lange » de sucre glace, se déguste le 28 décembre, en souvenir des saints innocents tués sur l'ordre d'Hérode).

LES MARCHÉS, SUCCÈS TOURISTIQUES ET RENDEZ-VOUS CONVIVIAUX

Autre temps fort de cette période de l'année : le marché de St-Nicolas, devenu le marché « de l'Enfant Jésus », Christkindlmarkt ou encore marché de Noël. Cette tradition est issue des pays germaniques. Elle crée de fin novembre au 31 décembre une ambiance euphorique au milieu des spectacles les plus variés, concerts, crèches vivantes et expositions. Chaque année, rien qu'à Strasbourg, plus de 2 millions de personnes se pressent pour cette « fête » qui transforme la ville en une immense agora de couleurs et d'odeurs. Même si certains en dénoncent les dérives commerciales, le spectacle des milliers de lumières scintillant à la tombée de la nuit ajoute une dimension magique à la ville, dotant l'événement d'une atmosphère festive et bon enfant qui mérite le déplacement. Devant le succès touristique croissant, beaucoup de villes et villages d'Alsace se sont mis au diapason et rivalisent d'initiatives pour proposer les plus belles manifestations. *Notre suggestion d'itinéraires p. 10.*

couvert de peaux de bêtes serait le seigneur Hans von Drodt, qui terrorisait la région de Wissembourg depuis sa forteresse du Berwartstein. À **Wissembourg** *(voir p. 416)*, Hans Trapp fait l'objet d'une tradition toujours vivante : un cortège défile chaque année dans les rues de la ville, le dernier dimanche avant Noël.

PÈLERINAGES ET FÊTES

Les fêtes, joyeuses et colorées, sont aussi l'occasion de remettre à l'honneur les costumes traditionnels, comme la célèbre coiffe à rubans de la petite Alsacienne. Autrefois, c'étaient surtout les pèlerinages, les processions et les fêtes patronales qui rythmaient la vie des habitants. Le pèlerinage de **sainte Odile**, la patronne de l'Alsace, reste encore très fréquenté. D'autres fêtes d'origine médiévale rappellent les miracles légendaires à l'origine de la fondation de certaines villes. À Thann, le 30 juin, on commémore le **prodige des Trois Sapins** *(voir p. 248)*. À Ribeauvillé, le *Pfifferdaj*, ou **Fête des ménétriers**, est prétexte à de belles reconstitutions historiques *(voir p. 219)*. Les fêtes patronales, appelées *Kilbe* dans le Haut-Rhin et *Messti* dans le Bas-Rhin, sont toujours très vivantes. Quant au **corso fleuri** de Sélestat, il voit défiler des chars composés de dahlias depuis 1929. Il rassemble maintenant près de 500 bénévoles chaque année et utilise jusqu'à 500 000 dahlias.

LE CARNAVAL ET PÂQUES

Toute proche de l'Allemagne, l'Alsace célèbre le **carnaval** avec une abondance de beignets, de défilés, de processions de chars et d'événements festifs. Ainsi la ville de Mulhouse accueille la « soirée des Messieurs », *Herre-n-Owe*, un spectacle satirique en dialecte. La commune d'Offwiller se veut, le temps d'une veillée le 1er dimanche du Carême, le théâtre du lancement de disques enflammés, *Schieweschlawe*. Autrefois, il était appelé « Carnaval des paysans » et avait lieu dans les villages des collines pré-vosgiennes. Cette tradition réunit des dizaines d'hommes dans une clairière, munis de disques en hêtre d'environ 10 cm de diamètre, fixés sur des bâtons de noisetiers ou châtaigniers. Après avoir été enflammés sur le bûcher, les disques tournoient et s'envolent dans la pénombre hivernale.
À **Pâques**, le lièvre, symbole de fertilité, vient « pondre » dans les jardins des œufs de toutes les couleurs. Le vendredi précédent, Vendredi saint, est férié localement.
À la fête du village, aux mariages, sur le faîte des constructions neuves, mais aussi les jours d'élection, on plante un **arbre de mai** enrubanné. Dans les Vosges, la fête de la Saint-Jean reste un moment de joie autour des feux et de la « chavande ». Cette construction en bois, d'une dizaine de mètres de hauteur, est enflammée au début de la soirée.
À cela se sont ajoutées par la suite les fêtes gastronomiques et les manifestations de toutes sortes comme, parmi tant d'autres, la Fête de la choucroute à Colmar ou la foire-kermesse de Wissembourg.
Agenda, p. 32.

Costumes

D'ABORD QUELQUES CLICHÉS

Ce sont deux silhouettes familières devenues les figures d'une Alsace presque intemporelle : mademoiselle en robe rouge, garnie d'un ruban de velours, châle et tablier noirs et coiffe à grand nœud épinglée d'une cocarde, à côté de monsieur en veste sur gilet rouge, pantalon et chapeau noirs. Ce sont les albums de **Hansi** – et surtout

Gravure sur les costumes traditionnels alsaciens.
Mary Evans Picture Library/Photononstop

quelques impératifs touristiques – qui ont érigé ces images en figures de cartes postales. Or l'Alsace a compté autrefois presque autant de costumes que de villages…

UN COSTUME COCARDIER

La **cocarde tricolore** a néanmoins vraiment existé et perduré. Elle coiffe les costumes portés dans le Kochersberg et le Pays de Hanau durant la seconde moitié du 19e s. Publié en 1902, le livre *Costumes et coutumes d'Alsace* du peintre Charles Spindler et de l'écrivain engagé Anselme Laugel n'a rien d'anecdotique : l'ouvrage participe, à sa façon, à un profond mouvement régionaliste en réaction contre l'annexion de l'Alsace à l'Empire allemand. Les Alsaciennes exilées, à Paris notamment, arboraient alors volontiers la cocarde tricolore.

DES COIFFES « IDENTITAIRES »

La coiffe s'impose vite comme la pièce par excellence qui révèle l'origine géographique de la femme qui la porte, mais aussi son état civil et sa religion. Alors que vers 1830, la paysanne du Kochersberg ne noue encore qu'un **mince ruban** d'à peine cinq centimètres de large sur le haut du front, celui-ci est supplanté, vers 1910, par un **grand nœud** coloré, écossais ou fleuri chez les jeunes filles catholiques, noir chez les protestantes… et les catholiques mariées. À cela s'ajoutent des particularismes régionaux : pendant que les demoiselles catholiques de Schleithal arborent un **bonnet blanc en tulle brodé à bride**, celles de Meistratzheim s'affichent avec une **coiffe-soleil dorée** auréolée de dentelle blanche. Les jeunes filles protestantes de Seebach lui préfèrent une **coiffe à petit nœud frontal rouge**. À chacune son style et son identité.

Mais la religion se « lit » aussi dans le reste de la tenue. Dans la région du Kochersberg et du Pays de Hanau, la jupe est longue, rouge et gansée de velours noir pour les catholiques. Chez les protestantes, elle est plus courte et à ruban fleuri, de couleur verte, bleue, violette, brune ou rouge selon le calendrier liturgique.

ET AU RAYON HOMMES...

Pendant ce temps, la garde-robe des hommes s'étoffe également. Avant 1860, ils privilégient surtout la **redingote**, la culotte dite « à la française » coupée sous les genoux portée avec des bas blancs et bien sûr le tricorne. Au fil des ans, ces pièces ont été supplantées par la **veste, le pantalon et le chapeau à bord rond et à calotte plate**. Avec, encore, des particularismes locaux : à la fin du 19e s., dans le Kochersberg et le Pays de Hanau, les hommes portent une courte veste et un pantalon noirs, une chemise blanche au col fermé par un foulard noir plié comme un ruban, un gilet rouge à double rangée de boutons dorés et un chapeau.

LE COSTUME AU MUSÉE

Si ces costumes ont quitté la rue, l'Alsace les voit renaître dans des groupes folkloriques mais aussi dans des espaces dédiés au patrimoine. Ils revivent dans leur diversité régionale et religieuse à l'**Écomusée d'Alsace** d'Ungersheim ou au **Musée alsacien de Strasbourg**, doté de riches collections.

Visites de l'Écomusée d'Alsace, p. 269, et du Musée alsacien de Strasbourg, p. 108.

Gastronomie

EN ALSACE

Du salé...

La qualité des produits tirés du sol, l'utilisation de fonds de cuisine tels que la graisse d'oie ou le saindoux donnent un goût onctueux aux plats lentement mijotés, dont les origines sont souvent authentiquement paysannes. L'incontournable **charcuterie** entre dans la composition de nombreux plats. À côté des saucisses de Strasbourg, jambons et pâtés sont innombrables. Le *presskopf*, un fromage de tête de porc, côtoie le foie gras, grand seigneur de la gastronomie alsacienne, que le cuisinier Clause porta à la perfection au 18e s. *(voir p. 111)*. Les **volailles** élevées en plein air, le **gibier** et les **poissons** ne peuvent

Vendange tardive dans le Haut-Rhin.
K. Judd/Cephas/Photononstop

que stimuler la variété des plats. On n'a que l'embarras du choix entre le coq au riesling et la poularde aux morilles et à la crème, entre la truite des Vosges au bleu et la célèbre carpe frite du Sundgau. La matelote d'anguille, le saumon ou le brochet se trouvent aussi sur les bonnes tables comme, en automne ou en hiver, le civet de marcassin ou de cerf à la confiture d'airelles.

La **choucroute** reste cependant le plat le plus typiquement alsacien. Autrefois, elle se conservait l'hiver. Son nom dérive de l'alsacien *sürkrutt,* où *sür* veut dire « aigre » et *krutt,* prononcé « *croute* », désigne le chou. Sa fermentation au sel vient d'Allemagne et remonte à la fin du Moyen Âge. On la prépare le plus souvent avec de la charcuterie et des pommes de terre bouillies, et l'on y ajoute parfois des « surprises » raffinées – pièces de perdreaux, écrevisses ou truffes… La choucroute de Strasbourg, préparée au riesling, est la plus réputée.

Le **baeckeofe** est l'autre grand plat alsacien. Le nom de cette potée signifie littéralement « four du boulanger ». C'est un mélange de viandes de bœuf, porc, agneau ou cuisse d'oie marinées ensemble dans un vin blanc sec, sylvaner ou riesling, accompagné d'oignon, d'ail et d'un bouquet garni. Le tout, disposé dans une cocotte en terre cuite entre deux couches de pommes de terre et d'oignons, mijote au four pendant deux heures et demie.

Enfin, la **flammekueche**, tarte flambée à base de pâte à pain, de crème, d'oignons et de lardons, était elle aussi un repas complet qu'on cuisait le matin avec les premières flammes du four à pain.

… au sucré

Pour terminer le repas, le choix est difficile entre tartes aux pommes, aux quetsches ou aux myrtilles, qui ont fait la réputation de la pâtisserie alsacienne. Le **kugelhopf**, la traditionnelle brioche aux raisins secs et aux amandes, se déguste au petit-déjeuner ou au goûter, comme les fameux pains d'épice au miel. La tradition est ancienne : un document de 1412 préconise d'offrir à Noël du pain d'épice aux lépreux. La cannelle, le gingembre, l'anis et la noix de muscade relèvent le goût de ces gâteaux aux formes variées. À ces douceurs s'ajoutent quelques variantes au moment de Noël (*mannele, bredele, berawecka* et *stollen*) et de Pâques, où l'on prépare, dans des moules spéciaux, le fameux *lammala,* ou « agneau de Pâques ».

DANS LA MONTAGNE VOSGIENNE

Le repas marcaire

Les Hautes-Vosges connaissent, dès la belle saison, le déplacement des troupeaux vers les pâturages d'altitude. Le marcaire, qui tire son nom du *melker,* le « trayeur de vache » en dialecte, monte avec ses bêtes sur les hautes chaumes de la St-Urbain à la St-Michel (25 mai-29 septembre). C'est là-haut qu'il va préparer le fromage, dans sa modeste ferme d'altitude, ou marcairie. Ce chalet ne comprenait autrefois que deux pièces, l'une pour le fromage, l'autre, très petite et presque sans mobilier, pour dormir. On lui a souvent adjoint par la suite une étable. Dès la fin du 19e s., les randonneurs ont pris l'habitude de s'y arrêter pour se restaurer. Depuis, ayant pris le nom de **fermes-auberges**, elles proposent en été le « repas marcaire », que les amoureux de la montagne viennent savourer au milieu des senteurs de foin, de résines et de fleurs. Le menu enchaîne de manière immuable les mêmes spécialités préparées sur place : un potage suivi d'une tourte de la vallée (pâté chaud de viande de veau et de porc), puis un

LE FROMAGE A AUSSI SA ROUTE

L'idée est née dans la vallée de Munster, berceau de cette célèbre spécialité fromagère. Si le vin a sa route, pourquoi pas le fromage? Producteurs, auberges et fermes-auberges ont ainsi conçu un véritable « circuit » gourmand, qui forme une boucle au départ de la Maison du fromage de Gunsbach et propose étapes gastronomiques, visites de fermes, découverte des traditions marcaires mais aussi activités de pleine nature. Parmi les étapes incontournables : le village de Metzeral, Stosswihr qui borde le fameux col de la Schlucht ou encore un crochet panoramique par la route des Crêtes.

plat principal composé de viande de porc fumée accompagnée de *roïgabrageldi* (pommes de terre émincées et longuement rissolées avec des oignons et du lard). Un délicieux munster affiné sur place prélude au dessert, tartes aux fruits de saison, ainsi qu'au *siesskas,* qu'il faut absolument essayer : moulé le matin même, c'est un fromage blanc du jour très frais, servi avec du kirsch et du sucre, et que le gewurztraminer accompagne divinement.

Goûteux fromages

La ville de Munster a donné son nom au fromage que la montagne vosgienne fabrique depuis plusieurs siècles. Fabriqué au lait cru, le **munster** est un fromage à pâte molle et à croûte lavée qu'on affine pendant 3 à 4 semaines. On lui ajoute parfois du carvi (cumin des prés). Le succès de ce fromage, qui a obtenu l'appellation d'origine contrôlée en 1978, a contribué à sauver une race de vache rustique, la vosgienne, dont le lait riche et aromatique lui est essentiel. Après un lent déclin, on voit la vosgienne reprendre sa place naturelle sur les hautes chaumes. On la reconnaît à ses flancs noirs mouchetés et à la large bande blanche qui court le long de son échine.

Le **géromé** a la même croûte fauve et l'intérieur crémeux que le munster, mais son lait n'est pas réchauffé et son affinage dure plus longtemps, jusqu'à quatre mois. On lui ajoute de même des graines d'anis, de fenouil ou de cumin. Depuis quelques années, pour se diversifier, les fermes proposent aussi des fromages « de garde », à pâte cuite, qui se conservent plus longtemps. C'est le cas du **bargkas**, littéralement « fromage de montagne », et du saint-grégoire, tous deux proches des tommes et des gruyères.

Fromagerie « La Graine au Lait », à Lapoutroie, p. 324 et Maison du fromage de Gunsbach, p. 315.

Vins, bières et alcool

LES CÉPAGES D'ALSACE

À l'exception de l'**edelzwicker**, qui désigne l'assemblage de plusieurs cépages *edel* (c'est-à-dire nobles), chaque vin d'Alsace provient en général d'un seul cépage qui lui donne son nom. Sept AOC (appellations d'origine contrôlée) se partagent principalement le vignoble. Le plus prestigieux est le **riesling**, qui est l'un des plus grands raisins blancs du monde. Son bouquet est subtil et d'une exceptionnelle finesse. D'une grande élégance, le **gewurztraminer** est un traminer, dit « épicé » *(gewurz)* à cause de son goût riche, aromatique et puissant. Le **sylvaner**, sec et léger, désaltère très agréablement. Quant au **pinot blanc**, il est sec, lui aussi, mais plus corsé. Plus fruité, le **muscat d'Alsace** a un goût de raisin frais. Le

Fabrication du munster.
A. Kauffmann/hemis.fr

pinot gris est, lui, bien charpenté, rond et corsé. Enfin le célèbre **pinot noir**, originaire de Bourgogne, donne des rouges ou rosés dont le fruité évoque la cerise.

Quand l'étiquette porte l'appellation « **Alsace grand cru** » avec, outre le cépage, l'année et le nom du terroir d'origine, il s'agit de vins particulièrement remarquables. On en compte une cinquantaine.

La mention « **vendanges tardives** » désigne une récolte très avancée dans la saison, la concentration des sucres donne alors une qualité de raisin tout à fait exceptionnelle. Et le **crémant d'Alsace** est un mousseux de bonne qualité.

Enfin il serait dommage d'oublier, face à Colmar, Freiburg où se trouve le siège de l'association des **vignerons badois**. Parmi ses crus célèbres, le Schlossberg, le Henkenberg et le Winklerberg peuvent rivaliser avec les meilleurs vins d'Alsace.

Adresses et informations pratiques, p. 28.

LA BIÈRE

En Alsace, vin et bière ne sont assurément pas incompatibles. Dans certaines brasseries strasbourgeoises, on peut goûter à la bière fabriquée sur place, ce qui est une rareté en France. Les *bierstubs* (débits de bière), pendant des *winstubs*, ont une ambiance chaleureuse et intime, avec leurs fenêtres à petits carreaux, leurs boiseries aux murs et leurs banquettes. Un imposant poêle en faïence trône souvent dans la pièce.

METS ET VINS D'ALSACE

On peut enchaîner les vins d'Alsace tout au long d'un repas. Le crémant et le muscat servis en apéritif laisseront place à un sylvaner frais et léger pour les hors-d'œuvre, fruits de mer ou charcuterie fine. Le riesling et les pinots accompagneront le plat principal, choucroute, rôti, volaille ou poisson, tandis que le capiteux gewurztraminer s'associera aussi bien aux plats exotiques qu'aux fromages forts et à la pâtisserie, pain d'épice ou *kugelhopf*.

Près de 60 % de la production française de bière a lieu en Alsace. Les premières brasseries locales datent de la fin du Moyen Âge. Après les moines des abbayes, quelques familles protestantes ont géré des établissements. On en dénombrait plus de 250 au 19e s. La ligne de chemin de fer Strasbourg-Paris a permis d'étendre ce commerce au-delà de la région. La culture du houblon, dont la fleur épice la bière, s'est développée fortement à la même époque, autour de Haguenau. Ces dernières années, de nombreuses brasseries ont disparu ou ont été achetées par de grands groupes. Il reste deux brasseries dites artisanales et indépendantes, et plusieurs micro-brasseries poursuivent leur petite production.

La fabrication de la bière nécessite une eau très pure et des céréales, essentiellement de l'orge dont le grain est humidifié dans la malterie. La germination se produit pendant 8 à 10 jours. Le grain germé est séché et devient le malt que l'on fait macérer, chauffer et fermenter dans l'eau. La fleur de houblon parfume ensuite la bière.

Visites de brasseries, voir « Sur place de A à Z », p. 22.

LES EAUX-DE-VIE

L'Alsace offre un choix très riche et souvent inventif d'eaux-de-vie et de liqueurs, qui sont généralement servies en fin de repas. Le **kirsch**, dont le nom évoque la cerise en alsacien, est le plus connu. Il parfume d'innombrables recettes bien au-delà de sa région d'origine. La mirabelle et la quetsche donnent, avec des alcools plus secs mais toujours très fruités, d'excellents digestifs. Mais c'est la framboise, qu'on boit dans de très grands verres afin de mieux sentir la subtilité de son arôme, qui joue la reine des eaux-de-vie blanches.

Musée des Eaux-de-vie, à Lapoutroie, p. 322.

Histoire

Objet de convoitises entre les puissances européennes rivales, l'Alsace a connu une histoire rythmée par les guerres et les annexions. Située le long du Rhin, axe fluvial majeur, elle a aussi toujours été un grand carrefour d'échanges d'idées et de marchandises en Europe. Cette place stratégique explique le dynamisme de la région et son importance dans la construction européenne.

L'Alsace des débuts

CELTES, ROMAINS ET BARBARES

En refoulant de l'autre côté du Rhin le Germain Arioviste, en **58 av. J.-C.**, Jules César fixe pour cinq siècles la frontière sur le grand fleuve : d'un côté la romanité, de l'autre le monde barbare, le long d'un *limes* fortifié. L'Alsace est alors partagée entre des peuples celtes, les Rauraques au sud et les Triboques au centre, tandis qu'autour du

LES GRANDES DATES

- **2e millénaire av. J.-C.** – Les Celtes s'établissent dans la région.
- **58 av. J.-C.** – Jules César établit le Rhin comme frontière de l'Empire romain.
- **378** – Les Alamans chassent les Romains d'Alsace.
- **842** – Serments de Strasbourg, premier document bilingue en français et allemand.
- **870** – Traité de Mersen : l'Alsace passe dans l'orbite germanique.
- **1354** – Fondation de la Décapole, alliance de dix villes libres alsaciennes.
- **1525** – Guerre des Paysans.
- **16e s.** – Réforme protestante.
- **1618-1648** – Guerre de Trente Ans. Le traité de Westphalie adjuge à la France une partie de l'Alsace.
- **1681** – Prise de Strasbourg par les troupes du roi de France, Louis XIV. Le Rhin devient la frontière avec l'Allemagne.
- **1790** – L'Alsace est divisée en deux départements, Bas-Rhin et Haut-Rhin.
- **1871** – Traité de Francfort : annexion de l'Alsace et de la Moselle par l'Allemagne.
- **11 novembre 1918** – Armistice ; retour des territoires annexés à la France.
- **17 août 1940** – Annexion de l'Alsace et de la Moselle au Reich.
- **1945** – Libération et retour à la France de l'Alsace et de la Moselle.
- **1949** – Fondation du Conseil de l'Europe à Strasbourg.
- **1979** – Élection du 1er Parlement européen au suffrage universel.
- **2004** – Fin de l'exploitation de potasse en Alsace.
- **2007** – La ligne de TGV Est met Paris à 2h17 de Strasbourg.
- **2011** – La ligne de TGV Rhin-Rhône (première ligne de province à province) rapproche Mulhouse de Paris et l'Alsace du sud de la France.
- **2016** – Le nouveau découpage des régions entérine l'intégration de l'ancienne région Alsace dans la nouvelle région « Grand Est » qui regroupe l'Alsace, la Champagne-Ardenne et la Lorraine.
- **Avril 2016** – Le prolongement de la ligne de TGV Est met Paris à 1h48 de Strasbourg.

camp de légion d'Argentorate se créait une bourgade qui donnera naissance à Strasbourg.
À partir du **3e s.**, les incursions des Francs et des Alamans se multiplient. Ces derniers colonisent une partie de l'Alsace au **5e s.**, lorsque l'Empire romain disparaît. Battus à Tolbiac par Clovis, ils se soumettent au roi franc et à ses successeurs, les Mérovingiens.

DES DUCS AUX EMPEREURS

Le nom d'Alsace apparaît au **7e s.** avec le duc Étichon, le père de sainte Odile. Après lui, la coupure entre le Nord et le Sud, déjà visible entre les diocèses de Strasbourg et de Bâle fondés à l'époque romaine, se retrouve dans la division en deux comtés, le Nordgau et le Sundgau, lointaine préfiguration des départements actuels.
C'est à Strasbourg en **842** qu'a lieu le célèbre serment prêté par les soldats des petits-fils de Charlemagne, Charles le Chauve et Louis le Germanique. Écrit en langue romane et en langue germanique, c'est l'un des plus anciens témoignages connus du français et de l'allemand.
À la suite des différents partages carolingiens qui ont suivi, l'Alsace s'est finalement retrouvée intégrée dans le royaume de Germanie, puis au Saint Empire romain germanique. Au **12e s.**, les Hohenstaufen, représentés notamment par l'empereur **Frédéric Barberousse**, aiment résider à Haguenau, où ils ont de nombreuses possessions.

ÉMANCIPATION DES VILLES

Le déclin du pouvoir impérial conduit à un éparpillement progressif des pouvoirs. À partir du **14e s.**, seules les possessions des Habsbourg, au sud, émergent du puzzle des petites seigneuries indépendantes, ainsi que celles du puissant prince-évêque de Strasbourg qui réside à Saverne.
Les villes, à commencer par Strasbourg, réussissent à obtenir leur autonomie et forment autant de petites républiques prospères. Dix d'entre elles (Wissembourg, Haguenau, Rosheim, Obernai, Sélestat, Turckheim, Munster, Kaysersberg, Colmar et Mulhouse) s'allient dans une ligue, la **Décapole**, pour pouvoir se défendre contre les princes. Cette ligue se maintiendra jusqu'en 1679, avant d'être dissoute par Louis XIV.
À la fin du Moyen Âge et au début de la Renaissance, les villes connaissent une sorte d'âge d'or. Après les périodes sombres de la peste noire et de la guerre de Cent Ans, elles profitent pleinement du renouveau des échanges dans un monde rhénan ouvert sur l'extérieur. Strasbourg, où séjournent **Gutenberg**, puis **Érasme**, est alors l'un des centres du mouvement artistique et intellectuel incarné par l'humanisme, dont la diffusion est favorisée par l'imprimerie.

DES GUERRES SUCCESSIVES

Mais les graves événements du 16e s. annoncent une période plus difficile. C'est d'abord, en **1525**, la guerre des Paysans, ou révolte des Rustauds, qui s'étend sur une partie de l'Europe centrale, et qui prend un caractère tragique en Alsace où la révolte est noyée dans le sang. C'est ensuite la **Réforme protestante**, luthérienne ou calviniste, qui s'impose surtout dans les villes. Cette division religieuse, alors que l'intolérance règne partout, conduit à des tensions entre princes catholiques et protestants. C'est l'une des causes de la **guerre de Trente Ans** qui, née d'un conflit à Prague entre protestants et catholiques, se propage dans toute l'Europe et ravage l'Alsace, lui faisant perdre la

Statue de Gutenberg.
W. Buss/age fotostock

moitié de sa population. Bien que catholique, la France de Richelieu, puis de Mazarin s'allie aux princes protestants pour affaiblir les Habsbourg et s'introduire dans les affaires de l'Alsace.

ENTRE FRANCE ET ALLEMAGNE

En **1648**, le **traité de Westphalie** reconnaît à la France la possession d'une partie de cette province, que Louis XIV annexe ensuite par étapes jusqu'à la prise de Strasbourg en **1681**. Seules Sarrewerden et Mulhouse ne rejoindront la France qu'à la Révolution, qui jouera un rôle décisif dans l'intégration des Alsaciens à la nation française.
Par le traité de Ryswick (1697), le Rhin est reconnu comme frontière. Louis XIV poursuit une politique en faveur des catholiques et instaure le *simultaneum*, c'est-à-dire l'utilisation simultanée d'un édifice cultuel par les catholiques et les protestants (dans toute commune comptant au moins sept familles catholiques, le chœur de l'église est consacré au culte catholique tandis que la nef est réservée aux protestants).
Les idéaux de la Révolution sont favorablement accueillis par les Alsaciens. C'est chez le maire de Strasbourg que Rouget de Lisle compose son *Chant de guerre pour l'armée du Rhin,* la future *Marseillaise*. La Constituante substitue à l'Alsace les départements du Bas et du Haut-Rhin. Cependant, dès 1793, avec la radicalisation du régime, les Alsaciens prennent leurs distances vis-à-vis de la cause révolutionnaire. En **1794**, Saint-Just interdit l'usage du dialecte alsacien, suspecté d'être contre-révolutionnaire, et impose le français comme seule langue officielle. La mesure est très mal comprise par les Alsaciens, blessés dans leur identité.
Mais la **période napoléonienne** renforce le sentiment d'appartenance de l'Alsace à la France et nombre d'Alsaciens s'illustrent dans l'armée.
Survivance de cette période, le **Concordat** est toujours d'actualité en Alsace. Signé par Napoléon avec le Saint-Siège en 1801 (et complété par des articles organiques en 1802 pour les protestants et en 1803 pour les juifs), il confère aux Églises un statut officiel et assure la rémunération des ministres des cultes par l'État. Ce statut est abrogé en 1905 dans toute la France par la loi de séparation de l'Église et de l'État. Mais l'Alsace

étant annexée, le problème du maintien de ce régime ne se pose qu'en 1918, lors de son retour à la France. Les Alsaciens se montrent alors farouchement opposés à la disparition de ce qui leur apparaît comme une donnée essentielle du droit local.

D'une guerre à l'autre

Trois terribles guerres entre la France et l'Allemagne placent l'Alsace au centre d'une tourmente exacerbée par le sentiment national. L'annexion de 1871 provoque une hostilité durable entre les deux pays.

1870-1871

Le conflit de 1870 oppose le Second Empire de **Napoléon III** et les royaumes allemands unis derrière la Prusse et son chancelier **Bismarck**. La volonté de ce dernier de rassembler sous l'autorité du roi de Prusse l'ensemble de l'Allemagne, alors une fédération assez lâche d'États indépendants, est à l'origine de la tension franco-allemande. L'armée française, mal préparée, est bousculée dès le premier jour du conflit, qui éclate le 19 juillet 1870. Le général Mac-Mahon est battu à Wissembourg, dans le nord de l'Alsace, malgré la charge héroïque, restée célèbre, de ses cuirassiers. Après plusieurs semaines de siège, Strasbourg capitule, tandis que Paris est assiégée. La France finit par demander l'armistice en février 1871, tandis que l'Empire allemand est solennellement proclamé par le roi de Prusse et empereur Guillaume Ier dans la galerie des Glaces du château de Versailles. Toute l'Alsace est annexée, sauf Belfort qui, défendue par Denfert-Rochereau, a tenu bon pendant toute la guerre.

Le **traité de Francfort (1871)** confirme les conditions de paix signées à Versailles. Outre la perte de son territoire (la frontière recule du Rhin aux Vosges), la France doit verser une indemnité de 5 milliards de francs-or. Le traité prévoit pour les habitants le choix de leur nationalité, avec l'obligation pour ceux qui choisissent la France de le faire avant le 30 septembre 1872. Ce sont alors 160 000 Alsaciens et Lorrains qui quittent les provinces perdues pour s'installer sur le territoire français. Ils conservent cependant leurs biens restés en Alsace-Moselle.

La défaite de Napoléon III, fait prisonnier à Sedan dès le début de la guerre, a pour conséquence l'instauration de la IIIe République, dont l'œuvre démocratique va être considérable. Mais l'amputation du territoire national reste une blessure inguérissable, constamment rappelée au cours des décennies suivantes par les journaux et l'école. La ligne bleue des Vosges devient un but de pèlerinage patriotique. Sur un plan plus strictement militaire, la France, dégarnie de ses forteresses alsaciennes construites par Vauban, fortifie sa nouvelle frontière et lance un sombre présage pour les guerres à venir.

1914-1918

La guerre éclate comme un coup de tonnerre au beau milieu de l'été 1914. Presque toute l'Europe s'y engouffre. Deux systèmes d'alliance s'affrontent. D'un côté, la France, la Grande-Bretagne et la Russie encerclent les puissances centrales, l'Allemagne et l'Autriche-Hongrie. Peu à peu, d'autres pays viennent renforcer chaque camp, tandis que les colonies sont mises à contribution. Les États-Unis interviennent à partir de 1917 aux côtés de la France, sur le sol de laquelle se joue le sort de cette Première Guerre mondiale. En

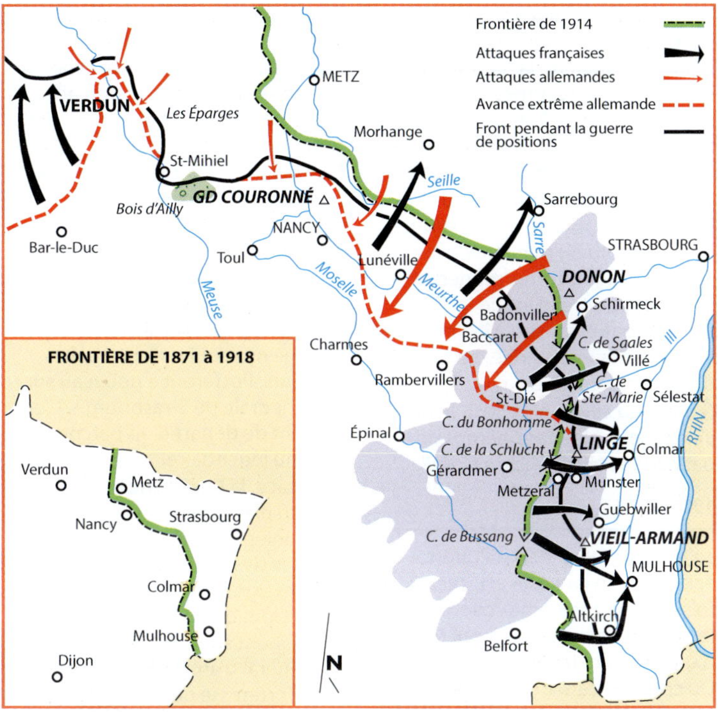

effet, le plan de guerre allemand, le plan Schlieffen, avait pour but de vaincre d'abord la France pour se retourner ensuite vers la Russie, plus lente à mobiliser ses troupes. Pour cela, le plan choisit la surprise en envahissant la Belgique, qui était neutre, et le Luxembourg, pour traverser, en un immense mouvement tournant, les plaines du Nord en direction de Paris. Pendant ce temps, l'armée française, qui pense que les combats se dérouleront à l'est, s'est avancée en Alsace en libérant Mulhouse. Ce succès est sans lendemain, car les Français doivent précipitamment transférer leurs forces vers Paris. Le centre de la guerre se déplace alors vers la Champagne et la Picardie. La bataille de la Marne ayant mis en échec le plan allemand, les deux armées s'enterrent dans des tranchées le long d'une ligne de front qui se déploie des côtes de la mer du Nord à la frontière suisse. La ligne de front se fige le long des crêtes et des positions clés à travers la barre montagneuse des Vosges et les collines d'Alsace. Cette guerre dite « de position » dure quatre ans et engendre de terribles souffrances, en particulier pour les milliers d'Alsaciens qui, enrôlés des deux côtés de la frontière, doivent parfois se battre les uns contre les autres. Les grandes offensives tentées de part et d'autre, très meurtrières, sont chaque fois vouées à l'échec. Quatre batailles terribles ravagent ainsi l'Alsace : la Tête des Faux, le Hartmannswillerkopf (Vieil-Armand), La Fontenelle et le Linge.

Dès le jour de l'armistice, le **11 Novembre 1918**, l'Alsace redevient française dans l'enthousiasme général de la victoire, mais également dans le soulagement de la fin du conflit le plus meurtrier que la France ait connu. Pour empêcher toute possibilité d'invasion, le gouvernement français décide de construire, à partir de 1930, une ligne souterraine de défense, qui prend le nom du ministre de la Guerre : Maginot. Très moderne pour l'époque, elle longe le Rhin, puis la frontière jusqu'à la Belgique, un dispositif étant prévu en cas d'attaque contre ce pays.

Pour en savoir plus : voir le guide illustré Michelin des Champs de bataille 1914-1918 *Alsace Moselle*.

1939-1944

Le 1er septembre 1939, la guerre éclate à nouveau. Elle est, cette fois-ci, délibérément provoquée par le régime politique nazi, qui règne d'une poigne de fer sur l'Allemagne. Du côté français, c'est la « drôle de guerre ». On attend l'attaque ennemie sur la meilleure ligne de défense du monde *(voir « La ligne Maginot », p. 76)* après avoir évacué les populations frontalières.

En mai **1940**, l'Allemagne attaque la Belgique, la Hollande et le Luxembourg, de façon foudroyante et imprévue du côté des Ardennes, et selon la tactique de la « guerre éclair » fondée sur les chars et l'aviation. L'invasion du nord de la France rend inutile la ligne Maginot prise à revers.

La victoire allemande, totale en apparence, laisse alors la France comme effondrée. L'Allemagne réannexe de fait l'Alsace, qu'elle entreprend de « germaniser » définitivement.

Le 2 mars 1941, à Koufra, obscure oasis du Sahara central, mais première victoire de la France libre, le futur général Leclerc fait le serment, avec ceux qui feront plus tard partie de la 2e division blindée, de « ne déposer les armes que lorsque nos couleurs, nos belles couleurs, flotteront à nouveau sur la cathédrale de Strasbourg ». C'est le point de départ d'un parcours devenu légendaire.

En Alsace, la **Résistance** se met en place très tôt. L'aide aux prisonniers évadés s'organise. Des réseaux de passeurs en Suisse, de renseignements militaires et économiques se forment. Événement spectaculaire : l'évasion du général d'armée Henri Giraud de la forteresse de Kœnigstein en Saxe en avril 1942. Giraud transitera par Strasbourg, Sélestat et Mulhouse, non sans péripéties, avant d'être caché à Liebsdorf par le curé Stamm, d'où il passera en Suisse, avant de regagner la France par Annemasse. Un coup de maître qui coûtera cependant cher en représailles.

En août **1942**, le *Gauleiter* Wagner, gouverneur régional de l'Alsace annexée au Grand Reich depuis juin 1940, déclare le service militaire obligatoire pour les Alsaciens.

L'INCROYABLE EXODE

C'est un événement étrangement méconnu : en 1939, tandis que la France se prépare à marche forcée à la guerre contre l'Allemagne, les autorités françaises ordonnent l'évacuation d'une bande de 4 km le long de la frontière. En quelques heures, et avec 30 kg de bagages maximum, plus de 400 000 personnes prennent le chemin de la Dordogne. Lorsque l'armistice de juin 1940 autorise la population à rentrer, le choix est cruel. Ceux qui restent en Dordogne (environ un tiers) doivent reconstruire leur vie. Les autres retrouvent un territoire pavoisé de drapeaux à croix gammée, mis en coupe réglée par le régime nazi.

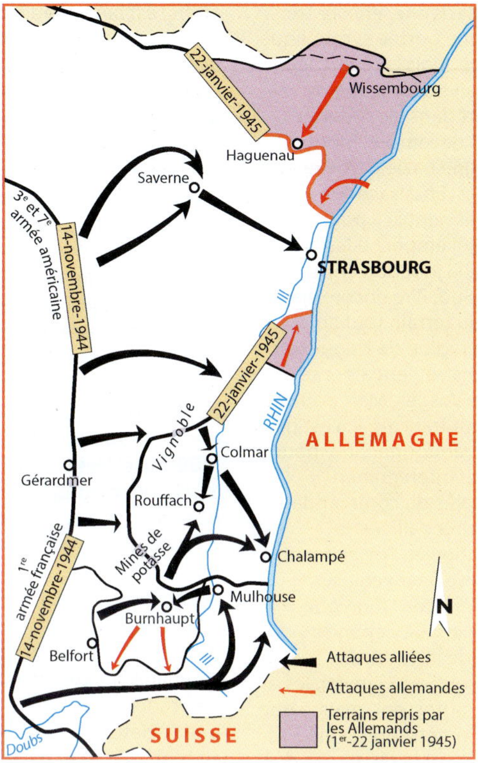

Le recrutement forcé des « malgré-nous » dans la Wehrmacht ou dans la SS, comme l'existence du camp de concentration du Struthof dans les Vosges ou du camp de sûreté de Schirmeck où sont détenus les récalcitrants, suscitent dans la population un sentiment de rejet. Pour la population, toujours prise en tenailles et suspectée (la traversée du Rhin est interdite aux Alsaciens), la vie est difficile.
À la fin de la guerre, sur 130 000 Alsaciens et Mosellans incorporés de force (la Moselle ayant connu le même destin tragique), on compte 40 000 tués ou portés disparus, 30 000 blessés et 10 000 évadés. Parmi ceux qui sont revenus, beaucoup ont dû supporter suspicions et accusations.

LA LIBÉRATION

En **1944**, les combats reprennent sur le sol français avec les débarquements alliés américains et anglais en Normandie le 6 juin, puis en Provence le 15 août. Mais la libération de l'Alsace et l'intrusion sur le sol allemand, vont se révéler très difficiles.
Le rôle joué par la 1re armée française, commandée par le général de Lattre de Tassigny, va être décisif. Du 14 au 28 novembre, les Allemands sont encerclés en Haute-Alsace et **Mulhouse** est libérée. Au nord, dès le 22 novembre, Leclerc contrôle le col de Saverne avec la 2e DB. Il décide de foncer sur **Strasbourg** qu'il atteint dès le lendemain matin. La libération si rapide de

la capitale alsacienne, encore très menacée, a une portée symbolique extraordinaire. Mais la meurtrière contre-offensive allemande de von Rundstett dans les Ardennes, à partir du 16 décembre, montre que l'Allemagne nazie garde encore des ressources. En Alsace, les Allemands tiennent la **« poche » de Colmar**, qui empêche les Alliés de faire la jonction entre le Nord et le Sud. Pire encore, ils reprennent du terrain tout au nord, dans la région de Haguenau. Les Américains veulent alors se replier sur les Vosges. Mais pour le gouvernement français, il n'est pas question d'abandonner Strasbourg. De Gaulle doit intervenir en personne auprès du commandant en chef des forces alliées, le général Eisenhower. Très réticent, celui-ci accepte de revenir sur cette décision, à condition que la défense de la ville dépende entièrement de la 1re armée française. Jusqu'au 22 janvier, les Allemands progressent, mais, à une dizaine de kilomètres de la ville, ils renoncent devant la résistance des Français. L'échec de l'offensive des Ardennes a désormais placé l'armée allemande sur la défensive. Il faut pourtant à de Lattre de Tassigny deux attaques acharnées et en tenailles pour réduire la « poche » de Colmar en quinze jours.

Le 2 février **1945**, Colmar est enfin libérée. Le 9 février, les Allemands finissent de repasser le Rhin par le seul pont encore sous leur contrôle, à Chalampé. Mais il faut attendre le 19 mars pour qu'avec Wissembourg, en ruine, tout le territoire français soit délivré.

Un passé industrieux

L'INDUSTRIE MULHOUSIENNE

Le passé industriel de la ville aux cent cheminées remonte au 18e s. Une première indiennerie (manufacture d'impression sur étoffe) est créée en 1746 par quatre Mulhousiens, marquant le départ de l'industrie textile dans la ville. Leur réussite fait des émules : on recense 15 manufactures en 1798, une trentaine au début du 19e s. La chimie et la mécanique sont les moteurs du développement de la région. La population passe de 7 000 à 100 000 âmes en un siècle, faisant de Mulhouse une métropole industrielle. En 1826, un groupe d'industriels mulhousiens fonde une association de droit local, reconnue d'utilité publique en 1832 par ordonnance royale : la **Société industrielle de Mulhouse**. Dès l'origine, la SIM a pour but de propager l'industrie, mais aussi de constituer un lieu de recherche, d'activité et de diffusion d'ordre scientifique, économique, social, artistique et technique. Son patronat, protestant, influencé par l'humanisme, crée des organismes d'encadrement social (notamment une Société mulhousienne des cités ouvrières) et de formation de la classe ouvrière. Durant tout le 19e s., la SIM est le laboratoire d'idées où s'échafaude le « modèle mulhousien », une convergence entre l'industrie, la recherche et l'enseignement.

Ville allemande de 1871 à 1918, Mulhouse perd près de 20 % de sa population, qui opte pour la France. Pendant toute cette période, la SIM (interdite de 1914 à 1918) reste le haut lieu de la culture française (ses bulletins seront toujours publiés en français). La métallurgie, la construction mécanique, la laine et la chimie relaient alors l'industrie du coton en déclin.

En 1903, la découverte de gisements de potasse ouvre de nouveaux horizons et son extraction connaît une forte expansion avec le retour de Mulhouse à la France en 1918.

Dans les années 1960, alors que l'activité liée à la potasse décline, l'installation d'une immense usine Peugeot permet à Mulhouse de poursuivre son aventure industrielle, relayée aujourd'hui par la conversion de son patrimoine industriel en musées.

MÉTIERS TRADITIONNELS DES VOSGES

Grâce à leurs ressources naturelles, les vallées vosgiennes ont, depuis le Moyen Âge, connu une intense activité artisanale. Forges, fonderies, verreries et cristalleries trouvaient dans le bois un combustible abondant que transformaient les charbonniers au cœur de la forêt. C'était aussi une matière première essentielle pour les charpentiers comme pour les ébénistes. Les torrents fournissaient de leur côté une énergie inépuisable qui, captée par les moulins à eau, servait à actionner soufflets, marteaux et scies ainsi que des pompes. Enfin, le sous-sol livrait des minerais qui, avant de s'épuiser, ont fait la prospérité de **Ste-Marie-aux-Mines**. On y venait, à la Renaissance, de toute l'Europe centrale pour y extraire l'argent, le plomb ou le cuivre. Au 18e s., l'industrie textile, attirée par la puissance et par la pureté des cours d'eau, s'est mise à remonter dans les vallées à partir du versant alsacien. Soutenues par les capitaux mulhousiens, les cotonnades ont ainsi fait la célébrité de la toile des Vosges, tandis que le tissage du lin s'implantait à **Gérardmer**.

Aujourd'hui encore, la forêt fournit, avec ses sapins et ses épicéas, un important marché de bois de sciage et de papeterie. Le hêtre, autrefois de faible valeur, est maintenant très utilisé en bois de placage. Si la descente des troncs coupés a perdu de son pittoresque depuis qu'elle ne s'effectue plus par **schlittage**, procédé qui consistait à faire glisser un traîneau, la schlitte, sur des rondins disposés comme les barreaux d'une échelle le long d'une forte pente, on utilise encore les chevaux sur les terrains inaccessibles aux machines. Scieries et papeteries se sont modernisées, comme l'industrie textile qui, après de graves crises, a réussi à se maintenir par la qualité de sa production (linge de maison et habillement).

Canal du Rhône au Rhin à Niffer.
euroluftbild.de/vario Images RM/age fotostock

Un destin européen

Après 1945, les dirigeants de l'Europe de l'Ouest prennent conscience de la nécessité de construire une Europe unie, débarrassée des haines du passé. Soixante-cinq ans plus tard, ce projet commence à se réaliser et à changer le destin de l'Alsace.

L'ALSACE, BERCEAU DE L'EUROPE

« La contribution qu'une Europe organisée et vivante peut apporter à la civilisation est indispensable au maintien des relations pacifiques », déclare **Robert Schuman** (1886-1963) en mai 1950. Et ce n'est pas tout à fait un hasard si deux des « pères fondateurs » de l'Europe, Robert Schuman donc, ministre français des Affaires étrangères, et Konrad Adenauer, premier chancelier de l'Allemagne d'après-guerre, étaient l'un mosellan et l'autre rhénan. Robert Schuman eut la nationalité allemande jusqu'en 1918. Riche d'une double culture, il défend, pendant l'entre-deux-guerres, le particularisme alsacien-mosellan ; pacifiste, il cherche à surmonter les vieux nationalismes, responsables des conflits entre la France et l'Allemagne. Ministre des Affaires étrangères de 1948 à 1952, il se fait l'artisan de la réconciliation franco-allemande.

Fondé par dix pays en 1949, le **Conseil de l'Europe** est la plus ancienne des grandes institutions européennes d'après-guerre. Ce n'était au départ qu'un organisme consultatif qui devait inciter ses membres à harmoniser leur législation dans divers domaines. Le choix de son siège s'est porté sans difficulté sur Strasbourg.

La capitale de l'Alsace, par sa position de ville-frontière, par son histoire et sa culture, était toute désignée pour jouer un rôle européen dans le cadre de la réconciliation franco-allemande. C'était aussi le cas de l'ensemble de ces régions rhénanes dont l'Europe va peu à peu révéler que ce qui les rapproche est beaucoup plus important que ce qui a pu les séparer.

LES INSTITUTIONS À STRASBOURG

Le **Conseil de l'Europe** est, dès sa création, composé d'un Secrétariat général, d'un Comité des ministres nommé par les gouvernements et d'une Assemblée parlementaire élue par les parlements de chaque pays membre. Mais c'est surtout par la **Convention européenne des droits de l'homme** qu'il prend une importance considérable. Ce traité élaboré en 1950 finit par entrer réellement dans le droit des pays signataires quand ceux-ci acceptent d'être poursuivis, y compris par un simple citoyen, pour non-respect de la Convention. Mise en place en 1959, la **Cour européenne des droits de l'homme** est composée de 47 juges (un par État signataire de la Convention) et siège de façon permanente depuis 1998.

Le Conseil de l'Europe acquiert un tel prestige qu'il comprend aujourd'hui 47 pays. Né au lendemain de la barbarie nazie, il répond aux besoins de repères moraux et juridiques des peuples et des pays qui sortent de la dictature, comme ceux de l'Europe de l'Est, dans les années 1990.

L'imposant **palais de l'Europe**, comme le plus récent **palais des Droits de l'homme** sont parmi les lieux les plus marquants du nouveau « quartier européen » de Strasbourg.

Plusieurs autres institutions viennent par la suite s'installer dans la capitale alsacienne, comme la **Fondation européenne de la science**, la chaîne de télévision franco-allemande **Arte** ou encore la **Pharmacopée européenne**.

Mais Strasbourg accueille surtout

le **Parlement européen** (à ne pas confondre avec le Conseil de l'Europe, qui siège aussi à Strasbourg). Élu au suffrage universel depuis 1979, le Parlement européen représente les peuples des pays membres de l'Union européenne. Celle-ci, par le traité de Maastricht signé en 1992, prend la suite de la Communauté européenne créée en 1957 par le traité de Rome. Elle a pour but de réaliser l'intégration économique de ses, pour l'heure, 28 États membres.
C'est à ce titre que 12 de ces pays adoptent l'euro le 1er janvier 2002. Ils sont aujourd'hui 18 à avoir cette monnaie commune.
À plus longue échéance, l'Union européenne devrait réaliser une intégration politique qui reste encore très problématique, comme l'a montré, en 2005, la question de la ratification de la **Constitution européenne**.
Les deux autres principaux organes de l'Union européenne sont à Bruxelles avec la **Commission européenne** et à Luxembourg avec la **Cour de justice**. Le choix de Strasbourg comme siège du **Parlement européen** était surtout symbolique, car il n'avait au départ qu'un rôle consultatif. Il commence à acquérir un vrai pouvoir de contrôle dont on peut mesurer l'impact dans la vie quotidienne des citoyens. C'est en effet la seule institution européenne directement élue par le peuple où l'on peut débattre publiquement de toutes les questions qui concernent l'Europe. Organe d'expression démocratique et de contrôle politique de l'Union européenne, il obtient le droit de voter le budget, puis d'accepter ou de refuser la nomination des membres de la Commission. Sa localisation dans la capitale alsacienne est régulièrement remise en cause, notamment par les Anglo-Saxons, favorables à un regroupement des institutions à Bruxelles pour des raisons budgétaires, environnementales... et sans doute géopolitiques.

L'EUROPE À L'ÉCHELLE RÉGIONALE

À l'échelle régionale, la construction européenne commence à révéler l'existence d'un espace rhénan que les affrontements passés avaient fait oublier. Situées au cœur de l'Europe, des régions voisines commencent à renouer des liens économiques et culturels très naturels sans que cela remette en cause leur appartenance nationale. C'est à Bâle, en Suisse, que naît dans les années 1960 l'idée de « Regio », ou région transfrontalière correspondant à son influence économique et aux besoins de son développement. Il en a résulté, par exemple, la construction de l'aéroport de Bâle-Mulhouse, situé entre les deux villes, ainsi que des recherches communes en biotechnologie. Devant le succès de cette expérience, une commission intergouvernementale est créée entre les trois pays en 1975, puis, en 1998, un **Conseil rhénan** composé des élus locaux d'Alsace, du canton de Bâle et des Länder de Bade-Wurtemberg et de Rhénanie-Palatinat. Une telle coopération est devenue nécessaire à l'heure où les travailleurs frontaliers représentent jusqu'à 50 % des effectifs dans certains cantons alsaciens.

Art et architecture

Condensé d'une histoire de l'art européen, le patrimoine alsacien se distingue par la diversité de ses origines. Cependant, époques, disciplines et territoires ont fini par former un dialogue cohérent. Cathédrale de Strasbourg, retable d'Issenheim à Colmar, Cité de l'Automobile, Cité du Train ou musée de l'Impression sur étoffes à Mulhouse, château du Haut-Kœnigsbourg, Écomusée d'Alsace… l'énumération prestigieuse des grands sites témoigne du foisonnement de la culture alsacienne.

L'architecture religieuse

L'art religieux de l'Alsace témoigne d'influences multiples venues, selon les époques, d'Allemagne, de France ou d'Italie.

L'ART ROMAN

De façon générale, les églises romanes d'Alsace se caractérisent par une grande simplicité de forme et de décors. Elles adoptent le plan en croix latine, la nef allongée représentant le grand bras de la croix, tandis que le transept, qui forme le petit bras, est peu saillant. Un chœur peu profond, sans déambulatoire ni chapelles rayonnantes, se termine par un chevet en abside semi-circulaire ou, plus rarement, par un chevet plat d'une sobriété saisissante, comme à **Murbach**. Une tour-lanterne ronde ou carrée se dresse souvent à la croisée du transept avec, parfois, des clochers sur les côtés ou sur la façade occidentale, comme à **Marmoutier**. Les murs ont très peu d'ouvertures, mais leur solennelle nudité est ornée, comme souvent dans les pays rhénans, de bandes lombardes (arcades aveugles reliant des bandes verticales) originaires d'Italie du Nord.

L'intérieur est lui aussi d'une grande simplicité avec des colonnes à chapiteaux cubiques très élémentaires. La sculpture se concentre sur le portail, mais seul celui de l'église d'**Andlau** est remarquable. L'art roman s'est prolongé tard dans le 12e s. C'est à cette époque seulement qu'on a pris l'habitude de remplacer le plafond en charpente par la voûte sur croisée d'ogives.

L'ART GOTHIQUE

Au 12e s., l'Île-de-France a déjà élaboré les nouvelles solutions architecturales qui ont fait les grandes cathédrales gothiques. Arrivé en Alsace au 13e s., le style gothique connaît un tel succès qu'il s'affirme comme un art régional, doté de sa propre personnalité. Entre 1240 et 1275, on greffe une nef de style gothique classique sur le chœur roman de la nouvelle cathédrale de **Strasbourg**. À la fin du 13e s., Erwin de Steinbach conçoit une nouvelle façade sous la forme d'un mur plein doublé d'une dentelle de pierre. La célèbre flèche ajourée, ajoutée au 15e s., fera, elle aussi, école. Par ailleurs, les franciscains et les dominicains diffusent le modèle de la grande église-halle adaptée

ABC d'architecture

ST-DIÉ – Plan de l'église N-D-de-Galilée (12e s.)

Plan basilical : chœur à trois absides et absence de transept.

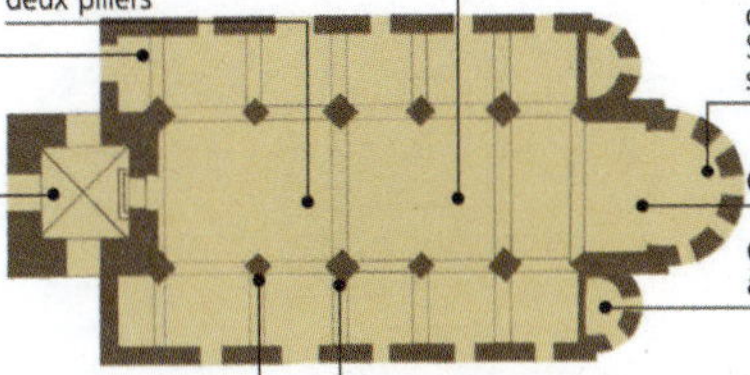

STRASBOURG – Coupe transversale de la cathédrale Notre-Dame (12e-15e s.)

L'ÉTONNANT DESTIN DES ÉGLISES SIMULTANÉES

« Ce partage voulu par la volonté autocratique du grand roi est pour moi mieux qu'un événement historique. J'y vois un symbole de la future entente fraternelle entre les différentes confessions. » La vision d'un précurseur ? Cet extrait des *Souvenirs de mon enfance* d'Albert Schweitzer évoque le *simultaneum* instauré dans son église de Gunsbach sous Louis XV en 1751 et toujours en vigueur actuellement. Étonnant destin que celui de ces églises simultanées qui accueillent les cultes de deux confessions chrétiennes différentes. Si elles avaient été instaurées pour favoriser la réimplantation des catholiques dans la région, elles symbolisent aujourd'hui, avec la baisse du nombre de pratiquants, une forme insolite d'œcuménisme. Une cinquantaine d'églises simultanées existent encore aujourd'hui en Alsace. Jusqu'en 1973, une barrière de bois est installée entre le chœur et la nef. Mais depuis, dans l'esprit de Vatican II, la distinction a disparu et protestants et catholiques utilisent l'ensemble de l'édifice chacun leur tour.

STRASBOURG – Façade du portail central de la cathédrale Notre-Dame (12e-15e s.)

Toute la richesse du gothique rayonnant se concentre dans le portail central richement sculpté et couron de gâbles ajourés.

R. Corbel/MICHELIN

MARMOUTIER – Façade romane de l'église St-Étienne (vers 1140)

THANN – Stalles de la collégiale St-Thiébaut (14e-début du 16e s.)

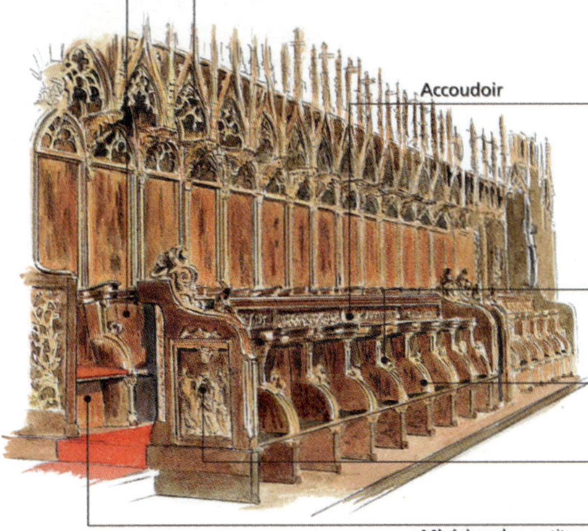

à la prédication. Le gothique flamboyant s'y épanouit à la fin du Moyen Âge.

RENAISSANCE ET CLASSICISME

Le gothique tardif se poursuit jusqu'au début du 17e s. À cette époque, ce sont surtout la peinture et la sculpture qui expriment le mieux la sensibilité religieuse.
La guerre de Trente Ans a ruiné l'Alsace et il faut attendre le 18e s. pour qu'elle retrouve une certaine prospérité. Le classicisme venu de France s'impose alors aux élites avec de belles réalisations, comme l'église de **Guebwiller**. Mais les goûts provinciaux se portent plus naturellement vers l'art baroque, comme en témoigne le décor somptueux de l'abbatiale d'**Ebersmunster**, non loin de Sélestat.

L'architecture civile

L'Alsace conserve dans ses villes d'innombrables exemples d'architecture civile, publique et privée, variant les styles de la Renaissance à l'âge classique.

LA RENAISSANCE

Comme l'ensemble des pays rhénans à cette époque, l'Alsace connaît un véritable épanouissement architectural lié au développement des villes marchandes. Celles-ci avaient, dès la fin du Moyen Âge, acquis leur autonomie dans le cadre du Saint Empire romain germanique. Elles formaient alors de petites républiques prospères dirigées par les familles les plus riches. Cet esprit d'indépendance s'est alors exprimé par la construction de nombreux hôtels de ville fastueusement décorés. Aujourd'hui encore éléments de prestige, ils marquent fortement l'identité d'une ville. C'est le cas par exemple à **Mulhouse**, qui est d'ailleurs restée indépendante jusqu'à la Révolution. Beaucoup de petites villes possèdent encore le leur. Les plus intéressants sont à **Guebwiller**, **Rouffach** ou **Obernai**. Les riches maisons bourgeoises qui les entourent ont très souvent conservé leur style Renaissance, comme à **Colmar**, **Strasbourg** ou **Riquewihr**. Elles se caractérisent par leur toit pointu en partie caché par des pignons très travaillés, en gradins ou en volutes entremêlées de clochetons, par exemple sur la maison des Têtes à Colmar. Le style Renaissance aime multiplier les détails attachants et poétiques qui animent les façades. L'oriel, sorte de logette en saillie à l'étage, permettait de mieux observer le spectacle de la rue. Il permettait aussi un meilleur éclairage des pièces, toujours très sombres dans ces villes aux ruelles étroites. Les sculptures, les enseignes en fer forgé, les pans de bois sculptés ou peints, les tourelles en encorbellement entourées d'une galerie en bois ajoutent leur charme à cet ensemble. Éléments de prestige urbain, de nombreuses fontaines datent de cette époque. Elles sont souvent ornées d'une colonne en grès rouge qui porte un blason, un saint patron ou un héros lié à la ville.
À Colmar, le réaménagement du musée Unterlinden ces dernières années est un exemple de mélange d'art contemporain et de réhabilitation urbaine. Le cabinet d'architectes Herzog & de Meuron a revu des salles établies dans un couvent du 13e s. et transformé les anciens bains municipaux de Colmar en salle vivante.

L'ÂGE CLASSIQUE

À cause de la guerre de Trente Ans qui voit l'affrontement sanglant des princes catholiques et protestants, le 17e s. est une

Façade de la maison Kammerzell à Strasbourg.
D. Bringard/hemis.fr

période sombre pour l'Alsace, ainsi que pour l'ensemble des pays relevant du Saint Empire. Les rois de France, tirant leur épingle du jeu, commencent à attirer l'Alsace et la Lorraine dans le royaume à la faveur de leur morcellement politique. De l'occupation des Trois-Évêchés (Metz, Toul et Verdun) en 1552 à celle de Strasbourg en 1681, ils réussissent peu à peu à atteindre le Rhin.

Si l'influence culturelle française n'est pas nouvelle, puisqu'elle a commencé à s'exercer dès le 13e s. avec l'art gothique, elle va désormais être adoptée par les élites en étroit contact avec la cour de Versailles. C'est ainsi que le classicisme avec ses lignes droites et ses perspectives s'impose dans des régions où le goût penchait plus spontanément vers l'art baroque. Il est fastueusement représenté par le **palais des Rohan** de **Strasbourg** et servira de référence à l'architecture officielle au 19e s.

L'INFLUENCE GERMANIQUE

L'annexion allemande prônera, sous Guillaume II, un style « germanique » illustré par le quartier de l'**Orangerie** et de l'**Université** à **Strasbourg**. Édifié à partir de 1880 au nord-est de la ville ancienne d'après le projet d'Auguste Orth, il présente de grandes artères arborées et des bâtiments d'un éclectisme historicisant. Toutes les grandes institutions allemandes s'y installent. Il est aujourd'hui l'un des rares exemples intacts d'architecture prussienne.

L'ÉPOQUE CONTEMPORAINE

Marquant une rupture radicale, l'architecture contemporaine est présente à **Strasbourg** : quartier de l'Europe, gare SNCF ou encore Grande Mosquée signée Paolo Portoghesi qui, inaugurée en été 2011, est la deuxième plus grande d'Europe. Mulhouse qui réhabilite ses sites industriels (La Filature, la Kunsthalle) n'est pas en reste. Colmar, enfin, s'inscrit dans une dimension résolument contemporaine en confiant la nouvelle aile du musée Unterlinden aux architectes bâlois Herzog & de Meuron.

L'habitat traditionnel

PETITES VILLES ET VILLAGES

Le charme de l'Alsace, ce sont d'abord ses petites villes et ses villages qu'on découvre au creux d'un vallon en musardant le long des petites routes. Ils invitent à la flânerie dans un cadre qui évoque les contes d'autrefois, avec leurs maisons à colombages sagement groupées autour de leur église. C'est une région où les fermes isolées sont rares. L'habitat traditionnel y est préservé et entretenu avec grand soin.
En se promenant au gré des rues, on est frappé par l'harmonie qui se dégage de ces maisons qui respectent le style régional. Si l'œil ne s'en lasse pas, c'est qu'en réalité aucune d'entre elles n'est exactement semblable. Rarement mitoyennes, elles ont leur propre orientation, d'où le tracé parfois imprévu et sinueux des rues. Leurs couleurs ressortent gaiement sur le **colombage en bois sombre**. Le crépi blanc ou gris d'autrefois se fait de nos jours bleu, vert, rouge ou ocre. Les toits à forte pente sont couverts de tuiles plates au bout arrondi en « queue de castor », ou *biberschwantz,* sur lesquels s'installe parfois un grand nid de cigognes. Les petits auvents qui protègent les murs des intempéries, les volets peints en vert, les fenêtres et les galeries en bois sculpté, partout fleuries de géraniums, donnent un air de fête aux façades. D'infinis détails individualisent chaque maison : les tuiles colorées dessinent des losanges, que répètent les poutres du colombage. Celles-ci reproduisent souvent d'autres formes comme le X et le losange, tous deux symboles de fécondité et de fertilité, la croix de St-André, représentant la force, ou encore les « arbres de vie », fréquents dans le Sundgau. Les sculptures des poteaux d'angle comme les panneaux peints des murs portent des emblèmes religieux ou de métiers ayant un lien avec l'identité du propriétaire de la maison.
L'intérieur traditionnel comprend le grand poêle en faïence de la **stube** (pièce à vivre), qui s'alimente depuis la cuisine. Les assiettes décorées de couleurs vives se détachent sur de beaux meubles en bois massif et luisant.

DIVERSITÉ DE L'HABITAT

À l'**Écomusée d'Alsace**, on apprend à distinguer les différents types d'habitat, qui dépendaient des traditions et du mode de vie des habitants, et de leurs activités. Trois grands types de fermes existent : la maison-bloc qui, modeste, rassemble tout sous le même toit (logement, étable et grange), la grosse ferme à cour fermée dans laquelle, au contraire, chaque bâtiment est séparé et disposé autour d'une cour, enfin la maison de vigneron. Chaque petit pays peut se reconnaître grâce à son habitat.
Dans le nord de la province, isolée par la forêt de Haguenau, l'**Outre-Forêt** a bien préservé ses traditions. Ses « maisons-blocs » ont des poutres sombres qui tranchent sur le crépi blanc des murs en torchis. Des auvents protègent le mur-pignon au toit élancé. Tout au sud, la ferme du **Sundgau** reste modeste, elle aussi, avec ses colombages et un crépi plus varié, bleu-vert ou gris souligné de traits blancs. Le toit, qui annonce le Jura proche, est déjà plus massif, avec sa croupe en triangle du côté du pignon. Dans les régions à lœss, fertiles, comme le **Kochersberg**, on trouve des fermes beaucoup plus imposantes. C'est autour d'une vaste cour carrée que sont disposées l'habitation à plusieurs étages, l'écurie et l'étable en face,

SAVERNE – Maison Katz (1605-1668), n° 76, Grand'Rue

R. Corbel/MICHELIN

et au fond l'immense grange. Cet espace est fermé du côté de la rue par un porche double dont le grès rose des Vosges souligne l'arcade. Un balcon en bois orne souvent l'habitation au dernier étage. Un peu plus au nord, dans le prospère **pays de Hanau**, la symétrie recherchée du poutrage, la multiplication des losanges et des moulures et les doubles balcons à balustrade sur le mur-pignon sont la marque des Schini, célèbre dynastie de charpentiers. Dans le **piémont vosgien**, les contraintes du vignoble ont imposé la maison de vigneron, dont seul l'étage, où se trouve l'habitation, est à colombages. On y accède par un escalier en bois qui part de la cour étroite donnant sur la rue. Le rez-de-chaussée abrite le pressoir et la cave. Parfois à demi enterré, il est maçonné ou en pierre. Le décor souvent très élaboré multiplie les symboles et les maximes liés au monde du vin. Dans le **Ried** subsiste la rare maison de pêcheur traditionnelle, archaïque avec son toit autrefois en chaume et ses murs de remplissage en lits de galets disposés entre des poteaux et recouverts d'argile crue entassée entre des piquets verticaux. Enfin, les fermes de l'**Alsace « bossue »**, plus sobres, se signalent par leur toit moins pentu et surtout par le grès rose qui encadre portes et fenêtres, tandis que les moellons de pierre et la maçonnerie remplacent les colombages. Un hangar en bois, le *schop*, s'avance en saillie en avant de l'étable.

Châteaux, places fortes et ligne Maginot

Le passé mouvementé de la région se lit dans les ouvrages défensifs érigés depuis le Moyen Âge : donjons médiévaux, places fortes de Vauban et, dernière grande innovation en la matière, la ligne Maginot.

CHÂTEAUX FORTS

Si les archéologues ont retrouvé les traces des sites fortifiés, ou *oppida,* dans lesquels se rassemblaient les peuples celtes, si la ville de Strasbourg a pour origine un camp de la légion qui défendait le *limes* romain qui suivait le Rhin face au monde barbare, il faut bien admettre qu'il n'en reste presque rien. En revanche, on peut s'étonner du nombre de châteaux médiévaux qui surplombent la plaine d'Alsace. D'autres, dressés sur leur piton de grès rouge dans les Vosges du Nord, ne se laissent découvrir qu'au fond d'une épaisse forêt. C'est l'émiettement des pouvoirs, dans le Saint Empire romain germanique, qui est à l'origine de l'édification de ces orgueilleuses constructions destinées à signaler la puissance de leur propriétaire. La concurrence était rude, entre les chevaliers-brigands, les villes, les princes et l'empereur.
On découvrira, dans le silence d'une promenade en montagne, les ruines d'une simple tour qui, fière encore, s'élance vers le ciel, entourée de quelques pans de murs démantelés. Ou bien on préférera le spectacle de la superbe reconstitution du **Haut-Kœnigsbourg**. Bâti au cours du 12e s. par les Hohenstaufen et notamment par l'empereur Frédéric Barberousse, ce monument fut restauré par la volonté de Guillaume II au début du 20e s. Mais beaucoup d'autres méritent une visite, comme le surprenant **Fleckenstein**, dans le Parc naturel régional des Vosges du Nord, qui, en partie troglodytique, porte la couleur éclatante du grès rouge vosgien, la roche avec laquelle il est édifié.

CITÉS FORTIFIÉES

Les villes alsaciennes n'ont, en général, conservé que de rares vestiges de leurs remparts du Moyen Âge. Dès le 16e s. naît un nouvel art des fortifications, contraint, par l'usage de l'artillerie, à développer d'immenses ouvrages bastionnés en forme de polygone. Au siècle suivant, Vauban, pour empêcher l'invasion du royaume, les a systématisés aux « frontières », mot d'origine militaire qui apparaît justement à ce moment-là. L'Alsace, qui vient de passer sous la domination de Louis XIV, se retrouve aux avant-postes du royaume du côté de l'est. Alors qu'à l'intérieur du pays on démantèle châteaux et murailles, Strasbourg est corsetée de défenses impressionnantes dont il ne reste aujourd'hui que des vestiges. Certaines ont été presque intégralement préservées, comme celle de **Neuf-Brisach**, chef-d'œuvre de Vauban.

SUR LA ROUTE DES CHÂTEAUX FORTS D'ALSACE

En partenariat avec la Fédération du Club vosgien, l'Association des châteaux forts d'Alsace ouvre un nouveau sentier en 2016 qui permettra de parcourir à pied 450 km de Wissembourg à Thann. Sur le chemin ? Quelque 80 châteaux forts.

HAUT-KOENIGSBOURG – Château féodal reconstitué au début du 20e s.

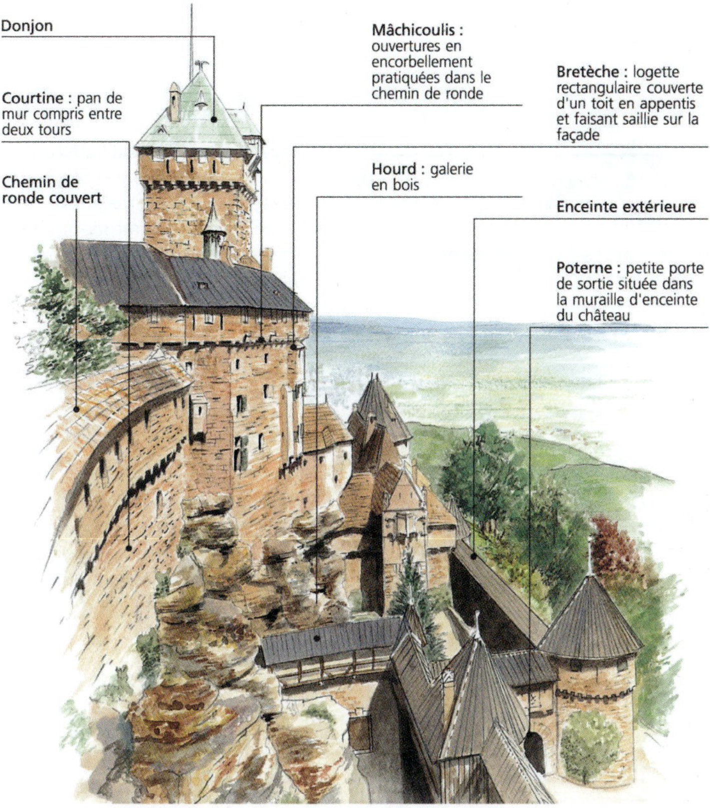

NEUF-BRISACH – Place forte (1698-1703)

Le système bastionné polygonal naît au 16e s. avec les progrès de l'artillerie : le canon d'un ouvrage supprime l'angle mort de l'ouvrage voisin.

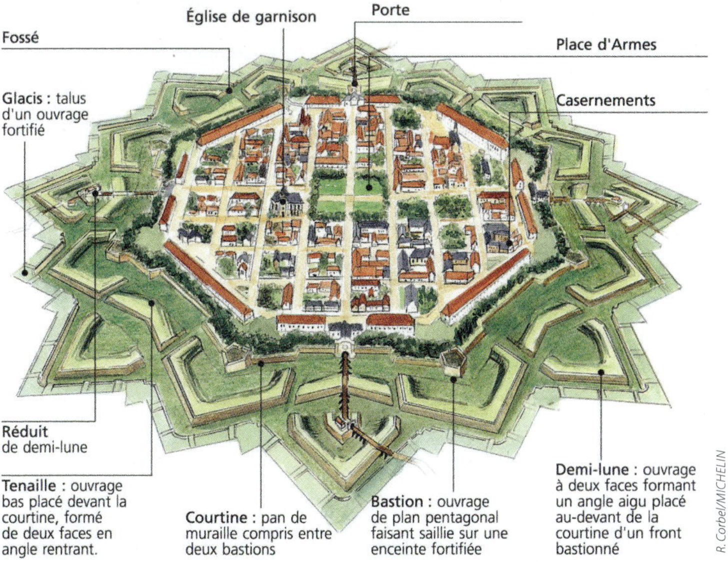

La ligne Maginot

Au sortir de la Grande Guerre, la nécessité de renforcer les frontières du pays s'impose d'évidence, particulièrement sur le flanc est. Prévu pour s'étendre de la mer du Nord jusqu'à la Méditerranée, l'ambitieux projet d'une **« muraille » infranchissable** mis au point par les ministres Painlevé et Maginot ne sera véritablement réalisé qu'en Alsace et en Lorraine, dans une moindre mesure dans les Alpes, laissant la frontière belge sans protection. Durant les combats de 1940, la « cuirasse du Nord-Est » ne tient pas ses promesses. Sortie presque intacte de la guerre, cette ligne formée d'une suite discontinue d'ouvrages s'étire sur plusieurs centaines de kilomètres, plus ou moins près des frontières avec la Belgique, le Luxembourg et l'Allemagne. Elle offre aujourd'hui au visiteur de **remarquables exemples de fortifications** contemporaines, soigneusement entretenues par une poignée de passionnés.

UNE NOUVELLE STRATÉGIE

La leçon de la guerre de 1914-1918, l'affaiblissement démographique de la France par rapport à l'Allemagne, la volonté de protéger le bassin industriel du nord-est et la modification du tracé des frontières avec la reprise de l'Alsace

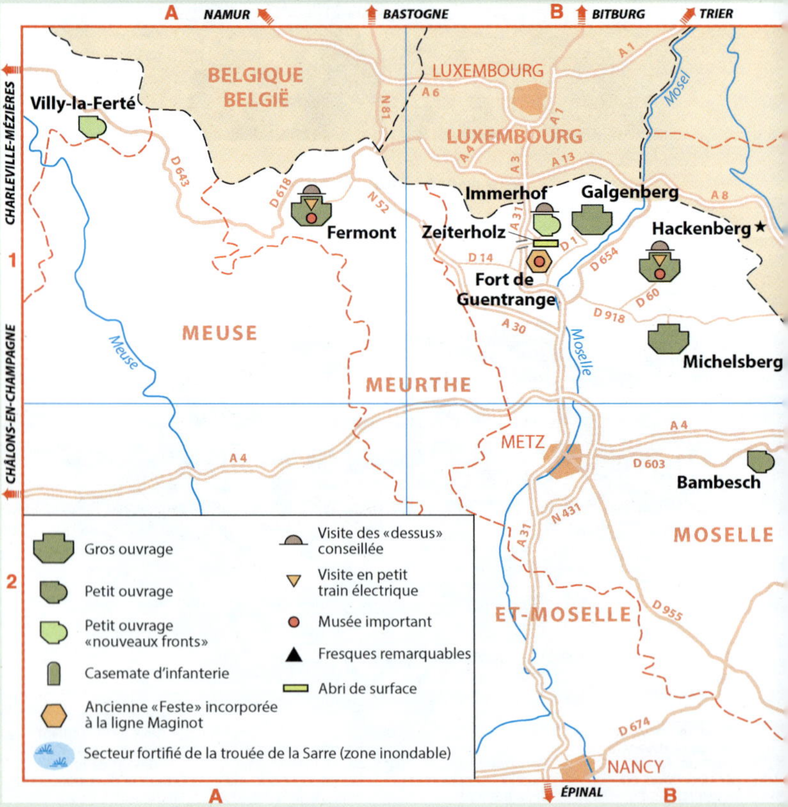

et de la Lorraine conduisent les autorités à réfléchir à un nouveau système de défense territoriale dès 1920. Il faudra cependant huit années de réflexion, de rapports et de commissions créées puis dissoutes, au gré des gouvernements et des changements dans l'état-major, pour qu'un projet voie le jour. La Commission d'organisation des régions fortifiées, composée d'officiers d'artillerie et du génie, propose un avant-projet de fortification permanente en 1928 : il prévoit **trois « régions fortifiées »** (Metz, la Lauter et Belfort) et une **ligne de forts** armés avec artillerie sous casemates le long de la frontière. Un budget total de **2,9 milliards de francs** est nécessaire pour la construction de cette ligne de fortification. Malgré un nouveau changement de gouvernement, la loi de financement est approuvée par le tout nouveau ministre de la Défense, **André Maginot**, et signée par le président de la République le 14 janvier 1930.

GRANDS TRAVAUX, CRISE BUDGÉTAIRE ET PRESSIONS HOSTILES

Les premiers travaux ont cependant déjà commencé en 1928 dans les Alpes, lorsque Mussolini réclame l'annexion de Nice à l'Italie, et en Alsace-Lorraine, avec les ouvrages de Rochonvillers (1929) et du Hackenberg (1930). Avec la crise économique mondiale, la nouvelle politique d'austérité impose des coupes budgétaires dans ce programme désormais surnommé « ligne Maginot ».

Plusieurs ouvrages sont purement et simplement abandonnés, d'autres voient leur plan réduit. En juillet 1934, une nouvelle loi-programme sur deux ans prévoit malgré cela le financement de chantiers qui composeront le « nouveau front ».
En **1935**, l'Allemagne lance son programme de réarmement et décrète le service militaire obligatoire. Cette situation inquiétante conduit le gouvernement français à ordonner la création urgente de **lignes de défense continues légères**, plus faciles à mettre en œuvre (barbelés, séries de petits blockhaus). Au même moment, la Belgique rompt ses alliances et décrète sa neutralité militaire. La frontière franco-belge, volontairement « oubliée » par la ligne Maginot (on pensait alors que le petit pays pourrait servir de champ de bataille, et que son invasion éventuelle par l'Allemagne obligerait le Royaume-Uni à entrer en guerre), se révèle dès lors bien fragile.

UNE LIGNE À PLUSIEURS NIVEAUX

Aujourd'hui repérable par ses ouvrages, de dimensions variées, la ligne Maginot telle qu'elle est conçue dans les années 1920 est beaucoup plus complexe. Elle se compose de « lignes » distinctes et successives : une ligne d'**avant-postes** destinés à donner l'alerte et à retarder autant que possible une avancée de l'ennemi ; la ligne de résistance principale, composée d'un obstacle continu de **fils de fer barbelés**, sur une épaisseur de 12 m, et d'un réseau de **rails antichars**, des poteaux métalliques plantés dans le sol à la verticale, qui ralentissent les blindés et doivent donner le temps à l'artillerie de régler ses tirs ; une ligne d'**abris d'intervalles** faisant office de casernes souterraines ; l'arrière du front enfin, qui comporte tous les éléments nécessaires au soutien logistique (stockage de munitions, réseau ferré, communication).

UN RICHE PANEL D'OUVRAGES

La défense de la ligne de résistance principale est assurée par les différents ouvrages, eux-mêmes séparés par les intervalles où manœuvrent les troupes de soutien. Lors de la conception du projet initial, ces ouvrages sont classés en cinq catégories, selon leur importance, leur armement, leur mission et le nombre d'hommes qui en composent l'équipage. Il est d'usage aujourd'hui de les répartir en deux grandes familles : les **gros ouvrages**, tel le **Hackenberg**, composés de nombreux blocs bétonnés reliés par des galeries, assurent la défense de la ligne par des tirs d'infanterie et d'artillerie (canons, obusiers, mortiers) ; les **petits ouvrages**, comme **Bambesch**, peuvent être monoblocs, et sont conçus pour la seule infanterie (mitrailleuses, lance-grenades).
À cette panoplie défensive, viennent s'ajouter le chapelet des casemates d'intervalles, les champs de mines, les fossés antichars. Dans la région de la Sarre, placée sous mandat de la Société des Nations jusqu'en 1935, seule fut construite une ligne de casemates protégées par des cuvettes inondables, qui valent à cette portion de la ligne Maginot son surnom « d'aquatique ».

LES ÉQUIPAGES

La création de la ligne Maginot a nécessité la mise en place d'unités spécialisées pour sa défense et son fonctionnement, les **troupes de forteresse**, créées en 1933. Elles étaient divisées en régiments d'artillerie de position, régiments d'artillerie mobile, régiments d'infanterie et bataillons du génie de forteresse. L'importance de la garnison était fonction de celle de l'élément fortifié : elle pouvait aller d'une quinzaine d'hommes dans la casemate de Dambach-Neunhoffen à près de 1 200 au Hackenberg.

LA VIE SOUS TERRE

La vie quotidienne des troupes de forteresse était calquée sur celle des navires de guerre, notamment l'organisation par quarts. Dans les gros ouvrages, les déplacements se faisaient en partie par chemin de fer électrique, comme le montrent encore certains sites conservés (Fermont). La journée était rythmée par le repos, les veilles, les travaux d'entretien, les jeux de cartes et les repas, au menu desquels figure en bonne place la conserve de bœuf, stockée en quantités astronomiques dans les réserves souterraines des ouvrages… L'ennui, la perte de notion du temps (les nuits et les journées se succèdent sans distinction sous terre) et l'atmosphère générale provoquèrent chez de nombreux soldats un sentiment de dépression que les équipages ont surnommé **« bétonite »**.

BILAN DES CONSTRUCTIONS

En moins de dix ans, **58 ouvrages** sont édifiés sur la frontière du Nord et du Nord-Est dont 22 gros ouvrages, 50 dans les Alpes, dispositif complété par 410 casemates et abris pour l'infanterie. 152 tourelles à éclipse, 1 536 cloches fixes hérissent les superstructures en béton armé. À cela s'ajoutent **339 pièces d'artillerie** et plus de **100 km de galeries souterraines**. Pourtant, le nombre des constructions est nettement diminué au cours des années 1930. Et très souvent, des armes d'infanterie remplacent les organisations d'artillerie initialement prévues. La dispersion de l'effort achève de dénaturer les choix originels. Les blocs de surface sont en béton armé ; l'épaisseur des murs arrière se révélera notoirement insuffisante lorsque l'ennemi prendra certains ouvrages à revers en 1940. Les parties souterraines, au-delà de 20 m de profondeur, sont construites en maçonnerie de pierres de taille, moins coûteuse.

DANS LA TOURMENTE

Le fait que la ligne Maginot ne couvre pas le nord du pays par suite de considérations politiques et financières, qu'elle ne serve pratiquement pas de base offensive durant la « drôle de guerre », qu'elle ait été privée au moment crucial de ses troupes d'intervalle tenues de se replier, et réduite à sa seule garnison (qui n'excédera jamais 30 000 hommes), rendra vaine la pathétique et glorieuse résistance de mai-juin 1940. Les équipages invaincus devront se plier aux clauses de l'armistice, livrer leurs ouvrages aux troupes ennemies et prendre le chemin de la captivité.

À voir aussi : musée-mémorial de la ligne Maginot du Rhin, à Marckolsheim (*voir p. 141*).

OUVRAGES À VISITER	
Abri de Hatten et casemate d'infanterie à Esch	p. 130
Four à Chaux à Lembach	p. 391
Gros ouvrage Simserhof★ près de Bitche	p. 413
Fort Casso à Rohrbach-lès-Bitche	p. 414
Ouvrage d'artillerie de Schœnenbourg★	p. 420

Les arts figuratifs

Située à la croisée de plusieurs influences, la création artistique a connu des moments exceptionnels en Alsace et reste toujours vivace aujourd'hui.

SCULPTURE

Après l'époque gallo-romaine, qui atteste une active production locale de céramique sigillée, le début du Moyen Âge est surtout consacré au travail de l'ivoire et à l'orfèvrerie. Encore rare et maladroite à l'époque romane, la statuaire s'épanouit à l'ère des grandes constructions gothiques. C'est à **Strasbourg**, au **musée de l'Œuvre Notre-Dame**, que l'on peut voir les originaux des très grands chefs-d'œuvre de la cathédrale. Les statues allégoriques de l'Église et de la Synagogue, le bas-relief de la Mort de la Vierge ou le pilier des Anges expriment remarquablement l'esprit du 13ᵉ s., profondément religieux et humain à la fois. Au 14ᵉ s., les vierges folles et les vierges sages révèlent un art qui recherche davantage le charme, la grâce et la souplesse. Sur le portail de l'église de **Thann**, le gothique flamboyant est bien représenté par le foisonnement des personnages.
À la fin du Moyen Âge et à la Renaissance, Strasbourg connaît un âge d'or intellectuel et artistique qui, fortement marqué par l'humanisme, rayonne sur l'ensemble des pays rhénans. **Gutenberg** y séjourne et, très tôt, la ville devient un centre de l'imprimerie et par là, de la diffusion des livres et du savoir. Les plus grands artistes ont acquis leur talent dans les ateliers de sculpture sur bois, tel **Nicolas de Haguenau**, auteur des statues du **retable d'Issenheim**. De très nombreux retables de cette époque nous ont laissé des mises en scène peintes et sculptées des grands épisodes de la vie du Christ et des saints.
À partir du 16ᵉ s., la sculpture s'épanouit dans l'art des mausolées. Le tombeau du maréchal de Saxe par Pigalle à Strasbourg compte parmi les grands chefs-d'œuvre du 18ᵉ s. Par ailleurs, le décor baroque et rococo des églises fait un large appel aux sculpteurs sur bois comme sur pierre.

PEINTURE

À l'exception des miniatures des grands manuscrits carolingiens et des chefs-d'œuvre que sont les vitraux de la cathédrale de Strasbourg, il faut attendre le 15ᵉ s. pour que se multiplient les premières grandes œuvres picturales, comme la *Vierge au buisson de roses* de **Martin Schongauer**. La force d'expression du **retable d'Issenheim** peint par **Matthias Grünewald** défie les siècles par son intensité dramatique empreinte de mysticisme. Ces œuvres sont exposées à Colmar. Schongauer a aussi pratiqué l'art de la gravure, qui a inspiré **Albrecht Dürer**, de même que son élève, le peintre strasbourgeois **Hans Baldung**, dit **Baldung Grien**.
Les 17ᵉ et 18ᵉ s. voient le triomphe de la peinture baroque. Paysagistes et portraitistes, comme **Jean-Jacques Henner** (1829-1905), laissent une œuvre intéressante au 19ᵉ s. Le peintre et graveur **Gustave Doré** (1832-1883) fait sa carrière à Paris, mais reste toute sa vie marqué par son Alsace natale.

CÉRAMIQUE ET ARTS DÉCORATIFS

La céramique est produite en Alsace entre 1721 et 1781, conjointement à Strasbourg et à Haguenau, d'où la terre provient. À l'origine de cette production : la **famille Hannong**, qui veillera à la destinée de la manufacture pendant trois générations. Au début, le décor est

La *Vierge au buisson de roses* de Martin Schongauer (1473), exposée à Colmar.
H. Lenain/hemis.fr

à lambrequins bleus, mais très vite apparaît le motif caractéristique du vieux Strasbourg : les fleurs. Il y en a deux sortes, les « fleurs des Indes » et les « fleurs naturelles » ou « fleurs de Strasbourg », qui feront le succès de la faïencerie de 1750 à 1780. Les pièces sont marquées du monogramme formé des initiales de Paul puis de Joseph Hannong. Strasbourg a une influence très importante et suscite la création d'autres faïenceries dans l'est de la France.
Les arts décoratifs sont également présents en Alsace par les villes de Betschdorf et de Soufflenheim, où la poterie culinaire est issue de la tradition populaire. La poterie de **Betschdorf** se caractérise par des pièces de grès vernies par projection de gros sel en fin de cuisson. De couleur grise, les grès portent un décor réalisé au bleu de cobalt. Quant au **Soufflenheim**, il s'agit d'une céramique vernissée au décor floral stylisé. Enfin, durant la seconde moitié du 19ᵉ s., l'Alsace se distingue également par les céramiques de **Théodore Deck**. Guebwillois de naissance, il apprend son métier en Alsace mais exerce pendant vingt ans à Paris, où il dirige la manufacture de Sèvres.

Nature et paysages

« Quel beau jardin ! » se serait exclamé Louis XIV en découvrant pour la première fois l'Alsace, qu'il se proposait d'annexer à son royaume. Comment, aujourd'hui encore, rester de marbre devant ces coteaux couverts de vigne et baignés de soleil, ces champs bariolés et ces villages fleuris ? Comment ne pas « se poser » pour contempler les forêts intensément sombres des résineux, là-haut sur les collines, ou les formes généreusement arrondies des sommets vosgiens ? Vous le verrez, partout les paysages d'Alsace et des Vosges s'offrent dans leur diversité, sans le moindre risque de monotonie.

Paysages

Du nord au sud, le paysage de l'Alsace présente un relief découpé net et précis. La plaine du Rhin est encadrée par les Vosges côté français et la Forêt-Noire côté allemand.

LA PLAINE DU RHIN

Une grande luminosité, un climat semi-continental : la plaine d'Alsace est une petite région à échelle humaine insérée au cœur de l'espace rhénan que se partagent la France, la Suisse et l'Allemagne. Adossée aux collines sous-vosgiennes, elle s'étend sur seulement 30 km de large mais sur 170 km du nord au sud. Un simple coup d'œil sur une carte fait comprendre qu'avec sa forme étroite et allongée, elle fait partie du **fossé rhénan**, cette partie affaissée de la croûte terrestre qui court entre Vosges et Forêt-Noire. Tout au sud s'étendent, un peu à part, les collines doucement ondulées du Sundgau, qui s'adossent aux premières crêtes du Jura.

La plaine, loin d'être monotone, présente des facettes étonnamment variées. La multitude et l'ancienneté de ses villages indiquent assez la présence ancienne des hommes dans l'une des régions les plus densément peuplées de France. Depuis toujours, ceux-ci ont tenu compte de la variété des sols et ont ainsi créé des paysages que la vie moderne n'a modifiés que dans le détail.

On sera étonné de passer, en quelques dizaines de kilomètres, de régions très agricoles à d'immenses forêts que la densité de population ne menace pas. C'est que les sols ne sont pas les mêmes. Partout les sédiments marneux et argileux apportés par des mers intérieures ou des lacs aujourd'hui disparus ont comblé le fossé rhénan au fur et à mesure de son enfoncement. On en trouve jusqu'à 1 500 m d'épaisseur, recelant au nord un peu de pétrole et au sud les mines de potasse, entre Mulhouse et Guebwiller. Les cours d'eau qui se sont mis en place au cours du dernier million d'années, comme le Rhin et l'Ill, ont déposé de grosses masses de cailloutis et d'alluvions peu fertiles. Plus récemment, lors des dernières glaciations, à l'époque des chasseurs de rennes, le vent a apporté par endroits une couche épaisse et fertile de lœss, fine poussière issue des régions désertiques proches des glaciers. C'est devenu l'« Alsace bénie », qui commence au nord de Sélestat et s'épanouit dans le Kochersberg, l'arrière-pays de Strasbourg. C'est l'« Ackerland », la riche campagne cultivée, avec ses champs de maïs, de colza ou de tournesols. On y fait aussi pousser le chou à choucroute, les asperges et le houblon.

Au contraire, sur les cailloutis, les graviers et les sables ont pu subsister de vastes forêts comme la Hardt, près de Mulhouse, au sol sec, ou celle de Haguenau, tout au nord, au sol plus humide.

Mais la partie la plus étonnante, la plus exotique de la plaine alsacienne, celle qui a malheureusement le plus reculé, est le « R**ied** » marécageux qui s'étend sur les bords du Rhin, dans la partie de la plaine que ses crues inondaient avant qu'il ne soit canalisé. On peut y découvrir les derniers lambeaux, désormais protégés, de l'extraordinaire forêt rhénane avec sa végétation de lianes, de lierres et de clématites, qui évoque la forêt primaire. L'Ill possède aussi son Ried, entre Colmar et Benfeld, menacé par les drainages qui ont permis l'extension des cultures. Prairies humides, marais, roselières et bras de rivières nés des « trous de tonnerre », ces grosses résurgences infiltrées dans les graviers, ont une flore et une faune particulièrement riches.

HAUTS SOMMETS ET LACS DES VOSGES

Les Vosges ne sont qu'un petit fragment de l'immense chaîne hercynienne qui couvrait une grande partie de l'Europe il y a 300 millions d'années et dont les **granits** aux couleurs claires, qui culminent à 1 424 m au Grand Ballon, portent la trace. Détruite par l'érosion, elle est peu à peu recouverte par la mer et ensevelie sous d'épaisses couches de sédiments à l'origine des célèbres **grès rouges ou roses** qui donnent leur couleur si frappante aux monuments alsaciens. Au moment

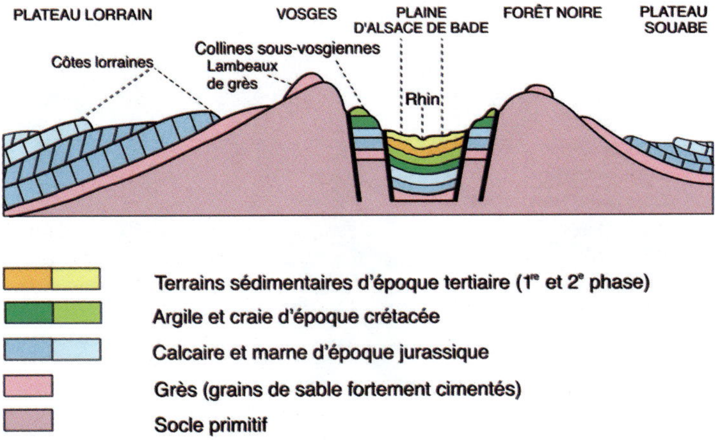

de la formation des Alpes, il y a 30 millions d'années environ, un « rift », le futur fossé rhénan, se forme à la suite d'un lent affaissement de la croûte terrestre, tandis que ses bords se soulèvent symétriquement à près de 3 000 m d'altitude, formant les Vosges et la Forêt-Noire, sœurs jumelles issues du même socle granitique. Voilà pourquoi la montagne surplombe d'un seul coup la plaine d'Alsace alors qu'elle s'abaisse presque insensiblement du côté lorrain. Les collines dites « sous-vosgiennes » sont en fait d'énormes blocs faillés qui descendent en gradins jusqu'au fond du fossé.
En raison de leur différence d'altitude, les Hautes-Vosges cristallines se séparent bien des Basses-Vosges gréseuses. Sur les premières, nettement plus élevées, l'érosion a mis à découvert cette fameuse surface hercynienne arasée que suit la célèbre route des Crêtes en reliant les croupes larges et plates des **« ballons »**. La rareté des cols en fait une grande ligne de partage régionale, tandis que s'y épanouissent les hautes chaumes sans arbres, mais couvertes de fleurs en été quand les troupeaux montent aux pâtures.
L'impression d'être en haute montagne est renforcée par la puissante empreinte des glaciers de la préhistoire. C'est ainsi qu'à l'époque des chasseurs de rennes, ces glaciers ont raboté les sommets, élargi les vallées et accru la raideur des versants. Tout en haut, de petits lacs aux eaux froides et profondes, comme le lac Blanc ou le lac Noir, occupent d'anciens cirques glaciaires. Vers l'aval, ce sont les moraines, énormes blocs de terre et de caillasses abandonnés par la fonte des glaces, qui ont formé des barrages naturels à l'origine de ces lacs aux eaux très bleues qui, comme celui de Gérardmer, occupent les fonds de vallées.

LA FORÊT VOSGIENNE

Vue des crêtes, la forêt vosgienne forme un magnifique tapis d'un vert très dense. La rudesse des hivers couplée à d'anciens défrichements a découronné les plus hauts sommets, mais l'humidité très forte du climat a couvert d'un manteau quasi continu les pentes escarpées des vallées comme l'ensemble des Petites Vosges, ou Vosges gréseuses, qui s'étendent au nord jusqu'à la frontière allemande.
Le **hêtre**, au tronc lisse gris clair et au feuillage vert tendre, y est omniprésent. À partir de 600 m (400 m du côté lorrain), il se mêle au feuillage vert clair du **sapin**

Sapin *Epicea* *Mélèze*

M. Janvier/MICHELIN

pectiné (aux aiguilles en forme de peigne), le roi de cette forêt. Son écorce grise comme ses cônes dressés le distinguent de son cousin, l'**épicéa**, aux branches tombantes, au vert plus sombre et au tronc brun rougeâtre qui s'écaille avec l'âge. C'est notre arbre de Noël qui aime particulièrement les expositions froides. À partir de 1 000 m, pratiquement seuls des hêtres ou des alisiers aux formes torturées résistent au vent et au froid, avant de laisser leur place aux chaumes et aux tourbières. On rencontre ces dernières notamment dans les Vosges du Nord. Les tourbières se caractérisent par une végétation et une faune très rares sous nos latitudes. Il s'y développe notamment des sphaignes, mousses uniques en France, la violette des marais, l'utriculaire et le droséra, une plante carnivore. Attention ! Il est dangereux de s'aventurer sur des tourbières, car l'eau affleure sous les sphaignes, et il faut respecter ce milieu fragile.

Le **pin sylvestre**, au tronc très crevassé, préfère les endroits secs et ensoleillés. Mais ces différentes essences sont heureusement souvent mêlées. D'infinies nuances de vert composent autant de tableaux harmonieux et apaisants, plus contrastés à l'automne quand, au milieu d'une tonalité plutôt sombre, rougeoie le feuillage des hêtres. C'est en randonnée qu'on découvre la richesse de cette forêt silencieuse, aux odeurs de résine, où la faune, pourtant abondante, reste discrète, à l'exception du brame des cerfs en automne.

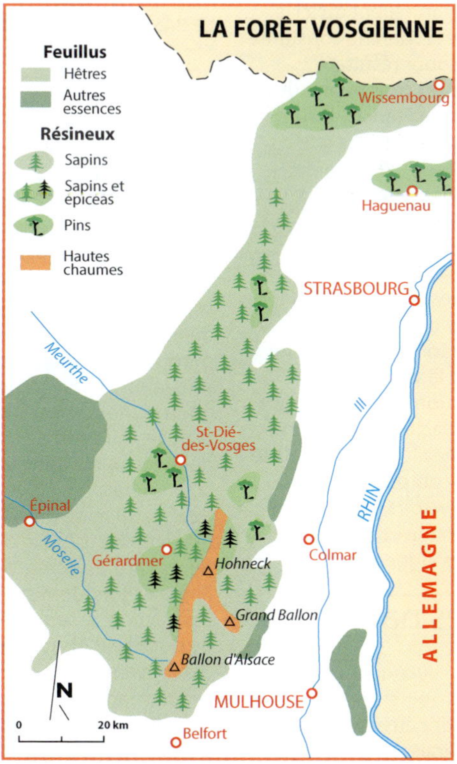

DES COLLINES DE VIGNES

Au pied de la pente abrupte des Vosges s'étirent les collines dites « sous-vosgiennes » souvent coiffées de ruines médiévales. De Thann à Marlenheim, puis au nord aux abords de Wissembourg, une vraie civilisation de la vigne, implantée dès l'époque romaine, s'étire sur près d'une centaine de kilomètres. Une mer de ceps, tout en courbes ondoyantes, dévale les pentes ensoleillées des collines sous-vosgiennes jusque dans la plaine. Cette forêt de piquets sagement alignés s'habille d'un vert tendre au printemps, avant de prendre une flamboyante livrée or au moment des vendanges. Soleil, tonneaux, grappes de raisin et pressoir, partout les emblèmes arborés par les maisons à colombages, comme les enseignes des auberges, rappellent qu'ici le vin est roi. Une recherche constante de la qualité a pour résultat qu'aujourd'hui les trois quarts des vins blancs que la France élève viennent d'Alsace. Cette région offre ainsi l'occasion unique de s'initier à des vins réputés qui portent traditionnellement le nom de leur cépage (sept pour le vignoble alsacien), c'est-à-dire de l'une des innombrables variétés de la vigne dont ils sont faits. Leur extraordinaire diversité est aussi due à la variété des sols, à l'exposition au soleil et au microclimat alsacien. Ils sont ainsi le résultat d'une alchimie complexe où entrent en compte, outre le cépage et les terroirs, le millésime, c'est-à-dire l'année et, bien sûr, le savoir-faire des vignerons.

Richesses naturelles

L'Alsace doit beaucoup à son généreux sous-sol : si les terres sont fertiles, elles sont aussi riches en eau et en minerais de toute sorte.

DE L'EAU EN ABONDANCE

Les stations thermales, les cours d'eau, les sources de montagne et le Rhin qui traversent l'Alsace montrent clairement les exceptionnelles ressources en eau et en minerais de la région.
Le **bassin Rhin-Meuse** se compose de trois unités hydrographiques parallèles : la plaine du Rhin est séparée des bassins de la Moselle et de la Meuse par le massif vosgien. Couvrant 6 % du territoire national, il est riche en eaux souterraines et 15 % des eaux minérales captées en France en sont issues. Il compte plusieurs nappes qui contiennent quelques centaines de milliards de m^3 d'eau. La nappe phréatique (d'origine alluviale) de la plaine d'Alsace est une des plus importantes d'Europe occidentale avec 35 milliards de m^3 d'eau.

LE BASSIN POTASSIQUE D'ALSACE

Autre richesse du sous-sol, la **potasse**. Le bassin potassique d'Alsace s'étend sur plus de 200 km^2 au nord de Mulhouse. Le minerai, découvert en 1904 à une profondeur de 625 m, doit beaucoup à la détermination d'une femme, Amélie Zürcher, et d'un sondeur spécialisé dans la prospection des richesses minérales, Joseph Vogt. La production démarre en 1910, mais sera interrompue pendant les deux guerres mondiales. Elle est parfois difficile en raison de la température dégagée par le minerai : en Alsace, la température s'élève de 1 °C tous les 18 m de profondeur, ce qui entraîne à 700 m de fond des températures dépassant les 50 °C. Reprise et modernisée en 1947, l'extraction, assurée par les Mines de potasse d'Alsace (MDPA), est définitivement arrêtée en 2004. Le gisement se présente en deux couches séparées par 20 m de distance à des profondeurs variant entre 420 et 1 100 m. Le sel de potasse brut, appelé « sylvinite », contient du chlorure de potasse et du chlorure de sodium (c'est-à-dire du sel gemme ou sel de cuisine). Après extraction, le traitement vise à séparer le sel de potasse des autres composants et de le concentrer afin d'obtenir un engrais potassique. La potasse fait en effet partie des éléments indispensables à la croissance des plantes.

Une faune étonnante

La diversité des paysages comme les fabuleuses réserves naturelles de la région expliquent la richesse des espèces animales rencontrées. Certaines d'entre elles, emblématiques d'Alsace, ont fait l'objet d'un programme de protection ou de réintroduction.

LES CIGOGNES

Considérées depuis des siècles comme gage de prospérité et de bonheur pour les maisons sur lesquelles elles revenaient bâtir leur nid à chaque printemps, les cigognes font partie de l'identité régionale. C'est pourquoi leur déclin, à partir des années 1960, a provoqué un véritable désarroi. On a incriminé la vie moderne qui perturbe leur environnement avec ses lignes électriques et l'assèchement des zones humides. On a accusé la chasse et les dangers de plus en plus nombreux que les cigognes rencontrent sur leur route, lors de leur long périple vers l'Afrique de l'Ouest. Après trois décennies de gros efforts de protection et de réimplantation, avec aussi l'élevage de jeunes oiseaux en enclos, les cigognes traversent à nouveau aujourd'hui le ciel alsacien. La région serait la deuxième terre d'accueil des cigognes derrière la Charente-Maritime. On a compté 750 couples ces dernières années dont certains, il est vrai, sont encouragés à rester sur place en hiver. Au printemps, le mâle revient au nid en premier et commence aussitôt à le rafistoler avec des branchages et des sarments de vigne consolidés avec de la terre. C'est une construction impressionnante de 1,50 à 2 m de diamètre sur une hauteur de 60 cm à 1 m, son poids pouvant dépasser 500 kg. La femelle pond de trois à six œufs, qui sont couvés pendant trente-cinq jours. Une fois les œufs éclos, les cigogneaux doivent être sans arrêt nourris pour grandir rapidement. Leurs parents leur apportent tout ce qu'ils peuvent trouver, insectes, larves, lézards, grenouilles, souris, taupes ou serpents, en un ballet incessant. Au bout de quatre semaines, ils commencent à se mettre debout et à voleter autour du nid. À deux mois, ils sont prêts à prendre leur envol. Juchés avec leurs parents sur le grand nid au-dessus duquel ressort leur grand corps blanc, ils forment alors, avec leur bec rouge vif et leurs ailes noires, un magnifique spectacle, qui fait partie des couleurs de l'Alsace.

Parc de Cernay, p. 340.

LE LYNX

Autrefois, tous les massifs montagneux français étaient peuplés de lynx qui, chassés à outrance, s'éteignirent progressivement. La disparition du lynx dans les Vosges date du 17e s. Dès 1972, on parle de sa réintroduction en France, et le groupe Lynx Alsace œuvre à ce projet. À partir de 1983, une vingtaine d'individus sont lâchés dans les Vosges avec plus ou moins de succès. Une trentaine d'individus peuplaient le massif forestier vosgien en 2000. Ils ne sont plus que quelques-uns en 2013 : certains

sont morts d'une collision routière, d'autres sont braconnés. Les questions génétiques n'ont pas encore été étudiées.
Le lynx vit exclusivement en forêt, jusqu'à une altitude de 2500 m. Son aire de chasse varie selon les individus de 150 à 600 km. Le massif forestier vosgien couvrant environ 4750 km^2, il a le potentiel d'accueillir de 20 à 40 lynx. Discret, l'animal n'est souvent décelable que par ses empreintes.

DANS LES RÉSERVES NATURELLES

Les milieux naturels spécifiques d'Alsace permettent à certaines espèces rares de se développer. Les réserves protégées leur assurent un environnement préservé. Parmi elles, le Ried est le refuge de la seule harde de **daims** sauvages en France. On y croise également des **chevreuils** et des **castors**, réintroduits depuis 1973 ; les **canards** et autres oiseaux d'eau y prospèrent. Plus d'une centaine d'espèces, dont un grand nombre d'oiseaux nicheurs, ont élu domicile au sein de la Petite Camargue alsacienne et du delta de la Sauer. Citons aussi le **grand hamster d'Alsace**, également appelé « marmotte de Strasbourg ». Long de 25 cm, ce rongeur que l'on ne trouve pratiquement que dans le Bas-Rhin est un grand amateur de plantes cultivées. Longtemps chassé pour les dégâts causés aux cultures, il est aujourd'hui protégé.

LE CLUB VOSGIEN

Fondée en 1872 à Saverne, cette entité a beaucoup aidé à la connaissance et au respect du milieu forestier. Établi en fédération en 1995, le club compte près de 34000 membres et de nombreuses associations. Par le balisage et l'entretien des tout premiers sentiers de randonnée français, la fédération a toujours promu activement le développement d'un tourisme pédestre responsable. 20000 km de sentiers permettent ainsi de découvrir les Vosges en toute sécurité. La fédération du Club vosgien organise régulièrement des sorties et des conférences.

Environnement

PROTECTION DES MILIEUX

La région Alsace compte deux **parcs naturels** : le Parc naturel régional des Vosges du Nord (133000 ha) et celui des Ballons des Vosges (300000 ha), tous deux fondés en 1975. De telles entités permettent à l'économie locale de se développer tout en préservant les paysages et les activités traditionnelles. On y découvre des sites exceptionnels, comme les immenses panoramas des grands ballons d'où la vue porte jusqu'au Mont Blanc.
Le **Conservatoire des sites** alsaciens est une association de protection du patrimoine naturel ayant pour but de faire connaître, protéger et valoriser des milieux naturels sensibles. Il gère 400 sites représentant 3640 ha.
La **forêt vosgienne** s'est remise de ce que l'on a appelé dans les années 1980 les « pluies acides », responsables d'un phénomène de jaunissement des feuilles. La pollution atmosphérique a été mise en cause puisque, depuis le milieu du 19e s., les dépôts atmosphériques et polluants acides n'ont fait qu'augmenter. Aujourd'hui, la communauté scientifique s'accorde sur les raisons, en réalité beaucoup plus complexes, de l'acidification du massif des Vosges. Il apparaît qu'il est situé dans une zone naturellement sensible à

Les cigognes, toujours visibles dans le ciel alsacien.
B. Rieger/hemis.fr

l'acidification : les caractéristiques géologiques (grès et granit blanc), la forte pluviométrie et la présence de conifères sont les principaux facteurs de ce phénomène. De plus, il est admis que le massif des Vosges est soumis à des dépôts atmosphériques acides dont les émissions polluantes proviennent de régions éloignées. Si la forêt n'est plus en danger, on surveille maintenant de près les effets de l'acidification sur les cours d'eau.

ASSAINISSEMENT DES EAUX

La région connaît des programmes de grande ampleur comme celui sur la **qualité des eaux du bassin Rhin-Meuse**. Il est confié à l'Agence de l'eau, dont la mission est d'aider financièrement et techniquement les opérations d'intérêt général au service de l'eau et de l'environnement du bassin. Elle s'inscrit dans la directive cadre sur l'eau traduisant une nouvelle ambition de la politique de l'eau en Europe, qui est de garantir à la fois un haut niveau de protection de l'environnement et une gestion durable des ressources en eau. Des actions et des travaux prioritaires ont été définis dans chaque territoire (cinq, ici) pour la reconquête des eaux du bassin Rhin-Meuse. Il s'agit de la lutte contre les sources de pollution de toutes origines (domestique, industrielle et agricole) et d'une aide à la dépollution des sites et des sols pollués. L'action se révèle fondamentale dans le bassin Rhin-Meuse, compte tenu d'une activité industrielle lourde. L'objectif initial, en voie d'être atteint, était la reconquête du bon état écologique de toutes les eaux en 2015.

DÉCOUVRIR LA RÉGION

Les tours de la cathédrale de Rouffach, vignes et Vosges enneigées.
B. Fischer/age fotostock

Région de Strasbourg et Vosges moyennes 1

Carte Michelin Départements 315 – Bas-Rhin (67)

La cathédrale Notre-Dame et la rue Mercière à Strasbourg.
B. Rieger/hemis.fr

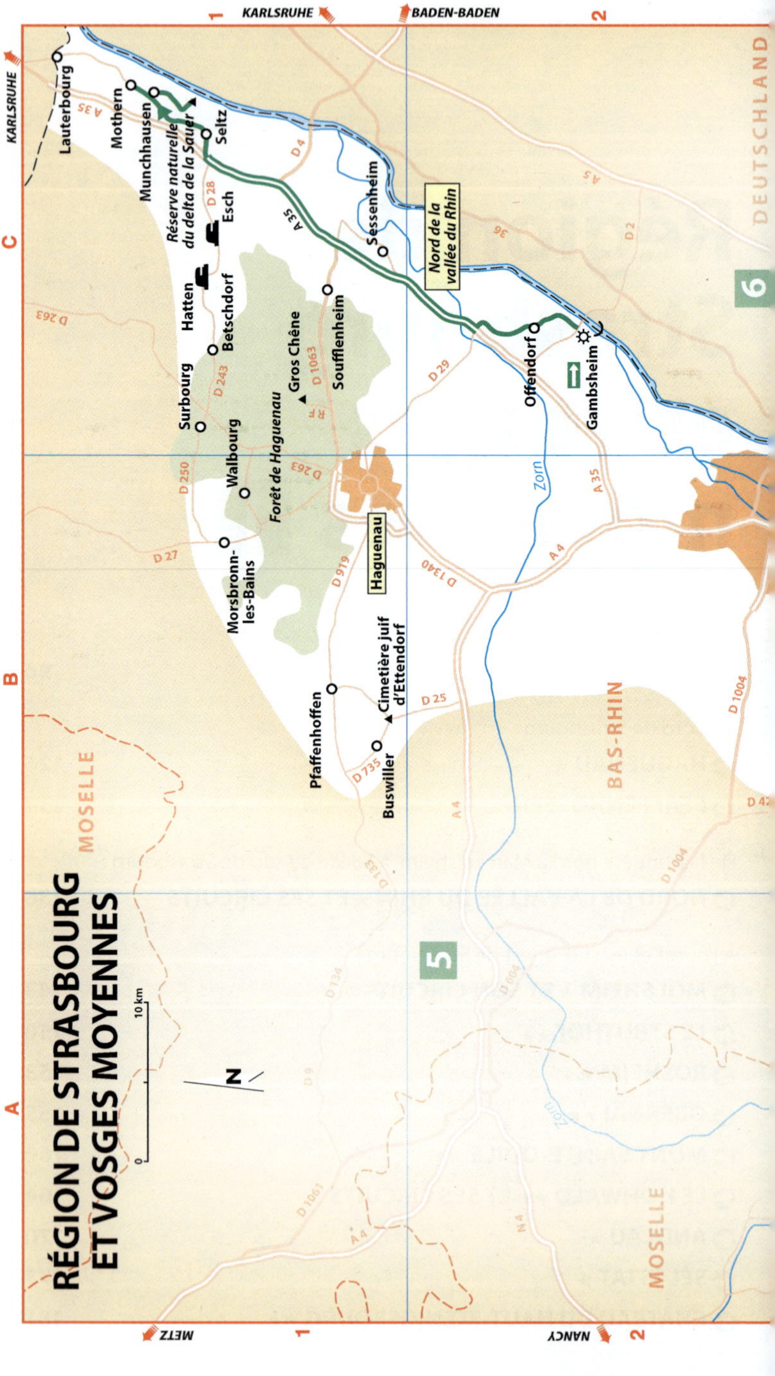
RÉGION DE STRASBOURG ET VOSGES MOYENNES
0
10 km
N
KARLSRUHE
BADEN-BADEN
METZ
NANCY
A
B
C
1
2
5
6
MOSELLE
BAS-RHIN
DEUTSCHLAND
Lauterbourg
Mothern
Munchhausen
Réserve naturelle du delta de la Sauer
Seltz
Esch
Hatten
Betschdorf
Surbourg
Walbourg
Morsbronn-les-Bains
Forêt de Haguenau
Gros Chêne
Soufflenheim
Sessenheim
Nord de la vallée du Rhin
Haguenau
Pfaffenhoffen
Buswiller
Cimetière juif d'Ettendorf
Offendorf
Gambsheim
Zorn
A 35
A 4
A 5
D 4
D 28
D 243
D 250
D 263
D 27
D 1063
D 919
D 1340
D 29
D 25
D 735
D 133
D 134
D 9
D 1061
D 1004
D 421
D 604
D 2
N 4
36
RF

FREUDENSTADT
FRIBOURG-EN-BRISGAU
COLMAR
NANCY
STRASBOURG
Obernai
Haguenau
Pfaffenhoffen
★★★ Vaut le voyage
★★ Mérite un détour
★ Intéressant
À voir
Ouvrage de la ligne Maginot
Ville de départ du circuit
De Gambsheim à Mothern
Le Grand Ried
Vallée de la Bruche
Au nord du Hohwald
Cols et panoramas jusqu'au Champ du Feu
Molsheim
Avolsheim
Altorf
Mutzig
Heiligenberg
Rosheim
Niederhaslach
Urmatt
Wisches
Signal de Grendelbruch
Le Struthof
Schirmeck
Klingenthal
Ottrott
Mont Ste-Odile
Mur païen
Neuntelstein
Le Hohwald
Barr
Châtt. de Landsberg
Gertwiller
Chât. Haut-Andlau et Spesbourg
Mittelbergheim
Andlau
Grande Bellevue
Epfig
Col du Kreuzweg
Champ du Feu
Vallon du Ban de la Roche
Musée Oberlin
Col de la Charbonnière
Neuviller-la-Roche
Fouday
La Chatte pendue
St-Blaise-la-Roche
Espace apicole de Colroy-la-Roche
Saales
Col du Donon
Chât. de Frankenbourg
Chât. d'Ortenbourg
Chât. de Ramstein
Mgne des singes
Volerie des aigles
Haut-Kœnigsbourg
Kintzheim
Cigoland
Sélestat
Ebersmunster
Marckolsheim
Benfeld
Nord de la vallée du Rhin
Erstein
Osthouse
Eschau
Bief de Strasbourg
Bief de Gerstheim
RHIN
RHEIN
Bruche
HAUT-RHIN
Parc naturel régional des Ballons des Vosges
A
B
C
2
3
4

Strasbourg

★★★

271 782 Strasbourgeois (agglomération : 427 245 habitants) – Bas-Rhin (67)

Siège du Parlement européen et du Conseil de l'Europe, Strasbourg est l'une des deux « capitales » européennes. Une capitale qui a su conserver une taille humaine. Ville d'avant-garde depuis le Moyen Âge, elle a réussi le pari de l'esthétique et de la protection de l'environnement, grâce au choix du tramway et des pistes cyclables. La ville dispose d'un patrimoine architectural exceptionnel, avec la cathédrale Notre-Dame et ses magnifiques fresques bibliques, le quartier médiéval de la Petite France, à parcourir à pied ou en bateau, mais aussi la Neustadt, l'étonnant quartier allemand si bien préservé. Parmi la riche offre culturelle, le musée d'Art moderne et contemporain expose ses chefs-d'œuvre sur les bords de l'Ill. Au cœur de l'Alsace, Strasbourg concentre enfin tout ce que la région compte de spécialités gastronomiques réputées : foie gras, vins, chocolat et eaux-de-vie attirent les « fines gueules » du monde entier.

NOS ADRESSES PAGE 118
Hébergement, restauration, achats, activités, etc.

S'INFORMER

Office de tourisme – *17 pl. de la Cathédrale - 67000 Strasbourg - ☏ 03 88 52 28 28 - www.otstrasbourg.fr - 9h-19h - 2e bureau dans la gare TGV - ☏ 03 88 32 51 49 - 9h-19h, dim. 9h-12h30, 13h45-19h.*

Visites guidées – *☏ 03 88 51 28 28 - www.otstrasbourg.fr - rens. à l'office de tourisme - 6,80 € (-18 ans 3,40 €) - visites-découverte (1h30) animées par des guides-conférenciers agréés (voir également le carnet d'adresses, p. 118).*

Strasbourg Pass – *Proposés par l'office de tourisme, le Strasbourg Pass et le Strasbourg Pass Junior (valables 3 j.) permettent de bénéficier d'entrées gratuites et à moitié prix. En vente dans les bureaux de l'office de tourisme - pl. de la Cathédrale et pl. de la Gare - tarif, se rens.*

SE REPÉRER

Carte de microrégion B2-3 (p. 94-95). Strasbourg possède un aéroport international, situé à 10 km du centre-ville. Le TGV relie Strasbourg à Paris en 1h50 depuis avril 2016.

SE GARER

Parkings en centre-ville et aux abords. Pour vos déplacements en ville, préférez le tramway ou le vélo !

À NE PAS MANQUER

La cathédrale et sa place, la Petite France, le palais Rohan et ses musées. Quant au marché de Noël, sa réputation n'est plus à faire.

ORGANISER SON TEMPS

Suggestion de programme en 3 jours *(p. 10).*

Attention ! Lors des sessions plénières mensuelles du Parlement européen, tous les hôtels, même les moins chers, sont pris d'assaut. Et pendant la période du marché de Noël *(fin nov.-déb. janv.)* les prix des chambres ont tendance à s'envoler.

AVEC LES ENFANTS

L'ascension de la flèche de la cathédrale pour la vue ou le spectacle de l'horloge astronomique (se présenter

Du village de pêcheurs à la cité européenne

LA « VILLE DES ROUTES »

En 12 av. J.-C., le village de chasseurs et de pêcheurs qui côtoie le camp militaire romain d'*Argentoratum* devient rapidement une cité prospère en même temps qu'un carrefour de migrations : *Strateburgum*, la « ville des routes ». Cette position lui vaudra de servir de cible ou de passage à toutes les invasions d'outre-Rhin et d'être maintes fois détruite, brûlée, pillée et reconstruite. Heureusement, la ville fut aussi, au cours de son histoire, théâtre de conciliation. En 842, par le **serment de Strasbourg**, deux des fils de Louis le Débonnaire et leurs soldats se jurent fidélité. Cet acte est resté célèbre : il représente le premier texte officiel connu, écrit en langue romane et en langue germanique.

CÉLÉBRITÉS À STRASBOURG

Ville libre d'Empire, Strasbourg est le foyer d'un humanisme influent, notamment avec Gutenberg, et d'une profonde réforme religieuse avec Calvin aux 15e et 16e s. En 1725, Louis XV épouse Marie Leszczyńska dans la cathédrale Notre-Dame. En 1770, Marie-Antoinette, arrivant de Vienne pour épouser le futur Louis XVI, est reçue à la cathédrale par Louis de Rohan. La ville est le témoin de grandes réalisations artistiques : concerts de Mozart, séjour de Goethe, alors étudiant à la célèbre université, floraison d'hôtels particuliers sur le modèle parisien, édification du prestigieux palais Rohan.

FRANÇAISE ?

En **1870**, Strasbourg est prise par les Allemands, après un long siège émaillé de durs bombardements. Elle devient alors la nouvelle capitale du Reichsland d'Alsace Lorraine et continue de grandir, sous l'influence cette fois du style architectural prussien, souvent massif mais à l'allure néobaroque. Les deux guerres suivantes ballotteront la ville-frontière entre les deux nationalités : redevenue française en 1918, Strasbourg, comme toutes les autres villes d'Alsace et de Moselle, connaît une nouvelle parenthèse allemande entre 1940 et 1944. La ville sera libérée par le général Leclerc le 23 novembre 1944.

EUROPÉENNE AVANT TOUT

Avant même la fin du dernier conflit mondial, l'idée prit corps qu'une réconciliation définitive des anciens belligérants devait s'enraciner au cœur d'une ville symbole, Strasbourg, au bord d'un grand fleuve jadis hérissé d'ouvrages militaires et à présent lien privilégié de communication, le Rhin. Le 5 mai 1949 fut créé le **Conseil de l'Europe**, qui regroupe aujourd'hui 47 pays membres. Cet organisme consultatif fait des recommandations aux gouvernements, établit des conventions qui engagent les États signataires et harmonisent leur législation dans des domaines d'intérêt commun. La plus connue est la Convention européenne de sauvegarde des droits de l'homme (1950). Le Conseil de l'Europe est indépendant du **Parlement européen**, importante institution de l'Union européenne. Ce dernier est composé de députés, élus au suffrage universel direct depuis 1979 par les citoyens des 28 États membres. Il exerce un pouvoir consultatif, budgétaire et de contrôle. Les autres organes de l'Union européenne se situent à Luxembourg et à Bruxelles.

avant 12h), une promenade en bateau sur l'Ill, le minizoo, le musée historique, le musée Tomi Ungerer, le planétarium, le Musée zoologique et le Vaisseau pour se promener dans l'obscurité ou se mettre dans la peau d'un chirurgien.

Découvrir Plan de ville I p. 104-105

★★★ CATHÉDRALE NOTRE-DAME C2

Le centre historique de Strasbourg et la cathédrale Notre-Dame ont été classés par l'Unesco au Patrimoine mondial de l'humanité en 1988.
Sur l'emplacement d'un temple de Mars, le chantier de la cathédrale débute en 1015 dans le style roman. L'art gothique, nouveau venu en Alsace, influencera ensuite les architectes. En 1365, les tours à peine terminées sont réunies jusqu'au niveau de la plate-forme. Ensuite, la tour nord seule est surélevée, puis prolongée de sa célèbre flèche par Jean Hültz de Cologne en 1439.
Pendant de longues années, catholiques et protestants luttent pied à pied dans la cathédrale. Sur la porte de l'édifice, les propositions de Luther sont affichées. Le culte protestant finit par l'emporter. La cathédrale ne redevient catholique que sous Louis XIV, en 1681, lorsque le roi prend possession de la ville. Les obus prussiens de la guerre de 1870 et les bombardements anglo-américains de 1944 endommageront plusieurs parties de l'édifice, qui seront délicatement restaurées.

EXTÉRIEUR

La cathédrale doit une grande part de son charme à ses pierres en grès rose des Vosges.

★★★ Façade

C'est de la rue Mercière que l'on en a une meilleure vue (voir illustration ci-contre).
Erwin de Steinbach en dirigea la construction jusqu'au-dessus de la galerie des Apôtres. Le **portail central**, surmonté d'une rose de 15 m de diamètre, est le plus richement décoré de la façade. Son tympan comprend quatre registres : les trois premiers, du 13e s., sont remarquables par leur réalisme. Le quatrième est moderne. On peut y lire des scènes de l'Ancien Testament (création du monde ; histoire d'Abraham, Noé, Moïse, Jacob, Josué, Jonas et Samson…) et du Nouveau Testament (baiser de Judas ; Jésus crucifié, au-dessus du cercueil d'Adam, entre la Synagogue et l'Église, qui recueille son sang ; miracles…).
Au **portail de droite**, la parabole des vierges sages et des vierges folles est illustrée par de célèbres statues, dont certaines ont dû laisser place à des copies (originaux au musée de l'Œuvre Notre-Dame).
Au **portail de gauche**, des effigies (14e s.) des Vertus, sveltes et majestueuses dans leurs longues tuniques flottantes, terrassent les Vices. Durant la Révolution, on donna l'ordre d'abattre toutes les statues : 230 furent détruites. L'administrateur des biens publics parvint à cacher 67 statues de la façade.

★★★ Flèche

328 marches. Pl. de la Cathédrale - ✆ 03 88 32 75 78 - www.oeuvre-notre-dame.org - avr.-sept. : 9h30-19h30 ; reste de l'année : 10h-17h30 - fermé 1er janv., 1er Mai, 25 déc. - 5 € (enf. 2,50 €) - gratuit 1er dim. du mois.
Octogonale à la base, la flèche de Jean Hültz dresse ses six étages de tourelles ajourées, qui contiennent les escaliers, et se termine par une double croix. C'est un chef-d'œuvre de grâce et de légèreté. Durant la Révolution, un habitant

DÉCHIFFRER LE TYMPAN DU PORTAIL CENTRAL

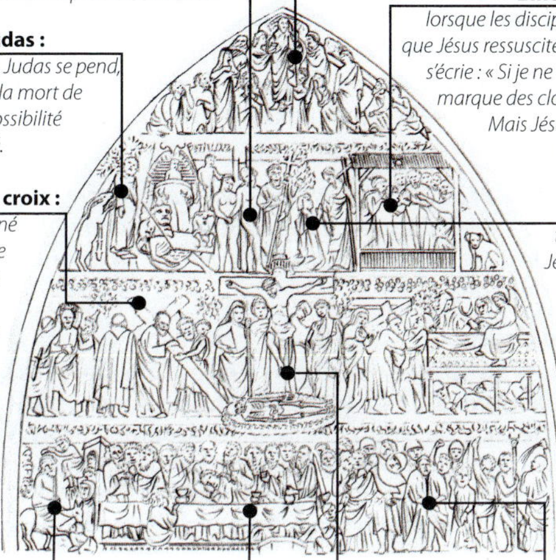

eut l'idée de coiffer l'aiguille de pierre d'un immense bonnet phrygien, en tôle peinte d'un rouge ardent, sauvant ainsi le chef-d'œuvre de Hültz.

La plate-forme qui surmonte la façade culmine à 66 m de hauteur. La tour s'élève encore de 40 m, puis se termine par une flèche dont le sommet atteint 142 m au-dessus du sol (9 m de moins que la flèche en fonte de la cathédrale de Rouen). De cette plate-forme, **point de vue spectaculaire★** sur Strasbourg, en particulier sur la vieille ville, avec ses toits caractéristiques percés de plusieurs étages de lucarnes, sur les faubourgs et la plaine rhénane limitée par la Forêt-Noire et les Vosges.

Flanc droit

Le flanc droit se distingue par les beautés du **portail de l'Horloge**, le plus ancien de la cathédrale (13e s.), composé de deux portes romanes accolées. Séparant les deux ouvertures, une statue de Salomon, appuyée sur un socle, qui rappelle son fameux jugement. De part et d'autre de l'ensemble : à gauche, l'Église, puissante et fière sous sa couronne, tient d'une main la croix et de l'autre le calice ; à droite, la Synagogue s'incline, triste et lasse, essayant de retenir les débris de sa lance et les Tables de la Loi qui s'échappent de ses mains. Le bandeau qui couvre ses yeux symbolise l'égarement.

Dans le tympan de la porte de gauche s'inscrit l'admirable **Mort de la Vierge★★** dont le peintre Delacroix, mourant, se plaisait à contempler le moulage. La figurine que Jésus tient dans sa main gauche représente l'âme de Marie. Remarquez, plus haut sur la façade, le cadran extérieur de l'horloge astronomique qui donne son nom au portail.

Flanc gauche

Le **portail St-Laurent★**, de la fin du 15e s., a pour sujet principal le groupe du martyre de saint Laurent (restauré au 19e s.). À gauche de la porte se dressent les statues de la Vierge, des trois Rois mages et d'un berger ; à droite, cinq statues, dont celle de saint Laurent (originaux au musée de l'Œuvre Notre-Dame).

INTÉRIEUR Plan de la cathédrale ci-dessous

Pl. de la Cathédrale - ✆ 03 88 32 75 78 - www.oeuvre-notre-dame.org - ♿ - 7h-11h20, 12h40-19h - possibilité de visite guidée sur demande (1h30).

Les **vitraux★★★**, des 12e, 13e et 14e s., sont superbes, mais ont quelque peu souffert au cours des âges.

Nef et bas-côté droit

La nef, commencée au 13e s., se découpe en sept travées. Les vitraux des fenêtres hautes datent des 13e et 14e s., ainsi que ceux des bas-côtés. Dans la nef, on pourra détailler la cinquantaine de statuettes mises en scène sur le corps hexagonal de la **chaire★★ (1)**, type parfait de gothique flamboyant, qui fut dessinée par Hans Hammer pour le prédicateur Geiler de Kaysersberg. L'**orgue★★ (2)** accroché en nid d'hirondelle au triforium, dans la nef, déploie

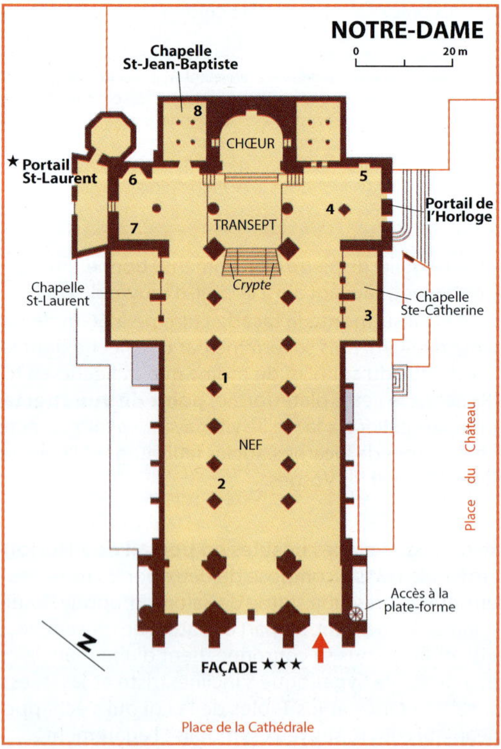

sur la largeur d'une travée son buffet gothique (14e-15e s.) en bois sculpté polychrome. De part et d'autre de sa tribune en pendentif ornée d'un Samson sculpté, deux statues représentent un héraut de la ville et un marchand de bretzels en costume d'époque. Ces personnages articulés s'animaient parfois pendant les sermons pour distraire les fidèles.
La chapelle Ste-Catherine occupe les deux travées du bas-côté droit touchant au transept. On y voit une épitaphe décorée de la Mort de la Vierge **(3)**, datée de 1480.

Croisillon droit

Au centre se dresse le **pilier des Anges**, ou du **Jugement dernier★★ (4)**, daté du 13e s.
L'**horloge astronomique★ (5)** – *Pl. de la Cathédrale - 03 88 32 75 78 - - 7h-11h20, 12h40-19h - 2 € (enf. 1,50 €) (sf 11h20-12h35, 12h projection d'un film sur l'horloge astronomique suivi du défilé des Apôtres à 12h30), se présenter avant midi aux caisses - tickets en vente au stand cartes postales 9h30-11h et à la caisse du portail St-Michel (sud) 11h30-12h.* Elle constitue la grande curiosité populaire de la cathédrale. Conçue par des mathématiciens et réalisée par des horlogers suisses entre 1550 et 1574, elle s'est arrêtée en 1780. Le Strasbourgeois Schwilgué l'a auscultée pendant trente ans et en a reconstitué le mécanisme de 1838 à 1842. Les sept jours de la semaine sont représentés par des chars conduits par des divinités, apparaissant dans une ouverture au-dessous du cadran : Diane le lundi, puis Mars, Mercure, Jupiter, Vénus, Saturne et Apollon. Une série d'automates frappent deux coups tous les quarts d'heure. Les heures sont sonnées par la Mort. Au dernier coup, le second ange de la galerie aux Lions retourne son sablier. À 12h30, un grand défilé se produit dans la niche, au sommet de l'horloge. Les apôtres passent devant le Christ en le saluant, Jésus les bénit, tandis que le coq, perché sur la tour de gauche, bat des ailes et lance trois fois son cocorico en souvenir du reniement de saint Pierre.
À gauche de l'horloge, un vitrail du 13e s. représente saint Christophe. C'est le plus grand personnage de vitrail connu. Il mesure 8 m de hauteur.

Croisillon gauche

On y voit de magnifiques fonts baptismaux **(6)** de style gothique flamboyant. En face, un groupe en pierre de 1498 représente Jésus au mont des Oliviers **(7)**. Les vitraux des 13e et 14e s. représentent des empereurs du Saint Empire romain germanique.

Chapelle Saint-Jean-Baptiste

Ne se visite pas. La chapelle (13e s.) contient le tombeau de l'évêque Conrad de Lichtenberg **(8)** qui fit commencer la façade. L'œuvre est attribuée à Erwin.

Chœur

Rénové en 2004, le chœur a été doté d'un nouveau mobilier et d'une grande croix dorée qui orne le fond de l'abside. Au-dessus, le vitrail de la Vierge dû à Max Ingrand fut offert à la cathédrale par le Conseil de l'Europe en 1956, en remplacement du vitrail détruit par les bombardements de 1944. Les peintures de Steinle (1877) qui décorent les murs et les voûtes de l'abside sont d'inspiration byzantine. Devant le chœur, des escaliers mènent à la **crypte** *(visite guidée uniquement)*.

★★ Tapisseries

La cathédrale possède 14 magnifiques tapisseries du 17e s. que l'on suspend le long de la nef entre les piliers pendant l'avent et le temps de Noël. Elles représentent des scènes de la vie de la Vierge, exécutées d'après les cartons de Philippe de Champaigne, Charles Poerson et Jacques Stella.

1

Se promener Plans de ville

★★★ LA CITÉ ANCIENNE Plan I

Circuit 1 au départ de la place de la Cathédrale, tracé en vert sur le plan I p. 104-105. Comptez 1h30 sans les visites des musées.

La cité ancienne est établie autour de la cathédrale, sur l'île formée par les deux bras de l'Ill. Comptez une journée si vous visitez les musées, et munissez-vous de chaussures confortables.

★ Place de la Cathédrale C2

Elle s'étend du parvis de l'édifice religieux à son flanc nord. À l'angle de la rue Mercière, l'**ancienne pharmacie du Cerf** (C2), de 1268, était la plus ancienne pharmacie de France en activité. Fermée en 2000, elle a été transformée pour abriter la boutique de la culture. À gauche de la cathédrale se dresse la maison **Kammerzell★** (C2) (1589), décorée de poutres et de pans de bois sculptés. Seule sa porte date de 1467.

Place du Château C2

Sur cette place s'élève le palais Rohan, qui contient de très riches musées *(accès au fond de la cour à gauche).*

★ Palais Rohan C2

Le cardinal Armand de Rohan-Soubise, prince-évêque de Strasbourg en 1704, fit construire ce palais au 18e s. sur les plans de Robert de Cotte, premier architecte du roi. Le long de la terrasse bordant l'Ill, l'édifice déploie une **façade**, de pur style classique, ornée, sur le corps central, de colonnes corinthiennes.

★★ Musée des Arts décoratifs

Au rdc et dans la partie droite (aile des écuries et pavillons Hans-Hang). Palais Rohan - ✆ 03 88 52 50 00 - www.musees-strasbourg.org - ♿ - 10h-18h - fermé mar., 1er janv., Vend. saint, 1er Mai, 1er et 11 Nov., 25 déc. - 6,50 € (-18 ans gratuit) - gratuit 1er dim. du mois ; 12 € pass journée musées de Strasbourg.

Les **grands appartements** des cardinaux de Rohan comptent parmi les plus beaux intérieurs français du 18e s. La salle du Synode, la chambre du Roi, le salon d'assemblée, la bibliothèque des Cardinaux, le salon du Matin et la chambre de l'Empereur sont particulièrement remarquables par leur décor, leur mobilier d'apparat, leurs tapisseries (tenture de Constantin d'après Rubens, vers 1625) et leurs tableaux du 18e s.

Consacré aux **arts et à l'artisanat de Strasbourg et de l'est de la France** depuis la fin du 17e s. jusqu'au milieu du 19e s., ce secteur comporte notamment la célèbre **collection de céramiques★★**, l'une des plus importantes de France. Celle-ci regroupe essentiellement les faïences et porcelaines de la manufacture de Strasbourg et Haguenau, fondée et dirigée par la famille **Hannong** de 1721 à 1781, ainsi que de celle de Niderviller, fondée en 1748 par le baron de Beyerlé, directeur de la Monnaie royale de Strasbourg. On admirera les pièces de céramique de la période « bleue », celles au décor polychrome « de transition », les terrines en forme d'animaux ou de végétaux et surtout les magnifiques décorations florales aux pourpres dominants.

Le musée expose également des jouets mécaniques donnés par Tomi Ungerer ainsi qu'une belle collection d'horlogerie (milieu 14e-18e s.), de ferronnerie et d'orfèvrerie.

Les ponts couverts sur l'Ill, la Petite France et la cathédrale de Strasbourg à l'arrière plan.
SGM/age fotostock

★ Musée des Beaux-Arts

Aux 1er et 2e étages du corps de logis principal. 2 pl. du Château - Palais Rohan - ✆ 03 88 88 50 68 - www.musees-strasbourg.org - 10h-18h - fermé mar., 1er janv., 1er Mai, 11 Nov., 25 déc. - 6,50 € (-18 ans gratuit) - gratuit 1er dim. du mois ; 12 € pass journée musées de Strasbourg.

La collection présente essentiellement des tableaux européens de la fin du Moyen Âge au 18e s. Les **primitifs italiens** et peintres de la **Renaissance** sont représentés par Filippino Lippi, Botticelli, de Cima da Conegliano (magnifique *Saint Sébastien*) et l'un des premiers tableaux du Corrège, *Judith et la Servante*. Pour les 17e et 18e s., on remarquera particulièrement les œuvres de Crespi, Tiepolo (retable) ou Canaletto.

Quelques tableaux illustrent l'**école espagnole**, parmi lesquels des œuvres de Zurbarán, Murillo, Goya, et surtout une célèbre *Vierge de douleur* par le Greco.

L'**école des anciens Pays-Bas** du 15e au 17e s. occupe aussi une place de choix : très beau *Christ de pitié* par Simon Marmion, les *Fiancés* par Lucas de Leyde, plusieurs tableaux de Rubens, un *Saint Jean* (portrait de l'artiste) de Van Dyck, le *Départ pour la promenade* par Pieter de Hooch.

Parmi les toiles issues des écoles française et alsacienne du 17e au 19e s., on retiendra celle de *La Belle Strasbourgeoise* par Nicolas de Largillière (1703). Des œuvres de Delacroix, Courbet et Corot sont aussi exposées.

Autre richesse du musée : une importante collection de **natures mortes** du 16e au 18e s., dont le très célèbre *Bouquet de fleurs* de Bruegel de Velours.

★★ Musée archéologique

Au sous-sol. Palais Rohan - ✆ 03 88 52 50 00 - www.musees-strasbourg.org - ♿ - 10h-18h - fermé mar., Vend. saint, 1er janv., 1er Mai, 1er et 11 Nov., 25 déc. - 6,50 € (-18 ans gratuit) - 12 € pass journée musées de Strasbourg - gratuit 1er dim. du mois. Audioguide disponible.

Les collections d'archéologie régionale couvrent l'histoire de l'Alsace de 600 000 ans av. J.-C. à 800 apr. J.-C. La section de préhistoire comporte des

SE LOGER

- Ciarus (Auberge de Jeunesse)........... 1
- Citotel Pax (Hôtel)...................... 12
- EtC Hôtel...................................... 7
- Graffalgar (Hôtel)....................... 2
- Gutenberg (Hôtel)....................... 8
- Ill (Hôtel de l')............................. 10
- Kléber (Hôtel Le)......................... 11
- Suisse (Hôtel)............................... 4

SE RESTAURER

- Ami Schutz (L')............................ 1
- Ancienne Douane (L')............. 3
- Armes de Strasbourg (Aux).......... 5
- Art Café...................................... 7
- Choucrouterie (La)....................... 11
- Clou (Le)..................................... 13
- Épicerie (L')................................. 15
- Flam's.. 17

INDEX DES RUES

collections néolithiques illustrant la vie des premiers agriculteurs implantés en Alsace dès 5500 av. J.-C. Des civilisations de l'âge du bronze, puis du fer, sont présentées à travers le mobilier découvert lors de fouilles dans la région : céramiques, armes et outils, objets de parure, vaisselles d'apparat importées de Grèce ou d'Italie, char funéraire d'Ohnenheim.

Remarquable section romaine avec ses collections lapidaires et épigraphiques ainsi que son bel ensemble de verreries, associés à de très nombreux objets de la vie quotidienne des Gallo-Romains.

L'époque mérovingienne est illustrée par des armes et des bijoux, ainsi que quelques pièces insignes, tels le casque de Baldenheim ou les phalères décorées d'Ittenheim. Certains vestiges antiques du sanctuaire du Donon sont également exposés.

Sur la place du Château est également installé le musée de l'Œuvre Notre-Dame.

★★ Musée de l'Œuvre Notre-Dame C2

3 pl. du Château - ✆ 03 88 52 50 00 - www.musees.strasbourg.eu - 10h-18h - fermé lun., 1er janv., Vend. saint, 1er Mai, 1er et 11 Nov., 25-26 déc. - 6,50 € (-18 ans gratuit) - gratuit 1er dim. du mois ; 12 € pass journée musées de Strasbourg.

L'Œuvre Notre-Dame fut fondée pour recueillir les dons des fidèles en vue de la construction de la cathédrale. Elle contribue aujourd'hui à son entretien et à sa restauration.

Indissociable de la visite de la cathédrale, le musée consacré à l'art alsacien du Moyen Âge et de la Renaissance présente ses collections dans les deux ailes de la maison de l'Œuvre, datant de 1347 et de 1578-1585, ainsi que dans l'ancienne hôtellerie du Cerf (14e s.) et une maison du 17e s. ; l'ensemble est réparti autour de quatre petites cours, dont la cour du Cerf, aménagée en jardinet médiéval. Ce dernier restitue l'environnement du *Paradisgärtlein*, jardin d'éden représenté dans la peinture et la gravure alsaciennes du Moyen Âge.

Du vestibule (œuvres préromanes), on accède aux salles de sculpture romane et à celle des vitraux (12e et 13e s.), provenant en partie de la cathédrale romane ; on y voit les vestiges du cloître des bénédictines d'Eschau (12e s.) et la célèbre **Tête de Christ**★★ de Wissembourg, le plus ancien vitrail figuratif connu (v. 1070).

De là, on traverse la cour de l'Œuvre, à l'ornementation mi-flamboyante mi-Renaissance, pour pénétrer dans l'ancienne salle de séance de la **Loge des maçons et tailleurs de pierre**★, dont les boiseries et le plafond datent de 1582. À la suite, la grande salle de l'hôtellerie du Cerf montre l'œuvre des ateliers qui se sont succédé au 13e s. sur le chantier de la cathédrale.

Au 1er étage, importante collection d'orfèvrerie strasbourgeoise du 15e au 17e s.

Le 2e étage est consacré à l'évolution de l'art alsacien au 15e s. ; dans des salles à boiseries et plafonds de l'époque, sculptures et **peintures**★★ de l'école alsacienne : Conrad Witz et primitifs alsaciens, Nicolas de Leyde.

On redescend au 1er étage par le bel escalier à vis de 1580.

Dans l'aile **Renaissance**, une salle est consacrée à Hans Baldung Grien (1484-1545) : élève de Dürer, ce peintre et dessinateur est le principal représentant de la Renaissance à Strasbourg.

Dans l'aile est, sont présentés du mobilier alsacien et rhénan et la sculpture des 16e et 17e s. ; collection de natures mortes du 17e s., de Sébastien Stoskopff (1597-1657) en particulier ; miniatures, intérieurs et costumes strasbourgeois du 17e s., verreries.

En sortant du musée, prenez la rue de Rohan puis, à droite, la rue des Cordiers.

Cette petite rue conduit à la charmante **place du Marché-aux-Cochons-de-Lait**★ bordée de maisons anciennes, la plus intéressante étant une maison du 16e s., à galeries de bois.

LA MARSEILLAISE EST STRASBOURGEOISE

Le 24 avril 1792, Frédéric de Dietrich, premier maire constitutionnel de Strasbourg, offre un dîner d'adieux aux volontaires de l'armée du Rhin. La France a déclaré la guerre à l'Autriche et les troupes doivent être entraînées par un chant digne de leur enthousiasme. « Voyons, Rouget, vous qui êtes poète et musicien, faites-nous donc quelque chose qui mérite d'être chanté », dit Dietrich. Le *Chant de guerre pour l'armée du Rhin*, repris par les soldats républicains marseillais entrant à Paris lors de l'insurrection des Tuileries, devint alors *La Marseillaise*.

La place du Marché-aux-Cochons-de-Lait jouxte la place du Vieux-Marché-aux-Poissons, avec sa belle vue sur le pont du Corbeau, et la place de la Grande-Boucherie où se situe le Musée historique.

★★ Musée historique C2

3 pl. de la Grande-Boucherie - 03 88 52 50 00 - www.musee-strasbourg.org - ♿ - 10h-18h - fermé lun., 1er janv., 1er Mai, 11 Nov., 25 déc. - 6,50 € (-18 ans gratuit) - 12 € pass musées de Strasbourg.

Récemment rénové, ce musée, créé en 1920 et installé dans les bâtiments de l'ancienne Grande Boucherie (1586), présente une muséographie d'avant-garde qui guide le visiteur à travers trois époques importantes.

Faites tout d'abord connaissance avec la ville libre du Saint Empire romain germanique (1262-1681) grâce aux objets trouvés lors des fouilles archéologiques (monnaie, étoffes, partie d'enceinte). Les armes et armures permettent de comprendre le rôle des corporations et de l'armée ; quant à Gutenberg et sa fameuse invention, ils n'auront plus de secret pour vous ! Autre élément important de l'histoire de Strasbourg : son rôle dans la Réforme.

La visite se poursuit avec la ville royale et révolutionnaire (1681-1800), notamment le rattachement de Strasbourg à la France, le 30 septembre 1681. Les garnisons royales font alors vivre l'ancienne ville libre selon la mode parisienne : profitez-en pour essayer un chapeau ou un corset ! Pièce maîtresse du musée, l'admirable **plan-relief★** de Strasbourg réalisé par Ladevèze en 1727 permet de voir la ville et ses fortifications. Composé de bois, de fil de fer, de carton et de papier peint, il fait 70 m² et représente Strasbourg à une échelle de 1/600. On trouvera aussi dans cette partie une évocation de *La Marseillaise* créée à Strasbourg *(voir l'encadré ci-dessus)* ainsi que le grand bonnet phrygien en tôle qui ornait la permanence du club des Jacobins de Strasbourg.

Le troisième temps de la visite est consacré à la naissance d'une métropole. Cette exposition aborde la poignante histoire de la ville aux 19e et 20e s., alors que Strasbourg devient l'enjeu des guerres franco-allemandes. La population changera quatre fois de nationalité entre 1870 et 1945, avec ce que cela implique de drames et de répressions. Le bombardement prussien de 1870, l'évacuation forcée de 1939 *(voir l'encadré p. 60)*, les « Malgré-nous » (ces nombreux Alsaciens enrôlés de force dans la Wehrmacht), la dimension cathartique de la construction européenne sont autant de phases-clés abordées à travers des objets et documents d'époque, vidéos et panneaux interactifs, laissant l'impression finale d'un musée à la fois passionnant et didactique.

Les enfants comprendront, en essayant un casque ou en dessinant un blason imaginaire, que l'histoire est au cœur du présent.

Rejoignez la rue du Vieux-Marché-aux-Poissons.

Au n°2 de la rue du Vieux-Marché-aux-Poissons, on aperçoit la maison natale du sculpteur Jean Arp. Au n° 4, l'**ancienne douane**, édifice reconstruit en 1965, était autrefois l'entrepôt de commerce fluvial de la ville. Elle abrite des expositions temporaires.

Pont du Corbeau C2

De cet ancien pont des Supplices, on plongeait dans la rivière, jusqu'à ce que mort s'ensuive, les infanticides et les parricides dans des sacs cousus.
Traversez le pont.

★ Cour du Corbeau C2

Entrée par le 1 quai des Bateliers.
Restaurée, cette cour présente un exceptionnel exemple d'architecture à pans de bois du 16e s., véritable dédale de galeries et de coursives. L'ancienne auberge, qui, jusqu'au 19e s., vit défiler le maréchal de Turenne, le duc de Bavière et un roi de Pologne, est aujourd'hui un hôtel de luxe.

Quai Saint-Nicolas C2

Agrémenté de belles maisons anciennes dont trois ont été transformées en musée. **Pasteur** habita au n° 18 de 1849 à 1854.

★★ Musée alsacien C2

23 quai St-Nicolas - ✆ 03 88 52 50 01 - www.musees-strasbourg.org - 10h-18h - fermé mar., 1er janv., Vend. saint, 1er Mai, 1er et 11 Nov., 25 déc. - 6,50 € (-18 ans gratuit) - gratuit 1er dim. du mois ; 12 € pass journée musées de Strasbourg.
Ce musée d'art populaire est installé dans trois incroyables maisons des 16e et 17e s. qui valent à elles seules le déplacement. Il raconte le passé et les traditions de l'Alsace. Empruntant le dédale des escaliers et galeries de bois des cours intérieures, le parcours permet de découvrir une multitude de petites salles au cachet alsacien. On y admire des collections de costumes, d'imageries, de jouets anciens, de masques « cracheurs » de farine provenant des moulins, mais surtout des reconstitutions d'intérieurs anciens, tels que le laboratoire d'un apothicaire alchimiste et des chambres à boiseries, avec leurs lits clos, leurs meubles en bois peint, leurs coffrets de courtoisie (cadeau de fiançailles typiquement alsacien dans lequel les jeunes femmes rangeaient leurs rubans, leurs bijoux, leur correspondance…) et des poêles monumentaux.
Musée typique où l'atmosphère est chaleureuse, à l'image de la *stube*, pièce commune fort bien reconstituée en fin de parcours.
Traversez le pont St-Nicolas et suivez le quai St-Thomas. Prenez à droite la rue Martin-Luther.

Église Saint-Thomas B2

R. Martin-Luther - ✆ 03 88 32 14 46 - www.saint-thomas-strasbourg.fr - ♿ - avr.-oct. : 10h-18h ; reste de l'année : 10h-17h - fermé dim. mat., de déb. janv. à mi-fév. - possibilité de visite guidée sur demande (30mn) à l'office de tourisme ou auprès de la paroisse.
Cette église à cinq nefs, reconstruite à la fin du 12e s., est devenue église luthérienne en 1529 puis cathédrale protestante. On peut y voir une copie du clavier de l'orgue Sielbermann sur lequel jouèrent Mozart puis Albert Schweitzer. L'édifice est surtout célèbre pour son **mausolée du maréchal de Saxe★★**, l'une des œuvres maîtresses du sculpteur J.-B. Pigalle (18e s.). On y voit la France en larmes qui, tenant le maréchal par la main, s'efforce d'écarter la Mort. La Force, symbolisée par Hercule, s'abandonne à sa douleur, tandis que l'Amour pleure, éteignant son flambeau. À gauche, un lion (la Hollande), un léopard (l'Angleterre) et un aigle (l'Autriche) sont rejetés, vaincus, sur des drapeaux froissés.
À gauche, par la rue de la Monnaie, gagnez le pont St-Martin.

Pont Saint-Martin B2

La **vue★** du pont donne sur le quartier des tanneurs. La rivière se divise à cet endroit en quatre bras (on voit encore des moulins à eau, des barrages et des écluses).
Prenez la rue des Moulins puis suivez le contour de l'île vers les ponts couverts.

Le quartier de la Petite France.
J. Fuste/Prisma/age fotostock

1

★★ La Petite France A2

Ce quartier était autrefois le coin des pêcheurs, des tanneurs et des meuniers. Il doit son nom à l'hôpital qui y fut installé au 16e s. pour les soldats de François Ier, dont beaucoup étaient atteints de la syphilis, ou « mal français », comme aimaient à ironiser les Allemands de l'époque. C'est un des lieux les plus curieux et les mieux conservés du vieux Strasbourg. Le quai longe le canal de navigation et offre un **coup d'œil**★ romantique sur les façades des vieilles maisons médiévales qui se reflètent dans l'eau.

Une des façons les plus agréables de découvrir la Petite France, en particulier avec des enfants, est de faire une croisière sur l'Ill et d'admirer les jeux de lumière sur les belles maisons qui bordent la rivière.

★ Ponts couverts A2

C'est une enfilade de trois ponts enjambant les bras de l'Ill, gardés chacun par une tour carrée et massive, reste des anciens remparts du 14e s., et autrefois reliés par des ponts de bois couverts.

Entre le premier pont à gauche et la première tour, tour du Bourreau, prenez à droite le quai de l'Ill, seul accès pour monter à la terrasse du barrage Vauban.

Barrage Vauban A2

Petite-France - ✆ 03 88 60 90 90 - www.strasbourg.eu - terrasse panoramique 9h-19h30 - fermé 14-15 juil. - 60 marches.

De la terrasse panoramique *(table d'orientation ; longue-vue)* aménagée sur toute la longueur du pont-casemate, dit « barrage Vauban » (reste de l'enceinte de Vauban), récemment restauré, impressionnant **panorama**★★ sur les ponts couverts et leurs quatre tours au premier plan, le quartier de la Petite France et ses canaux en arrière, la cathédrale à droite.

Par le passage, au rez-de-chaussée du barrage Vauban, on peut gagner le musée d'Art moderne et contemporain *(voir p. 116)*.

Traversez à nouveau les ponts couverts et prenez la rue Adolphe-Seyboth pour rejoindre la rue du Bains-aux-Plantes.

★★ Rue du Bain-aux-Plantes A2

Elle est bordée de vieilles maisons de la Renaissance alsacienne (16e-17e s.), à encorbellement, pans de bois, galeries et pignons.

Soyez attentif aux nos 25, 27 et 31 (1651), et à l'étroitesse du no 33 (à l'angle de la rue du Fossé-des-Tanneurs et de la rue des Cheveux). Continuez jusqu'à la maison des Tanneurs (Gerwerstub), de 1572, au n° 42, au bord du canal.

Rejoignez la Grand'Rue par la rue du Fossé-des-Tanneurs et tournez à gauche pour rejoindre St-Pierre-le-Vieux.

Église Saint-Pierre-le-Vieux A1

Deux églises sont ici juxtaposées, l'une catholique, l'autre protestante. Dans le transept gauche de l'église catholique (reconstruite en 1866), panneaux en bois sculpté (16e s.), œuvre de Veit Wagner, montrant des scènes de la vie de saint Pierre et de saint Valère. Au fond du chœur, **scènes★** de la Passion (fin 15e-début 16e s.) attribuées au peintre strasbourgeois Henri Lutzelmann. Dans le bras droit du transept, **panneaux peints★** de l'école de Schongauer (15e s.) sur le thème de la Résurrection et des apparitions du Christ.

Reprenez la Grand'Rue bordée de maisons du 16e au 18e s. ; elle se prolonge par la rue Gutenberg, qui conduit à la place du même nom. La rue Mercière ramène à la place de la Cathédrale.

LA CITÉ ANCIENNE PAR LA PLACE BROGLIE Plan I

Circuit 2, au départ de la place de la Cathédrale, tracé en vert sur le plan I p. 104-105. Comptez 1h30.

Du parvis, remontez la rue Mercière et tournez à droite.

Place Gutenberg C2

Gutenberg a séjourné à Strasbourg de 1434 à 1444. La statue du centre de la place par David d'Angers le représente tenant un feuillet qu'il vient d'imprimer avec ces mots de la Genèse : « Et la lumière fut. » Dos à la statue de Gutenberg, la chambre de commerce et d'industrie ; ce bâtiment Renaissance logeait les conseils de la ville libre jusqu'à la Révolution.

Rejoignez la rue des Grandes-Arcades, commerçante, pour atteindre la place Kléber.

Place Kléber B1

Elle est bordée au nord par « l'Aubette », bâtiment du 18e s. ainsi nommé parce que, à l'aube, les corps de la garnison venaient y chercher les ordres. Au centre de la place trône la statue de Kléber, glorieux enfant de la cité. Le socle de la statue, illustré de deux bas-reliefs qui représentent ses victoires d'Altenkirchen et d'Héliopolis, énumère ses titres de gloire.

Continuez dans la rue des Grandes-Arcades et tournez à gauche dans la rue de la Haute-Montée.

Au no 4, la *kleine Metzig* (la petite boucherie), curieux bâtiment néogothique.

Revenez dans la rue des Grandes-Arcades et prenez la petite rue de l'Église.

Église protestante Saint-Pierre-le-Jeune B1

Pl. St-Pierre-le-Jeune - ✆ 03 88 32 41 61 - www.saintpierrelejeune.org - ♿ - de fin mars à déb. nov. : 10h30-18h, lun. 13h-18h, dim. 12h-18h ; reste de l'année : se rens. - fermé 1er janv.-22 mars, 25-26 déc. - possibilité de visite guidée sur demande (45mn) - offrande recommandée.

Trois églises furent construites au même endroit. De celle du 7e s., subsiste un caveau avec cinq niches funéraires attribué à la fin de l'époque romaine (4e s.), et de l'église de 1031 un très joli petit **cloître★**, auquel une restauration

a rendu tout son éclat. Servant au culte protestant, l'église actuelle date de la fin du 13e s. À l'intérieur, un beau **jubé** gothique, orné de peintures de 1620 représentant les quatre évangélistes, côtoie un orgue Silbermann de 1780. Au fond de la nef, la fresque représente la tempête apaisée sur le lac de Tibériade.
Prenez la rue de la Nuée-Bleue.
Remarquez au n° 25 l'hôtel d'Andlau, de 1732.
Prenez le quai Schœpfin pour descendre l'Ill. Longez le quai jusqu'à la rue des Récollets. Ou, si vous préférez, traversez l'Ill et longez le fleuve sur les quais aménagés.
Vous avez vue successivement sur le **palais de justice** et **St-Pierre-le-Jeune** en grès rose, puis sur la **place de la République**.
Tournez à droite dans la rue des Récollets puis rue Brûlée.
Ce quartier avoisinant la place Broglie était habité par la haute noblesse et la grande bourgeoisie. On peut y admirer plusieurs hôtels du 18e s.
Au n° 19, remarquez le portail de l'**hôtel de Klinglin** et au n° 16 l'archevêché, puis au n° 13, l'ancien **hôtel des Deux-Ponts** (C1) (1754).
Prenez à droite la rue de la Comédie.

Place Broglie C1

Cette place rectangulaire plantée d'arbres a été ouverte au 18e s. par le maréchal de Broglie, gouverneur d'Alsace. Au fond, le théâtre municipal est orné de colonnes et de muses sculptées par Ohmacht (1820). À gauche se dresse l'**hôtel de ville**★ (C1) du 18e s., élevé par Massol, ancien hôtel des comtes de Hanau-Lichtenberg, puis des landgraves de Hesse-Darmstadt (titre de noblesse germanique, le *Graf* est l'équivalent du comte ; précédé du *Land*, il désigne celui qui détient son fief directement du souverain). Le quai est bordé par la **façade** de la résidence du préfet (1736), ancien hôtel de Klinglin (« prêteur royal »), dont vous venez de voir le portail dans la rue Brûlée.
Traversez la rivière par la passerelle face à l'hôtel de Klinglin puis prenez à droite dans l'avenue de la Marseillaise.

1

★ Musée Tomi Ungerer - Centre international de l'illustration D1

2 av. de la Marseillaise - ✆ 03 68 98 72 68 - www.musees.strasbourg.eu - ♿ - 10h-18h - fermé mar., 1er janv., Vend. saint, 1er Mai, 1er et 11 Nov., 25 déc. - possibilité de visite guidée (1h) - 6,50 € (-18 ans gratuit).
Le dessinateur Tomi Ungerer *(voir p. 44)* est très connu à l'étranger, un peu moins en France, bien que la transposition en dessin animé (2007) de son livre *Les Trois Brigands* l'ait fait connaître au grand public. Il a fait don d'une partie de son œuvre à sa ville natale : une collection de 11 000 dessins, 160 sculptures et 6 000 jouets (ces derniers sont en majorité conservés au musée des Arts décoratifs) !
Le musée – l'un des rares en France à être consacrés à un artiste de son vivant – est installé dans la villa Greiner à la façade néoclassique et à l'intérieur épuré

FOIE GRAS À L'ALSACIENNE

Un jour, le **maréchal de Contades**, gouverneur militaire de l'Alsace installé à Strasbourg depuis 1762, souhaita régaler ses hôtes avec un mets hors du commun. Il en fit la demande à son jeune cuisinier, Jean-Pierre Clause, qui eut l'idée d'entourer des foies entiers d'oies alsaciennes d'une farce de veau et de lard finement hachés, puis de les recouvrir d'une croûte de pâte qu'il laissa cuire et dorer à feu doux. Adopté par Louis XVI à Versailles, le foie gras devint ainsi une nourriture royale et un produit de luxe.

et présente les différentes facettes du personnage : dessinateur à l'humour noir, auteur d'affiches publicitaires, illustrateur de livres pour enfants ou créateur débridé d'œuvres érotiques, rien ne semble l'effrayer ! L'exposition de dessins, d'estampes et d'affiches publicitaires est renouvelée environ tous les quatre mois, tandis qu'un large fonds documentaire (jouets, archives, photographies, articles de presse) est mis à la disposition du public.
Revenez sur vos pas, traversez la place Broglie dans sa longueur et rejoignez la cathédrale par la rue du Dôme.

QUARTIER ALLEMAND

Attardez-vous dans les larges artères de ce quartier aux dimensions monumentales : elles nous racontent combien les rivalités géopolitiques entre la France et l'Allemagne ont eu de répercussions concrètes sur la vie des Strasbourgeois. L'un des exemples les plus évidents est la construction de ce nouveau quartier, une « Neustadt » (nouvelle ville) qui a triplé la surface de Strasbourg entre 1880 et 1914. À son origine : la victoire, en 1871, de l'Empire allemand sur la France. Celui-ci annexe l'Alsace-Moselle et veut faire rayonner sa nouvelle puissance à travers l'Europe. Quelle meilleure vitrine que Strasbourg, nouvelle capitale du « Reichsland d'Alsace-Moselle » ? Le quartier allemand est érigé le long d'un axe « impérial » à la gloire de l'Empire : 384 hectares de terrains sont libérés par la destruction des fortifications du 17e s, qui viennent de prouver leur inefficacité, pour laisser place à des immeubles de style néogothique, néo-Renaissance et néobaroque (dont quelques édifices Jugendstil aux proportions plus harmonieuses). Trois décennies durant, l'Allemagne va s'employer à y démontrer son savoir-faire technique (la nouvelle gare, les bâtiments monumentaux), sa suprématie culturelle (l'université et la bibliothèque, la plus grande de l'Empire) mais aussi à y loger les nouveaux arrivants, principalement allemands. Les immeubles de style et tout confort pour l'époque, les bains municipaux et les espaces verts témoignent des nouvelles préoccupations hygiénistes.
Les deux grands conflits du 20e s. ballotteront la ville-frontière entre les deux nationalités : redevenue française en 1918, Strasbourg, comme les autres villes d'Alsace et de Moselle, connaît une nouvelle parenthèse allemande entre 1940 et 1944. La ville sera libérée par le général Leclerc le 23 novembre 1944.
Longtemps associé à « l'envahisseur allemand », le quartier est aujourd'hui vu d'un tout autre œil : un exemple rare d'architecture allemande impériale (avec, dans une moindre mesure, le quartier impérial de Metz), d'autant que les équivalents outre-Rhin ont souffert des bombardements de la Seconde Guerre mondiale. Strasbourg souhaite aujourd'hui faire classer le quartier au Patrimoine mondial de l'Unesco. L'examen du dossier est prévu pour 2017.

Place de la République Plan I C-D1

Lien entre la vieille ville et la *Neustadt*, l'ancienne place impériale est un vaste carré dont la partie centrale a été aménagée en jardin circulaire, planté d'arbres, au centre duquel s'élève le monument aux morts sculpté par Drivier (1936).
À gauche, le **palais du Rhin** (C1), ancien palais impérial (1883 à 1888) ; à droite, le Théâtre national, occupant l'ancien palais du Landtag d'Alsace-Lorraine, et la Bibliothèque nationale.

Maison égyptienne Plan I C1 en dir.

10 r. du Gén.-Rapp.
La façade de cette maison de 1905 mêle Art nouveau et orientalisme.

Parc du Contades Plan II E2

Ce parc, au nord de la place de la République, porte le nom du maréchal gouverneur de l'Alsace qui le fit réaliser. En bordure du parc s'élève la synagogue de la Paix, construite en 1955 pour remplacer l'ancienne détruite en 1940.

Maison de la télévision France 3-Alsace Plan II E-F2

Place de Bordeaux.

Réalisée en 1961, elle porte sur sa façade concave une monumentale composition sur céramique de Lurçat, symbolisant la création du monde.

Église réformée Saint-Paul Plan I D1

Place du Gén.-Eisenhower.

Figure de proue au confluent de l'Ill et de l'Aar, cette église de garnison érigée entre 1892 et 1897 arbore fièrement ses tours jumelles de style néogothique (76 m). En entrant, on est aussitôt frappé par la belle galerie de grès en arc de cercle qui décore le fond du chœur.

Université

13 r. de l'Observatoire - ☎ 03 68 85 24 50 - http://jardin-sciences.unistra.fr/planetarium - juil.-août : 10h15-12h, 13h45-17h, dim. 13h45-17h30 ; vac. scol. (zone B) : 10h15-12h, 13h45-17h, dim. 13h45-17h30 ; reste de l'année : 8h45-12h, 13h45-17h, merc. 13h45-17h30, dim. 13h45-17h30 - fermé sam. et j. fériés - possibilité de visite guidée sur demande (20mn) - 6 € (-15 ans 4 €) - 5 € billet combiné avec le Vaisseau - réserv. conseillée - spectacle de planétarium avec Pass tourisme Strasbourg (4 €, enf. 2,50 €). Prestigieuse vitrine de la culture allemande à l'époque du Reichsland, le **palais universitaire** fut inauguré en 1884. Le rayonnement de l'université de Strasbourg attire alors d'éminents professeurs dans les facultés de philosophie, de sciences ou de médecine. L'université Louis-Pasteur regroupe aujourd'hui plusieurs musées, dont un riche Musée zoologique *(voir p. 117)*, un musée de Minéralogie et un musée de Sismologie et de Magnétisme terrestre.

Pour découvrir l'astronomie, le **planétarium de l'université** (plan II F2) de Strasbourg propose différentes projections pour enfants ou pour adultes, ainsi qu'une visite guidée de la coupole de l'observatoire. L'exposition interactive de la « Crypte aux étoiles » termine la visite.

Jardin botanique de l'université de Strasbourg Plan II F2

Allée Anton-de-Bary - ☎ 03 68 85 18 65 - http://jardin-botanique.unistra.fr - ♿ - mai-août : 14h-19h ; mars-avr. et sept.-oct. : 14h-18h ; de déb. nov. à mi-déc. : 14h-16h - fermé 23 déc.-28 fév., certains j. fériés - possibilité de visite guidée (1h30) - entrée libre.

Ce jardin, qui rassemble plus de 6 000 plantes rigoureusement étiquetées, est une des richesses dont fut dotée l'université impériale. La serre de Bary, du nom du professeur qui constitua la collection, est d'époque. Elle abrite de remarquables nénuphars géants. À côté, une parcelle présente différentes plantes utiles à l'homme. Parmi les arbres de l'arboretum, cherchez le séquoia géant ou le faux-noyer du Caucase, le plus gros du jardin (5,40 m de circonférence).

Parc de la Citadelle Plan II F2

À la lisière du quartier allemand, ce parc entoure les vestiges des fortifications Vauban que Louis XIV ordonna de construire en 1681, aussitôt après la capitulation de Strasbourg et son rattachement à la France.

1

LA CAPITALE DE l'EUROPE Plan II *(lire aussi p. 64-65)*

★ Palais de l'Europe F1-2

Quittez le centre-ville par le quai des Pêcheurs. Av. de l'Europe - ✆ 03 88 41 20 29 - www.coe.int - visite guidée uniquement sur demande préalable (1h) au Conseil de l'Europe, service des visites à visites@coe.int - fermé w.-end et j. fériés - gratuit.

Siégeant au palais de l'Europe, le **Conseil de l'Europe** englobe le Comité des ministres, l'Assemblée parlementaire et le Secrétariat général. Les bâtiments sont l'œuvre de l'architecte français Henri Bernard. À l'intérieur, le palais, qui comprend 1 350 bureaux, possède l'hémicycle le plus vaste d'Europe.

★ Parc de l'Orangerie F2

En face , le parc de l'**Orangerie** est le plus vaste de la ville. Dessiné par Le Nôtre en 1692, il a été aménagé en 1804 en vue du séjour de l'impératrice Joséphine. Le pavillon Joséphine (1805), incendié en 1968 et reconstruit, sert aux expositions temporaires, aux représentations théâtrales et aux concerts.

Dans le parc, un **minizoo** fait cohabiter les fameuses cigognes locales avec quelques animaux plus exotiques (singes, aras, perruches, grand tétras, flamants du Chili). Les enfants apprécieront également le lac, la petite cascade et les aires de jeux.

Palais des Droits de l'homme F1

Au bord de l'Ill, conçu dans un style futuriste par l'architecte Richard Rogers, le nouveau palais des Droits de l'homme abrite la Cour européenne des droits de l'homme, relevant du Conseil de l'Europe. Imposants, les bâtiments, avec au centre la tour de l'hémicycle, épousent la courbe de l'Ill. La Cour européenne des droits de l'homme, désormais unique, y siège de façon permanente. On aperçoit, en face, le **Parlement européen**.

LE PORT AUTONOME ET LE RHIN Plan II

Circuit de 25 km. Comptez environ 1h30.

Situé à l'un des principaux points de jonction des voies de communication qui unissent les diverses parties de l'Europe, le port de Strasbourg se classe parmi les premiers ports rhénans. Il constitue pour la région de l'Est l'équivalent d'un grand port maritime grâce aux qualités de navigabilité exceptionnelles du Rhin (aujourd'hui canalisé entre Bâle et Iffezheim), comparable à un bras de mer international de 800 km de longueur.

Suivez la route du Rhin (D 1004, anciennement N4) au sud, au départ du pont d'Austerlitz. Peu avant le pont Vauban, empruntez à droite la rue du Havre, parallèle au bassin René-Graff.

Cette promenade offre les points de vue les plus intéressants sur les installations portuaires et le Rhin. Dans son prolongement, la rue de La Rochelle conduit à la zone sud, partie la plus moderne du port, avec les trois bassins Auguste-Detœuf (centre céréalier), Gaston-Haelling, Adrien-Weirich (conteneurs et colis lourds) et la darse IV. Entre ces deux derniers bassins est implanté le centre Eurofret-Strasbourg *(accès par les rues de Rheinfeld et de Bayonne).*

Rebroussez chemin par la rue de La Rochelle et la rue du Havre. À l'extrémité de cette dernière, bifurquez à droite et traversez le pont Vauban, qui franchit le bassin Vauban. L'avenue du Pont-de-l'Europe conduit au bord du Rhin.

Le fleuve, large à cet endroit de 250 m, est enjambé par le **pont de l'Europe** (F2) (1960), constitué par deux arcs métalliques, qui relie Strasbourg à Kehl en Allemagne. Il remplace le fameux pont métallique dit « de Kehl » (1861) détruit pendant la Seconde Guerre mondiale.

Jardin des Deux Rives F2

À droite du pont de l'Europe, ce jardin transfrontalier doit son unité à l'élégante passerelle à haubans, conçue par l'architecte Marc Mimram, qui permet aux piétons et aux cyclistes de traverser le Rhin. Côté français, les vastes pelouses, parsemées de massifs de fleurs, sont entourées d'un imposant mur d'eau.

Revenez à l'avenue du Pont-de-l'Europe et obliquez sur la droite pour prendre la rue Coulaux, puis la rue du Port-du-Rhin (vue sur le bassin du Commerce).

Du **pont d'Anvers** (F2), on voit sur la gauche l'entrée du grand Vauban et le bassin Dusuzeau (gare fluviale) ; sur la droite, le bassin des Remparts.

SE RESTAURER

Buerehiesel .... ①
Vignette (La) .... ③

Franchissez le pont et tournez à droite dans la rue du Gén.-Picquart, qui longe le bassin des Remparts. Prenez ensuite la rue Boussingault pour passer le pont sur le canal de la Marne au Rhin. Suivez à droite le quai Jacoutot longeant le canal.
Du **pont Jean-Millot** (F2), à l'entrée du bassin Albert-Auberger, la vue embrasse le Rhin et l'entrée nord du port. Dans l'avant-port nord débouchent le canal de la Marne au Rhin, les bassins Louis-Armand, du Commerce et de l'Industrie.

À voir aussi Plans de ville I et II p. 104-105 et 115

★★ Musée d'Art moderne et contemporain Plan I A2

1 pl. Hans-Jean-Arp - ✆ 03 88 23 31 31 - www.musees.strasbourg.eu - ♿ - 10h-18h - fermé lun., 1er janv., Vend. saint, 1er Mai, 1er et 11 Nov., 25 déc. - 7 € (-18 ans gratuit) - gratuit 1er dim. du mois - 12 € pass journée musées de Strasbourg.
Élevé au bord de l'Ill, ce bâtiment (1997) a été réalisé par **Adrien Fainsilber**. Habillée d'une immense verrière multicolore, une haute nef centrale dessert les salles d'exposition. Les riches collections du musée composent un panorama de l'art moderne et contemporain, des années 1850 à nos jours.
L'art moderne (1850-1950) – Le rez-de-chaussée présente la collection permanente du musée, au fil d'une série de salles chronologiques, des peintures du maître de l'académisme William Bouguereau *(La Vierge consolatrice)* aux œuvres abstraites de Kandinsky, Poliakoff ou Magnelli. Prenez le temps de vous asseoir devant l'imposant Christ quittant le prétoire (1867-1872) qui occupe tout un pan de mur de la salle consacrée à Gustave Doré, génial illustrateur ultra-prolifique et natif de Strasbourg. Vous pourrez y admirer des œuvres impressionnistes (Renoir, Sisley, Monet), des toiles de Signac, quelques nabis (Gauguin, Vuillard, Maurice Denis). L'art au tournant du 20e s. est représenté par un groupe d'œuvres symbolistes.
Le renouvellement des arts décoratifs en Alsace autour de 1900 est évoqué : mobilier et grandes compositions en marqueterie de Charles Spindler, sculptures de Carabin, Ringel d'Illzach et Bugatti, vitraux réalisés au début du 20e s. à Strasbourg, vases et coupes d'Antonin Daum et d'Émile Gallé.
Le cubisme, le fauvisme et la naissance de l'abstraction sont présentés, à travers des artistes comme Picasso, Braque, Kandinsky, Marinot, Dufy, Vlaminck ou Campendonk, qui font exploser la couleur pure et violente. En réaction à la Grande Guerre, le mouvement dada élabore des œuvres dérisoires, voire absurdes (Janco, Schwitters). À sa suite, les surréalistes, avec Victor Brauner, René Magritte, Max Ernst et Hans Jean Arp, cherchent à introduire l'onirisme dans leurs œuvres.
L'art contemporain (1950 - aujourd'hui) – Regroupée au 1er étage, au fil de quatre vastes salles à la blancheur immaculée, la collection d'art contemporain du musée change fréquemment d'accrochage, afin de présenter les dernières acquisitions. Selon les périodes, vous pourrez y voir des œuvres de l'Arte Povera (Boetti, Pascali, Penone), Supports/Surfaces (Dezeuze, Dolla, Viallat), Fluxus, l'art conceptuel (Broodthaers, Boltanski) ou encore le néo-expressionnisme allemand (Baselitz, Immendorff), mais aussi des installations monumentales plus récentes.

★ Le Vaisseau Plan II F2

1 bis r. Philippe-Dollinger - ✆ 03 69 33 26 69 - www.levaisseau.com - ♿ - 10h-18h - fermé lun., 3 premières sem. de sept., 1er janv., 1er Mai, 25 déc. - 8 € (-18 ans 7 €; -3 ans gratuit ; sam. entrée pour tous à 6 € ; entrée à 3 € à partir de 16h30 tlj ; 25 € pass journée 4 pers.) - Comptez une demi-journée de visite.
L'exposition du Vaisseau s'adresse aux enfants de 3 à 12 ans. Elle s'articule autour de six thèmes permanents (« Êtres humains », « Je fabrique », « Le

jardin », « Les animaux », « L'eau », « Log'hic ») et une exposition temporaire. Selon leur âge, les enfants ont ainsi la possibilité de faire fonctionner de petites écluses, de parcourir une pièce dans le noir le plus complet, d'observer une fourmilière, de travailler dans un minichantier de construction (-6 ans) ou encore de se mettre dans la peau d'un jeune chirurgien et d'explorer, grâce à un logiciel 3D et de petits jeux simples, l'intérieur du corps humain. Dans le jardin, différents parcours (scientifique, sensoriel, nature) enseignent les rudiments de la météo, de l'optique ou du jardinage. La maison de la nature et la reconstitution de milieux naturels permettent de découvrir la faune et la flore régionales. Une salle est destinée aux pique-niques tirés du sac; une cafétéria *(ouv. merc., w.-end et vac. scol. zone B 11h30-17h30)* propose également des sandwichs, les plus diététiques possible, avec des ingrédients originaux.

Musée zoologique de l'université et de la ville Plan II F2

29 bd de la Victoire - ✆ 03 68 85 04 85 - www.musees.strasbourg.eu - ♿ - 10h-18h - fermé mar., 1er janv., 1er Mai, 1er et 11 Nov., 25 déc. - 6,50 € (-18 ans gratuit) - gratuit 1er dim. du mois; 12 € pass journée musées de Strasbourg.

Installé sur deux étages, ce musée un brin académique présente une très riche collection d'animaux naturalisés des quatre coins du globe : lion de la savane, pingouins des régions arctiques, rongeurs de nos campagnes. Quelques vitrines attirent l'attention sur les espèces protégées et sur celles qui ont déjà disparu d'Alsace (ours, lynx, cigogne noire) ou du monde (grand pingouin). Les animaux sous-marins sont également représentés, monstrueux ou fascinants. Au 2e étage, impressionnante collection d'oiseaux, reconstitution du cabinet de sciences naturelles de Jean Hermann, fondateur du musée. Collection d'insectes.

1

Église protestante Saint-Guillaume Plan I D2

Sa construction s'échelonna de 1300 à 1307. De beaux vitraux (1465) dus à Pierre d'Andlau éclairent la nef. Mais c'est le tombeau double (14e s.) à étage des frères de Werd, landgraves alsaciens, qui fait la curiosité de l'église : sur la dalle inférieure, Philippe en habit de chanoine; au-dessus, sur deux lions, comme suspendu, Ulrich en habit de chevalier.

Hospices de Strasbourg Plan I C2

1 pl. de l'Hôpital - ✆ 03 88 11 64 50 - www.vins-des-hospices-de-strasbourg.fr - visite guidée sur demande à Philippe Junger, responsable de la Cave historique - cave et boutique 8h30-12h, 13h30-17h30, sam. 9h-12h30 - fermé dim. - tarif, se rens.

Long de 145 m, l'hôpital civil de Strasbourg est coiffé d'un toit orné de quatre rangées de lucarnes et agrémenté d'un clocheton. L'édifice a été reconstruit en 1721 au milieu d'autres constructions plus anciennes, comme la pharmacie, épargnée par un incendie. Sous le bâtiment principal se trouve la cave historique, datant de 1395. À l'époque, elle servait au stockage des denrées nécessaires aux patients et aux pèlerins de passage. Petit à petit, elle s'enrichit de dons en nature des malades qui, souvent, n'avaient pas d'autres moyens de payer leurs soins : vins ou terres viticoles. L'hôpital devint ainsi le plus important propriétaire foncier d'Alsace. Au 20e s., les terres furent progressivement vendues pour financer des investissements et l'activité viticole s'estompa. Vouée à disparaître, la cave revit aujourd'hui sous l'impulsion de viticulteurs alsaciens de renom et abrite quelque 12 000 bouteilles exceptionnelles (en vente à la boutique et absentes des circuits de vente traditionnels)... et un petit trésor : le plus vieux vin blanc du monde conservé en tonneau (1472) !

NOS ADRESSES À STRASBOURG

Plan I p. 104-105 et plan II p. 115

TRANSPORTS

Parkings relais-tram – *☏ 03 88 77 70 70 - www.cts-strasbourg.fr - parking + tram AR : 4,10 €/voiture (jusqu'à 7 pers.) la journée (4,60 € pour le parking Rotonde).* Huit parkings permettent de laisser sa voiture en périphérie et de prendre le tram pour se rendre dans le centre-ville.

En tram et en autobus – *CTS - ☏ 03 88 77 70 70 - www.cts-strasbourg.fr - lignes A, B, C, D, E, F, G : 4h30-0h30 - trajet aller simple bus ou tram avec ou sans correspondance : 1,60 € à l'unité. Trajet AR : 3,10 € à l'unité ; carnet 10 tickets : 13,20 € (9,60 € pour les -12 ans et les + 65 ans).* Le tram dessert les principaux sites touristiques, culturels ou étudiants de Strasbourg et des environs.

Vélhop – Service municipal de location de vélo, sur le modèle du Vélib' ou du Vélov'. *Location en boutique (pièce d'identité et caution 150 €) ou aux bornes automatiques, avec carte de crédit - 5 boutiques : à la gare (galerie de la Grande Verrière, niveau -1, lun.-vend. : 8h-19h, w.-end et j. fériés 9h30-19h ; de mi-oct. à mi-mars : lun.-vend. 8h-19h, sam. 9h30-12h30, 14h-17h30) ; dans le centre ancien (3 r. d'Or) ; sur le campus universitaire (boutique Campus Esplanade, 23 bd de la Victoire) ; dans le quartier de Kœnigshoffen (67 rte des Romains) ; dans le quartier de Schiltigheim (3 r. St-Charles) - 1 € pour une heure, 5 € jusqu'à 12 heures et, au-delà, 5 € par tranches de 12 heures jusqu'à 3 j., 15 € pour une semaine - cadenas, très solide et aisément maniable, fourni.*

VISITES

Visites audioguidées – *Pour partir à la découverte de la ville à son rythme et en toute liberté tlj et à toute heure - s'adresser à l'office de tourisme (9h-16h) - 17 pl. de la Cathédrale - 5,50 € (-19 ans 2,75 €) caution (pièce d'identité ou permis de conduire).*

Minitrain – *Cathédrale - ☏ 03 88 77 70 70 - www.petit-train.com - de déb. mars à mi-nov. : 10h-18h, dép. ttes les 30mn - visite commentée (40mn) en 8 langues du Vieux Strasbourg, du barrage Vauban et de la Petite France.*

Promenades commentées en vedette sur l'Ill – *Pl. du Marché-au-Poisson - ☏ 03 88 84 13 13 - www.batoramashop.com - visite guidée juil.-août : 9h15-22h15 ; mai-juin et sept. : 9h45-21h15 ; avr. et oct. : 9h45-19h30 ; déc. : 9h45-18h45 ; mars et nov. : 10h15-17h ; janv.-fév. : 11h-16h15 - dép. ttes les 15-30mn (sf janv.-fév.) - 9,60 € (enf. 5,20 €) - dép. de l'embarcadère du palais Rohan. Promenade dans la Petite France avec passage devant le barrage Vauban, puis sur le fossé du Faux-Rempart jusqu'au palais de l'Europe.*

Promenades en avion – *Aéro-Club d'Alsace - aérodrome du Polygone - Strasbourg-Neudorf - ☏ 03 88 34 00 98 - www.aero-club-alsace.org - tlj 9h-12h, 14h-18h sur RV, durée 30mn - fermé 1er janv., 25 déc. - de 85 € (1 pers.) à 120 € (3 pers.) ; vols d'initiation avec instructeur 125 € (45mn)/pers.* Abords de Strasbourg, survol des châteaux et plaine du Rhin.

HÉBERGEMENT

Attention, pendant la « très haute saison » (marché de Noël), les prix s'envolent. De même, pendant les sessions plénières du Parlement européen, une semaine par mois.

www.europarl.europa.eu (onglet « Plénière » puis « Calendrier »). Calendrier des sessions et des commissions.

PREMIER PRIX

Auberge de jeunesse Ciarus hors plan I par C1 – *7 r. Finkmatt - 03 88 15 27 88 - www.ciarus.com - ch. de 2, 3/4 ou 6/8 lits - 29/141 €.* Cette adresse proche du centre historique accueille visiteurs individuels et groupes. Outre l'hébergement, le lieu propose différents espaces de détente : bar, salle TV, salle de jeux (billard, baby-foot, jeux vidéo), salle de ping-pong et « discothèque » (ouverte lun. et merc.).

À proximité

L'Aigle d'Or – *5 r. de la Wantzenau (près de l'église) - 67116 Reichstett, 11 km au nord - 03 88 20 07 87 - www.aigledor.com - fermé 1re quinzaine d'août et fêtes de fin d'année - 17 ch. 69/101 € - 10 €.* Belle façade à colombages au cœur d'un village pittoresque. Chambres sans ampleur mais assez coquettes, aux tons chaleureux. Salle des petits-déjeuners façon jardin d'hiver.

Père Benoît – *34 rte de Strasbourg - 67960 Entzheim, 8 km au sud - 03 88 68 98 00 - www.hotel-perebenoit.com - fermé dernière sem. de juil., 1re quinzaine d'août et fêtes de fin d'année - 60 ch. 77/93 € - 9 € - rest. 17/26 €.* Dans un village coquet, une ferme à colombages du 18e s. alsacienne dans l'âme ! Chambres simples et chaleureuses. Le petit-déjeuner est un pur régal. Les spécialités alsaciennes du restaurant portent haut les couleurs de la région.

BUDGET MOYEN

Hôtel Suisse plan I C2 – *2-4 r. de la Râpe - 03 88 35 22 11 - www.hotel-suisse.com - 25 ch. 68/135 € - 10,90 €.* À l'abri d'une placette derrière la cathédrale, cette accueillante maison à colombages du 18e s. fait face à l'ancien collège des Jésuites. Chambres simples, certaines mansardées, avec vue sur la cathédrale. Ambiance cosy dans la *stube* alsacienne (salle des petits-déjeuners et salon de thé). À noter : hébergement et petit-déjeuner offert aux enfants de -12 ans partageant la chambre de leurs parents.

Hôtel de l'Ill plan I C2 – *8 r. des Bateliers - 03 88 36 20 01 - www.hotel-ill.com - 27 ch. - fermé 1re dizaine de janv. - 69/97 € - 8,95 €.* Pas d'ascenseur. Atmosphère familiale dans cet hôtel rénové, situé à deux pas de l'Ill. Les chambres, plus ou moins grandes, affichent une propreté exemplaire. L'annexe donnant sur l'église Ste-Madeleine abrite des chambres communicantes, pratiques pour les familles. Salle des petits-déjeuners de style alsacien avec pendule à coucou.

Hôtel Le Kléber plan I B1 – *29 pl. Kléber - 03 88 32 09 53 - www.hotel-kleber.com - 37 ch. - 85/100 € (très haute saison : 112/139 €) - 9,50 €.* Ce bel hôtel aux prix raisonnables fait le lien entre la place de l'Homme-de-Fer et la place Kléber. Chambres confortables aux noms « sucrés » : Macaron, Puits d'Amour, Amaretti, Mirabelle, Fraise, Cannelle, Caramel et Chocolat.

EtC Hôtel plan I B2 – *7 r. de la Chaîne - 03 88 32 66 60 - www.etc-hotel.com - 35 ch. 57/113 € - 10 €.* Situé au calme, bien qu'en plein centre, entre la cathédrale et la Petite France, cet hôtel original de style contemporain propose des chambres sobres et spacieuses. Le décor de chacun des 4 étages décline un thème différent : Métal urbain, Terre et Brume, Ciel et Eau, Soleil et Feu.

1

Hôtel Graffalgar plan I A1 – *17 r. Déserte - ✆ 03 88 24 98 40 - www.graffalgar.com - 38 ch.* Coup de cœur pour cet hôtel nouvelle génération, à deux pas de la gare, qui a ouvert une extension en octobre 2015 : tarifs très honnêtes (qui n'augmentent que de 10 € pour Noël), vastes chambres personnalisées par des artistes locaux, wifi gratuit, mine d'informations sur la ville, cafétéria sympa, location de vélos, équipe relax mais attentive. Bref, la meilleure adresse de la ville dans sa catégorie.

POUR SE FAIRE PLAISIR

Hôtel Pax plan I A2 – *24 r. Fg-National - ✆ 03 88 32 14 54 - www.paxhotel.com - 104 ch. 115/135 € (tarifs plus attractifs en ligne) - ☕ 10 €.* L'hôtel longe une rue où ne circule que le tramway. Les chambres sont bien tenues. Espaces communs égayés par des objets anciens évoquant la ferme.

Hôtel Gutenberg plan I C2 – *31 r. des Serruriers - ✆ 03 88 32 17 15 - www.hotel-gutenberg.com - 42 ch. 89/220 € - ☕ 12 €.* Rénové en 2011, cet hôtel aménagé dans un bâtiment qui date de 1745 propose des chambres dotées d'un bel esprit contemporain, avec quelques touches de design. Agréable salle des petits-déjeuners.

RESTAURATION

PREMIER PRIX

L'Épicerie plan I B2 – *6 r. du Vieux-Seigle - ✆ 03 88 32 52 41 - www.lepicerie-strasbourg.com - tartines à 5/8 €.* Dans un décor réussi d'épicerie à l'ancienne, on grignote une soupe, une salade ou l'une des succulentes tartines garnies de mélanges aussi goûteux que pruneaux à la fourme d'Ambert ou dinde aux légumes croquants. Un « bistrot à tartines » décontracté et un rien branché.

Au Pont du Corbeau plan I C2 – *21 quai St-Nicolas - ✆ 03 88 35 60 68 - fermé dernière sem. de juil. et 3 premières sem. d'août, 1 sem. pdt les vac. de fév., dim. midi et sam. sf en déc. - formule déj. 13,50 €.* Sur les quais de l'Ill, jouxtant le Musée alsacien (art populaire), maison réputée dont le cadre s'inspire du style Renaissance régional. Spécialités du terroir que l'on peut déguster en terrasse.

Flam's plan I C1 – Tout près de la cathédrale, maison à colombages abritant un restaurant de la chaîne Flam's, spécialisée dans les *flammekueches*. Les trois salles et les deux caveaux, relookés, affichent de belles couleurs vives. N'oubliez pas de jeter un coup d'œil au superbe plafond peint, vestige du 15e s.

Art Café (au musée d'Art moderne et contemporain) plan I A2 – *1 pl. Hans-Jean-Arp - ✆ 03 88 22 18 88 - fermé lun. et j. fériés - ♿ - formule déj. 20,50 € - 16,50/20,50 €.* Difficile de trouver plus belle vue sur Strasbourg que depuis la terrasse de ce restaurant installé au premier étage du musée d'Art moderne et contemporain. Intérieur très design, à l'image des lieux, et cuisine au goût du jour. Brunchs le dimanche *(24 € - demi-tarif pour les 4-12 ans).*

L'Ancienne Douane plan I C2 – *6 r. de la Douane - ✆ 03 88 15 78 78 - www.anciennedouane.fr - tlj 12h-22h - 23,50 €.* Cette grande brasserie est une institution strasbourgeoise. On y sert des plats typiques et généreux à petits prix. Aux beaux jours, une jolie terrasse donnant sur le quai St-Nicolas et le Musée alsacien vous accueillera. Remarquable « choucroute du douanier ».

BUDGET MOYEN

Au Renard Prêchant plan I D2 – *34 r. de Zurich - ✆ 03 88 35*

62 87 - www.renard-prechant.com - fermé sam. midi, dim. midi et j. fériés - 24/30 €. Dans une zone piétonne, cette chapelle du 16e s. doit son nom aux peintures murales qui la décorent et racontent l'histoire du Renard prêchant… Une légende à découvrir en s'attablant dans la salle rustique. Jolie terrasse en été et formule déjeuner intéressante.

Perles de Saveurs plan I B2 – *9 r. des Dentelles - ✆ 03 88 22 19 81 - www.perlesdesaveurs.fr - mar.-jeu. 12h-14h, 19h-22h30 (23h vend.-sam.) - formule 2 plats 25,50 €, menu 34 €.* Au fond d'une cour Renaissance classée Monument historique se cache cette adresse intimiste qui propose une excellente cuisine créative élaborée avec des produits de saison.

Pfifferbriader plan I C2 – *14 pl. du Marché-aux-Cochons-de-Lait - ✆ 03 88 24 46 56 - www.winstublepfiff.com - P - ♿ - 24,50/27,50 €.* On se sent tout de suite bien dans ce restaurant alsacien typique avec son plafond bas, ses poutres patinées, ses boiseries et ses vitraux ornés de scènes viticoles. Au menu, goûteuses spécialités régionales – escargots, choucroutes, *baeckeofe* – et plats plus classiques, tous élaborés avec des produits frais. Bon choix de vins locaux.

Le Clou plan I C1 – *3 r. Chaudron - ✆ 03 88 32 11 67 - www.le-clou.com - fermé dim. (sf déc.) et j. fériés - formule déj. 14,55 €, carte 28/49 €.* Proximité de la cathédrale, beau décor traditionnel (esprit maison de poupée à l'étage) et bonne humeur caractérisent cette authentique et fameuse *winstub* à la cuisine généreuse.

Petit Ours plan I C2 – *3 r. de l'Écurie - ✆ 03 88 32 13 21 - www.resto-petitours.fr - ♿ - formule déj. 11,90/15,90 € - 26/32 €.* Adresse fort sympathique que ce restaurant décoré aux couleurs de la Toscane. La salle éclairée de grandes baies vitrées et le caveau sont tous deux très plaisants. Chaque plat a pour thème une herbe ou une épice.

La Choucrouterie plan I B2 – *20 r. St-Louis - ✆ 03 88 36 52 87 - http://restaurantdelachouc.com - fermé 3 sem. en août, sam. midi, dim. midi et lun. - ♿ - 20/25 €.* Ce relais de poste du 18e s. fut la dernière fabrique de chou en saumure de Strasbourg : dans un décor de bric et de broc, on ripaille et on rit à la fois… Repas animés, dîners-spectacles ou repas et théâtre, à vous de choisir. Autour des menus alsaciens ou d'un verre de blanc.

Aux Armes de Strasbourg plan I C2 – *9 pl. Gutenberg - ✆ 03 88 32 85 62 - tlj midi et soir - 21/28 €.* Située au cœur de la vieille ville, cette brasserie au cadre authentique et pittoresque sert une cuisine chaude non-stop de 11h30 à 0h. *Presskopf*, salade brasserie (cervelas-gruyère), choucroute, jambonneau grillé, *baeckeofe*.

La Table de Christophe plan I C1 – *28 r. des Juifs - ✆ 03 88 24 63 27 - www.tabledechristophe.com - fermé dim. et lun. - formule déj. en sem. 13,90 €, 32,50/48 €.* Petit restaurant de quartier au cadre simple et rustique propice à la convivialité. Le chef mélange les influences terroir et actuelles tout en respectant les saisons. Foie gras, cabillaud à l'ail des ours, suprême de sandre rôti sur choucroute, filet de canette au miel d'acacia.

L'Ami Schutz plan I A2 – *1 Ponts-Couverts - ✆ 03 88 32 76 98 - www.ami-schutz.com - fermé vac. de Noël et 1er Mai - formule déj. 16,40 € - 28/45 €.* Entre les bras de l'Ill, *winstub* typique à

1

l'ambiance chaleureuse (boiseries, banquettes) ; la plus petite des deux salles offre plus de charme. Terrasse ombragée de tilleuls.

Le Tire-Bouchon plan I C2 – *5 r. des Tailleurs-de-Pierre - ✆ 03 88 22 16 32 - www.letirebouchon.fr - formule déj. en sem. 10,50 € - 24/29 €.* Enseigne-vérité : on vient ici pour faire bonne chère ! Attention, le décor modernisé dénote par rapport aux autres *winstubs*, mais l'assiette reste traditionnelle à souhait.

La Vignette plan II F1 – *29 r. Mélanie - ✆ 03 88 31 38 10 - www.lavignette-strasbourg-robertsau.com - fermé 1re quinzaine de janv., de fin juil. à mi-août, sam. midi, dim. et j. fériés - formule déj. 15 € - 35/40 €.* Fourneau en faïence et vieilles photos du quartier embellissent la salle à manger de cette charmante maison aux allures de guinguette. Appétissante cuisine du marché.

POUR SE FAIRE PLAISIR

S'Burjerstuewel - Chez Yvonne plan I C2 – *10 r. Sanglier - ✆ 03 88 32 84 15 - www.chez-yvonne.net - tlj 12h-14h15, 18h-0h - 24/52 €.* Atmosphère chic dans cette *winstub* devenue une institution (photos et dédicaces de stars à l'appui). On y mange au coude à coude des plats régionaux et dans l'air du temps.

Buerehiesel plan II F2 – *Dans le parc de l'Orangerie - ✆ 03 88 45 56 65 - www.buerehiesel.com - fermé 3 sem. en août, 1er-10 mars, dim. et lun. - 37/98 €.* À la suite de son père Antoine, Éric Westermann signe une intéressante cuisine, chez lui, dans cette belle ferme à colombages, au cœur du parc de l'Orangerie. Spécialités : *schniederspaetle* et cuisses de grenouille poêlées au cerfeuil, pillette de Bresse cuite entière aux truffes, brioche caramélisée à la bière.

PETITE PAUSE

Bretzel Burgard plan I B1 – *7 pl. Kléber - ✆ 03 88 75 60 18 - lun.-sam. 8h-19h.* Des bretzels et mauricettes (ou malicettes) à la pelle, bien frais et moelleux (plusieurs fournées sont préparées dans la journée), nature, gratinés ou garnis version sandwichs.

Christian plan I C2 – *2 boutiques : 12 r. de l'Outre et 10 r. Mercière (à côté de la cathédrale) - ✆ 03 88 32 04 41 et 03 88 22 12 70 - www.christian.fr - 7h-18h30 - fermé dim. et j. fériés.* Cette belle boutique propose de délicieux chocolats : truffes au bois de santal, châtaignes, carrés rehaussés de poivre de Jamaïque, sans oublier les grands crus pur Java, Équateur ou Venezuela. Les pâtisseries sont élaborées avec du lait cru fermier et – selon la saison – avec les fruits du verger familial.

Riss plan I B1 – *35 r. du 22-Novembre - ✆ 03 88 32 29 33 - www.patisserie-riss.fr - tlj sf dim. 8h-18h45, lun. (sf en été) 13h30-18h30 - fermé j. fériés.* Fondée dans les années 1930, cette maison est devenue une institution pour les Strasbourgeois friands de chocolats. Grand passionné, Jean-François Hollaender marie les saveurs, oppose les consistances, joue avec les couleurs pour un résultat des plus délicats. Ne manquez pas de goûter à sa spécialité, la truffe au scotch-whisky !

Bistrot et chocolat plan I C2 – *8 r. de la Râpe - www.bistrotetchocolat.net - ✆ 03 88 36 39 60 - lun.-jeu. 11h-19h, vend. 11h-21h, sam. 10h-21h, dim. 10h-19h - formule déj. (lun.-vend.) à 8,90 €, 12/14,25 €.* À 100 m de la cathédrale, cette adresse familiale s'est fait une spécialité du chocolat chaud : à l'ancienne avec du chocolat fondu, ou parfumé aux mille saveurs comme le gingembre, le piment, le caramel… Avis aux amateurs ! Brunchs tous les jours de la semaine à partir de 13,50 €.

Au fond du jardin plan I C2 – *6 r. de la Râpe - ✆ 03 88 24 50 06 - www.aufonddujardin.fr - merc.-sam. 14h30-18h45, dim. 16h15-18h45 (brunch à partir de 12h15).* Dingues de madeleines ! Le gâteau d'origine lorraine est ici décliné en 135 variantes, certaines hallucinantes (menthe fraîche-fleur d'oranger-rose-pistache) ! À emporter ou déguster sur place dans un décor de bonbonnière victorienne ou en terrasse avec vue sur la cathédrale. Coin épicerie fine. Brunchs (réserv. indispensable le w.-end).

Jeannette et les Cycleux plan I C2 – *30 r. des Tonneliers - ✆ 03 88 23 02 71 - www.lenetdejeannette.com - lun.-jeu. 11h30-1h30, vend.-sam. 11h30-2h30, dim. 11h30-0h30.* Ce café ne désemplit pas dès la fin d'après-midi. Dans une ambiance décontractée qui séduira les jeunes, vous pourrez consommer thé, café, bière, vin, cocktail et partager des planches de fromages ou charcuteries à des prix très honnêtes. Terrasse aux beaux jours.

Le Petit Glacier plan I C2 – *3 r. d'Austerlitz - ✆ 03 88 14 08 09 - lun. 12h-19h, mar.-sam. 8h30-19h, dim. 9h-19h (fermeture à 23h30 aux beaux jours).* À l'entrée d'une rue piétonne très fréquentée, ce glacier propose un choix de parfums maison d'une grande qualité. Avec sa terrasse proche du pont du Corbeau, l'endroit se révèle idéal pour une pause après la visite du quartier de la Krutenau. Excellent accueil.

Café Brant plan II F2 – *11 pl. de l'Université - ✆ 03 88 36 43 30 - www.cafe-brant.fr - 7h-21h.* Face à l'université, cet élégant café rénové a rouvert en 2014, cultivant son parfum Mittel Europa, avec références Art déco et garçons en livrée. Grande terrasse. Un mélange réussi entre le café viennois et la brasserie strasbourgeoise.

ACHATS

Marchés – *Ouverts en général de 7h à 13h.* Marché traditionnel : *merc. et vend. pl. Broglie ; mar. et sam. bd de la Marne ; merc. pl. de Zurich.* Marché de producteurs : *sam. pl. du Marché-aux-Poissons.* Marché aux puces et brocante : *merc. et sam. 7h-16h, r. du Vieil-Hôpital et pl. de la Grande-Boucherie.* Marché aux livres : *mar., merc. et sam. 9h-18h, pl. Kléber, r. Gutenberg et r. des Hallebardes.* Marché de Noël en déc.

Un Noël en Alsace plan I B2 – *10 r. des Dentelles - ✆ 03 88 32 32 32 - www.noelenalsace.fr - tlj sf dim. 10h30-12h30, 13h30-18h30 (à partir de juil. : dim. 14h-18h) - fermé janv.-fév.* Dans cette maison du 16e s. au cœur de la Petite France, c'est Noël tous les jours. Guirlandes, petits personnages en bois, étoiles scintillantes, boules multicolores, tout est là pour parfaire votre décor de Noël.

La Boutique du Gourmet plan I C2 – *26 r. des Orfèvres - ✆ 03 88 32 00 04 - www.bruck-foiegras.com - tlj sf dim. et lun. mat. 9h30-12h30, 14h-19h - fermé j. fériés.* Le foie gras d'oie est à l'honneur dans cette luxueuse petite boutique : vous le trouverez entier, à la coupe, en croûte, en gelée, cuit au torchon, sous forme de verrine ou de terrine. Ceux qui préfèrent le foie gras de canard trouveront aussi leur bonheur. Également, choix de vins et eaux-de-vie d'Alsace.

Pains d'Épice Mireille Oster plan I B2 – *14 r. des Dentelles - ✆ 03 88 32 33 34 - www.*

mireille-oster.com - 9h-19h. Des parfums d'orange, de miel, de cannelle et de cardamome embaument cette petite boutique aménagée dans une maison à colombages datant de 1643. C'est que le pain d'épice est ici roi : tendre ou croquant, sucré, salé et même glacé, il se décline à l'infini et nous replonge dans notre enfance.

Arts Collections d'Alsace et du Grand Est plan I C2 – *4 pl. du Marché-aux-Poissons - ✆ 03 88 14 03 77 - www.arts-collections-alsace.com - lun. 14h-18h30 ; mar.-sam. 10h-12h30, 13h30-18h30 - tram ligne A ou D, station Grand'Rue*. Installée au bord de l'Ill, à côté de l'embarcadère, cette vaste boutique présente de beaux objets artisanaux fabriqués pour la plupart en Alsace, mais aussi en Allemagne et en Autriche : poteries, tissus traditionnels, nappes en kelsch, objets de décoration, chaises alsaciennes en bois.

Maison Bossert plan I C2 – *15 r. des Bouchers - ✆ 03 88 32 28 47 - www.maison-bossert.fr - mar.-vend. 13h30-18h30, sam. 10h-12h, 13h30-17h*. Mercerie strasbourgeoise (depuis 1825) mais aussi créateur de costumes alsaciens, cette enseigne réussit l'alliage délicat du savoir-faire traditionnel haut de gamme et de la modernité. Ici, pas de folklore. Les rayonnages de draps de laine et de tissus damassés confèrent à la boutique une atmosphère satinée et ouatée qui donne envie de chuchoter. Vous pourrez même y louer un costume pour une soirée.

Maison alsacienne de biscuiterie plan I A1 – *Gare Centrale (niveau -1) - www.maison-alsacienne-biscuiterie.com - mar.-merc. 9h-18h, jeu.-vend. 9h-18h30 - tram ligne A ou D, station Gare-centrale*. Vous ne savez pas – encore – ce que sont les *bredele* ? Ces petits gâteaux et sablés alsaciens sont, avec le *kugelhopf*, la spécialité de cette boutique installée dans la gare, pratique pour en rapporter chez soi. Deux autres boutiques : 16 r. du Dôme *(lun. 10h-19h, mar.-sam. 9h-19h, dim. 10h-18h)* et 9 r. des Serruriers *(lun.-dim. 9h-19h)*.

EN SOIRÉE

Pour le programme des théâtres, concerts, conférences, expositions, manifestations sportives, consultez le mensuel *Strasbourg actualités* ou *L'Hebdoscope*, hebdomadaire sur les arts et les spectacles.

Au Brasseur plan I D2 – *22 r. des Veaux - ✆ 03 88 36 12 13 - 11h30-1h, dim. 0h - fermé 1er janv.* Cette microbrasserie propose une grande variété de bières blanches, blondes, ambrées et brunes brassées sur place. Ses mousses réputées attirent les Strasbourgeois qui y viennent aussi dîner.

Bar Champagne plan I B2 – *5 r. des Moulins - ✆ 03 88 76 43 43 - www.regent-petite-france.com - 17h-1h*. Bar de l'hôtel Régent Petite France, qui fut un moulin pendant huit siècles puis une glacière jusqu'à la fin des années 1980. Ici, tout est fait pour passer une soirée relax : beau cadre contemporain, terrasse au bord de l'Ill, ambiance musicale, de nombreux cocktails et les meilleurs champagnes.

Le Festival plan I D2 – *4 r. Ste-Catherine - ✆ 03 88 16 54 37 - 16h-1h30*. Bar américain chic, tenue correcte recommandée. Pour les boissons, il est de bon ton de suivre les conseils du barman réputé être un maître en matière de cocktails.

Café de l'Opéra (dans l'Opéra national) plan I C1 – *Pl. Broglie - ✆ 03 88 22 98 51 - tlj sf dim. 10h30-20h.* Logé à l'intérieur de l'Opéra national du Rhin, ce café « cosy » accueille régulièrement des expositions d'artistes (peintres et photographes). Restauration servie à toute heure (carte assortie de suggestions du jour), bar à champagne et très agréable terrasse d'été.

Opéra national du Rhin plan I C1 – *19 pl. Broglie - ✆ 03 88 75 48 00 - www.operanationaldurhin.eu - billetterie : lun.-vend. 12h30-18h30 et 1h av. représentation - fermé de mi-juil. à fin août - 12 à 90 €.* Créé en 1972, l'Opéra du Rhin gère les scènes lyriques de Strasbourg, Mulhouse et Colmar. Outre le grand répertoire lyrique classique, la programmation fait la part belle à la musique de chambre, à la danse, aux récitals et au jeune public. Salle de 1 142 places.

Café Atlantico plan I D1 – *Quai des Pêcheurs - ✆ 03 88 35 77 81 - www.cafe-atlantico.net - 7h-1h.* Cette péniche rouge et beige, amarrée au bord de l'Ill, sert le soir de refuge aux amateurs d'ambiance décontractée et festive. Clientèle jeune (proximité de l'université oblige) et grand choix de *drinks*, des bières aux cocktails en passant par les boissons chaudes. Terrasse sur le quai aux beaux jours. Également restaurant.

Vino Strada Stub plan I D1 – *Quai des Pêcheurs - ✆ 03 88 36 65 78 - mar.-merc. 17h-0h, jeu.-sam. 17h-1h.* Dans le même esprit que le Café Atlantico, on appréciera l'ambiance conviviale du lieu à la différence près qu'ici le vin est roi. La carte, qui change deux à trois fois par semaine, aligne plus de 30 références. Vous pourrez agrémenter votre divin breuvage d'une « planchette » (7,90/15 €) ou d'un panier du maraîcher (5,90 €) à partager. Cuisine chaude jusqu'à minuit.

La Salamandre plan I D2 – *3 r. Paul-Janet - ✆ 03 90 41 87 27 - www.lasalamandrestrasbourg.com - jeu.-sam. 23h-7h.* Dans la dynamique Salamandre, la décoration fait un clin d'œil aux années 1970, 1980 et 1990. On y vient prendre l'apéro, dîner, assister à un spectacle (artistes variés) et danser.

La Laiterie plan 2 E2 – *13 r. du Hohwald - ✆ 03 88 23 72 37 - www.artefact.org - tram ligne B ou F, station Laiterie ou bus ligne 2, arrêt Obernai-Lyon ou ligne 15, arrêt Laiterie ; bus de nuit vend. et sam., dép. Musée d'Art moderne, 23h30-5h30, 1 bus/h.* Pop, rock, soul, hip-hop, reggae… Cette salle est LA salle de Strasbourg, installée depuis vingt ans dans les bâtiments d'une ancienne friche industrielle, qu'elle partage avec d'autres associations culturelles. D'ici à 2019, la salle de concerts devrait déménager à Port-du-Rhin, un quartier portuaire au bord du Rhin, où la municipalité espère créer une nouvelle zone culturelle.

AGENDA

Foire européenne – *1er vend. du mois de sept. (durée 10 j.) - parc des expositions Strasbourg Wacken - ✆ 03 88 37 21 21 - www.strasbourg-events.com.* Tous les secteurs d'activités avec plus de 1 000 exposants.

Strasbourg, capitale de Noël – *De fin nov. au 31 déc.* Très nombreuses animations et spectacles en ville : marché de Noël *(Christkindelsmärik)*, illuminations, grand sapin, expositions, crèche et concerts. Programme à l'office de tourisme.

Haguenau

★

34 280 Haguenoviens – Bas-Rhin (67)

Blottie au cœur d'un vaste massif forestier, Haguenau est un pôle économique et industriel dynamique, deuxième ville du Bas-Rhin. Elle s'est développée au 12e s. autour du château de Frédéric le Borgne, ses descendants Frédéric Ier Barberousse et Frédéric II, empereurs du Saint Empire romain germanique, lui accordant des avantages. Devenue chef-lieu de la Décapole, Haguenau se distingue par ses ateliers d'imprimerie et rayonne comme pôle de culture de la garance et du houblon. Malgré les tirs d'artillerie de l'hiver 1944-1945, la ville conserve de beaux monuments et de délicates ruelles. Les sportifs n'oublieront pas que c'est la ville d'origine de Sébastien Loeb, et les randonneurs apprécieront la forêt, source de légendes... et de matières premières pour la région.

NOS ADRESSES PAGE 132
Hébergement, restauration, achats, activités, etc.

S'INFORMER

Office de tourisme – *1 pl. Joseph-Thierry - 67500 Haguenau - 03 88 06 59 99 - http://tourisme-haguenau-potiers.com - avr.-sept. : 9h-12h30, 13h30-18h, sam. 10h-12h30, 13h30-17h, dim. 14h-17h ; janv.-mars : 9h-12h30, 13h30-17h30, w.-end 14h-17h - fermé 1er janv., dim. de Pâques, 1er Mai, 1er nov., 25 déc.*

Visite guidée de la ville – *03 88 06 59 99 - sur demande à l'office de tourisme de mi-juil. à fin août : merc. 18h (1h30-2h) - gratuit.*

SE REPÉRER

Carte de microrégion B1 (p. 94).
À 25 km au nord de Strasbourg par l'A 4 et 20 km du Rhin et de l'Allemagne.

SE GARER

Entrez dans le centre ancien par l'est de la ville, différents parking fléchés.

À NE PAS MANQUER

Le Musée historique et les villages de potiers : Soufflenheim et Betschdorf.

ORGANISER SON TEMPS

Consacrez un peu plus de deux heures à vous promener dans la ville, puis visitez l'un des musées avant de parcourir les alentours.

AVEC LES ENFANTS

La forêt de Haguenau et le site du Gros Chêne.

Se promener

Circuit de 2h au départ de la Grand'Rue, rue commerçante du centre-ville. Prenez à gauche, la rue St-Georges pour trouver l'église.

Église Saint-Georges

Du 12e et 13e s., elle allie les styles roman et gothique. Ses deux cloches sont les plus anciennes datées de France (1268). Sur le contrefort du transept sud, on peut voir, sous forme de rainures, les étalons de mesures de longueur utilisées pour la construction. La nef ample, à l'ambiance encore romane, est

Le Musée historique de Haguenau.
Arco/G Lenz/Arco Images/age fotostock

séparée des bas-côtés par de puissantes piles reliées entre elles par des arcs en plein cintre. Le chœur, de style gothique, a été réalisé par des sculpteurs de l'Œuvre Notre-Dame de Strasbourg. Il renferme une **custode** (gothique flamboyant), pour contenir les hosties, qui s'élève jusqu'à la voûte. Voyez la chaire, sculptée dans la pierre en 1500, le grand Christ en bois de 1487, ou le **retable★** du Jugement dernier.

Revenez sur vos pas, après la Grand'Rue, vous croisez la place d'Armes et la place de la République. Sur votre gauche, l'office de tourisme accueille un musée.

Musée alsacien

1 pl. Joseph-Thierry - ✆ 03 88 73 30 41 - www.ville-haguenau.fr - 9h-12h, 14h-17h, w.-end 14h-17h - fermé 1er janv., 1er Mai, dim. de Pentecôte, 1er nov., 25 déc. - possibilité de visite guidée sur demande (1h30) - 3 € (-14 ans gratuit).

Il est aménagé dans l'ancienne chancellerie de la ville (15e s.). Un peu de mobilier au rez-de-chaussée (ancien coffre des archives, beau poêle de 1661). Aux étages, une intéressante collection de peintures sous verre et de canivets (dentelles de papier réalisées par des religieuses au 19e s.). On y voit aussi des costumes alsaciens traditionnels du 19e s., un atelier de potier reconstitué et un intérieur paysan avec sa cuisine et sa *stube* (salle à manger).

De la pl. J.-Thierry, prenez à gauche la rue de la Moder jusqu'à la rue du Château.

Deux bâtiments de style Louis XV (18e s.) s'y dressent, l'**hôtel du Bailli Hoffmann** et l'**hôtel Barth** aux visages sculptés ; à cette époque, Haguenau redevient un centre économique et commercial important. Sortie ruinée de la guerre de Trente Ans, la ville avait été incendiée en 1677 sur ordre de Louis XIV. L'**hôtel de ville**, massif bâtiment édifié en 1908, fut à l'origine un tribunal.

Reprenez la Grand'Rue vers le nord.

L'imposante **halle aux houblons** date de la moitié du 19e s. Des années 1860 à la Seconde Guerre mondiale, Haguenau est l'un des principaux centres en Europe de la culture et du commerce du houblon : à partir de 1867, un

L'ALSACIEN QUI TRACE SA ROUTE

Né à Haguenau en 1974, **Sébastien Loeb** domine outrageusement le championnat du monde des rallyes WRC depuis le début des années 2000. C'est pourtant sur les praticables de gymnastique qu'il obtient ses premiers titres (quatre fois champion régional)! Mais à sa majorité, il s'empare d'un volant pour ne plus le lâcher. Il enchaîne les succès sur le circuit junior, devenant ainsi espoir de l'année 1997 puis champion du monde junior 2001. Citroën lui confie une voiture et le lance sur le circuit pro. Le premier titre ne se fait pas attendre : sur l'asphalte allemand dès 2002. Il se coiffe de la couronne mondiale en 2004, puis bat le record du nombre de victoires en 2006 au Japon. Record depuis... pulvérisé. En effet, rien ne semble plus pouvoir arrêter Sébastien Loeb et son copilote monégasque Daniel Elena (qui lui est fidèle depuis 1998). Aussi à l'aise sur la terre argentine et australienne, dans la neige suédoise, sur l'asphalte allemand et alsacien ou dans la boue galloise, parvenant même à vaincre les Finlandais chez eux, l'Alsacien collectionne les victoires au point de devenir l'un des sportifs français les plus célèbres et les plus titrés. En 2012 il remporte son 9e titre mondial et annonce prendre sa retraite en rallye WRC. Il participe en 2013 à quelques courses du circuit, comme un tour d'honneur, en attendant la suite...

marché hebdomadaire se tient dans la halle. Les débouchés se trouvent en France, en Belgique ou en Angleterre dans les brasseries. L'enceinte accueillait même certaines années à l'automne, une exposition internationale du houblon et de la bière.

Église Saint-Nicolas

Elle a été fondée par l'empereur Frédéric Barberousse. De la construction primitive de 1189, il ne reste que la tour ; la nef et le chœur gothiques datent des environs de 1300. Remarquables **boiseries★** du 18e s. pour la chaire, le buffet d'orgues et les stalles du chœur. Elles proviennent de l'ancienne abbaye de Neubourg, et ont été transportées ici après la Révolution. Quatre statues de bois, à l'entrée du chœur, représentent saint Augustin, saint Ambroise, saint Grégoire et saint Jérôme.

Revenez sur vos pas.

Dans la rue de la Moder, les vestiges d'un **moulin**, avec ses engrenages et sa meule, ont été restaurés. Plus à l'est s'étend le **quai des Pêcheurs** avec la **tour des Pêcheurs**, un vestige de l'enceinte médiévale de 1230.

★ Musée historique

9 r. du Mar.-Foch - ✆ 03 88 90 29 39 - www.ville-haguenau.fr - 10h-12h, 14h-18h, w.-end 14h-18h - 4 € (-18 ans 2 €) - audioguide disponible.

La façade de cet imposant **bâtiment★** de style néo-Renaissance (1905) s'apprécie avec un peu de distance. Sa conception fit, en 1899, l'objet d'un concours lancé par le maire Nessel. Cet archéologue et collectionneur souhaitait la construction d'un ensemble destiné à recevoir sa collection privée, ainsi que la bibliothèque et les archives municipales. Kuder et Müller sortirent vainqueurs avec ce projet d'édifice de style Renaissance allemande, proche de l'Art nouveau. Remarquez le campanile (48 m) orné d'une horloge, la céramique de Charles Bastian sous le porche d'entrée et la sculpture représentant l'empereur Frédéric Barberousse, en tenue de croisé, à l'angle. Ce dernier tient dans la main droite la charte des franchises (1164), qui marque l'autonomie de la ville. La décoration est tout aussi riche à l'intérieur (vitrail de Schnug). Au sous-sol du musée, belle **collection d'objets des âges de bronze et du fer★** mis au jour dans la forêt de Haguenau et sur le site de Seltz : bijoux, armes, céramiques. Au rez-de-chaussée, les monnaies et les médailles frappées sur place, ainsi que les ouvrages imprimés à Haguenau aux 15e et 16e s., racontent le haut Moyen Âge et la Renaissance localement. Au 1er étage, collection de céramique. Les Hannong, célèbres faïenciers du 18e s., possédaient une fabrique à Strasbourg et une autre à Haguenau. L'élection de 1848, le judaïsme au 19e s., les deux guerres mondiales sont aussi évoquées.

Prolongez la rue du Maréchal-Foch jusqu'à une charmante place.

L'élégant **théâtre municipal** surprend par son style néoclassique, à l'italienne. Édifié entre 1842 et 1847 sur les plans de l'architecte Charles Morin, il dispose d'une structure métallique et d'une façade de grès rouge.

À proximité Carte de microrégion p. 94

Forêt de Haguenau B1-C1

Au nord de Haguenau.

S'étendant sur près de 20000 ha et majoritairement boisée de pins sylvestres, chênes pédonculés et sessiles, charmes et hêtres, elle fut un lieu d'habitation très ancien : les arbres dissimulent des centaines de *tumuli* et de nécropoles celtiques ; à l'époque médiévale, la forêt était un refuge très prisé des ermites, mais aussi un espace propice à l'installation d'églises et de couvents. Cette présence mystique lui valut le surnom de « Forêt sainte ». Le site du **Gros Chêne** en est un exemple. *Vous le trouverez à 6 km à l'est de Haguenau. Empruntez la D 1063, puis, après 5 km, tournez à gauche dans la route forestière.* Près d'une modeste chapelle dédiée à saint Arbogast, envoyé au 6e s. par le roi des Francs évangéliser les Alamans, subsiste le Gros Chêne dont il ne reste plus qu'une partie du tronc ; des ermites vivaient non loin aux 15e-16e s. *(plan de la forêt aux offices du tourisme de Haguenau et Soufflenheim, sentiers du Club vosgien, pistes cyclables).* À voir aussi, un sentier botanique, un parcours de santé, deux tumuli reconstitués et une aire de jeux pour enfants.

Surbourg C1

10 km au nord par la D 263.

C'est ici que fut fondé par saint Arbogast, au 6e s., le premier couvent d'Alsace. L'abbaye, bénédictine depuis le 8e s., devint un chapitre collégial au 11e s. La superbe église de style romano-byzantin qui subsiste aujourd'hui fut alors élevée pour abriter les reliques du saint. À l'intérieur de l'édifice, remarquable par ses proportions, les piliers ronds alternent avec les colonnes carrées.

Walbourg B1

10 km. À la lisière nord-ouest de la forêt, sortez de Haguenau par la D 27.

Le village doit son nom à la fondation par des moines bavarois d'une abbaye bénédictine dédiée à sainte Walburge, en 1074. Il en reste une abbatiale du 15e s. à nef plafonnée. Le chœur est éclairé de cinq verrières du 15e s.

Morsbronn-les-Bains B1

11 km au nord par la D 27.

Station thermale dont les eaux chlorurées sodiques jaillissent à 41,5 °C *(voir p. 133)*. Là furent massacrés par l'armée prussienne la plupart des cuirassiers survivants de la charge dite de Reichshoffen, le 6 août 1870 *(voir p. 392)*.

1

Abri de Hatten C1

22 km au nord-est de Haguenau par la D 263 et la D 28.
R. de l'Abri - 03 88 80 14 90 - www.maginot-hatten.com - - de mi-juin à mi-sept. : 10h-18h ; de déb. mars à mi-juin : tlj sf lun.-merc. 10h-18h ; reste de l'année : se rens. - fermé 12 nov.-28 fév. - 6 € (-3 ans 2,50 €) - prévoir un vêtement chaud - 2 à 3h.

Le **musée de l'Abri** retrace l'histoire de la Seconde Guerre mondiale. Le grand hall est consacré au souvenir de la bataille de Hatten-Rittershoffen, qui se déroula du 9 au 20 janvier 1945. La salle des « Malgré-Nous » évoque le sort des incorporés de force, et une reconstitution des différents *checkpoints* à l'intérieur de Berlin aborde le thème de la guerre froide. Dans la salle des maquettes, la ligne Maginot apparaît sous vos yeux en modèle réduit.

À l'extérieur, sont exposés des engins, dont un char russe T34, un char d'appui américain Sherman, des Jeep et des camions.

L'**abri semi-enterré** hébergeait les troupes d'intervalle de la ligne Maginot. Il est resté dans sa configuration d'origine : chambre des hommes de troupe et d'officiers, salle des réserves alimentaires, cuisine ou centrale de filtrage de l'air.

Casemate d'infanterie Esch C1

1 km à l'est de Hatten, après la sortie sur la route de Seltz, sur la gauche.
Rte de Seltz - 03 88 80 05 07 - http://lignemaginot.com - mai-sept. : dim. 10h-12h, 13h30-18h - fermé j. fériés - possibilité de visite guidée (30mn) - 2 € (-18 ans 1 €).

Elle se trouva, en janvier 1945, au cœur de la bataille de chars qui opposa Allemands et Américains, dévastant Hatten et les villages alentour. La reconstitution d'une chambre de troupe et d'une chambre de tir, l'aménagement de deux autres salles et un petit musée (uniformes, armes, équipements divers…) constituent une évocation très parlante du monde défensif de la Ligne. Une maquette d'un bloc d'artillerie avec tourelle à éclipse permet de comprendre l'économie des grands ouvrages souterrains.

Soufflenheim C1

14 km à l'est par la D 1063.
20B Grand'Rue - 67620 Soufflenheim - 03 88 86 74 90 - www.ot-soufflenheim.fr - avr.-sept. : 9h-12h30, 13h30-17h30, sam. 10h-17h ; reste de l'année : 9h-12h30, 13h30-17h, sam. 10h-17h - fermé dim. et j. fériés.

Ce petit bourg, connu pour ses **ateliers** de poteries et de céramiques vernissées et colorées typiquement alsaciennes, doit beaucoup, comme son voisin Betschdorf, à la forêt de Haguenau qui l'entoure pour son argile et son bois. Destinées à un usage culinaire, les pièces, après avoir été façonnées, moulées, sont peintes et décorées puis sèchent. Elles passent alors dans un bain d'émaillage qui leur donne cet aspect brillant, avant de cuire à une température voisine de 1 000 °C. Production des terrines ovales pour la potée, des moules à gâteau *(kugelhopf)* et autres objets décoratifs. D'après la tradition locale, la poterie aurait débuté dans le village au 12e s. En 1837, la localité comptait 55 ateliers qui employaient 600 personnes.

Aujourd'hui, la confrérie des artisans potiers garantit l'origine de fabrication selon une tradition séculaire *(voir l'office de tourisme pour la visite)*.

L'un des chefs-d'œuvre des potiers est dans l'ancien **cimetière** fortifié de l'Œlberg : la *Cène*, composition d'après le tableau de Léonard de Vinci, protégée par un auvent. Les personnages grandeur nature ont été façonnés dans l'argile par le céramiste Léon Elchinger en collaboration avec Charles Burger (1871-1942).

Poteries de Betschdorf.
S. Nicolas/Iconotec/Photononstop

1

Betschdorf C1

16,5 km au nord-est par la D 263 puis la D 243.

Ce village aux jolies maisons à colombages produit des grès au sel. À la différence de Soufflenheim, c'est une poterie de conservation (lait, beurre, œufs, vinaigre, vin). La technique utilisée, bien spécifique, aurait été introduite par des potiers allemands nord-rhénans, installés en 1717 dans le village. Cruches, pots ou vases en grès gris à décor bleu sont tournés à la main et, après séchage, décorés au pinceau avec du bleu de cobalt. À la fin de la cuisson à 1 250 °C, ils sont vernis au sel ou, en d'autres termes, du sel est ajouté dans le four. Une réaction chimique se produit. Séparé du chlore, le sodium s'allie avec la silice des poteries et forme un vernis imperméable.

Musée de la Poterie – *2 r. de Kühlendorf - ✆ 03 88 54 48 07 - www.betschdorf.com - du mar. apr. Pâques à fin sept. : 10h-12h, 13h-18h, dim. 14h-18h - fermé lun., certains j. fériés - possibilité de visite guidée (1h) - 3,50 € (-10 ans 1 €).* Aménagé dans une ancienne ferme de la commune, ce musée présente une jolie collection de grès au sel. On y voit aussi des tessons de poteries du Moyen Âge et des productions actuelles, utilitaires ou œuvres d'art. Dans l'ancienne grange, reconstitution d'un atelier de poterie, document audiovisuel et expositions temporaires à l'étage. La visite se révèle utile avant d'aller jeter un œil aux ateliers locaux. En 1860, une soixantaine de potiers étaient en activité, ils sont une dizaine actuellement.

NOS ADRESSES À HAGUENAU

HÉBERGEMENT

BUDGET MOYEN

Europe Hôtel – *15 av. du Prof.-Leriche (proche du centre hospitalier) - ☏ 03 88 93 58 11 - P - www.europehotel.fr - 67 ch. 44/90 € - ☕ 11 €.* Au sein d'une zone pavillonnaire, un hôtel engageant et confortable. Préférez les chambres rénovées dans un style contemporain.

À proximité

Chambre d'hôte Krumeich – *23 r. des Potiers - 67660 Betschdorf - ☏ 03 88 54 40 56 - www.chezlepotier.fr - P - ⊄ - 3 ch. 48/60 € ☕.* Dans cette maison de Betschdorf, vous pourrez vous initier à la poterie de grès au sel avec le propriétaire, digne héritier d'une vieille famille de potiers… Ou tout simplement dormir dans une de ses jolies chambres, meublées à l'ancienne, et profiter du jardin.

Chambre d'hôte Chez Huguette – *5 r. de l'Industrie - 67660 Betschdorf - ☏ 09 51 61 98 58 - P - ⊄ - 2 ch. 55 € ☕.* À l'écart du centre-ville, une maison récente abrite deux chambres bien tenues, lumineuses et fraîches. Petit-déjeuner agréable sous la véranda devant le jardin. Accueil convivial.

RESTAURATION

PREMIER PRIX

Au Caquelon – *10 r. Georges-Clemenceau - ☏ 03 88 93 04 04 - plat du j. 7,80 €, 11/25 €.* Terrasse à deux pas du théâtre où il fait bon déjeuner. Leurs spécialités : les *roesti*, des pommes de terre effilées et relevées de fromage, jambon, œufs… Le tout servi dans le fameux ustensile en fonte.

BUDGET MOYEN

L'Essentiel – *2 pl. du Marché-aux-Bestiaux - ☏ 03 88 73 39 47 - fermé 2 sem. déb. août et 3 sem. fin déc.-déb. janv. - 14,90/39,50 €.* Au pied de la tour des Chevaliers (13e s.), l'Essentiel est dans l'assiette. Aux fourneaux, le jeune chef concocte une goûteuse cuisine du marché avec des recettes bien ficelées et des saveurs marquées.

À proximité

POUR SE FAIRE PLAISIR

Au Bœuf – *48 Grand-Rue - 67620 Soufflenheim - ☏ 03 88 86 72 79 - www.boeuf-soufflenheim.com - fermé 24-25 déc. et 31 déc.-1er janv. - formule déj. 12,60 €, 19,50/43,50 €.* Au cœur de ce village réputé dans la région pour ses potiers, cette maison typique aux balcons fleuris a aussi sa petite renommée locale. On y mange du bon bœuf, des plats alsaciens et des tartes flambées le soir.

Auberge Au Cheval Blanc – *46 r. du Gén.-de-Gaulle - 67590 Schweighouse-sur-Moder - ☏ 03 88 72 30 99 - www.au-chevalblanc.com - fermé sam. midi, dim. soir et lun. - ♿ - P - 31/42 €.* Sympathique auberge située dans un village proche de Haguenau. Intérieur chaleureux, à la fois rustique et chic, et terrasse dressée dans le jardin. La cuisine met en valeur les produits du terroir et de saison comme le foie gras et le cerf grand veneur en hiver et la tempura de gambas ou le carpaccio de saint-jacques aux beaux jours.

PETITE PAUSE

Heitz – *62 Grand-Rue - ☏ 03 88 93 92 78 - 9h30-12h30, 14h-18h30 - fermé dim. et lun. mat.* Fondée en

1918, cette chocolaterie décrispe les papilles. Truffes, barquettes croque choc, parsemées d'amandes et de noisettes caramélisées… à déguster au salon de thé dans le fond du magasin. Possibilité de s'y restaurer avec les produits de la boulangerie.

ACHATS

Marchés – *Mardi et vendredi.* Marché hebdomadaire le matin à la halle aux houblons. Marché biologique le vendredi apr.-midi rue du Rempart.

Le **marché de Noël** est ouvert tous les jours pendant l'avent.

☺ – Voici une petite sélection de **poteries**, mais le choix va bien au-delà. À vous de faire le vôtre.

Atelier de poterie Michel-Dupuy – *13 r. du Moulin-Neuf - ✆ 03 88 93 28 18 - www.michel-dupuy.com - visite guidée sur réserv. : tlj sf sam. apr.-midi et dim. 10h-12h30, 14h-19h - fermé de mi-janv. à mi-fév.* Maisons miniatures d'Alsace en terre cuite.

Poterie Friedman – *3 r. de Haguenau - 67620 Soufflenheim - ✆ 03 88 86 61 21 - visite libre : tlj sf vend. apr.-midi - fermé 25-26 déc., 1er janv., dim. Pâques.* Grand choix de plats et coloris pour cette famille, potiers depuis 1802.

Poterie Claude Schmitter – *20 r. des Potiers - 67660 Betschdorf - ✆ 03 88 54 42 95 - visite libre sur réserv.* Production traditionnelle de grès au sel dans cette famille de potiers.

Poterie Burger Sarl – *15 Grand-Rue - 67660 Betschdorf - ✆ 03 88 54 42 58 - visite libre lun.-vend.* Créations contemporaines et inventives aux côtés de poteries traditionnelles.

Brasserie d'Uberach – *5 r. du Cerf - 67350 Uberach - ✆ 03 88 07 07 77 - boutique : lun.-vend. 9h-12h, 13h30-18h - visite guidée : de juin à sept. jeu.-vend. à 10h30 et 16h30 (4 €/pers.) - fermé 25 déc.-5 janv.* Passionné passionnant, le Bourguignon Éric Trossat a découvert l'Alsace il y a quelques années et a décidé d'y monter sa propre microbrasserie. Il produit aujourd'hui 2 000 hl de bière par an sans filtration ni pasteurisation. Ses créations sont baptisées de noms évocateurs, à l'instar de la Juliette, blonde rose-gingembre, de la Klintz, blonde ou brune au miel « bio », ou du Doigt de Dieu, de couleur ambrée.

ACTIVITÉS

Établissement thermal – *12 rte de Haguenau - 67360 Morsbronn-les-Bains - ✆ 03 88 09 84 93 - de mi-mars à déb. déc. : 8h-12h, 13h-17h - fermé déc.-fév., dim.* Spécialisé dans le traitement des rhumatismes, des séquelles de traumatismes et de la fibromyalgie, l'établissement propose au choix une cure thermale classique (72 soins) ou des forfaits personnalisés.

AGENDA

Fête du houblon – *Durant une semaine, mi-août - ✆ 03 88 73 30 41 - www.ville-haguenau.fr.*

Humour des Notes – *Fin mai-déb. juin - ✆ 03 88 73 30 54 - www.humour-des-notes.com.*

1

Pfaffenhoffen

2 735 Pfaffenhoviens – Bas-Rhin (67)

Dans le paysage de douces collines du pays de Hanau, Pfaffenhoffen cache au cœur de ses anciennes fortifications quelques jolies maisons habillées de colombages et de peintures murales. On y découvre une tradition touchante, celle des souhaits de baptêmes et autres images-souvenirs, qui dura près de quatre cents ans dans la région.

NOS ADRESSES PAGE CI-CONTRE
Hébergement, restauration, achats, activités, etc.

S'INFORMER

Point d'information au musée de l'Image populaire *(voir ci-dessous).*

SE REPÉRER

Carte de microrégion B1 (p. 94).
À 15 km à l'ouest de Haguenau, 27 km au nord-est de Saverne, 37 km au nord-ouest de Strasbourg, 50 km à l'est de Sarrebourg.

Visiter

★ Musée de l'Image populaire

24 r. du Dr-Albert-Schweitzer - ☎ 03 88 07 80 05 - www.pfaffenhoffen.org - ♿ - mai-sept. : 14h-18h ; reste de l'année : 14h-17h - fermé lun.-mar., 5 janv.-10 fév., 1er janv., Vend. saint, 1er Mai, 1er nov., 25 déc. - possibilité de visite guidée sur demande (50mn) - 3,50 € (-16 ans gratuit) - billet donnant accès à l'ancienne synagogue.

À l'occasion des baptêmes, le parrain ou la marraine offrait une pièce de monnaie, enveloppée de papier. Puis, l'idée a surgi de laisser un petit mot de souhaits, illustré : les **Goettelbrief**, ou « souhaits de baptême ». Ces images-souvenirs, pièces uniques, furent étendues à d'autres événements : communion, confirmation, mariage, décès, conscription… Autour de Pfaffenhoffen, des familles d'imagiers-peintres itinérants réalisaient ces « souhaits » à la demande.

Installé dans l'ancienne brasserie Moritz (1577), ce musée présente donc différents types d'images populaires peintes à la main produites par le centre imagier de Pfaffenhoffen entre le 17e s. et le début du 20e s.

Les techniques sont détaillées, exemples à l'appui : calligraphies, estampes, canivets (dentelles de papier aux fines miniatures), anciennes peintures sous verre aux couleurs toujours éclatantes, telles les « églomisés » du Second Empire, à fond noir et motifs or, dont les dorures scintillaient sous la lumière vacillante des bougies ou des lampes à pétrole.

À l'étage, les images qui autrefois ornaient les intérieurs modestes d'ouvriers ou de paysans ont été remises dans leur contexte. Différentes selon les confessions, les images pieuses étaient destinées à favoriser la prière ou à protéger la maison. Notez la qualité de conservation de la collection : les images n'étaient pas toutes suspendues aux murs, mais insérées entre deux pages d'un livre.

Hôtel de ville

Sur la façade, un médaillon représente le buste du docteur Schweitzer (1875-1965), citoyen d'honneur de la ville qui prêcha son premier sermon dans l'église protestante de Pfaffenhoffen. Le hall de l'hôtel de ville abrite les œuvres (sculptures, peintures figuratives dans le goût de l'impressionnisme) d'un artiste strasbourgeois, Alfred Pauli (1898-1988).

Maisons anciennes

De nombreuses **maisons à colombages** du 16e au 19e s. subsistent encore aujourd'hui, notamment rue du Dr-Schweitzer et rue du Marché.

Synagogue

Passage du Schneeberg - ✆ 03 88 07 80 05 - www.pfaffenhoffen.org - merc.-dim. 14h-17h ou sur réserv. - fermé 1er janv., Vend. saint, 1er Mai, 1er nov., 25 déc. - possibilité de visite guidée sur demande (30mn) - 3,50 € (-16 ans gratuit) - billet donnant accès au musée de l'Image populaire. Malgré la discrétion de sa façade, cet édifice (1791) témoigne de l'importance de la société juive de l'époque. L'ensemble comprend un remarquable encadrement d'arche sainte, une *kahlstub* (salle communautaire) et une chambre pour l'hôte de passage.

À proximité Carte de microrégion p. 94

Cimetière juif d'Ettendorf B1

6 km au sud-ouest par les D 419A et D 25. Au croisement avec la D 791, prenez vers Bouxwiller-Ringendorf sur 70 m, puis la 1re à droite, r. de la Montée. Traversez le village, un rond-point et suivez une petite route parallèle à la voie ferrée sur 500 m. Pour visiter, téléphonez à la mairie au ✆ 03 88 07 66 90.

Les stèles levées de ce cimetière juif, le plus ancien d'Alsace (1554), s'égrènent à flanc de colline sur un vaste espace intégré dans le paysage. On y trouve une trentaine de communautés des environs (les inhumations juives étaient taxées).

Buswiller B1

2 km à l'ouest d'Ettendorf par la D 735.

Plaisantes maisons à colombages. Au n° 17 de la rue Principale, admirez le pignon ouvragé (enduit couleur sable) d'une ferme datée de 1599, épargnée par la guerre de Trente Ans.

1

NOS ADRESSES À PFAFFENHOFFEN

Voir aussi nos adresses à Haguenau *(p. 132)* et dans le Parc naturel régional des Vosges du Nord *(p. 394)*.

HÉBERGEMENT ET RESTAURATION

PREMIER PRIX

Orgelstub – *5-7 pl. du Marché - ✆ 03 88 07 75 91 - www.orgelstub.fr - fermé soirs de sem., dim. (sf sur réserv.), ouvert sam. soir si événement - formule déj. 12 €.* Joyeuse décoration chinée sur fond de couleurs naturelles et bois apparent. La cuisinière décline produits bio et de saison pour des saveurs généreuses. Prix doux, accueil et service aux petits soins. Soirées musicales et littéraires en fin de semaine. Visite possible de la manufacture d'orgues de son mari attenante *(remy.mahler.free.fr)*.

BUDGET MOYEN

Hôtel-restaurant de l'Agneau – *3 r. de Saverne - ✆ 03 88 07 72 38 - www.hotel-restaurant-delagneau.com - fermé lun. et mar. de juin à sept. et le dim. soir, lun. et mar. d'oct. à mai - P - 12 ch. 69/95 € - ☕ 9/13 € - formule déj. 13/20 €, 29/67 €.* Dans cette auberge alsacienne (1769), la restauration est une affaire de famille ! Deux sœurs (7e génération) sont désormais à la tête de ce restaurant, où l'on sert une cuisine traditionnelle, accompagnée d'une belle carte des vins. Chambres coquettes.

Nord de la vallée du Rhin

★

Haut-Rhin (68), Bas-Rhin (67)

Le volcan éteint du Kaiserstuhl qui se dresse sur la rive est du Rhin marque la limite sud de cette région où le fleuve voit son cours s'élargir en se lovant dans des régions basses de sa vallée. Plus au nord, c'est le pays des zones humides peu propices à l'agriculture où s'élèvent des forêts alluviales parfois entourées de brume. Percées çà et là d'étangs, vestiges d'anciens méandres, elles offrent un habitat exceptionnel à une faune et une flore variées, qui rendent encore plus attrayantes les promenades à pied ou à vélo.

NOS ADRESSES PAGE 142
Hébergement, restauration, achats, activités, etc.

S'INFORMER

Office du tourisme de Seltz – *2 av. du Gén.-Schneider - 67470 Seltz - ✆ 03 88 05 59 79 - http://tourisme-pays-seltz-lauterbourg.fr - 8h-12h, 13h30-17h30, vend. 8h-12h, 13h30-16h30, lun. 13h30-17h30 - fermé w.-end et j. fériés.*

Syndicat d'initiative de Gambsheim – *Pavillon du Tourisme - Écluse du Rhin - 67760 Gambsheim - ✆ 03 88 96 44 08 - www.passage309.eu - mars-nov. : 14h-17h, vend., w.-end et j. fériés 10h-12h, 14h-18h ; reste de l'année : tlj sf w.-end 14h-17h - fermé 1er janv., 25-26 déc.*

Office du tourisme d'Erstein – *16 r. du Gén.-de-Gaulle - 67150 Erstein - ✆ 03 88 98 14 33 - www.grandried.fr - juil.-août : 9h-13h, 14h-18h, sam. 10h-13h ; avr.-juin et sept. : 9h-12h, 14h-18h, sam. 10h-13h ; reste de l'année : se rens.*

Office du tourisme de Marckolsheim – *13 r. du Mar.-Foch - 67390 Marckolsheim - ✆ 03 88 92 56 98 - www.grandried.fr - juil.-août : 9h-13h, 14h-18h, sam. 10h-13h ; avr.-juin et sept. : 9h-12h, 14h-18h, sam. 10h-13h ; fév.-mars et oct.-déc. : tlj sf sam. et lun. 10h-12h, 14h-17h ; janv. : tlj sf sam. et lun. 14h-17h - fermé dim. et j. fériés.*

Sites Internet à consulter – *www.grandried.fr et www.aufildurhin.com.*

SE REPÉRER

Carte de microrégion C 1-2 (p. 94).
Entre Mothern et Strasbourg, il est facile d'accéder au Rhin par l'une des routes qui le relient à la D 468. Colmar *(voir p. 188)* et Mulhouse sont également de bons points de départ pour découvrir la vallée du Rhin *(voir p. 277)*. Accès rapide par les autoroutes A 35 Karlsruhe-Strasbourg et E 35-E 52/A 5-E 35 Karlsruhe-Bâle.

ORGANISER SON TEMPS

Comptez une demi-journée pour chacun des deux circuits proposés.

AVEC LES ENFANTS

« Il était une fois le Rhin » à Mothern, le Centre d'initiation à la nature de Munchhausen. Centre nautique à Plobsheim et canoë à Sélestat.

Histoire d'un fleuve

Pour désigner un fleuve, les Grecs disaient *rheein*, « couler », les Latins écrivaient *renes*, les Gaulois prononçaient *renos*, les Germains préféraient *rhein*. C'est devenu le Rhin.

DE LA LÉGENDE...

Le site inspira diverses légendes, mettant en scène des sirènes – la plus célèbre étant la Lorelei – qui attiraient les marins par leurs chants mélodieux, puis les entraînaient par le fond. Dans *L'Or du Rhin* (premier épisode de la *Tétralogie* de Richard Wagner), le nain Alberich réussit à dérober aux ondines, qui en avaient la garde, l'or du Rhin, pour s'en forger un anneau tout-puissant.

... À UNE PRÉSENCE BIEN RÉELLE

Avec ses **1 298 km**, dont 190 km le long de la frontière franco-allemande, le Rhin est le 7e plus long fleuve d'Europe. Encore alpestre en Alsace, son allure s'assagit en terre allemande après le confluent avec le Main. Gonflés de la fonte des neiges, ses hautes eaux de mai-juin et ses faux bras drainés par le cours latéral du canal contrastent avec les basses eaux de septembre, parfois gelées en hiver par le rude climat alsacien.
Les **crues** du Rhin étaient autrefois redoutables et aucune ville, sauf Huningue, ne s'est établie immédiatement sur ses bords. En cas de montée des eaux, les riverains prenaient la garde jour et nuit auprès des digues. Malgré cela, les catastrophes étaient fréquentes, et certains **villages engloutis**. À Strasbourg même, l'un des bras du fleuve pénétrait dans les murs de la ville. L'actuelle rue d'Or marque l'emplacement d'une ancienne crue.

COMMERCE FLUVIAL

Aux 8e et 9e s., les bateliers strasbourgeois empruntaient le Rhin jusqu'à la mer du Nord pour vendre du vin aux Anglais, aux Danois et aux Suédois. À la fin du Moyen Âge, ces mêmes bateliers dominaient le Rhin, de Bâle à Mayence. Leur corporation était la plus importante des corps de métiers strasbourgeois. 5 000 rouliers, disposant de 20 000 chevaux, transportaient vers l'intérieur les marchandises débarquées à Strasbourg.
Sous le Premier Empire, la navigation connut une ère de prospérité considérable. En 1826, les premières lignes régulières de vapeurs sur le Rhin font escale à Strasbourg. Mais les travaux de correction du lit du Rhin par endiguement exécutés dans la plaine d'Alsace au 19e s. découvrent des fonds rocheux qui compliquent voire empêchent la navigation en période de basses eaux. C'est la décadence du trafic.

L'AMÉNAGEMENT DU RHIN

Pour ramener la circulation sur le Rhin alsacien, la France conçoit en **1920** un projet de dérivation d'une part importante du débit du fleuve entre Bâle et Strasbourg. Le creusement du canal d'Alsace, commencé en 1928 et achevé au début des années 1960, permet d'exploiter les importantes réserves d'énergie électrique du fleuve. Mais les aménagements n'empêchent pas les réveils du fleuve et les crues du Rhin peuvent encore bloquer pendant plusieurs jours le fret maritime, les bacs rhénans et provoquer des inondations.
Aujourd'hui navigable sur plus de 820 km, le Rhin est le premier fleuve commercial en Europe.

Circuits conseillés Cartes Vallée du Rhin et de microrégion

DE GAMBSHEIM À MOTHERN

Circuit au départ de Gambsheim tracé en vert sur la carte ci-contre.
Le Nord Alsace s'est associé au Palatinat du Sud et à la région Mittlerer Oberrhein en Allemagne pour former le Parc rhénan Pamina afin de mettre en valeur la plaine du Rhin. Plusieurs musées et deux centres de découverte de la nature y sont affiliés.

Gambsheim

Traversez Gambsheim et suivez les indications « Centrale électrique », puis traversez le Rhin. Tournez à gauche juste avant d'entrer en Allemagne. Barrage de Gambsheim - ✆ 03 88 96 44 08 - www.passage309.eu - ♿ - juil.-août : tlj sf mar. 10h-13h, 14h-18h ; avr.-juin : tlj sf mar. 11h-17h ; janv.-mars : dim. et j. fériés 14h-17h ; 1er sept.-1er nov. : tlj sf mar. 11h-17h ; 2-30 nov. : dim. et j. fériés 14h-17h - fermé déc., 1er janv. - 2,50 € (-12 ans 1,50 €) - 7 € billet famille (2 adultes + 2 enf.) - 1 € location audioguide français et allemand.
Avec l'écluse d'Iffezheim, à 30 km en aval, sur le territoire allemand, l'écluse de Gambsheim est l'une des plus grandes d'Europe. Elle doit sa particularité à son aménagement en ligne, le premier sur le Rhin (1974) : l'écluse, la centrale, la digue de fermeture et le barrage sont de front.
En 2006, une **passe à poissons** a été mise en place à Gambsheim pour permettre leur migration. Il est possible de mieux comprendre le fonctionnement de cet ouvrage et de regarder le parcours des poissons migrateurs et des espèces locales à travers une vitre lors de la visite. Les mois de reproduction (avr.-juil. et sept.-oct.) sont particulièrement propices à leur observation.

Offendorf

Alors qu'elle est attestée depuis le 16e s., la batellerie connut un essor significatif à Offendorf aux 19e et 20e s., occupant jusqu'à un tiers de la population du village (1960), avant d'être progressivement évincée par le fret routier et ferroviaire. Le **musée de la Batellerie** *(3 r. St-Nicolas - ✆ 03 88 96 74 92 - ♿ - mai-sept. : w.-end et j. fériés 14h-18h - fermé certains j. fériés - possibilité de visite guidée (1h) - 3,50 €, enf. 2 €)*, installé dans la cale d'une péniche à la retraite, présente les évolutions des techniques de navigation, la nature des chargements, le fonctionnement des écluses, mais évoque aussi les difficultés humaines liées à une mobilité permanente. Visite de la cabine et de la timonerie.

Sessenheim

Le site garde le souvenir des amours de Goethe et Frédérique, fille cadette du pasteur Brion chez qui le jeune poète avait accompagné un ami en visite. On suivra donc Goethe à la trace dans l'**église protestante** où les amoureux écoutaient le prêche et à l'**auberge Au Bœuf** où sont rassemblés des gravures, lettres et portraits. *1 r. de l'Église - ✆ 03 88 86 97 14 - www.auberge-au-boeuf.fr - 9h30-15h, 18h-23h - fermé lun.-mar., 1er janv.*
Un **mémorial Goethe** se trouve à côté du presbytère.

Seltz

2 av. du Gén.-Schneider - ✆ 03 88 05 59 79 - www.tourisme-pays-seltz-lauterbourg.fr - ♿ - lun. 13h30-17h30, mar.-jeu. 8h-12h, 13h30-17h30, vend. 8h-12h, 13h30-16h30.
Au sous-sol de la **maison Krumacker**, office de tourisme et médiathèque, un petit musée agréablement aménagé, accessible aux familles, présente

NORD DE LA VALLÉE DU RHIN

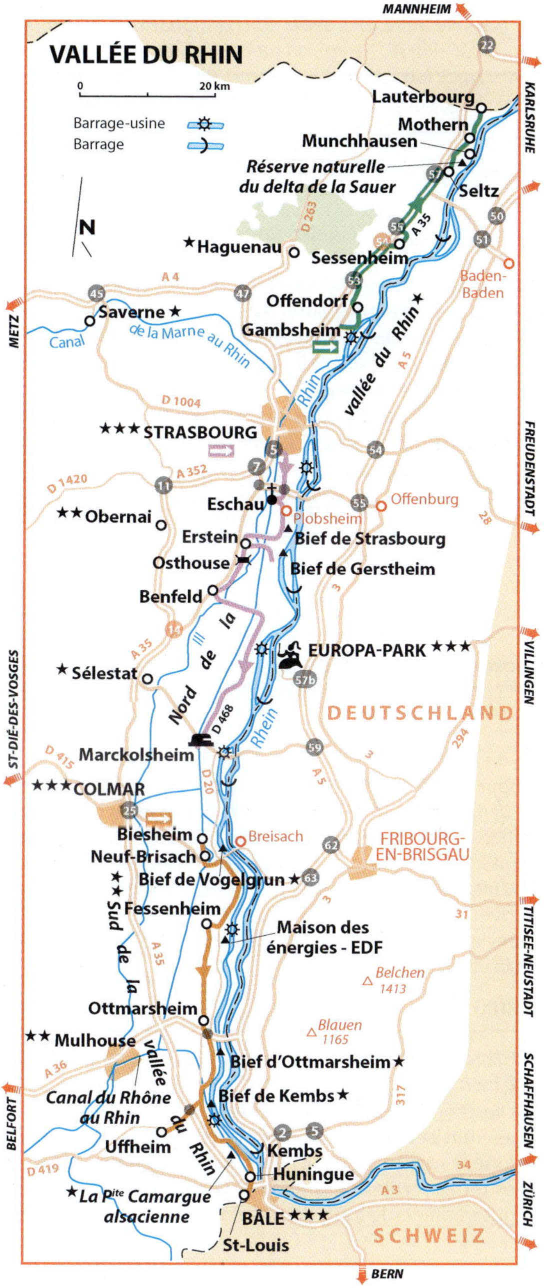

1

Le circuit tracé en orange, de Biesheim à St-Louis, est décrit dans le chapitre « Sud de la vallée du Rhin » *(voir p. 277)*.

l'histoire du pays de Seltz *(avr.-sept. : 9h-12h, 13h30-17h30, lun. 13h30-17h30, vend. 9h-12h, 13h30-16h30, 1er dim. du mois 14h-17h ; reste de l'année : tlj sf dim. 9h-12h, 13h30-17h30, lun. 13h30-17h30, vend. 9h-12h, 13h30-16h30 - fermé sam. et j. fériés - 1 €, -18 ans gratuit)*. Quelques vestiges témoignent de la présence celte puis gallo-romaine dans la région. La période médiévale est évoquée à travers sainte Adélaïde, épouse de l'empereur Othon Ier (Saint Empire romain germanique) ; Adélaïde fonda à la fin du 10e s. à Seltz une abbaye, aujourd'hui détruite.

En pénétrant dans l'église de Seltz, vous serez saisi par le contraste entre l'ensemble moderne du clocher et de la nef, reconstruits de 1954 à 1958, et le **chœur baroque** du 15e s. L'église a été partiellement détruite en 1940. De l'ancien mobilier, seul le maître-autel du 18e s. a pu être conservé.

Seltz dispose aussi d'un **bac à traille** qui relie la France à l'Allemagne : un câble auquel un bac est amarré est tendu à 20 m de hauteur entre les deux rives. L'embarcation traverse le fleuve par la force du courant en transportant jusqu'à 6 voitures, 70 passagers et 28 vélos *✆ 03 88 05 59 79 - ♿ - avr.-sept. : 6h-20h, w.-end et j. fériés 6h30-22h ; reste de l'année : 6h-20h, w.-end et j. fériés 7h-20h.*

Munchhausen

Centre d'initiation à la nature – *(42 r. du Rhin - ✆ 03 88 86 51 67 - www.nature-munchhausen.com - 5 janv.- 19 déc. : 8h30-18h - fermé w.-end et j. fériés, 2e et 3e sem. d'août - 3 € (-15 ans 1 €) - programme des visites à l'office du tourisme d'Alsace du Nord.* Un bon préambule pour partir à la découverte de la **réserve naturelle du delta de la Sauer**. Outre les panneaux présentant la faune de la réserve, l'aménagement du fleuve et la constitution d'une plaine alluviale, le centre propose un programme de sorties dans tout le nord-est du Bas-Rhin, des stages et conférences pour mieux connaître la nature et l'environnement.

Mothern

Maison de la Wacht – *7 r. Kabach - ✆ 03 88 05 59 79 - www.tourisme-pays-seltz-lauterbourg.fr - mai-sept. : 14h-17h30, 1er dim. du mois 14h-17h ; reste de l'année : sur demande au ✆ 03 88 54 60 22 - fermé w.-end et j. fériés - 1 €.* Elle héberge l'office de tourisme et l'exposition permanente **« Il était une fois le Rhin »**. Divinité, père nourricier, rival des hommes, le fleuve fascine depuis des siècles. Un espace consacré à l'ethnologie permet d'appréhender l'imaginaire des riverains du Rhin. Les enfants apprécieront les illustrations des légendes liées au fleuve. Maquettes, gravures et photographies du fleuve complètent la visite.

LE GRAND RIED

Circuit au départ de Strasbourg, tracé en rose sur la carte p. 139. Empruntez la D 468 jusqu'à Eschau.

Une des plus vastes plaines alluviales d'Europe s'étend de Strasbourg à Colmar, bornée par le Rhin et l'Ill. Le terme *ried* découle de dialectes alémaniques où *rieth* désigne le roseau, et par extension la zone inondable. Le long de la rivière l'Ill, les terres fertiles déroulent des champs cultivés à perte de vue ; notez les digues édifiées le long de certains villages pour les protéger de la montée des eaux.

Eschau

Avec son architecture ottonienne, l'**abbatiale St-Trophime**, datée du 10e s., est caractéristique du premier art roman en Alsace. Face à cette église sans clocher, un jardin monastique de plantes médicinales. Eschau abrite la dernière école de facteurs d'orgues de France.

Bief de Strasbourg

Un bassin de compensation forme un plan d'eau de 650 ha. Un centre nautique est aménagé à **Plobsheim**.

Erstein

Capitale alsacienne du sucre, Erstein doit la vitalité de son économie aux betteraves depuis plus d'un siècle. L'**Étappenstall** est à la fois office de tourisme, espace d'expositions et maison du patrimoine, pour faire découvrir l'histoire du pays d'Erstein de façon vivante, suivant des thématiques différentes chaque année. *16 r. du Gén.-Leclerc - 03 90 29 93 55 - www.ville-erstein.fr - - 14h-18h - fermé mar., sam. (sf Nuit des musées) et j. fériés (sf dim. de Pâques) - gratuit.*

La ville abrite le **musée Würth**. *R. Georges-Besse - ZI Ouest - 03 88 64 74 84 - www.musee-wurth.fr - - 10h-17h, dim. 10h-18h - fermé lun., 1er janv., 1er Mai, 14 Juil., 15 août, 25-26 déc. - 6 € (-12 ans gratuit) - gratuit merc. et sam. - possibilité de visite guidée (1h) dim. 14h30.* Ce bâtiment aux murs de béton brut abrite l'une des plus importantes collections d'entreprise d'art moderne et contemporain. Elle a été lancée dans les années 1960 par l'industriel Reinhold Würth, qui n'a cessé, depuis, de l'enrichir. Quelque 12 000 pièces (dessins, peintures, sculptures…) illustrent les grands mouvements artistiques du 20e et du début du 21e s. Deux expositions se tiennent chaque année dans les 800 m² des trois grandes salles du musée.

À deux pas, se trouve la réserve naturelle de la **forêt d'Erstein.**

1

Bief de Gerstheim

Il fut construit dans les années 1960. Les groupes à bulbe équipent pour la première fois une centrale rhénane.

Le sentier-nature du Langgrund, jalonné de panneaux explicatifs, permet une promenade sur l'île.

Château d'Osthouse

3 km au sud d'Erstein par la D 288. Ne se visite pas.

Au 14e s., la ville d'Osthouse fut cédée à la famille des Zorn de Bulach, qui y construisit ce château. Remarquez le toit bicolore et les sculptures qui décorent l'entrée.

Benfeld

L'**hôtel de ville**, daté de 1531, arbore une porte sculptée qui donne accès à la tourelle polygonale ornée d'un écusson aux armes de la ville. Son horloge à jaquemart comprend trois personnages en chêne : le chevalier en armes qui sonne les quarts d'heure représente la Sagesse ; à gauche, la Mort retourne son sablier toutes les heures ; au-dessus, le « Stubenhansel » est un traître qui, en 1331, aurait livré la ville aux Bavarois et aux Wurtembourgeois pour une bourse d'or qu'il tient dans la main. Notez la petite pendule qui retarde de 25mn par rapport à l'heure du méridien de Greenwich.

Marckolsheim

Musée-mémorial de la ligne Maginot du Rhin – *À Marckolsheim, 15 km au sud-est de Sélestat par la D 424 ; sortez de Marckolsheim par la D 10.*

20 rte du Rhin - 03 88 92 56 98 - www.grandried.fr - - de mi-juin à mi-sept. : 9h-12h, 14h-18h ; reste de l'année : dim. et j. fériés 9h-12h, 14h-18h - fermé de mi-nov. à mi-mars - possibilité de visite guidée (1h) - 3 € (-15 ans 2 €) - boutique.

Un canon soviétique, un char Sherman, une automitrailleuse et un half-track sont exposés sur l'esplanade. À l'intérieur des huit compartiments *(attention aux seuils métalliques)* de la casemate, des armes et des objets se rapportant à la lutte du 15 au 17 juin 1940 : la casemate fut défendue par 30 hommes pendant trois jours. Hitler la visita après la bataille.

NOS ADRESSES DANS LE NORD DE LA VALLÉE DU RHIN

RESTAURATION

PREMIER PRIX

La Truite – *68970 Illhaeusern - ✆ 03 89 71 83 51 - www.restaurant-alatruite.com - fermé merc., mar. soir, et de mi-fév. à déb. mars -13/48 €.* Adresse réputée pour la qualité de sa matelote, grande spécialité régionale (le chef a gagné le concours de la meilleure matelote de poissons d'Alsace en 2011). La façade joliment fleurie du restaurant et sa terrasse dressée au bord de l'Ill offrent un cadre plaisant pour déguster cette recette incontournable.

Forêt du Rhin – *2 r. Principale - 67850 Offendorf - ✆ 03 88 96 54 04 - www.foret-du-rhin.com - fermé lun., mar. et merc. soirs, 2 sem. sept., le lun. midi de mai à août - menu du j. (en sem.) 10,30 €, 19,80/36 €.* Au piano, père et fils jouent une partition à quatre mains. Pendant ce temps, dans la salle, l'épouse du premier et mère du second veille à ce que la musique plaise aux gourmands. Ici, la cuisine du terroir est au répertoire. Une belle adresse familiale.

BUDGET MOYEN

Auberge du Grand Ried – *4 r. du Wyhl - 67390 Mackenheim - ✆ 03 88 74 92 60 - fermé 25 déc.-1er janv., lun.-vend. midi - 8/20 €.* Viticulteurs du lundi au jeudi, les propriétaires enfilent leur tablier en fin de semaine pour mitonner des recettes alsaciennes peu connues. Le tout arrosé de vin « bio » issu de l'exploitation.

À l'Agneau – *26 r. Principale - 67930 Beinheim - ✆ 03 88 86 47 25 - fermé lun. et mar. - 15/35 €.* À deux pas de la frontière, restaurant chaleureux et typique pour une pause gourmande. La cuisine de marché s'avère goûteuse et se démarque des stricts plats traditionnels.

ACHATS

Roppenheim The Style Outlet – *1 r. de l'Europe - 67480 Roppenheim - ✆ 03 88 72 77 17 - lun.-sam. 10h-19h.* Magasins d'usine et réduction sur les collections des saisons précédentes.

ACTIVITÉS

Canoës du Ried – *35 Rte de Marckolsheim - 67600 Selestat - ✆ 03 88 82 65 46 - www.canoes-du-ried.com - 8h45-12h, 13h30-18h30 - fermeture de l'activité de mi-oct. à mi-avr. - de 22,50 € à 30 € la descente journée ou de 17,50 € à 25 € la demi-journée (-12 ans : enfants gratuits dans le même canoë que les parents).* De par son vaste réseau de rivières, la région du Ried est particulièrement agréable à découvrir en canoë. Vous pourrez emprunter une embarcation et suivre l'un des circuits pouvant durer entre 2h et 3 jours. Possibilité de bivouaquer à la base, sous sa propre tente ou sous un tipi indien.

Cyclotourisme – *✆ 03 88 05 59 79. Cartes des itinéraires aux offices de tourisme.* Près de 130 km de pistes cyclables dont le parcours Lauterbourg-Drusenheim le long du Rhin avec un retour côté allemand.

AGENDA

Festival du sucre – À Erstein. *Dernier w.-end d'août, ✆ 03 88 98 14 33.*

Molsheim

★

9 215 Molsheimiens – Bas-Rhin (67)

Chassés des États protestants aux 16e et 17e s., bénédictins, chartreux, capucins et jésuites ont trouvé refuge à Molsheim et marqué leur passage : l'église des Jésuites est le plus grand bâtiment culturel d'Alsace, et la chartreuse la seule jamais construite au cœur d'une ville. Molsheim abrite aujourd'hui une collection quelque peu singulière : celle de la Fondation Bugatti, dont les usines sont implantées aux portes de la ville. Autre nom prestigieux lié à la cité, celui du bruderthal, un grand cru classé que Molsheim élève avec fierté.

NOS ADRESSES PAGE 148
Hébergement, restauration, achats, activités, etc.

S'INFORMER

Office de tourisme – *19 pl. de l'Hôtel-de-Ville - 67120 Molsheim - ✆ 03 88 38 11 61 - www.ot-molsheim-mutzig.com - juil.-août : horaires, se rens. ; reste de l'année : tlj sf dim. et j. fériés 9h-12h, 14h-17h30, sam. 9h-12h, 14h-16h.*

SE REPÉRER

Carte de microrégion B3 (p. 94-95).
À 25 km à l'ouest de Strasbourg, Molsheim est située sur la D 80.

SE GARER

Entrez dans le centre ancien par l'est de la ville. Vous traverserez la Bruche et le canal Coulaux : trois parkings gratuits sont situés près de l'église des Jésuites.

À NE PAS MANQUER

La Metzig et la chartreuse ; le fort de Mutzig.

AVEC LES ENFANTS

Le musée Oberlin.

Se promener

★ Église des Jésuites

R. Notre-Dame - ✆ 03 88 38 11 61 - 25 oct.-30 mars : 10h30-12h, 14h30-16h, w.-end 14h30-16h - possibilité de visite guidée sur demande (1h) à l'office de tourisme (1 mois av.), tarif se rens.

Elle appartenait à la fameuse université des jésuites, fondée en 1618 par l'archiduc Léopold d'Autriche, évêque de Strasbourg. La renommée de cette université qui comprenait une faculté de théologie et une autre de philosophie s'étendait fort loin. En 1702, le cardinal de Rohan décida son transfert à Strasbourg, afin de contrebalancer l'influence de l'université protestante.

Bien que datant du début du 17e s., l'église a été construite dans le style gothique. L'intérieur est remarquable par ses dimensions harmonieuses, ses vastes tribunes et sa voûte en résille. Les deux chapelles du transept sont décorées de stucs, de dorures et de peintures datant des 17e et 18e s. L'une est consacrée à saint Ignace (fonts baptismaux en grès blanc de 1624), l'autre à la Vierge (beau gisant polychrome de Jean de Durbheim, évêque de Strasbourg de 1306 à 1328). Belles boiseries pour la chaire (1631) et les portes (1618), ornées de sculptures. L'orgue Silbermann date de 1781 ; c'est le seul instrument d'Alsace à posséder un clavier d'écho complet de quatre octaves. À l'entrée nord se dresse la croix des Chartreux en pierre de la fin du Moyen Âge.

Suivez à gauche la rue Notre-Dame.

Tour des Forgerons
Cette ancienne porte fortifiée du 14e s. abrite une des plus anciennes cloches d'Alsace (1412). De part et d'autre de la tour, deux logis, l'un pour le péage et l'autre pour la garde, ont été accolés vers 1650.
Rejoignez à droite la place de l'Hôtel-de-Ville en empruntant la rue de Strasbourg.

★ La Metzig
Ce bâtiment Renaissance fut construit en 1583 par la corporation des bouchers, qui y tenait ses réunions à l'étage, leurs boutiques occupant le rez-de-chaussée. L'édifice est typiquement alsacien, avec ses pignons à volutes, son double escalier, sa loggia surmontée d'un beffroi et l'élégant balcon de pierre qui ceinture le premier étage. Au centre de la place, fontaine à deux vasques superposées, dominée par un lion qui porte les armoiries de la ville.
Prenez la rue Jenner, à gauche de la place : aux nos 18 et 20, deux **anciennes maisons de chanoines** de style Renaissance (1628).
Empruntez à droite la rue des Étudiants et passez devant le musée de la Chartreuse (voir ci-dessous), puis tournez à droite dans la rue de Saverne.

Maison ancienne
Notez le bel oriel en bois de 1607 et les fenêtres délicatement ouvragées.
Poursuivez par la rue de Saverne, traversez la rue du Mar.-Foch et prenez en face la rue des Serruriers. Suivez ensuite à gauche la rue de la Boucherie, puis à droite la rue St-Joseph. On rejoint l'église des Jésuites à droite par la rue du Mar.-Kellermann.

À voir aussi

Musée de la Chartreuse
Cour des Chartreux - ✆ 03 88 49 59 38 - de déb. mai à mi-oct. : 14h-17h - fermé mar., 1er Mai - 3 € (-10 ans 1,50 €).
Le prieuré de l'ancienne chartreuse (1598-1792) abrite un musée consacré à l'histoire de Molsheim et de sa région, de la préhistoire à nos jours. Avec l'arrivée des jésuites, des capucins et surtout des chartreux, Molsheim devient au 17e s. la capitale religieuse de l'Alsace. Un plan de 1744 montre l'importance de la chartreuse, qui s'étendait sur 3 ha, à l'intérieur de la ville. Une partie du cloître a été restaurée, et deux **cellules** de moines, reconstituées.
Dans un autre bâtiment, la **Fondation Bugatti** présente des souvenirs de la famille et quelques voitures construites ici dans l'Entre-deux-guerres.

À proximité Carte de microrégion p. 94-95

Avolsheim B3
3,5 km au nord de Molsheim. Accès possible par une piste cyclable.
Ce village conserve un très vieux baptistère et surtout, à 500 m au sud-est, une église célèbre qui passe pour être la plus ancienne d'Alsace.
La **chapelle St-Ulrich**, ancien baptistère (vers l'an 1000) au plan en forme de trèfle, se compose de quatre absidioles autrefois voûtées en cul-de-four. De belles **fresques★** du 13e s. aux tons verts, ocre et rouges représentent la Trinité, les quatre évangélistes et des scènes de l'Ancien Testament.
Avec son clocher à huit pans, l'**église du Dompeter** fait face à un magnifique tilleul d'âge vénérable, au milieu d'un cimetière, en plein champ. Quoiqu'en partie reconstruite aux 18e et 19e s., cette église dédiée à saint Pierre constitue un émouvant témoignage des débuts de l'art roman. De l'origine, il reste la base du clocher-porche, les linteaux des portes latérales ornés de symboles et les piles massives supportant les pleins cintres des arcades.

Batterie de boucliers du fort de Mutzig.
B. Rieger/hemis.fr

1

Altorf B3

3 km à l'est par la D 392. Contraste à l'**église St-Cyriaque** entre l'extérieur et la nef, de style roman tardif (bandes lombardes, arcs en plein cintre) et le transept et le chœur baroques (1724).

Mutzig B3

3 km à l'ouest.
Cette charmante petite ville, autrefois fortifiée, abrite depuis des siècles une garnison. Elle s'orne d'une jolie fontaine et d'une porte du 13e s., surmontée d'une tour.
C'est à Mutzig, en 1812, que l'industriel Wagner créa sa célèbre brasserie. Elle a fermé ses portes en 1990. Mais il y a toujours chaque année une Fête de la bière *(voir Agenda, p. 149)*. C'est aussi à Mutzig qu'en 1833 naquit Chassepot, l'inventeur du fusil qui armait l'infanterie française en 1870.
Près de la Bruche, l'ancien **château des Rohan** (17e s.), évêques de Strasbourg, fut converti en manufacture d'armes après la Révolution. Il abrite aujourd'hui un centre culturel et le **musée régional des Armes** (armes à feu, histoire du fusil Chassepot et armes blanches). *Pl. Jacques-Coulaux - 03 88 38 31 98 - - juil.-août : tlj sf lun.-mar. 14h-18h ; sept. : w.-end 14h-18h - 2,50 € - un pull est recommandé pour la visite des parties souterraines.*
★★ **Fort de Mutzig** – *R. du Camp - 06 08 84 17 42 - www.fort-mutzig.eu - de déb. juil. à mi-sept. : 10h-10h30, 13h30-16h ; avr.-juin et de mi-sept. à fin oct. : 13h30-14h, w.-end 14h, 15h et 16h ; reste de l'année : se rens. - fermé 25 déc. - 9 € (-10 ans gratuit) - visites guidées (2h30) en français et en allemand, en anglais sur réserv. - un pull est recommandé pour la visite des parties souterraines - tarifs susceptibles de modifications, se rens.* Animée par une association franco-allemande, la visite du fort de Mutzig permet de comprendre, au sein d'un environnement parfaitement préservé, la révolution de la forteresse éclatée. Après la visite de la ceinture des forts de Strasbourg, encore tournée vers une conception ancienne de la défense d'une cité, celle de la **forteresse géante**

révèle comment s'est effectué le verrouillage militaire de la région, grâce au changement radical intervenu dans les progrès de l'artillerie lourde.

Le groupe fortifié « Empereur Guillaume II » (nom originel du fort de Mutzig construit à partir de 1893) n'aura tiré que 291 coups de canon au cours d'une seule et unique journée, au début de l'offensive française : dans les premiers jours de guerre, les Français dévalent le massif du Donon pour mener, du 12 au 15 août 1914, la bataille de St-Blaise qui les place à la limite de tir des tourelles de 105 du fort de Mutzig, à Lutzelhouse. Le 18 août, 2 000 soldats allemands du fort s'engagent dans la **vallée de la Bruche** afin d'attaquer les troupes françaises par le nord tandis qu'au sud, les canons de Mutzig, parfaitement ajustés sur la route de la vallée, font feu et menacent les Français de destruction totale. Ne disposant d'aucune ressource en artillerie lourde capable de menacer le fort distant de 40 km, l'armée française doit se replier. Cette seule démonstration suffira à asseoir la puissance de feu dissuasive du groupe fortifié de Mutzig, interdisant pour quatre ans aux armées françaises l'entrée dans la plaine d'Alsace et obligeant les soldats à combattre dans les hauteurs du massif des Vosges. Le fort, intact, est livré aux Français en 1918. Intégré à la ligne Maginot, il connaît, en 1940, une péripétie rocambolesque qui s'achève en victoire tragique pour les troupes nazies.

Circuit conseillé Carte de microrégion p. 94-95

★ VALLÉE DE LA BRUCHE

Circuit de 70 km tracé en vert clair sur la carte de microrégion p. 94-95. La D 1420 longe la Bruche, de Molsheim à Saales, en passant par Schirmeck.

En suivant de loin en loin la vallée de la Bruche, rendez-vous tout d'abord au **fort de Mutzig**★★ *(voir p. 145)*. Poursuivez ensuite votre route vers le village de **Heiligenberg**, que l'on aperçoit sur un promontoire. À cette hauteur, la vallée se resserre entre des versants boisés. Un petit détour s'impose par la route D 21B pour admirer l'**église de Niederhaslach**★ *(voir p. 367)*. Retournez ensuite sur la D 1420 qui traverse **Urmatt**, dont l'entrée est marquée par une gigantesque scierie (sur la gauche). Plus loin, le petit village de **Wisches** marque la limite entre les pays de langue française et de dialectes alsaciens.

Schirmeck A3 *(voir p. 151)*

Dans Rothau, tournez à gauche sur la D 130 en direction du Struthof. Après 1 km, tournez à droite vers Neuviller.

Neuviller-la-Roche A3

Dans ce charmant petit village de montagne a pris place un **musée des Arts et Traditions populaires** où meubles, outils et ustensiles retracent la vie quotidienne des ouvriers-paysans de ce territoire. *19 r. Principale - ✆ 03 88 97 98 44 - www.valleedelabruche.fr - mai-sept. : dim. 14h-18h sur demande préalable - possibilité de visite guidée (45mn) - 4 € (enf. 2 €).*

Vous pouvez ensuite, en retournant sur la D 130, prendre sur la droite et rejoindre le Struthof…

★★**Le Struthof** A3 *(voir p. 150)*

… ou bien vous pouvez retourner à Rothau, que vous traverserez pour prendre la route en direction des Quelles, puis à 1 km suivez une route de terre (direction de La Falle) ; sur la droite, un panonceau indique le départ du sentier balisé ; parking possible dans le virage suivant.

Rocher de la Chatte pendue A3

2h à pied AR. Le sentier grimpe dans un sous-bois déjà montagneux. À 900 m d'altitude, sur le sommet en plateau de la Chatte pendue, beau **belvédère★**.

Pour gagner Fouday, il vous faut revenir sur vos pas et emprunter la D 1420 vers la droite.

Fouday A3

Le pasteur Oberlin repose dans le petit cimetière attenant au temple luthérien. Celui-ci, à l'intérieur, présente une simple nef carrée que des galeries de bois ceignent sur trois côtés, mais conserve l'abside à voûte d'arêtes qui constituait le chœur de l'ancienne église romane. Le temple est décoré de fresques médiévales.

Continuez vers Waldersbach, charmant hameau aux maisons couvertes de grandes toitures de tuiles, situé à 2,5 km de Fouday par la D 57.

★ Musée Oberlin

67130 Waldersbach - 25 montée Oberlin - ✆ 03 88 97 30 27 - www.musee-oberlin.eu - ♿ - avr.-sept. : 10h-19h ; reste de l'année : 14h-18h - fermé mar., 1er janv., Vend. saint, dim. de Pâques, 1er Mai, dim. de Pentecôte, 1er nov., 24-25 et 31 déc. - possibilité de visite guidée sur demande (2h) - 5 € (-18 ans 3 €).

Ce musée est installé dans l'ancien presbytère protestant de **Waldersbach**. On y fait la connaissance de **Jean Frédéric Oberlin** (1740-1826). Sa personnalité singulière et attachante, ses goûts pour la Bible, la botanique, l'astronomie mais aussi pour la physiognomonie (étude du caractère à partir du profil) sont exposés au visiteur de façon ludique et pédagogique. On découvre sous des panneaux coulissants ou des tiroirs en bois ses effets personnels ou ses collections ; on reproduit des schémas de plantes grâce à des empreintes en relief ; on miniaturise son profil à l'aide d'un pantographe. Dehors, le jardin botanique est lui aussi une occasion d'apprentissage.

Continuez sur la D 57 en direction du Champ du Feu (1 100 m).

Vallon du Ban de la Roche A3

L'aspect encore sauvage de ce vallon est adouci par la présence de quelques jolies habitations isolées.

Au col de la Charbonnière, tournez à droite sur la D 214.

Remarquez au passage les fermes vosgiennes du hameau de **Fonrupt**.

Au col de Steige, prenez la D 424 en direction de Ranrupt.

Espace apicole de Colroy-la-Roche A3

Les Charasses - ✆ 03 88 47 20 46 - http://assoc-apiculteurs.valleedelabruche.fr - visites l'été dans le cadre des sentiers plaisirs : horaires, se rens. - fermé certains j. fériés - groupes (10 pers. mini) de déb. mai à mi-sept. - 4 € (enf. 3 €).

OBERLIN, LE PRÉCURSEUR DES ÉCOLES MATERNELLES

Après avoir étudié la philosophie à Strasbourg, ce pasteur est envoyé en ministère dans le petit village de Waldersbach. Tout au long de sa vie, il lança des projets pour améliorer la vie quotidienne des habitants. Il dote le vallon de routes, fonde des caisses de prêt, développe l'agriculture et l'artisanat. Il crée même une petite activité industrielle en faisant venir des métiers à tisser. Surtout, cet ardent partisan de l'éducation par le jeu ouvre des écoles maternelles, avant de prolonger la scolarité des enfants jusqu'à 16 ans. Oberlin, initiateur de nombreuses œuvres sociales, demeure, en Alsace, l'objet d'une vénération justifiée.

Le rucher-école explique la vie des abeilles, la récolte du miel et de la cire. Quant au musée, il présente une belle collection d'outils apicoles et de ruches.

Saint-Blaise-la-Roche A3

Ce petit bourg est un important carrefour routier. À ses environs, la Bruche, étroite et calme, bordée de trembles et de bouleaux, coule entre les prés.
Tournez à gauche pour reprendre la D 1420.

Saales A4

Le bourg commande le col du même nom qui procure un passage facile d'un versant des Vosges à l'autre. Vous voilà arrivé à l'endroit où la Bruche prend sa source, pour aller se jeter dans l'Ill, près de Strasbourg.

NOS ADRESSES À MOLSHEIM

Voir aussi nos adresses près du Struthof *(p. 152)*, à Rosheim *(p. 154)* et sur la route des Vins *(p. 211)*.

HÉBERGEMENT

BUDGET MOYEN

Le Bugatti – *3 rte Ecospace - ☎ 03 88 49 89 00 - www.hotel-le-bugatti.com - ♿ - P - 59 ch. 59/95 € - ☕ 8 €.* L'architecture contemporaine du Bugatti, proche des usines de la marque légendaire, abrite des chambres fonctionnelles, rénovées dans l'esprit d'aujourd'hui.

RESTAURATION

PREMIER PRIX

Auberge Vigneronne Dr Winschnutzer – *12 pl. de la Liberté - ☎ 03 88 38 55 47 - sept.-juin : vend. soir et sam. soir ; juil.-août : merc.-sam. les soirs uniquement - fermé 24-31 déc. - réserv. conseillée - 10/50 €.* Vous repérerez facilement cette ferme dans Molsheim grâce à sa fresque murale. Vin du cru, bien sûr, mais aussi jus de fruits naturels et légumes du potager accompagnent les plats alsaciens servis sous la charpente de son ancien grenier à foin.

BUDGET MOYEN

La Belle Vue – *36 r. Principale - 67420 Saulxures, à 4 km de St-Blaise-la-Roche - ☎ 03 88 97 60 23 - www.la-belle-vue.com - P - formule déj. 15 €, rest. 23/57 €, 11 ch. 96/146 € - ☕ 13 €.* La même famille tient cette auberge depuis quatre générations. Point trop de tradition cependant : dans ce village vosgien, l'adresse surprend par son décor contemporain, tout en beaux matériaux. Et comme un souvenir de la bonne cuisine d'antan, la carte fait œuvre de simplicité, mais avec une pointe d'exotisme tout de même ! Terrasse.

ACHATS

Pâtissier-chocolatier Schaditzki – *3 r. de Strasbourg - ☎ 03 88 38 11 42 - mar.-vend. 8h-13h, 15h-18h, sam. 7h30-13h, 15h-18h, dim. 7h30-12h30.* Depuis 1911, la passion de la pâtisserie se transmet ici de père en fils. Quelques spécialités ont acquis une renommée internationale comme le Schaditzki, fonds meringués riches en amandes et noisettes avec une crème maison. Autres gourmandises : le Napolitain, les glaces, les chocolats et le pain d'épice. Autre boutique : 35 rte de Dachstein.

La Cave du Roi Dagobert – *1 rte de Scharrachbergheim - ☎ 03 88 50 69 03 - www.*

cave-dagobert.com - tlj janv.-mars : 9h-12h30, 14h-18h ; avr.-déc. : 9h-19h, dim. et j. fériés 9h-12h30, 14h-19h. Les terres de M. Schaal recoupent l'ancien domaine des rois mérovingiens, dont faisaient partie les Dagobert. Grâce à l'exposition des parcelles, aux fûts en chêne et à des cuves à la pointe de la modernité, les vins, souvent primés, acquièrent des vertus très appréciées. Le riesling grand cru de Wolxheim et le gewurztraminer en sélection Grains nobles en témoignent.

Pâtisserie Oppé – *29 r. du Mar.-Foch - 67190 Mutzig - ✆ 03 88 38 13 21 - mar.-dim. 7h30-12h30, 13h30-19h.* Les chocolats, fins et d'une grande variété, se déclinent en vrac ou en ballotin : à la pistache, au miel, aux noix, à la framboise d'Alsace, etc. Les pâtisseries ont aussi de quoi faire saliver, comme la fondante au kirsch ou encore un excellent pain d'épice et des bretzels briochés à la période du Nouvel an.

Antoni Artisan Chocolatier – *1 rte des Vins - 67120 Avolsheim - ✆ 03 88 38 65 41 - www.antoni-chocolatier.com - mar.-vend. 9h-12h, 14h-18h, sam. 9h-12h, 14h-17h - fermé j. fériés, lun. et dim. (sf 3 dim. av. Noël et Pâques).* Depuis plus de 60 ans, cette entreprise familiale a acquis une solide réputation. Parmi la gamme de confiseries au pur beurre de cacao, ne passez pas à côté de la griotte à l'eau-de-vie et au kirsch, véritable vedette de la maison distribuée dans toute la France.

Les foies gras Lucien Doriath – *30A rte de Molsheim - 67120 Soultz-les-Bains - ✆ 03 88 47 98 98 - www.lucien-doriath.fr - boutique : 9h-19h, dim. 10h-17h ; rest. : merc. midi, jeu. midi, dim. midi, vend. et sam. - 29,50/86 €.* Avec un restaurant en guise de vitrine, on est sûr d'attirer l'attention des gourmets friands de foie gras et autres spécialités élaborées à partir du canard.

Marché des produits de montagne de la Haute-Bruche – *67420 Saales - 4e vend. de juin jusqu'au 4e vend. de sept. ; marché de Noël : 2e et 3e vend. de déc.* Sous les halles de l'hôtel de ville de Saales se tient le vendredi apr.-midi, de mi-juin à fin septembre, le marché des produits de montagne de la Haute-Bruche. Agriculteurs et artisans de tout le massif vosgien vous proposent leurs produits traditionnels.

AGENDA

Marathon du vignoble d'Alsace – *www.marathon-alsace.com - chaque année, un w.-end de juin.* Course le dimanche à travers vignoble et villages.

Les Vendredis de la Chartreuse – *✆ 03 88 49 39 55 - 1er vend. chaque mois de mars à nov.* Soirées musicales dans la chartreuse.

Fête du raisin – *✆ 03 88 38 11 61 - 2e w.-end d'oct.* Animations musicales et folkloriques. Portes ouvertes dans les caves viticoles.

Festivales de Molsheim – *Parc des Jésuites et pl. de l'Hôtel-de-Ville - ✆ 03 88 49 58 28 - se rens.* Animations estivales.

Fête de la bière – *1er dim. de sept. - ✆ 03 88 38 31 98.*

Noël d'antan – *Chaque année le 2e dim. de déc.* Animations médiévales.

Festival Bugatti – *Début sept.* Le rendez-vous des passionnés de cette prestigieuse marque automobile française.

1

Le Struthof

★★

Bas-Rhin (67)

Au cours de la dernière guerre, les nazis créèrent à Natzwiller en 1941 un important camp de concentration qui reçut des convois de prisonniers allemands et autrichiens, ainsi que, à partir de 1943, des prisonniers de toute l'Europe classés NN (du décret Nacht und Nebel visant à l'extermination des résistants), voués à une mort rapide. Sur les dizaines de milliers de personnes déportées ici, 10 000 à 12 000 y sont mortes.

NOS ADRESSES PAGE 152
Hébergement, restauration, achats, activités, etc.

S'INFORMER

Accueil des visiteurs – *03 88 47 44 67 - www.struthof.fr - de mi avr. à mi-oct. : 9h-18h30 (billetterie 17h30), chambre à gaz 10h-12h45, 14h-17h ; reste de l'année : 9h-17h (billetterie jusqu'à 16h), chambre à gaz 10h-12h45, 14h-16h - fermé 24 déc.-28 fév.,-1er Mai et 1 j. à Pâques - visites guidées tlj (à 10h45 puis à 14h45 ou 15h45 selon la saison) - 6 € (-18 ans 3 €).*

SE REPÉRER

Carte de microrégion A3 (p. 94-95).
Le Struthof est situé 55 km au sud-ouest de Strasbourg, par l'A 35 et la D 1420. De Schirmeck, comptez 10 km par la D 1420 puis la D 130. Le site est accessible en TER depuis Strasbourg jusqu'à la gare de Schirmeck-la-Broque (env. 50mn, 17,60 € l'AR), puis env. 2h à pied le long du GR 5 indiqué par un rectangle rouge (et intitulé « Chemin de la Mémoire et des Droits de l'Homme ») ou 1h en coupant par la forêt. Départ par l'escalier situé au fond de la place du Marché, à côté de l'office du tourisme de Schirmeck. Attention, sentier escarpé (500 m de dénivelé).

ORGANISER SON TEMPS

Compter – au minimum – 3h de visite. Pour replacer le camp dans l'histoire plus longue, poursuivez avec la visite du Mémorial d'Alsace-Moselle de Schirmeck.

AVEC LES ENFANTS

La visite est déconseillée aux -12 ans, en particulier la chambre à gaz et certains panneaux du musée du camp (sur les expérimentations nazies).

Découvrir Carte de microrégion p. 94-95

La beauté sereine des collines alentour n'ôte rien à l'horreur du lieu : le cœur serré, on découvre l'ancien « Konzentrationslager Natzwiller-Struthof », unique camp de concentration situé en territoire français, à l'époque annexé par les nazis.

De mai 1941 à août 1944, ce vaste espace isolé a vu souffrir – et souvent mourir – 52 000 personnes dont des opposants au régime nazi, ainsi que des Juifs, Tsiganes ou homosexuels, emprisonnés dans des conditions effroyables, dont témoignent aujourd'hui quelques baraquements debout au milieu des pins. Tous les détenus devaient travailler à l'extraction d'un filon de grès rose, qu'Albert Speer, l'architecte du 3e Reich, destinait au « Zeppelinfeld » de

Camp du Struthof et Centre européen du résistant déporté.
D. Caviglia/hemis.fr

Nuremberg, un immense stade utilisé pour les parades nazies. La pierre se révélant trop fragile, son utilisation fut abandonnée, sans que les conditions de détention ne s'améliorent. En témoignent les vestiges du camp, aménagés en lieu de mémoire.

On pénètre d'abord dans le bâtiment d'accueil, aujourd'hui **Centre européen du résistant déporté**, où trois espaces d'expositions présentent la montée des fascismes en Europe et l'horreur de l'univers concentrationnaire. À l'extérieur, passée la double herse de barbelés, un **ancien baraquement** présente la vie quotidienne des prisonniers, entre mauvais traitements, expérimentations médicales et exécutions. Près de la moitié des détenus y sont morts. En contrebas du camp, on aperçoit la cheminée du **four crématoire** qui servait à l'élimination des corps, et l'ancienne **prison** *(actuellement en travaux)*.

Le chemin forestier qui mène à l'ancienne **chambre à gaz** *(env. 15mn à pied)* passe devant la villa où résidaient le commandant du camp et sa famille, vision hallucinante d'une maison de vacances avec piscine, à deux pas des baraquements pour déportés. Un autre sentier grimpe à l'ancienne **carrière de pierre** *(env. 15mn à pied)*.

À proximité Carte de microrégion p. 94-95

Schirmeck

Office du tourisme de la vallée de la Bruche – *114 Grand'Rue - 67130 Schirmeck - ☏ 03 88 47 18 51 - www.valleedelabruche.fr - juil.-août : 9h-12h, 14h-18h, sam. 9h-12h, 14h-17h, dim. et j. fériés 10h-13h ; de mi-juin à mi-sept. : tlj sf dim. 9h-12h, 14h-18h, sam. 9h-12h, 14h-17h ; reste de l'année : tlj sf w.-end 10h-12h, 14h-17h, Sam. saint 10h-12h, 14h-17h, 8 Mai et jeu. de l'Ascension 10h-13h, fermé le mar. - fermé certains j. fériés - location vélo à assistance électrique, connexion wifi gratuite, vente carte de pêches vacances, location courts de tennis, vente de séjours touristiques, boutique souvenirs, espace détente - 2e bureau 150 La Serva - Domaine du Champ du Feu - 67130 Belmont au ☏ 03 88 97 39 50.*

Créée autour du 13e s. sous l'impulsion de l'évêque de Strasbourg, Schirmeck tira grand profit de sa situation entre les Vosges du Nord et la région des Ballons. Les vastes forêts assurèrent pendant longtemps sa richesse. Elles attirent aujourd'hui les amateurs de nature, qui trouveront autour de la cité, et jusque dans la haute vallée de la Bruche, des sites sauvages et des sentiers de randonnée réputés.

★ **Mémorial d'Alsace-Moselle** – *Le Chauffour - ✆ 03 88 47 45 50 - www.memorial-alsace-moselle.com -* **fermeture temporaire de novembre 2016 à août 2017** *- ♿ - 10h-18h30 - fermé lun. sf de mi-avr. à mi-oct., 1er janv., 1er Mai, 24, 25, 26 et 31 déc. - possibilité de visite guidée sur demande (1h40) - 10 € (-21 ans 8 €) - 11 € billet combiné avec le camp du Struthof - 25 € pass famille (2 adultes + 2 enf.) - audioguide disponible en français, anglais, allemand.*

Érigé en 2005 sur une colline en face de l'ancien camp de concentration du Struthof, le mémorial rassemble les souvenirs des souffrances endurées par les Alsaciens et les Mosellans de 1870 à la fin de la Seconde Guerre mondiale. Muni d'un audioguide, vous effectuerez un véritable plongeon dans l'Histoire, grâce à une scénographie vivante. Après l'évocation de la **période de 1870 à 1939**, un long parcours fait revivre les malheurs de la **Seconde Guerre mondiale**, depuis l'exode de 430 000 habitants des zones proches de la ligne Maginot jusqu'à la Libération. L'exposition s'attarde sur la « drôle de guerre », l'annexion de fait de l'Alsace et de la Moselle et leur processus de germanisation accélérée, l'incorporation de force des Alsaciens et Lorrains dans l'armée allemande, le souvenir de la Résistance et le réseau des passeurs, les déportations et la dénonciation du système concentrationnaire. La visite se termine par une présentation de la **construction européenne** et par une vidéo célébrant la réconciliation franco-allemande.

NOS ADRESSES PRÈS DU STRUTHOF

HÉBERGEMENT

POUR SE FAIRE PLAISIR

Hôtel Neuhauser – *Les Quelles - 67130 Schirmeck - ✆ 03 88 97 06 81 - www.hotel-neuhauser.com - ♿ - P - 12 ch. 89/139 € - ☕ 14 € - menu du jour (en sem.) 13 € - rest. 24/49 €.* Calme garanti dans cette auberge campagnarde nichée au cœur de la forêt. Vous aurez le choix entre les chambres et de spacieux chalets. Restaurant avec vue sur la vallée de la Bruche. Plats régionaux et… incontournable eau-de-vie de la distillerie familiale en digestif !

RESTAURATION

BUDGET MOYEN

Julien – *D 1420 - 67130 Fouday - ✆ 03 88 97 30 09 - www.hoteljulien.com - ♿ - P - fermé mar. midi - formule déj. 15,50 €, rest. 20,50/58 € - 69 ch. 140/238 € - ☕ 18 €.* Serveuses en habit traditionnel, décor bourgeois typique des Vosges : tout respire ici l'authenticité. À table, tradition française et terroir alsacien donnent ce qu'ils ont de meilleur. Copieux et goûteux à souhait.

ACTIVITÉS

Randonnées dans la vallée de la Bruche – *✆ 03 88 47 18 51 - www.valleedelabruche.fr - pendant l'été (15 juin-15 sept.), l'office de tourisme organise des randonnées accompagnées à thèmes (gratuit).*

AGENDA

Cirque en rue – *À Schirmeck - les merc. en juillet.*

Rosheim

★

4 834 Rosheimiens – Bas-Rhin (67)

Membre de la Décapole en 1354, cette petite ville se révèle incontournable pour les amateurs d'architecture romane. Au milieu des vignes, entre les ruines des remparts, se dissimulent deux remarquables bâtisses : une église du 12e s. dédiée aux apôtres Pierre et Paul, qui reste l'édifice le plus complet et le plus typique de l'architecture romane en Alsace, et, à quelques maisons de là, une demeure en grès rouge de 1152, peut-être la plus ancienne construction civile d'Alsace.

NOS ADRESSES PAGE 154
Hébergement, restauration, achats, activités, etc.

S'INFORMER

Office de tourisme – *94 r. du Gén.-de-Gaulle - 67560 Rosheim - ✆ 03 88 50 75 38 - http://tourisme-rosheim.com - juin-sept. : 9h-12h, 14h-18h ; reste de l'année : 10h-12h, 14h-17h - fermé 1er janv., lun. de Pâques, 1er Mai, 26 déc.*

Visite pédestre du sentier viticole – *94 r. du Gén.-de-Gaulle - ✆ 03 88 50 75 38 - www.tourisme-rosheim.com - mai-sept. et w.-end de Pâques : 9h-12h, 14h-18h, sam. 9h-12h, 14h-17h, dim. 10h-12h ; reste de l'année : tlj sf w.-end 10h-12h, 14h-17h, 3 w.-ends av. Noël 14h-19h - fermé certains j. fériés - gratuit - l'office de tourisme organise pendant la saison estivale des sorties gratuites dans le vignoble jeu. 17h. Visite commentée par un viticulteur du secteur, suivie d'une dégustation gratuite dans sa cave.*

SE REPÉRER

Carte de microrégion B3 (p. 94-95).
À 8 km au sud de Molsheim, 27 km à l'ouest de Strasbourg, 30 km au nord de Sélestat.

Se promener

★ Église Saint-Pierre-et-Saint-Paul

Construite en grès jaune entre 1150 et 1250, l'église adopte la forme d'une croix latine. Elle présente une tour octogonale, au-dessus de la croisée du transept, qui date du 14e s. Des bandes lombardes reliées par des arcatures courant le long des parties hautes de la nef et des bas-côtés décorent la façade et les murs. Sur le pignon de la façade ouest, des lions dévorent des humains. Aux quatre angles de la fenêtre absidiale sont figurés les symboles des évangélistes. À l'intérieur, alternance de piles fortes et de piles faibles surmontées de chapiteaux sculptés, chef-d'œuvre de l'école rhénane du 12e s.

Porte des Lions, porte Basse et porte de l'École

Ce sont des vestiges de l'ancienne enceinte de Rosheim.

Puits à chaîne et Zittgloeckel

Sur la place de la Mairie, puits à six seaux (1605), qui servit aux Rosheimiens jusqu'en 1906, et tour de l'Horloge.

Maisons anciennes

Elles longent la rue du Gén.-de-Gaulle et les petites rues adjacentes.

Maison romane

Située également rue du Gén.-de-Gaulle entre les n°s 21 et 23. Appelée aussi la maison des Païens, elle aurait appartenu à une dame noble d'Andlau nommée Wilebric. Elle passe pour la plus ancienne construction en pierre d'Alsace (seconde moitié du 12e s.). Elle présente deux étages percés de baies géminées *(se visite durant les Journées du patrimoine).*

NOS ADRESSES À ROSHEIM

HÉBERGEMENT

BUDGET MOYEN

Hostellerie du Rosenmeer – *45 av. de la Gare, 2 km au nord-est sur D 35 - ☎ 03 88 50 43 29 - www.le-rosenmeer.com - fermé de fin juil. à déb. août et de mi-fév. à mi-mars - ♿ - P - 20 ch. 69/149 € - ☕ 11 €, rest. 34,80/122 €.* Cet hôtel d'inspiration alsacienne borde le ruisseau qui lui a donné son nom. Les chambres sont de facture classique ou plus contemporaine.
Ce décor sobre met en valeur la cuisine volontiers inventive d'Hubert Maetz. La carte privilégie des produits d'une extrême fraîcheur, travaillés avec finesse, et la terre d'Alsace.

RESTAURATION

BUDGET MOYEN

Auberge du Cerf – *120 r. du Gén.-de-Gaulle - ☎ 03 88 50 40 14 - fermé mar. soir, merc. et sam. midi - formule déj. 14 € - menus 18/45 €.* Au centre de la cité vigneronne, cette auberge fleurie héberge deux petites salles à manger assez plaisantes. Cuisine de saison.

La Petite Auberge – *41 r. du Gén.-de-Gaulle - ☎ 03 88 50 40 60 - www.petiteauberge.fr - fermé 3 sem. en janv., merc. et jeu. soir - ♿ - 23/40 €.* Cette maison alsacienne typique cache une salle aux allures de bistrot chic. Nombreux menus traditionnels et, chaque jour, suggestions du marché.

ACHATS

Caves à vins – Des vignerons vous ouvrent leurs caves (dégustation et vente). Rens. à l'office de tourisme.

Siffert Frères – *35 rte de Rosenwiller - ☎ 03 88 50 20 13 - 9h-11h30, 14h-16h30 - fermé w.-end et j. fériés.* Affinage de munster et autres spécialités.

AGENDA

Une année sur deux **Rosheim en fête** : musique et folklore alsacien et **Grande Fête médiévale** : spectacle, jeux et restauration de l'époque – *2e dim. de sept.* Rens. à l'office de tourisme.

Obernai.
H. Higuchi/age fotostock

1

Obernai

★★

10 731 Obernois – Bas-Rhin (67)

Étape incontournable sur la route des Vins, Obernai est aussi le pays de la bière puisque les brasseries Kronenbourg y sont installées. Un charme particulier émane de son centre médiéval et Renaissance. Les vieilles maisons aux toits polychromes s'ornent des armoiries des corporations. Les petites rues fleuries mènent à un vieux puits ou aux remparts. Toute l'Alsace semble s'être concentrée ici !

NOS ADRESSES PAGE 158
Hébergement, restauration, achats, activités, etc.

S'INFORMER

Office de tourisme – *Pl. du Beffroi - 67210 Obernai - ✆ 03 88 95 64 13 - www.tourisme-obernai.fr - juil.-août : 9h-19h, dim. et j. fériés 9h-18h ; avr.-juin, sept.-oct. et déc. : 9h-12h30, 14h-18h, w.-end et j. fériés 9h30-12h30, 14h-18h ; reste de l'année : tlj sf w.-end et j. fériés 9h-12h, 14h-17h - fermé 1er janv., 1er et 11 Nov., 25 déc. - met à disposition un petit dépliant qui permet d'effectuer une balade d'une heure en ville (panneaux explicatifs devant chaque site). Propose également des excursions thématiques présentées sur le site Internet.*

SE REPÉRER

Carte de microrégion B3 (p. 94-95).

Obernai se trouve au nord du vignoble alsacien, à 27 km au sud-ouest de Strasbourg. Enserrée par les hauteurs du mont Ste-Odile qui se trouve à 13 km à l'ouest, la ville est aussi desservie par l'A 35 qui file au sud vers Colmar, à 50 km, Mulhouse et Bâle.

À NE PAS MANQUER
La place du Marché pour son ensemble de maisons traditionnelles et le célèbre puits aux Six Seaux.

Se promener Plan de ville ci-contre

★★ Autour de la place du Marché A

Centre de la ville, qui accueille le marché hebdomadaire du jeudi matin depuis 1301, elle est bordée de maisons aux teintes dorées tirant parfois vers le carmin, nuances qui donnent aux rues d'Obernai cette lumière si particulière. Une fontaine dédiée à sainte Odile (1904) orne le centre de la place.
Divers édifices remarquables entourent la place.
L'**hôtel de ville★** (A H), reconstruit en style néo-Renaissance en 1848, conserve toutefois quelques vestiges du 14e au 17e s. (oriel et beau balcon sculpté de 1604 en façade). Il est flanqué de la **tour de la Chapelle★** (A), un beffroi du 13e s., jadis clocher d'une chapelle dont ne subsiste que le chœur. La flèche gothique culmine à presque 60 m. Flanquée de quatre échauguettes ajourées, elle date du 16e s.
De l'autre côté de la place se dresse **l'ancienne halle aux blés★** (B), datant de 1554 et qui abritait autrefois les boucheries municipales, ce que rappellent les deux têtes de bovins ornant la façade.
Par la rue du Chanoine-Gyss au nord, vous prenez la direction de l'église St-Pierre- et-St-Paul.
En route, vous passez le **puits aux Six Seaux** A. Ce puits Renaissance est un des plus beaux et des mieux conservés d'Alsace, même s'il a connu au cours du temps quelques mésaventures qui ont entraîné des rénovations. La date de sa création est apposée sur la girouette : 1579. Chacune de ses trois rouelles porte deux seaux.

Obernai, danse traditionnelle alsacienne lors d'une fête du vin.
M. Colin/hemis.fr

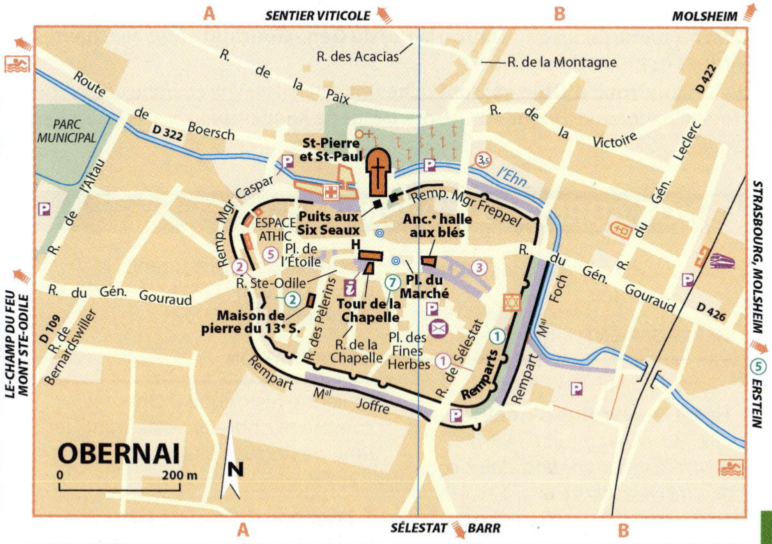

SE LOGER		SE RESTAURER	
À la Cour d'Alsace	2	Agneau d'Or (À l')	2
Gouverneur (Hôtel)	1	Bistro des Saveurs (Le)	1
Jardins d'Adalric (Hôtel Les)	5	Cour des Tanneurs (La)	3
Pavillon 7 (Le)	7	Petites Casseroles (Les)	5

1

Église Saint-Pierre-et-Saint-Paul A

Imposante, elle a été construite au 19e s. dans le style néogothique. Dans le bras gauche du transept, autel du St-Sépulcre (1504) et châsse contenant le cœur de Mgr Freppel, évêque d'Angers, mort en 1891. Quatre fenêtres portent des vitraux du 15e s. attribués à Pierre d'Andlau ou à son élève Thibault de Lyxheim.

Vous revenez vers la place du Marché.

★ Maisons anciennes A

Elles sont très nombreuses dans le quartier de la place du Marché *(notamment ruelle des Juifs et rue Ste-Odile)* et jusque vers la **place de l'Étoile**. La rue Dietrich, qui mène à la place des Fines-Herbes pavée de galets, compte de belles maisons à colombages. En suivant la **rue des Pèlerins**, remarquez une maison en pierre de trois étages, du 13e s.

Au bout de la rue, vous parvenez aux remparts.

Remparts A-B

Au 12e s., la ville, alors possession du Saint Empire romain germanique, décide de se protéger par une double enceinte fortifiée. L'enceinte intérieure mesurait 1 400 m et était ouverte par quatre portes et flanquée d'une vingtaine de tours. Remaniée à plusieurs occasions, cette dernière constitue une promenade agréable tout autour de la ville historique. La partie la mieux conservée est le rempart Mar.-Foch, au sud.

Vous pouvez parcourir le rempart dans son intégralité et revenir ainsi vers St-Pierre-et-St-Paul et la place du Marché. Mais aussi rejoindre cette dernière *via* la rue de Sélestat. Vous passerez devant la **synagogue** de style néo-roman (1876). Puis vous longerez les rues piétonnes bordées de restaurants *(rue du*

Marché, rue du Canal-de-l'Ehn) ou la **rue du Gén.-Gouraud** et ses alléchantes vitrines (traiteurs, chocolatiers…).

Les **environs d'Obernai** sont riches en curiosités. *Voir Le Hohwald, p. 164* (forêts, panoramas, vignes d'Ottrott, lames de Klingenthal…), *et le mont Ste-Odile, p. 160.*

NOS ADRESSES À OBERNAI

Voir aussi nos adresses à Ottrott *(p. 168)*, à 3 km.

HÉBERGEMENT

POUR SE FAIRE PLAISIR

Hôtel Les Jardins d'Adalric – *19 r. Mar.-Kœnig - 03 88 47 64 47 - www.lesjardinsadalric.com - - 46 ch. 89/129 € - 12 €.* Un bâtiment légèrement excentré abritant des chambres soignées. Salle des petits-déj. cossue avec baie vitrée, prolongée par une terrasse. Piscine, jardin.

Hôtel Gouverneur – *13 r. de Sélestat - 03 88 95 63 72 - www.hotellegouverneur.com - - 32 ch. 60/90 € - 9,50 €.* Cette grosse bâtisse à cheval sur les remparts a été rénovée en 2010. Chacune des chambres réparties autour d'une cour intérieure porte le nom d'une spécialité régionale qui inspire son décor.

Le Pavillon 7 – *7 r. Dietrich - 03 88 47 63 33 - www.lepavillon7.com - 4 ch. 79/169 € - 13 €.* Cet établissement tient d'une maison d'hôte. Modernité et confort s'y allient de la meilleure des façons.

UNE FOLIE

À la Cour d'Alsace – *3 r. de Gail - 03 88 95 07 00 - www.cour-alsace.com - 53 ch. 149/239 € - 20 € - rest.* Au cœur de la ville historique, un ensemble de maisons de styles divers (architecture, matériaux), répartis autour de petites cours. Un minivillage de bon goût et de confort avec des chambres et des suites aux décors variés, une piscine et deux restaurants, le Caveau de Gail *(32 €)* et le Jardin des Remparts *(45/79 €).*

RESTAURATION

Le centre historique d'Obernai compte pléthore de restaurants le long de ses rues piétonnes.

PREMIER PRIX

À l'Agneau d'Or – *99 r. Gén.-Gouraud - 03 88 95 28 22 - formule déj. 9,50 € - rest. 25,35/34 €.* Accueil familial dans cette maison à colombages située près des remparts. Sympathique petite salle alsacienne (banquettes en bois, plafond peint) et cuisine typique de la région.

BUDGET MOYEN

La Cour des Tanneurs – *Ruelle du Canal-de-l'Ehn - 03 88 95 15 70 - fermé 2 sem. en juil., fêtes de fin d'année, mar. et merc. - 27/38 €.* Une adresse simple et soignée, sobrement décorée. Accueil à la bonne franquette pour une cuisine du marché au goût du jour fine et bien faite.

Les Petites Casseroles – *128 r. du Gén.-Gouraud - 03 88 04 70 21 - fermé dim. - formule déj. 16,30 €, carte 25/40 €.* Décor bric-à-brac, menu terroir avec pour spécialité les pommes de terre à toutes les sauces !

UNE FOLIE

Bistro des Saveurs – *35 r. de Sélestat - 03 88 49 90 41 - www.bistro-saveurs.fr - fermé dim.-lun., et de mi-juil. à déb. août - rest. 29/92 €.* Poutres apparentes, bouteilles en vitrine, cheminée : le cadre est raffiné… La cuisine allie produits bruts, invention et finesse d'exécution. Accueil chaleureux.

PETITE PAUSE

Les salons de thé et chocolatiers ne manquent pas : Gross *(66 r. Gén.-Gouraud - www.gross.fr)* ou Schaeffer *(92 r. Gén.-Gouraud - www.patisserieschaeffer.monwebpro.com).*

ACHATS

Les Eaux-de-Vie J. et M. Lehmann – *Chemin des Peupliers - ✆ 03 88 50 41 29 - www.distillerielehmann.com - 9h-12h, 14h-18h, sam. 9h-12h, 14h-16h) - fermé dim.* M. Lehmann, qui représente la cinquième génération de cette famille de distillateurs, invite chaleureusement à découvrir ses méthodes artisanales de production. Ses eaux-de-vie et liqueurs (framboise sauvage, poire Williams, etc.), de nombreuses fois primées, se vendent uniquement à la distillerie.

EN SOIRÉE

L'Athic – *6 pl. de l'Etoile - ✆ 03 88 95 50 57 - 18h-22h30 - fermé lun.* Cet élégant bar à cocktails, meublé de fauteuils en velours et d'un piano à la disposition de la clientèle, ménage différents espaces : une salle de billard à l'étage et une autre plus intime avec un comptoir en étain et de vieilles tables en marbre. Grande terrasse.

ACTIVITÉS

En été, l'office de tourisme *(www.obernai.fr)* organise diverses animations, dont des visites guidées thématiques (vignoble, terroir…).

Sentier viticole du Schenkenberg – *Allée du Mémorial - ✆ 03 88 95 64 13 - www.les-vignerons-obernai.com - ♿ - circuit de 3,6 km (1h30 à pied) permettant de découvrir le vignoble sur 250 ha. Parking au mémorial ADEIF, repérable par la grande croix de 12 m de haut. En été, visite guidée hebdomadaire (merc. mat.) suivie d'une visite de cave - s'adresser à l'office de tourisme.*

AGENDA

Détails sur *www.tourisme-obernai.fr.*

Pisteurs d'Étoiles – *Fin avr.-déb. mai.* Festival du Nouveau Cirque.

Printemps d'Alsace à Obernai – *mi-mars-déb. mai.* Marché, rallye de Pâques, et autres animations.

Les Estivales d'Obernai – *Le sam. soir de mi-juil. à mi-août.* Concerts gratuits en plein air sur la place du Marché (gratuit).

Festival de musique de chambre – *Fin juil.* Série de concerts en salle et en plein air.

Promenade gastronomique du Schenkenberg – *Dernier dim. d'août.* Marche avec 6 ou 7 étapes de dégustation.

BiObernai – *Mi-sept.* Salon de l'agriculture biologique.

Foire à la choucroute – *Fin sept.* À Krautergersheim, la capitale de la choucroute.

Rêver Noël à Obernai – *Du 1er w.-end de l'avent au 31 déc.* Marché de Noël, concerts, expositions, spectacles, balades…

1

Mont Sainte-Odile

★★

Bas-Rhin (67)

Des falaises de grès rose, couvertes de forêts, qui avancent au-dessus de la plaine d'Alsace… C'est dans ce décor que la sainte patronne de l'Alsace, qui a donné son nom au lieu, naquit et mourut au 7e s. Un million de touristes font chaque année l'ascension du mont, pour faire un pèlerinage, admirer le panorama… ou pour percer le mystère du fameux Mur païen.

NOS ADRESSES PAGE 163
Hébergement, restauration, achats, activités, etc.

S'INFORMER
D 109 - ✆ 03 88 95 80 53 - ♿ - www.mont-sainte-odile.com ou office du tourisme d'Ottrott (voir p. 166).

SE REPÉRER
Carte de microrégion B3 (p. 94-95).
Le mont Ste-Odile se situe au sud-ouest d'Obernai.

SE GARER
Nombreux parkings aménagés aux abords du mont. Pour les plus courageux, le GR 5 passe tout près.

À NE PAS MANQUER
Le panorama sur la plaine d'Alsace et la Forêt-Noire depuis la terrasse du couvent, les vestiges du Mur païen.

Visiter

LE COUVENT

Un unique porche, sous l'ancienne hôtellerie, donne accès à la grande cour plantée de tilleuls et encadrée à gauche par la façade de l'hôtellerie actuelle, au fond par l'aile sud du couvent, et à droite par l'église.

Église conventuelle Notre-Dame-de-l'Assomption

L'intérieur de l'église, reconstruite en 1692, est composé de trois nefs. Belles boiseries au chœur et confessionnaux du 18e s. richement sculptés.

Vue panoramique du mont Sainte-Odile.
bonzodog/Fotolia.com

★ Chapelle Saint-Jean-Baptiste (chapelle de la Croix)

Accès par une porte à gauche dans l'église conventuelle.
Les quatre voûtes d'arêtes sont soutenues par une seule colonne trapue, de style roman (11e s.), au chapiteau décoré de palmettes et de figures. Un sarcophage contenait les ossements d'Étichon, père de la sainte.
À gauche, une porte basse aux sculptures carolingiennes communique avec la petite chapelle Ste-Odile.

1

Chapelle Sainte-Odile (chapelle du Tombeau)

Ici reposent, dans un sarcophage de pierre du 8e s., les reliques de la sainte. Cette chapelle aurait été édifiée au 12e s. sur l'emplacement de celle où mourut sainte Odile. La nef est romane et le chœur gothique. Deux bas-reliefs du 17e s. représentent l'un le baptême de sainte Odile et l'autre Étichon délivré des peines du Purgatoire grâce aux prières de sa fille.
Le couloir où flottent les odeurs du réfectoire vous mène à la terrasse.

Terrasse

Le vaste espace planté de beaux tilleuls est comme une tribune sur le centre de l'Alsace, une mise en scène de la diversité des paysages de la région. Deux tables d'orientation y ont été installées. L'une à l'angle nord-ouest, d'où l'on découvre le Champ du Feu, la vallée de la Bruche et les sombres forêts pleines de promesses. L'autre à l'extrémité nord-est offre un splendide **panorama★★** sur la plaine d'Alsace (villages compacts, bosquets, cultures) et, à l'horizon, la Forêt-Noire au-delà du Rhin. Au pied du drapeau, un cadran solaire géographique (18e s.) indique l'heure de différentes parties du monde.

Chapelle des Larmes

C'est la première des chapelles qui s'élèvent à l'angle nord-est de la terrasse. Elle est bâtie sur l'ancien cimetière mérovingien (plusieurs tombes taillées dans le rocher sont visibles à l'extérieur). La mosaïque (1935) à dominante

L'HISTOIRE DE SAINTE ODILE

Au 7e s., le cruel duc Étichon, propriétaire du château de Hohenbourg (premier nom du mont Ste-Odile) qui lui sert de résidence d'été, rejette sa fille Odile, née aveugle et débile. Enlevée par sa nourrice, elle recouvre la vue le jour de son baptême et décide de consacrer sa vie à la religion. Après bien des péripéties, son père lui fait don du château dans lequel elle établira son couvent. On lui attribue des miracles et son tombeau devient rapidement un lieu de pèlerinage.

La chapelle du mont Sainte-Odile.
M. Siepmann/imageBROKER/age fotostock

or représente le tombeau entouré de Léon IX et de sainte Eugénie ; sous la voûte, le Christ et les vertus chrétiennes, et au-dessus de la porte, Odile en prière.

Chapelle des Anges (chapelle Saint-Michel)

Bordée par un étroit passage dominant le précipice, elle présente une belle mosaïque de nuances de bleus de 1947, juste éclairée par trois petites ouvertures qui semblent percées par les rayons du soleil eux-mêmes. Selon une croyance, la jeune fille qui en faisait neuf fois le tour était assurée de trouver un mari dans l'année.

Randonnées et courtes marches

Le mont Ste-Odile est couvert par une vaste toile de sentiers balisés. Il y en a pour tous les goûts : courtes marches à proximité du couvent ou longs tracés forestiers (GR 5 par exemple). Vous pouvez ainsi suivre le sentier des Merveilles *(2h)* ou rejoindre St-Nabor et Ottrott.

La route D 109 croise les chemins d'accès au **château de Landsberg** ou aux ruines de l'**abbaye de Niedermunster**, fondée en 700 et dont ne restent que les assises d'une basilique romane. En suivant la D 426 *(dir. Le Hohwald)*, vous croiserez le chemin d'accès au **Birkenfels**, un imposant castel du 13e s. Les offices de tourisme vous fourniront cartes et itinéraires.

Pour rejoindre le couvent puis redescendre *via* un chemin choisi (et ainsi éviter une éprouvante montée), vous pouvez emprunter la ligne de bus n° 257 qui relie Strasbourg au Champ du Feu *via* Obernai, Ottrott, Klingenthal et le mont Ste-Odile. Informations : *www.tourisme67.com.*

Fontaine Sainte-Odile

La route de descente vers St-Nabor *(D 33)* passe devant la fontaine Ste-Odile. *Mais vous pouvez également l'atteindre à pied à partir du couvent par une montée-descente de 20mn AR (en sortant, prendre l'escalier tout de suite à gauche).*

Protégée par une grille, cette source que sainte Odile fit jaillir du rocher pour calmer la soif d'un homme épuisé de fatigue, et aveugle de surcroît, reste un but de pèlerinage pour ceux qui souffrent des yeux.

★ Le Mur païen

30mn à pied AR. Prenez à gauche, à la sortie du couvent, un escalier de 33 marches; au bas de celui-ci, suivez le sentier à droite (balisage : croix jaune).

Il faudrait quatre ou cinq heures de marche pour faire le tour entier des vestiges de cette enceinte mystérieuse, courant à travers forêts et éboulements. Mais se contenter de le longer jusqu'au rocher du panorama (780 m) laisse déjà une forte impression face à l'ouvrage colossal. On y voit tout d'abord un éboulis envahi par la végétation – avant de comprendre peu à peu qu'une telle anomalie du relief ne peut être que l'œuvre de l'homme.

Personne n'est d'accord sur la date de construction de cette étrange muraille. Certains affirment qu'elle serait du 10e s. av. J.-C., d'autres qu'il s'agirait d'une fortification germanique du 1er s. av. J.-C. D'autres encore penchent pour l'hypothèse d'un ouvrage mérovingien du 7e s. Pour ce qui est de son objectif, débat encore. Était-ce un enclos pour les animaux, une fortification contre les envahisseurs ? Le mystère demeure…

Revenez au couvent par le même chemin.

Un autre sentier *(partant du parc de stationnement sud)* offre une belle promenade le long du Mur païen.

Château de Landsberg

4 km au sud-est par la D 109, puis 1h à pied environ AR par le chemin en descente indiqué par un panneau.

Agréable balade en forêt. On passe devant l'ancienne auberge du Landsberg et on suit un sentier jusqu'à un terre-plein en contrebas du château qui apparaît entre les arbres. Ce château du 13e s. n'est plus qu'une ruine.

NOS ADRESSES AU MONT STE-ODILE

Voir aussi nos adresses dans le Hohwald *(p. 168)* et à Obernai *(p. 158)*. Au sein du couvent, vous trouverez une boutique de souvenirs et tabac et une boîte aux lettres.

HÉBERGEMENT

BUDGET MOYEN

Hôtellerie du Mont Ste-Odile – *03 88 95 80 53 - www.mont-sainte-odile.com - ♿ - P - 105 ch. 72/86 € - 1/2 P 91/130 € - ☕ 9,80 €.* Hôtellerie de charme au cœur du site, dans un cadre exceptionnel. Décorée dans un style contemporain, l'adresse propose des chambres confortables.

RESTAURATION

Au sein du couvent : salle des Pèlerins, self-service *(été : 10h-18h, hiver : 10h-17h, 6,50 €)* ou quatre restaurants *(rest. 15,90/28,50 €)*. Salles offrant parfois une belle vue.

AGENDA

www.mont-sainte-odile.com

Fête de sainte Odile *(2e dim. de déc.)* ; nombreux concerts durant la période estivale.

Le Hohwald

★★

501 Hohwaldois – Bas-Rhin (67)

« Hohwald » est à la fois le nom d'un village et celui de sa région. Lieu de cure et de détente très à la mode au début du 20e s., et aujourd'hui encore centre de villégiature, la localité a vu passer Sarah Bernhardt, le maréchal Joffre, le général de Gaulle ou encore le chancelier Adenauer. Dans la région, qu'on appelait autrefois « l'Alsace bénie », règnent les forêts de sapins et de hêtres, mais aussi les vignes. Parsemé de châteaux et de monastères, le Hohwald offre été comme hiver des buts d'excursion multiples.

NOS ADRESSES PAGE 168
Hébergement, restauration, achats, activités, etc.

S'INFORMER

Office de tourisme – *Sq. Kuntz - 67140 Le Hohwald - ☏ 03 88 08 33 92 - www.pays-de-barr.com - juil.-août : 9h-12h, 14h-17h, dim. et j. fériés 14h-17h ; avr.-juin et sept.-oct. : tlj sf dim. et j. fériés 10h-12h, 14h-17h, sam. 14h-17h ; reste de l'année : tlj sf dim. et j. fériés 14h-17h.*

Office du tourisme Barr Bernstein à Andlau – *Voir p. 170.*

SE REPÉRER

Carte de microrégion A3 (p. 94-95).

La région du Hohwald s'étend sur le pays de Barr et du Bernstein.

Le village du Hohwald se trouve à 20 km au sud-ouest d'Obernai et à 26 km au nord-ouest de Sélestat. On y accède par la D 425 ou par la D 426.

À NE PAS MANQUER

Le Champ du Feu et, pour le devoir de mémoire, le Struthof. Le musée des Armes blanches à Klingenthal.

AVEC LES ENFANTS

Le parc-aquarium Les Naïades à Ottrott, le musée et le palais du Pain d'épice, et le parc Alsace Aventure.

Circuits conseillés

Carte du Hohwald p. 166

★★ AU NORD DU HOHWALD

Circuit de 91 km tracé en violet sur la carte p. 166. Comptez environ une journée.

Le Hohwald

La bourgade est un petit carrefour lové au fond d'une vallée, entre la rivière Andlau, la forêt de sapins de Douglas et les pâturages. À proximité, vous découvrirez un beau maître-autel en chêne (18e s.) dans l'église catholique, un arboretum, une cascade *(4 km AR)* cernée par la forêt. Puis, vous pourrez contempler la bourgade du haut du Belvédère.

Quittez Le Hohwald par la D 425 qui suit la rivière d'Andlau en sous-bois.

Sur une crête, à gauche, les ruines des châteaux de Spesbourg et du Haut-Andlau *(voir page suivante)*.

★ Andlau *(voir p. 170)*

Mittelbergheim

La vigne y est cultivée, dit-on, depuis l'époque romaine : la vedette locale est le très bon cru Zotzenberg. Les maisons de ce joli bourg, accrochées aux flancs d'un coteau au pied de la colline du Crax, lui valent le label « plus beaux villages de France ». L'**hôtel de ville**, surplombé d'un campanile datant de 1620, se distingue par sa somptueuse façade à arcades. La place qui l'entoure est bordée de belles demeures Renaissance, dont les ouvertures sont en grès des Vosges. Au n° 7 de la rue Principale, notez la **maison Wittman**, demeure des seigneurs locaux construite au 14e s. Au n° 27, l'ancienne **maison de la Dîme** (1650) compte une belle galerie couverte et, dans sa cour, un pressoir du 17e s. Quant à l'élégante maison coiffée d'une tourelle et située au n° 2 de la rue de la Montagne, elle date de 1575. Vous quittez le village en direction de **Barr** *(voir p. 204)* d'où vous pouvez rejoindre les chemins de randonnée menant aux châteaux voisins.

★ Châteaux du Haut-Andlau et de Spesbourg

1h30 à pied AR. De Barr, prenez la D 854, puis 1 500 m après Holzplatz, un chemin goudronné à gauche qui mène à la maison forestière de Hungerplatz. Laissez la voiture et suivez le chemin tracé sur la crête de la montagne jusqu'aux ruines.

Le **château du Haut-Andlau★**, bâti au 14e s. et restauré au 16e s., était encore habité en 1806. Il présente entre deux grosses tours des murs en ruine percés de fenêtres gothiques. De la terrasse, vue sur le vignoble, la plaine d'Alsace et, au loin, la Forêt-Noire. Du **château de Spesbourg★**, construit en 1247 pour surveiller la vallée, on découvre vers le sud une jolie vue sur la vallée d'Andlau et l'Ungersberg. Un donjon carré domine les hauts murs du corps de logis aux belles fenêtres géminées.

Gertwiller

Au début du 20e s., ce petit village viticole comptait neuf fabricants de pain d'épice, dont deux sont encore en activité aujourd'hui : Fortwenger, à la sortie du village *(dir. Strasbourg)*, et Lips, installé dans l'ancienne grange dîmière. Cette dernière, dont la façade peinte semble sortir tout droit du conte d'Hansel et Gretel, abrite dans son grenier un **musée du Pain d'épice et de l'Art populaire alsacien**. *110 r. Principale - ✆ 03 88 08 93 52 - www.paindepices-lips.com - déc. : 9h-12h, 14h-18h ; reste de l'année : 9h-12h, 14h-18h, dim. 10h-12h, 14h-18h - fermé 1er janv. - 2,80 € (-13 ans gratuit).* Mobilier alsacien, poêles en fonte, collection de moules et d'images de décoration pour pains d'épice y ont été patiemment amassés.

Le fabricant de pain d'épice, Fortwenger, quant à lui, a ouvert le **Palais du pain d'épice**. *144 rte de Strasbourg - ✆ 03 88 08 04 26 - www.lepalaisdupaindepices.com - ♿ - de mi-fév. à fin déc. : 9h-11h30, 14h-18h, dim. 10h-11h30, 14h-18h - fermé de déb. janv. à mi-fév., 25 déc. - 3 € (-13 ans 2 €) - visite guidée interactive (30mn) en français, anglais, allemand au cours de laquelle le Mannele vous apprendra les secrets du pain d'épice (origine, fabrication...).* Un bonhomme en pain d'épice vous guide à travers des pièces aux ambiances visuelles et olfactives surprenantes. Des légendes, des jeux et de nombreuses anecdotes animent la visite qui se poursuit par un passage dans les ateliers de fabrication.

En empruntant la bucolique D 35 *(pour se rendre directement à Ottrott)* ou la rapide D 80 *(pour faire un détour par Obernai)*, on distingue ensuite, sur les premières pentes des Vosges, le château de Landsberg ; plus à droite, le couvent du mont Ste-Odile et plus bas, les ruines des châteaux d'Ottrott.

★★ Obernai *(voir p. 155)*

Ottrott

46 r. Principale - 67530 Ottrott - ✆ 03 88 65 83 84 - www.ottrott.com - mai-oct. : 13h30-18h ; déc. : 13h30-18h, sam. 9h-13h ; reste de l'année : 15h-18h, sam. 9h-13h - fermé dim.-lun. et j. fériés.

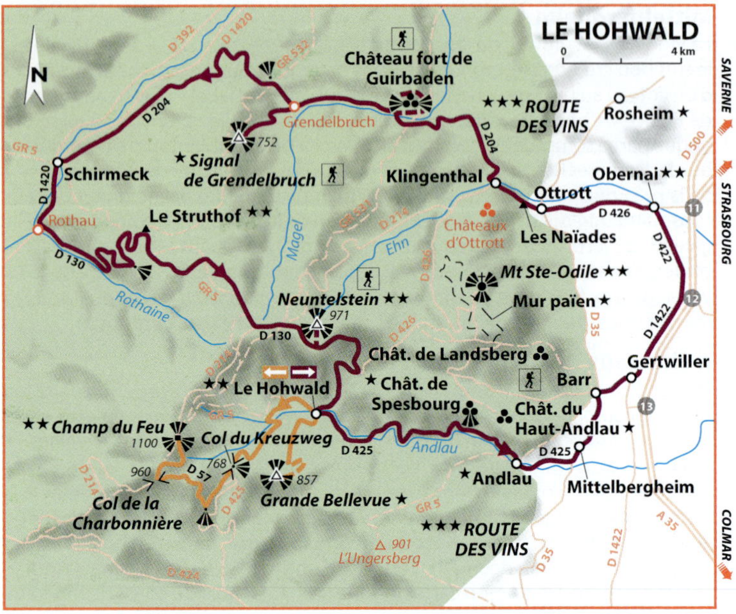

Divisé administrativement jusqu'en 1858 en Ottrott-le-Haut et Ottrott-le-Bas, le village campe au pied du mont Ste-Odile. Il est célèbre pour ses beaux hôtels et son vin, le « rouge d'Ottrott », fruité et agréablement corsé, et peut s'enorgueillir de deux châteaux : le Lutzelbourg, du 12e s., avec son bâtiment carré et sa tour ronde, et le Rathsamhausen, du 13e s., plus vaste et plus orné.

Plus loin, sur la route de Klingenthal, aménagé sur le site d'une ancienne filature, le grand aquarium **Le Parc Les Naïades** rassemble 3 000 poissons issus de toutes les mers du monde : requins, piranhas et autres gymnotes (anguilles électriques) évoluent dans des bassins qui reconstituent leur milieu naturel. Le parc abrite également une ferme pédagogique. *30 rte de Klingenthal - 03 88 95 90 32 - www.parclesnaiades.com - - avr.-nov. : 10h-18h30 ; reste de l'année : 14h-18h - possibilité de visite guidée (1h30) - 11 € (-14 ans 8 €).*

Klingenthal

Son nom signifie « vallée des lames », rappelant la Manufacture royale d'armes blanches qui y fut fondée en 1776. Klingenthal devient alors un village d'artisans dont les ateliers s'égrènent le long de la rivière Ehn. L'histoire est racontée par le musée installé dans l'école qui accueillait les enfants des ouvriers.

★ **Maison de la Manufacture royale des armes blanches** – *2 r. de l'École - 03 88 95 95 28 - www.klingenthal.fr - - juin-sept. : 14h-18h, dim. et j. fériés 10h-19h ; mars-mai et oct.-déc. : 14h-18h - fermé lun. et mar., 1er janv., 1er Mai, 25-26 déc. - 5 € (-8 ans gratuit) - 11 € billet famille.* L'agréable muséographie détaille le processus de fabrication des lames, de la recherche des matières premières à la forge, de l'affinage au montage en passant par le bleui, la dorure… Mais aussi l'intervention de divers corps de métiers : travail du bois, du cuivre, de l'ivoire. On découvre l'évolution des techniques depuis l'Ancien Régime en admirant la très belle collection de sabres, d'épées, de fourreaux, mais aussi de couteaux de cuisine et d'outillages : scies, serpes, rabots, faux. Ces dernières, par leur dimension et la forme des lames, s'avéraient être les plus difficiles à réaliser avec pas moins de 20 étapes de fabrication !

Prenez la D 204, tracée en forêt. À l'hôtel-restaurant de Fischhütte, laissez la voiture.

À 150 m, à droite, un sentier *(6 km à pied AR)* mène aux ruines du **château fort de Guirbaden** (11e s.), dont subsistent le donjon et les murs du corps de logis.

★ Signal de Grendelbruch

15mn à pied AR.

Le **panorama★** embrasse la plaine d'Alsace et la Forêt-Noire, jusqu'à la vallée de la Bruche et la chaîne des Vosges avec le temple du Donon.

La route se poursuit vers la vallée pittoresque de la Bruche.

★★ Schirmeck et le Struthof *(voir p. 151 et 150)*

Du Struthof, la route court sur le plateau, pénètre en forêt et descend vers la Rothlach. À 1,5 km, laissez la voiture et prenez à gauche un sentier vers le rocher de Neuntelstein.

★★ Rocher de Neuntelstein

30mn à pied AR.

Très belle **vue★★** sur Ste-Odile, l'Ungersberg, le Haut-Kœnigsbourg et le Champ du Feu.

Poursuivez sur la D 130, qui rejoint la D 426 à un carrefour d'où le mont Ste-Odile est accessible. En prenant à droite, vous revenez au Hohwald.

★★ COLS ET PANORAMAS JUSQU'AU CHAMP DU FEU

Circuit de 11 km tracé en orange sur la carte p. 166. Comptez environ 30mn (sans la randonnée vers Grande Bellevue).

★ Grande Bellevue

1h30 à pied AR. Du Hohwald, prenez la route qui fait face au café-restaurant d'Alsace et traverse la rivière. À 1 km, à hauteur de l'ancienne pension Belle-Vue, prendre un sentier à gauche. Il monte sur 3 km en forêt et atteint les pâturages.

Vue★ à droite sur le Climont, en avant sur le val de Villé et le Haut-Kœnigsbourg.

Quittez Le Hohwald à l'ouest par la D 425.

Col du Kreuzweg

À 768 m d'alt., il ouvre sur les vallées de Breitenbach et du Giessen et sur les monts qui les encadrent.

La D 57 monte vers le col de la Charbonnière en ménageant des aperçus sur les châteaux du Haut-Kœnigsbourg et de Frankenbourg qui dominent la plaine.

Col de la Charbonnière

Au-delà des hauteurs du val de Villé, on distingue la plaine d'Alsace et, à l'horizon, la Forêt-Noire.

Au col, tournez à droite dans la D 214, qui contourne la tour du Champ du Feu.

★★ Champ du Feu

Du haut de ses 1 100 m, le point culminant du Bas-Rhin est un terrain idéal pour les randonnées d'été et les sports d'hiver. Au sommet, la forêt laisse place à une belle lande herbeuse. Du haut de la tour d'observation *(actuellement fermée)*, immense **panorama★★** sur les Vosges, la plaine d'Alsace, la Forêt-Noire et, par temps clair, les Alpes bernoises.

De là, la D 214 vous ramène vers Ottrott et Obernai.

NOS ADRESSES DANS LE HOHWALD

Le Hohwald (en lisière de forêt) et Ottrott (au milieu des vignes) sont les deux lieux à privilégier pour s'attarder dans la région. Mais on peut aussi « rayonner » à partir d'Obernai ou Andlau.

HÉBERGEMENT

PREMIER PRIX

Chambre d'hôte La Couronne – *15 rte de Schirmeck - 67190 Grendelbruch - ✆ 03 88 97 40 94 - fermé 1er janv.-15 mars - P - ⊭ - 4 ch. 50 € ☕ - rest. sur réserv. 19 €.* Cette grande bâtisse perchée sur les hauteurs ménage une belle vue sur la vallée. Chambres, situées dans l'habitation des propriétaires, avec sanitaires privatifs. Succulente cuisine régionale proposée à la table d'hôte.

BUDGET MOYEN

Chambre d'hôte Famille Maurer – *11 rte du Roedel - 67530 Ottrott - ✆ 03 88 95 80 12 - ♿ - P - ⊭ - 5 ch. 58/62 € ☕.* Cette ferme bâtie en 1846 aux portes du village a conservé son caractère d'origine. Les chambres d'hôte et la salle à manger sont respectivement aménagées dans la grange et les écuries. Si vous venez en fin d'année, vous aurez peut-être la chance de déguster les fameux *bredele* de Noël et autres pâtisseries maison.

Chambre d'hôte Tilly's Inn – *28 r. Principale - 67140 Le Hohwald - ✆ 03 88 08 30 17 - P - 5 ch. 70/90 € ☕.* Laissez-vous tenter par cette façade rouge décorée de dessins naïfs, vous ne serez pas déçu ! Chambres originales et surprise du matin : un cheval de bois dans un cadre amusant, où s'entassent objets anciens et bibelots, assiste au petit-déj. Deux appartements.

POUR SE FAIRE PLAISIR

Domaine Le Moulin – *Rte Klingenthal (1 km au nord-ouest par D 426) - 67530 Ottrott - ✆ 03 88 95 87 33 - www.domaine-le-moulin.com - fermé 21 déc.-20 janv., fin juil.- déb. août - P - 21 ch. 74/84 € - ☕ 13 €.* Cet hôtel entouré d'un parc impose sa présence sur la route des Vins. Chambres douillettes, et duplex, rénovés très récemment.

Hôtel À l'Ami Fritz – *Ottrott-le-Haut - 67530 Ottrott - ✆ 03 88 95 80 81 - www.amifritz.com - fermé 2 sem. en janv. - 26 ch. 101/289 € - ☕ 16 € - formule déj. 24 €, rest. 31/70 € (rest. fermé merc.).* Maison régionale aux chambres très confortables et personnalisées. L'enseigne est un clin d'œil au roman d'Erckmann-Chatrian (1854), mais c'est aussi le nom des propriétaires qui assurent un service impeccable. Décor très soigné des chambres à l'allure contemporaine. Dîner dans le charmant restaurant tout en bois. Au menu, le meilleur de la cuisine régionale et le rouge d'Ottrott du maître des lieux.

Hôtel Aux Chants des Oiseaux – *6 r. du vignoble - 67530 Ottrott - ✆ 03 88 95 87 39 - www.chantsdesoiseaux.com - fermé 5 janv.-1er fév. et de fin juin à déb. juil. - 16 ch. 90/134 € - ☕ 14 €.* Dans un quartier résidentiel, une maison des années 1980 aux chambres agréables et cosy. Sur la terrasse (côté piscine), chant des oiseaux et vue sur le mont Ste-Odile.

La Forestière – *10a chemin du Eck - 67140 Le Hohwald - ✆ 03 88 08 31 08 - www.laforestiere-alsace.com - 5 ch. 106 € ☕.* À 1 km du village, à la lisière de la forêt, cette grande maison abrite de belles chambres d'hôte, idéales en couple ou en famille. Décoration très soignée, et excellent petit-déj. Table d'hôte possible sur demande *(36 € bc)*.

RESTAURATION

Voir aussi *À l'Ami Fritz* dans Hébergement.

BUDGET MOYEN

Ferme-auberge Lindenhof – *11 rte du Kreuzweg - 67140 Le Hohwald - ✆ 03 88 08 31 98 - www.ferme-auberge-lindenhof.fr - fermé merc. soir et jeu. ; en sem. oct.-avr. (ouv. sur réserv. uniquement) - rest. 18,50/21,50 €.* Entre campagne et forêt, cette bâtisse plutôt anodine sert, sous une grande véranda, une cuisine préparée à partir des produits de la ferme : fromage blanc, munster, gruyère et beurre, en plus des volailles et lapins. Cuisine alsacienne sur commande.

À l'Étoile – *7 pl. de l'Étoile - 67530 Klingenthal - ✆ 03 88 95 82 90 - www.restaurantaletoile.fr - fermé lun., mar.-jeu. et dim. soirs - plat du j. 9,50 €, 19,80/39,80 €.* La maison est installée à cheval sur l'Ehn. Dans la salle chaleureuse (ou en terrasse l'été), belle cuisine de saison. Mention pour les pâtisseries et l'excellent pain, spécialités du chef.

ACHATS

Pain d'épice à Gertwiller – Boutiques **Lips** et **Fortwenger** aux mêmes adresses que leurs musées.

Jean-Charles Vonville et Fils – *4 pl. des Tilleuls - 67530 Ottrott - ✆ 03 88 95 80 25 - www.vins-vonville.com - 9h-12h, 13h30-19h, dim. 9h-12h, 13h30-18h - fermé 25-26 déc. et 1er janv.* Dégustation des fameux rouges d'Ottrott élevés au pied du mont Ste-Odile (7 ha de pinot noir cultivés en agriculture raisonnée). À découvrir absolument : l'excellente cuvée « tradition » vieillie deux ans en fûts de chêne.

ACTIVITÉS

École de parapente Grand Vol – *Ferme Niedermatten - 67220 Breitenbach - ✆ 03 88 57 11 42 - www.grandvol.com - d'avr. à oct. : w.-end ; site de parapente accessible tte l'année.* Des moniteurs diplômés assurent votre formation et vous suivent dans votre progression. Forfait débutant. Le parapente, le vol biplace et le vol découverte se pratiquent dès l'âge de 14 ans.

Stage de neige du Champ du Feu – *Champ du Feu - 67130 Belmont - remontées mécaniques : ✆ 03 88 97 32 74 - www.lechampdufeu.com.* Situé entre 900 et 1 100 m d'altitude, ce vaste plateau propice au ski de fond et aux balades en raquettes est la station des Strasbourgeois. Monoski et ski alpin sont aussi pratiqués grâce à 13 remontées mécaniques. École de ski français *(✆ 03 88 97 35 05).*

Parc Alsace Aventure – *Col du Kreuzweg - 67220 Breitenbach - ✆ 03 88 08 32 08 - www.parc-alsace-aventure.com - avr.-juin et sept.-oct. : merc. sur réserv., sam. et congés scolaires, 13h-18h, dim. et fêtes 10h-18h (nov. : 12h-18h) ; juil.-août : 10h-19h - fermé nov.-mars - réservation, tarifs selon les activités.* Dans la forêt de Breitenbach, un circuit de tyroliennes long de 3 000 m, considéré comme l'un des plus complets de la région. Des cabanes construites dans les arbres permettent de reprendre son souffle. En été, parcours nocturne avec éclairage trappeur. VTT, tir à l'arc, paintball…

1

Andlau

★

1 842 Andlaviens – Bas-Rhin (67)

Entourée de vignes et de forêts, Andlau est surtout connue pour son abbatiale St-Pierre-et-St-Paul, dont les origines remontent au 9e s. On en repère de loin le clocher. Cette charmante bourgade, située sur la route des Vins, semble n'être composée que de vastes demeures de producteurs. Le village possède trois grands crus de riesling : le wiebelsberg (typé et très floral), le moenchberg (cultivé depuis l'époque romaine) et le kastelberg (un cru dit « viril », planté par les Romains). Pour protéger leur trésor contre les parasites, les vignerons d'Andlau, comme d'autres en Alsace, ont recours à des alliées originales : des guêpes microscopiques qui dévorent les œufs des vers.

NOS ADRESSES PAGE 172
Hébergement, restauration, achats, activités, etc.

S'INFORMER

Office de tourisme – *1 pl. de la Mairie - 67140 Andlau - ✆ 03 88 08 66 65 - www.pays-de-barr.com - juil.-août : mar.-sam. 11h-13h, 14h-18h ; mai-juin et sept. : mar.-jeu. 14h-18h - fermé j. fériés.*

SE REPÉRER

Carte de microrégion B3 (p. 94-95).
À 4 km au sud de Barr par la route des Vins ; au pied du Champ du Feu par la D 425.

À NE PAS MANQUER

Le magnifique portail de l'église.

ORGANISER SON TEMPS

L'époque des vendanges est très animée à Andlau.

Visiter

Avec ses belles maisons et monuments classés, Andlau est propice à la flânerie. Difficile de s'y perdre, à moins de marquer un arrêt à chacune des maisons de producteur, mais l'office de tourisme propose en été et à certaines dates une visite découverte d'une durée d'une heure *(se rens.)*.

★ Église Saint-Pierre-et-Saint-Paul

✆ 03 88 08 93 38 - ♿ - de mi-avr. à fin déc. : 9h-19h en dehors des offices - fermé 1er janv., 25 déc.

L'église est parfois appelée « abbatiale Ste-Richarde ». Un incendie a détruit le premier édifice en 1045. Bien qu'il ait été reconstruit au 12e s., seules certaines parties subsistent à présent : le portail, la crypte et une frise historiée qui court en façade et sur le côté gauche.

À l'abri d'un porche massif (clocher du 17e s.), le **portail**★★ offre les plus remarquables sculptures romanes d'Alsace : sous le tympan sculpté, défilent d'élégants bas-reliefs encadrant l'entrée ; de part et d'autre du linteau, sur lequel est relatée l'histoire d'Adam et Ève, sont mis en scène des couples, vraisemblablement les bienfaiteurs de l'abbaye, dans une superposition d'arcatures légendées.

À l'intérieur, le chœur, élevé au-dessus de la **crypte★** double et voûtée d'arêtes, est décoré de belles stalles du 15e s. Vous y verrez aussi le tombeau de sainte Richarde.

Autour de la place de la Mairie

Le cœur du village compte quelques restaurants et commerces, et accueille un minuscule marché hebdomadaire. S'y dresse une colonne-fontaine surmontée d'un ours – symbole d'Andlau *(voir l'encadré ci-dessous)*. La place est dominée par **La Seigneurerie**, une vaste résidence achevée en 1573 pour la famille d'Andlau. L'édifice, qui vient d'être rénové, abrite un **Centre d'interprétation du patrimoine** (ainsi que l'office de tourisme). Cet équipement met en valeur le patrimoine (religieux, bâti, vignobles) et le savoir-faire (artisanat, gastronomie) du pays de Barr et du Bernstein.

Dans la rue du Gén.-de-Gaulle, la maison Ste-Richarde est un bâtiment remarquable de 1623, remanié par le comte Hallez-Claparède vers 1840.

À proximité Carte de microrégion p. 94-95

Epfig B4

6 km au sud-est par les D 253 et D 335.

Epfig se targue d'être la plus grande commune viticole d'Alsace avec pas moins de 570 hectares cultivés.

Située à la sortie est du village, au milieu du cimetière, la **chapelle Ste-Marguerite** aurait servi de lieu de culte à des nonnes au 12e s. *R. Ste-Marguerite - ✆ 03 88 85 50 08 - mars-oct. : 8h-19h ; reste de l'année : 8h-17h - fermé dernier w.-end d'avr. - audioguide disponible - possibilité de visite guidée (45mn) juil.-août : merc. 19h (gratuit).* À l'intérieur, n'hésitez pas à mettre en marche le guide vocal qui vous renseignera sur la chapelle et son histoire. Ossuaire dont l'origine reste inconnue.

Devant la chapelle, quatre carrés d'inspiration médiévale ont été plantés : on retrouve les fleurs, les aromates, les simples et le potager.

★ Châteaux de Spesbourg et du Haut-Andlau *(voir p. 165)*

Le sentier Andlau-Le Hohwald, long de 20 km et agrémenté de panneaux explicatifs, permet de relier les deux localités en passant à proximité du château de Spesbourg.

HISTOIRE D'OURSE

L'abbaye d'Andlau est fondée en 880 par l'impératrice Richarde, épouse répudiée de Charles le Gros qui l'avait accusée d'adultère. Soumise à l'épreuve du feu, Richarde, reconnue innocente, fit construire l'abbaye dans un lieu reculé où l'un de ses chevaliers avait rencontré une ourse et ses petits. On raconte aussi qu'un ours vivant était élevé dans la cour de l'abbaye et que la cité se chargeait de subvenir aux besoins des montreurs d'ours qui passaient par là. Bref, Andlau et les ours, c'est une vieille histoire d'amour… Vous en trouverez la trace sur certaines sculptures, comme celle qui orne la fontaine Ste-Richarde.

NOS ADRESSES À ANDLAU

HÉBERGEMENT

POUR SE FAIRE PLAISIR

Hôtel Kastelberg – *10 r. du Gén.-Kœnig - ✆ 03 88 08 97 83 - www.kastelberg.com - P - 29 ch. 65/90 € - ☕ 10,50 € - formule déj. 9,50/12 € - rest. 25/34 €.* À deux pas des vignes, une plaisante façade néo-alsacienne abrite des chambres sobres et fonctionnelles (mansardées ou avec balcon). Au restaurant, rustique mais coquet avec ses tables bien dressées, vous attend une cuisine familiale du terroir.

Zinckhotel – *13 r. de la Marne - ✆ 03 88 08 27 30 - www.zinckhotel.com - fermé 23 déc.-1er janv. - 18 ch. 65/111 € - ☕ 9/11 €.* Un ancien moulin et son extension contemporaine. Chambres zen, pop, jazzy, Empire… Insolite et décalé !

RESTAURATION

BUDGET MOYEN

Au Bœuf Rouge – *6 r. du Dr-Stoltz - ✆ 03 88 08 96 26 - www.andlau-restaurant.com - fermé de fin juin à déb. juil., 2 sem. vac. de fév., merc. soir et jeu. sf du 12 juil. au 30 sept. - formule déj. 10,80/14,90 € - carte de 15 à 35 €.* Ce restaurant convivial typiquement alsacien est aménagé dans un ancien relais de poste (17e s.). On y mange des spécialités locales (dont de larges tartes flambées) dans une élégante salle avec poutres et cheminée.

ACHATS

André Durrmann – *11 r. des Forgerons - ✆ 03 88 08 26 42 - www.durrmann.fr - lun.-sam. 8h-18h et sur RV - fermé 25 déc. - possibilité de visite guidée (45mn).* Le domaine, spécialisé dans l'agriculture biologique, propose visite, dégustation et vente. La cour avec les vignes en lianes et la cuisson solaire est en accès libre.

Marcel Schlosser – *5 r. des Forgerons - EARL du Vieux-Pressoir - ✆ 03 88 08 03 26 - www.marcel-schlosser.fr - ♿ - 9h-12h, 14h-18h, dim. et j. fériés sur demande préalable - fermé 1er Mai, 1er nov. - possibilité de visite guidée sur demande (20mn).* On dégustera ici les spécialités du domaine : riesling wiebelsberg, gewurztraminer moenchberg et crémants d'Alsace (blanc et rosé). Les caves se visitent et les propriétaires proposent également des gîtes à louer.

AGENDA

Fête du vin et plaisirs gastronomiques – *W.-end de mai (se rens.) - www.pays-de-barr.com.*

L'église Saint-Georges de Sélestat.
C. Chaudeau/Michelin

Sélestat

★

19 568 Sélestadiens – Bas-Rhin (67)

La ville a la charmante réputation d'être le berceau du sapin de Noël. Certes mais pas seulement. À mi-chemin entre Colmar et Strasbourg, Sélestat occupe une place centrale sur la route des Vins. La Renaissance a légué un trésor à la ville : la Bibliothèque humaniste, l'une des plus riches du monde, inscrite au registre de la « Mémoire du monde » par l'Unesco. Sélestat est aussi en passe d'être classée Ville d'art et d'histoire pour son patrimoine historique si bien préservé et son investissement dans l'art contemporain qui ont transformé la ville en musée à ciel ouvert.

NOS ADRESSES PAGE 179
Hébergement, restauration, achats, activités, etc.

S'INFORMER

Office de tourisme – *10 bd du Gén.-Leclerc - 67600 Sélestat - ✆ 03 88 58 87 20 - www.selestat-haut-kœnigsbourg.com - juil.-août : 9h-12h30, 13h30-18h30, sam. 9h-12h30, 14h-17h, dim. et j. fériés 10h-12h, 14h-16h ; reste de l'année : tlj sf dim.-lun. 10h-12h, 14h-17h, sam. 9h-12h, 14h-17h, j. fériés 10h-13h - fermé 1er janv., lun. de Pâques, 1er Mai, 1er et 11 Nov., 25-26 déc.*

SE REPÉRER

Carte de microrégion B4 (p. 94-95).
Presque à la jonction des deux départements du Rhin. À 28 km au nord de Colmar et à 50 km au sud de Strasbourg par l'A 35.

SE GARER
Parkings au centre-ville : quai de l'Ill, rue du Prés.-Poincaré, rue du Babil et boulevard du Gén.-Leclerc.

À NE PAS MANQUER
La Bibliothèque humaniste, mais aussi le cœur historique de la ville et ses œuvres contemporaines. Et, à quelques kilomètres, la très belle église baroque d'Ebersmunster.

ORGANISER SON TEMPS
Lors de votre promenade dans la vieille ville (2h), octroyez-vous une petite pause gourmande à la Maison du pain (1h de visite).

AVEC LES ENFANTS
La Maison du pain d'Alsace, la balade dans la réserve de l'Illwald, la Volerie des aigles, la Montagne des singes et Cigoland à Kintzheim.

Se promener Plan de ville ci-contre

★ LA VIEILLE VILLE

Circuit au départ de la Bibliothèque humaniste, tracé en vert sur le plan ci-contre. Comptez 2h.

★ Bibliothèque humaniste B1
1 r. de la Bibliothèque - ✆ 03 88 58 07 20 - www.bh-selestat.fr - **fermée pour travaux jusqu'au printemps 2017.** *Rens. et programme d'animations et d'expositions hors les murs sur le site Internet.*

Sélestat a choisi Rudy Ricciotti, l'architecte du MuCEM de Marseille, pour repenser l'espace de sa célèbre bibliothèque et doubler la surface actuelle, la halle aux blés (1843, architecture néo-romane) va être dotée de sous-sols flambant neufs, d'une extension contemporaine en grès rose des Vosges et d'un nouveau parvis. De quoi ventiler et revaloriser l'écrin des précieux locataires de l'édifice : près de 450 manuscrits, 530 incunables (livres imprimés avant 1500) et 2 000 imprimés du 16e s. provenant de deux fonds : la bibliothèque latine fondée en 1452 et le legs de la *libraria rhenana* (avec quelque 500 volumes de l'humaniste Beatus Rhenanus, dont un exemplaire unique du *Traité de la liberté chrétienne* de Martin Luther, annoté par le réformateur religieux en 1520). S'y trouvent aussi le *Lectionnaire mérovingien* (ouvrage le plus ancien conservé en Alsace – 7e s.) et un exemplaire de la fameuse *Cosmographiae Introductio*, imprimée en 1507 à St-Dié, contenant l'« acte de baptême de l'Amérique » *(voir St-Dié-des-Vosges, p. 342)*.

Depuis le 26 mai 2011, la collection de Beatus Rhenanus est inscrite au registre de la « Mémoire du monde » de l'**Unesco**. Ce programme vise à assurer la conservation du patrimoine documentaire, tel que la Déclaration des droits de l'homme ou la tapisserie de Bayeux.

Une partie des documents de la Bibliothèque humaniste peut désormais être consultée en ligne sur : *www.bh-selestat.fr.*

Suivez la rue du Sel.

Hôtel d'Ebersmunster B1
Au sein de l'ancienne ville fortifiée, cet hôtel du 16e s. était le refuge urbain des moines bénédictins en cas d'attaque de l'abbaye du même nom *(voir p. 178)*. L'hôtel comportait deux façades, en fonction des usages. Rue du Sel, dans la **Cour des Prélats**, étaient engrangés les revenus en nature provenant des terres relevant de l'abbaye. Pour admirer l'entrée d'apparat, aujourd'hui fermée, il faut faire un détour jusqu'au 9 rue de l'Église (*à deux pas du parvis de l'église St-Georges, voir plus bas*) où subsiste le portail au

décor sculpté, surmonté de coquilles, médaillons et chapiteaux, caractéristique de la Renaissance.

Maison du pain d'Alsace B1

7 r. du Sel - ✆ 03 88 58 45 90 - http://maisondupain.org - ♿ - fournil de Noël déc. : tlj ; reste de l'année : tlj sf lun. 9h-12h30, 14h-18h, dim. 9h-12h30, 14h30-18h - fermé de mi-janv. à déb. fév., 1er janv., 1er Mai, 1er nov., 25-26 déc. - 4,70 € (enf. - 14 ans gratuit) - 8,20 € billet famille (2 adultes + 2 enf.). Salon de thé sur place.

Difficile de résister aux délicieuses odeurs du fournil qui vous assaillent une fois franchi le seuil de cette vénérable demeure (1522) où siégeait autrefois la corporation des boulangers de Sélestat. Ici, les artisans fabriquent sous vos yeux plus d'une quinzaine de pains spéciaux (les recettes varient selon les saisons), tartes, *bredele*, *berawecka* et pommes de Noël. Les visiteurs, enfants comme adultes, peuvent mettre la main à la pâte grâce aux ateliers organisés sur place (*se rens. pour les dates*). Un joli musée installé sur trois étages retrace l'histoire de la boulangerie et de la meunerie. On y découvre le matériel de fabrication de l'ère préindustrielle, la reproduction d'un ancien fournil ou encore une impressionnante collection de moules en terre cuite. Quelques démonstrations et animations rendent la visite plus vivante encore.

👪 Les enfants apprécieront les maquettes à illuminer ou à animer.

Gagnez la toute proche église Ste-Foy.

SE LOGER	Illwald (L') ⑥
Abbaye de la Pommeraie (L') ⑦	SE RESTAURER
Auberge des Alliés ⑤	Auberge de la Paix ②
Dontenville (Hôtel) ①	Bon Pichet (Au) ⑧
Ferme Trau (Chambre d'hôte La) ③	Vieille Tour (La) ④

★ Église Sainte-Foy B1

Cette église romane du 12e s., en grès rouge et granit des Vosges, est un ancien prieuré bénédictin. Les chapiteaux de la nef possèdent un beau décor floral emprunté aux églises lorraines. Le porche est joliment décoré d'arcatures, de corniches et de chapiteaux historiés. Les trois tours qui dominent l'église, particulièrement inhabituelles en Alsace, dessinent la *skyline* de Sélestat.

Empruntez la rue du Babil vers l'église St-Georges.

★ Église Saint-Georges B1

Pl. St-Georges - ✆ 03 89 57 00 38 - ♿ - avr.-oct. : 8h-19h, dim. et j. fériés 12h30-19h ; reste de l'année : 8h-18h, dim. et j. fériés 12h30-19h - possibilité de visite guidée.

Cette importante église gothique, construite du 13e au 15e s., a subi des restaurations considérables, notamment au 19e s. Elle comporte un narthex (sorte de vestibule) original, très allongé, qui occupe toute la largeur de la façade et s'ouvre au sud sur la place St-Georges par une porte élégante. Trois des portes ont conservé leurs vantaux primitifs avec leurs pentures (ferrures de soutien). La chaire, en pierre sculptée et dorée, date de la Renaissance. La rose de la porte sud du narthex illustre le Décalogue. Trois vitraux du chœur relatent des épisodes de la vie des saintes Catherine, Agnès et Hélène. Les nouveaux vitraux du chevet et du chœur ont été exécutés par Max Ingrand.

Une fois sorti de l'église par l'entrée principale, remarquez sur votre gauche, fixée au mur-pignon de l'ancienne École latine, **La Lame** de Marc Couturier. Cette sculpture domine le parvis, lui offrant un éclat particulier lorsque le soleil frappe les feuilles d'or dont elle est recouverte. Attirant le regard et idéalement les pensées vers le haut (Marc Couturier est connu pour la dimension spirituelle de ses œuvres), cette sculpture en quasi-lévitation longue de 7 m fait partie des nombreuses commandes d'art contemporain passées par la ville.

Poursuivez jusqu'à la place de la Porte de Strasbourg.

La **porte de Strasbourg** (B1) (1679) est l'unique vestige des trois portes qui constituaient l'enceinte Vauban. De là, on aperçoit, rue Bornert, la **tour des Sorcières** (B1), un autre vestige datant lui de la première enceinte bâtie au 13e s. puis démolie par Louis XIV. Elle est désormais coiffée d'un nid de cigognes.

Tournez légèrement à droite dans la rue de la Grande-Boucherie puis à gauche en direction de la place du Marché-aux-Choux.

S'y dresse la **maison Billex** (B1) au bel oriel Renaissance à deux étages. La ville de Strasbourg signa dans cette demeure, en 1681, sa reddition à Louis XIV. Dans le prolongement, un ancien parking, réaménagé en jardin, change de nom selon les saisons : Jardin du sapin à Noël, il devient Jardin du dahlia l'été, en référence à la fleur qui décore les chars du corso fleuri en août.

Prenez la rue des Oies et tournez à gauche vers le quai des Tanneurs.

Les maisons nos 1 et 17, avec leur étroit pignon et leur toit pentu, rappellent certaines contraintes du métier de tanneur : l'espace à l'intérieur des maisons nécessitait d'être haut et ajouré afin de pouvoir suspendre les peaux à sécher.

Au bout du quai des Tanneurs, tournez à droite sur le bd Vauban et traversez l'Ill en direction de la médiathèque.

Frac Alsace B2

1 Espace Georges-Estève - www.culture-alsace.org- ✆ 03 88 58 87 55 - ♿ - merc.-dim. 14h-18h - fermeture annuelle première quinzaine d'août - entrée gratuite.

Avec sa façade vitrée reflétant les maisons de la vieille ville, le Frac (Fonds régional d'art contemporain) abrite d'intéressantes expositions temporaires. Il inaugure également un nouveau front architectural, en plein développement, sur

D'UN MARTIN À L'AUTRE
On aperçoit son buste dans un médaillon, à droite dans le vestibule de l'église protestante des Récollets. **Martin Bucer** (1491-1551) a marqué l'histoire de la Réforme. Entré au couvent des Dominicains de Sélestat (1506), il rencontre ensuite l'autre Martin, Luther, en 1518 lors de la dispute de Heidelberg. Bucer se rallie alors à la Réforme. Il devient vicaire à Wissembourg, puis pasteur à Strasbourg en 1524 où il sera le principal responsable de la réforme protestante locale. Ironie de l'histoire (et de la géographie), sa maison natale est située au 7 impasse Plobmann. À deux pas de l'église des Récollets… devenue protestante trois siècles après sa mort.

la rive droite de l'Ill. Un peu plus bas, la salle de spectacle des Tanzmatten est la première réalisation de l'architecte Rudy Ricciotti dans la ville.
Traversez à nouveau l'Ill jusqu'au rempart Vauban.

Remparts Vauban B2
Le mur d'enceinte de la ville, bâti à partir de 1675 d'après les plans de Vauban, formait un polygone à neuf côtés. Il a été en grande partie démantelé en 1874 pour permettre l'extension de la ville, mais il subsiste deux tronçons au sud du haut desquels on profite d'une vue magnifique sur les collines sous-vosgiennes et le Haut-Kœnigsbourg. L'un d'eux est décoré d'une œuvre contemporaine de Sarkis, **Point de rencontre : le rêve** (1993) : 310 plaques émaillées (une pour chaque rue de la ville et quelques plaques vierges pour les futures artères) sur lesquelles figurent des bribes de phrases sur l'art, la nature, le voyage…
Revenez sur vos pas et empruntez la rue du Président-Poincaré.
La **tour de l'Horloge** (B2), vestige d'enceinte médiévale, date de 1280. Les parties hautes – des canonnières notamment – ont été ajoutées au 17e s.
Un peu plus loin dans la rue, la **fontaine 1521** surmontée d'un livre ouvert posé contre un sapin et portant l'inscription 1521 rappelle que Sélestat a la réputation d'être le berceau de la tradition de l'arbre de Noël. C'est en tous les cas dans un livre de comptes de la ville datant de 1521 – souvent exposé pendant les fêtes de fin d'année dans la crypte de l'église St-Georges – que l'on a trouvé la référence la plus ancienne à cette coutume. Une ligne de compte nous apprend en effet que des gardes forestiers étaient payés 4 shillings, quelques jours avant Noël, pour prévenir le vol desdits sapins.
Tournez à droite rue du 17-Novembre jusqu'à la place de la Victoire.
L'**arsenal Ste-Barbe**, avec son pignon crénelé, arbore une jolie façade du 15e s. ornée au 20e s. d'un escalier à double pente conduisant à un petit dais qui précède la porte d'entrée. Le toit porte deux nids de cigognes.
Prenez la rue des Clefs jusqu'à l'Hôtel de Ville.
Avec ses colonnes doriques et toscanes, l'**Hôtel de Ville** (1788) est l'un des rares édifices de style néoclassique à Sélestat.
Prenez à gauche la rue de la Jauge jusqu'à l'église des Récollets.

Église des Récollets B1
L'ancienne église, construite à partir de 1280 pour des moines franciscains, doit son nom actuel aux moines réformateurs, les Récollets, qui l'ont occupée à partir du 16e s. avant d'être chassés à la Révolution française. Utilisé comme entrepôt à grains, l'édifice a finalement retrouvé sa vocation cultuelle en 1881 en devenant une église protestante, toujours en activité à ce jour.
Suivez la rue des Serruriers avant de retrouver la rue de l'Église et la bibliothèque.

À proximité Carte de microrégion p. 94-95

Ebersmunster B4

18 km au nord-est par la D 1083.

Jadis siège d'une abbaye bénédictine célèbre qui aurait été fondée vers 660 par le duc d'Alsace Étichon et sa femme, les parents de sainte Odile. Édifiée par Peter Thumb, architecte autrichien, entre 1719 et 1727, l'actuelle **église abbatiale★** *(pl. de l'Église - ✆ 03 88 85 78 32 - http://amisabbatiale-ebersmunster.fr - ♿ - tte la journée - 2 € abbatiale - 5 € visite combinée avec présentation musicale de l'orgue, réserv. par mail)* est l'unique spécimen de style baroque en Alsace. Elle se signale de loin par ses trois clochers à bulbe.

L'**intérieur★★** étonne par sa luminosité et la gaieté du décor, peint et stuqué, qui composent un cadre raffiné au mobilier élégamment sculpté. Par un sens aigu de la mise en scène chère au baroque, c'est vers le maître-autel (1728) que le regard est attiré. Coiffée d'une couronne en baldaquin, cette composition tout en sculptures et en dorures s'élève jusqu'à la voûte du chœur.

Cigoland B4

Rte de Sélestat - 67600 Kintzheim - ✆ 03 88 92 36 36 - www.cigoland.fr - avr.-nov. : 10h-18h - 15/16 € (enf. 13/14 €).

Dans ce sympathique parc de loisirs vivent des animaux de ferme et des cigognes blanches. On peut survoler le site et ses installations à bord d'un monorail aérien qui circule à 5 m au-dessus du sol et découvrir ainsi leur habitat. La période de mai-juin est privilégiée pour observer les premières nichées.

La Volerie des aigles B4

8,5 km, à la sortie de Kintzheim. Quittez Sélestat par la D 159.

30mn à pied AR - château de Kintzheim - ✆ 03 88 92 84 33 - www.voleriedesaigles.com - spectacles commentés (45mn) 14 Juil.-20 août : 10h-17h10 ; de déb. à mi-juil., w.-end de juin et sept. et dernière sem. d'août : 13h30-17h10 ; reste de l'année : 13h30-16h10 - fermé 12 nov.-31 mars - 9,50 € (-14 ans 6,50 €).

Elle est installée dans l'enceinte du château médiéval de Kintzheim qui abrite près de 80 rapaces diurnes et nocturnes. Aigles, condors, vautours, faucons et hiboux participent aux spectaculaires **démonstrations de vols★** en complète liberté, organisées durant la visite *(sauf par mauvais temps).*

La Montagne des singes B4

10 km, environ 2 km après Kintzheim. Quittez Sélestat par la D 159.

La Wick - ✆ 03 88 92 11 09 - www.montagnedessinges.com - juil.-août : 10h-18h ; mai-juin et sept. : 10h-12h, 13h-18h, dim. et j. fériés 10h-18h ; reste de l'année : 10h-12h, 13h-17h, dim. et j. fériés 10h-17h - fermé 12 nov.-31 mars - 9 € (-15 ans 5,50 €) - informations nourrissage à intervalles réguliers tte la journée.

Dans ce parc de 20 ha, planté de pins, vivent en liberté 280 magots (ou macaques de Barbarie), bien adaptés au climat alsacien. Le parc contribue à la sauvegarde de cette espèce menacée.

Châteaux de Ramstein et d'Ortenbourg B4

7 km, puis 1h15 à pied. Quittez Sélestat à l'ouest par la D 1059. À 4,5 km, tournez à droite dans la D 35 vers Scherwiller. À 2 km, prenez à gauche le chemin de terre. Laissez la voiture à Huhnelmuhl, près de l'auberge. Suivez le sentier qui mène aux deux châteaux en ruines.

Château de Frankenbourg A4

11 km, puis 1h15 à pied. Quittez Sélestat à l'ouest par la D 1059. À Hurst, prenez la D 167 vers la Vancelle. À 2 km, laissez la voiture et prenez le sentier à droite. Des ruines, belles vues sur les vallées de la Liepvrette et de Villé.

Musée-mémorial de la ligne Maginot du Rhin B4 *(voir p. 131)*
15 km au sud-est. Quittez Sélestat par la D 159, puis D 424. 1,5 km après Marckolsheim, la casemate du mémorial apparaît sur le côté droit de la N 424.

NOS ADRESSES À SÉLESTAT

VISITES

Les principaux sites de la ville sont équipés de QR codes permettant d'accéder à des informations *via* votre mobile, certaines traduites en langue des signes. Par ailleurs, la ville propose trois parcours thématiques et complémentaires : à partir de l'office de tourisme, un « parcours de visite » classique, avec fléchage au sol, propose une découverte en 24 étapes des principaux sites de la ville ; le « parcours d'art contemporain » piste 14 œuvres d'art disséminées dans la ville ; et enfin, au départ de la place du Vieux-Port, « L'Ill aux Trésors » est un sentier d'interprétaton de l'Ill*Wald, la Réserve naturelle régionale du Ried de Sélestat.

HÉBERGEMENT

PREMIER PRIX

Auberge des Alliés – *39 r. des Chevaliers - ✆ 03 88 92 09 34 - www.aubergedesallies.fr - ♿ - 15 ch. 68/75 € - ☕ 9 €. Formule restaurant 23,50/32,50 €.* Des chambres agréables idéalement placées dans la vieille ville. Côté cuisine, terroir et boiseries (choucroute au riesling, foie gras et gelée de gewurztraminer...).

UNE FOLIE

L'Illwald – *Le Schnellenbuhl (6 km, dir. Marckolsheim) - ✆ 03 90 56 11 40 - www.illwald.fr - P - ♿ - 16 ch. 105/155 € - ☕ 16 € - fermé 1er-15 janv.* Au bord de la D 424, dans une belle bâtisse typique avec jardin et piscine, agréables chambres décorées dans un *mix* moderne-traditionnel réussi. Restaurant conseillé.

L'Abbaye de la Pommeraie – *8 bd du Mar.-Foch - ✆ 03 88 92 07 84 - www.pommeraie.fr - P - 13 ch. 165/275 € - ☕ 19 € - rest. 54/74 €.* Cette ancienne abbaye cistercienne, coiffée d'un toit impressionnant, abrite des chambres aussi spacieuses que confortables. Côté cuisine, la *winstub* L'Apfelstuebel ou le gastronomique Le Prieuré.

À proximité

PREMIER PRIX

Chambre d'hôte La Ferme Trau – *53 rte Nationale - 67600 Ebersheim - ✆ 03 88 85 73 31 - P - 6 ch. 51/83 € ☕.* Cette ferme céréalière voisine de Sélestat a développé un concept original et plutôt réussi. Outre ses 6 chambres contemporaines, elle propose une restauration chaque week-end. Spécialité réputée de tartes flambées au feu de bois *(le soir uniquement).*

BUDGET MOYEN

Hôtel Dontenville – *94 r. du Mar.-Foch - 67730 Châtenois - ✆ 03 88 92 02 54 - www.hotel-dontenville.fr - P - 14 ch. 60/100 € - ☕ 8 € - rest. 19,50/26 €.* Charme et simplicité d'une demeure alsacienne du 16e s. à colombages. Sous leurs charpentes apparentes, les chambres du dernier étage ont notre préférence. Cuisine du terroir.

RESTAURATION

Pour une bonne cuisine régionale, voir aussi plus haut les restaurants d'Illwald et de la Pommeraie.

BUDGET MOYEN

La Vieille Tour – *8 r. de la Jauge - ✆ 03 88 92 15 02 - www.vieille-tour.com - fermé dim. soir et lun. - formule déj. 14 €, rest. 18/44 €.* Une valeur sûre au cœur de la ville historique. Deux frères exécutent à quatre

mains une partition généreuse, qui dévoile de jolis accords : tradition et notes plus actuelles, produits simples et prix raisonnables.
Auberge de la Paix – *R. du Prés.-Poincaré - ✆ 03 88 92 14 50 - www.aubergedelapaix.net - fermé dim. soir, lun. soir et merc. - 11/34,50 €.* La façade typiquement alsacienne et le nom pacifique de cette auberge mettent d'emblée de bonne humeur. Le chef y concocte des petits plats régionaux – assiette du marché, *schiffala* à la crème de raifort et kouglof glacé nappé d'un coulis de fruits rouges – qui séduiront les plus fins palais.
Au Bon Pichet – *Pl. du Marché-aux-Choux - ✆ 03 88 82 96 65 - fermé déb. juil., 25 déc.-5 janv., dim. et lun. - rest. 23/30 €.* Il fait bon se restaurer dans cette maison tenue par la même famille depuis quatre générations ! Comme hier, le chef concocte de bonnes recettes traditionnelles. Accueil convivial et décor de *winstub*.

PETITE PAUSE

Vous n'aurez que l'embarras du choix entre les gourmandises proposées par les pâtissiers-chocolatiers.
Pâtisserie-chocolaterie Benoît Wach – *7 r. des Chevaliers - ✆ 03 88 92 12 80 - 7h30-19h, sam. 7h30-18h, dim. 7h-13h - fermé lun., vac. scol. fév., 2 dernières sem. d'août.* La façade en trompe-l'œil, ornée d'un superbe chevalier polychrome réalisé par un ébéniste régional, vaut le détour, tout comme l'intérieur, signé du célèbre décorateur Edgar Mahler. Gâteau du chevalier (aux parfums de cannelle, girofle, gingembre et poire), Triple Choc (trois chocolats), et spécialités à base de rhubarbe, sont à déguster sur place ou à emporter.
Kamm – *15 r. des Clefs - ✆ 03 88 92 11 04 - www.patisserie-kamm.fr - 8h-19h, sam. 8h-18h, dim. 8h-12h - fermé lun., dim. apr.-midi.* En été, la vaste terrasse attire beaucoup de monde. Le reste de l'année, les nombreux fidèles ne se lassent pas des délicieuses mousses, de la trentaine de chocolats aux parfums parfois originaux (poivre, thé, kiwi), des glaces et des sorbets maison.

ACHATS

Marchés – Marché du terroir *(pl. Vannolles, sam. 8h-12h)* et marché hebdo. *(centre-ville, mar. matin)*.
Les pâtissiers-chocolatiers (voir « *Petite pause* ») et La Maison du pain (voir « *Se promener* ») confectionnent aussi des spécialités à rapporter.

ACTIVITÉS

Balade dans la réserve de l'Illwald – *Au départ de la médiathèque, route de Marckolsheim.* Une promenade facile parmi les frênes et les aulnes dans une réserve naturelle qui compte la plus grande harde de daims sauvages de France. Comptez 3h pour tout voir.

AGENDA

Fêtes de Noël – Fidèle à la tradition alsacienne de la Nativité, Sélestat, berceau de l'Arbre de Noël, propose de nombreuses animations : exposition de grands sapins au marché de Noël, visites guidées, concerts… La ville fait aussi la part belle aux spécialités culinaires et notamment les fameux *winachtsbredele* de la Maison du pain d'Alsace. *www.selestat-ohaut-koenigsbourg.com*
Corso fleuri – *2e w.-end d'août - www.selestat.fr.* Défilé de chars décorés de 500 000 dahlias et fête populaire.
Sélest'Art – *www.selestat.fr - chaque année impaire, de mi-sept. à mi-oct.* Biennale d'art contemporain.
Carnaval des Machores – *Fév.* Venus des 4 coins de l'Europe, 2 000 carnavaliers paradent dans les rues de la ville.

Château du Haut-Kœnigsbourg.
L. Lourdel/Photononstop

Château du Haut-Kœnigsbourg

★★

Bas-Rhin (67)

Ce surprenant vaisseau de pierre de 270 m de longueur, perché à près de 800 m, n'est ni un mirage ni la « Grande Illusion » qu'évoquait Jean Renoir dans le film qu'il y tourna en 1937. L'éperon de grès sur lequel le château est bâti permettait de surveiller toutes les routes, qu'elles traversent l'Alsace ou mènent à la Lorraine : celles du vin, du blé et du sel. En passant par les salles, les bastions, les cours, les tours, les passerelles et les étroits escaliers en colimaçon, on repense aux châteaux forts que l'on dessinait à l'école. On s'imagine en enfant gâté parcourant un vaste terrain de jeux qui lui serait réservé pour vivre ses fantasmes de chevaliers et de princesses. Puis, du haut du grand bastion, on se transforme en vigie scrutant l'immense horizon, en géographe identifiant les villages groupés autour de leur église, ou en rêveur contemplatif ému par la mosaïque de vignes, de forêts et de cultures.

NOS ADRESSES PAGE 183
Hébergement, restauration, achats, activités, etc.

S'INFORMER

Accueil des visiteurs – *03 69 33 25 00 - http://haut-koenigsbourg.fr - juin-août : 9h15-18h ; avr.-mai et sept. : 9h15-17h15 ; mars et oct. : 9h30-17h ; reste de l'année : tlj sf lun.*

9h30-12h, 13h-16h30 - fermé 1er janv., 1er Mai, 25 déc. - possibilité de visite guidée (1h) - 9 € (-18 ans 5 €) - 4,50 € (enf. 2 €) audioguide.

SE REPÉRER

Carte de microrégion A4 (p. 94-95).
À l'ouest de Sélestat. La route d'accès (2 km) se trouve à l'intersection de la D 159 et de la 1B1, à hauteur de l'hôtel du Haut-Kœnigsbourg. À 1 km, prendre à droite la route à sens unique qui contourne le château.

ORGANISER SON TEMPS

Le site étant l'un des plus visités de France, nous vous conseillons de le découvrir (si possible) durant la basse ou moyenne saison, ou en semaine. Sinon, attendez-vous à une très forte affluence.

À NE PAS MANQUER

Le panorama depuis le grand bastion.

AVEC LES ENFANTS

Visites ludiques (1h) organisées juil.-août : 11h, 13h30, 15h et 16h15 ; vac. scol. zone B : 11h et 15h - 9 € (-18 ans gratuit), gratuit 1er dim. du mois (nov.-mars). Découvrez en famille la vie quotidienne dans un château fort en compagnie d'un personnage du Moyen Âge.

Visiter

Témoin de l'importance stratégique de la région au Moyen Âge, ce *burg* fut construit par les Hohenstaufen au 12e s. Après un passage aux mains de chevaliers brigands qui en avaient fait leur quartier général, le château est récupéré par les Habsbourg au 15e s. Quelques siècles d'abandon plus tard, il est offert en 1899 par la ville de Sélestat à l'empereur Guillaume II, grand amateur de châteaux.

Après la porte et le massif de la herse, on atteint la basse-cour, où se trouvent les bâtiments d'intendance, nécessaires à l'autonomie du château en cas de siège : hostellerie (restaurant, boutique, librairie), écuries, forge et moulin.

On accède par une rampe bordée de meurtrières au portail des Lions **(1)** et au fossé séparant le logis du reste du château. Un puits **(2)** fortifié, profond de 62 m, est construit en bordure de l'éperon rocheux sur lequel s'élève le logis. Au rez-de-chaussée de ce dernier, magnifique reconstitution médiévale, se trouvent le cellier **(3)** côté ouest, les cuisines **(4)** côté nord.

Depuis la cour intérieure, deux escaliers en colimaçon desservent les étages. Côté sud, deux balcons décorés des représentations des Neuf Preux.

Les appartements (chambre de séjour, chambre à coucher) occupent les côtés sud et nord. À l'ouest se trouvent les grandes salles : la salle des fêtes, suivie de la Chambre lorraine, enfin la salle d'armes. Dans la salle des fêtes, ou salle du Kaiser, une des fresques de Léo Schnug, expert en perspective, représente

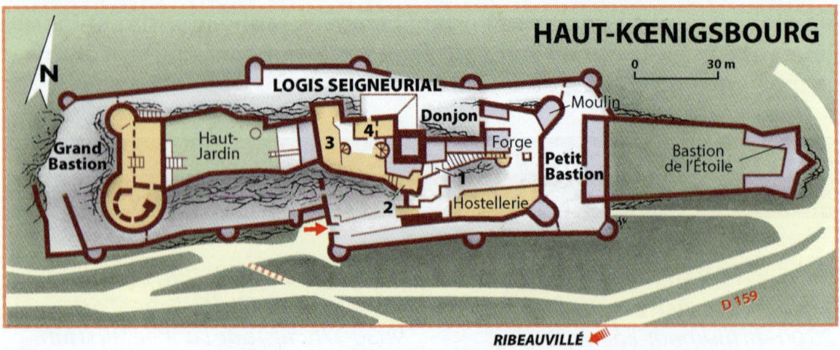

UNE RESTAURATION MINUTIEUSE

Guillaume II a confié la restauration du château à l'architecte berlinois Bodo Ebhardt, spécialiste de la fortification médiévale. L'initiative germanique fut pourfendue par l'écrivain alsacien Hansi *(voir p. 191)*, qui déclarait à propos du Berlinois : « Son œuvre achevée, il tenta même l'impossible : donner une patine à ces murs, à ces pierres, à ces toits neufs. On vit alors des ouvriers martelant à grands coups les chéneaux de cuivre pour leur enlever la régularité du neuf, et arroser de couleur les murs et même les toits. » Bodo Ebhardt n'a rien laissé au hasard dans cette tentative de reconstruction exceptionnelle, selon les exigences de son impérial client. Les travaux se sont terminés en 1908. Dix ans après son inauguration, le château redevenait français !

le siège du château en 1462. À l'est, le donjon restauré dans ses niveaux supérieurs. Le mobilier et les armes (15e-17e s.) ont été acquis au début du 20e s. pour recréer l'ambiance, que l'on imaginait alors, d'un château fort.

Après la traversée du Haut-Jardin, depuis le Grand Bastion, **panorama★★** au nord sur les ruines des châteaux de Frankenbourg, de Ramstein et d'Ortenbourg ; à l'est, de l'autre côté du Rhin, les hauteurs de Kaiserstuhl, en avant de la Forêt-Noire ; au sud, le Hohneck, et, à l'horizon, le Grand Ballon et la route des Vins ; à 200 m environ à l'ouest, ruines de l'Œdenbourg et du Petit-Kœnigsbourg. Au pied des remparts, un **jardin médiéval** a été aménagé.

1

NOS ADRESSES AU HAUT-KŒNIGSBOURG

Voir aussi nos adresses à Sélestat *(p. 179)*.

HÉBERGEMENT ET RESTAURATION

BUDGET MOYEN

Hôtel Au Fief du Château – *20 Grand-Rue - 67600 Orschwiller - ☏ 03 88 82 56 25 - www.fiefduchateau.fr - fermé merc., 1 sem. mars, dern. sem. août-déb. sept., 1 sem. en nov. - P - 8 ch. 62 € - ☕ 8 € - formule déj. 10 € - rest. 19/29 €.* Cet hôtel à la façade fleurie propose des chambres confortables et bien tenues. Le restaurant propose des plats régionaux.

POUR SE FAIRE PLAISIR

Auberge La Meunière – *30 r. Ste-Anne - 68590 Thannenkirch - 5 km au sud-ouest du château par D 159 puis D 42 - ☏ 03 89 73 10 47 - www.aubergelameuniere.com - fermé de fin déc. à fin mars - P - 25 ch. 84/152 € ☕ - formule déj. 14 € - rest. 29/39 €.* Cette maison en brique et bois est au cœur du village… et pourtant certaines de ses chambres, les plus belles, ouvrent leurs fenêtres côté campagne avec, au loin, les tours du château du Haut-Kœnigsbourg. Vous profiterez aussi de cette magnifique vue depuis la terrasse du restaurant.

Colmar et le vignoble alsacien

2

Carte Michelin Départements 315 – Haut-Rhin (68)

Route des Vins d'Alsace, château de Kintzheim et son vignoble.

B. Rieger/hemis.fr

COLMAR ET LE VIGNOBLE ALSACIEN

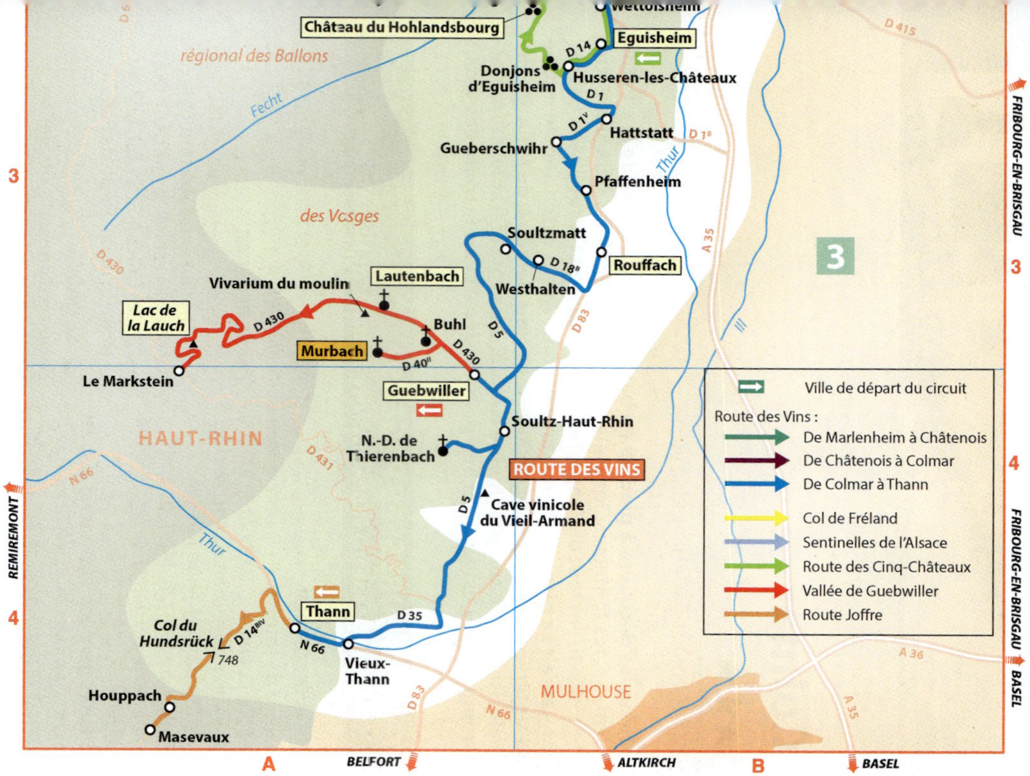
Château du Hohlandsbourg
Eguisheim
Donjons d'Eguisheim
Husseren-les-Châteaux
D 14
D 1
D 1V
Hattstatt
Gueberschwihr
Pfaffenheim
Soultzmatt
D 18B
Westhalten
Rouffach
régional des Ballons
des Vosges
Fecht
Thur
Ill
Vivarium du moulin
Lautenbach
Lac de la Lauch
D 430
Buhl
Murbach
D 40II
Le Markstein
Guebwiller
Soultz-Haut-Rhin
D 5
N.-D. de Thierenbach
HAUT-RHIN
D 431
ROUTE DES VINS
Cave vinicole du Vieil-Armand
Thann
D 35
N 66
Vieux-Thann
Col du Hundsrück
D 14BIV
748
Houppach
Masevaux
MULHOUSE
D 83
A 35
A 36
D 415
D 1B
3
Ville de départ du circuit
Route des Vins :
De Marlenheim à Châtenois
De Châtenois à Colmar
De Colmar à Thann
Col de Fréland
Sentinelles de l'Alsace
Route des Cinq-Châteaux
Vallée de Guebwiller
Route Joffre
FRIBOURG-EN-BRISGAU
BASEL
REMIREMONT
BELFORT
ALTKIRCH
A
B
3
4

Colmar

★★★

67 615 Colmariens – Haut-Rhin (68)

Qu'on les découvre à pied ou en barque sur les canaux de la « Petite Venise », les fontaines, les maisons à colombages, les géraniums aux balcons disent tout de l'appartenance de la ville à l'Alsace. Mais Colmar ne saurait se résumer à une carte postale. Avec l'extension du musée d'Unterlinden confiée aux architectes bâlois Herzog & de Meuron, elle valorise encore son patrimoine culturel déjà considérable. Étape gastronomique, c'est aussi un bon point de départ vers la route des Vins.

NOS ADRESSES PAGE 197

Hébergement, restauration, achats, activités, etc.

S'INFORMER

Office de tourisme – *R. Unterlinden - 68000 Colmar - ☏ 03 89 20 68 92 - www.tourisme-colmar.com - avr.-oct. : 9h-18h, dim. et j. fériés 10h-13h ; janv.-mars : 9h-12h, 14h-17h, fermé dim. ; reste de l'année : se rens. - fermé 1er janv.*

Visites guidées – *Des visites guidées sont organisées de mi-fév. à mi-nov., ainsi que des visites thématiques tte l'année - 4 € (-18 ans 2,50 €) - rens. à l'office de tourisme.*

Visite guidée nocturne – *Les plus beaux bâtiments de la ville sont éclairés par un élégant jeu de lumières. La féerie des lumières avr.-oct. : j. et horaires, se rens. ; La magie de Noël de fin nov. à fin déc. : 11h et 17h, 24 déc. 11h, 31 déc. 11h et 16h - durée 1h15 - 4 € (12-18 ans 2,50 €). Rens. et réserv. à l'office de tourisme.*

SE REPÉRER

Carte de microrégion B2 (p. 186-187).

À mi-chemin entre Strasbourg et Bâle, la ville est reliée aux deux cités par l'A 35. Grâce au TGV Est, Colmar se trouve à moins de 3h de Paris.

SE GARER

En raison d'une forte circulation, la ville s'est dotée de plusieurs parkings, le long des avenues conduisant au centre-ville (en partie piétonnier).

À NE PAS MANQUER

Le retable d'Issenheim au musée d'Unterlinden, la Petite Venise, les belles maisons historiques, le musée Bartholdi…

Musée d'Unterlinden à Colmar, cloître.
M. Moxter/imagebroker/age fotostock

ORGANISER SON TEMPS
Prévoir au moins une nuit à Colmar pour profiter des restaurants, mais aussi de la visite guidée nocturne (en saison) ou des différents spectacles.

AVEC LES ENFANTS
Le musée animé du Jouet et des Petits Trains, le musée d'Histoire naturelle, promenade en barque.

Découvrir Plan de ville I p. 193

★★★ MUSÉE D'UNTERLINDEN A1

2

Pl. Unterlinden - 03 89 20 15 51 - www.musee-unterlinden.com - - 10h-18h (nocturne jeu. 20h) - fermé mar., 1er janv., 1er Mai, 1er nov., 25 déc. - 13 € (12-18 ans 8 € et -12 ans gratuit). Compter une demi-journée pour l'ensemble des collections.
Le musée le plus célèbre de Colmar mérite aujourd'hui deux fois plus le détour. Il occupait déjà un ancien couvent de dominicaines fondé au 13e s. et s'étend désormais jusqu'à l'autre rive du canal de la Sinn. Les anciens **bains municipaux** d'inspiration Art nouveau (1906) ont été annexés. Et une extension, en forme de nef contemporaine, habillée de briques et de cuivre, a été créée par les architectes bâlois **Herzog & de Meuron** : inaugurée en 2016, elle abrite les collections d'art moderne et permet de doubler la surface d'exposition.

Ancien couvent

Au rez-de-chaussée se trouve la nouvelle entrée du musée. Le visiteur pénètre dans une salle d'orientation où, à l'aide d'une maquette du nouvel ensemble, il définit son parcours muséographique. Les possibilités sont nombreuses : le musée couvre près de 7 000 ans d'histoire, de la préhistoire au 20e s.

Rez-de-chaussée – Il est recommandé de commencer par le **cloître★**, construit au 13e s. dans le style gothique, où ont été redéployées les exceptionnelles collections médiévales du musée. Peintures, sculptures, objets d'art et retables sont maintenant présentés de manière chronologique. Pour la plupart, ces œuvres illustrent l'art rhénan, de part et d'autre du fleuve, de Bâle à Strasbourg. Les primitifs rhénans sont représentés par Hans Holbein, Lucas Cranach ou Caspar Isenmann dont le remarquable **retable de la Passion★★** en 24 panneaux (1465) est exposé. Une salle est aussi dédiée à **Martin Schongauer**, dit « le beau Martin ». Son **retable des Dominicains★★** figure parmi les pièces à ne pas manquer. Né à Colmar vers 1445, il reste l'un des plus grands graveurs et peintres rhénans de la fin du 15e s. Lors d'un passage à Colmar, un certain Albrecht Dürer avait même souhaité le rencontrer…

DES TRÉSORS DANS LA « MAISON »

Cette silhouette en brique rouge, coiffée d'un toit de cuivre, interpellera forcément les passants. Construite au-dessus du souterrain reliant les deux ailes, cette petite maison sert à la fois d'emblème architectural et d'invitation au musée. Elle laisse en effet entrevoir, quelques mètres plus bas, trois œuvres emblématiques du musée : *Le Char et la Mort* (1851) du Strasbourgeois Théophile Schuler, *L'Enfant Jésus parmi les docteurs* (1894) de Georges Rouault et **La Vallée de la Creuse★** (1889) de Claude Monet.

Chapelle – Elle abrite aujourd'hui dans un décor épuré « le » chef-d'œuvre du musée, le **retable d'Issenheim★★★**, polyptique monumental (sept panneaux en bois de tilleul et dix sculptures) peint par **Grünewald** et sculpté par Nicolas de Haguenau entre 1512 et 1516. Commande de l'église du couvent des Antonins d'Issenheim, ordre spécialisé dans le traitement du « mal des ardents » ou « feu de saint Antoine » (empoisonnement à l'ergot de seigle), le retable devait participer au rétablissement des malades par une présentation réaliste de la Crucifixion, suivie d'une évocation rassurante de la Résurrection. Morcelé à la Révolution, le retable a été – presque – reconstitué en 1930. Le couronnement sculpté qui le surplombait a été perdu.

La biographie de l'auteur demeure cependant un mystère. L'énigmatique Grünewald, de son vrai nom Matthis Nithart Gothart, est né à Wurtzbourg vers 1480 et mort à Halle en 1528. Malgré une production modeste, on reconnaît ses peintures par leur style expressionniste, leurs couleurs audacieuses, leur éclairage tour à tour crépusculaire, ardent, surnaturel, et leur mysticisme angoissé, violent et passionné. La virtuosité du maître excelle dans le rendu des mains : dans la Crucifixion, la douleur physique émane du corps raidi et bleui d'ecchymoses du supplicié et les mains semblent souligner la souffrance surhumaine du Christ.

Le **1er étage du cloître** est dédié à la collection d'arts décoratifs et d'arts et traditions populaires. L'**entresol** abrite une galerie baptisée « De l'Église à la demeure ». Et le **sous-sol** accueille les collections archéologiques et quelques merveilles, comme les fragments de la mosaïque de Bergheim (3e s.).

Galerie souterraine et nouvelle aile

Un escalier en spirale conduit à la **galerie souterraine** qui relie le couvent au nouvel édifice. L'entrée, matérialisée par une petite maison à l'extérieur, renferme trois tableaux emblématiques de la collection *(voir encadré ci-dessus)*. Le reste de la galerie est consacré aux collections de portraits et de paysages des grands maîtres du 19e et du début du 20e s., dont Monet, Rodin et Renoir.

L'Ackerhof – Baptisée « la cour de ferme » et coiffée d'un toit à deux pentes, l'aile nouvelle a été conçue en forme de nef avec des fenêtres en ogives. Elle fait écho à la chapelle du couvent de l'autre côté et accueille sur deux niveaux la collection d'art moderne. Des tableaux d'artistes majeurs tels que Dubuffet ou Picasso sont exposés. Des œuvres de Poliakoff, Soulages et Vieira da Silva figurent largement les courants de l'abstraction d'après la Seconde Guerre mondiale. Autre curiosité : une monumentale **reproduction sur tapisserie de Guernica★** réalisée en 1976 par Jacqueline de la Baume-Dürrbach d'après l'œuvre de Picasso – à la demande de l'artiste et dont il n'autorisa que trois exemplaires. Le **troisième étage** de l'Ackerhof accueille des expositions temporaires. Il donne sur **La Piscine**, l'ancien espace des bains publics, qui accueillera désormais expositions, concerts et conférences. Et un **café**, avec une terrasse donnant sur une cour arborée, ponctue agréablement la visite.

« Mi-française, mi-allemande et tout à fait iroquoise ? »

LA VILLE « DES COLOMBES »

Louis le Pieux, le premier, en 823, mentionne *Columbarium*, qui deviendra une étape de villégiature dans les déplacements des rois carolingiens, dont Charlemagne. L'origine du nom de Colmar, romaine, signifie « colombier », c'est-à-dire l'endroit où sont élevées des colombes. Le domaine des colombes s'est transformé en *Columbra*, puis en Colmar.

UNE SITUATION CONVOITÉE

Protégée par une ceinture de remparts, Colmar connaît un développement rapide entre la fin du Moyen Âge et la Renaissance. Sa situation géographique, au carrefour du Rhin et des routes de commerce, favorise sa prospérité économique, basée sur son activité viticole et maraîchère. Plusieurs communautés religieuses s'y installent et contribuent à son rayonnement. Au 14e s., les ambitieux Habsbourg auraient aimé soumettre l'Alsace : Colmar se dote alors d'une charte communale en 1354 et entre dans la Décapole alsacienne, ligue de dix villes libres qui se promettent aide et entente mutuelle. Au 15e s., le brutal bailli (équivalent du préfet sous l'Ancien Régime) Pierre de Hagenbach, au service de Charles le Téméraire, duc de Bourgogne, s'opposera violemment à plusieurs villes alsaciennes, dont Colmar, et… y laissera sa tête. Le glaive qui l'a décapité est conservé au musée d'Unterlinden.

COLMAR, VILLE FRANÇAISE

Colmar est placée sous la protection des Français par le traité de Rueil (1635) à la fin de la guerre de Trente Ans. Louis XIV fait raser les remparts de la ville et le traité de Nimègue (1679) signe le rattachement de la ville et des autres cités de la Décapole à la France.

L'ART DE RÉSISTER

La guerre franco-prussienne et l'annexion de Colmar par l'Empire ne laisse pas ses artistes indifférents. Mondialement connu pour la *Statue de la Liberté* offerte par la France aux États-Unis en 1886, le Colmarien **Auguste Bartholdi** (1834-1904) est aussi l'auteur du monumental *Lion* de Belfort, sculpté dans une falaise pour célébrer la résistance héroïque de cette ville lors du siège de 1870-1871. Dans un autre genre, quand Colmar est occupée par les troupes allemandes en 1940, l'écrivain et aquarelliste Jean-Jacques Waltz, dit **Hansi** (1872-1951), déploie tout son talent de caricaturiste pour ridiculiser l'ennemi.

DES SOURCES D'INSPIRATION… VARIÉES

Il en est un, toutefois, que Colmar n'aura su séduire. Après y avoir séjourné entre 1753 et 1754, Voltaire quitte la ville avec un souvenir mitigé. « Colmar, une ville mi-allemande, mi-française et tout à fait iroquoise », tranche le philosophe. Traduisez : une ville « bizarre ». Pas rancuniers, les Colmariens rappellent volontiers cette citation. Mais ils soulignent aussi que la ville a conquis Hayao Miyazaki. Après un voyage en Alsace, le réalisateur japonais de films d'animation serait revenu à Colmar pour nourrir son imaginaire. Les héros d'un de ses chefs-d'œuvre, *Le Château ambulant,* déambulent en effet au milieu de maisons à colombages étonnamment familières…

Se promener Plans de ville p. 192 et 193

★★ DE LA VILLE ANCIENNE À LA PETITE VENISE

Circuit tracé en vert sur le plan de la ville au départ de la place d'Unterlinden. Prenez la rue de l'Eau et rejoignez la rue des Têtes.

★ Maison des Têtes Plan I A1

19 r. des Têtes. Pas la peine de les compter : il y en a 106. La plus célèbre maison de Colmar doit son nom à ces visages grimaçants qui décorent les panneaux de l'oriel (fenêtre en saillie) ainsi que les montants et les meneaux des autres fenêtres de ce legs de la Renaissance colmarienne. Construite en 1609 pour un riche commerçant, cette demeure en pierre tranche ostensiblement avec les maisons en bois du 17e s. Au faîte du pignon à volutes se dresse la statue en bronze du Tonnelier d'Auguste Bartholdi ajoutée en 1902. La maison est en effet la propriété de la Bourse aux vins depuis 1898.

Poursuivez dans la rue des Têtes.

Au n° 28 de la rue des Têtes s'est installé le **Village Hansi & son musée** *(9h-18h30, fermé 25 déc. et 1er janv. - 5 €)*. Ce nouvel espace est dédié à l'œuvre de Jean-Jacques Waltz, dit Hansi (1872-1951). Cet illustre Colmarien, écrivain et aquarelliste, est surtout connu pour son talent de caricaturiste.

Prenez à gauche la rue des Boulangers.

Faites une pause au **n° 18 de la rue des Boulangers**. Ici, la rue devient soudain plus étroite, signe que l'on se trouve à l'emplacement de l'ancienne porte de la ville. Autre indice : on distingue une maison à colombages orange jadis réservée au bourreau et toujours située… à l'extérieur de la cité. On remarquera aussi les nombreuses avancées sur les étages des maisons : une petite astuce architecturale pour payer moins d'impôts, calculés sur la surface au sol…

Poursuivez dans la rue des Serruriers jusqu'à la place des Dominicains.

Église des Dominicains Plan I A1

Pl. des Dominicains - ✆ 03 89 41 27 20 - 31 mars-21 déc. : 10h-12h45, 15h-17h45 ; reste de l'année : se rens. - fermé de mi-janv. à fin fév., 1er janv., 25 déc. - **fermé temporairement, pas de date de réouverture prévue** - *possibilité de visite guidée sur demande à l'office de tourisme.* La plus remarquable église que l'ordre

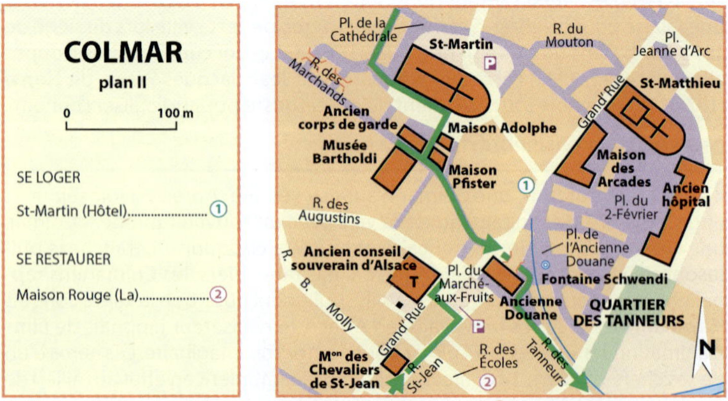

mendiant fit réaliser dans les pays rhénans entre 1283 et 1310, arbore de hauts piliers sans chapiteau avec de splendides **vitraux★** des 14e et 15e s. et, devant le chœur, une œuvre majeure de Schongauer (1473), la **Vierge au buisson de roses★★** : la Vierge et l'Enfant se détachent sur un fond d'or couvert de rosiers pourpres, où nichent toutes sortes d'oiseaux *(voir photo p. 81)*.

Prenez la rue St-Martin pour rejoindre la Collégiale.

★ Collégiale Saint-Martin Plan II

22 pl. de la Cathédrale - ✆ 03 89 41 27 20 - ♿ - 8h-19h, dim. et j. fériés 8h30-19h (en dehors des offices) - fermé j. de braderie (juil.).

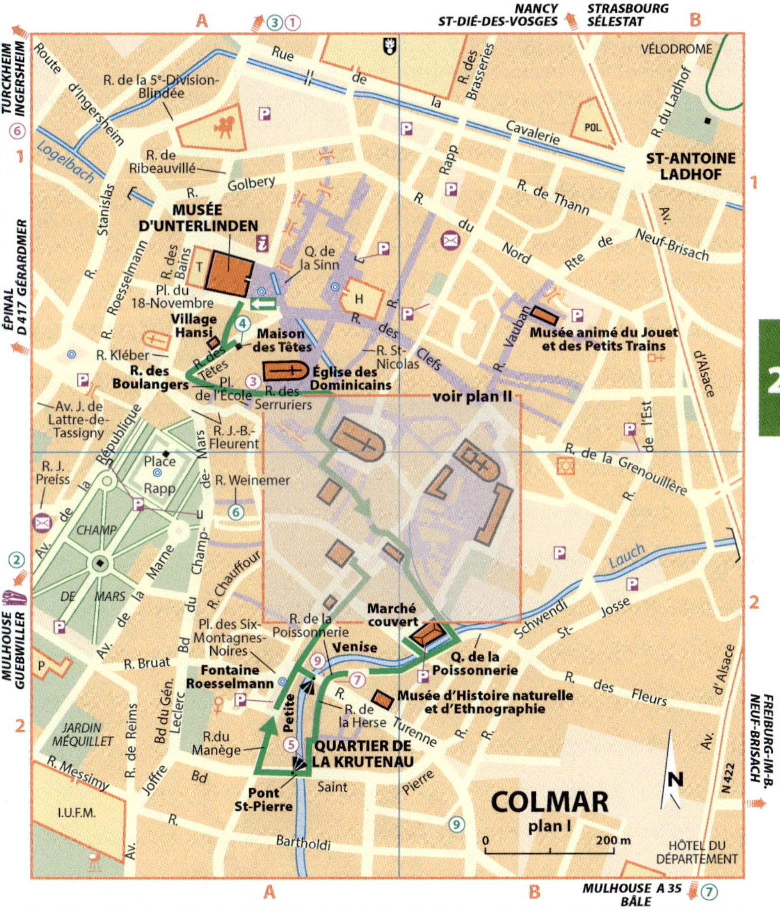

SE LOGER		SE RESTAURER	
Best Western Grand Hôtel Bristol	2	Bacchus (Chez)	1
Framboises (Chambre d'hôte Les)	3	Bartholdi	3
Maison des Têtes	4	Caveau St-Pierre (Le)	5
Moulin (Hôtel Au)	7	Taverne Alsacienne (La)	6
Rapp (Hôtel)	6	Winstub Brenner	7
Turenne (Hôtel)	9	Winstub La Krutenau	9

L'élégant édifice gothique en grès jaune fut édifié de 1237 au milieu du 14e s. Ici, on l'appelle couramment « cathédrale », en référence, dit-on, aux quelques mois où un évêque y siégea après la Révolution française mais sans avoir été reconnu par Rome. Des deux tours prévues, seule la tour sud fut construite mais endommagée par un incendie en 1572 et flanquée d'une armature métallique surnommée depuis le « chapeau chinois ». Sur la façade sud, le **portail St-Nicolas**, signé « Maistre Humbret », est orné de la légende de saint Nicolas. À l'intérieur, remarquez le buffet d'orgues dû au facteur Silbermann au 18e s. Dans la chapelle absidiale, **Crucifixion★** sculptée du 14e s. Le patron du lieu, saint Martin, figure sur le portail occidental.

C'est aussi sur cette place (au n° 16) que s'élève la **maison Adolphe** (1350), sans doute la plus ancienne maison de Colmar. Dirigez-vous ensuite vers l'**ancien corps de garde★** de la ville (1575) devant lequel les membres des corporations juraient fidélité aux administrateurs de la ville. Il possède une magnifique loggia, chef-d'œuvre de l'architecture Renaissance du Rhin supérieur, d'où le magistrat prêtait serment et annonçait les condamnations infamantes. *Un passage sous arcades permet de rejoindre la rue des Marchands.*

★ Musée Bartholdi Plan II

30 r. des Marchands - ✆ 03 89 41 90 60 - www.musee-bartholdi.fr - 10h-12h, 14h-18h - fermé janv.-fév., 1er Mai, 1er nov. - 5 € (-18 ans gratuit).

Un bronze original dans la cour du musée, *Les Grands Soutiens du monde* (1902), est visible de la rue. Dans la partie basse de la maison natale du sculpteur Auguste Bartholdi (1834-1904), trois salles sont consacrées aux maquettes préparatoires des monuments colmariens de l'artiste. Les appartements au 1er étage, meublés comme au temps de l'artiste, évoquent sa vie et ses œuvres, du *Lion* de Belfort au *Vercingétorix* de Clermont-Ferrand. Le 2e étage est tout entier consacré à sa célébrissime *Liberté éclairant le Monde* plus connue comme la « Statue de la Liberté » du port de New York, avec la maquette la plus ancienne répertoriée à ce jour (1870). Indépendante du musée, une collection d'art juif est aussi présentée dans la maison.

Le tonnelier alsacien d'Auguste Bartholdi, situé 19 rue des Têtes à Colmar.
C. Chaudeau/Michelin

À LA RECHERCHE DE LA « BOÎTE A MOUCHE »

Au niveau de la place de l'École, si vous êtes avec des enfants (ou simplement curieux), amusez-vous à chercher **la plus petite maison de Colmar**. Accrochée au premier étage entre deux vieilles demeures, au coin de la rue des Marchands, cette minuscule construction à colombages de 25 m² aux allures de maison de poupée est surnommée la « boîte à mouche ».

★★ Maison Pfister Plan II

11 r. des Marchands. Petit bijou de l'architecture locale, elle doit son nom à la famille qui en fut propriétaire entre 1840 et 1892 mais fut construite en 1537 pour un chapelier de Besançon. Façade peinte, à fresques, oriel d'angle vitré au premier étage et habilement intégré à la galerie de bois fin 16e s. du second étage, elle-même sculptée et soutenue par de belles consoles ouvragées. Les peintures murales extérieures, qui mêlent imagerie humaniste et quelques scènes bibliques, datent du 16e s. Fermée au public, la maison abrite aujourd'hui des bureaux.

Remontez la rue des Marchands pour rejoindre la place de l'Ancienne-Douane.

★ Ancienne Douane (ou Koïfhus) Plan II

Pl. de l'Ancienne-Douane. N'hésitez pas à prendre du recul pour admirer cet imposant bâtiment couvert de tuiles vernissées. Vous êtes ici au centre économique du vieux Colmar. Au rez-de-chaussée du corps de logis principal (1480), on entreposait les marchandises soumises à l'impôt communal, et l'étage accueillait l'administration de la ville, le tribunal et le conseil des échevins. Sur la gauche, la tourelle d'escalier fin 16e s., à pans coupés et coiffée d'un clocheton, conduit à une jolie galerie de bois. La maison voisine du 16e s. qui abritait un marché aux beurres et graisses, vit naître en 1771 le futur général Rapp, fils du portier. La **fontaine Schwendi** (1898), surmontée d'une statue en bronze de Bartholdi, anime la place de l'Ancienne-Douane voisine. L'œuvre représente le général Schwendi (1522-1583) qui, selon une légende tenace mais fausse, aurait introduit le cépage tokay en Alsace. Produit à partir du pinot gris, il diffère de son homonyme hongrois. La mention « Tokay-Pinot gris » n'est d'ailleurs plus légale depuis 2007, elle est remplacée par « Pinot gris ».

Au départ de la place de l'Ancienne-Douane, rejoignez la rue des Tanneurs, longée par un petit canal.

Quartier des Tanneurs Plan II

Bien que restauré dans les années 1970, ce quartier est resté typique de l'activité qui y régna jusqu'au 19e s. Il s'est formé naturellement près de l'enceinte Est, autour du canal de Mühlbach. Les maisons à pans de bois y sont étroites et hautes : elles comportaient un grenier pour le séchage des peaux.

Empruntez la petite rue des Tanneurs jusqu'au canal de la Lauch.

BARTHOLDI DANS LA RUE

Rares sont les rues et les places de Colmar qui n'ont pas hérité d'une œuvre du sculpteur : la **statue** du **général Rapp** place Rapp, le **monument de l'amiral Bruat** place du Champ-de-Mars, la **fontaine Roesselmann** place des Six-Montagnes-Noires, la **fontaine Schwendi** place de l'Ancienne-Douane, la **fontaine du Vigneron**, à l'angle des rues des Écoles et du Vigneron et la réplique de la **Statue de la Liberté** au rond-point nord sur la route de Strasbourg.

Petite Venise Plan I A/B-2

Les pêcheurs et les bateliers ont longtemps habité dans ce quartier, sur les abords de la Lauch. Réhabilitée récemment en **marché couvert**, l'ancienne halle marchande (1865) sur le bord du canal permettait aux maraîchers d'apporter directement leurs produits en barques à fond plat. En franchissant le pont de la Lauch, on entre dans le **quartier de la Krutenau★**, jadis peuplé de maraîchers.

Suivez, à droite, le quai de la Poissonnerie.

Le **quai de la Poissonnerie★** (plan I B2) et ses maisons de pêcheurs à colombages toutes colorées aboutissent à la rue de Turenne. D'ici, la rue de la Herse mène à une charmante promenade aménagée le long de la berge qui conduit au **pont St-Pierre** (plan I A2), d'où partent les promenades en barque *(voir le carnet d'adresses, p. 198)*. Remarquable **point de vue★** sur la Petite Venise et le vieux Colmar.

Traversez le pont et rejoignez le centre en prenant la rue du Manège à droite.

La rue du Manège aboutit à la place des Six-Montagnes-Noires. La **fontaine Roesselmann** (plan I A2), œuvre de Bartholdi, célèbre le héros colmarien. À gauche, en empruntant la rue Saint-Jean, la **maison des Chevaliers de St-Jean** (plan II) évoque un palazzo vénitien. La façade ornée de trois galeries dont deux à arcades datées de 1608 observe une rigoureuse symétrie. La place du Marché-aux-Fruits est bordée par la jolie façade classique en grès rose de l'**ancien conseil souverain d'Alsace (1765)★**.

À voir aussi Plans I et II p. 193 et p. 192

Église protestante Saint-Matthieu Plan II

1 pl. du 2-Février - 03 89 41 44 96 - de mi-avr. à mi-juin et de fin juil. à fin oct. : 10h-12h, 15h-17h, dim. 15h-17h - fermé j. fériés - possibilité de visite guidée (30mn).

Ancienne et vaste église des franciscains (13e-14e s.), caractéristique des ordres mendiants, elle a retrouvé sa beauté et son harmonie premières après plusieurs années de restauration : élégant jubé, vitraux des 13e et 15e s. ; le plus remarquable est, en haut du collatéral droit, le **vitrail de la Grande Crucifixion★**, attribué à Pierre d'Andlau (15e s.).

Tournez à gauche vers la place du 2-Février pour voir l'**Ancien Hôpital** du 18e s., construit avec les pierres provenant des fortifications démantelées et coiffé d'une haute toiture percée de lucarnes.

De retour dans la Grand'Rue, on croise l'élégante **maison des Arcades★** de style Renaissance flanquée aux angles de deux tourelles octogonales.

Musée animé du Jouet et des Petits Trains Plan I B1

40 r. Vauban - 03 89 41 93 10 - www.museejouet.com - - juil.-août : 10h-12h, 14h-18h, w.-end 10h-18h ; déc. : 10h-13h, 14h-18h, w.-end 10h-18h ; janv.-juin et sept.-nov. : tlj sf mar. (sf vac. scol.) 10h-12h, 14h-18h - fermé 1er janv., 1er Mai, 11 Nov., 25 déc. - 4,80 € (-18 ans 3,70 €).

Installé dans un ancien cinéma, ce coin de paradis présente des poupées, chevaux, avions, sans oublier wagons et locomotives de la collection Trincot (circuit de plus de 1 000 m où circulent une vingtaine de trains) et une maquette géante de la gare de Kaysersberg. Et les grands pourront toujours s'attendrir devant les premières Barbie (1959) ou console Sega (1985).

Musée d'Histoire naturelle et d'Ethnographie Plan I A2

11 r. de Turenne - 03 89 23 84 15 - fév.-déc. : 10h-12h, 14h-17h, dim. 14h-18h - fermé mar., 1er Mai, 1er nov., 24-31 déc. - 5 € (-7 ans gratuit).

Le quartier des Tanneurs dans la Petite Venise, à Colmar.
J. Arnold/hemis.fr

Passons sur la collection d'égyptologie : cette maison du 17e s. vaut surtout le détour pour ses salles consacrées aux sous-sols et à la faune de la région. La salle de géologie éclaire ainsi la tectonique du fossé rhénan et explique la diversité des paysages de la région. D'autres pièces retracent l'origine des mammifères, oiseaux et poissons d'Alsace avec une muséographie adaptée aux enfants. Saviez-vous par exemple que les Celtes appelaient le sanglier « Eberswin » ? Voilà qui éclaire des noms de lieux comme Ebersheim ou Ebersmunster qui n'ont pas des sangliers sur leurs armoiries par hasard…

NOS ADRESSES À COLMAR

Plan II p. 192 et plan I p. 193

VISITES

Train touristique – *Pl. des Martyrs - 03 89 73 74 24 - www.petit-train-colmar.fr - ♿ - visite guidée (35mn) de déb. avr. à mi-nov. : 9h-18h30 - 6,50 € (-14 ans 4,50 €) - dép. ttes les 30mn pl. des Martyrs (en face du Monoprix).*

Promenade en barque – *10 r. de la Herse - 03 89 41 01 94 - www.barques-colmar.fr - visite guidée avr.-sept. : 10h-12h, 13h30-18h30 ; mars et oct. : w.-end 10h-12h, 13h30-18h30 - 6 € (-10 ans gratuit) - dans la Petite Venise, embarquement au bas du pont St-Pierre.*

Aqua-découverte – *6 r. du Canal - 06 30 70 51 30 - www.aqua-decouverte.com - visite guidée sur demande préalable avr.-oct. : 11h30-15h ou 10h30-18h - tarif, se rens. Deux types de visites : mini-croisière repas (11h30-15h) ou journée complète (10h30-18h) à travers le Ried et la route du Vin.*

HÉBERGEMENT

PREMIER PRIX

Chambre d'hôte Les Framboises hors plan I par A1 – *128 r. des Trois-Épis -*

68230 Katzenthal - 8 km au nord-ouest de Colmar par la D 415 puis la D 10 - ☏ 03 89 27 48 85 - www.gites-amrein.fr - P *- 5 ch. 55 €* ☕. Quittez donc Colmar pour venir vous mettre au vert dans ce village entouré de vignes. L'hôte-propriétaire, qui par ailleurs distille le marc de gewurztraminer, propose sous les toits de sa maison quelques chambres lambrissées. Le matin, ne manquez pas le spectacle de marionnettes…

BUDGET MOYEN

Hôtel Turenne plan I B2 – *10 rte de Bâle - ☏ 03 89 21 58 58 - www.turenne.com -* P *- 74 ch. 90/99 € - ☕ 9,50 €.* Architecture d'inspiration régionale, chambres rénovées, copieux buffet de petit-déjeuner et prix sages : une adresse pratique, à deux pas de la Petite Venise. Quelques places de parking sur réservation.

Hôtel Au Moulin hors plan I par B2 – *Rte d'Herrlisheim - 68127 Ste-Croix-en-Plaine sur D 1 - 10 km au sud de Colmar par la E 25 - ☏ 03 89 49 31 20 - www.aumoulin.net - fermé de mi-déc. à déb. avr. -* P *- 16 ch. 67/112 € - ☕ 10 €.* Les chambres de ce moulin, confortables et entièrement refaites, ont vue sur les Vosges ou la Forêt-Noire. Petit musée d'objets alsaciens anciens. Restauration d'appoint (plats locaux).

POUR SE FAIRE PLAISIR

Hôtel Rapp plan I A2 – *1-5 r. Weinemer - ☏ 03 89 41 62 00 - www.rapp-hotel.com -* P *- 39 ch. 111/155 € - ☕ 13 €.* Derrière sa façade en bois, dans une rue calme mais assez centrale, cet hôtel-restaurant cache bien son jeu : de belles chambres contemporaines, une surprenante piscine intérieure de 40 m² et un sauna. Parking payant *(10 €)* sur réservation.

Hôtel St-Martin plan II – *38 Grand'Rue - ☏ 03 89 24 11 51 - www.hotel-saint-martin.com - fermé 23-26 déc. et 1er janv.-25 mars - 40 ch. 95/170 € - ☕ 12 €.* Dans le quartier historique, trois maisons des 14e et 17e s. réparties autour d'une cour intérieure avec tourelle et escalier Renaissance. Chambres personnalisées.

UNE FOLIE

Maison des Têtes plan I A1 – *19 r. des Têtes - ☏ 03 89 24 43 43 - www.la-maison-des-tetes.com -* P *21 ch. 160/275 €.* De nouveaux propriétaires ont repris cet hôtel 5 étoiles en 2015, dans la prestigieuse maison éponyme de 1609, classée Monument historique. Derrière l'oriel à trois étages, les chambres ont été rénovées avec goût. Côté table, deux ambiances : brasserie et restaurant gastronomique *(voir « Restauration »).*

Best Western Grand Hôtel Bristol hors plan I par A2 – *7 pl. de la Gare - ☏ 03 89 23 59 59 - www.grand-hotel-bristol.com - ♿ -* P *- 91 ch. 138/195 € - ☕ 17 € - rest.* Cet hôtel, très bien placé, propose des chambres modernes et joliment colorées. Une mention spéciale pour le petit-déjeuner, inoubliable, par la qualité et la diversité des produits servis. Accès gratuit à l'espace bien-être. Côté restaurant, vous aurez le choix entre le prestigieux Rendez-vous de chasse *(rest. 39/80 €)* et la brasserie l'Auberge *(rest. 14,90/40 €).*

RESTAURATION

PREMIER PRIX

Winstub La Krutenau plan I A2 – *1 r. de la Poissonnerie - ☏ 03 89 41 18 80 - fermé de déb. janv. à mi-fév. - ♿ -* P *- 7,20/8,50 €.* Au menu de cette *winstub* au bord de la Lauch : promenades en barque dans la Petite Venise et tartes flambées sur la terrasse fleurie le long du canal en été… Une façon très ludique de découvrir ce ravissant quartier de Colmar.

BUDGET MOYEN

Le Caveau St-Pierre plan I A2 – *24 r. de la Herse - ✆ 03 89 41 99 33 - www.lecaveausaintpierre-colmar.com - de déb. janv. à fin mars : fermé dim. soir, lun. et mar. midi ; reste de l'année : dim. soir et lun. - rest. 24,50/39,90 €.* Un petit coin de paradis que cette maison du 17e s. à laquelle on accède par une jolie passerelle en bois enjambant la Lauch. Décor rustique fidèle à la tradition alsacienne et terrasse les pieds dans l'eau. Plats du terroir.

La Maison Rouge plan II – *9 r. des Écoles - ✆ 03 89 23 53 22 - www.maison-rouge.net - fermé dim.-lun., de fin déc. à déb. janv. - formule déj. 10,85 € - rest. 26,20/42,50 €.* La façade peut paraître anodine, mais l'intérieur rustique de ce restaurant vous séduira : poutres, mobilier alsacien, objets décoratifs liés au monde de la vigne… Cuisine régionale et plats maison comme le jambon à l'os braisé à la broche ou la fondue vigneronne.

Winstub Brenner plan I A2 – *1 r. Turenne - ✆ 03 89 41 42 33 - www.winstub-brenner.fr - rest. 22,20/28,40 €.* Ambiance décontractée et animée dans cette authentique *winstub* agrandie d'une sympathique terrasse. Cuisine du pays (tête de veau, pieds de porc…) et ardoise de suggestions.

POUR SE FAIRE PLAISIR

La Maison des Têtes plan I A1 – *19 r. des Têtes - ✆ 03 89 24 43 43 - www.la-maison-des-tetes.com/brasserie - fermé dim.-lun. - ♿ - menus 45/75/99 €, carte 30/50 €.* Éric et Maryline Girardin ont quitté Strasbourg et leur Casserole (étoilée) pour reprendre cette maison colmarienne historique. En attendant l'ouverture d'un restaurant gastronomique (prévue courant 2016), la brasserie régale ses clients avec ses spécialités raffinées. *Baeckeofe* aux 3 viandes sur commande 48h à l'avance.

Bartholdi plan I A1 – *2 r. des Boulangers - ✆ 03 89 41 07 74 - www.restaurant-bartholdi.fr - fermé 2e quinz. juil., vac. de fév., dim. soir et lun. - 22,50/55 €.* Amoureux de vins alsaciens, vous trouverez forcément votre bonheur parmi l'immense choix de crus régionaux que propose cette maison aux allures de *winstub*. Plats traditionnels.

Aux environs de Colmar

BUDGET MOYEN

Chez Bacchus hors plan I par A1 – *2 Grand'Rue - 68230 Katzenthal - ✆ 03 89 27 32 25 - www.caveau-bacchus.fr - 1er oct.-14 Juil. : jeu.-dim. ; 14 Juil.-30 sept. : merc.-dim. - fermé 3 sem. en janv. - P - formule déj. 12 € - rest. 19/29 €.* Belle ambiance conviviale dans cette maison de 1789 installée dans un village de vignerons. Sous les poutres massives de cette *winstub*, la cuisine alsacienne servie ici comblera les plus affamés. Les enfants s'amuseront des marionnettes automatisées qui s'animent avec entrain.

POUR SE FAIRE PLAISIR

La Taverne Alsacienne hors plan I par A1 – *99 r. de la République - 68040 Ingersheim - 5 km à l'ouest - ✆ 03 89 27 08 41 - www.tavernealsacienne-familleguggenbuhl.com - fermé 1er-10 janv., de fin juil. à mi-août, jeu. soir sf déc., dim. soir et lun. - formule déj. 18 € - 22/55 €.* Au bord de la Fecht, une vaste salle à manger contemporaine et claire.

2

Recettes classiques et régionales. Belle carte de vins alsaciens. Plats du jour servis au bar.

PETITE PAUSE

Jadis et gourmande – *8 pl. du Marché-aux-fleurs - ✆ 03 89 41 73 76 - lun. 11h-18h, mar.-vend. 8h-18h, sam. 9h-18h - fermé dim. et j. fériés.* À quelques pas de la Petite Venise, ce salon de thé mérite une pause « café-kuchen ». Difficile de résister à ses strudels et autres tartes aux fruits de saison à profusion. Une carte salée fait aussi la part belle aux plats régionaux (fleischnackas, bibelakas…).

Au Croissant doré – *28 r. des Marchands - ✆ 03 89 23 70 81 - 8h-19h30.* À côté du musée Bartholdi, un salon de thé dans son jus (très Art nouveau) dont la petite terrasse jouit d'une double vue sur la maison Pfister et la collégiale sous les arcades de l'ancien corps de garde.

Marché couvert – *R. de l'École - www.marche-couvert-colmar.fr - mar.-merc. 8h-18h, jeu. 7h-18h, vend. 8h-19h, sam. 8h-17h.* Cette ancienne halle marchande rénovée abrite une vingtaine de commerçants et quelques tables où l'on s'arrête volontiers prendre un *kugelhopf* ou un jus bio, entre autres gourmandises sucrées, sur place ou à emporter.

ACHATS

Avenue d'Alsace – *41 Grand-Rue - ✆ 06 81 08 70 13 - http://avenuedalsace.com - 10h30-12h30, 14h-19h - fermé mar. matin.* Caroline vend ici d'élégantes créations, textiles et céramiques, qui revisitent de façon moderne et décalée quelques symboles de l'Alsace (cigognes, maisons à colombages…).

Fortwenger – *32 r. des Marchands - ✆ 03 89 41 06 93 - www.fortwenger.fr - lun.-sam. 9h30-12h30, 13h30-18h30, dim. et j. fériés 10h-12h30, 13h30-18h - fermé 3 sem. en janv.* C'est à Gertwiller que Charles Fortwenger fonda en 1768 sa fabrique de pain d'épice, mais c'est dans le magasin de Colmar que vous trouverez un large choix de savoureux produits : chocolat, miel, sucre glace, anis, cannelle, etc. Également, spécialités régionales et souvenirs.

Caveau Robert-Karcher – *11 r. de l'Ours - ✆ 03 89 41 14 42 - www.vins-karcher.com - 8h-19h, dim. sur demande préalable - fermé Vend. saint, dim. de Pâques, 25-26 déc. - possibilité de visite guidée (15mn).* Le domaine viticole Karcher occupe une ancienne ferme (1602) située en plein cœur du vieux Colmar. Les crus que l'on y vend proviennent exclusivement du vignoble appelé Harth de Colmar (6 km du centre) : vins des sept cépages d'Alsace, souvent récompensés. Caveau de dégustation et visite possible de la propriété – ouvert en continu lors des marchés de Noël.

CIVA – *12 av. de la Foire-aux-Vins - ✆ 03 89 20 16 20 - www.vinsalsace.com - tlj sf w.-end 8h30-12h, 14h-17h - fermé 25 déc.-1er janv. et j. fériés.* Cet important centre regroupe quatre organismes viticoles régionaux. Carte en relief situant villages et grands crus, brochures, affiches…

La Maison alsacienne de biscuiterie – *14 pl. de la Cathédrale - ✆ 03 89 21 85 10 - www.maison-alsacienne-biscuiterie.com - 9h-19h (janv.-mars : 10h-18h).* Chez, anciennement, Coco LM, on déguste avant d'acheter. De toute façon, tout est bon… 40 variétés de *bredele*, le *kugelhopf* traditionnel, le *berawecka* à base de dattes, de figues, de poires, d'abricots… les bretzels et les pains d'épice assurent le succès de cette maison spécialisée dans les pâtisseries régionales.

Domaine viticole de la Ville de Colmar – *2 r. du Stauffen - ☏ 03 89 79 11 87 - www.domaine viticolecolmar.fr - lun.-vend. 9h30-12h30, 14h-18h, sam. 9h-12h30, 14h-17h - fermé j. fériés.* Ce domaine fondé en 1895 (environ 25 ha) cultive les sept cépages alsaciens et propose des vins de sélection, des cuvées spéciales, de grands crus et des vendanges tardives. Les crémants d'Alsace, les vins des Hospices de Colmar et le grand cru pfersigberg (gewurztraminer) méritent bien des éloges.

EN SOIRÉE

Les spectacles programmés en ville figurent sur la brochure mensuelle disponible à la mairie ou à l'office de tourisme. La presse locale relaie l'information chaque semaine à la rubrique festivités.

Comédie de l'Est – *6 rte d'Ingersheim - ☏ 03 89 24 31 78 - www.comedie-est.com - billetterie 10h30-12h30, 14h-18h30 - fermé sam. et dim. sf j. de représentations, dernière sem. de juil. et deux 1res sem. d'août - 20 €.* Comédies, spectacles d'humour, chansons, ballets et opéras.

Soirées folkloriques – *Pl. de l'Ancienne-Douane - ☏ 03 89 20 68 93 - www.tourisme-colmar.com - de mi-mai à fin sept. : mar. 20h30.*

Théâtre municipal – *3 r. d'Unterlinden - ☏ 03 89 20 29 01 - www.ville-colmar.fr - billetterie 10h-12h, 14h15-18h, vend. 10h-12h, 14h15-19h - fermé sam. et dim. sf j. de représentations, août.* Propose des pièces classiques, des comédies et des opéras.

AGENDA

Noël à Colmar – *☏ 03 89 20 68 92 - www.noel-colmar.com - fin nov.-fin déc.* Marché, patinoire de plein air et attractions sur la place Rapp.

Foire aux vins d'Alsace – *Première quinz. d'août.*

Festival international de Colmar – *www.festival-colmar.com.* Parmi les premiers festivals européens de musique classique, il a lieu chaque année début juillet. À cette occasion, la ville est illuminée.

Route des Vins

★★★

Bas-Rhin (67) et Haut-Rhin (68)

C'est peut-être la route gastronomique la plus fameuse de France. Vous allez pouvoir l'emprunter sur 125 km, de Marlenheim jusqu'à Thann, en variant les plaisirs entre sites historiques et agapes contemporaines : les vignes, les jolis villages, les vieux châteaux, les caves de dégustation, les bonnes tables, les petites chapelles, les fêtes vigneronnes et les abbayes. Depuis que les Romains ont planté quelques ceps de vigne sur sa terre, on peut dire que l'Alsace a su les faire fructifier. Au Moyen Âge, ce sont les communautés religieuses qui ont tout particulièrement œuvré à l'essor de cette noble et rentable activité. Les coteaux, même les plus escarpés, mais bien exposés, accueillent 80 % du vignoble.

NOS ADRESSES PAGE 210
Hébergement, restauration, achats, activités, etc.

S'INFORMER

Maison des vins d'Alsace – *12 av. de la Foire-aux-Vins - 68000 Colmar - ✆ 03 89 20 16 20 - www.vinsalsace.com - 8h15-12h, 14h-17h - fermé w.-end et j. fériés.*

SE REPÉRER

Carte de microrégion B1-A4 (p. 186-187). La route des Vins est décrite de Marlenheim à Thann, mais peut se faire en sens inverse !

À NE PAS MANQUER

Tous les lieux cités ici ont leur charme, mais la route est longue. Alors pour les plus pressés, citons : Obernai, Riquewihr, Kaysersberg et Colmar. Et enfin, le musée du Vignoble et des Vins à Kientzheim.

ORGANISER SON TEMPS

Sur le parcours de la route des Vins, 39 sentiers viticoles sont balisés et jalonnés de panneaux explicatifs. Mais attention, certains d'entre eux peuvent voir leur accès réglementé lors des vendanges (renseignez-vous auprès des offices de tourisme). Enfin, de nombreuses fêtes célébrant les vendanges émaillent le calendrier.

AVEC LES ENFANTS

Le Centre de réintroduction des cigognes et des loutres et les Jardins des papillons exotiques vivants, à Hunawihr.

Circuits conseillés Cartes de la route des Vins et microrégion

DE MARLENHEIM À CHÂTENOIS

Circuit de 68 km au départ de Marlenheim, tracé en vert sur la carte ci-contre. Comptez environ 4h.

Jusqu'à Rosheim, la route n'aborde pas franchement les contreforts des Vosges et les villages ont encore les caractères des villages de plaine.

Marlenheim

Ce centre viticole, point de départ de la route des Vins, se situe au cœur d'un vignoble qui rassemble, sous l'appellation de Couronne d'Or, les villages de Traenheim, Wolxheim, Bergbieten, Dahlenheim où sont produits quelques vins remarquables…

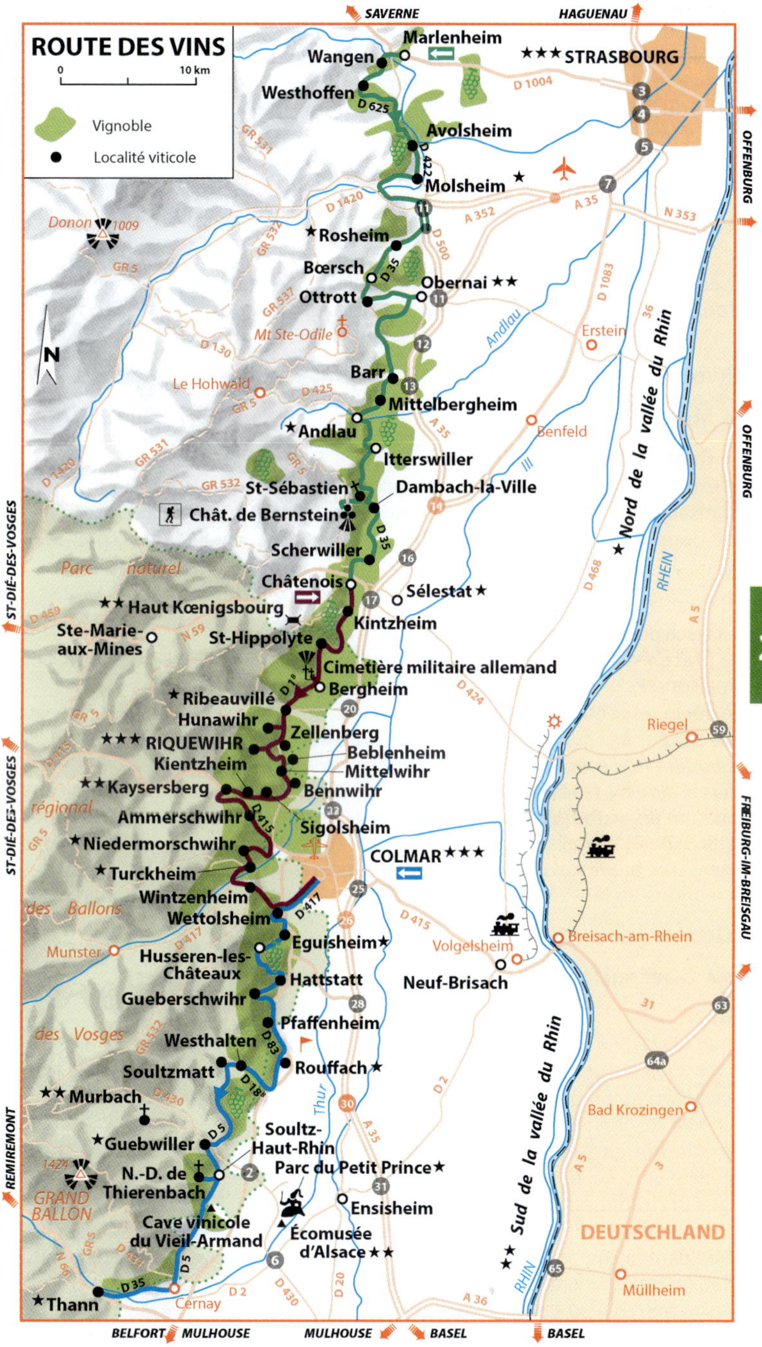
ROUTE DES VINS
0
10 km
Vignoble
Localité viticole
SAVERNE
HAGUENAU
Marlenheim
Wangen
★★★ STRASBOURG
Westhoffen
D 625
D 1004
Avolsheim
D 422
Molsheim ★
OFFENBURG
D 1420
A 352
A 35
N 353
Donon 1009
★ Rosheim
D 500
Bœrsch
D 35
Obernai ★★
Ottrott
Mt Ste-Odile
D 1083
Erstein
Andlau
D 130
Barr
Le Hohwald
D 425
Mittelbergheim
★ Andlau
Benfeld
Itterswiller
Nord de la vallée du Rhin
St-Sébastien
Dambach-la-Ville
Chât. de Bernstein
Scherwiller
Parc naturel
Châtenois
Sélestat ★
★★ Haut Kœnigsbourg
Kintzheim
Ste-Marie-aux-Mines
St-Hippolyte
Cimetière militaire allemand
Bergheim
★ Ribeauvillé
Hunawihr
Zellenberg
★★★ RIQUEWIHR
Beblenheim
Kientzheim
Mittelwihr
★★ Kaysersberg
Bennwihr
régional
Ammerschwihr
Sigolsheim
★ Niedermorschwihr
COLMAR ★★★
★ Turckheim
Wintzenheim
des Ballons
Wettolsheim
D 417
D 415
Munster
Eguisheim ★
Husseren-les-Châteaux
Volgelsheim
Breisach-am-Rhein
Hattstatt
Neuf-Brisach
Gueberschwihr
Pfaffenheim
des Vosges
Westhalten
D 83
Soultzmatt
Rouffach ★
★★ Murbach
D 430
Sud de la vallée du Rhin
★ Guebwiller
Soultz-Haut-Rhin
N.-D. de Thierenbach
Parc du Petit Prince ★
1424
GRAND BALLON
Ensisheim
Cave vinicole du Vieil-Armand
Écomusée d'Alsace ★★
DEUTSCHLAND
★ Thann
D 35
Cernay
A 36
Riegel
Bad Krozingen
Müllheim
RHIN
ST-DIÉ-DES-VOSGES
REMIREMONT
FREIBURG-IM-BREISGAU
BELFORT
MULHOUSE
BASEL

Wangen

Avec ses rues sinueuses, ses vieilles maisons, les arcs de ses portes de cour, Wangen est le type même du village viticole. Jusqu'en 1830, ses habitants devaient chaque année verser à l'abbaye St-Étienne de Strasbourg, propriétaire du village, un impôt de 300 hl de vin.

Chaque année, la Fête de la fontaine rappelle cette coutume *(voir Agenda, p. 213)*. N'oubliez pas les fortifications médiévales avec les deux tours, dont la « Niedertorturm ».

Westhoffen

Ce village de vignerons, ancienne dépendance d'un domaine royal franc hérité des Romains, a gardé des maisons anciennes des 16ᵉ et 17ᵉ s. et une fontaine Renaissance. Dans l'église St-Martin, un chœur et des vitraux du 14ᵉ s.

Avolsheim *(voir p. 144)*

★ Molsheim *(voir p. 143)*

★ Rosheim *(voir p. 153)*

Désormais, la route serpente dès qu'on s'élève, la vue s'étend sur la plaine d'Alsace, tandis qu'apparaissent, perchées sur des promontoires, les ruines de nombreux châteaux : ceux d'Ottrott, du Landsberg ou, un peu plus loin, ceux de Spesbourg et d'Andlau.

Bœrsch

Bœrsch possède trois anciennes portes. Franchissant la porte du Bas, on atteint la **place★** sur laquelle s'élève l'hôtel de ville du 16ᵉ s. et quelques belles vieilles maisons. Pour sortir de Bœrsch, passer sous la porte du Haut.

À quelques centaines de mètres, à l'extérieur, on découvre le charmant hameau de St-Léonard qui abrite **l'atelier de marqueterie d'art Spindler** *(3 cour du Chapitre - St-Léonard - ✆ 03 88 95 80 17 - www.spindler.tm.fr - 10h-12h, 14h-18h - fermé dim. et j. fériés)*. L'atelier a aménagé une galerie d'exposition de tableaux marquetés et une présentation audiovisuelle sur son activité. **Charles Spindler** (1865-1958) travailla à la sauvegarde du patrimoine et de la culture alsaciens dans une province devenue allemande après la guerre de 1870. Il fut l'un des créateurs du Musée alsacien de Strasbourg.

Ottrott *(voir p. 166)*

★★ Obernai *(voir p. 155)*

Barr

Pl. de l'Hôtel-de-Ville - 67140 Barr - ✆ 03 88 08 66 65 - www.pays-de-barr.com - juil.-août : 9h-12h30, 13h30-18h, w.-end et j. fériés 10h-12h, 14h-18h ; avr.-juin et sept.-oct. : 10h-12h, 14h-17h, dim. et j. fériés 14h-18h - fermé 1ᵉʳ janv., 1ᵉʳ Mai, 1ᵉʳ et 11 Nov., 25-26 déc.

Ancienne cité industrielle, cette agréable localité est un important centre viticole, produisant des vins de choix : sylvaner, riesling et surtout gewurztraminer.

L'hôtel de ville, du 17ᵉ s., est décoré d'une loggia et d'un balcon sculpté : pénétrez dans la cour pour voir la façade postérieure. Autour de l'hôtel de ville, a lieu la foire aux vins annuelle *(voir Agenda, p. 213)*.

Folie Marco – *30 r. du Dr-Sultzer - ✆ 03 88 08 94 72 - www.musee-foliemarco.com - horaires, se rens. à l'office du tourisme de Barr (✆ 03 88 08 66 65) - fermé certains j. fériés - possibilité de visite guidée (1h) - 5 € (-16 ans gratuit).*

Entourée de vignes, la Folie Marco, maison patricienne du 18e s., abrite un musée où sont exposés meubles anciens du 17e au 19e s., faïences, porcelaines, étains et souvenirs locaux. Le petit jardin est harmonieusement dessiné.

Mittelbergheim *(voir p. 165)*

★ Andlau *(voir p. 170)*

Itterswiller

Situé à flanc de coteau, ce charmant village viticole aux maisons fleuries est traversé par une ancienne voie romaine. Son église à clocher partiellement gothique conserve des fresques romanes.

Depuis le village, un circuit d'une heure, « Vins et gastronomie », vous conduit à un joli panorama avec table d'orientation.

Dambach-la-Ville

Pl. du Marché - 67650 Dambach-la-Ville - 03 88 92 61 00 - www.pays-de-barr.com - juil.-août : 9h-12h, 14h-18h, dim. et j. fériés 10h-12h ; avr.-juin et sept.-oct. : tlj sf dim. 10h-12h, 14h-17h, sam. 10h-12h - fermé 1er janv., 1er Mai, 1er et 11 Nov., 25-26 déc.

Nichée au creux des coteaux, cette belle cité, centre d'un vignoble renommé (grands crus classés du Frankstein), est dominée de plus de 500 m par un massif boisé. À l'intérieur des remparts, dont subsistent trois vieilles portes, on découvre un centre ancien et fleuri, avec, bien sûr, des maisons à pans de bois et à colombages. C'est ici que siège la confrérie des Bienheureux du Frankstein.

400 m après la porte Haute, tournez à gauche.

À la fin de la montée, prendre à droite un chemin qui s'élève jusqu'à la **chapelle St-Sébastien** à la tour romane. Vue étendue sur la plaine d'Alsace et le vignoble. À l'intérieur de la chapelle, ancien lieu de pèlerinage, le maître-autel baroque fin 17e s. est en bois sculpté et figure la Sainte Famille. Un ossuaire roman est adossé au chevet de la chapelle.

En continuant le chemin *(2h à pied AR)*, on arrive aux ruines du **château fort de Bernstein**, construit aux 12e et 13e s. par les comtes d'Eguisheim sur une arête granitique, dont il reste un corps de logis et un donjon pentagonal. Très belle vue sur la plaine d'Alsace.

Scherwiller

C'est au pied des châteaux forts de l'Ortenbourg et du Ramstein que le duc de Lorraine mit fin à la guerre des Rustauds le 10 mai 1525.

Scherwiller conserve un ancien corps de garde à oriel, le Wachtaus, et de belles maisons à colombages du 18e s. D'anciens lavoirs longent des berges de l'Aubach.

Châtenois

On y remarque la tour des Sorcières, porte du 15e s. surmontée d'un étage de bois flanqué de quatre échauguettes. Il reste une double enceinte du château disparu. La mairie date du 15e s.

LES CÉPAGES

Les noms des sept cépages autorisés sont : riesling, gewurztraminer, sylvaner, pinot blanc, pinot gris, muscat d'Alsace et pinot noir. En Alsace, et nulle part ailleurs, ce sont les cépages qui donnent leur nom au vin, obligatoirement embouteillé dans sa région d'origine *(p. 28)*.

DE CHÂTENOIS À COLMAR

Circuit de 54 km au départ de Kintzheim, tracé en violet sur la carte de la route des Vins p. 203. Comptez environ 5h.
Jusqu'à Ribeauvillé, la route est dominée par de nombreux châteaux : masse imposante du Haut-Kœnigsbourg, ruines des châteaux de Kintzheim, St-Ulrich, Girsberg et Haut-Ribeaupierre.

Kintzheim

Rte de Sélestat - 67600 Kintzheim - 03 88 58 87 20 - www.selestat-haut-koenigsbourg.com - sais. : 9h30-12h, 13h30-18h, dim. et j. fériés 10h-12h, 14h-16h ; reste de l'année : se rens. - fermé lun.
Le château du 13e s., construit sur une avancée du Staufenberg, surplombe le village. Après avoir subi bien des outrages (destructions en 1298 sous Conrad de Lichtenberg et en 1632 par les Suédois), il abrite aujourd'hui la Volerie des aigles *(voir p. 178).*
De nombreuses randonnées sont possibles au départ du village.

Saint-Hippolyte *(voir p. 217)*

Bergheim

À deux pas de la porte Haute, ancienne entrée fortifiée de l'enceinte du 14e s., un tilleul daté de 1300 donne une idée de l'ancienneté de ce bourg viticole. Le mur d'enceinte médiéval subsiste encore au nord, flanqué de tours rondes, celle de la Poudrière ou celle des Sorcières. On peut voir de nombreuses maisons anciennes. Une jolie fontaine agrémente la place du marché.
L'**église** de grès rouge conserve des éléments du 14e s. (abside, chœur et base du clocher, peinture murale) au sein d'un bâti du 18e s. contemporain de l'hôtel de ville.

Cimetière militaire allemand

À 1 200 m après Bergheim. Au niveau de la sortie nord de la localité, prenez à droite une route en montée se détachant de la D 1B.
Cette nécropole aligne sur les pentes de la colline les sépultures de soldats allemands tombés durant la dernière guerre. De la croix érigée au sommet du cimetière, **panorama★** sur les crêtes vosgiennes avoisinantes à l'ouest, le château du Haut-Kœnigsbourg au nord, Sélestat et la plaine d'Alsace au nord-est et à l'est.

★ Ribeauvillé *(voir p. 214)*

Au-delà de Ribeauvillé, la route s'élève à mi-pente et la vue se dégage sur la plaine d'Alsace. C'est entre Ribeauvillé et Colmar que se trouve le cœur du vignoble alsacien : villages et bourgs viticoles aux crus réputés se succèdent sur les riches coteaux bien exposés au soleil et protégés par les plus hauts sommets vosgiens.

Hunawihr

Ici, c'est le riesling qui profite du soleil. Mais Hunawihr, outre son église et son cimetière, compte deux curiosités vraiment étonnantes : le parc des cigognes et la serre aux papillons. Ces rendez-vous animaliers donneront des ailes aux enfants… entre deux visites de monuments.
Centre de réintroduction des cigognes et des loutres – *Rte des Vins - 03 89 73 72 62 - www.cigogne-loutre.com - - juin-août : 10h30-18h30 ; reste de l'année : 10h30-17h30 (billetterie fermée de 12h30 à 13h30 sf w.-end), w.-end et j. fériés 10h30-18h30 - fermé de déb. nov. à fin mars - 9,50 € (-18 ans 8,50 €) - enclos*

à chiens gratuit à disposition. Pas d'Alsace sans cigognes : ce pourrait être un slogan. Depuis 1976, les responsables du centre s'attachent à supprimer l'instinct migratoire des cigognes alsaciennes qui étaient en voie de disparition, pour de multiples raisons : chasse, lignes électriques, sécheresse en Afrique, etc. On peut faire perdre à une cigogne cet instinct en l'enfermant pendant trois ans, mais la nature est plus forte et les jeunes n'ont qu'une idée en tête : partir quand l'été s'achève. Seul un petit nombre parviendra à revenir au nid. On peut découvrir la nidification, plusieurs couples évoluant librement, et voir les nouveau-nés du printemps. Plus de 200 cigognes sont élevées au centre. En 1991 a été adjoint au site un **Centre de reproduction de la loutre**. *Rte des Vins - ✆ 03 89 73 72 62 - août : 10h-19h ; juin-juil. : 10h-18h30 ; reste de l'année : se rens. - 9,50 € (-12 ans 6,50 €).* Disparue des rivières françaises, la loutre fait ainsi son retour dans la région, après le castor et le saumon. Chaque après-midi ont lieu plusieurs **spectacles d'animaux pêcheurs** : le bassin vitré permet d'apprécier les techniques de pêche et de nage des cormorans, manchots, otaries et des fameuses loutres.

Jardins des papillons exotiques vivants – *Rte de Ribeauvillé - ✆ 03 89 73 33 33 - www.jardinsdespapillons.fr - ♿ - avr.-sept. : 10h-18h ; du w.-end de Pâques à fin mars et 1er oct.-1er nov. : 10h-17h - 8 € (enfant 5,50 €) - nouveautés : découverte de la vie des abeilles (ruches transparentes), leur utilité dans la nature, leur vie sociale et les risques pour l'humanité liés à leur disparition - découverte de la vie sociale des fourmis champignonnistes (fourmilière transparente).* Plus de 150 espèces de papillons, de toutes tailles, aux couleurs chatoyantes, évoluent en liberté dans une vaste serre climatisée parmi une végétation luxuriante (orchidées, fleurs de la Passion). Ces beautés éphémères, qui vivent une quinzaine de jours en moyenne, viennent d'Afrique, d'Asie et d'Amérique. Grâce à l'éclosoir, on peut observer leur cycle de vie complet.

Église – *Gagnez le centre du village et, avant la fontaine située près de la mairie, prenez à gauche la rue de l'Église puis gravissez un raidillon.*

Son lourd clocher carré a l'allure d'un donjon. Elle est entourée d'une enceinte hexagonale datant du 14e s. dont l'unique entrée était défendue par une tour. En faisant le tour de l'édifice, entre les tombes du cimetière catholique, on découvre les six bastions qui flanquaient l'enceinte.

L'église est fortifiée et sert à la fois aux cultes catholique et protestant (à tour de rôle). Le chœur est réservé aux catholiques depuis Louis XIV. Dans la chapelle à gauche du chœur, des fresques des 15e et 16e s. aux tons ocre-rouge, bleu et jaune racontent la vie et les miracles de saint Nicolas et la canonisation de sainte Hune.

Zellenberg

Petit village perché sur une colline : belle vue sur Riquewihr et le vignoble. Un circuit pédestre permet de découvrir la vie publique, administrative et juridique à travers ses édifices. *✆ 03 89 73 23 23 - www.ribeauville-riquewihr.com - (durée 40mn - livret-guide à l'office du tourisme de Ribeauvillé, à la mairie ou à l'office du tourisme de Riquewihr).*

★★★ Riquewihr *(voir p. 220)*

Beblenheim *(voir p. 217)*

Mittelwihr

Les coteaux de Mittelwihr – appelé le « Midi de l'Alsace » – bénéficient d'une exposition si favorable que les amandiers y fleurissent et même y mûrissent. Le gewurztraminer et le riesling qui en proviennent jouissent d'une renommée sans cesse grandissante.

À la sortie sud du village, le « mur des Fleurs martyres » fut fleuri, durant toute l'Occupation, d'ipomées bleues, de pétunias blancs et de géraniums rouges. Cette floraison symbolisa le gage de la fidélité alsacienne.

Bennwihr

Le village, détruit en 1944, a été reconstruit dans le style local. Tant mieux! Une fontaine monumentale trône dans le village. Le vitrail de l'église moderne, étiré sur toute la longueur de la façade sud, laisse pénétrer à l'intérieur de l'édifice une lumière colorée très intense.

Sigolsheim

Encore un village durement touché durant les combats de la poche de Colmar (1944-1945). L'église St-Pierre-et-St-Paul date du 12e s. Son portail roman s'orne d'un tympan dont les sculptures rappellent celles de Kaysersberg et d'Andlau.

Empruntez la rue de la 1re-Armée pour gagner, à 2 km au nord-est, après le couvent des Capucins, la Nécropole nationale.

Nécropole nationale de Sigolsheim

Du parc de stationnement, 5mn à pied AR. 124 marches pour y accéder.

Au sommet d'une colline, dans cette enceinte de grès rouge entourée de vignes, sont inhumés 1 684 soldats de la 1re armée française commandée par le général de Lattre de Tassigny, français, africains et américains tombés le 25 janvier 1945 lors des combats de la poche de Colmar. Du terre-plein central, **panorama★** sur les sommets et châteaux avoisinants, ainsi que sur Colmar et la plaine d'Alsace à l'est.

Kientzheim *(voir p. 227)*

★★ Kaysersberg *(voir p. 225)*

Ammerschwihr

Ammerschwihr a été incendié par les bombardements de décembre 1944 et janvier 1945. Le village au pied de coteaux couverts de vignobles a été reconstruit après la guerre. Seules l'**église St-Martin**, dont le chœur est éclairé par des vitraux modernes, la façade Renaissance de l'ancien hôtel de ville, la **porte Haute** et deux tours des fortifications (la tour des Voleurs et la tour des Bourgeois) témoignent encore de l'intérêt touristique qu'offrait cette petite ville.

À la sortie ouest d'Ammerschwihr, vers Labaroche, la tour quadrangulaire de la porte Haute est surmontée d'un nid de cigogne. Y sont peints un curieux cadran solaire et les armes de la ville.

★ Niedermorschwihr

Joli village au milieu des vignes, dont l'église moderne a gardé son clocher vrillé du 13e s., unique en Alsace. Le long de sa rue principale, maisons anciennes à oriels et balcons de bois.

★ Turckheim *(voir p. 230)*

Wintzenheim

Un terroir réputé (grand cru hengst), des restes de fortifications (1275), quelques maisons anciennes *(rue des Laboureurs)*, une belle fontaine de la Vierge (18e s.) et l'ancien manoir des chevaliers de St-Jean ou Thurnburg devenu hôtel de ville. Sur le coteau, ruines d'une villa gallo-romaine (1er-4e s.).

Niedermorschwihr et ses vignes.
O. Fantuz/Sime/Photononstop

★★★ **Colmar** *(voir p. 188)*

DE COLMAR À THANN

2

Circuit de 59 km au départ de Colmar, tracé en bleu sur la carte de la route des Vins p. 203. Comptez environ 3h. Sortez de Colmar par la D 417.

Wettolsheim
Ce petit bourg revendique, avec son voisin Eguisheim, l'honneur d'avoir été la patrie du vignoble alsacien : introduite à l'époque gallo-romaine, la culture de la vigne se serait, de là, étendue à tout le pays. Une Fête du vin s'y déroule tous les ans *(voir Agenda, p. 213)*. Curieusement, on y découvre une réplique de la grotte de Lourdes (1912). Le château de Hagueneck (13e s.) se dresse à 2 km à l'ouest.

★ **Eguisheim** *(voir p. 232)*

Husseren-les-Châteaux
Le village de Husseren, d'où l'on a un beau panorama sur la plaine d'Alsace, est dominé à 591 m par les ruines des tours des trois châteaux d'Eguisheim mentionnés dès 1453. C'est d'ailleurs de Husseren que part la « route des Cinq-Châteaux » *(voir Eguisheim)*. Dans l'église, les fonts baptismaux du 12e s. proviennent de l'abbaye de Marbach, de l'ordre de St-Augustin, fondée en 1094.

Hattstatt
Très ancien bourg, autrefois fortifié. L'église, de la première moitié du 11e s., possède un chœur du 15e s. avec un autel en pierre de la même époque. À gauche, dans la nef, beau calvaire Renaissance. Un bel hôtel de ville du 16e s. côtoie des maisons anciennes.

Gueberschwihr
Installé sur un coteau couvert de vignes, ce village est fier de ses nombreuses belles maisons et de son magnifique et monumental clocher roman à trois étages, percés de fenêtres, de l'église St-Pantalé, dernier vestige de l'édifice du début du 12e s. À côté de l'église, sarcophages mérovingiens.

À 2 km à l'ouest sur la D 1, le couvent St-Marc, ancien couvent de bénédictins qui aurait été fondé dès le 7e s. par le roi Dagobert, est un bel exemple de l'architecture du 18e s.

Pfaffenheim *(voir p. 237)*

★ Rouffach *(voir p. 236)*

Peu après Rouffach se profile, au loin, le Grand Ballon.

Westhalten

À l'entrée de la « Vallée noble », le village entouré de vignes et de vergers possède deux fontaines et plusieurs maisons anciennes. Son vignoble s'étend sur les flancs du Zinnkoepflé, du Strangenberg et du Bollenberg.

Soultzmatt

Soultzmatt se trouve au bord de l'Ohmbach, au pied du grand cru zinnkoepflé, le plus élevé d'Alsace (420 m). Ses vins, sylvaner, riesling, gewurztraminer, sont particulièrement appréciés et ses eaux minérales connues, notamment la source Nessel. Chaque année a lieu à Soultzmatt la Nuit des grands crus du zinnkoepflé. À l'entrée du pays se dresse le **château de Wagenbourg**.

★ Guebwiller *(voir p. 239)*

Soultz-Haut-Rhin *(voir p. 245)*

Prenez à droite la D 51.

Basilique Notre-Dame de Thierenbach

Reconnaissable à son clocher à bulbe, la basilique a été construite en 1723, dans le style baroque autrichien, par l'architecte Peter Thumb. Elle est le but d'un important pèlerinage remontant au 8e s. et dédié à Notre-Dame de l'Espérance. À l'intérieur de la basilique, deux pietà : la Vierge miraculeuse de 1350 et la Vierge douloureuse de 1510, située dans la chapelle de la Réconciliation, ainsi que de nombreux ex-voto témoignant de la ferveur populaire.
Revenez à Soultz-Haut-Rhin et prenez la D 5 vers Cernay.

Cave vinicole du Vieil-Armand

À la sortie de Soultz.
Elle regroupe 130 vignerons qui cultivent 150 ha de vignes. Deux grands crus sont élevés : le rangen, le plus méridional d'Alsace avec son terroir à roche volcanique, et l'ollwiller, au pied du Vieil-Armand. La cave propose une dégustation de vins régionaux. Au sous-sol, le musée du Vigneron réunit du matériel utilisé autrefois par le vigneron ou le caviste (botiches à vendange en bois).
Poursuivez sur la D 5, puis tournez à droite dans la D 35.

★ Thann *(voir p. 247)*

NOS ADRESSES SUR LA ROUTE DES VINS

Voir aussi nos adresses à Molsheim *(p. 148)*, Rosheim *(p. 154)*, dans le Hohwald *(p. 168)*, à Obernai *(p. 158)*, Andlau *(p. 172)*, Ribeauvillé *(p. 218)*, Riquewihr *(p. 224)*, Kaysersberg *(p. 228)*, Turckheim *(p. 231)*, Colmar *(p. 198)*, Eguisheim *(p. 235)*, Rouffach *(p. 237)*, Guebwiller *(p. 242)* et Thann *(p. 251)*.

VISITES

Sentiers viticoles – Voir p. 202, rubrique « Organiser son temps ».

Les vendanges ont lieu généralement entre la fin sept. et la mi-oct., selon le degré de maturité auquel sont arrivés les raisins. À cette époque, l'accès aux sentiers viticoles peut être réglementé.

HÉBERGEMENT

PREMIER PRIX

Chambre d'hôte Mme Seiler – *3 r. du Nord - 68150 Hunawihr - ✆ 03 89 73 70 19 - www.le-clos-seiler.net - fermé déb. mars et nov. - 2 studios 41/47 € - 4 gîtes 340/590 € par sem.* La propriétaire, qui a créé sa maison d'hôte par passion, réserve toujours un accueil souriant et chaleureux à ses visiteurs. Les chambres, décorées avec goût et bien tenues, bénéficient d'une appréciable indépendance. Participez à la cueillette du raisin, des figues ou des noix, selon la saison. Attention ! Pas de petit-déjeuner.

BUDGET MOYEN

Chambre d'hôte maison Thomas – *41 Grand-Rue - 68770 Ammerschwihr - ✆ 03 89 78 23 90 - www.maisonthomas.fr - P - ⊠ - 5 ch. 52/58 €* ☕. Cette ancienne maison de vigneron se trouve dans la partie la plus pittoresque du village, près d'une porte fortifiée. Grandes chambres fonctionnelles avec coin cuisine et mezzanine pour certaines. Plusieurs appartements sont également disponibles dans une bâtisse du 16e s. située au pied des vignes. Jardin bien aménagé.

Chambre d'hôte Domaine du Bouxhof – *R. du Bouxhof - 68630 Mittelwihr - ✆ 03 89 47 93 67 - www.bouxhof.fr - fermé janv.-15 fév. - P - ⊠ - 3 ch. 59 €* ☕. Séduisante maison du 17e s. nichée au cœur d'un domaine viticole. Ses propriétaires font visiter leur magnifique cave classée et découvrir les crus produits sur place. Gîtes spacieux et bien équipés et chambres d'hôte au cadre actuel (2 nuits minimum). Petit-déjeuner servi dans une chapelle du 15e s.

POUR SE FAIRE PLAISIR

Hôtel du Château d'Andlau – *113 r. de la Vallée-St-Ulrich - 67140 Barr à 2 km - ✆ 03 88 08 96 78 - www.hotelchateauandlau.fr - P - fermé 2 sem. en nov. et 3 sem. en janv. - 22 ch. 65/83 € - ☕ 10 € - rest. fermé dim. soir et lun. - 25/49 €.* Nuits sereines garanties dans ce sympathique hôtel au cadre bucolique et aux chambres simples et rustiques. Salle à manger bourgeoise, mets classiques et superbe carte des vins du monde, présentée comme un manuel d'œnologie, primée pour son originalité.

Hôtel Le Vignoble – *1 r. de l'Église - 67650 Dambach-la-Ville - ✆ 03 88 92 43 75 - www.hotel-vignoble-alsace.fr - fermé de déb. janv. à déb. fév. - ♿ - 7 ch. 76 € - ☕ 9 €.* Attenante à l'église du village, cette ancienne grange alsacienne de 1765 propose des chambres coquettes (bien insonorisées) et offre un accueil chaleureux. Cour et jardinet.

Au Riesling – *5 rte du Vin - 68340 Zellenberg - ✆ 03 89 47 85 85 - www.au-riesling.com - fermetures annuelles : se rens. - ♿ - P - 36 ch. 69 €/120 €- ☕ 11 € - rest. fermé lun. midi et sam. midi, dim. soir 22/29,90 €.* Au cœur du vignoble, hôtel arborant fièrement le nom de celui qu'on nomme ici le « roi des vins ». La longue bâtisse abrite des chambres sobres et rénovées. Le restaurant, de style rustique, offre une jolie vue sur les vignes. Carte traditionnelle.

RESTAURATION

PREMIER PRIX

Belle Vue – *29 r. des Forgerons - 68420 Gueberschwihr - ✆ 03 89 49 31 09 - www.belle-vue-gueberschwihr.com - fermé fév., merc. midi et jeu. - formule déj. 15,50 €, rest. 22/32,50 €.* C'est vrai que la vue est belle de la terrasse de ce restaurant d'hôtel : le regard embrasse les vignobles… Plats traditionnels (pâté en croûte, choucroutes, poissons) et vins du domaine.

BUDGET MOYEN

Winstub Arnold – *98 rte des Vins - 67140 Itterswiller - ✆ 03 88 85 50 58 - www.hotel-arnold.com - fermé dim. soir et lun. de nov. à mai - formule déj. 18 €, rest. 22/50 €.* Cette winstub met à l'honneur les « *elsässische spezialitäten* » : *kugelhopf*, choucroute et tant de plats régionaux ! Soulevez donc le couvercle en fonte qui protège le *baeckeofe* servi en cocotte…

À la Truite – *17 r. du 25-Janvier - 68970 Illhaeusern - ✆ 03 89 71 83 51 - www.restaurant-alatruite.com - fermé fin fév., 1 sem. mi-juin, mar. soir et merc. - formule déj. 14 € - 22,50/48 €.* Cette maisonnette des années 1950, au bord de l'eau, déploie sa terrasse le long de la rivière en été. L'accueil y est très bon. Vous aurez le choix entre la terrasse ou une salle colorée pour savourer une cuisine simple. Formule intéressante à l'heure du déjeuner.

Zum Loejelgucker – *17 r. Principale - 67310 Traenheim - ✆ 03 88 50 38 19 - www.loejelgucker-auberge-traenheim.com - fermetures annuelles (se rens.), lun. soir et mar. soir - formule déj. 13,30 € - rest. 24,50/43 €.* Dans un village au pied des Vosges, cette ferme alsacienne du 18e s. séduit par ses plats régionaux et par son cadre (boiseries sombres, fresques, cour fleurie l'été).

POUR SE FAIRE PLAISIR

Aux Saisons Gourmandes – *23 r. de la Kirneck - 67140 Barr - ✆ 03 88 08 12 77 - fermé vac. scol. fév., dim. hors sais. et mar.-merc. - 16,50 € (déj. seult) - 26/42 €.* Cette jolie maison à colombages, dont le décor panache ancien et contemporain, propose selon le marché une cuisine dans l'air du temps et des plats régionaux actualisés.

La Palette – *9 r. Herzog - 68920 Wettolsheim - ✆ 03 89 80 79 14 - www.lapalette.fr - fermé 1 sem. en janv., 2 sem. vac. scol. fév., 1 sem. en oct. - ♿ - 🅿 - formule déj. 14,90 €, rest. 37/69 € - 16 ch. 75/145 € - ☕ 11 €.* Une riche palette de styles et de couleurs se déploie dans les salles à manger de cette auberge où l'on déguste une cuisine au goût du jour. Jolies chambres rénovées.

ACHATS

Cave Wolfberger – *39 r. de la Gare - 67650 Dambach-la-Ville - ✆ 03 88 92 40 03 - www.wolfberger.com - 8h-12h, 14h-18h, dim. et j. fériés 10h-12h, 14h-18h - fermé 1er janv., Vend. saint, 1er nov., 25-26 déc. - dégustation-vente, animations commentées autour des vins d'Alsace - coffrets cadeaux.*

Domaine Sibler – *8 r. du Château - 68770 Ammerschwihr - ✆ 03 89 47 13 15 - tlj sur RV (tél. avant visite).* La famille Sibler s'adonne à la viticulture depuis trois générations. Son domaine accueille tous les cépages alsaciens autorisés sauf le sylvaner. L'un des grands succès de la maison est la cuvée Kaefferkopf. Un caveau sert d'espace de dégustation.

Beck - Domaine du Rempart – *5 r. des Remparts - 67650 Dambach-la-Ville - ✆ 03 88 92 42 43 - www.vins-beck.fr - 8h-12h, 14h-19h, dim. sur RV.* Gilbert Beck, issu de la troisième génération de viticulteurs travaillant sur le domaine, fut l'un des pionniers du crémant d'Alsace. Aujourd'hui, l'exploitation de 10 ha accueille les sept cépages d'Alsace en culture intégrée, proche du « bio ». Son riesling grand cru franskstein et son pinot noir élevés en fût de chêne sont incontournables.

Albert Boxler – *78 r. des Trois-Épis - 68230 Niedermorschwihr - ✆ 03 89 27 11 32 - tlj sf dim. 10h-12h, 14h-18h.* À la tête d'un domaine de 14 ha, Jean Boxler vinifie sa récolte de riesling et pinot gris. Cette lignée de vignerons est à l'origine de réussites comme les deux grands crus sommerberg et brand.

Caveau Lorentz Klipfel – *1 r. Rotland - 67140 Barr - ✆ 03 88 58 59 00 - www.klipfel.com - 10h-12h, 14h-18h - fermé en janv.* Propriétaire d'un des domaines les plus importants d'Alsace, la famille Klipfel cultive 40 ha dont 15 réservés aux grands crus et aux vendanges tardives. Cette entreprise produit en exclusivité le clos-zisser, ainsi que les grands crus kirchberg, kastelberg et wiebelsberg. Caveau de dégustation ; visites sur RV.

ACTIVITÉS

Petit Train du Vigneron – *15 pl. du Marché - ✆ 03 88 92 41 86 - www.ruhlmann-schutz.fr - visite guidée juil.-août : lun., jeu. et sam. à 17h, dép. pl. du Marché - fermé j. fériés - 6 € (-15 ans 3 €).* Tour de la ville et du vignoble à bord d'un petit train : parcours de 30mn, puis visite du domaine de la famille Ruhlmann. Petit détour par les caves pour déguster les trois vins les plus représentatifs de l'exploitation.

AGENDA

Fête de la fontaine de Wangen – *1er dim. de juil. 10h30-12h30.* À cette occasion, le vin coule gratuitement à la fontaine du village.

Foire aux vins de Barr – *✆ 06 60 83 47 33 - autour du 14 Juil.* Ce rendez-vous annuel se tient place de l'Hôtel-de-Ville.

Fête des vendanges de Barr – *✆ 03 88 08 66 55 - 1er w.-end d'oct. : vend. 20h, sam. 8h-23h30, dim. 10h30-22h.*

Fête du vin – *Dernier w.-end de juil. - 8 €.* À Wettolsheim.

Art, artisanat et riesling – *W.-end après le 15 août.* À Scherwiller.

Ribeauvillé

★

4 843 Ribeauvilléens – Haut-Rhin (68)

Au cours de votre escapade sur la route des Vins, faites donc un arrêt à Ribeauvillé, petite ville lovée le long de sa rivière, au pied de la chaîne des Vosges. Et à propos de vin, trois grands cépages sont ici à l'honneur : le riesling, le pinot gris et un gewurztraminer particulièrement fin.

NOS ADRESSES PAGE 218
Hébergement, restauration, achats, activités, etc.

S'INFORMER

Office de tourisme – *Grand'Rue - 68150 Ribeauvillé - ☎ 03 89 73 23 23 - www.ribeauville-riquewihr.com - avr.-oct. : 9h30-12h, 14h-18h, dim. 10h-13h, lun. et jeu. 10h-12h, 14h-18h ; janv.-mars et nov. : tlj sf dim. et j. fériés 10h-12h, 14h-17h ; reste de l'année : se rens. - fermé 1er janv., 1er Mai, 1er et 11 Nov., 25 déc.*

SE REPÉRER

Carte de microrégion B2 (p. 186).
À 14 km au nord de Colmar et 16 km au sud de Sélestat.

SE GARER

Deux parkings : r. du Rempart-de-la-Streng et rte de Bergheim.

À NE PAS MANQUER

La Grand'Rue et ses maisons, le château de St-Ulrich.

ORGANISER SON TEMPS

Faites un tour en ville avant d'attaquer la randonnée vers St-Ulrich *(2h)*.

AVEC LES ENFANTS

Le petit train touristique *(p. 218)*.

Se promener

★★ GRAND'RUE

Partez de l'office de tourisme installé dans l'ancien corps de garde (1829).
La Grand'Rue traverse toute la ville avec ses maisons à colombages et ses géraniums. Aux entrées sud et est, deux tours sont surmontées de nids de cigogne.

Restaurant Pfifferhüs
14 Grand'Rue.
Sur une loggia, au-dessus de la porte, deux statues illustrent l'Annonciation.

Halle au blé
Pl. de la 1re-Armée.
Une fois par semaine s'y tenait le marché aux grains.

Fontaine Renaissance
En grès rouge et jaune (1536), elle est surmontée d'un lion héraldique.

Ribeauvillé et, à l'arrière-plan, le château de Saint-Ulrich.
C. Weston/Latitude Stock Images/fotostock

★ Tour des Bouchers

Cet ancien beffroi séparait autrefois la ville haute de la ville moyenne. La partie inférieure date du 13e s.
Belle maison à colombages du 17e s. au n° 78 de la Grand'Rue.

2

Place de la Sinne

Charmante petite place entourée de maisons à colombages avec, au centre, une fontaine de 1860.

Église Saint-Grégoire-le-Grand

Le tympan du portail ouest date des 13e et 15e s. Belles ferrures de la porte. Dans le bas-côté droit, Vierge à l'Enfant en bois peint et doré du 15e s. portant la coiffe de la région ; orgue baroque de Rinck.
Retournez dans la Grand'Rue et prenez la rue Klobb, puis la rue des Juifs.

Maisons anciennes

Dans les rues des Juifs, Klobb, Flesch et des Tanneurs (au n° 12, le toit possède des ouvertures qui servaient à sécher les peaux), maisons des 16e et 17e s.

Hôtel de ville

Un petit **musée** y est installé *(2 pl. de l'Hôtel-de-Ville - ☏ 03 89 73 20 00 - www.ribeauville.net - ♿ - mai-sept. : 10h, 11h et 14h - fermé lun., sam. et j. fériés)* : pièces d'orfèvrerie (17e s.) et hanaps en vermeil des seigneurs de Ribeaupierre.
Descendez complètement la Grand'Rue jusqu'au parking en bas du village.

Coopérative vinicole (musée de la Vigne et de la Viticulture)

2 rte de Colmar - ☏ 03 89 73 20 35 - http://alsace.vins-ribeauville.com - visite guidée sur demande préalable (20mn) 10h-12h, 14h30-18h - fermé 1er janv., 25 déc. - tarif, se rens.
La coopérative a organisé un petit musée pour découvrir les étapes de fabrication des vins issus de sept cépages de la région et leurs spécificités : le sylvaner, le pinot blanc, le pinot noir, le pinot gris, le riesling, le muscat et le gewurztraminer. La visite permet de voir les cuves de conservation. Dégustation possible.

LA VILLE AU MOYEN ÂGE

Au 11e s., le seigneur Reinbaud construit ici son château, qu'il appelle Reinbaupierre. Une puissante famille d'Alsace s'y installe ensuite et prend le nom de Ribeaupierre. La ville qui se développe autour du château s'appellera Ribeauvillé à partir du 13e s.
Les comtes de Ribeaupierre s'étaient vu attribuer au Moyen Âge la juridiction sur la confrérie des ménétriers (musiciens et troubadours) d'Alsace. Les musiciens de la région s'y réunissaient chaque 8 septembre. Depuis, on a gardé la tradition d'une Fête des ménétriers (p. 219).

Randonnée Carte de microrégion p. 186-187

Laissez la voiture sur une aire de stationnement située en bordure de la D 416, à 800 m environ de la sortie de Ribeauvillé. Montez à pied par le chemin des Stations (20mn), ou par le chemin « Sarassin » (40mn), carrossable mais réservé à l'ONF et aux religieux.

Notre-Dame-de-Dusenbach B2

Ce lieu de pèlerinage médiéval très populaire a vu par trois fois ses trois chapelles détruites : en 1365 par les Anglais, en 1632 par les Suédois et en 1794 par les républicains. Le vallon n'a rien perdu de sa beauté presque mystique. Sur les ruines, une **chapelle de la Vierge**, un couvent, une église néogothique (1903), ainsi qu'un abri des pèlerins (1913) ont été reconstruits. La chapelle de la Vierge occupe une situation impressionnante, au flanc d'un promontoire à pic sur le ravin au fond duquel coule le petit torrent de Dusenbach. À l'intérieur, au-dessus de l'autel, petite **statue miraculeuse de Notre-Dame**, émouvante pietà du 15e s. en bois polychrome.
Prenez le chemin « Sarassin », puis le sentier qui conduit aux châteaux.
À mi-parcours, faites halte au **rocher Kahl**, éboulis granitique d'où l'on a une belle vue sur la vallée du Strengbach.
Le chemin aboutit à un important carrefour de sentiers forestiers : prenez alors le chemin balisé qui descend au château de St-Ulrich.

★ Château de Saint-Ulrich B2

Le château de St-Ulrich n'était pas seulement une forteresse, comme la plupart de celles des Vosges, mais une habitation luxueuse, digne des comtes de Ribeaupierre, la plus noble famille d'Alsace après l'extinction de celle d'Eguisheim.
Au pied du donjon, à gauche, escalier d'accès au château.
L'escalier qui passe sous la porte d'entrée du château donne accès à une petite cour d'où la vue plonge sur les ruines de Girsberg et la plaine d'Alsace. Au fond de cette cour (citerne) s'ouvre la porte de la grande salle romane qui prend jour par neuf belles arcades géminées.
Revenez à la cour de la citerne et prenez l'escalier qui s'y amorce ; laissez à droite l'entrée de la tour du 12e s. et gagnez la chapelle.
À l'ouest de la chapelle s'élève une énorme tour quadrangulaire où l'on monte par un escalier extérieur.
Revenez sur vos pas pour visiter les parties les plus anciennes : corps d'habitation roman aux fenêtres ornées de fleurs de lys, cour et donjon. Du sommet du donjon *(escalier de 64 marches)*, **panorama★★** sur la vallée du Strengbach, les **ruines du château de Girsberg**, Ribeauvillé et la plaine d'Alsace.
On peut aussi y accéder de l'ouest de la ville, par le GR 5. 1h.

Vue aérienne du château de Saint-Ulrich et des ruines du château de Girsberg à droite.
B. Rieger/hemis.fr

Circuits conseillés Carte de microrégion p. 186-187

COL DE FRÉLAND A/B2

2

Circuit au départ de Ribeauvillé, tracé en jaune sur la carte de microrégion p. 186-187. Comptez environ 5h.
Quittez Ribeauvillé par la D 416. À 7 km, prenez à gauche la D 11^{V} vers Aubure.

Aubure A2
Station située sur un plateau ensoleillé, encadrée par de belles forêts de pins et de sapins.
Prenez, à gauche, la D 11^{III}. Au cours de la descente du col de Fréland, à 1,5 km après le col, prenez à gauche une route étroite.
On longe une très belle **forêt de pins★**, l'une des plus belles de France. Les fûts de 60 cm de diamètre, hauts de 30 m, s'élancent droit, au-dessus d'un sous-bois de bruyères.
Sortez de la forêt pour faire demi-tour, 1 km plus loin, à hauteur d'une maison. Revenez à la D 1^{III}.
La vue se dégage à gauche sur la vallée de la Weiss et une partie du val d'Orbey.
Après Fréland, et 1,5 km après avoir laissé à droite la route d'Orbey, tournez à gauche dans la D 415.

★★ **Kaysersberg** A2 *(voir p. 225)*
On rejoint la route des Vins que l'on suivra jusqu'à Ribeauvillé.
Vous traversez de petites cités qui s'égrènent sur les coteaux, au milieu de vignobles aux crus réputés : Kientzheim, Sigolsheim, Bennwihr et Mittelwihr *(voir la route des Vins, p. 207-208).*

Beblenheim B2
Le village, orné d'une fontaine gothique de la fin du 15e s., est adossé à un coteau célèbre, le Sonnenglanz (éclat de soleil). Les 35 ha de son vignoble produisent des vins de très haute qualité : pinot gris, muscat et gewurztraminer.
Continuez sur la D 3.

★★★ Riquewihr B2 *(voir p. 220)*

Hunawihr B2 *(voir p. 206)*
Retour à Ribeauvillé par la D 1 bis.

★★ SENTINELLES DE L'ALSACE B1-2

Circuit de 46 km au départ de Ribeauvillé, tracé en bleu clair sur la carte de micro-région p. 186. Comptez environ 2h.
Quittez Ribeauvillé à l'ouest par la D 1 bis.
Ce circuit permet de voir les châteaux édifiés le long de la ligne des Vosges.

Bergheim B2 *(voir p. 206)*

Saint-Hippolyte B1
Nombreuses fontaines fleuries en été, jolie église gothique des 14e et 15e s.
Prenez à gauche, à l'entrée du village, la direction du Haut-Kœnigsbourg. À 4 km de St-Hippolyte, tournez à droite, puis, 1 km plus loin, à gauche pour prendre la route à sens unique qui contourne le château.

★★ Château du Haut-Kœnigsbourg B1 *(voir p. 181)*
Rejoignez la D 1 que l'on prend à droite, puis prenez, encore à droite, la D 481.

★ De Schaentzel à Lièpvre B1-A1
De cette jolie route en descente rapide, bordée de sapins, vues superbes sur la vallée de la Liepvrette et sur ses châteaux ruinés.
Revenez à la D 1 et prenez à droite la D 42.

Thannenkirch B1
Charmant village dans un site reposant, environné de forêts. La descente vers la plaine s'effectue par la **vallée du Bergenbach**, profondément encaissée entre des hauteurs boisées. Après Bergheim, où l'on reprend la route de l'aller, on aperçoit à nouveau les trois châteaux étagés de St-Ulrich, de Girsberg et du Haut-Ribeaupierre.

NOS ADRESSES À RIBEAUVILLÉ

VISITES

Petit train touristique – *Pl. du Gén.-de-Gaulle - ☏ 03 89 73 74 24 - www.petit-train-ribeauville.fr - ♿ - visite guidée (45mn) mai-sept. : 10h-18h, dép. de l'entrée de la ville (parking pl. du Gén.-de-Gaulle) et devant la mairie - 7 € (-14 ans 5 €) - circuit vieille ville de Ribeauvillé et village de Hunawihr en passant par le vignoble (50mn).*

HÉBERGEMENT

PREMIER PRIX

Camping municipal Pierre-de-Coubertin – *23 r. de Landau - sortie D 106 puis r. de Landau à droite - ☏ 03 89 73 66 71 - www.camping-alsace.com - de mi-mars à mi-nov. - ♿ - P - 208 empl. 16,30/17,30 €.* Un camping spacieux pour profiter en toute quiétude du magnifique village de Ribeauvillé. Les allées sont larges avec des emplacements bien délimités et agréables. Belle vue et tranquillité assurée.

POUR SE FAIRE PLAISIR

Hôtel du Cheval Blanc – *122 Grand'Rue - ☏ 03 89 73 61 38 - www.cheval-blanc-alsace.fr - fermé 13-24 nov. et 12 janv.-12 fév. - 22 ch. 73 € - ☕ 10 € - rest. fermé mar. midi et merc.,* *formule déj. 16 € - rest. 22/44 €.* La façade de cette bâtisse régionale se couvre de fleurs en saison. Intérieur de style rustique. Petites chambres offrant un confort fonctionnel ; spa et sauna depuis 2015 ; salon avec cheminée. Au restaurant, cadre alsacien un brin original et cuisine ancrée dans la tradition.

Hôtel de la Tour – *1 r. de la mairie - ✆ 03 89 73 72 73 - www.hotel-la-tour.com - fermé 4 janv.-12 mars - P - 31 ch. 83/110 € - ☕ 10 €.* Ex-propriété viticole aux chambres pratiques et gaies ; les plus récentes affichent un décor vosgien au goût du jour. Certaines, très calmes, regardent une jolie cour intérieure.

RESTAURATION

BUDGET MOYEN

Au Relais des Ménétriers – *10 av. du Gén.-de-Gaulle - ✆ 03 89 73 64 52 - www. restaurant-menetriers. com - fermé 2e quinzaine de juil., jeu. soir, dim. soir et lun. - formule déj. 14 €, rest. 29,50/39,50 €.* Vaisselle alsacienne (véritables plats à *baeckeofe*) et légumes achetés chez les agriculteurs du coin : le chef concocte ici une vraie cuisine du pays. Plaisant décor rustique.

Auberge du Parc Carola – *41 rte de Bergheim - ✆ 03 89 86 05 75 - www.auberge-parc-carola. com - fermé de mi-fév. à mi-mars, mar. et merc. - formule déj. 18 €, 21/59 €.* Michaela Peters, jeune chef allemande, se lance dans une nouvelle aventure. Avec son compagnon pâtissier, elle signe une belle cuisine traditionnelle, aux saveurs flatteuses. Jolie terrasse sous les arbres et aire de jeux pour les enfants.

POUR SE FAIRE PLAISIR

Winstub Zum Pfifferhüs – *14 Grand'Rue - ✆ 03 89 73 62 28 - fermé merc. et jeu. - rest. 26 €.* Une charmante *winstub* qui conjugue convivialité, en particulier lors du Pfifferdaj (jour des fifres), et authenticité : cadre rétro et appétissantes recettes locales.

ACHATS

Distillerie Marcel Windholtz – *31 av. du Gén.-de-Gaulle - ✆ 03 89 73 66 64 - www.distillerie-windholtz. com - 9h-12h, 14h-18h - fermé dim. et j. fériés.* M. Windholtz fait des eaux-de-vie en pensant avant tout à ceux qui les boivent. Distillées selon des méthodes vraiment artisanales, elles acquièrent typicité et authenticité. Une mention spéciale est à décerner aux réserves particulières de quetsche, mirabelle, poire Williams et kirsch d'Alsace.

Domaine du Moulin de Dusenbach – *25 rte de Ste-Marie-aux-Mines - ✆ 03 89 73 72 18 - www.domaine-dusenbach. com - 9h-12h30, 14h-18h, sam. 10h-18h - fermé 1er janv., 25-26 déc.* La famille Schwebel produit de grands vins comme les grands crus schoenenbourg, le schlossberg, le rouge d'Alsace et le kaefferkopf en gewurztraminer. Dégustation-vente et visite des caves sur RV.

Distillerie Jean-Paul Metté *9 r. des Tanneurs - ✆ 03 89 73 65 88 - www.distillerie-mette.com - lun.-vend. 9h-12h, 13h30-18h30, sam.16h-18h - fermé dim. et j. fériés.* Cette distillerie élabore pas moins de 87 sortes d'eaux-de-vie et 28 variétés de liqueurs, toujours de façon artisanale. Son eau-de-vie de gingembre et celles à base de cannelle, de café ou d'ail ne laissent pas de surprendre les fines gueules.

AGENDA

Le Pfifferdaj ou Fête des ménétriers – Importantes festivités au cours desquelles un grand cortège parcourt les rues de la ville *(1er dim. de sept.).*

Foire aux vins – *Le w.-end suivant le 14 Juil.*

2

Riquewihr

★★★

1 203 Riquewihriens – Haut-Rhin (68)

Si, à l'exception des Lorrains en 1635, Riquewihr a toujours su résister aux envahisseurs, la ville se laisse volontiers amadouer par les visiteurs qui sont chaque année plus de 2 millions à franchir ses remparts. Elle est passée miraculeusement à travers toutes les guerres, toutes les destructions. Les ruelles, les murailles et les vieilles maisons ont conservé, pratiquement intactes, leur splendeur du 16e s. et une harmonie architecturale remarquable. La ville est fleurie tout au long de l'année et joliment décorée aux périodes de Pâques et de Noël.

NOS ADRESSES PAGE 224
Hébergement, restauration, achats, activités, etc.

S'INFORMER

Office de tourisme – *2 r. de la 1re-Armée - 68340 Riquewihr - ✆ 03 89 73 23 23 - www.ribeauville-riquewihr.com - 3 avr.-31 oct. et déc. : 9h30-12h, 14h-18h, lun. et jeu. 10h-12h, 14h-18h, dim. 10h-13h ; 2 janv.-2 avr. et nov. : tlj sf dim. et j. fériés 10h-12h, 14h-17h ; reste de l'année : se rens. - fermé 1er janv., 1er Mai, 25 déc.*

SE REPÉRER

Carte de microrégion B2 (p. 186-187). À l'ouest de l'axe Colmar-Sélestat et au sud de Ribeauvillé.

SE GARER

Utilisez les parkings à l'extérieur de la ville : place des Charpentiers, rue de la Piscine, rocade nord et près de la poste, car le centre est piéton.

À NE PAS MANQUER

La rue du Gén.-de-Gaulle pour ses belles demeures du 16e s. et le musée Hansi pour se familiariser avec l'œuvre du célèbre dessinateur alsacien.

ORGANISER SON TEMPS

Prenez le temps de déjeuner dans une auberge en forêt, à l'écart des foules.

Se promener Plan de ville p. 223

Passez sous l'hôtel de ville, prenez la rue du Gén.-de-Gaulle (qui traverse Riquewihr d'est en ouest) puis à gauche, engagez-vous dans la cour du château.

Château des ducs de Wurtemberg B

Reconstruit en 1540 par le comte Georges de Wurtemberg, il a gardé ses fenêtres à meneaux, son pignon couronné de bois de cerf et sa tourelle d'escalier. Il abrite le musée de la Communication en Alsace. Devant la façade du château, petit musée lapidaire de plein air et autel de la Liberté de 1790.

Musée de la Communication B

Château des Comtes-de-Wurtemberg-Montbéliard - ✆ 03 89 47 93 80 - www.shpta.com - du w.-end de Pâques à fin déc. : 10h-17h30 - fermé 25 déc. - 5 € (-16 ans 2,50 €) - 11 € billet famille.

Une diligence à trois compartiments (modèle 1835) est stationnée à l'entrée du musée qui retrace l'évolution des moyens de communication utilisés en Alsace de l'époque gallo-romaine au 20e s. : messagers à pied, poste aux lettres,

Riquewihr.
A. Prill/iStock

aviation postale, télégraphe et téléphone. Sont aussi exposés des véhicules allant du 18e s. (turgotine de 1775, première malle-poste en osier de 1793) au début du 20e s. Uniformes, plaques et bottes de postillon, livres de poste et enseignes complètent l'ensemble.
Suivez la rue du Gén.-de-Gaulle.
Au n° 12, la **maison Irion** date, avec son oriel d'angle, de 1606 ; en face, puits du 16e s. Au n° 14, la **maison Jung-Selig**, de 1561, avec ses pans de bois ouvragés, est l'une des maisons à colombages les plus hautes d'Alsace. Au n° 16 se trouve le musée **Hansi**.

Maison de Hansi B

16 r. du Gén.-de-Gaulle - ✆ 03 89 47 97 00 - juil.-déc. : 9h30-12h30, 13h30-18h30 ; fév.-mai : 10h-12h30, 13h30-18h - fermé 7 janv.-1er fév., 1er janv., 25 déc. - 3 €.
Pour accéder au musée, un passage obligé : la boutique de souvenirs. À l'étage, plus rien n'est à vendre : aquarelles, lithographies, eaux-fortes, faïences décorées, affiches publicitaires, histoire de tout connaître (ou presque) du talentueux dessinateur et caricaturiste colmarien J.-J. Waltz, dit Hansi.

★ Maison Liebrich (cour des Cigognes) B

Elle date de 1535, avec sa pittoresque cour à galeries de bois à balustres (milieu du 17e s.), un puits de 1603 et un énorme pressoir (1817). En face, **maison Behrel** avec un joli oriel de 1514 surmonté d'une partie ajoutée en 1709.
Prenez la rue Kilian, première à droite.
Tout au fond de la rue, belle porte (1618) de la **maison Brauer**.
Revenez rue du Gén.-de-Gaulle et empruntez à droite la rue des Trois-Églises.

Place des Trois-Églises B

Elle est encadrée par les anciennes églises St-Érard et Notre-Dame, converties en maisons d'habitation, et par un temple protestant du 19e s.
Revenez rue du Gén.-de-Gaulle et prenez à droite la cour des Vignerons.

★ Maison Preiss-Zimmer A

La façade de cette maison bâtie en 1686 est l'une des plus décorées de la cité. L'enseigne de cette ancienne maison de gourmet « À l'Étoile » a été réalisée par Hansi. Plusieurs cours successives forment un ensemble pittoresque : la seconde donne sur la maison qui appartenait à la corporation des vignerons.
Prenez la rue du Gén.-de-Gaulle et passez devant l'ancienne **cour dîmière des sieurs de Ribeaupierre**.
Au bout de la rue du Gén.-de-Gaulle, sur la place de la Sinn, à droite, jolie **fontaine dite Sinnbrunnen** de 1560 utilisée pour jauger les tonneaux et autres récipients. Elle porte les armes de Riquewihr et celles des comtes de Horbourg, anciens propriétaires de la seigneurie qu'ils ont vendue en 1324 aux comtes de Wurtemberg.
Prenez à droite la rue des Juifs.

Rue et cour des Juifs A

La petite rue des Juifs débouche sur la cour des Juifs, ancien ghetto qui fut victime d'un pogrom au début du 15e s. Au fond, un étroit passage et un escalier de bois conduisent aux remparts et au **musée de la Tour des Voleurs**.

Musée de la Tour des Voleurs A

14 r. des Juifs - ☏ 03 89 73 23 23 - www.ribeauville-riquewihr.com - de déb. avr. à déb. nov. : 10h30-13h, 14h-18h ; 28 nov.-20 déc. : w.-end 10h-16h - 4 € (-15 ans gratuit) - 6 € billet combiné avec le musée du Dolder.
Dans cette ancienne tour défensive, on visite la prison avec salle de torture, oubliettes et salle de garde. Voyez aussi la **maison de Vigneron**, attenante au musée, avec sa cuisine, sa chambre et son cellier où sont exposés des outils liés au travail de la vigne et du vin. Expositions temporaires…

★ Dolder A

Ancienne porte défensive élevée en 1291. Une cloche à son sommet, refondue au 19e s., signalait aux habitants d'éventuelles menaces sur la cité.

Musée du Dolder A

Accès par l'escalier à gauche de la porte du Dolder. 58 r. du Gén.-de-Gaulle - ☏ 03 89 73 23 23 - www.ribeauville-riquewihr.com - 11 juil.-23 août : 14h-18h ; 3 avr.-10 juil. et 24 août-1er nov. : w.-end et j. fériés 14h-18h - 4 € (-15 ans gratuit) - 6 € billet combiné avec la tour des Voleurs et la maison de Vigneron.
Il renferme des souvenirs, gravures, armes, ustensiles se rapportant à l'histoire locale (outils, meubles, serrures…).
Passez sous le Dolder pour accéder à l'Obertor.

Obertor (Porte supérieure) A

Remarquez sa porte à double battant, sa herse et la place de l'ancien pont-levis de 1500. Sur la gauche, rempart de la cour des Bergers avec sa tour de défense.
Faites demi-tour, repassez sous le Dolder et descendez la rue du Gén.-de-Gaulle pour tourner à droite dans la rue du Cerf.

★ Maison Kiener A

2 r. du Cerf.
La maison Kiener, édifiée en 1574, est surmontée d'un fronton présentant une inscription en cartouche et un motif en bas relief où l'on voit la Mort saisir le fondateur de la maison. La porte en plein cintre est taillée en biais pour faciliter l'entrée des voitures. En face, l'ancienne **auberge du Cerf** date de 1566.
Continuez la rue du Cerf, puis tournez à gauche dans la rue Latérale et faites quelques pas dans la rue du Cheval, à droite.

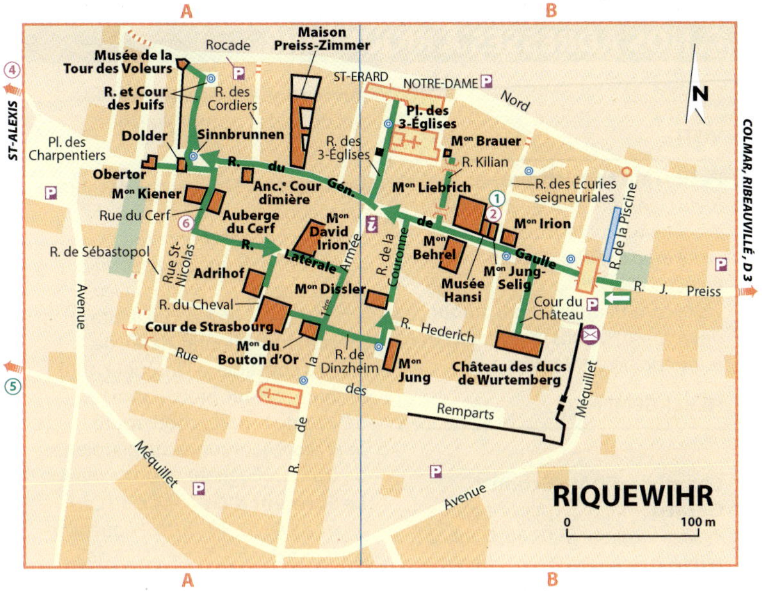

SE LOGER		SE RESTAURER	
Oriel (Hôtel À l')	①	Grappe d'Or (La)	②
Schmitt Gérard (Chambre d'hôte)	⑤	Saint-Alexis (Auberge)	④
		Sarment d'Or (Le)	⑥

Au n° 5, ancienne propriété de l'abbaye d'Autrey, dite **Adrihof** (A), bel ensemble reconstruit en 1581, avec sa tourelle d'escalier et son puits de 1587.

Rue Latérale A

Elle possède de belles maisons, parmi lesquelles, au n° 6, la **maison du marchand Tobie Berger**, qui a gardé un oriel de 1551 et une belle porte Renaissance dans la cour.

Tournez à droite dans la rue de la 1re-Armée.

Maison du Bouton d'Or A

N° 16.

À l'angle de cette maison datée de 1566, une impasse conduit à l'ensemble dit « **cour de Strasbourg** » (1597), propriété de l'évêché éponyme jusqu'en 1324.

Revenez sur vos pas. Prenez ensuite la rue Dinzheim qui s'amorce devant la maison du Bouton d'Or. On arrive ainsi dans la rue de la Couronne.

Maison Jung B

N° 18.

Pan de bois avec oriel ouvragé (1683) ; en face, un vieux puits, le **Kuhlebrunnen**.

★ Maison Dissler B

N° 6.

Construite en pierre, elle constitue, avec son pignon à volutes et sa loggia, un intéressant témoignage de la Renaissance rhénane (1610).

Regagnez la rue du Gén.-de-Gaulle, tournez à droite pour rejoindre l'hôtel de ville.

NOS ADRESSES À RIQUEWIHR

Plan p. 223

VISITE

Petit train touristique – *R. du Gén.-de-Gaulle - ✆ 03 89 73 74 24 - www.petit-train.com - ♿ - visite guidée (30mn) de mi-avr. à fin oct. : 10h-19h - 7 € (-14 ans 5 €) - visite commentée (30mn) autour des remparts, dans le vignoble, avec retour par la vieille ville.*

HÉBERGEMENT

BUDGET MOYEN

Chambre d'hôte Schmitt Gérard hors plan par A – *3 r. des Vignes - ✆ 03 89 47 89 72 - fermé janv.-mars, 3 sem. nov. - P - 2 ch. 58/70 €* ☕. La maison de M. Schmitt, agrémentée d'un jardin, est située sur les hauteurs du village, à la lisière du vignoble. Chambres lambrissées aménagées sous les toits. Adresse appréciée pour sa propreté et ses prix doux.

POUR SE FAIRE PLAISIR

Hôtel À l'Oriel B – *3 r. des Écuries-Seigneuriales - ✆ 03 89 49 03 13 - www.hotel-oriel.com - P - 22 ch. 76/137 € - ☕ 12,90 €.* Dans une ruelle tranquille, jolie façade du 16e s. ornée d'un oriel. Chambres rustiques personnalisées (quelques lits bateau), plus cossues dans l'annexe. Caveau transformé en bar.

RESTAURATION

PREMIER PRIX

Auberge St-Alexis hors plan (dir. A) – *68240 St-Alexis (5 km à l'ouest de Riquewhir) - ✆ 03 89 73 90 38 - www.saintalexis.fr - ♿ - P - fermé vend. - 14,50/19 €.* Une magnifique forêt de conifères entoure cette auberge au chaleureux intérieur campagnard. Cuisine du terroir simple et authentique, préparée avec les produits des fermes voisines.

BUDGET MOYEN

La Grappe d'Or B – *1 r. des Écuries-Seigneuriales - ✆ 03 89 47 89 52 - www.restaurant-grappedor.com - fermé de fin juin à déb. juil., janv., merc. de fév. à mars et jeu. - rest. 21/37 €.* Cette accueillante maison toute fleurie, datée de 1554, a conservé, à l'intérieur, tout le charme d'autrefois. Parmi les délices du terroir : choucroute, *baeckeofe*, jambonneau, paupiettes de truite… Également un caveau.

Le Sarment d'Or A – *4 r. du Cerf - ✆ 03 89 86 02 86 - http://riquewihr-sarment-dor.fr - fermé 16-24 nov., 2-24 mars et 1 sem. déb. juil. - P - formule déj. 18 € - 26/37 € - 9 ch. 70/80 € - ☕ 9 €.* Demeure du 17e s. au séduisant décor et cuisine traditionnelle soignée.

ACHATS

Féerie de Noël – *1 r. du Cerf - ✆ 03 89 47 94 02 - www.feeriedenoel.com - de mi-fév. à fin juin : 10h-12h30, 13h45-18h ; juil.-août : 10h-18h45 ; sept.-déc. : 10h-12h30, 13h45-18h30 - fermé de déb. janv. à mi-fév., 1er janv. et 25-26 déc.* Tout pour décorer la maison à l'occasion des fêtes de fin d'année.

Domaine Dopff « Au Moulin » – *2 av. Jacques-Preiss - ✆ 03 89 49 09 69 - www.dopff-au-moulin.fr - 10h-12h, 14h-18h - fermé 1er janv. et 25-26 déc.* Impossible de parler des vins d'Alsace sans évoquer la célèbre famille Dopff, liée à la vigne depuis le 17e s. Citons ses sept crémants incontournables, dont la cuvée Julien brut, l'excellente gamme traditionnelle et les grands crus de schœnenbourg en riesling ou sporen en gewurztraminer.

Kaysersberg

★★

2 713 Kaysersbergeois – Haut-Rhin (68)

« Il est minuit, docteur Schweitzer ! » Rien n'a beaucoup changé dans la petite ville où vous êtes né. Elle a conservé son aspect médiéval, ses vieilles maisons, les ruines de son château, le très beau retable de l'église Ste-Croix, le puits Renaissance avec son inscription amusante, le pont fortifié… Quoi de neuf ? Eh bien, en 1975, le schlossberg a été le premier vin à bénéficier de l'appellation grand cru d'Alsace, le marché de Noël de Kaysersberg est devenu l'un des plus célèbres de cette région et, surtout, un musée, à votre nom, vous est consacré près de votre maison natale.

NOS ADRESSES PAGE 228
Hébergement, restauration, achats, activités, etc.

S'INFORMER

Office de tourisme – *39 r. du Gén.-de-Gaulle - 68240 Kaysersberg - 03 89 78 22 78 - www.kaysersberg.com - de mi-juin à fin sept. : 9h-13h, 14h30-18h, dim. et j. fériés 10h-13h ; reste de l'année : tlj sf dim. et j. fériés 9h30-12h, 15h-17h30 - fermé certains j. fériés.*

SE REPÉRER

Carte de microrégion A2 (p. 186-187). Kaysersberg se trouve à 12 km au nord-ouest de Colmar.

SE GARER

La ville est entièrement piétonne ; parkings à l'ouest, au sud et à l'est de Kaysersberg.

À NE PAS MANQUER

Le retable de l'église Ste-Croix, le pont fortifié, les vestiges du château et la vue qu'ils offrent sur la ville et la vallée de la Weiss. Pendant l'avent, le marché de Noël.

ORGANISER SON TEMPS

Une halte à Kaysersberg marie forcément parcours culturel et découvertes gourmandes avec, au choix, un repas dans l'un de ses restaurants, une dégustation de vins locaux ou d'une bonne pâtisserie.

Se promener

Partez de l'hôtel de ville (rue du Gén.-de-Gaulle).

★ Hôtel de ville

Construit dans le style de la Renaissance rhénane, il offre une jolie façade, une cour tranquille et une galerie de bois ouvragée et fleurie.

Passez sous le porche, à droite de l'hôtel de ville. Un sentier monte en escalier (10-15mn) jusqu'aux ruines du château.

Château

Deux possibilités pour bénéficier d'une jolie **vue**★ sur la ville : grimper en haut de la tour ou poursuivre un peu l'ascension par le sentier. Dans ce cas, la tour ajoute encore du charme au paysage tapissé de vignes.

Faites le tour du château pour redescendre côté ouest.
En parvenant rue des Forgerons, tournez à gauche, passez sous l'arche et poursuivez jusqu'à la rue du Gén.-de-Gaulle.

Hostellerie du Pont

Elle se trouve à droite, à l'angle de la rue des Forgerons.
À la fois robuste et élégante, c'était l'ancienne maison des bains.

Maison Renaissance

Face au pont fortifié, belle maison du forgeron Michel Herzer (de 1592) à colombages peints. Une gargouille colorée semble surgir de la plus haute lucarne.

★ Pont fortifié

Il possède un parapet crénelé et porte même un oratoire. Dès que vous l'aurez traversé, vous admirerez la **maison Brief★**, appelée aussi « maison du Gourmet », remarquable par ses pans de bois richement sculptés et peints, et sa galerie couverte.
Revenez sur vos pas pour tourner à droite dans la rue du Gén.-de-Gaulle.

Ancienne boucherie

Aussitôt à l'angle, elle date de 1616. Le canal des Moulins coule en dessous.

Place du 1er-RCA

Entrez dans la cour du Musée communal *(voir plus loin)* pour admirer deux maisons patriciennes aux pignons jumelés. De l'autre côté de la rue, bel ensemble de façades à pans de bois des 17e et 18e s. À l'angle de la rue du Collège, passez l'imposant portail de la maison Volz pour trouver le **puits Renaissance** de 1618, sur lequel figure cette inscription : « Si tu te gorges d'eau à table, cela te glacera l'estomac ; je te conseille de boire du bon vin vieux et laisse-moi mon eau ! »
Un peu plus loin, place Jean-Ittel, maison Lœwert (boulangerie) avec oriel d'angle.
Tournez à gauche dans l'impasse du Père-Staub.

Maison Bohn

Sur le coin de cette maison de 1601, un étrange personnage vous dévisage.
Revenez vers l'église.

★ Église Sainte-Croix

Sur son parvis, une jolie fontaine de 1521, restaurée au 18e s., représente l'empereur Constantin. Certains chapiteaux du portail roman sont décorés de pélicans et sirènes à deux queues, motif d'inspiration lombarde. Groupe en bois sculpté polychrome dans la nef, belle verrière (15e s.) de Pierre d'Andlau représentant le Christ en croix entre les deux larrons. Dans le chœur, un large triptyque constitué d'un panneau central entouré de 12 panneaux sculptés : le **retable★★** du maître Jean Bongartz de Colmar (1518) dépeint la Crucifixion et des scènes de la Passion. Au revers, les peintures (17e s.) représentent la découverte et l'Exaltation de la Sainte Croix. Le bas-côté nord abrite un saint-sépulcre de 1514. Remarquez le groupe des saintes femmes, de Jacques Wirt. Détail que l'on retrouve dans plusieurs églises d'Alsace : la poitrine du Christ est percée d'une entaille destinée à recevoir les hosties pendant la Semaine sainte.

Cimetière

Des fragments archéologiques donnent à ce cimetière le caractère d'un musée lapidaire. Une galerie de bois du 16e s. abrite une croix dite « de la peste », de 1511. Un mémorial et une série de croix blanches rendent hommage aux victimes de la Seconde Guerre mondiale.

Chapelle Saint-Michel

C'était l'ancienne chapelle du cimetière. Elle date de 1463 et comporte deux étages. La salle inférieure, transformée en ossuaire, est assez saisissante (bénitier avec une tête de mort à la base). Dans la chapelle supérieure, fresque de 1464 et à droite, dans le chœur, curieux crucifix du 14e s.

Revenez rue du Gén.-de-Gaulle pour emprunter, en face, la rue de la Commanderie.

Rues de la Commanderie et de l'Ancien-Hôpital

On y admire des maisons très colorées, comme celle du bourgmestre Jean Vollrath. Un peu plus loin, sur la gauche, ancien manoir d'Étienne de Bavière.

À voir aussi

Musée communal

62-64 r. du Gén.-de-Gaulle - ✆ 03 89 78 11 11 - http://ville-kaysersberg.fr - juil.-août : 10h30-12h, 14h-18h - 2 € (-10 ans gratuit).

Dans une maison Renaissance avec tourelle à escalier, objets d'art religieux (rare Vierge ouvrante du 14e s., Christ des Rameaux du 15e s.), d'art populaire et d'archéologie.

Musée Albert-Schweitzer

126 r. du Gén.-de-Gaulle - ✆ 03 89 47 36 55 - ♿ - juil.-sept. : 9h-12h, 14h-19h ; de mi-mars à fin juin et 1er oct.-11 Nov. : tlj sf merc. 9h-12h, 14h-18h ; w.-end du marché de Noël : 10h-12h, 14h-18h - 2 € (-18 ans 1 €).

Situé à côté de la maison où il vit le jour en 1875, le musée présente des documents, photos et objets personnels retraçant sa vie *(voir p. 44)*. On peut également visiter la maison de son enfance à Gunsbach *(voir Munster, p. 308)*.

2

À proximité Carte de microrégion p. 186-187

Kientzheim B2

À 3 km à l'est de Kaysersberg.

L'entrée dans Kientzheim donne d'emblée le ton : la **porte Basse** – dite du « Lalli » – est surmontée d'une tête sculptée qui tire la langue aux passants. Cette tête narguait l'assaillant qui avait franchi l'enceinte, mais l'effrayait-elle vraiment ? Ici, le charme du Moyen Âge habite encore les rues au détour desquelles on rencontre des maisons à colombages, de vieux puits, des cadrans solaires…

Ancien château – Remontant au Moyen Âge mais transformé au 16e s., l'ancien château est aujourd'hui le siège de la confrérie St-Étienne, qui, au cours de dégustations à l'aveugle, octroie des « sigilles » (labels) de qualité aux vins qui lui sont présentés.

Un **musée du Vignoble et des Vins d'Alsace** rassemble sur trois étages une importante vinothèque. *1 Grand'Rue - ✆ 03 89 78 21 36 - www.musee-du-vignoble-alsace.fr - juin-oct. : 10h-12h, 14h-18h ; mai : w.-end et j. fériés 10h-12h, 14h-18h - possibilité de visite guidée (1h) - 4 € (-10 ans gratuit).* Les collections comprennent notamment un monumental pressoir ancien et de nombreux instruments devenus rares, comme ce curieux arracheur de ceps.

Église – Elle arbore une tour gothique très restaurée. Sur le mur nord, à l'angle d'une ruelle, étrange fresque représentant une inquiétante *Danse macabre*. À l'intérieur, sur l'autel latéral gauche, Vierge du 14e s. et, à côté, **pierres tombales★** de Lazare de Schwendi. Dans la sacristie, ancien ossuaire, fresques du 14e s. et statues de la Vierge des 14e et 17e s.

Chapelle Sts-Félix-et-Régule – À l'intérieur, curieux ex-voto, peintures naïves sur toile et sur bois, de 1667 à 1865.

NOS ADRESSES À KAYSERSBERG

HÉBERGEMENT

BUDGET MOYEN

Chambre d'hôte Les Cèdres – *104 rte de Lapoutroie - ✆ 03 89 47 15 14 - www.les-cedres.org - fermé de déb. janv. à fin mars - P - - 5 ch. 56/76 €* . Cette maison entourée d'un parc dispose de chambres confortables baptisées de noms de fleurs. Mobilier agréable et literie d'excellente qualité. Une adresse intéressante par son rapport qualité-prix et sa situation pratique au cœur de ce charmant village touristique.

POUR SE FAIRE PLAISIR

Hôtel Les Remparts – *4 r. de la Flieh - ✆ 03 89 47 12 12 - www.lesremparts.com - ♿ - P - 44 ch. 62/97 € - 10 €.* L'hôtel se trouve dans un quartier résidentiel calme, aux portes de la cité. Chambres pratiques dotées d'amples terrasses joliment fleuries à la belle saison.

À proximité

Hostellerie Schwendi – *2 pl. Schwendi - 68240 Kientzheim - ✆ 03 89 47 30 50 - www.schwendi.fr - fermé de déb. janv. à déb. mars, rest. de fin déc. à déb. mars - 29 ch. 86/118 € - 11 € - rest. 25/63 €.* Belle façade à pans de bois dressée sur une placette pavée. Intérieur mi-rustique, mi-bourgeois. Coquettes chambres personnalisées, encore plus confortables à l'annexe. Carte régionale et vins de la propriété à déguster l'été en terrasse, face à une fontaine.

L'Abbaye d'Alspach – *2 r. Mar.- Foch - 68240 Kientzheim - ✆ 03 89 47 16 00 - www.hotel-abbaye-alspach.com - fermé de déb. janv. à mi-mars - ♿ - P - 31 ch. 93/182 € - 12,50 €.* Parmi les atouts de cet hôtel occupant les dépendances d'un couvent du 11e s. : six superbes suites, une jolie cour et un bon petit-déjeuner (*kugelhopf* et confitures maison).

RESTAURATION

PREMIER PRIX

Flamme & Co – *4 r. du Gén.-de-Gaulle - ✆ 03 89 47 16 16 - www.flammeandco.fr - fermé lun. - 9/25 €.* La *flammekueche* (tarte flambée) érigée en concept, et même en concept branché ! Four à bois éclairé par des spots fluo, fauteuils zébrés… et des créations telles que la flamme fromage frais aux herbes, noix, pousses d'épinard et miel poivré.

BUDGET MOYEN

À La Porte Haute – *118 r. du Gén.-de-Gaulle - ✆ 03 89 78 21 49 - fermé 2 sem. en janv., 1 sem. de fin juin. à déb. juil., 1 sem. en nov., mar. soir et merc. - 18/23 €.* Un séjour en Alsace passe obligatoirement par une dégustation de choucroute, alors offrez-vous le grand jeu avec une Royale aux sept garnitures… à moins que vous ne préfériez vous laisser tenter par un coq au riesling ou une tarte flambée. Agréable salle à manger, service souriant et prix raisonnables.

Winstub du Château – *38 r. du Gén.-de-Gaulle - ✆ 03 89 78 24 33 - fermé janv., merc. soir et jeu. - 18/32 €.* Le restaurant de la famille Kohler attire beaucoup de monde, notamment en fin d'année car le marché de Noël de Kaysersberg est devenu l'un des plus célèbres d'Alsace. On y déguste une honorable cuisine régionale : escargots à l'alsacienne, choucroute royale, fricassée de volaille au riesling…

La Vieille Forge – *1 r. des Écoles - ✆ 03 89 47 17 51 - fermetures annuelles, se rens. - fermé merc.-jeu. - ♿ - formule déj. 11/14 € - 28/56 €.* Le cachet de l'ancien (façade à colombages du 15e s., poutres, poêle en faïence…), mais une déco colorée et pleine de peps pour un lieu qui n'en manque pas. Carte régionale assortie de suggestions de saison.

Au Lion d'Or – *66 r. du Gén.-de-Gaulle - ✆ 03 89 47 11 16 - www.auliondor.fr - fermé merc., mar. soir de mai à oct., et fév. - rest. 20/32 €.* Belle maison de 1521 tenue par la même famille depuis 1724 ! Salles à manger d'époque (dont une ornée d'une monumentale cheminée) pouvant accueillir jusqu'à 180 convives.

ACHATS

Boutique Anne De Laweiss – *20 r. du Gén.-de-Gaulle - ✆ 03 89 47 18 43 - 10h30-13h, 14h-18h30 - fermé lun.-mar. de sept. à juin, lun. en juil.-août - visite sur RV.* Dégustation et vente de vins et crémant d'Alsace.

Verrerie d'Art de Kaysersberg – *30 r. du Gén.-de-Gaulle - ✆ 03 89 47 14 97 - boutique : 10h-12h30, 14h-18h, dim., lun. et j. fériés 14h-18h ; atelier : tlj sf dim., lun. et j. fériés 10h-12h30, 14h-18h - fermé lun. en fév.-mars.* Située dans le centre historique de Kaysersberg, cette verrerie d'art ouvre au public les portes de son atelier de fabrication artisanale. Les maîtres verriers font découvrir les différentes opérations de leur travail : cueillage, soufflage et façonnage à la main. Exposition et vente des objets à la boutique située en face de l'atelier.

Bestheim – *20 r. du Gén.-de-Gaulle - 68240 Kaysersberg - ✆ 03 89 47 18 43 - www.bestheim.com - merc.-sam. 10h30-13h, 14h-18h30 - fermé janv.* Grâce à des méthodes de vinification rigoureuses et des contrôles stricts de la qualité, les vins de Bestheim, qui a fusionné en janvier 2015 avec la cave de Kientzheim-Kaysersberg, possèdent des propriétés remarquables, reconnues par les spécialistes. Les grands crus schlossberg et furstentum et les cuvées du lieu-dit Altenburg figurent parmi les chantres de l'Alsace viticole. Autres boutiques à Bennwihr (*✆ 03 89 49 09 29*) et Westhalten (*✆ 03 89 47 18 43*).

Domaine Paul Blanck – *29 Grand'Rue - 68240 Kientzheim - ✆ 03 89 78 23 56 - www.blanck.com - d'avr. à fin oct. : 10h-12h, 14h-18h, sam. 17h ; hors saison sur RV - fermé dim. et j. fériés.* On ne compte plus les récompenses dans la famille Blanck, vignerons de père en fils depuis… 1610. Cultivant les sept cépages alsaciens, Philippe et Frédéric entretiennent la réputation des vins locaux avec leurs grands crus schlossberg et furstentum et leurs crus patergarten et altenburg.

Turckheim

★

3 739 Turckheimiens – Haut-Rhin (68)

Venant de Niedermorschwihr par la jolie route qui traverse les vignes, vous verrez apparaître, derrière ses remparts, la petite ville aux toitures anciennes et son clocher aux tuiles polychromes. C'est ici, aux portes de la ville, que Turenne, en 1675 durant la guerre de Hollande, a surpris les envahisseurs impériaux en passant par la montagne en plein hiver. Mis en déroute, ils ont retraversé le Rhin quasiment sans livrer bataille.

NOS ADRESSES PAGE CI-CONTRE
Hébergement, restauration, achats, activités, etc.

S'INFORMER

Office de tourisme – *Corps-de-Garde - 68230 Turckheim - 03 89 27 38 44 - www.turckheim.com - juil.-août : 9h-12h, 13h30-18h, sam. 9h-12h, 14h-17h, dim. et j. fériés 10h-12h ; reste de l'année : tlj sf dim. et j. fériés 9h-12h, 13h30-18h, sam. 9h-12h, 14h-17h.*

SE REPÉRER

Carte de microrégion B2 (p. 186).
À la sortie ouest de Colmar, dans la vallée de la Fecht.

SE GARER

Parking en face de la porte de France.

Se promener

L'ancienne ville impériale a beaucoup souffert pendant la bataille de Colmar, durant l'hiver 1944-1945. Elle a perdu près d'une centaine de maisons, avant de regagner sa liberté. Au fil de la promenade, vous pourrez néanmoins admirer les demeures médiévales épargnées ainsi que les portes fortifiées.

Porte de France

Face au quai de la Fecht, elle s'ouvre dans une tour massive et quadrangulaire du 14e s. qui porte un nid de cigogne.

Place Turenne

Elle est entourée de maisons anciennes. À droite, le corps de garde, précédé d'une fontaine du 18e s. Au fond, l'hôtel de ville construit en 1595 avec pignon Renaissance ; derrière émerge la tour aux assises romanes de l'ancienne église.

Grand'Rue

De nombreuses maisons de viticulteurs datent de la fin du 16e et du début du 17e s. Belle maison à colombages dont l'oriel repose sur un pilier en bois.

Porte de Munster et obélisque en grès à la gloire de Turenne

Une autre des trois portes typiques de la ville.
Revenez par la Grand'Rue.

Hôtel des Deux Clefs

Ancienne hostellerie municipale, il a été rénové par la ville en 1620. Son oriel repose sur un pilier de pierre.

NOS ADRESSES À TURCKHEIM

VISITES

Circuit historique – *Corps-de-Garde - ✆ 03 89 27 38 44 - www.turckheim.com - ♿ - possibilité de visite guidée (50mn) juil.-août, découverte du patrimoine architectural. Brochure du circuit historique disponible à l'office de tourisme.*

Circuit viticole – *✆ 03 89 27 38 44 - tte l'année - environ 2h à pied - dép. 30 m apr. la porte du Brand sur votre droite, à hauteur d'un petit oratoire. Attention, escalier sur le parcours. Sous le nom de « Sentier du dragon », circuit de 3,5 km à travers les vignes, balisé de panneaux explicatifs, pour vous apprendre à connaître le travail de la vigne ainsi que les différents cépages. Beau panorama sur la ville.*

Autres circuits – *✆ 03 89 27 38 44 - départ porte de Munster. Attention, escalier sur les deux parcours. « Sentier des toits » : circuit de 1,4 km (environ 1h) au-dessus de la vieille ville. « Sentier du vallon Ste-Anne » : circuit de 2 km (environ 1h15) dans les vignobles et la forêt.*

HÉBERGEMENT

BUDGET MOYEN

Hôtel Le Berceau du Vigneron – *4 r. du Tir - ✆ 03 89 27 23 55 - www.berceau-du-vigneron.com - P - fermé de déb. janv. à déb. mars - 15 ch. 60/70 € - ☕ 10 €.* Maison à colombages bâtie en partie sur les remparts de la vieille ville. Chambres fraîches, plus calmes sur l'arrière. L'été, petit-déjeuner dans la cour intérieure.

POUR SE FAIRE PLAISIR

Hôtel Les Portes de la Vallée – *29 r. Romaine - ✆ 03 89 27 95 50 - www.hotelturckheim.com - ♿ - P - 15 ch. 80 € - ☕ 9 € - rest. 20 €.* Dans un quartier calme, deux bâtiments différents rénovés récemment, avec piscine et sauna. Plats alsaciens et salle d'inspiration *winstub*.

RESTAURATION

BUDGET MOYEN

Caveau Morakopf – *7 r. des Trois-Épis - 68230 Niedermorschwihr - ✆ 03 89 27 05 10 - www.caveaumorakopf.fr - fermetures annuelles se rens., fermé dim. et lun. - ♿ - P - carte 17-40 €.* Atmosphère chaleureuse dans ce restaurant, qui occupe la cave d'un bâtiment du 18e s., doté d'une agréable terrasse-jardin. Les spécialités comme le *schwina zingala* (langue de porc au court-bouillon) ou les *fleischschnacka* figurent bien sûr au menu.

POUR SE FAIRE PLAISIR

L'Homme Sauvage – *19 Grand'Rue - ✆ 03 89 27 56 15 - www.restauranthommesauvage.com - fermé mar. soir de nov. à avr., dim. soir et merc. - formule déj. (en sem.) 14 €, rest. 31/50 €.* Cette auberge accueille les amateurs de bonne chère depuis 1609. Cuisine actuelle à déguster dans un cadre contemporain, ou dans la cour pavée ombragée.

AGENDA

Ronde du veilleur de nuit – *✆ 03 89 27 38 44 - www.turckheim.com - mai-oct. : tlj à 22h ; 3 premiers sam. de déc. : 22h ; 31 déc. : 0h - dép. pl. de Turenne, devant le corps de garde.* Drapé dans une houppelande et coiffé d'un tricorne, le veilleur de nuit arpente les ruelles de la vieille ville, il s'arrête à chaque carrefour et entonne une mélopée. Le 31 décembre, la ronde se fait à minuit, pour les vœux aux autorités et bourgeois de la ville.

Eguisheim

★

1 683 Eguishiens – Haut-Rhin (68)

Inoubliable, l'arôme des deux grands crus d'Eguisheim ! Inoubliable, également, la forme, toute ronde, de ce village. Entouré de vignes, ce dernier s'est développé en cercles concentriques à partir du château octogonal du 13e s. Si les trois fameuses tours, qui servaient de cadran solaire aux travailleurs de la plaine, sont définitivement en ruine, les ruelles et les vieilles maisons de la ville semblent n'avoir pas vu passer les quatre derniers siècles. Vous voici plongé en pleine Renaissance.

NOS ADRESSES PAGE 235
Hébergement, restauration, achats, activités, etc.

S'INFORMER

Office de tourisme – *Grand'Rue - 68420 Eguisheim - 03 89 23 40 33 - www.ot-eguisheim.fr - de mi-juin à déb. oct. et déc. : 9h30-12h30, 13h30-18h, sam. 9h30-12h30, 13h30-17h, dim. 10h30-12h30, 13h30-16h30 ; de déb. avr. à mi-juin et de déb. oct. à fin nov. : tlj sf dim. 9h30-12h30, 13h30-18h, sam. 9h30-12h30, 13h30-17h ; reste de l'année : tlj sf dim. 9h30-12h, 13h-17h - fermé certains j. fériés.*

SE REPÉRER

Carte de microrégion B3 (p. 187).
À 7 km au sud de Colmar, 41 km au nord de Mulhouse. Accès par la D 83 ou la E 225-A 35 Colmar-Mulhouse.

À NE PAS MANQUER

Le circuit des remparts et la route des Cinq-Châteaux.

ORGANISER SON TEMPS

Après avoir parcouru les vieilles rues de la ville, prévoyez des chaussures de marche pour partir à la découverte des cinq châteaux environnants (le circuit s'effectue en voiture, mais l'accès aux châteaux n'est possible qu'à pied).

AVEC LES ENFANTS

Le château du Hohlandsbourg et ses animations chevaleresques (en été).

Se promener

Grand'Rue

Maisons anciennes à grands portails armoriés et datés, ainsi que deux jolies fontaines Renaissance.

★ Circuit des remparts

Suivre le circuit fléché pour emprunter l'ancien chemin de ronde. Les rues étroites et pavées sont bordées de vieilles maisons très riches architecturalement (balcons, oriels, pans de bois, pignons pointus).

Église

À l'intérieur de l'église moderne, à droite en entrant, une chapelle s'ouvre sous le clocher. Au tympan (12e s.) de l'ancien portail, un Christ entre saint Pierre et saint Paul ; le linteau représente la parabole des vierges sages et des vierges folles. De superbes vitraux modernes retracent des scènes de la vie de Léon IX. Bel orgue Callinet du 19e s.

Eguisheim, à la tombée de la nuit.
K. Kreder/imagebroker/age fotostock

Sentier viticole

03 89 23 40 33 - circuit de 3 km à travers les vignes, balisé de panneaux explicatifs. Visite en toute autonomie ou visite guidée avec un vigneron (1h30) suivie d'une dégustation à la cave de mi-juin à mi-sept. : sam. ; août : mar., dép. 15h30 - gratuit - sans réserv.

C'est, dit-on, à Eguisheim ou sur le territoire contigu de Wettolsheim que les premières vignes furent plantées en Alsace par les Romains au 4e s. Eguisheim compte 300 ha de vignobles cultivés et deux grands crus, l'eichberg et le pfersigberg. Parcourir le sentier viticole est le meilleur moyen de découvrir ce vignoble historique et apprendre à connaître le travail de la vigne ainsi que les différents cépages. Beau panorama sur la ville.

2

Circuit conseillé Carte de microrégion p. 186-187

★ ROUTE DES CINQ-CHÂTEAUX B2-3

Attention, la route est fermée du 15 novembre au 15 mars.

Circuit de 20 km tracé en vert clair sur la carte de microrégion p. 186-187. Gagnez Husseren (voir route des Vins, p. 209) par la D 14.

Pour la partie promenade (à pied), comptez un peu plus de 2h AR.

À la sortie du bourg, empruntez, à droite, la route forestière « des Cinq-Châteaux ». À 1 km, laissez la voiture (parc de stationnement) et montez aux « trois châteaux » d'Eguisheim à pied (15mn).

LE PAPE VOYAGEUR

Le plus célèbre enfant de la ville est Bruno d'Eguisheim, né en 1002. Il fut plus connu sous le nom de Léon IX, le « pape voyageur », unique pape alsacien. Il ne doit pas faire oublier les comtes d'Eguisheim qui, au 13e s., ont fait construire le château.

Donjons d'Eguisheim B3

Weckmund, Wahlenbourg, Dagsbourg, tels sont les noms de ces trois donjons de grès rouge, carrés et massifs qui s'élèvent sur le sommet de la colline. Ils appartenaient à la puissante famille d'Eguisheim. Après son extinction, les trois châteaux devinrent, en 1230, la propriété des évêques de Strasbourg. Ils furent brûlés lors de la guerre dite « des Six Oboles » (1466), conflit ayant opposé les bourgeois de Mulhouse à la noblesse des environs.

De là, vous pouvez rejoindre à pied en 1h (2h à 2h30 AR), le château de Hohlandsbourg en suivant le sentier découverte « Les traces de l'écureuil ».

En voiture, poursuivez par la route des Cinq-Châteaux.

Ne vous privez pas des très beaux points de vue qui jalonnent le parcours.

★ Château du Hohlandsbourg B3

Laissez la voiture sur le parking en contrebas et poursuivez la montée à pied (10mn). Rte des Cinq-Châteaux - ✆ 03 89 30 10 20 - www.chateau-hohlandsbourg.com - ♿ - juil.-août : 10h-19h ; avr.-juin : tlj sf lun. 10h-18h ; sept. : lun.-sam. 13h-18h, dim. 10h-18h ; oct. : lun.-sam. 13h-17h, dim. 10h-17h ; nov. : sam. 13h-17h, dim. 10h-17h - fermé de déb. avr. à mi-nov. et certains j. fériés - possibilité de visite guidée (1h) - 9 € (-17 ans 6,50 €) - gratuit J. du Patrimoine - 26 € billet famille j. d'animation.

À 6 km environ des donjons d'Eguisheim se dresse l'imposant château du Hohlandsbourg, jadis chef-lieu d'une seigneurie des Habsbourg, construit à partir de **1279**. Alors que ses voisins sont en grès, il est de granit, comme le piton sur lequel il est ancré à quelque 644 m. Acquis et restauré en 1563 par Lazare de Schwendi, conseiller de l'empereur Maximilien II, il fut modernisé et adapté à l'artillerie ; en témoignent encore la présence du bastion et celle de nombreuses bouches à feu. Mais le château fut pris sans difficulté en 1633 lors de la guerre de Trente Ans, puis démantelé dès 1635 par les Français. De l'Oberschloss, cœur fortifié du château, il ne reste que des ruines.

Ce qui impressionne au premier abord, c'est la majestueuse enceinte rectangulaire du 13e s. qui encadre le château. Elle est surmontée d'un chemin de ronde duquel se dégage une **vue**★★ magnifique à 360° : à l'ouest, on aperçoit le donjon de Pflixbourg et le sommet du Hohneck, au nord, le Haut-Kœnigsbourg, à l'est, Colmar et la plaine d'Alsace. La cour du château, avec ses logis du 17e s. et ses dépendances, ressemble à une place de village.

Les collectivités locales ont décidé de faire du Hohlandsbourg un « pôle historique et culturel » en lui redonnant une certaine jeunesse : outre une importante restauration en 2000, le château a été doté d'un jardin médiéval et d'une auberge. De nombreuses animations chevaleresques s'y déroulent en été.

Donjon de Pflixbourg A3

Accessible par un sentier situé 2 km plus loin, sur la gauche.

De l'édifice élevé au 13e s. par les Hohenstaufen pour protéger leurs terres proches de Colmar, subsiste le donjon situé à 454 m d'alt. La famille des Ribeaupierre reçut en fief au 15e s. cette forteresse, ancienne résidence des baillis impériaux en Alsace. Une citerne voûtée jouxte le donjon que l'on dit toujours hanté par une dame blanche qui à minuit descend vers la plaine en chantant tristement.

Belle vue sur la vallée de la Fecht à l'ouest et la plaine d'Alsace à l'est.

La route rejoint la D 417 en direction de Colmar. À la sortie de Wintzenheim, tournez à droite dans la D 83, et encore à droite dans la D 1 bis pour regagner Eguisheim.

NOS ADRESSES À EGUISHEIM

HÉBERGEMENT

BUDGET MOYEN

Auberge des Trois Châteaux – *26 Grand'Rue - ✆ 03 89 23 11 22 - www.auberge-3-chateaux.com - ♿ - P - fermé vac. de fév., rest. mar. soir et merc. - 10 ch. 60/72 € - ☕ 8,50 € - rest. 19,50/37,50 €.* Maison du 17e s. joliment fleurie en saison, située au cœur du bourg. Chambres récentes et fonctionnelles ; les plus lumineuses donnent sur la rue. Restaurant simple et sympathique où l'on propose des petits plats du terroir.

POUR SE FAIRE PLAISIR

Hostellerie des Comtes – *2 r. des Trois-Châteaux - ✆ 03 89 41 16 99 - www.hostelleriedescomtes.fr - fermé 3 sem. en hiver - P - 17 ch. 89 € ☕ - rest. 22/55 €.* Auberge familiale proposant des chambres bien tenues et sans prétention ; certaines bénéficient d'une petite terrasse. Cuisine traditionnelle servie dans une salle à manger rustique ou en plein air lorsque le temps s'y prête.

Hostellerie du Château – *2 r. du Château - ✆ 03 89 23 72 00 - www.hostellerieduchateau.com - P - 10 ch. 74/180 € - ☕ 12 €.* Sur la place centrale, maison ancienne entièrement rénovée par le patron, architecte de formation. Les chambres, contemporaines et personnalisées, s'intègrent bien au cadre ancien et leurs salles de bains sont vraiment chouettes…

RESTAURATION

BUDGET MOYEN

La Grangelière – *59 r. du Rempart-Sud - ✆ 03 89 23 00 30 - www.lagrangeliere.fr - fermé dim. soir, merc. et jeu. de janv. à avr. - formule déj. 19 €, rest. 29,50/49 €.* Des poules, il y en a partout dans cette attachante auberge… un peu comme dans la salle à manger d'une grand-tante collectionneuse. D'ailleurs, il règne ici une authentique atmosphère familiale, et l'on se régale d'une cuisine du terroir gourmande et inspirée !

ACHATS

Caveau Léon Beyer – *8 pl. du Château - ✆ 03 89 23 16 16 - www.leonbeyer.fr - 10h-12h, 14h-18h, merc. 10h-12h, 14h-17h - fermé jeu., janv.-fév.* Cette maison, l'une des plus vieilles d'Alsace (elle daterait de 1580) est réputée en particulier pour ses vins blancs secs recherchés par bon nombre d'excellents restaurateurs à travers l'Europe et jusqu'aux États-Unis. Les plus prisés sont les réserves maison et surtout les grandes cuvées comtes d'Eguisheim.

Domaine Charles Baur – *Grand-Rue - ✆ 03 89 41 32 49 - www.vinscharlesbaur.fr - 9h-12h, 13h15-19h, dim. 9h-12h - fermé Pâques, 1er nov., 25 déc. - possibilité de visite guidée (30mn).* La famille Baur élabore une gamme complète de vins d'Alsace, dont les fameux grands crus eichberg et pfersigberg, des « vendanges tardives » issues du cépage gewurztraminer, le crémant d'Alsace et des eaux-de-vie. L'ensemble de sa production a obtenu de nombreuses médailles dans les concours nationaux. Visite de la cave, dégustation et vente.

AGENDA

Fête des vignerons – *Dernier w.-end d'août - ✆ 03 89 23 40 33 - www.ot-eguisheim.fr.*

Festival des saveurs musicales – *W.-end de mi-sept. - ✆ 03 89 23 40 33 - www.ot-eguisheim.fr.*

Rouffach

★

4 574 Rouffachois – Haut-Rhin (68)

À l'abri de ses coteaux couverts de vignes, Rouffach fut villa royale sous les Mérovingiens (le roi Dagobert serait passé par là). Quelques belles demeures anciennes retiennent aujourd'hui l'attention, ainsi que le musée du Bailliage qui garde le souvenir du duc de Dantzig, originaire du lieu.

NOS ADRESSES PAGE CI-CONTRE
Hébergement, restauration, achats, activités, etc.

S'INFORMER

Office de tourisme – *12A pl. de la République - 68250 Rouffach - ✆ 03 89 78 53 15 - www.ot-rouffach.com - juil.-août : 9h-12h30, 14h-17h30, sam. 9h-12h30, 14h-16h30, dim. et j. fériés 10h30-12h30 ; reste de l'année : tlj sf dim. et j. fériés 9h30-12h, 14h-17h, sam. 9h30-12h, lun. 14h-17h.*

SE REPÉRER

Carte de microrégion B3 (p. 186).
À 15 km au sud de Colmar, 28 km au nord de Mulhouse.

À NE PAS MANQUER

Le festival de musique classique Musicalta *(voir Agenda, p. 238)*.

Se promener

Église Notre-Dame-de-l'Assomption

Cette église date, pour son gros œuvre, des 12e et 13e s. La partie la plus ancienne est le transept (11e-12e s.). La tour nord et la tour sud, inachevées en raison de la guerre de 1870, sont du 19e s. Comme il est d'usage dans le style rhénan du 12e s., les grandes arcades intérieures alternent piles fortes et piles faibles. Toutes les colonnes sont surmontées de beaux chapiteaux à crochets. Dans le croisillon droit, fonts baptismaux octogonaux (1492). Dans le chœur *(contre les piles du carré du transept)*, d'élégants escaliers constituent les vestiges d'un jubé du 14e s. À gauche du maître-autel, joli tabernacle du 15e s. Contre un des piliers de la nef, à gauche, une Vierge à l'Enfant surmontée d'un dais, sculptée vers 1500.

Tour des Sorcières

Datant des 13e et 15e s., couronnée de mâchicoulis, elle est surmontée d'un toit à quatre pans terminé par un nid de cigogne. On y enfermait jusqu'au 18e s. les femmes accusées de sorcellerie.

Maisons anciennes

Sur la place de la République, ancienne halle au blé (fin 15e s.-début 16e s.) ; au fond de la place, à gauche de la tour des Sorcières, maison de l'Œuvre Notre-Dame, gothique, et ancien hôtel de ville qui possède une belle façade Renaissance à double pignon. On peut voir d'autres maisons intéressantes aux nos 11, 17 et 23 de la rue Poincaré.

Musée du Bailliage

6 bis pl. de la République - ✆ 03 89 49 78 22 - www.rubeacum.fr.nf - juil.-août : tlj sf mar. 15h-18h - fermé 14 Juil., 15 août - possibilité de visite guidée (1h) - entrée libre.

Ce petit musée traite de l'histoire et de la géographie de Rouffach. Une partie est consacrée au **maréchal d'empire Lefebvre**, également duc de Dantzig, qui revenait souvent visiter sa vieille mère à Rouffach, après avoir épousé Catherine Hubscher, dite Madame Sans-Gêne (surnom donné par Sardou et Moreau en 1893 dans leur pièce *Madame Sans-Gêne*). Cette ancienne blanchisseuse, qui avait intégré la cour impériale grâce à l'ascension de son mari, au départ simple sergent, était très loyale envers Napoléon Ier mais ne se gênait pas pour lui dire ses quatre vérités, au grand dam des autres courtisans. Un monument est dédié à François-Joseph Lefebvre, place Clemenceau.

Église des Récollets

Elle fut construite de 1280 à 1300. Les bas-côtés ont été remaniés au 15e s. À l'un des contreforts est accolée une chaire à balustrade ajourée.

À proximité Carte de microrégion p. 186-187

Pfaffenheim B3

3 km au nord par la D 83.

C'est un village viticole, ancienne cité de la fin du 9e s. qui conserve de vieilles maisons vigneronnes. L'abside de l'**église** (13e s.), décorée de frises à motifs floraux, présente une galerie aveugle et de fines colonnettes. Les entailles visibles sur les pierres de l'abside *(partie basse)* laissent supposer que les vignerons aiguisaient là leurs serpettes.

NOS ADRESSES À ROUFFACH

HÉBERGEMENT

POUR SE FAIRE PLAISIR

Hôtel À la Ville de Lyon – *1 r. Poincaré - 03 89 49 62 49 - www.philippe-bohrer.fr - fermé 24-25 déc. - P - 48 ch. 89/299 € - 10 €.* Façade d'inspiration Renaissance. Les chambres refaites dans un esprit campagnard actuel se révèlent coquettes, les anciennes restent fonctionnelles. Piscine en mosaïque.

Hôtel Relais du Vignoble – *33 r. des Forgerons - 68420 Gueberschwihr - 03 89 49 22 22 - www.relaisduvignoble.com - fermé en fév. - P - 30 ch. 70/135 € - 10 € - rest. 20/45 €.* Étape « spiritueuse » : la grande bâtisse jouxte la cave familiale et la plupart des chambres, désuètes mais bien tenues, donnent sur les vignes. Salle de séminaires. Plats traditionnels et vins du domaine à déguster sur la terrasse panoramique aux beaux jours.

RESTAURATION

POUR SE FAIRE PLAISIR

Auberge au Vieux Pressoir – *Domaine du Bollenberg, à 3 km - 68250 Westhalten - 03 89 49 60 04 - www.bollenberg.fr - fermé 1 sem. fin déc., dim. soir de mi-nov. à mi-mars et lun. sf j. fériés - ♿ - P - 28,50/80 €.* Belles armoires et collection d'armes anciennes président au décor alsacien de cette maison de vignerons. Cuisine régionale soignée et dégustations de vins de la propriété.

ACHATS

Bruno-Hunold – *29 r. aux Quatre-Vents - 03 89 49 60 57 - www.bruno-hunold.com - 9h-19h, dim. 9h30-12h - visite 30mn* *sur RV - fermé j. fériés.* Ce domaine dispose de 12,5 ha de vignes et cultive les sept cépages alsaciens. Caveau de dégustation-vente où vous pourrez découvrir, entre autres, des côtes-de-rouffach, un grand cru de Vorbourg, des vendanges tardives, des crémants d'Alsace ainsi qu'une gamme variée d'eaux-de-vie.

Domaine de l'École, lycée viticole – *8 r. Aux-Remparts - ☎ 03 89 78 73 48 - www.rouffach-wintzenheim.educagri.fr/exploitation-viticole-domaine-de-lecole.html - tlj sf w.-end 9h-12h, 13h30-17h - fermé Noël et 1er janv.* Le lycée viticole de Rouffach cultive 13 ha de vignes dont 5,5 en grand cru vorbourg, fleuron du domaine. La limitation volontaire du rendement favorise la qualité. Côte-de-rouffach, crémant brut, « vendanges tardives » et sélection de grains nobles en gewurztraminer méritent aussi la mention très bien.

Earl Bannwarth et Fils – *19 r. du 4e-Spahis-Marocain - ☎ 03 89 49 62 37 - www.vins-bannwarth.com - 8h-12h, 13h30-19h, sam. 8h-12h, 13h30-18h, dim. et j. fériés 10h-12h.* Derrière le nom de l'enseigne se cache une très longue lignée de « fils » : on trouve trace des viticulteurs Bannwarth à Rouffach dès 1645. Ceux-ci cultivent les sept cépages d'Alsace et élaborent des vins de haute qualité comme le grand cru vorbourg en riesling et gewurztraminer et le pinot gris côte-de-rouffach.

Domaine René Muré (Clos St-Landelin) – *Rte des Vins - 68250 Clos St-Landelin - ☎ 03 89 78 58 00 - www.mure.com - 8h-18h30, sam. 10h-13h, 14h-18h - fermé dim. et j. fériés.* Ce domaine vinicole, situé dans un cadre magnifique, passe pour être l'un des plus anciens d'Alsace (depuis le 8e s.). Aujourd'hui, la famille Muré continue à cultiver les 25 ha dans les sept cépages de la région et produit, entre autres, un grand cru zinnkoepflé et un vorbourg en riesling de belle qualité.

Meyer Clos Ste-Apolline – *Domaine du Bollenberg - 68250 Westhalten - ☎ 03 89 49 60 04 - www.bollenberg.fr - 9h-18h.* Cette entreprise familiale exploite 24 ha de vignes situées sur les collines du Bollenberg et produit sylvaner, riesling, muscat, pinot gris, gewurztraminer, pinot noir, crémant d'Alsace. Le domaine propose également des eaux-de-vie distillées artisanalement sur place, du foie gras, ainsi que des confitures et confits cuits à l'ancienne dans des bassines en cuivre.

AGENDA

Fête de la sorcière – *☎ 03 89 78 53 15 - www.fete-sorciere.com - 1er sam. après le 14 Juil. - 7 €.* Les rues de Rouffach s'animent grâce à l'intervention de nombreux groupes médiévaux.

Festival Musicalta – *Juil.-août - ☎ 04 37 41 00 18 - www.musicalta.com.* Concerts de musique classique à Rouffach et aux alentours.

Guebwiller

★

11 461 Guebwillerois – Haut-Rhin (68)

Principale ressource de la ville depuis le Moyen Âge : le vin. À Guebwiller, ville-étape de la route des Vins, vous découvrirez des méthodes d'exploitation modernes du vignoble et dégusterez quatre grands crus : le kitterlé, le kessler, la saering et le spiegel.

NOS ADRESSES PAGE 242
Hébergement, restauration, achats, activités, etc.

S'INFORMER

Office du tourisme de Guebwiller-Soultz et des pays du Florival en Alsace – *45 r. de la République - 68500 Guebwiller - ✆ 03 89 76 10 63 - www.tourisme-guebwiller.fr - juil.-août : 9h-19h, dim. et j. fériés 10h-13h, 15h-18h ; mai-juin et sept. : 9h-18h, dim. 10h-12h, 15h-17h ; reste de l'année : tlj sf dim. et j. fériés 9h-18h, sam. 10h-17h - fermé certains j. fériés - vente de pass touristiques, location de vélos, location d'audioguides, vente de forfaits de ski, inscription pour des promenades en raquettes, organisation de séjours et visites guidées pour groupes et individuels.* *Voir aussi à Soultz, p. 245.*

Visite guidée de la ville – *Visite guidée de la ville juil.-août : vend. 10h (sf j. fériés), dép. de l'office de tourisme - 4,50 € (enf. 3 €) - 18 € Pass 5 visites avec Soultz, Murbach, Hartmannswiller, Guebwiller (thématique patrimoine vigneron).*

SE REPÉRER

Carte de microrégion A4 (p. 187).
Guebwiller se situe à 25 km de Colmar et de Mulhouse entre vignobles et coteaux boisés. Son centre-ville, semi-piétonnier, est préservé des flux automobiles puisqu'il faut traverser la Lauch pour entrer dans la ville basse.

À NE PAS MANQUER

L'église Notre-Dame et la collection Théodore Deck au musée du Florival.

AVEC LES ENFANTS

Le vivarium de Lautenbach-Zell.

Se promener

★ Église Notre-Dame

Le centre de la place est occupé par la belle église néoclassique élevée de 1760 à 1785 par le dernier prince-abbé de Murbach. La façade de grès rouge est ornée de statues représentant les vertus théologales et cardinales.

À l'**intérieur★★**, les deux bras du transept s'achèvent par des absides semi-circulaires qui forment avec celle du chœur un jeu trinitaire d'esprit baroque. À voir également, l'exceptionnelle composition en haut relief du **maître-autel★★** (1783) sur le thème de l'Assomption, où le sculpteur Fidèle Sporrer, aidé par sa fille Hélène, a laissé libre cours à ses dons de metteur en scène. On lui doit aussi les stalles et le buffet d'orgues.

Place Jeanne-d'Arc

D'autres constructions réalisées pour les princes-abbés de Murbach au 18e s. sont rassemblées autour de l'église : l'ancien doyenné (musée du Florival), quelques maisons canoniales et l'ancien château de la Neuenbourg, résidence du prince-abbé.

2

Empruntez la rue de la République.
À droite, la place de la Liberté et sa fontaine de 1536.

★ Hôtel de ville

Il a été bâti en 1514 pour un riche drapier. Remarquables, les fenêtres à meneaux et le bel oriel à cinq pans de style gothique flamboyant. À droite dans une niche d'angle, une Vierge du 16e s. Un **espace roman** à vocation pédagogique est aménagé au rez-de-chaussée.
Une maison Art nouveau, à gauche de l'hôtel de ville *(69 r. de la République)* témoigne de la prospérité de la ville à la fin du 19e s.
Poursuivez jusqu'à l'église St-Léger.

★ Église Saint-Léger

C'est un très bel édifice dans le style roman rhénan tardif. La **façade ouest★★** encadrée de deux hautes tours comporte un porche ouvert sur trois côtés. Les bandes d'arcatures dénotent quant à elles une influence lombarde. Le transept dépourvu d'absidioles est surmonté d'une tour de croisée octogonale ; il date, comme la nef, la façade et les bas-côtés, des 12e et 13e s.
Contournez l'église.
L'**ancien tribunal de bailliage** est situé dans une belle maison de 1583 *(2 r. des Blés)*. Ensuite, une très belle **cave dîmière** et enfin l'**ancien hôtel de ville** qui date lui aussi du 16e s.

À voir aussi

★ Musée du Florival

1 r. du 4-Février - ✆ 03 89 74 22 89 - www.ville-guebwiller.fr/musee-deck - ♿ - 14h-18h, w.-end et j. fériés 10h-12h, 14h-18h - fermé lun.-merc., 1er janv., 1er Mai, 25 déc. - 5 € (-18 ans gratuit).
Sur cinq niveaux d'une ancienne maison canoniale du 18e s. sont présentées des collections de minéraux, d'objets illustrant l'histoire viticole, artisanale et industrielle de la ville. Mais surtout, pour le régal des yeux, une très importante collection d'œuvres de Théodore Deck (1823-1891) : vases « bleu Deck », plats à fond d'or, salle de bains et véranda reconstituées avec leurs carreaux de faïence au dessin d'une précision infinie. Considéré comme le « Bernard Palissy du 19e s. », **Théodore Deck**, céramiste et administrateur de la Manufacture nationale de Sèvres, est guebwillerois. Il a retrouvé, entre autres, la formule du bleu turquoise utilisé en Perse, couleur à laquelle on a donné son nom.

Ancien couvent des Dominicains

34 r. des Dominicains - ✆ 03 89 62 21 82 - www.les-dominicains.com - mai-août : tlj sf lun. 14h-17h ; de déb. sept. à déb. oct. : tlj sf w.-end (sf J. du patrimoine) 14h-17h - audioguide disponible (2 €).
Ce couvent datant de la fin du 13e s. est situé au cœur de Guebwiller. À la Révolution, ses bâtiments furent vendus et devinrent tour à tour dépôt d'usines, hôpital, marché puis centre musical, avant d'être rachetés par le conseil général du Haut-Rhin et aménagés en Centre polymusical des dominicains de Haute-Alsace. Dédié à la musique depuis le 19e s., le couvent a accueilli de nombreux interprètes de renom. C'est aujourd'hui encore un lieu de concerts et de spectacles tant classiques que modernes, très réputé dans la région *(programme adressé sur demande)*.
On accède par le cloître à l'église dont la nef est coiffée d'un exceptionnel plafond en bois haut de 24 m et décorée de splendides **peintures murales★** réalisées entre le deuxième quart du 14e s. et la fin du 15e s. Couvrant plus de

Ancien couvent des Dominicains à Guebwiller.
R. Mattes/hemis.fr

3 000 m², elles retracent des épisodes de la Bible et évoquent les grands saints de la région. Le chœur est beaucoup plus sobre et reflète l'idéal de pauvreté des dominicains.
On accède également par le cloître à la chapelle néogothique et à la sacristie transformée en chapelle protestante.

2

Église Saint-Pierre-et-Saint-Paul

Élevée entre 1312 et 1340, cette église gothique, qui appartenait au couvent des dominicains, abrite un jubé et de belles fresques des 14e et 16e s. Son acoustique est excellente ; on y programme un large répertoire, notamment classique.

Circuit conseillé Carte de microrégion p. 186-187

★★ VALLÉE DE GUEBWILLER A3-4

Circuit de 30 km, de Guebwiller au Markstein, tracé en rouge sur la carte de microrégion p. 186-187. Comptez environ 2h.
Quittez Guebwiller par la D 430 en direction de la route des Crêtes et du Markstein.
Paradis des randonneurs, le **Florival**, appelé aussi vallée de la Lauch ou de Guebwiller, au fond plat est, comme son nom l'indique, couvert de prairies et de fleurs. C'est une **zone de tranquillité**, interdite aux voitures de part et d'autre de la D 430. À Buhl débouche le vallon de Murbach.

★★ Église de Murbach A3 *(voir p. 243)*

Continuez sur la D 430.

★ Lautenbach A3

C'est un petit bourg constitué de deux centres, dont l'un s'est développé à partir d'une abbaye bénédictine fondée selon la tradition par des moines irlandais. Le porche roman de l'**église St-Michel★**, divisé en trois vaisseaux voûtés d'ogives, est l'un des plus beaux et des plus anciens d'Alsace. À l'intérieur, les stalles du 15e s. sont historiées et surmontées d'un dais datant du 18e s.

Vivarium du moulin de Lautenbach-Zell – *6 r. du Moulin - 03 89 74 02 48 - www.vivariumdumoulin.org - - juil.-août : 10h-18h ; vac. scol. : 14h-18h ; reste de l'année : tlj sf lun. 14h-18h - fermé de déb. à mi-déc., 1er janv., 24-26 déc. - possibilité de visite guidée sur demande (45mn) - 7 € (enf. 3,50 €).*

Ici cohabitent fourmis-parasols, mantes-orchidées, mygales matoutous et autres insectes étonnants.

Peu après Linthal, la vallée de la Lauch, jusqu'ici large et industrielle, devient très étroite et sauvage au cœur du Parc naturel régional des Ballons des Vosges.

Continuez sur la D 430 en direction du Markstein.

★ Lac de la Lauch A3

On le découvre au détour de la route sinueuse qui monte vers le Markstein. Un barrage retient ses eaux tranquilles où l'on peut pêcher. Navigation et baignade sont interdites.

La route réserve alors quelques échappées sur la vallée et le Grand Ballon.

Le Markstein A4 *(voir p. 337)*

NOS ADRESSES À GUEBWILLER

HÉBERGEMENT ET RESTAURATION

BUDGET MOYEN

Hôtel L'Aigle d'Or – *5 r. Principale - 68500 Rimbach - 11 km à l'ouest de Guebwiller par la D 40 - 03 89 76 89 90 - www.hotelaigledor.com - fermé de mi-fév. à mi-mars - P - 14 ch. 55/85 € - 9 € - rest. (fermé lun.) 20/40 €.* Auberge familiale toute simple, idéale pour retrouver quiétude et authenticité. Petits plats aux accents régionaux servis près de la cheminée. Ravissant jardin.

POUR SE FAIRE PLAISIR

Domaine du Lac – *244 r. de la République, direct. Buhl - 03 89 76 15 00 - www.domainedulac-alsace.com - P - 63 ch. 76/195 € - formule déj. (en sem.) 19 €, rest. 29/65 €.* Deux hôtels en un ! Le Lac, avec de petites chambres colorées, design et fonctionnelles ; les Rives, plus confortables et cosy, dans une belle veine contemporaine. Vue sur le lac ou le ruisseau. Cuisine contemporaine et très fraîche.

Hôtel L'Ange – *4 r. de la Gare - 03 89 76 22 11 - www.hotel-ange.fr - - P - 35 ch. 75/92 € - 9,90 € - rest. (fermé jeu., sam. midi) 9,90/45 €.* L'enseigne et un élévateur en guise d'ascenseur témoignent que l'hôtel fut autrefois une maternité. Chambres fonctionnelles autour d'un puits de lumière. Recettes italo-alsaciennes au restaurant ; optez plutôt pour la jolie terrasse ombragée.

ACHATS

Pâtisserie-chocolaterie Claude Helfter – *8 pl. de l'Hôtel-de-Ville - 03 89 74 27 44 - www.helfter.fr - 7h30-19h, lun. 13h-19h.* Pâtissier-chocolatier-salon de thé. Délicieuses tartes aux fruits.

Foire aux vins – Chaque jeudi de l'Ascension, on peut déguster sylvaner, pinot blanc, muscat d'Alsace, riesling, tokay d'Alsace, gewurztraminer, pinot noir et crémant d'Alsace issus des Syndicats viticoles et caves de l'arrondissement de Guebwiller.

Église Saint-Léger de Murbach.
R. Mattes/hemis.fr

2

Église de Murbach

★★

Haut-Rhin (68)

C'est parce qu'il avait trouvé ce creux de vallon propice à la promenade et à la méditation que saint Pirmin y installa en 727 une communauté religieuse. Devenue ensuite une des plus puissantes abbayes bénédictines de la région, elle déployait des droits et des biens sur plus de 200 localités alentour. Les abbés, tous fils de bonne famille, possédaient moult biens et firent du sanctuaire un des joyaux de l'art roman en Alsace.

NOS ADRESSES PAGE 244
Hébergement, restauration, achats, activités, etc.

SE REPÉRER

Carte de microrégion A3 (p. 187).
Sortir de Guebwiller en direction de la route des Crêtes, puis à Buhl, prendre à gauche la D 40. Le château de Hugstein (ruines), qui protégeait jadis le vallon de Murbach, est indiqué. De l'église, suivez le chemin de croix jusqu'à l'église N.-D.-de-Lorette (1693) : vues plongeantes sur l'abbaye dans son cadre de verdure.

À NE PAS MANQUER

Le chevet de l'église de Murbach et le retable de celle de Buhl.

LES GRANDES HEURES DE L'ABBAYE

L'abbaye de Murbach fut fondée en 727 par l'évêque Pirmin et dotée avec largesse par le frère du duc d'Alsace, le comte Eberhard. Pirmin était pérégrin, c'est-à-dire qu'il ne souhaitait pas s'installer longuement quelque part, si bien que le monastère prit d'abord le nom de *Vivarius Peregrinorum*, le « vivier des Pérégrins ». En 850 est constituée la bibliothèque de l'abbaye. Ses manuscrits contribuent grandement à sa renommée. L'abbaye possède des biens dans plus de 200 localités, de Worms dans le Palatinat à Lucerne en Suisse. Aux 16e et 17e s., on en vient même à battre monnaie dans ses ateliers.

Visiter

L'église St-Léger, construite au 12e s., est réduite à présent au chœur et au transept; la nef a été démolie en 1738. Le **chevet★★** est la partie la plus remarquable de l'édifice. Son mur plat légèrement en saillie porte des sculptures disposées apparemment avec fantaisie dans le large triangle du haut. Une galerie de 17 colonnettes dissemblables règne au-dessus de deux étages de fenêtres.

Le tympan du portail sud rappelle certains ouvrages orientaux, avec sa composition en faible relief : deux lions (dont l'un tire la langue) affrontés dans un encadrement de rinceaux et de palmettes.

À l'intérieur se trouve le sarcophage des sept moines tués par les Hongrois en 926. Le croisillon sud abrite, dans un enfeu, le gisant du comte Eberhard (14e s.).

À proximité Carte de microrégion p. 186-187

Buhl A3

À 3 km à l'est par la D 40II.

L'**église** néoromane de Buhl abrite le seul triptyque peint d'Alsace qui ne soit pas conservé dans un musée. Ce **retable★★** de grandes dimensions (7 m de large) a sans doute été réalisé par l'atelier de Schongauer vers 1500. La partie centrale représente une admirable Crucifixion. Au revers, le Jugement dernier est encadré d'épisodes de la vie de la Vierge.

NOS ADRESSES À MURBACH

HÉBERGEMENT ET RESTAURATION

POUR SE FAIRE PLAISIR

Le St-Barnabé – *53 r. de Murbach - ✆ 03 89 62 14 14 - www.le-stbarnabe.com - fermetures annuelles, se rens. - P - 26 ch. 79/150 € - ☕ 14,50 € - formule déj. (sf dim., ponts et j. fériés) 18,90 €, rest. 33/72 €.* En plein cœur de la forêt et au milieu d'un jardin verdoyant, une charmante maison alsacienne… Les chambres sont décorées avec soin dans un style coloré et reposant. Le chef travaille de beaux produits (souvent bio) et prépare des plats réjouissants, qui font la part belle aux saisons et au terroir.

UNE FOLIE

Chambre d'hôte Le Schaeferhof – *6 r. de Guebwiller - ✆ 03 89 74 98 98 - www.schaeferhof.fr - 4 ch. 190/290 € ☕ - table d'hôte 48 €.* La restauration de cette métairie du 18e s. est une réussite : chaque détail de la décoration a été pensé et les chambres, de belle qualité, possèdent un petit coin salon. Cuisine alsacienne mise au goût du jour (sur réserv.). Sauna, spa, salle de fitness.

Soultz-Haut-Rhin

7 267 Soultziens – Haut-Rhin (68)

Cette modeste bourgade doit son nom à la petite source saline autour de laquelle elle grandit jadis. Elle recèle de nombreuses demeures de la Renaissance, des 17e et 18e s., dont les dates de construction sont inscrites sur les porches. Il y a quelques années, des cigognes ont été réintroduites sur le territoire de la commune. Comme au début du 20e s., elles fréquentent à nouveau les cheminées de la ville.

S'INFORMER

Office de tourisme – *14 pl. de la République - 68360 Soultz-Haut-Rhin - 03 89 76 83 60 - www.tourisme-guebwiller.fr - juil.-août : 10h-12h, 14h-18h, dim. et j. fériés 10h-12h ; reste de l'année : tlj sf dim. et j. fériés 10h-12h, 14h-17h, sam. 10h-12h - fermé j. fériés.*

SE REPÉRER

Carte de microrégion A4 (p. 187).
À 30 km au sud de Colmar et à 24 km au nord-ouest de Mulhouse. Une vaste zone commerciale lie la ville à la sous-préfecture voisine de Guebwiller. Mais le centre de la vieille cité est préservé par une double enceinte de remparts partiellement conservée.

À NE PAS MANQUER

Le musée du Bucheneck et le centre historique.

AVEC LES ENFANTS

La Nef des jouets.

2

Se promener

Maisons anciennes

On trouve les plus belles dans le centre historique : la maison Litty (1622), *15 r. des Sœurs ;* la maison Vigneronne (1656), *5 r. du Temple ;* la maison Horn (1588), *42 r. de Lattre-de-Tassigny ;* la maison Hubschwerlin (16e s.), *6 r. des Ouvriers,* et le château de Heeckeren-d'Anthès (1605), *r. Jean-Jaurès.*
L'office de tourisme arbore en façade un oriel sur deux étages qui date de 1575.

Église Saint-Maurice

Construite entre 1270 et 1489. Le tympan du portail sud représente un Saint Maurice équestre du 14e s., dominant une Adoration des Mages.
À l'intérieur, relief en bois polychrome du 15e s., immense peinture murale représentant saint Christophe et grand orgue de 1750 signé Silbermann.

Promenade de la citadelle

À l'ouest de la ville, suivez les remparts et remarquez la tour des Sorcières.

À voir aussi

La Nef des jouets

12 r. Jean-Jaurès - 03 89 74 30 92 - - de mi-mars à fin déc. : 14h-17h - fermé mar., 1er Mai., 25 et 31 déc. - 5 € (-16 ans 1,50 €) - 8 € billet famille. Deux aires de jeux pour les enfants.
Belle collection de jouets de toutes les époques, modestes ou sophistiqués, de toutes matières et de tous les pays : circuits de train électrique (en fonctionnement), petites voitures, poupées, épiceries, peluches, caisses

Soultz, château-musée du Bucheneck.
D. Bringard/hemis.fr

à savon, lanternes magiques… Cette accumulation a été rassemblée dans l'ancienne commanderie des chevaliers de Malte (13e s.), par deux passionnés qui soutiennent que « le jouet est le premier dialogue et l'apprentissage de la vie, le reflet intime d'une civilisation ». Bourse aux ours en peluche et poupées en mars et aux figurines – militaires, SF, Playmobil, Kinder… – en novembre *(pour les exposants, réserv. obligatoire)*.

Château-Musée du Bucheneck

R. Kageneck - ✆ 03 89 76 02 22 - www.ville-soultz.fr - mai-oct. : 14h-17h ; reste de l'année : se rens. - fermé mar., nov.-avr., 1er Mai - 5 € (-16 ans 1,50 €).

Ce bâtiment médiéval, siège du bailli de 1289 jusqu'à la Révolution, accueille les collections du musée de Bucheneck. Elles concernent l'histoire de la ville (maquette de 1838, galerie des portraits de grandes familles locales, ordre de Malte, œuvre de Robert Beltz, mémoire juive, vie quotidienne, artisanat, armes, costumes…).

Thann

★

7 929 Thannois – Haut-Rhin (68)

Pour vous, Thann sera, au choix, l'ultime étape ou le point de départ de la route des Vins. De même, la route des Crêtes commence ou se termine ici. À ce carrefour vous attendent une des plus belles églises gothiques d'Alsace, la collégiale St-Thiébaut, ainsi que le très renommé vignoble de Rangen qui strie les collines dominant la ville, au-delà de la Thur.

NOS ADRESSES PAGE 251
Hébergement, restauration, achats, activités, etc.

S'INFORMER

Office de tourisme – *7 r. de la 1re-Armée - 68800 Thann - ✆ 03 89 37 96 20 - www.hautes-vosges-alsace.fr - juil.-août : lun.-vend. 9h-12h30, 14h-18h30, sam. 9h-12h30, 14h-18h, dim. et j. fériés 9h30-12h30 ; mai-juin et sept. : tlj sf dim. 9h-12h, 14h-18h ; reste de l'année : tlj sf dim. 10h-12h, 14h-18h - fermé certains j. fériés.*

Visites guidées – *✆ 03 89 37 96 20 - possibilité de visite guidée sur demande (1h) - 5 € (-11 ans gratuit) - gratuit J. du patrimoine, Nuit des musées - en juil.-août, programme de découvertes accompagnées dans le pays de Thann : patrimoine historique, industriel, naturel, produits du terroir et artisanat. Rens., tarifs et inscriptions à l'office de tourisme.*

SE REPÉRER

Carte de microrégion A4 (p. 187).
Thann est située à 22 km à l'ouest de Mulhouse sur la N 66, ville avec laquelle elle est reliée par le tram-train.

À NE PAS MANQUER

La collégiale St-Thiébaut et ses superbes stalles.

ORGANISER SON TEMPS

Après la visite de la ville, parcourez l'un des multiples sentiers de découverte à travers le vignoble ou le GR 5, qui traverse la ville.

AVEC LES ENFANTS

Monter jusqu'à l'insolite Œil de la sorcière. L'évocation de la légende des Trois Sapins dans la collégiale.

2

Se promener

★★ Collégiale Saint-Thiébaut

Pl. Joffre - ✆ 03 89 37 96 20 - www.hautes-vosges-alsace.fr - avr.-oct. : 8h30-19h ; reste de l'année : 8h30-17h - les stalles ne sont accessibles que lors des visites guidées pour les groupes organisées par l'office de tourisme ou sur demande auprès du presbytère.

Un dicton alsacien dit que le clocher de Strasbourg est le plus haut, celui de Fribourg le plus gros, et celui de Thann le plus beau !

Son architecture gothique (14e-début 16e s.), qui témoigne d'une évolution vers le style flamboyant, est remarquable. La façade ouest est percée d'un magnifique **portail**★★. Haut de 15 m, son tympan très élancé surmonte deux portes munies chacune d'un petit tympan. Le portail nord, flamboyant, est rehaussé de belles statues du 15e s. À l'extérieur, face au portail, un panneau décrit chaque élément qui le compose – 500 personnages « jouant » 150 scènes !

LA LÉGENDE DES TROIS SAPINS

Thann doit son nom à un événement légendaire et poétique, la légende des Trois Sapins, Thann signifiant précisément « sapin ».
À sa mort, en 1160, Thiébaut, évêque de Gubbio, en Ombrie, lègue son anneau épiscopal à son plus fidèle serviteur. Celui-ci, avec l'anneau, arrache en même temps le pouce du défunt, dissimule la relique dans son bâton de voyage et parvient en Alsace l'année suivante. Un matin, après une nuit dans un bois de sapins, le pèlerin essaye d'arracher le bâton du sol pour reprendre sa route, en vain. Trois grandes lumières apparaissent alors, au-dessus de trois sapins. Le châtelain d'Engelbourg, qui les a vues de son château, accourt et décide d'élever une chapelle au lieu même du miracle. Aussitôt, le bâton se détache sans difficulté. Longtemps après, la chapelle édifiée s'entourera d'une cité : Thann.

Le grand tympan retrace la vie de la Vierge Marie selon la Légende dorée et les cinq registres horizontaux se lisent de bas en haut et de gauche à droite.
À l'intérieur, la nef et le chœur forment un vaisseau de 22 m de haut, couvert de voûtes en résille, à clefs armoriées. Dans la chapelle pentagonale est fixée sur le contrefort du milieu une statue en bois polychrome de la Vierge aux Raisins du 15e s., don de la corporation des vignerons. À l'extrémité de ce bas-côté, dans la chapelle St-Thiébaut, est placée sur l'autel une statue du saint en bois polychrome datant de la fin du 15e s.
Très profond, le **chœur** est orné des statues (15e s.) des 12 apôtres, en pierre polychrome. À l'entrée est suspendu un grand Christ en croix (1894), en bois polychrome, du Colmarien Klem. La lumière pénètre par huit belles **verrières**★ du 15e s. En 2010 fut ajouté un vitrail coloré et non figuratif, réalisé par l'artiste coréen Kim En Joong, à qui l'on doit également les vitraux de la cathédrale d'Évry et de l'abbaye de Fontfroide.
Mais la principale richesse de la collégiale reste les 51 **stalles**★★ en chêne du 15e s. Toute la fantaisie du Moyen Âge s'y donne libre cours. Ce ne sont que feuillages, gnomes et personnages comiques d'une verve remarquable et d'une grande finesse.
Pour avoir une **vue d'ensemble** sur le chœur aux lignes élancées, à la haute toiture de tuiles vernissées, et sur le clocher haut de 78 m et couronné par une flèche, véritable dentelle de pierre, poursuivez jusqu'à l'**hôtel de ville** *(pl. Joffre)* construit par Kléber en 1788.

Tour des Sorcières

Pl. du Bungert.
Cette tour du 15e s., que l'on peut admirer du pont sur la Thur dit pont du Bungert, est le dernier vestige des anciennes fortifications. Coiffée d'un toit en bulbe, elle abrite le petit **Espace muséographique sur les terroirs et la géologie d'Alsace** *(Pl. Modeste-Zussy - ✆ 03 89 37 96 20 - www.hautes-vosges-alsace.fr - juil.-août : sam. 14h-18h, dim. 14h-17h, lun. 14h-18h ; juin : sam. 14h-18h, dim. 14 et 28 juin 14h-17h ; sept. : sam. 14h-18h, dim. 6 et 20 sept. 14h-17h - fermé certains j. fériés - possibilité de visite guidée sur demande (30mn) - gratuit).*
Des cartes détaillées et des « carottes » des 13 types géologiques de la région sont présentées. Vous découvrirez leurs particularités et leurs effets sur la culture de la vigne et le type de vin produit.

Musée des Amis de Thann

24 r. St-Thiébaut - ✆ 03 89 37 14 54 - www.les-amis-de-thann.com - juil.-août : tlj sf lun. 14h-18h ; juin et sept. : w.-end et vend. 14h-18h - fermé certains j. fériés - possibilité de visite guidée (1h) - 2,50 € (6-16 ans 1 €).

LE RANGEN : UN CRU, DES SENTIERS

Le Rangen, fierté de Thann, est le seul vignoble alsacien a être classé grand cru dans sa totalité. La montagne du Rangen, dont les flancs à pente raide (45°) s'orientent plein sud, bénéficie d'un ensoleillement maximal, de précipitations fréquentes et de la présence de la Thur à ses pieds. Le vignoble de 18,5 ha doit sa réputation à son terroir d'origine volcanique, et aussi au savoir-faire de ses viticulteurs qui, déjà au 18e s., fournissaient la cour de Vienne. Des sentiers, fléchés à partir de la tour des Sorcières, permettent de sillonner le vignoble. **La Tournée du Bangard** – du nom des anciens garde-vignes – permet trois itinéraires *(2,2 km, 3 km ou 5 km, plan disponible à l'office de tourisme)* jalonnés de panneaux pédagogiques au départ du sentier viticole qui serpente à travers le vignoble du Rangen.

Installé dans la halle aux blés datant de 1519, il évoque sur trois niveaux le passé de la ville. Les grands thèmes traités sont le vignoble, le château et les fortifications, la collégiale et le culte de saint Thiébaut, le mobilier et les arts populaires, les souvenirs des deux guerres et les débuts de l'industrie textile.

★ « L'Œil de la sorcière »

1h à pied AR. Départ du chemin de l'autre côté du pont au bout de la rue St-Thiébaut (devant le musée des Amis de Thann) et suivre le marquage.

Deux itinéraires de 20mn et de 45mn sont proposés. Le second, plus long mais moins physique, est facile et plus adapté avec des enfants.

Construit au 13e s. par les comtes de Ferrette, le **château de l'Engelbourg** doit son surnom à la disposition insolite de ses ruines. Lorsque la frontière déménage des Vosges sur le Rhin avec la signature du traité de Westphalie en 1648 qui rattache l'Alsace à la France, il perd son intérêt stratégique et Louis XIV ordonne en 1673 son démantèlement. C'est lors de la destruction du château qu'un tronçon circulaire du donjon, en s'écroulant sur un flanc, prit cette allure d'œil gigantesque, devenu l'« Œil de la sorcière » dans l'imagerie populaire.

Le tympan de la collégiale Saint-Thiébaut.
I. Vdovin/age fotostock

L'Engelbourg domine la ville de 100 m et offre un **panorama★** remarquable sur la collégiale, la plaine d'Alsace et au loin la Forêt-Noire.

Le Staufen (Croix de Lorraine)

1h à pied. Départ du chemin des Vignes sur un chemin balisé. Descente possible par le versant Sud en passant par le col du Staufen.

Sa première pierre avait été posée par le général de Gaulle : de l'autre côté de la vallée, au sommet de la montagne du « Staufen », a été érigée en 1949 une croix de Lorraine, monument de la Résistance alsacienne. Une balade en lacets (170 m de dénivelé) vous mènera à 492 m d'altitude. De là, le panorama s'étend vers la plaine d'Alsace, Mulhouse et les contreforts du Jura suisse.

À proximité

Vieux-Thann A4

À 2 km par la D 35.

www.vieux-thann.fr. Cette bourgade fut au Moyen Âge le lieu de pèlerinage de la Confrérie des ménétriers, des vignerons et des tisserands de Haute Alsace. L'**église St-Dominique** *(pl. de l'Église - entre Pâques et la Toussaint : 10h-18h ; reste de l'année : dim. et j. fériés slt)*, fondée en 991, est restée l'église-mère de Thann jusqu'en 1389. À voir, les beaux vitraux du chœur relatant la vie de la Vierge et du Christ et le superbe arbre de Jessé (1466).

Circuit conseillé Carte de microrégion p. 186-187

Route Joffre A4

Circuit de 18 km, qui joint Thann à Masevaux, tracé en orange sur la carte de microrégion p. 186-187. Comptez environ 1h.

Suivez la N 66 jusqu'à Bitschwiller et prenez à gauche la D 14^{BIV}.

Cette belle route forestière fut créée dans l'autre sens (Masevaux-Thann) par l'armée pendant la guerre de 1914-1918 afin d'assurer les communications entre les vallées de la Doller et de la Thur. Pendant l'hiver 1944-1945, elle reprit son rôle militaire, ranimée par le trafic des troupes françaises, qui ne pouvaient utiliser que cette voie d'accès pour attaquer Thann par le nord.

La montée s'effectue en forêt. À l'entrée du bois, **vue★★** magnifique sur la vallée de la Thur dominée au nord par le Grand Ballon (1 424 m), où se distingue le monument aux Diables bleus.

Au **col du Hundsrück** (alt. 748 m), vues à droite sur le Sundgau *(voir p. 286)*, région la plus méridionale de l'Alsace, la plaine d'Alsace et le Jura.

La route s'élève légèrement, puis descend vers le col du Schirm, dans le bassin très vert de Bourbach-le-Haut. La route s'élève de nouveau pour atteindre le hameau d'**Houppach**, lieu de pèlerinage. La chapelle Notre-Dame d'Houppach est également connue sous le nom de « *Klein Einsiedeln* ».

La route descend ensuite vers **Masevaux**, une ville industrielle et commerçante.

1 pl. Gayardon - 68290 Masevaux - 03 89 82 41 99 - www.ot-masevaux-doller.fr - juil.-août : 9h-12h30, 14h-18h, sam. 10h-12h, 14h-17h ; mai-juin et sept.-oct. : 9h-12h, 14h-18h, sam. 10h-12h, 14h-17h ; reste de l'année : 9h-12h, 14h-18h, sam. 10h-12h - fermé dim. et j. fériés, Vend. saint, St-Étienne.

La cité fut créée autour d'une abbaye fondée par Mason, neveu de sainte Odile, en mémoire de son fils qui s'était noyé dans la Doller. Jolies places ornées de fontaines (18e s.) et entourées de demeures des 16e et 17e s.

De Masevaux, possibilité de rejoindre le **ballon d'Alsace** par la vallée de la Doller *(Voir l'itinéraire en sens inverse proposé p. 281)*.

NOS ADRESSES À THANN

HÉBERGEMENT

BUDGET MOYEN

Hôtel du Rangen – *35 r. du Gén.-de-Gaulle - ✆ 03 89 37 47 33 - www.hoteldurangen.com- ♿ - P - 27 ch. 53 € - ☕ 11 €.* En changeant de propriétaire, l'ancien hôtel La Cigogne s'est refait une beauté. À mi-chemin entre la gare et la collégiale St-Thiébaut, il bénéficie d'une situation idéale. Chambres confortables donnant sur une cour calme. Restauration proposée dans la salle de l'Hôtel de France.

Hôtel Aux Sapins – *3 r. Jeanne-d'Arc - ✆ 03 89 37 10 96 - www.auxsapinshotel.fr - fermé 24 déc.-3 janv. et la 1re quinzaine d'août - ♿ - P - 17 ch. 55/65 € - ☕ 8,60 € - rest. formule déj. 11,50 € - 20,50/36 €.* Bâtisse des années 1980 un peu excentrée. Accueil soigné et chambres aux tons pastel. Cuisine traditionnelle servie dans un cadre contemporain ou dans un coquet bistrot façon *winstub*.

POUR SE FAIRE PLAISIR

Hôtel du Parc – *23 r. Kléber - ✆ 03 89 37 37 47 - www.alsacehotel.com - P - 21 ch. 79/169 € - ☕ 16 € - rest. (fermé midi et dim.) 42 €.* Bel établissement situé dans un petit parc clos, en bordure du centre-ville. Les chambres y sont impeccables, la restauration soignée. Piscine, hammam et sauna.

RESTAURATION

Les amateurs de poisson d'eau douce suivront la **route de la Truite** - *www.routedelatruite.com.*

PREMIER PRIX

Caveau d'Engelbourg – *10 r. du Gén.-de-Gaulle - ✆ 03 89 37 20 21 - www.engelbourg.fr - fermé lun., sam. midi et 25-31 déc. - rest. 11/28 €.* Spécialités alsaciennes et gibier en saison à déguster dans une agréable salle voûtée.

L'Hostellerie Alsacienne – *16 r. du Mar.-Foch - 68290 Masevaux - ✆ 03 89 82 45 25 - www.hostellerie-alsacienne.com - fermé 2 sem. en nov. - P - formule déj. 8 € - rest. 10/36 € - 8 ch. 55/75 € - ☕ 8 €.* Le chef privilégie les exploitants locaux et les produits bio pour réaliser des recettes inspirées de la tradition locale. Décor alsacien et chambres rénovées.

Le Caseus – *100 r. de la 1re-Armée - 68800 Thann - ✆ 03 64 00 01 45 - www.lecaseus.fr - fermé dim. - formule déj. en sem. 11,50 € - rest. 15/30 €.* Valérie a repris cette *winstub* familiale et propose une carte qui mêle saveurs alsaciennes (assiette de l'étable au munster, salade vigneronne) et quelques spécialités savoyardes (tartiflettes).

PETITE PAUSE

Au Petit Rangen – *8 r. de la 1re-Armée - 68800 Thann - ✆ 03 89 37 00 00 - mar.-sam. 8h30-18h30 - dim. et j. fériés 14h-18h30 - fermé lun.* Petit-déjeuner avec confitures artisanales, douceurs sucrées et tartes salées toute la journée. À l'intérieur, ambiance rétro dans une salle tapissée de vieilles photos. Et dehors, un joli bout de terrasse avec vue sur la collégiale.

AGENDA

Crémation des trois sapins – Chaque année, le 30 juin, la Crémation de trois sapins bénis sur la place de la Collégiale perpétue la légende de la fondation de la ville sous les auspices de saint Thiébaut.

Journées musicales – *Août - www.alsace-tourisme-thann.fr.* Musiques du monde, classique, folklorique, jazz.

RÉGION DE MULHOUSE ET JURA ALSACIEN

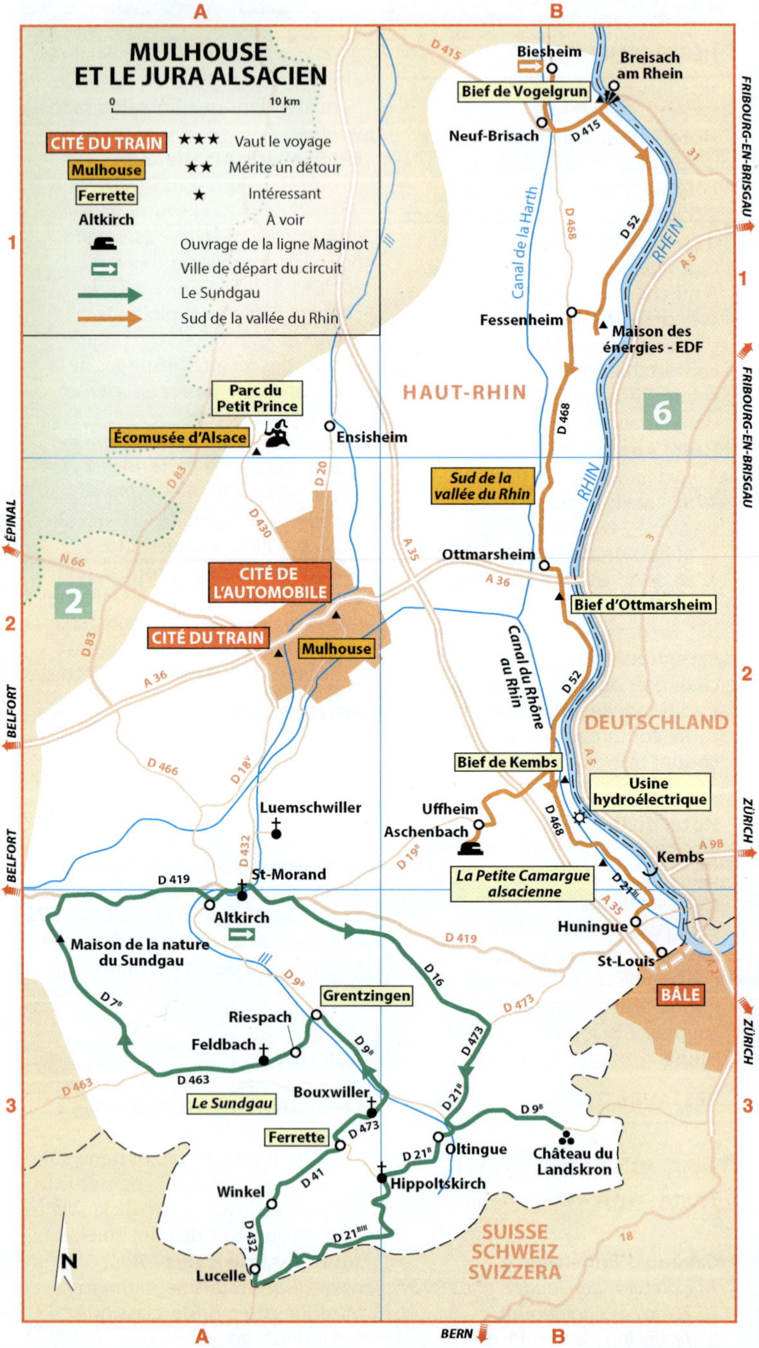

Région de Mulhouse et Jura alsacien 3

Carte Michelin Départements 315 – Haut-Rhin (68)

Mulhouse

★★

109 588 Mulhousiens – Haut-Rhin (68)

Mulhouse, la ville « au moulin », cité industrielle par excellence, a su mettre son patrimoine en valeur : un prestigieux Musée automobile, une Cité du Train, un musée du Papier peint, de l'Impression sur étoffes et EDF Électropolis. L'autre visage de Mulhouse, c'est celui du centre-ville avec ses maisons anciennes et ses façades peintes qui lui ont valu d'obtenir en 2008 le label « Ville d'art et d'histoire ». Vous découvrirez toutes ces richesses à pied, en pédalant le long des 106 km d'aménagements cyclables ou en empruntant l'agréable tramway de cette ville en plein renouveau.

NOS ADRESSES PAGE 266
Hébergement, restauration, achats, activités, etc.

S'INFORMER

Office de tourisme – *1 av. Robert-Schuman - 68100 Mulhouse - ☏ 03 89 35 48 48 - www.tourisme-mulhouse.com - juil.-août : 9h30-18h30, dim. 10h-15h ; reste de l'année : 10h-13h, 14h-18h, dim. 10h-15h - fermé 1er janv., 1er Mai, 25-26 déc.*

Visites guidées de la ville – *☏ 03 89 33 78 12 - www.mulhouse.fr - visite guidée (2h) - 5 € - 2 promenades théâtralisées en juil.-août - 6 € (enf. 4 €).*

SE REPÉRER

Carte de microrégion A2 (p. 252).

Au carrefour de l'A 35 (Strasbourg à 100 km au nord, Bâle à 32 km au sud) et de l'A 36, qui traverse les faubourgs de la ville d'est en ouest, puis se dirige vers Belfort (45 km). Ces grands axes, ainsi que trois lignes de tramway *(www.solea.info)* et le tram-train (en direction de Thann), soulagent le trafic dans la ville, laissant libre son centre semi-piétonnier. Quant au TGV, il relie Mulhouse à Paris en 3h et à Lyon en 2h50.

À NE PAS MANQUER

Les musées, et tout particulièrement ceux de l'Automobile et du Chemin de fer ; l'ancien hôtel de ville.

ORGANISER SON TEMPS

Une journée ne suffit pas pour tout voir. Si vous disposez de deux jours, commencez par une promenade

La Cité du Train.
D. Bringard/hemis.fr.

autour de la place de la Réunion, puis consacrez l'après-midi à la visite des musées du centre-ville. Le lendemain, visitez les sites plus excentrés…

AVEC LES ENFANTS

Les musées mulhousiens sauront les captiver : train, électricité et automobile, sans oublier la collection de jouets du Musée historique et, en finale, une visite au parc zoologique et botanique ou au Stade nautique.

Découvrir Plans de ville p. 258-259 et 261

LES MUSÉES DE L'INDUSTRIE

★★★ Cité de l'Automobile, musée national - collection Schlumpf

3

Plan I B1

15 r. de l'Épée - 03 89 33 23 23 - www.citedelautomobile.com - ♿ - 11 avr.-1er nov. : 10h-18h ; 1er-4 janv., 7 fév.-10 avr. et 2 nov.-31 déc. : 10h-17h ; 5 janv.-6 fév. : 13h-17h, w.-end 10h-17h - fermé 25 déc. - possibilité de visite guidée sur demande (1h30) - 11,50 € (-17 ans 6 €) - 19,50 € billet combiné avec la Cité du Train - gratuit 2e enf. accompagné. Livret-guide, jeux enf., wifi, application (iPad, iPhone et Android) gratuits.

Le passé de ce fabuleux musée est peu commun : **Fritz Schlumpf**, patron d'une usine de textile, est un passionné de voitures européennes de prestige. Capable d'acheter jusqu'à 40 modèles à la fois, il amasse ses trésors à huis clos dans les locaux de la filature : 400 automobiles de rêve sont ainsi installées dans une salle de 17 000 m^2, ornée de lampadaires 1900, répliques de ceux du pont Alexandre-III à Paris. En 1977, les licenciements consécutifs à la crise lainière conduisent les ouvriers à occuper l'usine. C'est à cette occasion qu'ils découvrent la somptueuse collection, qui est confisquée puis rachetée par les autorités locales. Un film retrace cette saga au début de la visite.

La salle principale contient à perte de vue la majeure partie de la collection, soit **243 voitures**. Un film replace dans leur contexte celles qui ont marqué leur époque. On aborde les « ancêtres » (1895-1918) avec les Panhard, De Dion, Benz et Peugeot, puis on passe aux « classiques » (1918-1938), lors de la fusion de deux grands constructeurs, Mercedes et Benz, de l'introduction en série de la traction avant par Citroën, et enfin de l'ouverture des usines Peugeot à Sochaux. Enfin les « modernes » (après 1945) rappellent l'apparition de voitures économiques et grand public. Beaucoup de ces voitures peuvent être admirées comme d'authentiques œuvres d'art pour le raffinement de leur carrosserie, la finition de leurs roues, moyeux et articulations ou encore pour le dessin de leur calandre…

Un peu de distraction ? Au centre de la salle, il vous sera possible de démarrer une Renault 1923 à la manivelle, de faire des tonneaux dans une voiture spéciale ou de vous photographier sur un ancien bolide. Les plus petits n'ont pas été oubliés : dans une salle annexe, ils testeront le circuit de kart, tandis que leurs aînés s'essaieront aux simulateurs de conduite *(payants)*.

Un 2e espace présente un long couloir de voitures de course. On se prend à rêver devant les Maserati, Porsche et autres Bugatti… Des images d'archives font revivre de grands moments de l'histoire de la course automobile.

La visite se termine avec la section des « chefs-d'œuvre de l'automobile » : voitures de prestige comme la coach Delahaye type 135 ou les Rolls Royce Silver Ghost, où le luxe n'a d'égal que la majesté des lignes. Au centre ont été rassemblées les Bugatti que Fritz Schlumpf affectionnait tant. Deux Royale, la limousine et le coupé « Napoléon » ayant appartenu à Ettore Bugatti, sont considérées comme les plus prestigieuses voitures de tous les temps.

★★★ Cité du Train Plan I A2

Située à Mulhouse-ouest, près de la commune de Lutterbach. 2 r. Alfred-de-Glehn - ☎ 03 89 42 83 33 - www.citedutrain.com - ♿ - avr.-oct. : 10h-18h ; reste de l'année : 10h-17h - fermé 25 déc. - 11,50 € (-17 ans 6,50 €) - 19,50 € billet combiné avec la Cité de l'Automobile - le musée de l'Automobile.

Cette belle collection constituée par la SNCF il y a 40 ans est répartie en deux espaces d'exposition.

À l'intérieur du premier bâtiment, les décors suggèrent un plateau de cinéma, à demi plongé dans la pénombre. Le « siècle d'or du chemin de fer » (1844-1960) y est retracé avec une **scénographie travaillée** : de courts documentaires et des automates animés évoquent les départs en vacances, l'histoire de la Micheline (invention Michelin), les difficultés de circulation en montagne et dans la neige, les voyages présidentiels, avec la mémorable chute en pyjama du président Deschanel, la vie des cheminots ou encore, pendant la Seconde Guerre mondiale, la déportation et les faits de résistance, illustrés par une impressionnante locomotive renversée. Le parcours permet aussi d'admirer des **wagons décorés**, du salon 1re classe du wagon Pullman de 1926 à la voiture 4e classe de la compagnie d'Alsace-Lorraine. Dans la séquence sur les trains officiels, remarquez la magnificence de la voiture de la présidence de la République de 1925 décorée par Lalique, ainsi que celle des aides de camp de Napoléon III confiée aux bons soins de Viollet-le-Duc.

Le second bâtiment, plus ancien, est aménagé comme un immense hall de gare et présente, de façon chronologique, « **l'aventure ferroviaire** », de 1828 à nos jours. Muni d'un audioguide, promenez-vous sur les passerelles pour observer l'intérieur des voitures, descendez dans les fosses pour passer sous les locomotives, scrutez le dispositif des premières machines électriques. Parmi les pièces à ne pas manquer, la Crampton n° 80, locomotive à grande vitesse de 1852, la locomotive St-Pierre au corps de bois de teck affectée à la ligne Paris-Rouen en 1844 ou la dernière des locomotives à vapeur, mais aussi l'autorail Bugatti de 1933 ou la DB 9004, locomotive électrique qui battit le record du monde de vitesse en 1955, avec une pointe à 331 km/h. Depuis le record de 2007, 574,8 km/h, c'est le TGV qui a la vedette : une reconstitution de cabine de conducteur fait revivre l'événement. En face des quais, dans une salle annexe, quelques maquettes et un minitrain électrique.

Mulhouse à travers les âges

LES BONNES FORTUNES

À l'époque féodale, Mulhouse choisit de n'obéir qu'à un seul maître : l'empereur du Saint Empire romain germanique. Puis la cité se lie aux neuf villes les plus libres d'Alsace pour former la Décapole. Les corporations de métiers y deviennent très fortes, jusqu'à affaiblir le pouvoir impérial au milieu du 15e s. En 1515, cernée par les possessions des Habsbourg de plus en plus menaçants, Mulhouse quitte la Décapole pour s'allier avec les cantons suisses. Elle garde toutefois l'exonération des droits de barrières douanières qui lui garantissent des débouchés commerciaux *via* le couloir rhénan.

L'ESPRIT CALVINISTE

Dans le même temps, les Mulhousiens sont tenus à des règles de vie très strictes imposées par la religion réformée adoptée par la ville en 1524. Les représentations théâtrales sont terminées et les auberges ferment dès 22 heures : telle est la prescription de Calvin. Rigoureux sous certains aspects, l'esprit calviniste agit aussi comme catalyseur du développement industriel : création de manufactures d'impression sur étoffes, de chimie, de tissage, de construction mécanique. Il inspire également des initiatives pionnières en matière sociale, les cités-jardins ouvrières.

LE RATTACHEMENT À LA FRANCE

En 1792, la toute nouvelle République française instaure le blocus douanier de Mulhouse, la dernière ville alsacienne indépendante. La ville bourgeoise opte alors, le 15 mars 1798, pour le rattachement à la France, appelé localement « la Réunion ». Cette nouvelle alliance, sauf de 1870 à 1918, époque pendant laquelle Mulhouse devint une ville sous contrôle allemand, n'exclut pas des relations spécifiques avec la Suisse. Aujourd'hui encore, Mulhouse et Bâle partagent, par exemple, un aéroport international.

L'ÈRE INDUSTRIELLE

Fondée en 1825, la SIM, Société industrielle de Mulhouse, s'était donné pour objectif « l'avancement et la propagation de l'industrie ». Animatrice dans les domaines intellectuel et artistique avec la création d'écoles techniques et l'ouverture de musées, elle a doté la ville d'un musée du Dessin industriel (ancêtre du musée de l'Impression sur étoffes), puis d'un Muséum d'histoire naturelle, d'un zoo, du musée des Beaux-Arts…

DÉCLIN ET RENOUVEAU

Les guerres mondiales et le vieillissement des sites textiles entraînent un certain déclin de la ville. La potasse prend le relais, puis Peugeot ouvre un site gigantesque dans les années 1960. Usines actives donc… qui permettent à la ville de continuer à jouer son rôle de pôle industriel. Mais aussi de nombreux sites en friche. Plutôt que de renier son passé, Mulhouse assume et utilise ce patrimoine si particulier. Elle transforme une fabrique de coton en scène nationale (La Filature), une fonderie en université, des usines en briques en quartiers urbanisés… Elle expose même son histoire faite de rouille et d'engrenages au point de devenir le pôle des musées techniques en Europe.

★★ Musée EDF Électropolis Plan I A2

Bus n° 20 à prendre à la gare centrale direction « Musées ». 55 r. du Pâturage - ✆ 03 89 32 48 50 - http://electropolis.edf.com - ♿ - visite guidée sur demande préalable (2h) 10h-18h - fermé lun., 1er janv., Vend. saint, 1er Mai, 1er et 11 Nov., 25-26 déc. - 13 € (-18 ans 9 €) - gratuit Semaine de la solidarité (août). Billets combinés avec la Cité de l'Automobile et la Cité du Train.

L'exposition s'ouvre sur une grande maquette commentée qui, par un jeu d'illuminations progressives, met en évidence l'importance de l'électricité dans notre monde moderne et présente ses principaux modes de production. Puis, dans une ambiance propre à chaque époque, vous revivez l'histoire de l'électricité de l'Antiquité au 20e s., de façon interactive, avec des propositions de manipulation ou des objets à découvrir derrière des glaces sans tain. Après avoir pris conscience de la fascination des Anciens pour la foudre, vous voici plongé en pleine Renaissance, au milieu d'un cabinet de curiosités. Ce sont ensuite Volta et sa pile, Ampère et le magnétisme, Ohm et la résistance, Gramme et la dynamo qui conduisent l'électricité à devenir une véritable fée bonne à tout faire, étrangeté des premières Expositions universelles. Au début du 20e s., tous les secteurs sont métamorphosés par le phénomène : transports, télécommunication, médecine, éclairage, cinéma. Dans le salon tout électrique des années 1930, l'arrivée des appareils électroménagers révolutionne la vie quotidienne. Pièce maîtresse du musée, le gigantesque groupe électrogène de 170 tonnes qui servit à alimenter la grande usine textile DMC,

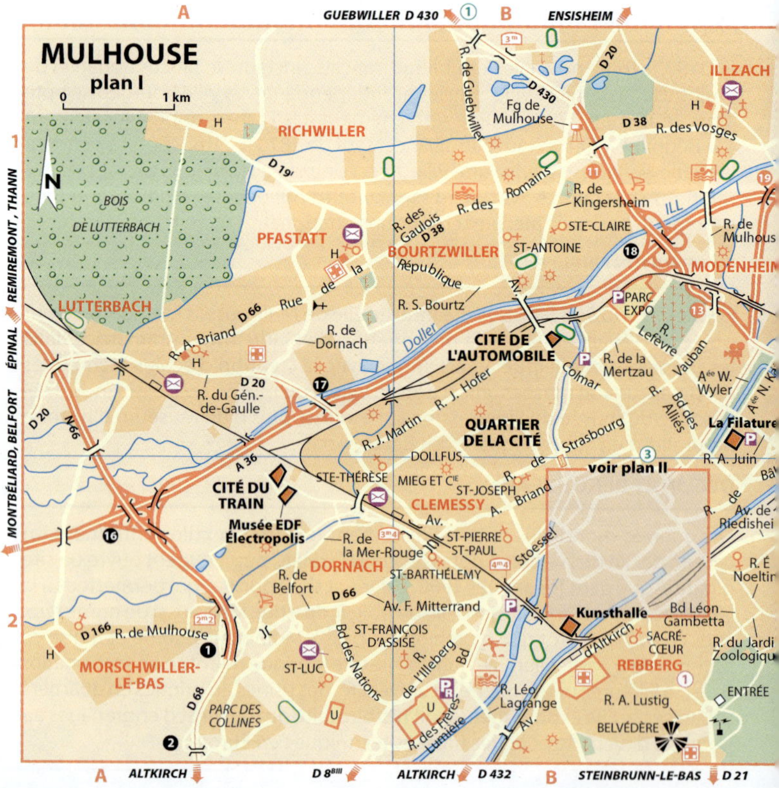

mis en scène par un spectacle multimédia. Pour terminer, un clin d'œil à la trépidante société de consommation, aux nouvelles technologies (en particulier à l'aérospatiale) et à la musique. Expositions temporaires et animations enrichissent encore la visite; dans le théâtre de l'électrostatique, animé à heures fixes, les expériences sont particulièrement décoiffantes.

★ Musée de l'Impression sur étoffes Plan II F2

14 r. Jean-Jacques-Henner - ✆ 03 89 46 83 00 - www.musee-impression.com - ♿ - déc. : 10h-12h, 14h-18h, lun. 15h-18h; reste de l'année : tlj sf lun. 10h-12h, 14h-18h - fermé 1er janv., 1er Mai, 25 déc. - possibilité de visite guidée sur demande - 9 € (-18 ans 4,50 €) - 12 € billet combiné avec le musée du Papier peint de Rixheim.

Au cœur de la ville, ce musée se trouve dans un bâtiment de 1880 ayant appartenu à la SIM (Société industrielle de Mulhouse). Dans des espaces bien conçus, on découvre comment Mulhouse s'est ouvert dès 1746 à l'impression textile, après une prohibition de soixante-treize ans imposée par le pouvoir royal, comment celle-ci s'y est développée entraînant à sa suite la croissance de la ville, qui passa en un siècle et demi de 5 000 à 100 000 habitants, et comment l'évolution des techniques a pu servir la créativité des dessinateurs. Du blanchiment des toiles jusqu'à leur amidonnage et lustrage, teinture par les couleurs naturelles telles qu'indigo ou garance, savoir-faire des dessinateurs et des graveurs, rien ne vous échappera. Remarquez les originaux du 18e s. des fameuses indiennes, grands châles orientaux, et leurs imitations européennes.

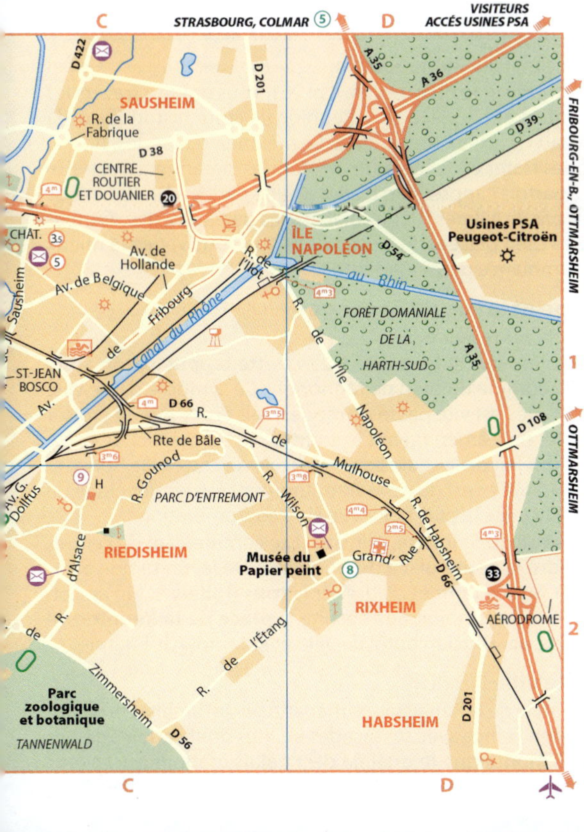

SE LOGER

«Arc-en-Ciel» (Hôtel Relais)............ ①
Bristol (Hôtel)............ ③
Cheval Blanc (Au)....... ⑤
Grange à Élise (Chambre d'hôte La). ⑧

SE RESTAURER

Esterel (L')............ ①
Poste (La)............ ⑨

Initialement importées des comptoirs d'Inde, ces étoffes étaient peintes ou imprimées dans les tons rouges dus à la racine de la garance que l'on utilisait pour la teinture. La boutique du musée réédite les motifs originaux d'impression et propose un large choix de nappes, châles, foulards et mouchoirs aux couleurs chatoyantes.

★ Musée du Papier peint Plan I D2

À 6 km à l'est de Mulhouse sur la route de Bâle.

28 r. Zuber - 03 89 64 24 56 - www.museepapierpeint.org - mai-oct. : 10h-12h, 14h-18h ; janv.-avr. : tlj sf mar. 10h-12h, 14h-18h - fermé 1er janv., Vend. saint, 1er Mai, 25 déc. - possibilité de visite guidée sur demande (1h) - 8 € (-16 ans gratuit).

Il occupe l'aile droite d'une ancienne commanderie de chevaliers teutoniques achevée en 1738 où Jean Zuber installa en 1797 une fabrique de papiers peints qui fit la renommée de sa famille. L'exposition des machines permet de comprendre la fabrication de ces papiers peints. La **collection**★★ de ces fameux panoramiques est remarquable. Ils furent très recherchés et exportés dans le monde entier, notamment en Amérique du Nord (la Maison Blanche en possède). Ce sont pour l'essentiel des paysages aux fraîches couleurs qui peuvent mêler des vues recomposées de la Suisse, de l'Algérie ou du Bengale. Sur les grands panoramiques *Les Français en Égypte* ou *La Bataille d'Héliopolis*, la bataille n'est plus qu'une anecdote dans le paysage idéalisé de l'Égypte.

Se promener Plans de ville p. 258-259 et 261

LE CENTRE-VILLE Plan II

Il s'étend à l'ouest du canal du Rhône au Rhin.

Un circuit, tracé en vert sur le plan de ville II p. 261, vous guide à travers les rues piétonnes qui entourent la place de la Réunion (le cœur historique de la ville) jusqu'au Nouveau Quartier créé au 19e s. Le mélange des styles, dû à la succession de périodes fastes et de blessures profondes, dérangera peut-être certains. Vous aurez parfois l'impression d'aller « nulle part », mais vous vous laisserez surprendre par de calmes petites places, des passages, des trompe-l'œil et des sculptures bien placées. Et c'est à pied que vous vivrez le mieux ces changements d'ambiance permanents.

La Tour de l'Europe et la rue du Sauvage Plan II F1

Tram *Lignes 1, 2 et 3, arrêt « Porte Jeune ».*

Dessinée par François Spoerry et haute de 112 m, cette tour de béton armé se dresse depuis 1972 comme un pion de Monopoly. Ce symbole d'une ville à cheval sur trois frontières est vite passé de mode. Mais en s'y faisant croiser les tramways actuels et en y aménageant le complexe commercial de Porte Jeune, les urbanistes ont fait de la seule ligne verticale de cette ville horizontale un nouveau carrefour. Et c'est du restaurant tournant au dernier étage de l'édifice que l'on bénéficie de la plus belle vue sur l'agglomération.

En direction du sud, la **rue du Sauvage**, principal axe commerçant du centre-ville, permet d'atteindre la petite place des Victoires. De là, un rapide aller-retour par la rue de la Justice permet d'admirer la **tour Bollwerk**, un ancien bastion remanié au 19e s. Vous rejoignez ensuite la **place de la Réunion**, le cœur de la cité, dominé par l'ancien hôtel de ville et le temple St-Étienne.

★★ Ancien hôtel de ville Plan II F1

Édifié en 1552 dans le style de la Renaissance rhénane par un architecte bâlois, il est tout à fait unique en France avec ses façades peintes dont certains détails sont en trompe-l'œil. Montaigne le qualifia de « palais magnifique et tout

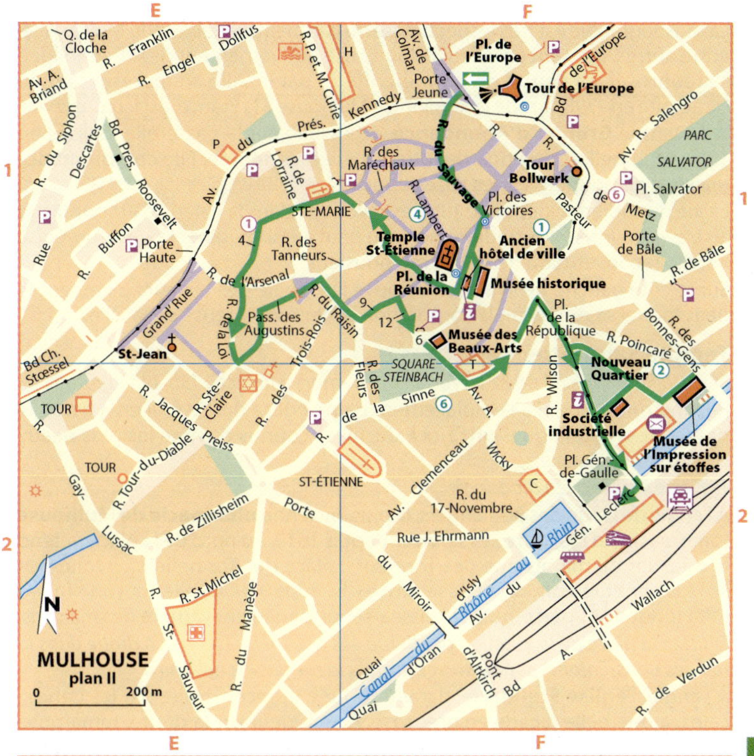

SE LOGER	SE RESTAURER	INDEX DES RUES
Bâle (Hôtel de) ①	Cortile (Il) ①	Franciscains (R. des) 4
Bourse (Hôtel de la) ②	Table de Michèle (La) ⑥	Guillaume-Tell (Pl.) 6
Kyriad Centre ④		Henriette (R.) 9
Parc (Hôtel du) ⑥		Teutonique (Passage) 12

doré ». Le double perron couvert est une merveille d'équilibre. Les écus aux armes des cantons suisses inclus dans le décor de la façade rappellent le lien historique de Mulhouse avec la Confédération helvétique. Sur le côté droit de l'édifice est accroché un masque de pierre grimaçant, copie du *klapperstein* pesant plus de 10 kg qu'on suspendait au cou des personnes condamnées pour médisance. Ces dernières devaient faire le tour de la ville, assises à rebours sur un âne.

Au pied de la volée de marches se trouve l'entrée du Musée historique de Mulhouse *(voir ci-dessous)*. La **salle du conseil**, au 1er étage, servait autrefois de lieu de réunion du gouvernement de la petite République protestante. De nos jours, il arrive que le conseil municipal y siège (mais les services municipaux sont désormais dans les locaux modernes de la nouvelle mairie).

★★ Musée historique Plan II F1

15 r. de l'Épée - ✆ 03 89 33 23 23 - www.citedelautomobile.com - ♿ - 11 avr.-1er nov. : 10h-18h ; reste de l'année : 10h-17h - fermé 25 déc. - possibilité de visite guidée sur demande (1h15) - 14,50 € (-7 ans 9 €).

Les collections évoquent l'histoire de la ville et de sa région, ainsi que l'évolution de la vie quotidienne, depuis 6 000 ans (salles archéologiques).

La muséographie est très respectueuse du bâtiment. Les objets du Moyen Âge, entre autres, mettent en valeur l'étage où le gouvernement de la République se réunissait. La **coupe en vermeil** offerte par la Ville au représentant du Directoire en 1798, lors de la réunion de Mulhouse à la France, est ici conservée.
Dans le **Grenier d'Abondance**, accessible par la passerelle réalisée au 18e s., une belle collection de jouets a été rassemblée. Elle comprend des maisons de poupées et des jeux de société.
La vie quotidienne depuis le 18e s. est évoquée dans la galerie d'art populaire au travers d'intérieurs traditionnels. On peut aussi imaginer la vie bourgeoise avec la reconstitution de salons mulhousiens.
Sur le côté gauche de la place se trouve le « poêle des tailleurs », immeuble dans lequel se réunissait la corporation la plus nombreuse de la ville.

Temple Saint-Étienne Plan II F1

Pl. de la Réunion - 06 87 50 76 25 - de mi-mars à fin oct. : 13h-19h - gratuit.
Reconstruit en 1866 à l'emplacement d'une église du 12e s., il en a gardé le nom et les magnifiques **vitraux★** du 14e s., connus comme les plus beaux conservés en Alsace.
Traversez la place en diagonale.
À l'angle de la rue des Boulangers, la plus ancienne **pharmacie de Mulhouse** (pharmacie Au Lys) offre ses services depuis 1649. Au nord de la place s'étend le quartier du marais (rue des Tondeurs, place des Tonneliers…) fondé au 14e s. et dont le nom rappelle le passé « humide » de la ville. La zone fut en effet longtemps parcourue de ruisseaux qui longeaient l'arrière des maisons.
Quittez la place de la Réunion par la rue des Bouchers. Tournez à droite dans la rue des Bons-Enfants et poursuivez jusqu'à la rue des Franciscains.
À l'angle, l'**église Ste-Marie**, datant du 13e s. et reconstruite par les franciscains, a une belle façade en grès rose. À l'intérieur sur la droite, remarquez la croix du 15e s. Vous verrez au nº 44 l'hôtel particulier que la famille Feer a fait construire entre 1765 et 1770. Au nº 21 se trouve un bâtiment du 18e s. qui abritait la manufacture de toiles peintes et de filatures. Au nº 11 sont installées plusieurs manufactures d'indiennes dont la plus célèbre est la « cour des chaînes », ouverte en 1763 dans un édifice du 16e s. Fabio Rieti, un artiste contemporain, y a créé un mur peint se rapportant à l'histoire de Mulhouse.

MULHOUSE OU L'ART DES TRANSPORTS URBAINS

Transformer et utiliser les sites industriels, embellir des villes dédiées à la production et à l'image ingrate… les Allemands le font depuis longtemps. En France, Mulhouse est à la pointe en ce domaine. Le renouveau de la ville est passé par la création d'un réseau de transport urbain « agréable à vivre ». Le tramway local *(www.solea.info)*, qui dessert trois lignes, facilite la vie de milliers de Mulhousiens et est devenu un support de création artistique : le design des rames jaunes, décorées par le designer catalan Peret, est soigné ; Daniel Buren les fait passer sous des arches d'acier colorées ; Tobias Rehberger pose des objets inattendus à proximité des stations. Le tram-train fait à lui tout seul entrer le train dans la ville et sortir le tram à la campagne. Une ligne relie ainsi la région de Thann au centre de Mulhouse. S'ajoute à cela un système de location de vélo *(Vélocité - www.velocite.mulhouse.fr)* et un réseau de pistes cyclables qui s'allonge d'année en année. L'art contemporain n'est bien sûr pas réservé au seul tramway. Pour combler le manque d'harmonie de ses façades, Mulhouse se sert de trompe-l'œil, de graffiti, de sculptures qui apparaissent puis disparaissent. On a vu des moutons, un bulldog en bronze, un soudeur, un fauteuil club…

Centre historique de Mulhouse.
B. Rieger/hemis.fr

Continuez par la rue de la Loi.
À droite, à l'angle de la rue Ste-Claire, ensemble manufacturier du 18ᵉ s. : ce sont les premières maisons d'indienneurs de Mulhouse.
Un détour au bout de la rue Ste-Claire (puis St-Jean) permet d'atteindre la **chapelle St-Jean**, construite en 1269 par les chevaliers de Malte.
Revenez par le passage des Augustins.
La maison sous laquelle vous passez est à l'emplacement de l'ancien monastère des Augustins qui servit d'hôpital entre 1529 et 1624.
Prenez la rue du Raisin à droite, puis à gauche la rue Henriette avec ses multiples restaurants bordés de terrasses.
Au n° 32, la façade peinte avec des motifs de vignes rappelle que cette maison fut le siège de la corporation des vignerons.
Traversez à droite le passage Teutonique, puis prenez à gauche la rue Guillaume-Tell.
Vous parvenez au **square Steinbach**, un îlot de verdure apprécié des habitants du quartier. Le square est bordé par le théâtre, le luxueux hôtel du Parc et le musée des Beaux-Arts.

3

Musée des Beaux-Arts Plan II F1-2

4 pl. Guillaume-Tell - ✆ 03 89 33 78 11 - www.musees-mulhouse.fr - ♿ - 13h-18h30 - fermé mar. et j. fériés - possibilité de visite guidée sur demande (1h) - gratuit.
Il rassemble surtout des peintures des 17ᵉ et 18ᵉ s., dont des œuvres de Bruegel le Jeune, Teniers, Ruysdael, Boucher, ainsi que celles de nombreux maîtres alsaciens à tendance folklorique : Brion, Pabst, Wencker, Jundt. Également des toiles de Jean-Jacques Henner (1829-1905), des paysages et natures mortes de Léon Lehmann (1873-1953) ou des compositions rutilantes de Charles Walch (1896-1948).
Au sud du square, vous suivez la rue Sinne (qui doit son nom au ruisseau comblé qui passait ici) en longeant le Théâtre. Vous rejoignez ainsi la rue du Sauvage qui débouche sur la place de la République puis le square de la Bourse, cœur du Nouveau Quartier.

Le Nouveau Quartier Plan II F2

Les magnifiques arcades inspirées de la rue de Rivoli à Paris courent autour du triangulaire square de la Bourse. Ce n'est pas tout à fait une place, juste trois rues qui ferment ce haut lieu du commerce mulhousien où fut édifié en 1827 le beau bâtiment de la **Société industrielle de Mulhouse**, destiné à abriter la chambre de commerce et la Bourse.

Du square de la Bourse, le musée de l'Impression sur étoffes *(voir p. 259)* est à deux pas.

En traversant la place du Général-de-Gaulle, à cheval sur le canal du Rhône au Rhin, vous parvenez à la massive **Gare centrale**, construite en 1928 (mais la première ligne Mulhouse-Thann opérait dès 1839).

En longeant la promenade du canal vers le sud, *via* le port de plaisance, vous parviendrez à la Kunsthalle *(voir plus bas)*.

LE QUARTIER DE LA CITÉ Plan I B1

De part et d'autre du canal de dérivation de l'Ill.

C'est autour de l'église St-Joseph, qui s'élève dans la rue de Strasbourg, que le **quartier de la Cité** est le plus typique. La rue des Oiseaux et la rue Jean-Jaurès sont les artères principales qui reçoivent les « passages » desservant les cités-jardins. Ces longues allées rectilignes, bordées de maisons de styles variés, sont comme une succession de petits univers que les familles se sont créés. En perspective, une cheminée d'usine en brique, un clocher ou juste l'horizon. Impulsées par la Société industrielle de Mulhouse, « la cité de Mulhouse », puis la « Nouvelle Cité » offraient à chaque famille un logement à entrée indépendante et un petit jardin à cultiver. Un système de location-vente permettait l'accession à la propriété. Inscrites dans un plan orthogonal, les maisons sont construites dès 1851.

L'agglomération mulhousienne compte ainsi des dizaines de cités auxquelles les habitants sont particulièrement attachés. Elles servent même de modèles à de nouveaux quartiers, comme la Cité Manifeste (au bout de la rue Jean-Jaurès) et ses maisons en tôle, béton et plastique… ou encore le quartier Wagner (près du parc des Expositions) en pleine mutation.

À voir aussi Plan I

La Filature B1

20 allée Nathan-Katz - ✆ 03 89 36 28 28 - www.lafilature.org - 11h-18h30, soirs de spectacles et dim. (oct.-juin) 14h-18h - fermé lun. et j. fériés.

En 1993, l'architecte Paul Vasconi transforme une ancienne fabrique de coton en pôle culturel de l'agglomération. Ses courbes de verre ont dynamisé le quartier du Nouveau Bassin et offert à la ville une scène d'envergure nationale, un lieu de dialogue entre arts vivants et visuels. C'est le premier symbole fort du renouveau de Mulhouse. Les abords sont embellis par un parc à sculpture qui laisse la part belle aux artistes locaux.

Kunsthalle B2

16 r. de la Fonderie - ✆ 03 69 77 66 47 - www.kunsthallemulhouse.com - juin : merc. et vend. 12h-18h, jeu. 12h-20h ; reste de l'année : merc.-vend. 12h-18h, w.-end 14h-18h - fermé 1er-2 janv., 1er Mai, 24-26 et 31 déc., autres j. fériés (se rens.) - possibilité de visite guidée sur demande (1h) - gratuit.

Un autre bel exemple de rénovation de bâtiment industriel. Cette ancienne fonderie établie au bord du canal abrite, outre l'université, un vaste espace (700 m²) dédié à l'art contemporain.

★★ Le Parc zoologique et botanique C2

Au sud de Mulhouse, en périphérie du quartier du Rebberg. 51 r. du Jardin-Zoologique - ✆ 03 69 77 65 65 - www.zoo-mulhouse.com - ♿ - mai-août : 9h-19h ; avr. et sept. : 9h-18h ; mars et oct.-nov. : 9h-17h ; reste de l'année : se rens. - 14,50 € (-17 ans 8,50 €) de fin mars à fin oct., 8,50 € reste de l'année.

Ce beau parc fut créé par des industriels pour leurs ouvriers au 19e s., dans le **quartier du Rebberg**, l'ancien vignoble de Mulhouse devenu quartier résidentiel à la fin du 18e s. Cet ensemble de rues et avenues arborées abrite un grand nombre de villas de styles variés : néomauresque, Renaissance, régionaliste, cottages anglais… Une vraie galerie d'architecture !

Le **parc** s'est donné aujourd'hui pour mission la sauvegarde d'espèces rares ou en voie de disparition (90 programmes en cours), parfois par l'élevage, quand seule cette solution subsiste. Sur 25 ha, on y observe des lémuriens de Madagascar, des tigres de Sibérie, des zèbres de Grévy ou des cerfs du prince Alfred, ces derniers ne subsistant plus que sur deux îles des Philippines. Le parc tient aussi le registre mondial d'élevage du gibbon concolore, un singe originaire du sud de la Chine et du Viêtnam connu pour son chant particulier et son agilité phénoménale. D'autres espèces plus fréquentes dans les zoos voisinent avec ces rescapés : otaries, perroquets, lions d'Asie, loutres, suricates (hyperactifs), loups à crinière, chats manul… en tout, près de 1 200 animaux de 190 espèces.

Tout en admirant les animaux, vous déambulez dans un jardin extraordinaire. Le parc abrite en effet une remarquable collection botanique : jardin de bulbes dont la floraison est magnifique vers avril, jardin de pivoines odorant en mai, jardin d'iris superbe en juin, jardin des rhododendrons (plus de 400 variétés) et Jardin de tous les sens.

★ Usine PSA Peugeot-Citroën de Mulhouse D1 (accès hors plan)

Rte de Chalampé (D 39) - ✆ 06 25 49 64 11 - www.mulhouse.psa.fr - ♿ - **fermeture du parcours de visite n° 2 (fabrication) à partir d'août 2016 pour une durée d'au minimum un an. Le parcours de visite n° 1 (fonderie et forge) reste ouvert** *(voir ci-dessous).*

Au début des années 1960, alors que l'industrie textile et l'extraction de potasse s'essoufflent, Mulhouse met à disposition de Peugeot un vaste terrain à l'est de la ville. Le constructeur, trop à l'étroit à Sochaux, est alors à la recherche d'un nouveau site d'implantation. Mulhouse, à cheval sur trois frontières, forte d'une tradition industrielle bien ancrée et au centre d'un réseau de transport efficace (route, rail, eau) est rapidement choisie. La première voiture sort des chaînes en 1971, la première Citroën en 2004. L'usine, une véritable ville avec ses rues, stades et cafétérias, occupe aujourd'hui 7 700 salariés permanents et 300 à 400 intérimaires. On y produit 1 200 voitures par jour environ. Sa particularité est de compter sur un même site l'ensemble du processus de production : fonderie et forge : transformation du métal et fabrication des pièces mécaniques (parcours n° 1) et fabrication : emboutissage, ferrage, peinture, montage (parcours n° 2). La visite, passionnante, permet de suivre une partie de la fabrication, d'admirer le travail des hommes et des robots, et de comprendre l'organisation d'une usine d'une telle envergure.

NOS ADRESSES À MULHOUSE

Plan I p. 258-259 et plan II p. 261

HÉBERGEMENT

PREMIER PRIX

Hôtel de Bâle plan II F1 – *19 passage Central - ✆ 03 89 46 19 87 - www.hoteldebale.fr - P - 31 ch. 40/60 € - ☕ 7,95 €.* Petit hôtel idéalement situé près des rues piétonnes du centre- ville. Les chambres, d'une tenue irréprochable, bénéficient d'une bonne literie. Salle des petits-déjeuners agrémentée d'un mobilier de style régional.

Hôtel Relais « Arc-en-Ciel » hors plan I par B1 – *2 r. du Périgord - 68270 Wittenheim - ✆ 03 89 52 42 22 - ♿ - P - 39 ch. 59 € - ☕ 10 € - rest. 22 € (uniquement le soir, fermé le w.-end).* Cet hôtel situé aux abords d'une zone commerciale au nord de la ville (il est préférable d'être motorisé) compte 39 chambres équipées d'un mobilier fonctionnel. La vaste terrasse fleurie et la piscine couverte agrémenteront agréablement votre séjour dans la région.

BUDGET MOYEN

Kyriad Centre plan II F1 – *15 r. Lambert - ✆ 03 89 66 44 77 - www.hotel-mulhouse.com - 70 ch. 75/135 € - ☕ 9,50 €.* En plein centre-ville, des chambres nettes et fonctionnelles, revues dans un esprit contemporain, particulièrement spacieuses et confortables dans la catégorie « affaires ». Petit-déjeuner en terrasse l'été.

POUR SE FAIRE PLAISIR

Hôtel Bristol plan I B1-2 – *18 av. de Colmar - ✆ 03 89 42 12 31 - www.hotelbristol.com - ♿ - P - 95 ch. 65/430 € (suite) - ☕ 9,50 €.* À deux pas du centre historique, hôtel abritant de grandes chambres actuelles (de la standard à la suite immense), pour certaines rénovées, personnalisées et pourvues de salles de bains luxueuses (faïences signées Versace). Service impeccable.

Hôtel de la Bourse plan II F2 – *14 r. de la Bourse - ✆ 03 89 56 18 44 - www.bourse-hotel.com - 48 ch. 65/220 € - ☕ 7/11 €.* Aménagé dans un élégant édifice du Nouveau Quartier, idéalement situé à mi-chemin entre la gare et le centre historique, cet hôtel abrite des chambres aussi agréables que fonctionnelles.

Au Cheval Blanc hors plan I par D1 – *27 r. Principale - 68390 Baldersheim - ✆ 03 89 45 45 44 - www.hotel-cheval-blanc.com - 82 ch. 79/115 € - ☕ 13,50 € - rest. (fermé dim. soir) formule déj. 10,90 € - rest. 20/56 €.* Au nord de Mulhouse, un hôtel d'allure alsacienne exploité de père en fils depuis plus d'un siècle. Chambres au confort homogène et de qualité, garnies de meubles rustiques. Salle à manger rénovée, accessible par le café du village. Nombreux menus, belle carte régionale et gibier en saison.

Chambre d'hôte La Grange à Élise plan I D2 – *66 Grand Rue Pierre Braun - 68170 Rixheim - ✆ 03 89 54 20 71 - www.grange-elise.com - P - 5 ch. 105 € ☕.* Au sud-est de l'agglomération, une grange villageoise aménagée en chambres de charme (mobilier, poutres) et entourée d'un jardin fleuri.

UNE FOLIE

Hôtel du Parc plan II F2 – *26 r. de la Sinne - ✆ 03 89 66 12 22 - www.hotelduparc-mulhouse.com - ♿ - P - 76 ch. 110/650 € - ☕ 23 € - rest. (fermetures annuelles, se rens.) 19/29 €.* Luxueux palace dans les années 1930, cet hôtel a gardé son charme ancien. Toutes les chambres sont raffinées et confortables. Carte traditionnelle au restaurant Le Steinbach de style Art déco.

RESTAURATION

PREMIER PRIX

L'Esterel plan I B2 – *83 av. de la 1re-Division-Blindée - ✆ 03 89 44 23 24 - fermé 1 sem. vac. de printemps, 15-31 août, vac. de la Toussaint, de fév., dim. soir, merc. soir et lun. - P - menu du jour 13 €, 24/49 €.* À proximité du parc zoologique, petit restaurant rajeuni et agrandi d'une véranda. Terrasse ombragée prise d'assaut à la belle saison. Cuisine de saison aux accents du Sud.

La Table de Michèle plan II F1 – *16 r. de Metz - ✆ 03 89 45 37 82 - www.latabledemichele.fr - fermé 1 sem. en mai, 2 sem. en août, 22 déc.-4 janv., sam. midi, dim. et lun. - formule déj. 19/25 € - rest. 25/35 €.* Michèle joue du piano debout… en cuisine bien sûr ! Son répertoire ? Plutôt traditionnel, mais sensible aux quatre saisons. En salle, chaleur du bois brut et éclairage intime.

POUR SE FAIRE PLAISIR

La Poste - Kieny plan I C2 – *7 r. du Gén.-de-Gaulle - 68400 Riedisheim - 2 km au sud-est par D 56 et D 432 - ✆ 03 89 44 07 71 - www.restaurant-kieny.com - fermé de fin juil. à mi-août, dim. soir, mar. midi et lun. - rest. 32/95 €.* Dans ce chaleureux relais de diligences (1850) se transmettent depuis six générations les secrets de la bonne cuisine. Aujourd'hui, le chef concocte des plats bien dans leur époque, goûteux, fins et mâtinés de tradition alsacienne. Belle adresse.

UNE FOLIE

Il Cortile plan II E1 – *11 r. des Franciscains (cour des Chaînes) - ✆ 03 89 66 39 79 - www.ilcortile-mulhouse.fr - fermé lun., dim. et 2e quinz. août - ♿ - formule déj. 40 € - rest. 90/110 €.* La haute gastronomie italienne s'est installée au cœur du Mulhouse historique. Dans un cadre moderne et raffiné, les meilleurs produits de saison transalpins sont préparés avec amour et créativité.

PETITE PAUSE

Au Moulin Poulaillon – *www.poulaillon.fr.* Outre leur trentaine de pains spéciaux souvent très originaux, ces boulangeries-restauration-salons de thé ont un succès fou (et mérité) auprès des Mulhousiens. File d'attente assurée tous les midis. Diverses adresses dans le centre-ville *(r. du Sauvage, r. Mercière)*, mais aussi l'enseigne historique *(176 r. de Belfort - ✆ 03 89 42 24 04 - tlj sf dim. 6h-20h, sam. 6h-19h - fermé j. fériés)* dont le décor mérite le coup d'œil : vieux plancher, poutres, moulin reconstitué et fournil visible.

Helfter – *27 passage Central - ✆ 03 89 56 00 88 - www.helfter.fr - tlj sf lun. 7h30-18h30, dim. et j. fériés 7h30-17h.* Dans cette pâtisserie et salon de thé au charme désuet, vous dégusterez des glaces, *kugelhopf*, financiers et *panettone* excellents.

ACHATS

Le plateau piétonnier (rue du Sauvage notamment) et ses alentours comptent pléthore de boutiques et galeries commerciales (telle Porte Jeune au pied de la Tour de l'Europe). Au milieu des enseignes de prêt-à-porter bien connues, les traiteurs, pâtissiers et chocolatiers ne manquent pas. Ainsi le chocolatier **Yves Thuriès** *(22 r. Henriette)*, meilleur ouvrier de France, connu pour ses palets aux ganaches variées et ses tablettes élégantes. Ou encore **Tempé** *(28 r. du Sauvage)* pour le meilleur des charcuteries et fromages régionaux.

Marché du Canal Couvert – *Quai de la Cloche - ✆ 03 89 42 33 02 - www.marchedemulhouse.com - mar., jeu. 7h-17h et sam. 6h-17h.* Cette imposante halle abrite l'un des plus grands marchés de l'est de la France. Chaque mardi, jeudi et samedi, elle accueille près de 350 commerçants (commerces de bouche et étals de mercerie-textile-bazar).

EN SOIRÉE/SORTIES

Pour l'agenda des concerts, la liste des lieux branchés, consultez les pages des journaux locaux ou le mensuel gratuit le *Journal des Spectacles (www.jds.fr).*

Charlie's Bar – *26 r. de Sinne - ✆ 03 89 66 12 22 - www.hotelduparc-mulhouse.com - lun.-vend. 10h-1h30, sam. 17h-2h et dim. 16h-0h.* Piano-bar installé dans le très chic hôtel du Parc. La musique est digne des meilleurs clubs de jazz : concert de piano du lun. au jeu. (à partir de 19h) et différents groupes en fin de semaine. Beau choix de cocktails.

La Filature – *20 allée Nathan-Katz - ✆ 03 89 36 28 28 - www.lafilature.org.* La scène nationale mulhousienne : danse, musique, théâtre, spectacles…

Noumatrouff – *57 r. de la Mertzau - ✆ 03 89 32 94 10 - www.noumatrouff.fr.* Sons actuels (rock, électro…).

ACTIVITÉS

Piscine Pierre-et-Marie-Curie – *7 r. Pierre-et-Marie-Curie - ✆ 03 89 32 69 00 - www.mulhouse.fr - lun. 17h30-19h, mar. 7h30-8h30, 12h-14h, merc. 7h30-8h30, 14h-19h, jeu. 12h-14h, 17h30-19h15, vend. 7h30-8h30, 12h-14h, 17h30-20h30, sam. 7h30-8h30, 14h-18h - fermé dim. et lun. mat. - 3,70 € (enf. 2,80 €).* Anciens bains municipaux. La piscine offre, en plus des bassins couverts, des installations (de mi-sept. à fin mai) de sauna et de hammam. Également **bains romains**, dans un décor étonnant de marbre et vitraux datant du siècle dernier.

Stade nautique – *58 bd Charles-Stoessel - ✆ 03 69 77 66 88 - tlj 10h-20h de mi-juin à déb. sept.* Ensemble de plein air dans une zone ombragée de 7 ha équipé notamment d'un pentagliss (toboggan de 4 pistes proposant 50 m de glissade).

AGENDA

Les Étoffes de Noël et marché de Noël – *De mi-nov. à fin déc. - www.etoffeeries.fr et www.noel-sud-alsace.com.* Marché, odeurs d'épices et décors de tissus merveilleux.

Carnaval – *En fév.-mars - www.carnaval-mulhouse.com.* Fanfares nocturnes, farandoles géantes, chars et défilés sont au rendez-vous chaque année.

Festival automobile – *En juil. - www.festivalauto.mulhouse.fr.*

Scènes de Rues – *En juil. - www.mulhouse.fr.* Durant une semaine, le théâtre de rue anime le centre-ville.

Fête de l'oignon – *En sept. - www.tourisme-mulhouse.com.* L'oignon doré mis à l'honneur et à toutes les sauces, place de la Réunion.

Text'Ill – *En sept. - www.mulhouse.fr.* La ville se souvient de son passé (et futur) « textile » sur la place de la Réunion.

Ungersheim, Noël à l'Écomusée d'Alsace.
E. Planchard/hemis.fr

Écomusée d'Alsace

★★

Haut-Rhin (68)

3

L'Écomusée d'Alsace est le plus grand musée à ciel ouvert de France. À l'origine de cet espace unique, ouvert en 1984, une initiative de sauvegarde du patrimoine : des maisons des 15e au 19e s., vouées à disparaître, furent patiemment repérées, démontées et rassemblées ici. Le musée s'est ouvert depuis à l'architecture urbaine des 19e et 20e s. et à des habitations plus contemporaines. Aujourd'hui, plus de 70 maisons anciennes, distribuées sur un terrain de 15 ha, composent un panorama unique de l'habitat rural alsacien.

NOS ADRESSES PAGE 272
Hébergement, restauration, achats, activités, etc.

S'INFORMER

Écomusée d'Alsace – *Chemin de Grosswald - ✆ 03 89 74 44 74 - www.ecomusee-alsace.fr - juin-août : 10h-18h ; de fin mars à fin mai et de déb. sept. à déb. nov. : tlj sf lun. (sf j. fériés) 10h-18h ; de fin nov. à déb. janv. : tlj sf lun. et 24 déc. 11h-19h, 31 déc. 11h-17h - fermé nov. et de déb. janv. à fin mars - possibilité de visite guidée sur demande (1h) - 14 € (enfant 10 €) - 41 € billet famille (2 adultes + 2 enf.) - visites du village et des espaces naturels, animations quotidiennes, expositions temporaires, promenades en barque ou en charrette, artisans au travail, animaux de la ferme…*

SE REPÉRER

Carte de microrégion A1 (p. 252).
Situé en zone rurale, sur la commune d'Ungersheim, il est desservi par l'A 35 (sortie Ensisheim) à 9 km au nord-est, par l'A 36 (sortie Bourtzwiller), direction Guebwiller par la D 83, sortie « Écomusée ». Vaste parking à l'entrée.

À NE PAS MANQUER
Les maisons colorées du Sundgau.

ORGANISER SON TEMPS
Une journée semble un temps minimal.

AVEC LES ENFANTS
Se promener en charrette, traire les vaches, visiter la salle de classe de 1870, le Parc du Petit Prince.

Visiter

L'Écomusée est un vrai village où l'on entre chez les gens sans frapper, avec ses rues et ses commerces, sa gare et son école. À l'intérieur des maisons à colombages, des artisans partagent leur savoir-faire avec les visiteurs. Des ateliers, expositions et spectacles animés par des bénévoles varient au fil des saisons et font revivre les vieux corps de métiers (forgeron, sabotier, charron, potier, maréchal-ferrant…). D'autres vous promèneront volontiers en charrette ou en barque. C'est simple : il y a toujours quelque chose à faire pour aider les « habitants » ou juste se distraire. L'année est rythmée par diverses manifestations (Pâques, la Fête des cigognes ou des vendanges, etc.). En décembre, par exemple, les enfants sages ne manqueront pas de croiser saint Nicolas (ou le légendaire Hans Trapp pour les plus dissipés…).

Village

Toute l'Alsace rurale s'étend devant vous, en sept pays, du Sundgau à l'Outre-Forêt, et à travers les siècles. La ferme bleue de Schlierbach, datant de 1529, est l'une des plus anciennes maisons à colombages du Sundgau. Ses longues poutres symétriques et aérées sont caractéristiques du Moyen Âge. Deux siècles plus tard, la maison de Muespach (1768) témoigne de la maîtrise progressive de la technique de la charpente « à bois courts » : tous les bois, même courbes, sont utilisables. Ces belles constructions ont toujours en commun leur salle de séjour appelée *stube*, au milieu de laquelle trône immanquablement le poêle de faïence. La plus grande partie de la vie familiale et sociale s'y déroulait. Elle servait aussi parfois de chambre à coucher pour le maître de maison.

Patrimoine naturel

Jardins, champs, forêt, roselière, rivière : l'Écomusée jouit aussi d'une biodiversité considérable. Un parcours-promenade balisé permet ainsi de découvrir une trentaine d'éléments naturels remarquables : rosier sauvage, vieux chêne, milieu humide de la forêt…
De sympathiques cigognes viendront aussi vous rappeler qu'elles sont ici chez elles. Ces pensionnaires, comme les chevaux comtois ou les vaches vosgiennes, sont au centre d'animations pédagogiques (traite, nourrissage).

L'Écomusée du 21e siècle

Et parce que ce musée entend vivre avec son temps, de nouveaux quartiers verront le jour d'ici à 2018. En témoigne déjà la « maison du 21e siècle » imaginée par Mathieu Winter, pionnier de l'architecture bioclimatique en Alsace, bientôt suivie par un espace dédié à l'habitat de demain.

RODOLPHE

Tel est le nom du carreau minier qui jouxte l'Écomusée. On découvre ses immenses bâtiments lors des ascensions en ballon au Parc du Petit Prince voisin : ils témoignent de l'exploitation de la potasse tout au long du 20e s., entre Cernay et Mulhouse. *Merc. 9h-17h - visite possible certains dimanches de juil.-août : 14h-18h - ☏ 03 89 48 86 54 - ouvert pdt les J. portes ouvertes, J. du patrimoine (se rens. av.).*

Le Parc du Petit Prince.
C. Chaudeau/Michelin

À proximité Carte de microrégion p. 252

★ Le Parc du Petit Prince A1

3 km au nord-est de l'Écomusée. Un sentier piétonnier est en projet (se rens.). À Ungersheim - 03 89 62 43 00 - www.parcdupetitprince.com - mars-oct. : 10h-18h ; vac. de Noël : 14h-18h - quelques fermetures exceptionnelles (consulter le site) - 22 € plus de 15 ans (+ de 1 m à 14 ans : 16 € ; enf. de moins de 1 m : gratuit) - billet famille (2 adultes + 2 enf. - 17 ans) : 69 €. Prix réduits sur le site.

En plus des services de restauration, des tables de pique-nique sont à disposition des visiteurs. Dans ce parc à taille humaine, il est même possible de sortir chercher son panier dans sa voiture et de revenir.

Un astéroïde, surveillé par une petite tête blonde, a atterri au milieu de l'ancien Bioscope. Le Parc du Petit Prince, ouvert depuis 2014, affiche une ambition de haut vol : ouvrir le premier parc aérien au monde tout en déclinant l'univers du célèbre livre d'Antoine de Saint-Exupéry, qui reste encore à ce jour l'ouvrage le plus traduit sur la planète après la Bible et le Coran.

Le site décline ainsi sur 31 aires de jeux et attractions, les thèmes, personnages et principales citations du conte. Peu de sensations fortes ici (comparé à Europa-Park, à 70 km seulement) mais quand même quelques divertissements vertigineux. Deux **ballons captifs**, véritables montgolfières qui s'élèvent le long d'un treuil, transportent 60 chanceux à 150 m d'altitude, soit l'équivalent d'un immeuble de 80 étages, toutes les 15mn : **panorama★★** par temps dégagé à 360 degrés sur la plaine d'Alsace, les Vosges, la Forêt-Noire, la Suisse et même le Mont-Blanc. Un **aérobar** permet aussi de boire un verre à 35 m d'altitude, les pieds dans le vide. Pour le reste, les enfants pourront, selon leur âge, tester un simulateur de vol, regarder des films en 3D inspirés de l'œuvre de Saint-Exupéry, observer des soigneurs nourrir des animaux familiers (renards, moutons), déambuler dans des jardins thématiques ou tout simplement s'émerveiller dans une serre à papillons.

3

NOS ADRESSES À L'ÉCOMUSÉE D'ALSACE

HÉBERGEMENT

POUR SE FAIRE PLAISIR

Hôtel Les Loges de l'Écomusée – *Chemin du Grosswald - 68190 Ungersheim - ✆ 03 69 58 50 25 - www.hotellesloges.fr - fermé lun. hors saison, de déb. janv. à fin mars, et de déb. nov. à fin nov. - P - 40 ch. 62/126 € - ☕ 9,50 €.* Reconstitution d'un village traditionnel alsacien aux portes de l'Écomusée. Chambres modernes, parfois aménagées en duplex, avec un confort de qualité. Possibilité de louer des chambres avec cuisine.

RESTAURATION

La boulangerie propose un pain traditionnel au levain cuit dans un four à bois, des sandwichs variés et des tartes flambées. Pour un repas plus consistant, choisissez plutôt la Terrasse de l'Écomusée ou l'Auberge St-Joseph.

BUDGET MOYEN

La Taverne – *✆ 03 69 58 50 25 - www.hotellesloges.fr - fermé lun. hors saison, de déb. janv. à fin mars, et de déb. nov. à fin nov. - rest. 32 €.* Décor de vieille taverne alsacienne avec poutres et charpente apparentes pour une cuisine revigorante à base de cochonnailles, choucroutes et autres plats régionaux typiques. Parfait pour continuer la découverte des traditions entamée à l'Écomusée, ambiance en plus !

Ensisheim

7 247 Ensisheimois – Haut-Rhin (68)

Ensisheim jouit d'un étrange privilège : c'est ici que tomba, le 7 novembre 1492, la première météorite dont l'histoire ait enregistré la chute. Habitée dès le 5e millénaire av. J.-C., Ensisheim est mentionnée pour la première fois en 765. La ville connaît un destin brillant lorsqu'en 1135 elle devient capitale des possessions des Habsbourg en Alsace, dans le pays de Bade et en Suisse du Nord. À son apogée au 17e s., elle abrite plus de 200 familles de la noblesse. Les quelques très belles maisons du gothique à la Renaissance témoignent de ces heures de gloire bientôt endeuillées par la guerre de Trente Ans.

NOS ADRESSES PAGE CI-CONTRE
Hébergement, restauration, achats, activités, etc.

S'INFORMER

Point d'informations touristiques – *Voir au musée de la Régence (voir ci-contre) - musée de la Régence - pl. de l'Église - 68190 Ensisheim - ✆ 03 89 26 49 54 - www.ville-ensisheim.fr - mai-sept. : 14h-18h ; reste de l'année : lun.-vend. et 1er et 3e w.-end du mois 14h-18h - fermé mar. et j. fériés - documentations diverses, vente de pass-musées et un interlocuteur présent aux horaires d'ouverture du musée ; ou voir à l'office du tourisme de Guebwiller (p. 239).*

ENSISHEIM

SE REPÉRER
Carte de microrégion A1 (p. 252).
Sur la D 201, à peu près à mi-chemin entre Colmar et Mulhouse.

À NE PAS MANQUER
La météorite, au musée de la Régence.

Visiter

Palais de la Régence

6 pl. de l'Église - ✆ 03 89 26 49 54 - www.ville-ensisheim.fr - mai-sept. : 14h-18h ; reste de l'année : tlj sf mar., 2e et 4e w.-end 14h-18h - fermé j. fériés - 2 € (-18 ans gratuit) - possibilité de visite guidée (45mn) sur demande préalable - gratuit marchés de Noël.

Le bâtiment gothico-Renaissance a été construit de 1533 à 1547. Au rez-de-chaussée, les belles voûtes des arcades sont garnies d'écussons aux armes de plusieurs villes d'Alsace. Sur la façade, du côté de l'église, une tourelle octogonale renferme l'escalier. Le **musée de la Régence** est installé au rez-de-chaussée. La fameuse **météorite**, exposée dans la 1re salle, pesait 127 kg après sa chute au 15e s., contre 55 aujourd'hui, à la suite des prélèvements effectués au cours des âges. Exposition du produit des plus récentes découvertes archéologiques : céramiques, outils, sépulture d'enfant remontant au néolithique ancien, objets de l'âge du bronze et de l'époque gallo-romaine.

Hôtel de la Couronne

Quasiment face au palais, rue de la 1re-Armée.

Ce très beau bâtiment (1609) est décoré de pignons à volutes et d'un oriel sculpté à deux étages. Turenne y logea en 1675 avant la bataille de Turckheim.

NOS ADRESSES À ENSISHEIM

3

Voir aussi nos adresses à Mulhouse *(p. 266)* et à l'Écomusée d'Alsace *(page ci-contre).*

HÉBERGEMENT ET RESTAURATION

POUR SE FAIRE PLAISIR

Hôtel-Spa Le Domaine du Moulin – *44 r. de la 1re-Armée - ✆ 03 89 83 42 39 - www.hotel-domainedumoulin-alsace.com - P - 65 ch. 115/165 € - ☕ 15,50 € - 1/2 p. 103/128 € - rest. (✆ 03 89 81 15 10, fermé sam. midi) 21/46 €.* Grande maison ouverte sur un jardin agrémenté d'un étang, entre l'Ill et la place de l'Église. Chambres spacieuses. Piscine, sauna, hammam et Jacuzzi. Aménagé dans un ancien moulin, le restaurant La Villa du Meunier privilégie les plats du terroir. Agréable terrasse.

AGENDA

Bourse aux météorites – Chaque année, le 3e w.-end du mois de juin, des conférences, expositions et ventes sont organisées au musée de la Régence autour de ces corps célestes tombés sur Terre. *Rens. et réservations : ✆ 03 89 83 32 10 - www.ensisheim.net.*

Neuf-Brisach

2 017 Néobrisaciens – Haut-Rhin (68)

Pour qui veut découvrir la ville de Neuf-Brisach, l'idéal serait de la survoler… Vu du ciel, le plan de cette forteresse de plaine, conçue au 17e s. par Vauban, apparaît de façon saisissante, sous la forme d'une parfaite étoile octogonale. « De tous les diamants de la couronne de France, le plus beau est la forteresse du Rhin », disait Louis XIV qui avait ordonné sa construction. Depuis 2008, ce chef-d'œuvre d'architecture militaire est classé au Patrimoine mondial de l'Unesco.

NOS ADRESSES PAGE 276
Hébergement, restauration, achats, activités, etc.

S'INFORMER

Office du tourisme du Pays de Brisach – *6 pl. d'Armes - 68600 Neuf-Brisach - ✆ 03 89 72 56 66 - www.tourisme-paysdebrisach.com - mai-sept. : 9h-12h, 14h-18h, dim. et j. fériés 9h-12h, 14h-17h ; vac. scol. (hors juil.-août) : tlj sf dim. 9h-12h, 14h-18h ; reste de l'année : tlj sf dim. 9h-12h, 14h-18h, sam. 9h30-12h30 - fermé certains j. fériés.*

SE REPÉRER

Carte de microrégion B1 (p. 252).
À 16 km à l'est de Colmar, 39 km au nord de Mulhouse.

À NE PAS MANQUER

Les fortifications Vauban.

AVEC LES ENFANTS

La porte de Belfort et un tour dans les fossés entre les enceintes. Le chemin de fer touristique du Rhin.

Se promener

★ Promenade des remparts

Un parcours dans les fossés, de la porte de Belfort à la porte de Colmar au nord-ouest, permet de découvrir les principaux éléments des fortifications. La **porte de Belfort**, dessinée par l'architecte Jules Hardouin-Mansart, abrite depuis 1957 le **musée Vauban** et constitue un bon point de départ à la visite des remparts. *7 pl. de la Porte-de-Belfort - ✆ 03 89 72 03 93 - ♿ - mai-sept. : 10h-12h, 14h-17h - fermé mar. - 2,50 € (-10 ans gratuit) - possibilité de visite guidée*

NAISSANCE DE LA VILLE

Par le traité de Ryswick en 1697, le Rhin devient la frontière entre la France et l'Allemagne. Louis XIV doit alors céder à l'Empire germanique Vieux-Brisach, édifié sur le rocher de *Brisacum* (aujourd'hui Breisach am Rhein, en Allemagne). Il ordonne à Vauban de construire, en 1699, une place forte destinée à empêcher le passage du fleuve à cet endroit. La réalisation du projet, mené par l'ingénieur Jacques Tarade, dura dix ans entre 1699 et 1709. La forteresse reçoit, tout naturellement, le nom de Neuf-Brisach.

Au début, personne ne veut s'y installer. Louis XIV fait exempter d'impôts durant vingt ans toute personne qui accepte de venir habiter l'endroit et lui offre le terrain et les matériaux de construction. Qui aurait pu résister à une offre si attractive ?

La ville de Neuf-Brisach fortifiée par Vauban et classée au Patrimoine mondial de l'Unesco.
A. Chicurel/hemis.fr

(1h30), se rens. à l'office de tourisme. Spécialisé dans l'art militaire du Grand Siècle, le musée expose des plans, vues anciennes et documents d'époque. Les visiteurs et les familles s'arrêteront volontiers devant un remarquable plan en relief de la place forte, bien utile pour comprendre les principes défensifs de Neuf-Brisach basés sur deux enceintes parallèles : à l'intérieur, l'enceinte de sûreté formée par les 8 tours bastionnées et les courtines, et à l'extérieur, l'enceinte de combat composée de contre-gardes protégeant les tours bastionnées, elles-mêmes protégées par des demi-lunes.

Bastions à échauguettes, glacis et autres ouvrages à cornes émaillent le mur d'enceinte en grès des Vosges, large de 4,5 m à la base et haut de 9 m. Vous pouvez rejoindre le cœur de cet octogone de 600 m de diamètre tous les quarts de tour (comptez 45mn pour faire le tour complet).

Pour mesurer l'ampleur du projet, un sentier, au niveau de la porte de Colmar, mène vers le **canal Vauban** à 200 m de la forteresse : il a été creusé en 1699 pour permettre le transport, sur 28 km depuis les carrières du piémont des Vosges, des matériaux nécessaires à la construction des remparts.

La **porte de Colmar**, qui servit tour à tour de poste de police, de prison ou encore de boulangerie pour l'armée et de casino pour la garnison allemande, est la plus spectaculaire. À l'origine, en 1707, elle était surmontée d'armoiries royales et aménagée d'un pont-levis.

À l'intérieur de son enceinte, longue de 2,4 km, la cité est partagée en îlots réguliers : 48 carrés, regroupant habitations et bâtiments officiels autour de la place d'Armes, au centre de la ville. Une fontaine, elle aussi octogonale et datant de 1726, servait de réservoir en cas d'incendie. Quatre puits marquent les coins de cette place carrée où se dresse l'**église St-Louis**. Construite en même temps que la ville par Vauban, elle a brûlé en 1945 lors des combats de la Libération et a été, depuis, reconstruite d'après les plans d'origine. Dans la chapelle latérale gauche, le baptistère et le calvaire en bois (18e s.) ont échappé à l'incendie. Le retable du 18e s. de style baroque encadre une **Nativité★**.

NOS ADRESSES À NEUF-BRISACH

Voir aussi nos adresses à Mulhouse *(p. 266)* et Rouffach *(p. 237)*.

VISITE

Visite guidée – *En saison à partir de 12 pers. payantes - réservation obligatoire à l'office du tourisme de Neuf-Brisach - 03 89 72 56 56 - 5 € (-12 ans gratuit).* Visite guidée (ville et fortifications) avec un guide en costume d'époque.

Chemin de fer touristique du Rhin – *Fermé certains j. fériés - rens. en sem. 26 r. des Cordiers - 68280 Andolsheim - 03 89 71 51 42 (03 89 72 55 97 le w.-end) - www.ried-express-cftr.fr - train AR ou circuit combiné « Train à vapeur et bateau sur le Rhin » : du 10 mai au 27 sept. le dim. ; en août sam. également - dép. 15h de la gare de Volgelsheim (1 km de Neuf-Brisach), retour 17h45 - train seul 9 € (4-12 ans 4,50 €) ; billet combiné train-bateau 18 € (4-12 ans 9 €).* En saison, le week-end, un train à vapeur 1900 circule entre la gare de Volgelsheim, le port rhénan de Neuf-Brisach et l'embarcadère de Sans-Souci. Ce circuit peut être combiné avec une promenade en bateau d'époque (1933) sur le Rhin : après la visite commentée des ateliers au port rhénan, le train à vapeur vous conduira au terminus embarcadère de Sans-Souci où vous prendrez place à bord d'un bateau à 2 ponts pour une promenade de 80mn sur le Rhin.

HÉBERGEMENT ET RESTAURATION

BUDGET MOYEN

Hôtel « Aux Deux Roses » – *11 r. de Strasbourg - 03 89 72 56 03 - www.alsace2roses.com - - P - 42 ch. 61/70 € - 8,50 € - rest. : formule à volonté 15,50 €.* Votre regard sera sûrement attiré par la façade bleue de ce grand bâtiment du centre-ville. Chambres confortables, pour la plupart fraîchement refaites, restaurant de type *winstub* et petits-déjeuners servis sous forme de buffet. Accueil très correct et rapport qualité-prix plus qu'avantageux.

PETITE PAUSE

Pâtisserie Birké – *22 pl. d'Armes 03 89 72 57 92 - mar.-sam. 7h-19h.* On s'arrêtera ici pour une petite pause, sucrée ou salée, mais surtout pour écouter Christian, le propriétaire, égrener bien volontiers ses souvenirs. Ce passionné jouait déjà, enfant, dans les remparts. Depuis, il a réuni une émouvante collection de photos d'époque affichées dans son établissement.

ACTIVITÉS

Cyclotourisme – *03 89 72 56 66 - possibilité de visite guidée sur demande (2h).* Une carte de 26 propositions d'itinéraires cyclables est à disposition à l'office de tourisme *(3,50 €)*. Vélos à assistance électrique également proposés en location *(13 € la demi-journée, 20 € la journée)*.

AGENDA

Marché de Noël 1700 – *6 pl. d'Armes - 03 89 72 56 66 - www.tourisme-paysdebrisach.com - 2e w.-end de déc. : vend. 14h-19h, sam. 10h-21h, dim. 10h-19h - gratuit.*

Sud de la vallée du Rhin

★★

Haut-Rhin (68)

Après avoir quitté la Suisse, le Rhin s'enfonce dans une large vallée marquant la frontière franco-allemande. On a sans cesse tenté de maîtriser ses eaux tumultueuses et sauvages en lui coupant les bras ou en le comprimant pour contenir ses crues. Et pourtant, le « Vater Rhein » est toujours là, prêt à vous convier à un fabuleux voyage au fil de l'eau. En souvenir de sa jeunesse impétueuse, il a laissé sur ses rives d'excellentes conditions pour que se développent une faune et une flore variées. La Petite Camargue alsacienne, classée réserve naturelle, en est un bel exemple.

NOS ADRESSES PAGE 282
Hébergement, restauration, achats, activités, etc.

S'INFORMER

Office du tourisme du pays de St-Louis Huningue – *81 r. Vauban - 68128 Village-Neuf - ☎ 03 89 70 04 49 - www.saintlouis-tourisme.fr - 9h-12h, 13h30-17h30, mar. 10h30-12h, 13h30-17h30 - fermé dim. et j. fériés.*

SE REPÉRER

Carte de microrégion B1/2/3 (p. 252). Colmar, Mulhouse et Bâle sont de bons points de départ pour découvrir le sud de la vallée du Rhin. Accès rapide par l'autoroute A 35 Strasbourg-Bâle.

À NE PAS MANQUER

La Petite Camargue alsacienne.

ORGANISER SON TEMPS

Comptez une journée complète pour le circuit proposé.

AVEC LES ENFANTS

Les bases de loisirs et le parc des Eaux-Vives à Huningue, le réseau de pistes cyclables, « Mémoire du Rhin » et « Mémoire de saumon » à la Petite Camargue alsacienne, et la Maison des énergies.

3

Circuit conseillé Carte de microrégion p. 252

Pour en savoir plus sur l'histoire du Rhin, voir p. 137.

DE BIESHEIM À SAINT-LOUIS B1-2-3

Circuit tracé en orange sur la carte de microrégion p. 252 et sur la carte de la vallée du Rhin p. 139.

Biesheim B1

Tout près de la frontière, deux musées sont rassemblés dans un bâtiment aux lignes contemporaines, le « Capitole ». Pour les amateurs d'astronomie, le **musée de l'Instrumentation optique** conserve plus de 550 instruments, véritables objets d'art réalisés en laiton, ébène, ivoire, argent. *Pl. de la Mairie - ☎ 03 89 72 01 69 - ♿ - 14h-17h30, jeu. 9h-12h, 14h-17h30, w.-end 14h-17h - fermé lun.-mar. et j. fériés, 23 déc.-1er janv. - 3 € (-18 ans 1,50 €) - gratuit 1er dim. du mois.*
Le **Musée gallo-romain** expose le matériel trouvé sur le site militaire majeur d'Œdenbourg au nord de Neuf-Brisach. De nombreux objets évoquent les rites

funéraires (mobilier, sarcophages), la religion (temple dédié au dieu Mithra) et la vie quotidienne (céramiques, intailles, clefs…). *Pl. de la Mairie - le Capitole - ✆ 03 89 72 01 58 - www.biesheim.fr/culture__tourisme_et_loisirs/musee_gallo-romain_23.php - ♿ - 14h-17h30, jeu. 9h-12h, 14h-17h30, w.-end 14h-17h - fermé lun.-mar. et j. fériés - possibilité de visite guidée sur demande (1h) - 2,50 € (-18 ans 1,30 €) - gratuit 1er dim. du mois et J. nationales de l'archéologie.*

Neuf-Brisach *(voir p. 274)* B1

Pont sur le Rhin à Vogelgrun
Du pont, superbe **vue★** sur le Rhin, l'usine hydroélectrique et, sur l'autre rive, Vieux-Brisach (Breisach).

★ Bief de Vogelgrun B1
Long de 14 km, il comporte des écluses de même longueur (185 m), mais de largeurs différentes, 23 et 12 m. En aval de Vogelgrun, l'aménagement du fleuve comporte quatre autres biefs construits selon une technique dite « en feston ». Le bras du Rhin est fermé d'un barrage et son cours est dirigé dans deux canaux latéraux. L'un porte une usine hydroélectrique, l'autre, une écluse par laquelle se régule la circulation fluviale. Une sculpture en bronze de 12 m de long appelée *Électricité*, œuvre allégorique due à Raymond Couvègnes, orne la façade de la centrale. De l'autre côté, une immense fresque de 1 500 m², *Les Nixes de Vogelgrun*, due à l'artiste mulhousien Daniel Dyminski, ravive la légende de ces sirènes du Rhin en les représentant en « fées électricité ».

Fessenheim B1
Le bief de Fessenheim mesure environ 17 km de longueur et comporte des écluses identiques à celles de Vogelgrun.
À moins de 1 km de l'écluse de Fessenheim, on verra la première **centrale nucléaire** française du type « réacteur à eau pressurisée » à forte puissance (2 unités de 900 MW). *Visite uniquement de la Maison des énergies - voir ci-dessous.*
Le **musée Victor Schœlcher** évoque l'œuvre de ce fervent militant de l'abolition de l'esclavage. *21 r. de la Libération - ✆ 03 89 48 61 02 - www.fessenheim.fr - avr.-sept. : tlj sf lun. 14h-18h, oct.-mars : tlj sf lun. 14h-17h- 4 € (-16 ans 2 €, -10 ans gratuit).* Il obtint l'abolition de l'esclavage dans les colonies le 27 avril 1848. S'il est né à Paris, sa famille était originaire de Fessenheim. Le musée a déménagé en 2015 dans la plus vieille maison à colombages de la commune.

Maison des énergies – EDF B1
De Fessenheim, suivez le fléchage « Usines EDF ».
D 52. 3 r. de l'Europe - ✆ 03 89 83 51 23 - http://maisondesenergiesedf.com - ♿ - juin-sept. : 14h-18h ; reste de l'année : merc. et dim. 14h-17h - fermé certains j. fériés.
Elle présente les différentes sources d'énergie utiles à la production de l'électricité : eau, vent, soleil… En découvrant les énergies terrestres, vous constaterez que la radioactivité est présente partout, par exemple dans une pomme de terre ou de l'engrais. Des maquettes permettent de comprendre le fonctionnement d'une centrale nucléaire. L'environnement n'est pas oublié : effet de serre, déchets nucléaires et solutions énergétiques durables sont évoqués par des jeux de questions-réponses.

Ottmarsheim B2
Lorsqu'elle fut consacrée par Léon IX, vers 1049, l'église carolingienne d'Ottmarsheim n'était éclairée que par des cierges. Neuf cents ans plus tard, la très moderne centrale hydroélectrique construite sur le grand canal d'Alsace a complètement bouleversé la physionomie du site.

Église d'Ottmarsheim.
I. Vdovin/age fotostock

★ **Église abbatiale** – *20 r. du Gén.-de-Gaulle - ✆ 03 89 26 27 57 - www.ottmarsheim.fr - 8h-19h - dim. messe 9h30, Vêpres 16h - fermetures exceptionnelles, se rens. - 5 € (-12 ans gratuit) - possibilité de visite guidée (45mn) été : dim. 14h30, se rens. au point d'information.* Ce très curieux édifice octogonal (24 m de diamètre), rare exemple de l'architecture carolingienne, copie réduite de la chapelle palatine de Charlemagne à Aix-la-Chapelle, est une référence en matière d'architecture romane. Cette église d'une abbaye de bénédictines fondée au milieu du 11ᵉ s. présente un clocher du 15ᵉ s., dans sa partie supérieure. L'**intérieur** est un octogone régulier couvert d'une coupole. À gauche de l'abside carrée, une porte avec une grille en fer forgé donne accès à la chapelle gothique, construite en 1582. Toutes les mesures du bâtiment sont divisibles par trois, chiffre de la Sainte Trinité. En 1991, un incendie a causé d'importants dégâts à l'église. L'orgue a été détruit. Certaines des fresques (15ᵉ s.) ont été très endommagées. Elles ont fait l'objet d'une savante restauration : vie de saint Pierre, Christ en majesté présidant au Jugement dernier.

★ **Centrale hydroélectrique** – *Île du Rhin - ✆ 06 77 11 62 18 - www.edf.com - les visites des usines hydroélectriques du Rhin sont soumises aux contraintes liées au plan Vigipirate, se rens.* L'usine d'Ottmarsheim, le bief et les écluses constituent le 2ᵉ tronçon du grand canal d'Alsace contribuant à l'aménagement du Rhin entre Bâle et Lauterbourg. La fermeture des **écluses** est assurée à l'amont par des portes busquées et à l'aval par des portes levantes qui coulissent dans leurs parois. Seul le poste de commande domine les deux sas. La montée ou la descente du plan d'eau permet un éclusage rapide : 11mn dans le petit sas et 18 dans le grand. À l'intérieur de l'**usine**, la salle des machines est très claire et très vaste. Ses quatre groupes, d'une puissance totale maximale de 156 MW, produisent en moyenne 980 millions de kWh par an.

Canal du Rhône au Rhin B2

Le canal entre Niffer et Mulhouse ainsi que l'écluse d'accès ont été élargis et constituent aujourd'hui le premier tronçon du canal Rhin-Rhône à grand gabarit, achevé en 1995. Chacun des biefs suivants échelonnés sur le canal comprend également une usine hydroélectrique et une écluse de navigation à doubles sas indépendants : les opérations d'éclusage sont généralement spectaculaires.

Uffheim – Casemate de l'Aschenbach B2

3 km au sud-ouest de Sierentz, traversez le village d'Uffheim. R. de la Liberté - ✆ 03 89 07 44 32 - www.maginot68.com - mai-sept. : 1er dim. du mois, w.-end du 14 Juil. et 3e w.-end de sept., horaires se rens. - possibilité de visite guidée (1h30) - 3 € (-12 ans 2 €).

Cette petite casemate d'infanterie est la seule du Haut-Rhin à avoir été réhabilitée et ouverte à la visite ; l'armement et l'ambiance de 1940 ont été reconstitués. Comme les 32 autres ouvrages du secteur fortifié d'Altkirch, elle était destinée à écarter tout risque d'invasion par le territoire suisse. Dotée de deux mitrailleuses et de deux canons antichars, elle est couverte d'une cloche d'observation de 17 tonnes. Une noria permettait d'y monter les munitions. Une telle casemate n'abritait pas plus de 20 hommes. À l'extérieur, on peut voir un char allemand de la fin de la guerre type Hetzer. Les rails verticaux dressés devant la casemate servaient à arrêter les chars.

★ Bief de Kembs B2

Les bâtiments annexes de l'écluse – poste de commandement et bâtiment administratif – sont l'unique réalisation en Alsace de l'architecte Le Corbusier. et ont été inscrits à l'inventaire des Monuments historiques. Aménagée en 1960, l'écluse de Kembs-Niffer permet la jonction entre le canal de Huningue, le grand canal d'Alsace et le canal du Rhône au Rhin.

★ Usine hydroélectrique B2

4 km au sud par la D 468 et la première route à gauche.

Première usine du canal à avoir été réalisée (de 1928 à 1932), elle possède sept groupes d'une puissance totale maximale de 157 500 kW, dont la production annuelle moyenne est de 938 millions de kWh.

Barrage de Kembs B2

9 km au sud de Kembs, près de Bâle.

Construit dans le lit du fleuve, il est l'unique ouvrage de retenue sur le Rhin pour les quatre premiers biefs. Il dérive l'essentiel des eaux du Rhin dans le canal. Un groupe hydroélectrique utilise le débit conservé dans le lit du Rhin.

★ La Petite Camargue alsacienne B2

9 km au sud de Kembs par la D 468. Parking près du stade à St-Louis-la-Chaussée. 1 r. de la Pisciculture - ✆ 03 89 89 78 59 - http://petitecamarguealsacienne.com - ♿ - dim. et j. fériés 10h30-12h30, 13h30-17h30, sam. 13h30-17h30 - fermé 1er janv., 25-26 déc. - 5 € (enf. 3 €) avec exposition thématique (ouv. supplémentaires mars.-oct. : sam. 13h30-17h30 ; juin et sept. : merc.-jeu. 13h30-17h30 ; juil.-août : merc.-vend. 13h30-17h30) à la Maison éclusière et à la Maison de la réserve naturelle. 20mn de marche. Il est interdit de sortir des sentiers, de cueillir des plantes et de se promener avec un chien, même tenu en laisse.

La Petite Camargue est la première réserve naturelle d'Alsace. L'association de milieux humides et secs, résultat des mouvements du Rhin avant sa régularisation, a favorisé un développement exceptionnel de la faune et de la flore. Près de 150 espèces d'oiseaux, 40 espèces de libellules, rainettes et sangliers y cohabitent, parmi les roselières, étangs, marais et landes sèches. Six sentiers balisés, dont le **sentier des observatoires**, permettent de les observer. La **pisciculture impériale**, construite sous le Second Empire en 1852 pour repeupler les cours d'eau, fut la première pisciculture industrielle d'Europe.

Grand canal d'Alsace, écluse de Kembs.
D. Bringard/hemis.fr.

Elle produisait jusqu'à 6 millions d'alevins par an. Les bâtiments abritent aujourd'hui un **centre d'initiation à la nature** (animations, visites guidées, stages…), une **station de recherche** et un **élevage de saumons**.

« **Mémoire du Rhin** » permet de découvrir le fleuve mythique (faune, flore, anciens métiers et aménagements) ; « **Mémoire de saumon** »★, contiguë aux bassins d'élevage, présente l'histoire de la pêche au saumon à travers les âges et la découverte de la fécondation artificielle, à l'origine de la pisciculture. Maquettes à illuminer et schémas agrémentent la visite.

3

Huningue B3

Huningue est la seule place forte que l'on osa bâtir tout au bord du Rhin. Vieux-Huningue se trouvait au sud de la ville actuelle, mais ses habitants furent déplacés à Village-Neuf au moment de la construction, au 17e s., de la forteresse Vauban, dont il ne reste que peu de traces aujourd'hui. Dans l'ancien bâtiment de l'Intendance, le **musée d'Histoire locale et militaire** présente une maquette de la forteresse, des documents sur l'histoire de la ville, en particulier sur les trois dernières guerres, quelques faïences et costumes régionaux. *6 r. des Boulangers - ☏ 03 89 81 65 11 - www.histoire-huningue.eu - 1er et 3e dim. du mois 14h30-17h30 - fermé j. fériés, août - 2 €.*

Saint-Louis B3

La ville fut créée aux portes de la France par Louis XIV le 28 novembre 1684. Aujourd'hui tournée vers la culture, elle a ouvert en 2004 la **Fondation Fernet Branca** dans les locaux de ses anciennes distilleries. *2 r. du Ballon - ☏ 03 89 69 10 77 - www.fondationfernet-branca.org - ♿ - 13h-18h - fermé lun.-mar., 1er janv., 25 déc. - possibilité de visite guidée sur demande (1h30) - 8 € (-18 ans gratuit).*

Le bâtiment, encore surmonté de l'aigle-emblème de la marque, a été élégamment aménagé pour exposer chaque année les œuvres d'un artiste contemporain. Le projet trouve sa place dans un ensemble culturel transfrontalier, avec le Vitra Design Museum de Weil-am-Rhein, la fondation Beyeler à Riehen ou encore le musée Tinguely à Bâle.

NOS ADRESSES DANS LE SUD DE LA VALLÉE DU RHIN

VISITE

Croisières sur le Rhin – *81 r. Vauban - ✆ 03 89 70 04 49 - www.saintlouis-tourisme.fr - 11 € - à la journée ou à la 1/2 j. : à partir de Huningue vers Bâle ou Rheinfelden ; location de bateaux sans permis à Kembs-Niffer - contactez la compagnie BPG de Bâle pour tte croisière au dép. de Huningue au ✆ + 41 (0)61 639 95 00.*

HÉBERGEMENT

BUDGET MOYEN

Ibis Mulhouse Bâle Aéroport – *17 r. Gén.-de-Gaulle - 68300 St-Louis - ✆ 03 89 69 06 58 - www.ibishotels.com - 65 ch. 65/107 € - ☕ 11 € - carte 12/24 €.* Une bâtisse en brique rouge à deux pas des cinémas. Les chambres sont pratiques et impeccables. Le restaurant propose une carte à base de produits frais et variés avec des plats sans gluten sur demande. Navette gratuite pour l'aéroport.

POUR SE FAIRE PLAISIR

Hôtel Aux Deux Clefs – *50 Grand-Rue - 68600 Biesheim - ✆ 03 89 30 30 60 - www.deux-clefs.com - fermé 26 déc.-3 janv. - P - 25 ch. 81/134 € - ☕ 11 € - menu du j. 9,90 €, rest. 20/45 €.* Discrète façade de style régional qu'égaye un agréable jardin. Les chambres sont équipées d'un mobilier actuel. Deux cadres pour vos repas : salle à manger cossue avec plafond en marqueterie et fauteuils de style, ou brasserie.

RESTAURATION

BUDGET MOYEN

Les Écluses – *8 r. Rosenau - 68680 Kembs-Loéchlé - ✆ 03 89 48 37 77 - www.lesecluses.fr - fermé de fin juin à déb. juil., 1re quinz. janv., merc. soir d'oct. à avr., dim. soir et lun. - P - formule déj. 12 € - carte 17/37 €.* À proximité du canal de Huningue et de la Petite Camargue alsacienne. Spécialités de poissons dans une salle à manger au décor contemporain. Terrasse très appréciée aux beaux jours.

ACTIVITÉS

Base de loisirs – Vous en trouverez à Vogelgrun, Village-Neuf et Huningue.

Aviron – *Aviron Club Région Colmar, base nautique du Geiskopf, Île du Rhin - 68600 Vogelgrun - ✆ 03 89 41 48 16 - www.avironcolmar.fr - se rens.* Une initiation qui vous permettra de découvrir les charmes de la vallée du Rhin.

Promenades en barque – *Pl. de la Mairie - Le Capitole - 68600 Biesheim - ✆ 03 89 72 01 69 - www.biesheim.fr - visite guidée (45mn) juil.-août : w.-end et j. fériés à partir de 13h30 - 3 € (-18 ans 1,50 €).* Les passionnés de botanique et d'ornithologie partiront en balade sur le Giessen.

Parc des Eaux-Vives – *✆ 03 89 89 70 20 - www.ville-huningue.fr - horaires, se rens. - fermé de mi-déc. à fin fév. Possibilité de louer le matériel ou d'utiliser le sien.* Il n'est plus nécessaire d'être dans les hauteurs pour faire du rafting : tentez la rivière d'eaux vives de 350 m le long du Rhin ! Aux abords, aires de jeux pour les enfants.

Pistes cyclables – *www.saintlouis-tourisme.fr.* Le réseau qui s'étend sur deux rives et trois ponts propose des circuits faciles et sans dénivelé qui conviennent aux familles. Possibilité de louer des vélos à assistance électrique à l'office de tourisme ou chez Rhin et Découverte (*✆ 06 87 10 71 19 - www.rhinetdecouverte.com*).

Altkirch

5 765 Altkirchois – Haut-Rhin (68)

Altkirch – « vieille église » en allemand – occupe une position privilégiée sur une colline dominant la vallée de l'Ill. Célèbre pour ses tuiles mécaniques inventées par Gilardoni, la ville est la capitale du Sundgau, la plus méridionale des régions d'Alsace, qui s'étend entre Mulhouse et la frontière suisse.

NOS ADRESSES PAGE 285
Hébergement, restauration, achats, activités, etc.

S'INFORMER

Office de tourisme – *30 r. Charles-de-Gaulle - 68130 Altkirch - 03 89 40 02 90 - www.sundgau-sudalsace.fr - 9h-12h, 14h-17h30, sam. 9h-12h, 14h-16h - fermé dim. et j. fériés ; de début déc. à début janv. : sam. 9h-12h, 15h-18h, dim. 15h-18h.*

SE REPÉRER

Carte de microrégion A3 (p. 252). De Mulhouse, emprunter la D 432 sur 20 km vers le sud. Cette route suit notamment la rive droite du canal du Rhône au Rhin. Venant de Bâle, quitter la ville par l'ouest et prendre la D 419.

À NE PAS MANQUER

Le Musée sundgauvien.

ORGANISER SON TEMPS

Une promenade dans Altkirch sera la meilleure introduction à une excursion dans le Sundgau voisin.

Se promener

Église Notre-Dame

R. du Château - 03 89 40 02 90 - - visite sur demande à l'office de tourisme.
Construite en 1886, dans le style néoroman, elle présente, à l'intérieur, dans le transept gauche, les remarquables statues en pierre polychrome du *Mont des Oliviers* (14e s.), ainsi qu'une copie par Henner du *Christ* de Prud'hon. Dans le transept droit, un tableau d'Oster de Strasbourg rappelle la vie de saint Morand, reçu par le comte de Ferrette, tandis que son sarcophage est exposé dans la nef.

La rue du Château conduit à la place principale d'Altkirch.

Place de la République

Dressée sur une fontaine octogonale réalisée en 1857, face à l'hôtel de ville, une statue de la Vierge de la fin du 15e s. est le seul vestige de l'ancienne église démolie en 1845, transformée en manufacture de rubans de soie après la Révolution.

ALTKIRCH AU 19e s.

À cette époque, Altkirch foisonnait d'artisans. Certains cumulaient plusieurs activités, comme potier et paysan. **Sutter**, imprimeur du 19e s., était installé à Rixheim et à Altkirch. De jolies images populaires distribuées en masse, les « souhaits de baptême », ont fait sa renommée à travers toute la Haute-Alsace. Aujourd'hui, ce sont davantage les activités liées à la cimenterie qui font vivre les habitants d'Altkirch.

3

Intérieur du musée sundgauvien à Altkirch, statue du maréchal Lefebvre né à Rouffach.
B. Rieger/hemis.fr

Hôtel de ville

Construit en 1780, l'édifice est souvent attribué à Jean-Baptiste Kléber, architecte avant de devenir général. Au 1er étage, le garde-corps en ferronnerie du balcon est remarquable.

À voir aussi

Musée sundgauvien

1 r. de l'Hôtel-de-Ville - ✆ 03 89 40 01 94 - www.mairie-altkirch.fr - juil.-août : tlj sf lun. 14h30-17h30 ; reste de l'année : dim. 14h30-17h30 - fermé 1er janv., dim. de Pâques, 25-26 déc. - possibilité de visite guidée sur demande (1h) - 3 € (-18 ans gratuit).

Installé dans un immeuble Renaissance adossé à l'hôtel de ville, il rassemble des collections régionales variées (costumes, mobilier), des peintures d'artistes locaux (Henner, Lehmann) et des objets de fouilles archéologiques. Vous pourrez y observer de magnifiques *Kunscht,* poêles de faïence alsaciens autour desquels la famille se réunissait, dans la douce chaleur de la *stube* (salle de séjour).

Centre rhénan d'art contemporain

18 r. du Château - ✆ 03 89 08 82 59 - www.cracalsace.com - 10h-18h, w.-end et j. fériés 14h-18h - fermé lun., 1er janv., 1er Mai, 15 août, 25 déc. - possibilité de visite guidée - gratuit.

Aménagé dans les locaux d'un ancien lycée, ce centre expose des œuvres d'artistes contemporains (photos, vidéos, toiles ou œuvres plastiques) sur des thèmes régulièrement renouvelés.

À proximité Carte de microrégion p. 252

Luemschwiller A2

7 km au nord-est en direction de Mulhouse, puis une petite route à droite.

L'**église** possède un beau **retable** du 15e s., provenant probablement de St-Alban de Bâle, avec, à l'intérieur, les statues de la Vierge à l'Enfant, de sainte

Barbe et sainte Catherine. Les peintures de la vie de Marie sont attribuées à Hans Baldung Grien. *L'église n'est ouverte que pendant les offices.*
Le cimetière israélite rappelle que ce village comprenait une importante communauté juive au 19ᵉ s.

NOS ADRESSES À PROXIMITÉ D'ALTKIRCH

Voir aussi nos adresses dans le Sundgau *(p. 289)*.

HÉBERGEMENT

PREMIER PRIX

Camping municipal Les Lupins – *68580 Seppois-le-Bas - 13 km au sud-ouest d'Altkirch par D 432 puis D 17ᴵᴵ - ✆ 03 89 25 65 37 - www.tohapi.fr - de déb. juin à déb. sept. - réserv. conseillée - 158 empl. - tarifs, se rens.* Installé sur le terrain de l'ancienne gare dont il occupe les bâtiments, il bénéficie d'emplacements bien ombragés. Piscine et minigolf.

BUDGET MOYEN

Auberge de la Gloriette – *9 r. Principale - 68130 Wahlbach - 10 km à l'est d'Altkirch par D 419 et D 19ᴮ - ✆ 03 89 07 81 49 - www.lagloriette68.com - fermetures annuelles, se rens. - ♿ - P - 9 ch. 65/95 € - ☕ 9 € - rest. (fermé lun. et mar.) formule déj. 15 €, rest. 29/50 €.* Plaisant décor mêlant l'ancien et le moderne dans cette ferme proposant une cuisine classique soignée. Chambres plus confortables (mobilier chiné), mais plus chères, dans le bâtiment principal.

RESTAURATION

BUDGET MOYEN

Auberge Sundgovienne – *Rte de Belfort - 68130 Carspach - 3 km au sud-ouest d'Altkirch par D 419 - ✆ 03 89 40 97 18 - www.auberge-sundgovienne.fr. - fermé de fin déc. à fin janv. - ♿ - P - 27 ch. 78/122 € - ☕ 11,50 € - 1/2 p. 74/95 € - rest. (fermé 1ʳᵉ sem. de juil., dim. soir, lun. et mar. midi) - rest. 15,50 €/57 €.* En bordure de forêt, dans un cadre reposant, restaurant gastronomique et *winstub* proposant une cuisine de terroir, assortie de gibier en période de chasse.

ACTIVITÉS

Golf de la Largue – *25 r. du Golf - 68580 Mooslargue - ✆ 03 89 07 67 67 - www.golf-lalargue.com - 9h-18h, w.-end et j. fériés 8h-18h - fermé déc.-mars.*

AGENDA

La Forêt enchantée – *En déc.* Mise en scène des légendes du Sungdau.
Festival international du film d'Altkirch – *W.-ends en avril - ✆ 03 89 08 36 03 - www.forum-plus.com.* Courts-métrages.

Le Sundgau

★

Haut-Rhin (68)

Ses collines, ses falaises, ses gorges encaissées, ses forêts de hêtres et de sapins valent au Sundgau d'être surnommé le « Jura alsacien ». Dans ses étangs, véritables réservoirs de vie sauvage, les carpes attirent les grenouilles qui amènent à leur tour fauvettes et martins-pêcheurs... Les maisons y sont particulières, avec leur toit descendant presque jusqu'au sol et leurs colombages caractéristiques.

NOS ADRESSES PAGE 289
Hébergement, restauration, achats, activités, etc.

S'INFORMER

Point d'information de Dannemarie – *7 r. de Bâle - 68210 Dannemarie - ✆ 03 89 07 24 24 - www.cc-porte-alsace.fr - 8h30-12h, 13h30-17h, mar. 8h30-12h, 15h-17h, vend. 8h30-12h, 13h30-16h - fermé w.-end et j. fériés.*

SE REPÉRER

Carte de microrégion A3 (p. 252).
Le Sundgau forme une sorte de losange délimité à l'est par l'autoroute Mulhouse-Bâle, au sud et à l'ouest par la frontière suisse et le Territoire de Belfort, et au nord par « la Comtoise », l'autoroute Mulhouse-Belfort.

À NE PAS MANQUER

Ferrette.

ORGANISER SON TEMPS

Peu de visites, mais beaucoup de nature sauvage et préservée. On ne traverse pas le Sundgau au pas de course, mais en faisant des promenades pédestres, cyclistes ou équestres, surtout dans le sud du pays, le « Jura alsacien ».

AVEC LES ENFANTS

La Maison de la nature du Sundgau à Altenach.

Circuit conseillé Carte de microrégion p. 252

LE SUNDGAU A/B3

Circuit de 137 km au départ d'Altkirch (voir p. 283), tracé en vert sur la carte de microrégion p. 252.
Sortez d'Altkirch à l'est par la D 419 qui longe d'abord la rive droite de l'Ill.

Saint-Morand A3

But de pèlerinage. L'**église** renferme le beau sarcophage (12e s.) du saint patron du lieu, Morand, évangélisateur du Sundgau. La dalle inférieure du sarcophage est percée de deux ouvertures destinées à faciliter l'accès des malades au cercueil. La spécialité du saint était la guérison des maux de tête.
Continuez la D 419 en direction de Bâle jusqu'à Tagsdorf. Là, empruntez la D 16, à droite, vers Hundsbach, Folgensbourg, en remontant le vallon du Thalbach. À Folgensbourg, prenez la D 473 vers le sud puis à gauche la D 21 bis pour gagner St-Blaise.
Le circuit offre une belle vue sur la plaine de Bâle, la ville et la percée du Rhin.
À St-Blaise, empruntez la D 9 bis jusqu'à Leymen.

Les ruines des deux châteaux de Ferrette dominent le village.
D. Bringard/hemis.fr

Château du Landskron B3

30mn à pied AR.

Il ne reste que des ruines de ce château présumé du début du 11e s., renforcé par Vauban, puis assiégé et détruit en 1814. Sa situation sur une butte-frontière permet une vue dominante, au nord, sur les confins boisés du Sundgau et du pays de Bâle, ainsi que sur la petite cité de Leymen en contrebas.

Revenez vers St-Blaise en empruntant la D 9 bis et dirigez-vous vers Oltingue.

À Oltingue, on atteint la haute vallée de l'Ill, dominée au sud par la crête frontière du Jura alsacien.

3

Oltingue B3

Ce charmant village possède un **Musée paysan**. *10 r. Principale - ✆ 03 89 40 79 24 - http://musee.paysan.free.fr - de mi-juin à fin sept. : mar., jeu. et w.-end 15h-18h ; reste de l'année : dim. 14h-17h - fermé déc.-fév., certains j. fériés - possibilité de visite guidée (45mn) - 2,50 € (-14 ans 1 €).*

Témoin des différents styles de construction de la région, il réunit quantité de meubles, vaisselles, ustensiles de cuisine évoquant le souvenir d'une population rurale. Remarquez la collection de moules à *kugelhopf* et une série originale de carreaux de poêle de faïence. Un grand four à pain, un vieil escalier dont chaque marche est faite dans un tronc d'arbre, des murs en torchis expriment le décor rural.

À Raedersdorf, poursuivez par la D 21B, route de Kiffis.

Hippoltskirch A-B3

Dans la **chapelle** (*✆ 03 89 40 44 46 - mars-oct. : dim. apr.-midi - possibilité de visite guidée sur demande*) au plafond peint par Johann Stauder et cloisonné, la balustrade de la tribune en bois peint côtoie, aux murs, des ex-voto, certains traités en peinture naïve. À gauche de la nef, statue miraculeuse de Notre-Dame, naguère objet de pèlerinages.

Laissant Kiffis à gauche, on emprunte la « route internationale » (D 21BIII).

Celle-ci longe la frontière suisse (et la franchit même, après Moulin-Neuf, sur quelques dizaines de mètres) en parcourant le fond d'une combe boisée où coule la Lucelle.

Lucelle A3

Adossée à son étang, cette localité, jadis siège d'une opulente abbaye cistercienne, se situe à l'extrême pointe sud de l'Alsace. Au 12e s., les moines de cette abbaye, craignant de mourir de faim en période de carême, ont peuplé les étangs alentour de nombreuses variétés de poissons, truites, brochets et carpes. La spécialité gastronomique régionale est, bien entendu, la carpe frite.

Remontez vers le nord par la D 432.

On traverse le joli village de **Winkel**, où la rivière de l'Ill prend sa source. La zone de captage des eaux, à l'est du village, est décorée de sculptures contemporaines.

★ Ferrette A3

3A rte de Lucelle - 68480 Ferrette - 03 89 08 23 88 - www.sundgau-sudalsace.fr - de déb. juil. à mi-sept. : 9h-12h, 14h-17h30, w.-end 10h-13h ; reste de l'année : tlj sf w.-end 9h-12h, 14h-17h30, merc. 9h-12h - fermé j. fériés.

Ancienne capitale du Sundgau, Ferrette eut, dès le 10e s., des comtes indépendants dont l'autorité s'étendait sur une vaste région de la Haute-Alsace. Passée à la maison d'Autriche par mariage au 14e s., elle fut donnée à la France en 1648, lors de la signature des traités de Westphalie. C'est aujourd'hui le prince de Monaco qui porte le titre de comte de Ferrette !

Cette petite ville ancienne, bâtie dans un joli **site★** du Jura alsacien, est surplombée par les ruines de deux châteaux assis sur un impressionnant piton rocheux à 612 m d'altitude.

On y accède à pied, par des sentiers bien signalisés. De la plate-forme, belle **vue★** sur les Vosges, la vallée du Rhin et de l'Ill, la Forêt-Noire et les premières hauteurs du Jura. Les collines boisées des environs permettent de nombreuses promenades.

Par la D 473, gagnez Bouxwiller.

Bouxwiller A3

Ce charmant village aux nombreuses fontaines est bâti sur un versant de la vallée. Dans l'**église** St-Jacques, une belle chaire en bois doré du 18e s. provient de l'ancien monastère de Luppach. Riche retable baroque à colonnes, peint et doré.

La D 9 bis, qui suit la haute vallée de l'Ill, mène à Grentzingen.

★ Grentzingen A3

Les typiques maisons à colombages de ce village fleuri présentent la particularité d'être alignées perpendiculairement à la route. Un petit nombre d'entre elles ont conservé la couleur ocre d'origine et aussi leur auvent. Leurs toitures possèdent des pignons à pan coupé.

Dans Grentzingen, tournez à gauche pour rejoindre la D 463.

La route passe à **Riespach**, aux maisons caractéristiques.

Feldbach A3

Son **église** romane (12e s.) se divise en deux parties bien distinctes correspondant à l'église des moniales et celle des fidèles. La nef est soutenue par des piliers sous arcades, ronds puis carrés. Belle abside en cul-de-four.

Continuez sur la D 463 vers Seppois-le-Haut, que l'on traverse, puis bifurquez vers la D 7 bis en direction de Dannemarie. On parvient ainsi à Altenach.

Maison de la nature du Sundgau A3
13 r. Ste-Barbe - ✆ 03 89 08 07 50 - www.maison-nature-sundgau.org - ♿ - visite guidée sur demande préalable (2h) horaires et tarifs, se rens. sur Internet - fermé 1er janv., 25-26 déc.
Destiné à faire connaître la nature du Sundgau, ce centre propose animations ponctuelles, sorties guidées et expositions. Un petit espace, à la portée des plus jeunes, est consacré à la géologie. En dehors des horaires d'ouverture, il vous sera toujours possible de suivre le sentier de découverte, ponctué d'activités ludiques, grâce à « l'animateur de poche », amusant livret mis à votre disposition dans un nichoir.
On rejoint ensuite Dannemarie, puis Altkirch par la D 419.

NOS ADRESSES DANS LE SUNDGAU

Voir aussi nos adresses à Altkirch *(p. 285)*.

HÉBERGEMENT

BUDGET MOYEN

Chambre d'hôte Moulin de Huttingue – *68480 Oltingue - 1,5 km au sud d'Oltingue par D 21 bis dir. Lutter, puis au croisement de la D 23 - ✆ 03 89 40 72 91 - fermé janv.-fév. - 🚭 - 2 ch. 65 € ☕.* Au bord de l'Ill, qui, ici, n'est pas plus large qu'un ruisseau, ce moulin à blé a conservé des éléments de décor anciens, comme ses piliers de bois, dans un cadre moderne. Superbe loft aménagé sous la charpente *(350 € la semaine)*… Joli jardin et terrasse en été.

L'Auberge-Hostellerie Paysanne – *1 r. de Wolschwiller - 68480 Lutter - 8 km au sud-est de Ferrette par D 23 - ✆ 03 89 40 71 67 - www.auberge-hostellerie-paysanne.com - fermé de mi-juin à déb. juil., 23 déc.-14 janv., mar. midi et lun. - 9 ch. 66/76 € - ☕ 9 € - menu du j. 13 € - 25/43 €.* Une maison pleine d'âme (vieilles photos, poêle en fonte, faïence) et tenue en famille. Le chef, d'origine méditerranéenne, concocte une cuisine traditionnelle aux légères fragrances du Sud. Les chambres, décorées dans un esprit campagne, sont simples et agréables.

RESTAURATION

BUDGET MOYEN

À l'Arbre Vert – *17 r. Principale - 68560 Heimersdorf - 9 km au sud d'Altkirch, dir. Ferrette - ✆ 03 89 07 11 40 - fermé dim. soir et lun.-mar. - 🚭 - carte 18/19 €.* Saviez-vous que la carpe frite est un plat si répandu dans le Sundgau qu'il a sa route, comme les vins, un peu plus loin ? Pour découvrir cette spécialité, arrêtez-vous dans ce restaurant familial : vous y dégusterez des poissons bien frais dans une ambiance conviviale.

Restaurant de la Gare « Munzenberger » – *16 r. Principale - 68118 Hirtzbach - ✆ 03 89 40 93 27 - fermé lun. et jeu. soir - réserv. conseillée le w.-end et j. fériés - formule du j. 10,50 € - carte 20/45 €.* Derrière ce petit restaurant tout simple se cache un vrai spécialiste de la carpe frite, réputé dans toute la région. Et qui dit « réputation » dit « souvent complet », en particulier le week-end. Alors, pour être sûr d'avoir une table, pensez à réserver. Terrasse calme et ombragée aux beaux jours et grand parking pouvant accueillir des camping-cars.

Vosges du Sud 4

Cartes Michelin Départements 314 et 315 – Vosges (88), Bas-Rhin (67), Haut-Rhin (68), Haute-Saône (70) et Territoire de Belfort (90)

Le lac et la vallée de la Doller vus depuis le sommet du ballon d'Alsace.
D. Bringard/hemis.fr

VOSGES DU SUD

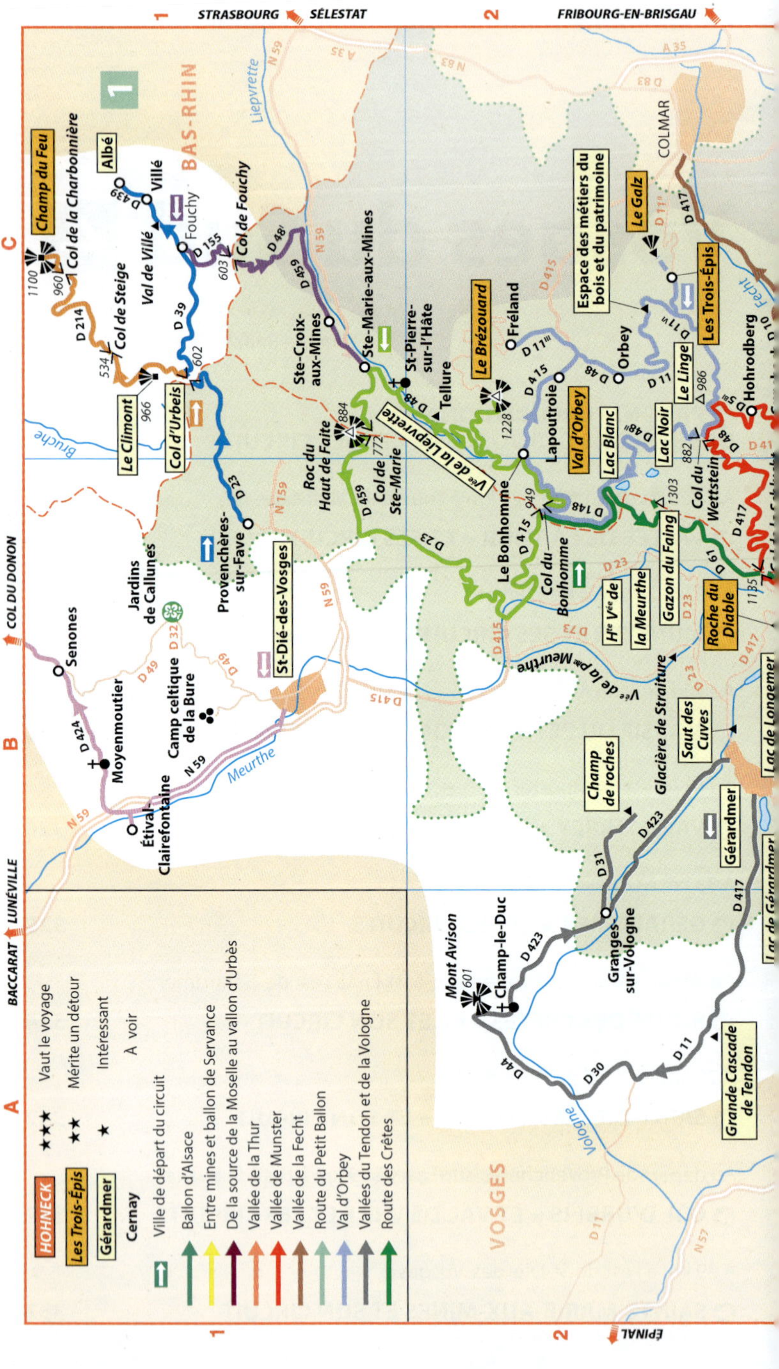

VOSGES DU SUD
0
10 km
N
2
HAUT-RHIN
HAUTE-SAÔNE
TERRITOIRE-
DE-BELFORT
MULHOUSE
Parc
naturel
régional
des Ballons des Vosges
ROUTE
DES
CRÊTES
Vallée
de
la
Thur
HOHNECK
GRAND BALLON
BALLON D'ALSACE
Lac de
Retournemer
Lac de
Fischbœdle
Lac des Corbeaux
Lac d'Alfeld
Massif du Petit Ballon
Petit Ballon
Schnepfenried
Grand Ventron
Petit Drumont
Cade St-Nicolas
Hartmannswillerkopf-
Vieil Armand
Parc de Wesserling-
Écomusée textile
Ballon
de Servance
Munster
Soultzbach-
les-Bains
Muhlbach
Luttenbach-
près-Munster
Lautenbach
Le Markstein
Oderen
Ranspach
St-Amarin
Moosch
Willer-sur-Thur
Wattwiller
Cernay
Thann
Masevaux
Sentheim
La Bresse
Col de
Bramont
Wildenstein
Musée du Textile
See
d'Urbès
Col de
Bussang
Bussang
Tête du
Rouge Gazon
Le Thillot
St-Maurice-
s-Moselle
Château-Lambert
Servance
Saut de l'Ognon
Col du Ballon
Moselle
Thur
Lauch
1362
1267
1204
1200
1424
956
727
1183
1247
1216
1178
D 430
D 431
D 43
D 34A
D 34
D 27
D 13B
D 90
D 16
D 98
D 133
D 466
D 35
D 83
D 10
N 66
N 57
A 35
A 36
RF
AUTOUR DE
GÉRARDMER
3
4
A
B
C
PLOMBIÈRES-LES-BAINS
BASEL
OTTMARSHEIM
BELFORT
BELFORT
Le pays des abbayes
Vallées de la Fave et du Giessen
Route du col de Steige
Route du col de Fouchy
Le val d'Argent
AUTOUR DE
GÉRARDMER
Voir la carte
détaillée des circuits

Parc naturel régional des Ballons des Vosges

★★

Haut-Rhin (68), Vosges (88), Haute-Saône (70) et Territoire de Belfort (90)

La diversité des paysages fait la renommée du Parc naturel régional des Ballons des Vosges : pâturages d'altitude (hautes chaumes sur les ballons), plateau des Mille-Étangs, tourbières, cirques glaciaires, lacs, rivières et collines couvertes de résineux... Ici vivent chamois, lynx, écrevisses, truites, tritons, et poussent lys martagon, gentianes jaunes, myrtilles... Sur la « ligne bleue des Vosges », les possibilités de découvertes et de plaisir sont infinies.

NOS ADRESSES PAGE 302
Hébergement, restauration, achats, activités, etc.

S'INFORMER

Maison du Parc – *1 cours de l'Abbaye - 68140 Munster - ✆ 03 89 77 90 34 - www.parc-ballons-vosges.fr - de mi-juin à mi-sept. : 10h-12h, 13h30-17h30 ; reste de l'année : tlj sf w.-end 13h30-17h30 - fermé janv., certains j. fériés (voir p. 303).*

Office du tourisme de St-Maurice-sur-Moselle – *28 bis r. de Lorraine - 88560 St-Maurice-sur-Moselle - ✆ 03 29 24 53 48 - www.ballons-hautes-vosges.com - juil.-août, vac. de fév. et vac. de Noël : 9h-12h, 14h-18h, dim. 9h-12h ; reste de l'année : se rens. - fermé certains j. fériés.*

SE REPÉRER

Carte de microrégion B3-4 (p. 293).
Le Parc s'étend sur près de la moitié sud du massif vosgien, de la vallée de Ste-Marie-aux-Mines au nord jusqu'aux portes de Belfort au sud.

À NE PAS MANQUER

Les panoramas des Trois Ballons ou du petit Drumont.

AVEC LES ENFANTS

Le sentier-découverte autour de la chaume sommitale du Grand Ballon avec ses tables pédagogiques. Le Rouge Gazon. Le lac de Sewen.

Circuits conseillés Carte du Parc naturel p. 298-299

Créé en 1989, le PNR des Ballons des Vosges s'est donné trois objectifs : protéger et valoriser son patrimoine naturel, favoriser un développement économique compatible avec l'environnement et assurer la promotion du territoire. Le chamois a été réintroduit avec succès en 1956 et des castors sont revenus dans la vallée de la Doller. Quant au grand tétras et au faucon pèlerin, ils sont désormais protégés.

FRONTIÈRE NATURELLE

Après la défaite de 1871, la crête des Vosges était devenue la frontière entre la France et l'Empire allemand. Les contrebandiers de tabac, alcool et allumettes avaient alors pris le contrôle de la montagne.

Cirque du Frankenthal, entre le col de la Schlucht et le massif du Hohneck.
M. Dozier/hemis.fr

Pour les sorties hivernales (mais aussi en été, pour être sûr de profiter de panoramas dégagés), pensez à vous renseigner sur le temps *(Météo France ☎ 32 50)*. Prévoyez un matériel adapté et munissez-vous d'une carte et d'une boussole.

★★ LE BALLON D'ALSACE

Circuit de 38 km au départ de St-Maurice-sur-Moselle, tracé en vert sur la carte *p. 298-299.* *Comptez environ 2h.*
Le ballon d'Alsace constitue l'extrémité sud de la chaîne des Vosges. On y rencontre de belles forêts de sapins et d'épicéas, de charmants sous-bois, des fonds de ravins très frais et, sur les hauteurs, de grands pâturages, émaillés de fleurs alpestres. Du point culminant (1 250 m), le panorama est superbe. Cette route du col du ballon d'Alsace, la plus ancienne du massif, a été construite sous le règne de Louis XV.

4

Saint-Maurice-sur-Moselle

Proche des stations de ski du Rouge Gazon et du ballon d'Alsace, et point de départ pour le ballon de Servance et la vallée des Charbonniers, le village est un incontournable petit carrefour. Une petite curiosité au passage qui ravit les enfants : les trois (grosses) fourmis sur le blason de la commune. L'insecte doit cette drôle de notoriété aux habitants de Bussang qui surnomment « fremis » (« fourmis » en patois) leurs voisins de St-Maurice-sur-Moselle depuis le 17e s. Les Bussenets qui venaient alors à la messe et aux vêpres et mangeaient souvent dans l'herbe avaient remarqué le terrain infesté de fourmilières.
Au cours de la montée au col du Ballon, la D 465 offre de jolies vues sur la vallée de la Moselle, puis pénètre dans une superbe forêt de sapins et de hêtres.

Plain du Canon

15mn à pied par un sentier qui part de la D 465, en direction de la maison forestière. Descendez devant la maison, puis prenez le sentier qui monte en lacet à gauche.
Le nom de ce lieu-dit est dû à un petit canon dont se servait le garde forestier pour provoquer un écho. Jolie vue sur le vallon boisé de la Presles, dominé par

le ballon d'Alsace. On reconnaît aussi le ballon de Servance. Après le lieu-dit **La Jumenterie** qui perpétue le souvenir d'un établissement fondé en 1619 par les ducs de Lorraine pour l'élevage des chevaux, très belle vue à droite sur la vallée de la Moselle et sur le ballon de Servance.
On atteint la région des hauts pâturages.

Col du Ballon

Situé à 1 178 m, il sert de « base » à la très courte ascension, vers le ballon. Vous y trouverez une **maison du tourisme** qui, outre la mise à disposition de documentation, propose une consigne (casiers) et un service de guide de moyennes montagnes. *R. du Ballon-d'Alsace - 88560 St-Maurice-sur-Moselle - ☏ 03 29 25 20 38 - www.ballondalsace.fr - juil.-août : 13h15-18h.*
Sur le parking, voyez le **Monument à la mémoire des démineurs** élevé en mémoire du dévouement et souvent du sacrifice de ceux qui ont accompli cette tâche éminemment périlleuse. Il figure un homme transpercé par trois flèches de cristal. Un autre monument rappelle l'exploit sportif du coureur cycliste René Pottier qui, lors de la troisième édition du Tour de France en 1905, gravit seul en tête le versant nord du Ballon (soit 9 kilomètres d'ascension avec des côtes à 7 % quand même...).
Belle vue sur le sommet du ballon d'Alsace, et plus à droite, sur la trouée de Belfort, où brillent des étangs, le Jura du Nord.

★★★ Ballon d'Alsace

30mn à pied AR. Départ près de l'auberge du Ballon. Une brochure vendue (3,10 €) à la maison du tourisme (voir ci-dessus) permet de découvrir le ballon d'Alsace via un sentier-découverte (1h à 1h30) - fermé 1er Mai.
C'est le point culminant des Vosges du Sud avec ses 1 247 m d'altitude. Il aurait d'ailleurs pu s'appeler ballon de Lorraine ou de Franche-Comté car son sommet marque la frontière entre trois départements.
Le sentier d'accès facile – compter 400 m de dénivelé – s'amorce sur la D 465, devant la ferme-restaurant du ballon d'Alsace. Il se dirige à travers les pâturages, vers la statue de la Vierge : avant le retour de l'Alsace à la France, cette statue se trouvait exactement sur la frontière. Du balcon d'orientation, le **panorama**★★ s'étend au nord jusqu'au Donon, à l'est sur la plaine d'Alsace et la Forêt-Noire, au sud jusqu'au Mont Blanc par temps favorable.
Un sentier très facile - et même accessible en poussette - est jalonné d'une dizaine de tables de lecture pédagogiques. Il permet de faire le tour de la chaume sommitale et d'y admirer différents panoramas.
De retour sur la D 465, la descente vers le lac d'Alfeld est très belle. Elle permet de découvrir en avant le Grand Ballon, point culminant des Vosges (1 424 m), puis la **vallée de la Doller**, le Jura et les Alpes.
Prenez à gauche la D 466 dir. Masevaux.
Au sortir de la forêt, le lac apparaît au fond d'un cirque d'origine glaciaire.

★ Lac d'Alfeld

Ce beau lac de 10 ha et d'une profondeur de 22 m est réservé à la pêche, il est entouré de hauteurs boisées où perce parfois la roche. Le barrage, un ouvrage de 337 m qui retient ses eaux, s'appuie sur une moraine laissée par les anciens glaciers.
La petite route en lacets descend vers la **vallée de la Doller**, offrant une vue sur le petit village de Sewen noyé dans la forêt. À partir de là, les bourgades se succèdent, se touchent. Elles sont, pour beaucoup, reliées entre elles par une piste cyclable. La vallée et ses versants boisés sont sillonnés par 325 km de sentiers balisés *(www.hautes-vosges-alsace.fr).*

LE DIEU DU BALLON

Pas facile de s'y retrouver : alors que le Petit Ballon culmine à 1 272 m d'altitude, le ballon (tout court) d'Alsace atteint 1 247 m, dominant seulement de 31 m son voisin, le ballon de Servance (1 216 m). Pour les différencier, observez les sommets : le ballon d'Alsace est surmonté d'une statue de la Vierge et celui de Servance, d'un fort militaire. Sinon, tous trois affichent les mêmes silhouettes bombées et dénudées par leurs chaumes sommitales (pâturage extensif d'altitude). Et pas de malentendu : le terme « ballon » ne provient pas de leur forme arrondie : il serait dérivé du nom du dieu du soleil Bel (ou Belen) auquel les Celtes vouaient un culte au sommet de ces montagnes.

Lac de Sewen

Ce petit lac, le seul lac glaciaire de vallon en Alsace, est peu à peu envahi par la tourbe. Classé grand site national, on peut y apercevoir des castors et des droséras (d'étonnantes plantes insectivores) protégés.

En aval, la D 466 longe la Doller, qui coule entre de hautes pentes de prairies très vertes, coupées de bois de sapins et de hêtres.

La vallée est dominée par l'église romane de **Kirchberg**, perchée sur une moraine, et à l'entrée de **Niederbruck**, à gauche, par une Vierge à l'Enfant due au sculpteur Antoine Bourdelle.

Masevaux *(voir p. 250)*

De la charmante bourgade de Masevaux, possibilité de rejoindre Thann par la route Joffre (D 14 bis).

Sentheim

En face de l'église, la **Maison de la géologie** présente une belle collection de roches, de fossiles et de minéraux. *Pl. de l'Église - ✆ 03 69 77 12 41 - www.geologie-alsace.fr - juil.-août : dim. 14h-18h ; reste de l'année : 1er dim. du mois 14h-18h - fermé de déb. nov. à déb. avr., certains j. fériés - possibilité de visite guidée - 15 € billet famille - autres sorties possibles dans la vallée, se rens.*

Cette plongée dans la géologie peut être complétée par le **sentier géologique de Wolfloch** *(sur la D 466 en direction du ballon d'Alsace, tournez à droite après l'église. Rejoignez le départ du sentier en suivant le fléchage. Partez ensuite à gauche du panneau de présentation et suivez le balisage représentant un fossile - 5 km, 12 sites balisés - environ 2h.*

Le sentier longe des champs et franchit ensuite la « grande faille vosgienne ». Il permet de survoler ainsi la géologie des Vosges depuis l'ère primaire jusqu'à nos jours.

4

★★ ENTRE MINES ET BALLON DE SERVANCE

Circuit de 57 km env. au départ de St-Maurice-sur-Moselle, tracé en jaune sur la carte p. 298. Comptez environ 3h (5h avec les visites).

Situé quelques kilomètres à l'ouest du ballon d'Alsace, le ballon de Servance culmine à 1 216 m et donne naissance à l'Ognon, dont le cours prend un départ tumultueux.

Saint-Maurice-sur-Moselle *(voir p. 295)*

Empruntez l'autoroute E 512, dir. Remiremont, jusqu'au Thillot.

Le Thillot

Cette localité active à proximité des Hautes-Vosges exploite encore ses mines de cuivre à des fins touristiques. Son réseau souterrain est en partie classé Monument historique.

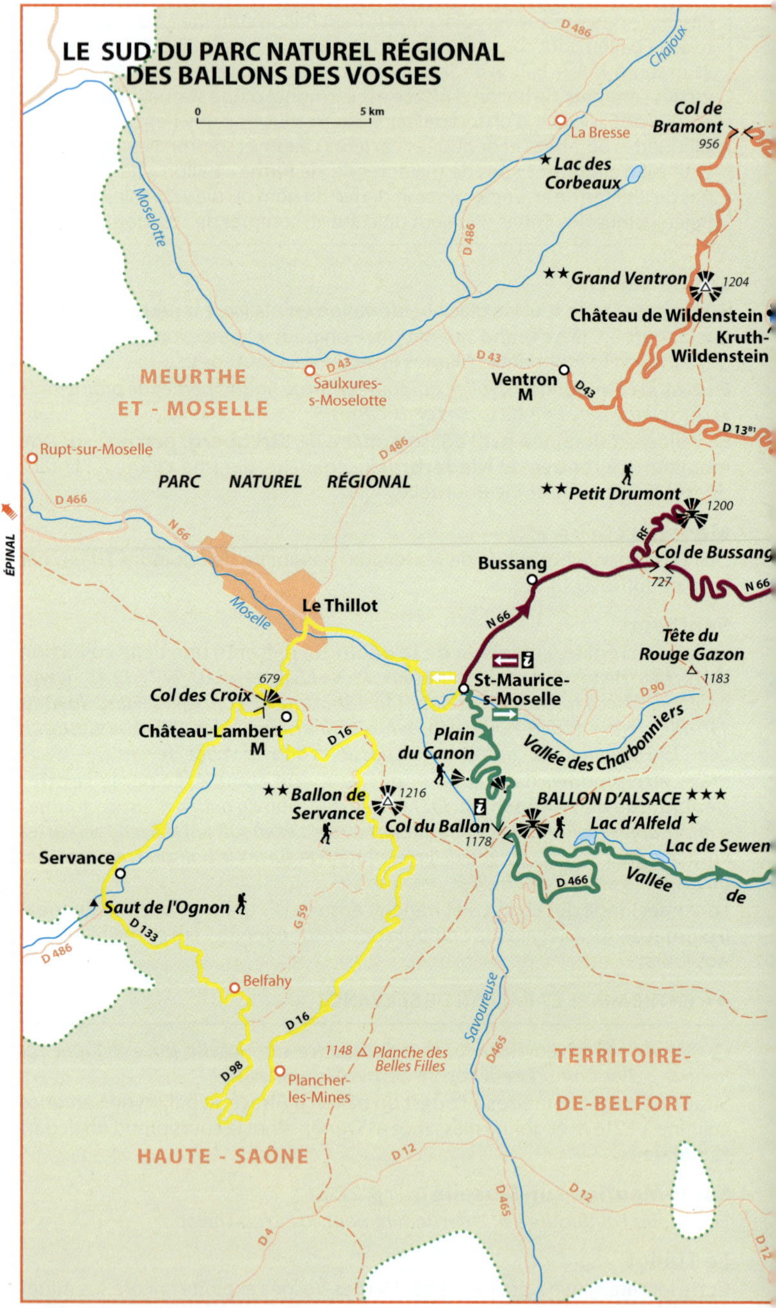
LE SUD DU PARC NATUREL RÉGIONAL
DES BALLONS DES VOSGES
0
5 km
D 486
Chajoux
Col de Bramont
956
La Bresse
Lac des Corbeaux
Moselotte
D 486
Grand Ventron
1204
Château de Wildenstein
Kruth-Wildenstein
D 43
Ventron
M
D43
D 13B1
MEURTHE
ET - MOSELLE
D 43
Saulxures-s-Moselotte
Rupt-sur-Moselle
D 486
PARC NATUREL RÉGIONAL
Petit Drumont
1200
RF
Col de Bussang
727
N 66
D 466
N 66
ÉPINAL
Bussang
N 66
Moselle
Le Thillot
Tête du Rouge Gazon
1183
679
Col des Croix
St-Maurice-s-Moselle
D 90
Château-Lambert
M
D 16
Plain du Canon
Vallée des Charbonniers
Ballon de Servance
1216
BALLON D'ALSACE
Col du Ballon
1178
Lac d'Alfeld
Lac de Sewen
Servance
D 466
Vallée de
Saut de l'Ognon
D 133
D 486
G 59
Belfahy
D 16
Savoureuse
D 465
1148
Planche des Belles Filles
D 98
Plancher-les-Mines
TERRITOIRE-
DE-BELFORT
HAUTE - SAÔNE
D 12
D 12
D 465
D 4
D 12

PARC NATUREL RÉGIONAL DES BALLONS DES VOSGES

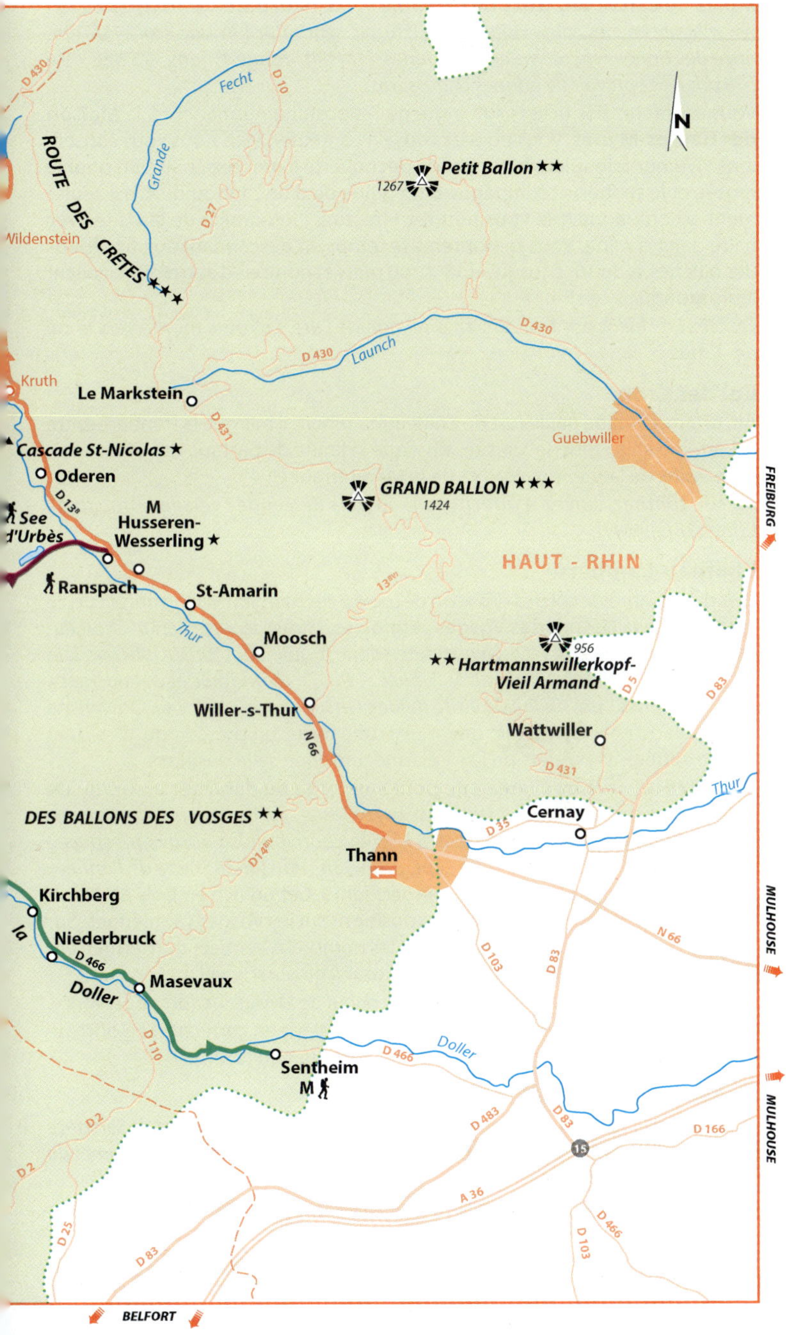

Au centre du village, suivez la direction Lure et Hautes-Mynes.
Mines de cuivre des ducs de Lorraine – *47 r. de la Gare - ✆ 03 29 25 03 33 - www.hautesmynes.com - visite guidée (2h) avr.-sept. : 10h-19h ; vac. scol. : 13h-19h ; reste de l'année : merc., w.-end et j. fériés 14h-19h - fermé 1er janv., 25 déc. - 9 € (-18 ans 6 €) - prévoir de bonnes chaussures.*
Vous achèterez vos tickets sur le site de l'exposition permanente, la **Maison des Hautes-Mynes**. Vous pouvez vous en contenter. Mais nous vous conseillons vivement de suivre le sentier de découverte (comptez 2h30 à 3h pour le musée et le sentier) accompagné d'un guide ou d'un topoguide. C'est seulement accompagné que vous pourrez effectuer l'intégralité de la visite avec halte dans la mine. Vous remonterez le temps en descendant aux fins fonds des galeries… du 16e s. jusqu'au 18e s., où puits et pompes d'autrefois dévoilent leurs atours.
Quittez Le Thillot par la D 486 en direction de Lure. La route monte vers le col des Croix.

Col des Croix

Alt. 679 m. Dominé par le fort de Château-Lambert, il marque la frontière entre la Lorraine et la Franche-Comté, ainsi que la limite de partage des eaux entre les bassins de la mer du Nord et de la Méditerranée.
Au col, tournez, suivez à gauche la D 16 puis descendez vers le hameau de Château-Lambert.

Château-Lambert

Près d'1 km après le col des Croix, on découvre ce charmant village qui accueille le **musée de la Nature des Vosges saônoises**. *Musée départemental Château-Lambert - ✆ 03 84 20 43 09 - www.haute-saone.fr - juil.-août : 9h30-19h ; avr.-juin et sept. : 9h30-12h, 14h-18h ; reste de l'année : 14h-17h - fermé mar. et w.-end (mat.), certains j. fériés - possibilité de visite guidée (1h30) - 4 € (-18 ans 2 €).* On y visite la maison du paysan mineur, un moulin, une forge, un pressoir du 17e s., une scierie, différents métiers de la forêt, une ancienne salle de classe…
Juste à côté, vous trouverez une petite auberge où déguster un gratin de munster, une salade et une tarte aux myrtilles et, surtout, le nouvel **Espace nature et culture** *(✆ 03 84 20 49 84 - www.parc-ballons-vosges.fr/espace_nature_culture - de mi-avr. à fin sept. : 10h-13h, 14h-18h30 ; reste de l'année : merc.-vend. et dim. 14h-17h30 - fermé déc.-janv.).* Cet édifice en bois et au toit végétalisé est destiné à l'accueil d'expositions sur les Vosges saôniennes. Sur la place du hameau, un panneau décrit les nombreux sentiers qui permettent de parcourir les vallons bucoliques alentour *(voir aussi www.melisey.com).*
Revenez sur la D 16 et poursuivez jusqu'au début de la route du fort de Servance.
Suivez cette ancienne route stratégique qui s'élève en corniche. Elle offre de jolies vues sur la vallée de l'Ognon avant de sinuer en forêt.

★★ Panorama du ballon de Servance

Laissez la voiture au départ de la route militaire (interdite) du fort de Servance et prenez, à droite, le sentier jalonné qui conduit (15mn à pied AR) au sommet du ballon (alt. 1 216 m).
On découvre un magnifique panorama : à l'ouest, sur la vallée de l'Ognon, le plateau glaciaire d'Esmoulières, semé d'étangs, et le plateau de Langres ; au nord-ouest, les monts Faucilles ; plus à droite, la vallée de la Moselle ; au nord-est, du Hohneck au Gresson en passant par le Grand Ballon, très lointain, se silhouette la chaîne des Vosges ; à l'est s'arrondit la croupe, toute proche, du ballon d'Alsace ; au sud-est et au sud, vue sur les contreforts vosgiens.

Continuez sur la D 16, puis, après Plancher-les-Mines, bifurquez vers la droite. Prenez toujours à droite la D 98 en forte montée pour rejoindre Belfahy. Dans le village, tournez à gauche et poursuivez par la D 133, puis la D 486 jusqu'à Servance.
Avant l'entrée du bourg, à gauche, un sentier *(15mn AR)* mène au **saut de l'Ognon**, cascade pittoresque s'échappant d'une étroite gorge rocheuse.

Servance A4

Autrefois, on exploitait les carrières de syénite (belle roche rouge) dans lesquelles on tailla les colonnes de l'Opéra de Paris.
Reprenez la D 486 qui vous ramène au col des Croix, puis au Thillot.

DE LA SOURCE DE LA MOSELLE AU VALLON D'URBÈS

Circuit de 18 km au départ de St-Maurice-sur-Moselle, tracé en violet sur la carte p. 298-299. Comptez environ 1h30.

Saint-Maurice-sur-Moselle *(voir p. 295)*

Empruntez la N 66 en direction du col de Bussang.

Bussang

8 av. de la Gare - 88540 Bussang - 03 29 61 50 37 - www.ballons-hautes-vosges.com - vac. de fév., été et vac. de Noël : 8h30-12h30, 14h-18h, dim. 9h-13h ; reste de l'année : tlj sf dim. et j. fériés 8h30-12h30, 14h-17h - fermé certains j. fériés.
Une voie romaine traversait jadis le joli site dans la vallée de la Moselle naissante. Devenu villégiature estivale, c'est aussi un centre de sports d'hiver.
Ne manquez pas de jeter un œil au **théâtre du Peuple**, un grand vaisseau de bois classé Monument historique dont le fond de scène s'ouvre sur la forêt – *40 r. du Théâtre - 03 29 61 62 47 - www.theatredupeuple.com*
La **source Marie**, abritée sous un petit kiosque à 2,5 km du centre *(suivre la RN 66 vers Mulhouse et prendre la D 89 à gauche au niveau du garage automobile)*, témoigne de la renommée thermale de la commune vers 1750. Selon un texte médical de 1738, ces sources auraient été découvertes par des vaches qui boudaient l'eau de la Moselle. Des analyses ont confirmé leur forte teneur en arséniate de fer et manganèse apparemment excellente pour la digestion. Si la source s'est un peu tarie, chacun peut encore aller remplir son verre et goûter cette eau peu commune, pétillante et ferrugineuse.
Reprenez la N 66, puis la D 89 à gauche, juste avant le col de Bussang.

★★ Petit Drumont

15mn à pied AR. La route forestière d'accès s'embranche sur la D 89, à 100 m à peine de la source de la Moselle. Prudence recommandée. Quittez la voiture près de l'auberge et prenez le sentier qui s'élève à travers les chaumes.
Table d'orientation au sommet (1 200 m). Le **panorama**★★ s'étend du Hohneck au ballon d'Alsace.

Col de Bussang

Alt. 727 m. Au col se trouve le monument de la source de la Moselle. Le petit ruisseau truffé de mousses deviendra grand et arrosera bientôt Épinal, Metz, Trèves. Mais, ici, il se grossit du superflu des sources minérales de Bussang. Le torrent ne devient rivière qu'aux environs de Rupt-sur-Moselle. Son cours assagi décrit de beaux méandres entre des collines boisées, puis coule tranquillement vers Remiremont et Épinal.
Poursuivez sur la N 66.
La descente du versant alsacien se fait en douceur, avec de jolies vues qui se dégagent sur la vallée de la Thur et les crêtes qui la dominent.

See d'Urbès

Parking sur le bord du lac, signalé par un grand panneau.

La dépression dans laquelle est installé le lac (ou *see*) d'Urbès doit son existence au glacier qui sculpta la vallée de la Thur à l'ère quaternaire. L'eau est retenue par une moraine frontale, dépôt rocheux accumulé par le glacier. Depuis la disparition de celui-ci, une végétation de tourbière (sphaignes, laîches, etc.) a colonisé ce lieu, le comblant progressivement.

Un sentier balisé *(1h30)*, complété de panneaux présentant la flore, la faune et les activités traditionnelles propres à ce milieu particulier, facilite la découverte du lac d'Urbès.

On quitte le vallon d'Urbès pour gagner Husseren-Wesserling et accéder à la vallée de la Thur (voir p. 304).

EXCURSION À ROUGE GAZON B4

De St-Maurice-sur-Moselle (voir p. 295), prenez vers l'est la D 90 qui longe le ruisseau des Charbonniers (à gauche en passant devant l'église).

Les habitants de la **vallée des Charbonniers** descendraient d'une colonie suédoise et allemande embauchée au 18e s. par les ducs de Lorraine pour l'exploitation de la forêt et le charbonnage.

Au village des Charbonniers, tournez à gauche vers la **Tête du Rouge Gazon**, où l'on trouvera un hôtel-restaurant autour duquel des activités de loisirs sont proposées tout au long de l'année. Vues en direction du ballon de Servance.

NOS ADRESSES DANS LE PNR DES BALLONS

Voir aussi nos adresses dans la vallée de la Thur *(p. 307)*, le val d'Orbey *(p. 323)*, sur la route des Crêtes *(p. 340)*, au col d'Urbeis *(p. 350)* et à Ste-Marie-aux-Mines *(p. 356)*.

HÉBERGEMENT ET RESTAURATION

Au cœur des ballons des Vosges, on trouve un grand choix de **gîtes Panda** agréés par les Gîtes de France *(www.gites-panda.fr)*. Dans cette catégorie, nous vous recommandons **La Gasse** à Lapoutroie *(☎ 03 89 47 55 27 - www.lapoutroie.net)* et **Les Hirondelles** à La Chapelle *(☎ 03 89 47 22 71)*.

PREMIER PRIX

Camping Au Bon Accueil – *36 ter, r. de Lorraine - 88160 Fresse sur-Moselle - ☎ 03 29 25 08 98 - 50 empl. 1,55/2,53 € - ouv. du 1er avr. au 11 Nov.* Ce camping municipal et familial aux pieds du ballon d'Alsace et du col de Bussang bénéficie depuis son ouverture en 1980 d'excellents retours. Nombreuses activités (promenades en famille sur des chemins balisés, découverte de fermes pédagogiques…).

BUDGET MOYEN

Camping Domaine de Champé – *14 r. des Champs-navets - 88540 Bussang - ☎ 03 29 61 61 51 - www.domaine-de-champe - ouv. tte l'année - 110 empl. 15,50/26,50 €.* Très bien situé près du centre de Bussang, ce camping 5 étoiles propose des prestations atypiques (piscine, spa…) et une gamme d'hébergement de la simple tente à la location de chalets familiaux.

Grand Hôtel du Sommet – *Au sommet du ballon d'Alsace - 90200 Lepuix-Gy - ☎ 03 84 29 30 60 - www. hotelrestaurantdusommet.*

com - fermé lun. sf vac. scol. et de mi-nov. à mi-déc. - P - 24 ch. 55/65 € - ☕ 6,50 € - rest. 15/34 €. Se réveiller sur les hauteurs… au grand air, entouré de prairies et de vaches, avec vue sur la vallée de Belfort, voire, par beau temps, sur les Alpes suisses. Repos assuré dans ces chambres simples mais confortables.

Chambre d'hôte La Villa du Lac – *2 rte du Ballon - 68290 Sewen - ✆ 03 89 82 98 38 - www.villa-du-lac-alsace.com - fermetures annuelles, se rens. - P - 💳 - 5 ch. 60/65 € ☕ - table d'hôte 25 € bc.* Cette villa de style 1930, bâtie au pied du ballon d'Alsace et face au lac de Sewen, constitue un point de départ idéal pour les randonnées. Au retour, vous dégusterez un bon petit plat alsacien (produits fermiers et bio) avant de vous reposer dans l'une des chambres avec vue sur le plan d'eau ou la forêt. Copieux petits-déjeuners maison.

POUR SE FAIRE PLAISIR

Hôtel Le Rouge Gazon – *88560 St-Maurice-sur-Moselle - ✆ 03 29 25 12 80 - www.rouge-gazon.fr - fermé en nov. et 2 sem. en mars - ♿ - P - 39 ch. 80/97 € - ☕ 12 € - rest. (fermé mar. basse saison) 15/30 €.* Ce vaste établissement familial perché à 1 260 m d'altitude, dans un site classé, comprend un hôtel et un restaurant où la cuisine pioche dans les produits locaux, notamment ceux de la ferme voisine. Parcours de randonnées en été, qui se transforme en piste de ski quand revient l'hiver. Nombreuses autres activités sportives et éducatives proposées tout au long de l'année.

PETITE PAUSE

Ferme-auberge Le Drumont – *7 rte du Drumont - 88540 Bussang - ✆ 03 29 61 50 12 - fermé mar. et lun. soir hors saison.* À 1200 m d'altitude, la famille Deybach vous accueille toute la journée, sur sa terrasse panoramique ou au chaud à l'intérieur. À découvrir *:* un munster médaillé d'or (star de la ferme), le bargkass et de la cochonaille sur place ou à emporter.

ACTIVITÉS

Randonnées – Suivez les sentiers de découverte ou l'un des circuits historiques balisés. Un calendrier des animations (été ou hiver) et des idées d'itinéraires sont diffusés par le Parc et disponibles dans les offices de tourisme.

Ski – *www.esf-ballon-dalsace.com et rens.auprès de l'École de ski français (✆ 03 84 29 06 65).* Le ballon d'Alsace offre pendant l'hiver une gamme de sports de glisse tout à fait respectable. Fier de ses 12 pistes de ski alpin, il reste avant tout un site de ski de fond : 8 pistes, 50 km.

Autres activités – Parapente, escalade, VTT, parcours à la cime des arbres… Le ballon d'Alsace et l'**aire de Rouge Gazon** sont propices à toutes sortes d'activités de loisirs. Renseignez-vous auprès des offices de tourisme.

Voie verte – *www.lavoieverte.com.* À pied, à vélo ou en roller, vous pouvez également emprunter une partie de la Voie verte, large piste interdite aux voitures qui court entre Bussang et Le Thillot.

AGENDA

Fête de la transhumance – Montée des troupeaux *(mi-mai)* et descente *(mi-oct.).*

Fête des foins – Fin juillet à Rouge Gazon.

Vallée de la Thur

★

Haut-Rhin (68)

La vallée de la Thur a beau être industrielle, elle a su préserver une partie de ses richesses naturelles. Ses villages, dominés par quelques-uns des plus hauts sommets des Vosges, sont charmants. La vallée supérieure et le vallon d'Urbès, aux versants boisés et couverts de pâturages, abritent une faune et une flore très riches et variées. Quantité d'oiseaux nicheurs et migrateurs les ont choisis ; les randonneurs y trouveront eux aussi le plaisir et l'oxygène qu'ils recherchent.

NOS ADRESSES PAGE 307
Hébergement, restauration, achats, activités, etc.

S'INFORMER

Office du tourisme de la vallée de St-Amarin – *81 r. Charles-de-Gaulle - 68550 St-Amarin - ☎ 03 89 82 13 90 - www.hautes-vosges-alsace.fr - juil.-août : 9h-12h, 14h-18h, sam. 10h-12h, 15h-18h, dim. 10h-12h ; reste de l'année : tlj sf dim. 9h-12h, 14h-17h, sam. 10h-12h - fermé j. fériés.*

SE REPÉRER

Carte de microrégion B3-C4 (p. 292-293). Sous le Grand Ballon, les premières vallées sont parallèles à la route des Crêtes. On accède à la vallée de la Thur par Thann, situé à 22 km à l'ouest de Mulhouse, par la N 86-E 512.

À NE PAS MANQUER

Le parc de Wesserling et son Écomusée textile, la haute vallée de la Thur pour sa nature et ses panoramas.

AVEC LES ENFANTS

La ferme du parc de Wesserling, le Parc Arbre Aventure à Kruth.

Circuits conseillés Carte de microrégion p. 292-293

LA VALLÉE DE LA THUR

Circuit de 58 km au départ de Thann (voir p. 247), tracé en orange sur la carte p. 292-293. Comptez environ 2h30. Sortez de Thann à l'ouest, par la N 66.

La vallée est fréquentée dès l'époque romaine. Puis, à partir du début du 13e s., après l'ouverture des cols du St-Gothard et du Simplon, elle devient un axe de circulation entre l'Italie et les Pays-Bas.

La vallée de la Thur se resserre, puis s'élargit. Malgré leurs usines, les villages riverains sont charmants, de même que la campagne environnante avec ses prés, ses vergers, ses vallons, ses ruisseaux et ses cascades.

Willer-sur-Thur B4

Willer revendique l'honneur d'être le lieu de naissance de Catherine Hubscher, la future maréchale Lefebvre, passée à la postérité sous le surnom de « Madame Sans-Gêne » *(voir p. 237)*.

Moosch B4

Ils sont morts pour que vive la France. Dans un grand cimetière militaire adossé au versant est de la vallée reposent près de 1 000 soldats français fauchés en

1914-1918. On y verra aussi la tombe du général Serret, l'un des 42 généraux français morts au combat durant la Première Guerre mondiale.

Saint-Amarin B3

Cette localité a donné son nom à la vallée entre Moosch et Wildenstein. Le **musée Serret et de la Vallée de St-Amarin** rassemble des souvenirs locaux. *7 r. Clemenceau - ✆ 03 89 38 24 66 - www.museeserret.fr - 14h-18h - fermé mar. - possibilité de visite guidée sur demande (1h30) - 3,20 € (-16 ans 0,80 €).* Gravures et vues anciennes de la région, coiffes alsaciennes, armes, ferronneries, emblèmes de confréries.

Ranspach B3

Départ dans le haut du village, au-delà d'une usine - 2,5 km. Sentier botanique signalé par une feuille de houx. Cette promenade facile et agréable est jalonnée par des panneaux sur lesquels figurent les caractéristiques des arbres et arbustes rencontrés.

★ Parc de Wesserling – Écomusée textile B3

À Husseren-Wesserling. R. du Parc - ✆ 03 89 38 28 08 - www.parc-wesserling.fr - 7 juin-4 oct. : 10h-18h ; 29 mars-6 juin et 5 oct.-30 déc. : tlj sf lun. 10h-12h, 14h-18h, dim. 10h-18h - fermé 1er et 11 Nov., 25 et 31 déc. - possibilité de visite guidée (1h) - 7 € (10-18 ans 3,50 € ; -10 ans 1,80 €) - 9,50 € billet combiné avec les jardins - démonstrations des métiers du textile tous les dim., horaires se rens. sur site ou au ✆ 03 89 38 28 08.

Ce parc est le plus grand jardin d'Alsace inscrit aux Monuments historiques. L'ancienne manufacture royale de tissus imprimés a été entièrement réhabilitée en un ensemble muséographique très complet comprenant un Écomusée textile, quatre jardins, une ferme et un sentier patrimonial. Des artisans se sont installés dans la vallée et autour des anciens bâtiments rénovés.

L'Écomusée textile présente l'histoire du site, ses différents propriétaires ainsi que l'histoire du coton et de l'indiennage. Les métiers de l'industrie textile sont illustrés par des démonstrations : filage, tissage, impression à la planche et numérique.

Le parc décline quatre ambiances : le jardin régulier dit « à la française », les terrasses méditerranéennes, le parc à l'anglaise et le potager. Malgré de nombreuses transformations opérées depuis le 17e s., leur tracé actuel respecte en partie celui d'origine.

Ces lieux aux essences rares sont en été le théâtre du **Festival des jardins métissés**. Des artistes créent des espaces végétalisés éphémères sur un thème imposé, en rapport avec le site. À Noël, à la tombée de la nuit, l'histoire des jardins est mise en scène dans un spectacle à l'occasion de l'opération « Noël aux jardins ».

La ferme fait le bonheur des petits. Elle accueille des animaux qui étaient au service de l'industrie textile (chevaux, ânes, vaches, moutons et chèvres). Ils pourront également guetter leurs sensations le long d'un sentier pieds-nus sensoriel d'environ 300 m.

DE GRANDS INDUSTRIELS

Ici, l'histoire n'a pas retenu des noms de guerriers, de souverains ou de religieux, mais ceux de Jérémie Risler, des Kœchlin, des Kestner, des Stehelin, tous « capitaines » d'industrie, fondateurs d'usines métallurgiques, textiles ou chimiques.

4

La découverte du site se poursuit en empruntant le sentier patrimonial (accès libre) doté de panneaux explicatifs.
Après Husseren-Wesserling, on pénètre dans la haute vallée de la Thur, curieusement bosselée de buttes granitiques. Ce sont des îlots que l'action destructrice des anciens glaciers a respectés. Trois de ces buttes dominent **Oderen**. En amont, on peut apercevoir une autre butte, boisée, le Schlossberg, qui porte les ruines du **château de Wildenstein**.
À l'entrée d'Oderen, en venant de Fellering, belle vue sur les escarpements pittoresques des bois de Fellering.
Entre Kruth et Wildenstein, la route passe à droite du Schlossberg dans un défilé que, sans doute, la Thur emprunta autrefois.
Une autre route longe, par l'autre versant, le Schlossberg et le **barrage de Kruth-Wildenstein**, digue en terre et argile étanche, un des maîtres ouvrages de l'aménagement hydraulique de la vallée de la Thur.
À Wildenstein commence une superbe montée vers le col de Bramont *(attention, route très sinueuse)* caractérisée d'abord par une très belle vue en enfilade sur la vallée de la Thur, puis par un magnifique parcours en forêt.
En période hivernale, privilégiez l'accès au Grand Ventron par le versant sud (col d'Oderen) par la D 13 bis, puis la D 43.

Col de Bramont B3

Alt. 956 m. Il est situé sur la crête principale des Vosges.

★★ Grand Ventron B3

Du col de Bramont, prenez à gauche la route forestière (8 km) passant par le col de la Vierge et aboutissant à la chaume du Grand Ventron, cœur de la réserve naturelle.
Du sommet (1 204 m), le **panorama★★** s'étend des Vosges à la vallée de la Thur.
Poursuivez sur la piste forestière jusqu'au carrefour avec la D 43. Tournez à droite en direction de Ventron.

Musée du Textile B3

8 Vieille rte du Col-d'Oderen - ✆ 03 29 24 23 06 - www.musee.ventron.fr - 10h-12h, 14h-18h - fermé lun., de déb. nov. à mi-déc., 1er janv., 25 déc. - possibilité de visite guidée sur demande (1h30) - 4,50 € (enfant 2 €) - animation famille vac. scol. : jeu. apr.-midi - visite guidée adaptée aux enf. + atelier tissage.
Ce musée retrace l'histoire d'un des plus importants pans de l'industrie vosgienne, qui a pris son essor grâce à l'esprit d'entreprise de paysans audacieux. Vous connaîtrez tout de la fabrication traditionnelle des toiles de lin à la filature industrielle du coton. Évolution des métiers à tisser du 18e s. à nos jours, démonstrations, etc.
Reprenez la D 43 en sens inverse, vers le col d'Oderen, et rejoignez par la sinueuse D 13B1 la cascade St-Nicolas.

★ Cascade Saint-Nicolas B3

La cascade, composée de multiples et charmantes cascatelles, tombe au fond d'un joli vallon très encaissé dont les versants sont couverts de sapins.
Rejoignez Kruth et tournez à droite sur la D 13B pour retourner à Husseren-Wesserling.

NOS ADRESSES DANS LA VALLÉE DE LA THUR

HÉBERGEMENT ET RESTAURATION

BUDGET MOYEN

Auberge de France – *20 Grand'Rue - 68820 Kruth - 03 89 82 28 02 - www.aubergedefrance.fr - fermé 3 sem. en janv., 2e quinz. de juin et merc. (jeu. en hiver) - P - 16 ch. 60/69 € - 9 € - rest. formule déj. 10,90 €, 17,80/40 €.* Dans un village de la haute vallée de la Thur, auberge bien tenue abritant des chambres confortables. Billard, boulodrome, accès Internet.

Auberge du Mehrbächel – *68550 St-Amarin - 4 km à l'est par rte du Mehrbächel - 03 89 82 60 68 - www.auberge-mehrbachel.com - fermé de fin oct. à déb. nov., 10 j. déb. mai, 10 j. fin juin - P - 23 ch. 68/95 € - 10 € - rest. 14/38 €.* Ambiance « refuge » et confort actuel pour cette ancienne ferme tenue par la même famille depuis 1886 et bénéficiant d'une situation privilégiée sur le passage d'un GR. Le restaurant propose quelques spécialités alsaciennes à partager avec les randonneurs.

Domaine des Fines Fleurs du Terroir – *R. Rhin-et-Danube, Hasenloch - 68820 Wildenstein - 03 89 82 20 20 - www.domaine-fines-fleurs.com - fermé lun. et mar. - ♿ - P - 9 ch. 53/68 € - 9 € - formule dej. 12 € - rest. 19/45 €.* Cet hôtel proche d'une ferme avicole ménage une superbe vue sur la vallée de la Thur. Au restaurant type ferme-auberge, la majorité des produits proviennent de l'exploitation voisine. En été, jardin d'aromates. Également, location d'un chalet *(7 pers.)* à la semaine ou w.-end.

Hôtel Les Quatre Saisons – *Au Frenz - 68820 Kruth - 5 km à l'ouest de Kruth par D 13B1 - 03 89 82 28 61 - www.hotel4saisons.com - fermé 10 j. janv., 10 j. nov., 24-25 déc. - P - 9 ch. 80 € - 9 € - rest. 16/38 € (fermé mar.-merc.).* Cet hôtel-restaurant qui fut jadis une ferme a conservé le charme rustique de son activité d'origine. Les chambres, agréablement meublées et décorées, offrent une vue magnifique sur les montagnes et la vallée de la Thur.

Chambre d'hôte « Au Pied des Chaumes » – *6 rte du Frère-Joseph - 88310 Ventron - 03 29 24 46 03 - www.couette.com - P - 5 ch. 65/69 € - repas 23 € bc.* Calme et détente vous attendent dans cette grande bâtisse de style vosgien abritant des chambres agréablement décorées et équipées de toilettes et sdb. Petits-déjeuners assortis de confitures et viennoiseries maison, et possibilité de table d'hôte (cuisine traditionnelle). Accueil convivial.

ACTIVITÉS

Parc Arbre Aventure – *Col du Hoff - 68820 Kruth - 03 89 82 25 17 - www.parcarbreaventure.com - merc., w.-end 13h30-18h ; juil.-août : 9h30-20h ; j. fériés 13h30-18h - fermé nov.-mars - 22 € 4h dans le parc (-16 ans 18 €).* Parcours de difficulté croissante, de la simple découverte au grand frisson du circuit « no limit ». La grande tyrolienne survole le lac (300 m de long). Un « bungy » permet une éjection (encordée) à 18 m du sol. Et si le courage vous manque, vous pourrez vous rabattre sur les pédalos, les kayaks ou le laser game dans la forêt…

AGENDA

Feux de la St-Jean – *03 89 82 13 90 - www.hautes-vosges-alsace.fr.* La vallée de St-Amarin s'illumine chaque année à l'occasion de la veillée de la St-Jean *(samedi suivant le 20 juin)* : nombreux feux de joie et feux d'artifice ; animation musicale.

Munster

4 905 Munstériens – Haut-Rhin (68)

Des moines irlandais, venus au 7e s. pour achever l'évangélisation de l'Alsace, ont fondé une abbaye dans ce lieu sauvage – Munster signifie d'ailleurs « monastère ». Nichée entre les vignobles et la route des Crêtes, la ville permet, en hiver, d'accéder aux champs de neige. En été, elle sert de point de départ de circuits pédestres vers les sommets arrondis des Hautes-Vosges, les versants parfois escarpés, les lacs, et surtout les prairies d'alpage : les hautes chaumes. Ces pelouses des sommets sont le repaire des marcaires, paysans détenteurs de la recette du très odorant fromage de munster.

NOS ADRESSES PAGE 316
Hébergement, restauration, achats, activités, etc.

S'INFORMER

Office de tourisme – *1 r. du Couvent - 68140 Munster - ☎ 03 89 77 31 80 - www.vallee-munster.eu - juil.-août : 9h-12h30, 13h30-18h30, sam. 9h-12h30, 13h30-18h, dim. et j. fériés 9h-13h ; avr.-juin : tlj sf dim. 9h30-12h30, 14h-18h, sam. 10h-12h, 14h-16h ; reste de l'année : se rens. - à Noël et Pâques, permanence de l'office de tourisme déplacée sur les marchés.*

SE REPÉRER

Carte de microrégion C3 (p. 292).
Munster commande l'accès à deux vallées du massif vosgien qui comprennent 16 communes, implantées le long de la Petite et de la Grande Fecht, et constituent une entité traditionnelle. Les rivières parcourent toutes deux des paysages verdoyants (hêtraies) avant de se rejoindre pour filer vers Colmar et la plaine. La D 417, qui dessert la vallée de Munster, relie l'Alsace et la Lorraine par le col de la Schlucht.

À NE PAS MANQUER

Le Hohrodberg pour sa vue splendide, le Hohneck bien sûr, mais aussi les fermes-auberges !

AVEC LES ENFANTS

La Maison du Parc, la Maison du fromage à Gunsbach, promenade au col du Wettstein, le parc Formaventure.

Se promener

Munster mérite qu'on s'y attarde un peu. Si 85 % de la ville a été détruite entre 1914 et 1918, une belle partie du patrimoine a été préservée et valorisée.

Place du Marché

Cœur historique de Munster, la place du Marché permet d'embrasser cinq des bâtiments majeurs de la ville. L'**hôtel de ville** Renaissance (1550) avec sa façade frappée d'insolites armoiries ; l'**église abbatiale** rappellant que la ville a été créée par des moines ; l'**église protestante luthérienne** de style néoroman, érigée entre 1867 et 1873. Avec son clocher, qui emprunte la silhouette de la tour droite de l'église St-Léger de Guebwiller, elle domine encore la « petite » église catholique St-Léger, jugée jadis trop étroite pour accueillir les deux cultes. À quelques mètres, la fontaine au lion construite en 1576 célèbre le traité de Kientzheim qui reconnaît pleinement Munster comme ville

Le bois de l'Eichwald vu depuis le Hohrodberg.
L. Loiseau/Michelin

impériale. La balade se poursuit jusqu'à l'**ancienne grange dîmière**, avec sa partie supérieure en colombages. Bâtie en 1572, c'est l'une des plus vieilles maisons conservées de Munster. Enfin, vous apercevrez peut-être un gracieux volatile au sommet de la **tour aux cigognes**, érigée en 1872.

Maison du Parc

1 cours de l'Abbaye - 68140 Munster - ✆ 03 89 77 90 34 - www.parc-ballons-vosges.fr - de mi-juin à mi-sept. : 10h-12h, 13h30-17h30 ; reste de l'année : tlj sf w.-end 13h30-17h30 - fermé janv., certains j. fériés.

En bordure de la place du Marché, l'aile subsistante de l'ancien palais abbatial est devenue le siège du Parc naturel régional des Ballons des Vosges. Souvent confondue avec l'office de tourisme (tournez à gauche, c'est juste à l'arrière), la Maison du Parc oriente elle aussi volontiers les visiteurs vers des idées de balades. On apprécie ses cartes (sentiers de découvertes, plans de réserves naturelles) comme ses plans en relief des hautes-chaumes de Rainkopf-Rothenbachkopf ou du cirque glaciaire du lac du Forlet.

LA TERRIBLE BATAILLE DU LINGE

La bataille du Linge se déroule en 1915, lors de la Première Guerre mondiale. Après une offensive allemande en février 1915 et deux offensives françaises en mars et juin 1915 au Reichackerkopf et à Metzeral, les assauts des bataillons français reprennent sur un terrain de plus en plus fortifié et incertain. En quelques mois, entre le 20 juillet et le 16 octobre 1915, le Linge et ses sommets – le Barrenkopf, le Kleinkopf et le Schratzmaennele – se transforment en « **tombeau des chasseurs alpins** », au rythme des assauts et contre-attaques allemandes. L'ultime attaque allemande est repoussée mi-octobre et le front se fige sur le Linge pour se porter sur le massif du Hartmann. Près de 17 000 vies sont englouties dans les deux camps, décimant les bataillons de chasseurs alpins et les régiments de la Landwehr.

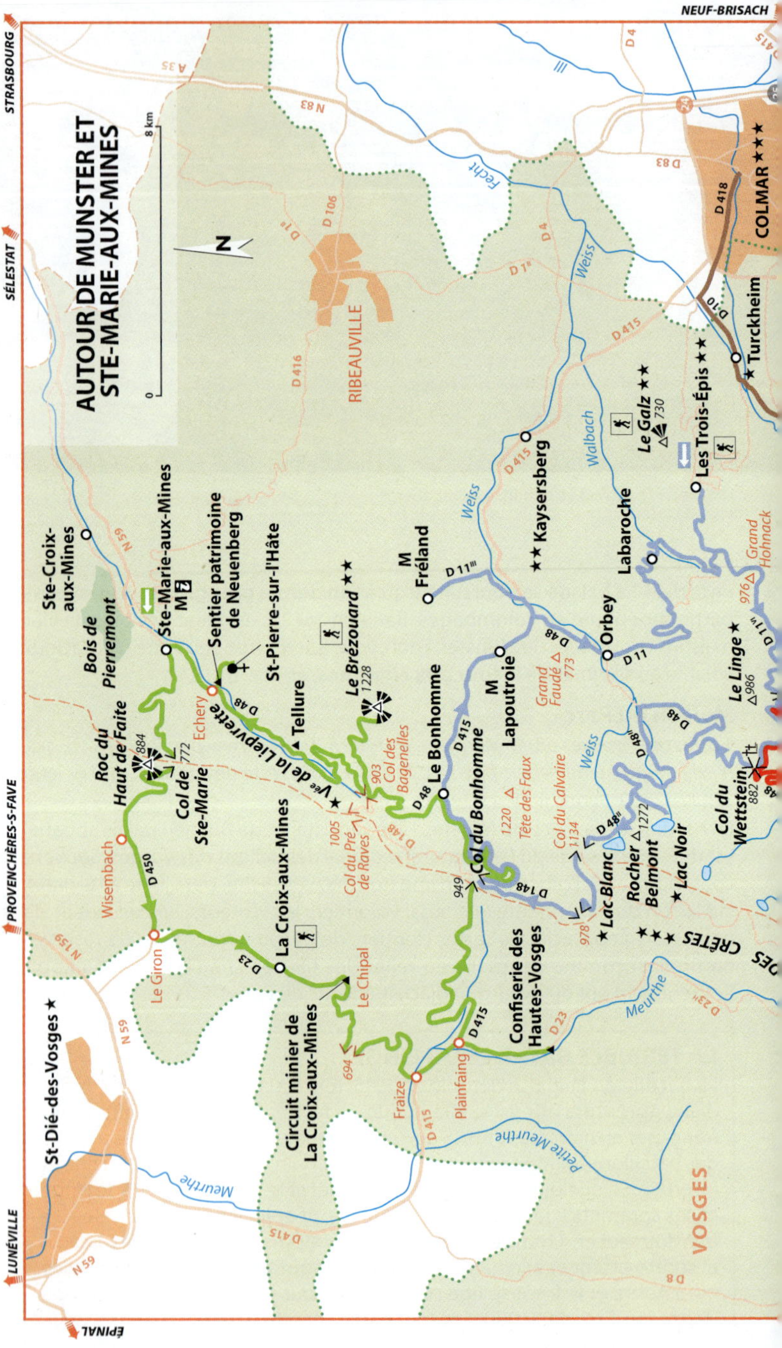
AUTOUR DE MUNSTER ET STE-MARIE-AUX-MINES
0
8 km
N
NEUF-BRISACH
STRASBOURG
SÉLESTAT
PROVENCHÈRES-S-FAVE
LUNÉVILLE
ÉPINAL
RIBEAUVILLE
COLMAR ★★★
Turckheim
Les Trois-Épis ★★
Le Galz ★★
730
Kaysersberg ★★
Labaroche
Orbey
Fréland
Lapoutroie
Le Bonhomme
Col du Bonhomme
949
Lac Blanc ★
Lac Noir ★
Rocher Belmont
1272
Col du Calvaire
1134
Tête des Faux
1220
Grand Faudé
773
Le Linge ★
986
Col du Wettstein
882
Grand Hohnack
976
CRÊTES ★★★
Ste-Croix-aux-Mines
Ste-Marie-aux-Mines
Bois de Pierremont
Sentier patrimoine de Neuenberg
St-Pierre-sur-l'Hâte
Tellure
Echery
Vée de la Liepvrette
Le Brézouard ★★
1228
Col des Bagenelles
903
Col du Pré de Raves
1005
Roc du Haut de Faite
884
Col de Ste-Marie
772
Wisembach
Le Giron
La Croix-aux-Mines
Circuit minier de La Croix-aux-Mines
Le Chipal
694
Fraize
Plainfaing
Confiserie des Hautes-Vosges
St-Dié-des-Vosges ★
VOSGES
Meurthe
Petite Meurthe
Weiss
Walbach
Fecht
D 415
D 48
D 148
D 23
D 450
D 416
D 106
D 418
D 10
D 11
D 4
D 83
D 8
N 59
N 159
N 83
A 35

MUNSTER

MULHOUSE
BELFORT
THANN
BUSSANG
GÉRARDMER
HAUT-RHIN
Munster
Gunsbach
Wihr-au-Wahl
Soultzbach-les-Bains
Pflixbourg
Le Collet du Linge
Hohrodberg
Soultzeren
Luttenbach-près-Munster
Muhlbach-sur-Munster
Metzeral
Wasserbourg
Ried
Petit Ballon ★★
1267
Col du Boenlesgrab
865
Lautenbach ★
Guebwiller
★ Guebwiller
Le Markstein
★★★ GRAND BALLON
1424
Col de la Schlucht
1135
Le Haut-Chitelet
HOHNECK ★★★
1362
Lac de Schiessrothried
★ Lac de Fischbœdle
★ Schnepfenried
Schnepfenried
1258
Col du Platzerwasel
1193
Col du Herrenberg
1186
1180
ROUTE DES CRÊTES ★★★
ROUTE
Lac de Blanchemer
★ Lac de Longemer
★★ Roche du Diable
★ Lac de Retournemer
Lac de Lispach
Col de Bussang
727
Chajoux
Thur
Lauch
Fecht
Krebsbach
A 35
D 2
D 201
D 8
D 1B
D 83
D 4B
D 430
D 417
D 10
D 43
D 27
D 431
D 13B
N 66
D 13B1
D 34
D 34D
D 61
D 5B
RF
GR 5

L'intérêt du lieu réside aussi dans ses expositions permanentes et temporaires sur la montagne vosgienne, présentée sous tous ses flancs, de la faune au sous-sol, avec une approche résolument ludique pour les enfants : le livret d'enquête à la découverte des secrets du parc, avec des indices cachés au gré des panneaux, comblera bien des familles.

Circuits conseillés Carte p. 310-311

★★ VALLÉE DE MUNSTER

Circuit de 55 km au départ de Munster, tracé en rouge sur la carte p. 310-311. Comptez environ 3h. Quittez Munster au nord-ouest par la D 417, puis tournez à droite dans la D 5 bis en montée sinueuse.

Hohrodberg

Le site de cette station estivale, à 800 m d'altitude, lui a valu le surnom de « balcon de la vallée ». **Vue★★** étendue sur Munster, sa vallée et, de gauche à droite, du Petit Ballon au Hohneck. Au cours de la montée, arrêtez-vous à l'aire de pique-nique et faites quelques pas sur la route, pour admirer les environs.

Le Collet du Linge

À droite de la route s'étend le cimetière militaire allemand de **Baerenstall** créé en 1930 afin de regrouper les sépultures du secteur du Linge après la Première Guerre mondiale.

★ Le Linge

Après de violents combats, les troupes françaises s'établirent définitivement en août 1915 sur les pentes ouest du Linge et du Schratzmaennele, alors que les Allemands occupaient la crête. En prenant à droite, on atteint le sommet du Linge (986 m).

Musée-mémorial du Linge – *Collet du Linge - ☎ 03 89 77 29 97 - www.linge1915.com - ♿ - de déb. avr. à mi-nov. : horaires sur Internet - 4 € (-16 ans gratuit).*

Il évoque la condition des soldats dans les tranchées et les assauts meurtriers qui coûtèrent la vie à 17 000 combattants français et allemands de juin à octobre **1915**. Une vidéo, ainsi que différents objets et documents d'époque (reliques, portraits, photos, uniformes, armes, journaux de tranchée), des cartes et des maquettes permettent de se représenter la dureté des combats, les difficultés du ravitaillement et des soins et de comprendre les raisons stratégiques qui firent du Linge un lieu de si triste mémoire. Depuis 2015, une extension évoque les prémices de la bataille du Linge et replace les combats dans leur contexte historique, avec la descente des Français vers Colmar dès l'été 1914 et les combats de la Croix de Wihr, qui vont opposer les soldats du 152e régiment d'infanterie et ceux du 8e régiment de Landwehr bavarois. La visite, axée sur les spécificités de la guerre sur les sommets vosgiens, est passionnante. Une tranchée allemande de 1915 a également été reconstituée.

L'occasion d'apprendre que les combats de montagne engendrèrent l'activité des premiers tireurs d'élite qui utilisaient des fusils de chasse, en 1915. On y apprend également que les Allemands avaient dû monter en toute hâte une compagnie de skieurs qu'ils ne possédaient pas en 1914. Le ski n'est pas utilisé pour combattre, mais l'occasion de s'adapter à un terrain face à un adversaire aguerri aux déplacements sur les pentes alpines.

Champ de bataille – La découverte du champ de bataille est particulièrement émouvante : à quelques mètres des premières lignes françaises, les tranchées allemandes, maçonnées, sont très bien conservées. Remarquez d'abord le monument commémoratif en forme de **flamme torsadée** dédié aux 10 000 morts français du Linge. Celui-ci a été fondu avec le métal provenant des balles, douilles, anneaux et fusées des obus ramassés sur le champ de bataille. Un **obélisque** à la forme brisée rend hommage aux chasseurs du 5e BCP. La **stèle de l'armistice**, dessinée par Gérard Ambroselli, porte la mention du champ de bataille accolée à celle de la Marne et de Verdun ; en en-tête, des vers d'André Piot, ancien combattant, évoquent l'espérance de la fin des combats.

La D 11 domine bientôt le val d'Orbey.

Col du Wettstein

Cimetière des chasseurs, où reposent plus de 3 000 soldats français à l'ombre d'une immense croix de granit sur laquelle est inscrit le mot « Pax ». Au pied de la croix, un chasseur agonisant, lâchant son fusil. Un vaste camp français d'arrière-front existait ici. Il fut arasé dans les années 1920. Ne subsiste qu'une reconstitution de baraquement en tôle ondulée mise en place par les bénévoles du mémorial.

Descendez dans la Petite Vallée par la D 48 qui rejoint la D 417 près de Soultzeren.

La route grimpe vers le col de la Schlucht, offrant des perspectives de plus en plus belles sur la vallée de la Fecht, puis sur la Petite Vallée. Après un très beau parcours en forêt et de superbes échappées vers la plaine d'Alsace et la Forêt-Noire, on domine de très haut le cirque magnifique où naît la Petite Fecht.

On passe ensuite par le **col de la Schlucht**, le **jardin d'altitude du Haut-Chitelet**, le **Hohneck★★★** et on poursuit la route des Crêtes jusqu'au **Markstein** *(voir p. 337)*. Au passage sous un téléski, vue plongeante sur le lac de la Lauch, la vallée de Guebwiller et la plaine d'Alsace.

Du Markstein, revenez sur vos pas et prenez à droite la D 27.

Après une courte montée, on quitte la région des pâturages : belle vue à gauche sur le massif du Hohneck. La descente continue dans les bois.

★ Schnepfenried

Cette station de sports d'hiver possède plusieurs remonte-pentes. L'été, elle offre aussi un beau **panorama★** sur le massif du Hohneck, au flanc duquel on distingue le barrage et le lac de Schiessrothried, et, plus à droite, sur Munster et les hauteurs qui dominent sa vallée. Avec sa ferme-auberge, elle constitue une halte ou un but de sortie apprécié sur la route des cimes par temps de chaleur.

Env. 1h à pied AR. Du sommet du Schnepfenried (alt. 1 258 m), accessible par ce sentier, **tour d'horizon★** sur la chaîne du Grand Ballon au Brézouard, la vallée de la Fecht et la Forêt-Noire.

Revenez sur la D 27. À Metzeral, prenez à gauche la D 10 VI, et 1 km plus loin, tournez à droite pour franchir la Fecht et laissez votre voiture.

LA FABRICATION DU MUNSTER

Dans la vallée, les marcaires vivent depuis toujours en réseau solidaire. Au début du printemps, ils mènent leurs troupeaux de vaches, d'abord près des granges d'altitude (fourrage coupé l'année précédente). Puis l'été venu, ils montent à la marcairie, généralement un bien communal, et fabriquent le fromage. La recette du munster est connue depuis le 9e s. mais l'appellation n'apparaît qu'au 16e s. Pour une livre de fromage, on fait chauffer 5 litres de lait dans un grand chaudron en cuivre. Lorsque la température atteint 38 °C, on ajoute la présure. Le caillé obtenu est découpé en cubes que l'on fait égoutter après les avoir disposés dans des formes en bois.

★ Lac de Fischbœdle

Alt. 790 m.

Env. 1h à pied aller (2h, 6 km AR). Deux chemins balisés mènent au lac : l'un en légère ascension ou l'autre plus raide, qui passe auprès de cascades. Ce petit lac presque circulaire d'un diamètre de moins de 100 m est l'un des plus beaux des Vosges. On le doit au manufacturier de Munster, Jacques Hartmann, qui l'a créé vers 1850. Le cadre est boisé, admirable, surtout à la fonte des neiges lorsque le torrent du Wasserfelsen alimente le lac par une jolie cascade.

Lac de Schiessrothried

1h à pied AR par le sentier en lacet qui part à droite lorsqu'on arrive au lac de Fischbœdle. On peut aussi venir en voiture par la D 310, puis faire 2 km à pied. Lac de 5 ha, transformé en réservoir, et situé à 920 m d'altitude au pied du Hohneck.

Revenez à Metzeral et prenez à gauche la D 10.

Muhlbach-sur-Munster

Le **musée de la Schlitte** *R. de la Gare - ✆ 03 89 77 61 08 - visite guidée (1h10) juil.-août : 10h-12h, 15h-18h - 3 € (-6 ans 1,50 €)* est installé en face de la gare. Il propose une reconstitution thématique autour des traîneaux chargés du bois coupé en forêt, qu'on descendait sur des pentes douces. Utilisant des rondins comme les barreaux d'une échelle, le schlitteur, placé à l'avant, freinait le chargement.

Au sous-sol de l'actuelle mairie s'est ouvert en 2015 un **musée de l'Ambulance alpine**, en souvenir du poste de secours installé dans ce même bâtiment de juillet 1915 à la fin de la Grande Guerre. *1 ch. du Bois Joli, Mittlach - ✆ 03 89 77 68 18 - sam.-dim. 14h-18h - fermé en semaine et entre le 11 Nov. et fin mars - 2 € (-16 ans gratuit).*

Luttenbach-près-Munster

Voltaire y séjourna à plusieurs reprises en 1754, en pleine forêt.

Revenez à Munster par la rive gauche de la Fecht, en empruntant la D 10.

VALLÉE DE LA FECHT

Circuit de 20 km à partir de Munster, tracé en marron sur la carte p. 310-311. Quittez Munster à l'est par la D 10.

Gunsbach C3

Albert Schweitzer passa son enfance dans ce village où son père était pasteur. Plus tard, installé au Gabon où il poursuivait son œuvre, il fit construire à Gunsbach une maison près de celle de son frère, grâce au prix Goethe qu'il reçut en 1928. Elle est aujourd'hui transformée en **musée**, où l'on retrouve des souvenirs du « French doctor ». *8 rte de Munster - ✆ 03 89 77 31 42 - www.schweitzer.org - visite guidée (45mn) 9h-11h15, 14h-16h15 - fermé dim.-lun. et j. fériés, 24 déc.-24 janv. - 5 € (-14 ans gratuit) - 6 € billet combiné avec le musée d'Art africain (juil.-août).*

Un **sentier de méditation** d'un kilomètre (1h) à travers Gunsbach constitue une agréable balade familiale sur les traces du médecin et de ses pensées. Jalonné de 16 tableaux, le parcours démarre à l'ancien presbytère, 3 rue Schweitzer, et se termine au musée, 8 route de Munster. Parmi les étapes figure au rocher du Kanzrain une statue représentant Albert Schweitzer en plein travail d'écriture, œuvre de 1969 du sculpteur Fritz Behn, qui fut élève de Rodin. Des promeneurs plus aguerris et motivés pourront aussi emprunter un

DE LA MARCAIRIE À LA FERME-AUBERGE

On doit aujourd'hui aux fermiers alsaciens parmi les plus belles tables de la région. Depuis le 9e s., le « marcaire » (de l'alsacien « malker » qui signifie trayeur) occupe et entretient les hautes chaumes du massif des Vosges. Il pratique la transhumance et exploite ses vaches laitières pour la fabrication de fromages dont le célèbre munster. À l'occasion, leurs abris servaient de refuge aux autres travailleurs de la montagne avec qui les marcaires partageaient alors volontiers leur repas.
Cette tradition prend une autre ampleur au 19e s. En 1872, avec la création du Club vosgien et l'aménagement d'une première liaison entre Munster et le col de la Schlucht, leur hospitalité intéresse soudain les randonneurs. L'agriculture ne suffisant pas à les faire vivre, les fermiers y voient un complément de revenu intéressant et, peu à peu, leurs marcairies rustiques se transforment en fermes d'estive avec de vraies auberges aménagées. Depuis, les marcheurs, les touristes mais surtout les habitants de la région, s'y régalent. Au menu : palette de porc fumé, roïgabrageldi (pommes de terre à l'étouffée avec oignons et lard), siaskas (fromage blanc du jour servi accompagné de crème fraîche, de sucre et de kirsch), tartes du jour…
Mais ne devient pas fermier-aubergiste qui veut. Pour préserver son patrimoine, une Association des fermes-auberges du Haut-Rhin naît en 1971. Pour bénéficier de l'appellation, une ferme-auberge doit utiliser prioritairement les produits de sa ferme et sa carte doit suivre les saisons. En 2015, la Haute-Alsace comptait seulement 44 fermes-auberges.

nouvel itinéraire balisé de 24,5 km (8h) inauguré en 2015 entre Kaysersberg, sa ville natale, et Gunsbach.
Maison du fromage – *23 rte de Munster - ☏ 03 89 77 90 00 - www.maisondufromage-munster.com - Pâques-31 oct. : 9h-19h, nov.-déc. : 10h-18h, fermeture annuelle en janvier - fabrication et dégustation de fromage en saison (1h) : 11h00, 14h30 et 16h30 - 7,80 € (-14 ans 5 €, -6 ans gratuit).* Cette ferme réaménagée en 2012 et complétée par un vaste espace d'exposition mérite surtout une halte pour la démonstration de la fabrication de munster par le marcaire, c'est-à-dire l'éleveur de vaches. En fin de visite, dégustation du siaskas, un fromage frais servi avec de la crème, du sucre et du kirsch avec possibilité de prolonger dans la *stube*, c'est-à-dire le restaurant, pour déjeuner.
À Wihr-au-Val, traversez la Fecht et la D 417.

Soultzbach-les-Bains C3

La **chapelle Ste-Catherine**, du 17e s., abrite deux tableaux intéressants de F.-G. Hermann (1738).
À l'écart du bourg, l'**église** paroissiale, très restaurée, contient trois **autels**★★ étincelants de dorures, de vrais joyaux de sculpture sur bois. Exécutés entre 1720 et 1740, ils sont dus à l'ébéniste J.-B. Werlé. À gauche dans le chœur, beau tabernacle du 15e s. que supporte un Saint Christophe. *R. de l'Église - ☏ 03 89 71 11 16 - de déb. juil. à mi-sept. : apr.-midi - fermé hiver, sf fêtes - en cas de fermeture s'adresser au 30 r. du Rempart - ☏ 03 89 86 00 76 - visites guidées (1h30) se rens., s'adresser à Mme Megnouche-Lautrette.*
Revenez à la D 417 pour l'emprunter en direction de Colmar.
La vallée de la Fecht tapissée de prairies s'élargit peu à peu et la vigne garnit encore les pentes inférieures exposées au soleil. On aperçoit bientôt les ruines du haut donjon de Pflixbourg.
Tournez à gauche dans la D 10 pour rejoindre Turckheim (voir p. 230), puis Colmar.

NOS ADRESSES À MUNSTER

VISITES

La ville propose des visites guidées par smartphone. Les principaux sites sont équipés de QR codes permettant d'accéder à des informations *via* votre mobile. On peut également se procurer le circuit gratuitement à l'office de tourisme.

HÉBERGEMENT

– La Munstercard donnée par les hébergeurs adhérents à l'office de tourisme donne droit à une centaine de réductions (musées, restauration…).

BUDGET MOYEN

La Cigogne – *4 pl. du Marché - 68140 Munster - ✆ 03 89 77 32 27 - www.cigogne-munster.fr - ♿ - P - 18 ch. 60/73 € ☕ - 10 € - rest. 15/25 €.* Cette bien nommée maison du 18e s. jouit, au 1er étage, d'une vue sur un nid de cigognes. Mais l'hôtel a surtout l'avantage d'être situé dans le cœur historique de Munster et à proximité de la gare et de la route des Vins. Chambres simples et chaleureuses. Confitures maison au petit-déjeuner et spécialités de munster à la carte.

Chambre d'hôte Chez Chantal et Dany – *4 Oberer-Geisberg - 68140 Soultzeren - ✆ 03 89 77 02 09 - www.chezchantaletdany.fr - ♿ - P - 4 ch. 60/66 € ☕ - repas (sur réserv., sf merc. et dim.) 22 €.* Cette ferme laitière qui borde la route du col du Wettstein offre une vue magnifique sur la vallée de Munster. Les chambres, baptisées de noms de fleurs, sont sobres et meublées dans le style contemporain. Petit-déjeuner à la française et cuisine du terroir à la table d'hôte. Également un gîte d'étape sur place.

Hôtel Panorama – *3 rte du Linge - 68140 Hohrodberg - ✆ 03 89 77 36 53 - www.hotel-panorama-alsace.com - fermé de déb. janv. à déb. fév. - P - 34 ch. 54/104 € - ☕ 13 € - rest. 16/57 €.* Bâtiment ancien avec une annexe moderne, face à la vallée de Munster. Chambres confortables – avec ou sans vue sur les Vosges. Superbe panorama du restaurant où l'on sert des spécialités telles que le gigot d'agneau fumé maison au foie gras.

UNE FOLIE

Hôtel La Verte Vallée – *10 r. A.-Hartmann - ✆ 03 89 77 15 15 - www.vertevallee.com - fermé 3 sem. en janv. - P - 111 ch. 93/135 € - ☕ 16,50 € - rest. 29/52 €.* Grand hôtel moderne avec spa et équipements de loisirs. Confortables chambres de style alsacien ou contemporain pour les plus récentes. Agréable jardin bordé par la Fecht. Le restaurant propose une cuisine classique et une séduisante carte des vins.

RESTAURATION

BUDGET MOYEN

Ferme-auberge du Gaschney – *Le Gaschney - 68380 Muhlbach - ✆ 03 89 77 63 73 - fermé 15 nov.-26 déc., merc. - P - formule déj. 19 € - rest. 15/30 €.* Sur le GR 5, voici un bon point de départ ou d'arrivée de randonnée. Sous les boiseries de sa ferme d'estive, Claude vous propose son repas marcaire, mais aussi des quenelles de foie de génisse ou sa tourte de la vallée. Vente de munster, bargkass et charcuterie maison.

Ferme-auberge Soultzersmatt – *Lieu-dit Soultzersmatt - 68140 Soultzeren - ✆ 03 89 77 25 75 - fermé 11 Nov.-1er avr., jeu. - P - rest. 15/30 €.* L'été, une terrasse surplombe la vallée. Mais l'hiver, on se presse volontiers auprès du poêle en fonte. André s'occupe de l'élevage et Fabienne, de la cuisine : quiche au munster, pot-au-feu, terrine de veau… 24 couverts seulement alors mieux vaut réserver.

Auberge des Cascades – *6 ch. de Saegmatt - 68140 Stosswihr - ☏ 03 89 77 44 74 - www.restaurant-des-cascades.com - fermé de fin janv. à mi-fév., lun. et mar. - P - formule déj. 10 € - rest. 16/26 €.* Sur la route du col de la Schlucht, ce restaurant niché au bord d'un ruisseau a sa petite célébrité : ses tartes flambées au feu de bois, servies pendant le week-end et les vacances, attirent les foules. Grand jardin avec des animaux.

POUR SE FAIRE PLAISIR

Nouvelle Auberge – *Rte de Colmar - ☏ 03 89 71 07 70 - www.nauberge.com - fermé 1er-15 juil., dim. soir, lun. et mar. - P - formule déj. 12,50 € - rest. 39/69 €.* Dans ce relais de poste, les propriétaires jouent un « double jeu » culinaire. Gastronomie à l'étage, avec une partition classique de qualité. Bistrot au rdc *(uniquement le midi)*.

PETITE PAUSE

L'Abbaye d'Anny – *1 cour de l'Abbaye - ☏ 03 89 30 58 51 - lun. et merc. 9h-19h, mar. 7h30-19h, vend. 9h-21h, sam. 7h-21h, dim. et j. fériés 10h-19h - fermé jeu.* Après la fermeture du salon de thé chez Gilg, il fallait à Munster un nouveau cocon chaleureux. À la carte : pâtisseries et viennoiseries et une petite restauration salée locale (fleischnackas, galette au munster). Mais, surtout, un cadre exceptionnel : dans une aile de l'ancien palais abbatial, avec terrasse aux beaux jours.

ACHATS

Gilg – *11 Grand'Rue - ☏ 03 89 77 37 56 - www.patisserie-gilg.com - 7h30-18h30, sam. 7h-18h, dim. 7h30-12h30 - fermé lun., 1er janv., 26 déc.* En 1945, le général de Lattre de Tassigny, de passage à Munster, commandait à la déjà célèbre pâtisserie Paul Gilg des vacherins glacés. Aujourd'hui, le petit-fils du maître vous invite à goûter ses délicieuses créations (Lacthé au nom évocateur, Cyrano glacé ou petits fours maison).

Dischinger – *2 Grand'Rue - ☏ 03 89 77 36 92 - 9h-12h, 14h30-18h30, dim. 9h-12h.* Spécialités alsaciennes, fromage, charcuterie…

ACTIVITÉS

Randonnées du Club vosgien – *Programme des visites disponible à l'office de tourisme. Carte de membre journalière : 3 € (1 € pour les -12 ans).* Profitant des 365 km de sentiers pédestres balisés de la vallée de Munster, le Club vosgien organise des sorties durant toute la saison estivale.

Parc Formaventure – *Station du Schnepfenried - 68380 Sondernach - ☏ 07 81 90 03 57 - de mi-juin à mi-sept. : 7h30-18h30, w.-end et vac. scol. 12h-17h.* Parmi les activités, parcours Accrobranches et initiation à partir de 3 ans.

Ski – *www.stations-munster.fr.* Le domaine skiable de la vallée de Munster regroupe quatre sites : le Schnepfenried (ski de piste, ski de fond sur les chaumes et dans la forêt, raquettes, luge, snowpark, vues spectaculaires), le Gaschney (ski de piste, raquettes), le Tanet (ski de piste, raquettes autour des lacs Vert et des Truites) et les Trois- Fours (ski de fond, raquettes et luges, beaux panoramas).

Massif du Petit Ballon

★

Haut-Rhin (68)

Sa silhouette rebondie est un magnifique belvédère sur les principaux sommets des Vosges. Malgré son nom, le « Petit » Ballon (1 267 m) est le troisième sommet vosgien derrière le Hohneck (1 362 m) et le Grand Ballon (1 424 m). Ses monts chauves invitent à la promenade, mais aussi à quelques pauses gourmandes dans l'une des cinq fermes-auberges qui accueillent les randonneurs dans ces prairies naturelles.

SE REPÉRER

Carte de microrégion B-C3 (p. 292-293). Un peu au sud de Munster, le massif appartient logiquement au Parc naturel régional des Ballons des Vosges.

À NE PAS MANQUER

Le panorama du sommet du Petit Ballon. Le chemin de Steinberg.

ORGANISER SON TEMPS

L'ascension du Petit Ballon prend 1h15 aller-retour. Déjeuner dans une ferme-auberge.

Circuit conseillé Carte de microrégion p. 292-293

ROUTE DU PETIT BALLON

Circuit de 40 km au départ de Munster, tracé en vert pâle sur la carte p. 292-293. Comptez environ 4h30. Quittez Munster par la D 417 vers Colmar, que l'on abandonne après 5 km pour tourner à droite dans la D 40.

Après Soultzbach-les-Bains *(voir Munster)*, prendre à droite la D 43 qui remonte la vallée verdoyante du Krebsbach, où alternent les pâturages et les forêts.

À Wasserbourg, on emprunte une route forestière pour atteindre les prairies.

À hauteur de l'auberge du Ried, on a une vue superbe sur la crête du Hohneck. Après un court passage sous bois, ce sont de nouveau les pâturages, au milieu desquels s'élève la ferme-auberge du Kahlenwasen. La **vue**★ s'étend sur Turckheim, au débouché de la vallée de la Fecht, sur la vallée elle-même et les hauteurs qui la dominent et, au-delà, par temps clair, sur la plaine d'Alsace.

Le Petit Ballon, au coucher du soleil.
A. Kauffmann/hemis.fr

★★ Petit Ballon C3

Selon le temps disponible, la météo et l'effort envisagé, plusieurs options s'offrent à vous pour explorer le Ballon sous toutes ses coutures.

De Wasserbourg, 4h30 à pied AR. Dénivelé : 800 m. Laissez la voiture au parking de la mairie et suivez la direction du panneau du Club vosgien à gauche de l'église. L'ascension commence par la forêt du Kieferwald et débouche dans les chaumes du Petit Ballon. Poursuivre en direction de l'auberge de Rothenbrunnen, située sous le sommet. De là, un sentier mène vers le sommet du Petit Ballon. Un autre, à l'opposé, remonte vers le Steinberg, parsemé de menhirs naturels en granit. Retour possible par le GR 532.

De la ferme-auberge Kahlenwasen, 1h15 à pied AR. Dénivelé : 100 m. De Munster en voiture, vous pouvez arriver par Luttenbach ou Sondernach et vous garer à la ferme. En se garant plus haut, avec des enfants, ce sentier vous mènera en 30mn à un superbe **panorama** à l'est, sur la plaine d'Alsace, les collines du Kaiserstuhl et la Forêt-Noire ; au sud, sur le massif du Grand Ballon ; à l'ouest et au nord, sur le bassin des deux Fecht.

Descendez par le col et la route forestière du Boenlesgrab.

La route, en forte descente, offre une belle vue à droite sur la vallée de la Lauch. Attention aux deux lacets avant l'arrivée à Lautenbach.

★ Lautenbach *(voir p. 241)* C3

Prenez à droite la D 430 qui, après quelques kilomètres, devient très sinueuse en montée puis change de versant.

Le Markstein *(voir p. 337)* B3

On peut prendre pour le retour **à partir du Markstein** un tronçon du circuit rattaché à Munster *(voir p. 308).*

4

NOS ADRESSES PRÈS DU PETIT BALLON

HÉBERGEMENT ET RESTAURATION

BUDGET MOYEN

Ferme-auberge Kahlenwasen – *Massif du Petit Ballon - 68380 Luttenbach - sortie sud : 14 km par D 10 et rte du Petit-Ballon - 03 89 77 32 49 - fermé de nov. à Pâques - P - - 12 ch. 33 €/pers. - rest. 13/22 €.* Cette ferme renommée est installée dans une modeste maison des années 1920. Salle sympathique décorée d'outils agricoles. L'été, la terrasse offre une belle vue sur la plaine d'Alsace. Spécialité de fromages. Chambres simples *(2, 3 ou 4 pers.).*

Val d'Orbey

★★

Haut-Rhin (68)

Ouvrez grand les yeux et les oreilles. Devant vous, bois et pâturages, lacs d'altitude et forêts de sapins impénétrables ourlent la ligne bleue des Vosges. Mais avant d'être en Alsace, vous êtes surtout en pays welche, fier de son patois roman resté sourd aux influences germaniques. Ici, la consonance française des noms des villages et des lieux claque comme une profession de foi…

NOS ADRESSES PAGE 323
Hébergement, restauration, achats, activités, etc.

S'INFORMER

Office de tourisme – *48 r. Charles-de-Gaulle - 68370 Orbey - ✆ 03 89 78 22 78 - www.kaysersberg.com - de déb. juil. à mi-sept. : 9h-12h, 14h30-18h, dim. et j. fériés 9h30-12h30 ; reste de l'année : tlj sf w.-end, mar., jeu. et j. fériés 9h30-12h, 15h-17h30 - fermé certains j. fériés.*

Pour **Trois-Épis** : voir l'office du tourisme de Turckheim – *Corps-de-Garde - 68230 Turckheim - ✆ 03 89 27 38 44 - www.turckheim.com - juil.-août : 9h-12h, 13h30-18h, sam. 9h-12h, 14h-17h, dim. et j. fériés 10h-12h ; reste de l'année : tlj sf dim. et j. fériés 9h-12h, 13h30-18h, sam. 9h-12h, 14h-17h.*

SE REPÉRER

Carte de microrégion B-C2 (p. 292-293). Entre Kaysersberg, Munster et le col du Bonhomme. Accès possible par Colmar, St-Dié-des-Vosges ou Gérardmer. Le circuit proposé part à la découverte de la région d'Orbey (administrativement proche de Kaysersberg) et de Trois-Épis, paradis des randonneurs et des amateurs d'artisanat.

À NE PAS MANQUER

Pour les marcheurs, les sentiers au départ des Trois-Épis, du lac Noir et du lac Blanc.

ORGANISER SON TEMPS

Si le circuit peut être parcouru en 4h, ne consacrez pas moins d'une journée à la découverte des sentiers et des jolis villages du val d'Orbey.

AVEC LES ENFANTS

L'Espace des métiers du bois et du patrimoine à Labaroche, la Graine au Lait à Lapoutroie, le parc d'aventures du lac Blanc.

Circuit conseillé Carte de microrégion p. 292-293

VAL D'ORBEY

Circuit de 57 km au départ des Trois-Épis, tracé en bleu clair sur la carte p. 292. Comptez environ 4h.

★★ Les Trois-Épis C2

Admirablement située, cette station climatique est le centre d'inépuisables excursions à pied ou en voiture. Les chemins de randonnée sont bien décrits sur le grand panneau de la place principale. Vous pourrez ainsi sélectionner la « marche à suivre » selon votre forme du moment. Labaroche, où se trouve un passionnant musée des Métiers du bois et du patrimoine *(voir p. 322)*, peut être atteint en une heure.

LE PAYS WELCHE
Le terme « pays welche » signifie le pays des étrangers de l'Ouest, allusion à l'exception linguistique puisque, ici, on ne parle pas le dialecte germanique. Certains anciens, nés avant-guerre, parlent encore le welche. Cette langue romane, qui date de l'occupation romaine en Gaule, est issue du latin populaire. Elle a hérité du latin une grammaire rigoureuse et une conjugaison particulière.

1h à pied AR. La randonnée du **Galz★★** vous assurera une **vue** sur la plaine d'Alsace, la Forêt-Noire, le Sundgau et le Jura. Au sommet, un monument commémore le retour de l'Alsace à la France en 1918.
1h30 à pied. Départ du parking, pl. des Antonins - livret-guide à l'office de tourisme. Le **sentier de la forêt de St-Wendelin** vous apprendra, lui, à reconnaître la flore qui couvre les versants.
Au départ des Trois-Épis, la D 11 vers Orbey puis, à gauche, la D 11^VI longent la crête qui sépare les vallées d'Orbey et de Munster. Tracée en forêt, la route contourne le Grand Hohnack et atteint bientôt la région du Linge.

★ Le Linge C2 *(voir p. 312)*
Prenez à droite au Collet du Linge.
La forêt laisse place à des pâturages bosselés. La vue sur les vallées est saisissante, notamment depuis la ferme-auberge de Glasborn.
Au col du Wettstein (cimetière militaire des Chasseurs), prenez à droite la D 48, puis la D 48^II, en direction des lacs.

★ Lac Noir C2
Indiqué à 1,5 km à l'écart de la D 48^II.
Alt. 954 m. Il occupe le fond d'un cirque glaciaire assez spectaculaire. Une moraine, à laquelle s'appuie un barrage, retient ses eaux vers l'est ; de hautes falaises granitiques forment, sur le reste du pourtour, un cadre grandiose.
Au nord du lac, le **rocher Belmont** (1 272 m) servait d'observatoire durant la Première Guerre mondiale. La pêche est autorisée, mais la baignade interdite.

★ Lac Blanc B2
La route qui le longe dégage des vues de plus en plus belles sur le cirque rocheux qui enserre le plan d'eau.
Niché entre le col du Calvaire et le rocher-observatoire Belmont, au pied de la route des Crêtes, le lac Blanc se situe à 1 054 m d'altitude. D'une superficie de 28,7 ha et profond de 72 m, il est encastré dans un cirque glaciaire et dominé par un étrange rocher en forme de forteresse, le **château Hans**. De hautes falaises granitiques en partie boisées l'entourent.
Les alentours du lac et le col du Calvaire voisin sont dédiés à toutes sortes d'activités de loisirs *(voir p. 324)*.
Au col du Calvaire, on atteint la route des Crêtes *(D 148)* que l'on prend à droite, vers le col du Bonhomme. En chemin, jolis points de vue sur la vallée de la Béhine, dominée par la Tête des Faux.

Col du Bonhomme B2
Alt. 949 m. Entre le col de Ste-Marie *(au nord)* et le col de la Schlucht *(au sud)*, il fait communiquer l'Alsace et la Lorraine, de Colmar à Nancy.
En descendant, jolie vue sur la vallée de la Béhine dominée, en avant et au loin, par le Brézouard et, à droite et plus près, par la Tête des Faux. La route passe au pied des rochers qui portent les vestiges du château de Gutenburg.

4

Le Bonhomme B-C2
On entre ici en pays welche. Les ruisseaux dévalent pour former la Béhine.

Lapoutroie C2
Ce village possède un petit **musée des Eaux-de-vie**, installé dans un relais de poste du 18e s. *85 r. du Gén.-Dufieux - ✆ 03 89 47 50 26 - www.musee-eaux-de-vie.com - ♿ - 9h-12h, 14h-18h - fermé 25 déc. - possibilité de visite guidée sur demande (30mn) - gratuit.* On peut assister à une démonstration de fabrication des eaux-de-vie et liqueurs. Dégustation et possibilité d'achat.
Continuez la D 415 en direction de Kaysersberg, puis tournez tout de suite à gauche, dans Hachimette, sur la D 11IV.

Fréland C2
C'est le « pays libre » où les mineurs de Ste-Marie-aux-Mines *(voir p. 352)* bénéficiaient de privilèges locaux.
À la **Maison du pays welche** *(2 r. de la Rochette - ✆ 06 62 13 89 87 - www.freland.fr - visite guidée sur demande préalable (1h30) 15h30 - 4,50 €)* les habitants des environs ont rassemblé des objets qui évoquent les traditions du pays dans un ancien presbytère datant du 18e s. Le cadre et la reconstitution de la vie locale sont particulièrement soignés. Présentation des métiers d'autrefois, four à pain, roue d'eau, four à lin…
Revenez à la D 415 puis, au rond-point (où se situe La Graine au Lait – voir p. 324), prenez à gauche la D 48 vers Orbey.

Orbey C2
Composé de nombreux hameaux, Orbey s'allonge dans la verdoyante vallée de la Weiss entre des hauteurs sillonnées de sentiers d'une fraîcheur agréable. En haut du village, un petit **musée** privé présente quelques objets et outils de la vie quotidienne dans le val au cours des siècles précédents.
97 r. Charles-de-Gaulle - 9h-12h, 14h-17h - gratuit - visite sur demande préalable au ✆ 03 89 71 27 65.
Après Orbey, la D 11 s'élève dans le vallon de Tannach, puis continue, sinueuse et en corniche, offrant de jolies vues sur la vallée de la Weiss dominée par le piton du Grand Faudé. Plus loin, changement de versant et une belle vue en avant et à gauche sur la vallée du Walbach, le Galz, la plaine d'Alsace.

★ Espace des métiers du bois et du patrimoine C2
La Place - ✆ 03 89 78 94 18 - www.musee-bois-labaroche.com - ♿ - visite guidée (1h40) avr.-sept. : tlj sf lun. 9h-12h, 14h-18h - fermé 1er janv., 1er et 11 Nov., 25-26 déc. - 6 €.
Annoncé par la belle sculpture d'un cheval tractant des billes de bois, l'**Espace des métiers du bois et du patrimoine** est animé par une équipe de Barotchés (habitants de Labaroche) passionnés et passionnants.
On découvre au rez-de-chaussée les techniques de découpe du bois, depuis l'époque des scieurs de long jusqu'à la mécanisation avec une scie à haut-fer, actionnée par une machine à vapeur de 1896 (démonstration). Au sous-sol se trouvent les ateliers du sabotier et du monteur de boîtes de fromages.
À l'étage, une collection de jouets en bois rappelle de beaux souvenirs aux plus grands, tandis que les plus petits peuvent manipuler des jeux de construction. Sous les combles, des ateliers de différentes époques reconstitués : menuisier, charron, tourneur sur bois, fermier, vanier. Le parc est agrémenté de sculptures en bois réalisées par les bénévoles avec lesquelles les enfants peuvent jouer.
Laissant **Labaroche** à gauche, on découvre bientôt en avant le **Grand Hohneck** et, plus à droite, le piton conique du **Petit Hohnack**, avant de rejoindre Les Trois-Épis.

NOS ADRESSES DANS LE VAL D'ORBEY

HÉBERGEMENT

BUDGET MOYEN

Chambre d'hôte Ferme du Busset – *33 lieu-dit Busset - 68370 Orbey - ✆ 03 89 71 22 17 - www.fermedubusset.com* - 🅿 - *5 ch. 60 €* . Air vivifiant, grand calme, agréable environnement campagnard et vue sur Orbey : cette ferme d'élevage a de quoi séduire. Elle abrite des chambres d'hôte simples et lambrissées, trois appartements meublés et un gîte d'étape. Vente de produits issus de l'exploitation : fromages, viande, œufs, miel, confitures.

Hôtel Wetterer – *206a Basses-Huttes - 68370 Orbey - ✆ 03 89 71 20 28 - www.hotel-wetterer.com - fermetures annuelles, se rens.* - ♿ - 🅿 - *15 ch. 62/69 € - 9 € - formule déj. 19 € - rest. 17/39 €.* Au cœur d'un superbe paysage de montagnes et de forêts – quiétude garantie ! –, cet hôtel des années 1960 dispose de chambres fonctionnelles et bien tenues. Restaurant au cadre rustico-bourgeois (poutres, cheminée et argenterie) et carte traditionnelle.

Chambre d'hôte Au Bon Repos – *235 Pairis - 68370 Orbey - ✆ 03 89 71 21 92 - www.aubonrepos.com - fermetures annuelles, se rens. - fermé merc.* - 🅿 - *5 ch. 68 € - repas 22 €.* Maison avec jardin, sur la route des lacs. Chambres simples et pratiques, orientées vers une forêt de sapins. Salle à manger de style rustique pour une cuisine régionale.

POUR SE FAIRE PLAISIR

Hôtel du Faudé – *28 r. du Gén.-Dufieux - ✆ 03 89 47 50 35 - www.faude.com* - 🅿 - *32 ch. 80/103 € - 13 € - formule déj. 10 € - rest. 20/69 €.* Belle étape villageoise, bien située et disposant de chambres douillettes. Le restaurant, qui propose une cuisine régionale et actuelle, ne saurait vous décevoir. En saison, vous serez aux premières loges pour déguster les spécialités de gibier.

Hôtel Aux Bruyères – *35 r. Ch.-de-Gaulle - 68370 Orbey - ✆ 03 89 71 20 36 - www.auxbruyeres.com - de déb. avr. à fin oct., et déc.* - 🅿 - *29 ch. 50/100 € - 9 € - formule déj. 10 € - rest. 14/32 €.* Cette maison familiale, qui fait aussi salon de thé, propose des chambres pratiques (trois appartements familiaux). Celles du pavillon sont tournées sur le jardin. Sobre salle à manger, terrasse d'été et cuisine aux accents régionaux.

Les Alisiers – *Lieu-dit Faudé - 68650 Lapoutroie - 3 km au sud-ouest de Lapoutroie par rte secondaire - ✆ 03 89 47 52 82 - www.alisiers.com - fermé de déb. janv. à déb. fév., 1 sem. juil., lun. et mar. de déb. sept. à fin mars* - 🅿 - *12 ch. 67/182 € - 12,50 € - rest. (ts les soirs sf lun. et mar., réserv. conseillée) 25/60 €.* À 700 m d'altitude, auberge pleine de charme, autrefois ferme du pays welche. Chambres chaleureuses, façon chalet, et jolie vue sur le vallon. Une belle salle panoramique au décor épuré, pour une cuisine qui valorise les produits locaux et se démarque du registre local en mêlant influences et saveurs.

RESTAURATION

PREMIER PRIX

Ferme-auberge du Rain des Chênes – *215 Basses-Huttes - 68370 Orbey - ✆ 03 89 71 30 42 - www.ferme-auberge-alsace.com - fermé lun., mar., merc. - carte* *de 7/21 €*. De ce récent chalet de rondins clairs, la vue sur la vallée d'Orbey ferait presque oublier les assiettes de fromages et charcuteries proposées.

Ferme-auberge du Glasborn-Linge – *Route du Col-de-Linge - 68140 Soultzeren - ✆ 03 89 77 37 78 - fermé 11 Nov.-1er avr., lun. - P - formule déj. 19 € - rest. 15/30 €*. Selon l'heure, on prendra ici un vrai repas marcaire ou un strudel aux pommes maison. Trois salles chaleureuses aux boiseries et pierres apparentes. À travers une baie vitrée, on peut même voir Alain fabriquer son fromage. Viandes fumées, munster et siaskas en vente à emporter.

BUDGET MOYEN

Ferme-auberge Pré Bracot – *331 Pré-Bracot - 68370 Orbey - ✆ 03 89 71 25 29 - www.fermeaubergeprebracot.com - fermé lun. - P - rest. 19/25 €*. Sur la route du lac Noir, une institution locale où apprécier une cuisine de brasserie traditionnelle tout en bénéficiant d'un panorama exceptionnel.

ACTIVITÉS

Parc d'aventures du lac Blanc – *Lac Blanc 1200 - 68370 Orbey - ✆ 03 89 71 28 72 - www.lacblancparcdaventures.com - mai-sept. : horaires et jours d'ouverture, se rens. - 12/20 €*. Des parcours d'Accrobranches et une aire de paintball… Également un sentier pieds nus *(www.sentier-pieds-nus-lac-blanc.com - 6 €, 6-16 ans 4,50 €)* qui, comme son nom l'indique, permet sur 1,2 km une découverte tactile de la flore.

VTT – *Val d'Orbey - station du Lac-Blanc - ✆ 03 89 71 27 11 - www.blancrupt.com - été et hiver - location sur place de VTT et skis de fond en hiver. Bike park*. La région est propice à la pratique du VTT. Les offices de tourisme vous fourniront les cartes détaillées des chemins. Vous pourrez également vivre de vertigineuses descentes sans subir les montées… en prenant un télésiège vers le col du Calvaire avant de redescendre.

ACHATS

La Graine au Lait – *333A La Croix-d'Orbey - 68650 Lapoutroie - ✆ 03 89 47 50 76 - www.haxaire.com - ♿ - groupes 12 pers. 1 €, plus complet avec dégustation 3 € - gratuit pour les particuliers. Découvrez tous les secrets d'élaboration du munster dans cette fromagerie de démonstration qui allie savoir-faire traditionnel et procédés modernes. Les amateurs de ce fromage typique apprécieront la dégustation en fin de visite. Pour assister à l'intégralité de la production, s'y rendre le mardi matin ou le jeudi matin.*

Distillerie Miclo – *La Gayire - 68650 Lapoutroie - ✆ 03 89 47 50 16 - www.distillerie-miclo.com - ♿ - avr.-oct. : tlj sf w.-end 16h30 - magasin tlj - fermé 1er janv., 25 déc. - possibilité de visite guidée sur demande (1h)*. Après un petit film, on assiste à la production des eaux-de-vie de fruits, liqueurs et crèmes, avant une dégustation gratuite - visite payante le w.-end *(3 €)*.

Gérardmer

★

8 755 Géromois – Vosges (88)

En 1875, l'office du tourisme de Gérardmer a été le premier à voir le jour en France, preuve s'il en fallait de la vocation d'hospitalité de cette station de sports d'hiver, reconvertie l'été en station climatique autour de son très beau lac. Même Charlemagne aurait, paraît-il, apprécié son charme et serait venu y séjourner… Dans un tout autre registre, la ville peut également s'enorgueillir d'avoir enlevé à Avoriaz l'organisation, chaque année, du Festival international du film fantastique.

NOS ADRESSES PAGE 330
Hébergement, restauration, achats, activités, etc.

S'INFORMER

Office de tourisme – *4 pl. des Déportés - 88400 Gérardmer - ☏ 03 29 27 27 27 - www.gerardmer.net - juil.-août : 9h-19h, dim. 10h-17h ; de mi-avr. à fin juin et sept. : 9h-18h, dim. 10h-17h ; reste de l'année : tlj sf dim. 9h-18h - fermé 1er janv., 25 déc.*

SE REPÉRER

Carte de microrégion B2 (p. 292-293). À 33 km à l'ouest de Munster par la D 417, Gérardmer se situe du côté lorrain du massif des Vosges.

À NE PAS MANQUER

Le tour du lac ; les chutes du saut des Cuves ou celles de Tendon, ou bien encore la coulée morainique de Granges-sur-Vologne.

ORGANISER SON TEMPS

Lieu de séjour, Gérardmer est aussi le point de départ de circuits que vous pourrez parcourir en 2 ou 3h.

AVEC LES ENFANTS

Aux abords du lac : sports nautiques, ski, parcs d'aventures. Et pour tout savoir sur les animaux de la région, rendez-vous au musée Faune Lorraine.

4

Séjourner Carte de microrégion p. 292-293

LACS

★ Lac de Gérardmer B2

C'est le plus grand lac des Vosges. Sa longueur est de 2,2 km, et sa largeur de 750 m. Il est assez profond (38 m), on peut y pratiquer la pêche et, bien sûr, s'y baigner ou faire de l'aviron, du canoë-kayak, de la voile… Le **tour du lac★** peut être effectué à pied ou en voiture *(espl. du Lac - ☏ 03 29 27 27 27 - www.gerardmer.net - possibilité de visite guidée (20mn) - 6,5 km. Plusieurs sociétés proposent des tours du lac commentés en vedette, de mi-avr. à déb. nov. Rens. à l'office de tourisme - ☏ 03 29 27 27 27 - www.gerardmer.net/loisirs-nautiques_francais.php).* Il offre de belles vues variées, selon que l'on se trouve plus ou moins près de la rive. Essayez les vedettes, canots électriques, barques, pédalos…

★ Lac de Longemer B2

5 km à l'est par D 417 et D 67.

Autour de ce lac, long de 2 km, large de 550 m, profond de 30 m, on trouve des espaces verts, une plage et des campings.

LE JARDIN DE GÉRARD
L'erreur de prononciation est fréquente. Et pourtant, le suffixe de son nom ne doit rien à l'eau : l'appellation Gérardmer date du 10e s. lorsque Gérard d'Alsace, duc de Lorraine, y fait construire un relais de chasse qu'il nomme en toute simplicité « Giromeix », soit « le Jardin de Gérard ». Le nom de Gérardmer est resté. Mais prononcé Gérardmé…

★ Lac de Retournemer B3

12 km à l'est par D 417 et D 67.
Alimenté par les cascades de la Vologne, ce petit lac privé est remarquable par la pureté et le bleu profond de ses eaux qui reposent au creux d'une conque.

STATIONS DE SKI

Gérardmer-La Mauselaine

239 ch. de la Rayée - ✆ 03 29 60 04 05 - www.gerardmer-ski.com - de mi-déc. à mi-mars (selon conditions météorologiques) - navette gratuite en hiver au dép. des principales pl. du centre-ville vac. scol. : tlj ; hors vac. scol. : w.-end - nocturne vac. scol. : mar., jeu. et sam. 17h-22h ; reste de l'année : mar. et sam. 17h-22h.
40 km de pistes de ski dont la plus longue des Vosges (4 km) sont balisées sur les hauteurs de Gérardmer. De tous niveaux, certaines sont équipées de canons à neige, d'autres peuvent ouvrir en nocturne jusqu'à 22h.
Le premier espace nordique du massif des Vosges, le domaine des Bas-Rupts, n'est qu'à 2,5 km du centre-ville de Gérardmer. Les 100 km de pistes tracées forment des circuits de tous niveaux sur les communes de Gérardmer, La Bresse et Xonrupt, et s'enfoncent à travers la forêt. Entre 800 et 1 100 m d'altitude, les pistes de fond sont complétées par des itinéraires à emprunter en raquettes.

La Bresse-Hohneck

2A r. des Proyes - 88250 La Bresse - ✆ 03 29 25 41 29 - www.labresse.net - vac. scol. : 9h-12h, 14h-18h30, dim. et j. fériés 9h30-12h30 ; reste de l'année : 9h-12h, 14h-18h, j. fériés 9h30-12h30 - fermé dim., 11 Nov.
C'est le plus grand domaine skiable vosgien, équipé de 282 canons à neige, avec 37 pistes sur 3 sites principaux, autour du Hohneck en descendant sur La Bresse, près du lac de Retournemer et aux environs du col de la Schlucht. Cette station de taille familiale est ainsi passée à l'échelle d'une véritable destination sportive.

Circuits conseillés Carte p. 328

★ VALLÉE DE LA MEURTHE ET DE LA PETITE MEURTHE

Circuit de 55 km au départ de Gérardmer, tracé en rouge sur la carte p. 328. Comptez environ 2h. Quittez Gérardmer par la D 417.

★ Saut des Cuves

Laissez la voiture à proximité de l'hôtel-restaurant du Pont des Fées. Prenez à droite, en amont du pont, le **circuit du Saut des Cuves** qui mène à la Vologne, que franchissent deux passerelles permettant de faire un petit circuit.
Plus accessible avec des enfants, le **sentier des Perles de la Vologne** propose trois boucles successives vers le Pont des Fées (20mn), les îles Marie-Louise

Gérardmer et son lac.
S. Nicolas/Iconotec/Photononstop

(30mn) et les Vannes (1h). Du parking du Saut des Cuves, empruntez le chemin forestier du Holveck.
Le torrent tombe en cascade parmi de gros blocs de granit. La plus importante des chutes se nomme le Saut des Cuves.

Musée Faune Lorraine

Sur la D 417 à 500 m du carrefour du Saut-des-Cuves.
653 rte de Colmar - 88400 Xonrupt-Longemer - ✆ 03 29 63 39 50 - www.museefaunelorraine.com - juil.-août et vac. de Noël : 10h-12h, 14h-18h, dim. 14h-18h ; reste de l'année : tlj sf sam. 14h-18h - fermé 25 déc. - 6,50 € (-14 ans 4,50 €).
Un esprit naturaliste règne ici. Fondée par un taxidermiste, cette exposition présente plusieurs facettes de la nature vosgienne : beaux dioramas, véritables mises en scène dignes d'un « musée Grévin » animalier et quatre aquariums qui plongent le visiteur dans le monde subaquatique des eaux douces des torrents et lacs environnants.
Après 1 km, prenez à gauche la D 23 en direction du Valtin.
Après un parcours en forêt, on atteint près du Valtin la **haute vallée de la Meurthe★**, dont les versants sont couverts de pâturages et de sous-bois. En aval du Rudlin, la vallée s'étrangle et la Meurthe, rapide et claire, vient alimenter plusieurs scieries.
À Plainfaing, prenez à gauche la D 415, puis la D 73 encore à gauche.
Le retour s'effectue par la **vallée de la Petite Meurthe**, qui, large et cultivée, se resserre. La route pénètre dans le défilé de Straiture aux parois couvertes de sapins.

Glacière de Straiture

À 0,7 km au-delà d'une petite route à droite, un sentier franchit la rivière et permet d'atteindre la glacière. C'est un amas de rocs entre lesquels se conservait la neige transformée en glace.
À l'extrémité du défilé, la route franchit la Petite Meurthe et rejoint le col de Surceneux, d'où l'on regagne Gérardmer.

4

★★★ LA BRESSE, LE HOHNECK ET LA SCHLUCHT

Circuit de 54 km au départ de Gérardmer, tracé en bleu foncé sur la carte ci-dessous. Comptez environ 2h30. Quittez Gérardmer par la D 486.

La Bresse

La fondation de ce gros bourg remonte au 7e s. Très tôt, ses habitants furent régis par un droit coutumier propre, si bien que la ville demeura jusqu'en 1790

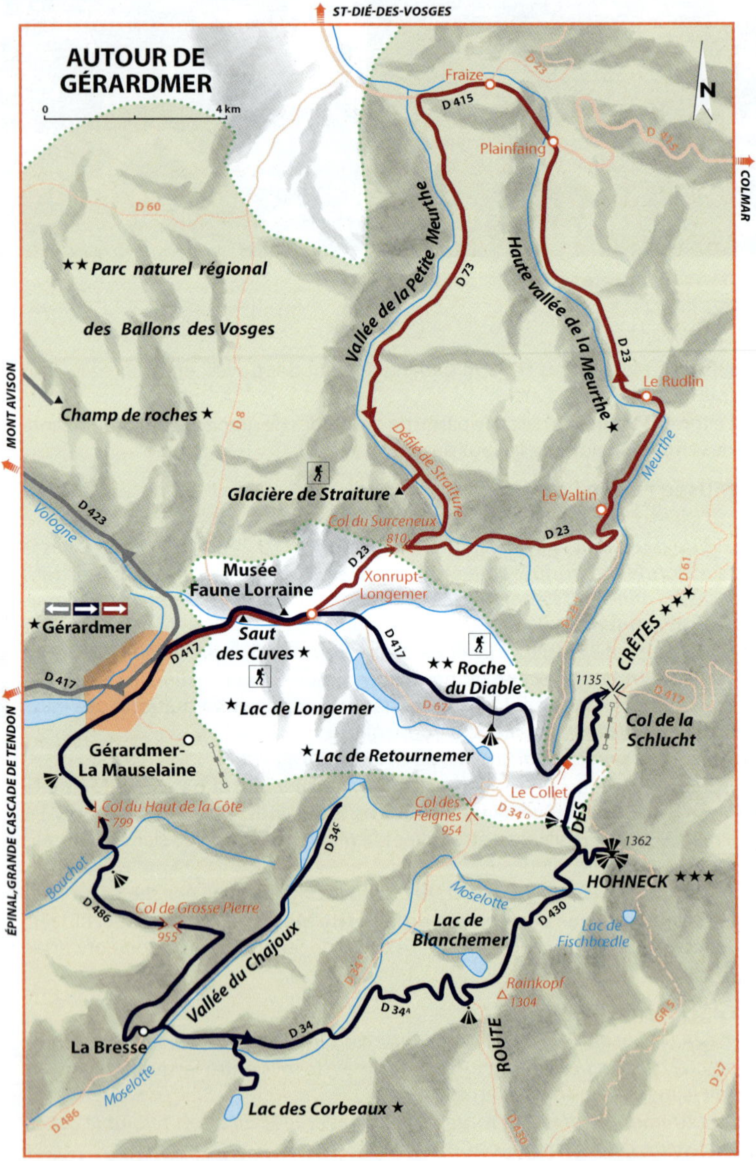

une petite république presque autonome vivant des fromages et du tissage. À peu près rasée durant l'automne 1944, La Bresse a été reconstruite à neuf. Son habitat typique de la montagne vosgienne est dispersé dans la vallée. L'**église St-Laurent**, du 18e s., possède un chœur gothique éclairé de **vitraux** modernes en verre éclaté. Quatre verrières racontent les destructions de La Bresse par les troupes allemandes en repli.
Empruntez la D 34C, à gauche.

Vallée du Chajoux

Au nord-est de La Bresse, elle longe un torrent à truites au pied de versants boisés. Chutes et retenues d'eau.

★ Lac des Corbeaux

De la D 34, à hauteur de l'hôtel du Lac, vous verrez à droite une route bordée de très beaux arbres ; elle conduit au lac.
Sa situation est particulière, au cœur d'un cirque abrupt couvert d'épaisses forêts. Un sentier permet d'en faire le tour *(30mn à pied)*. Pêche autorisée.
Après La Bresse, on remonte le cours de la Moselotte que l'on franchit, laissant à gauche la D 34D vers le col des Feignes. Deux kilomètres plus loin, laissez la route de Bramont et empruntez la D 34A, sinueuse, appelée « route des Américains ».
On atteint alors les pâturages et on découvre une belle vue à droite sur la haute vallée de la Thur, Wildenstein et le barrage de Kruth-Wildenstein.
Prenez à gauche la route des Crêtes (D 430) qui contourne le Rainkopf.
À gauche, en contrebas, le **lac de Blanchemer** est entouré de prairies. Puis on atteint les chaumes du Hohneck.

★★★ Le Hohneck *(voir p. 337)*

Peu après, au loin à gauche, apparaît le lac de Longemer dans la vallée de la Vologne. La **vue★** devient superbe sur ce lac et celui de Retournemer.

Col de la Schlucht *(voir p. 335)*

On quitte la route des Crêtes pour la D 417, à gauche.

★★ Roche du Diable

15mn à pied AR. Laissez la voiture près du tunnel et prenez un sentier très raide par lequel on arrive aussitôt au belvédère.
De cette Roche du Diable, vous aurez une large **vue★★** sur la vallée de la Vologne, les prairies qui la tapissent, les lacs de Retournemer et Longemer et les versants alentour.

★ Saut des Cuves *(voir p. 326)*

VALLÉES DU TENDON ET DE LA VOLOGNE Carte de microrégion p. 292-293

Circuit de 61 km au départ de Gérardmer, tracé en gris sur la carte de microrégion p. 292-293. Comptez environ 2h. Quittez Gérardmer par la D 417.
À l'entrée du Tholy, prenez à droite la D 11. Parcourez 5 km. Un peu avant l'hôtel Grande Cascade, prenez la route qui descend à gauche vers les chutes (800 m).

★ Grande Cascade de Tendon A2

Près du col de Bonne Fontaine, cette double chute dévale joliment en plusieurs paliers successifs, à travers les sapins de la forêt de Fossard.
Devant Faucompierre, tournez à droite et, par la D 30 et la D 44, gagnez Bruyères ; en prenant la route de Belmont à gauche du cimetière, on arrive au pied du mont Avison. Laissez la voiture.

Tour-belvédère du mont Avison A2

45mn AR à pied. Élevée sur le sommet (601 m) d'une des collines entourant **Bruyères**, cette tour de 15 m (affublée d'un pylône peu esthétique) domine le carrefour des vallées où la ville a pris place.

Panorama★ depuis la table d'orientation *(82 marches)* jusqu'aux sommets vosgiens de la Tête des Cuveaux, du Hohneck, du Donon. Remarquez au passage les maisons bourgeoises en grès jaune et rose.

Sortez de Bruyères par la D 423 en direction de Gérardmer.

Champ-le-Duc A2

Par la D 50.

La vieille **église** (12e s.) en grès rouge a survécu au raid des Suédois en 1635. La nef avec son alternance de piles fortes et faibles, la voûte avec ses boudins épais et l'abside en cul-de-four percée de trois petites fenêtres sont typiques de l'art roman primitif rhénan. Un chapiteau sculpté à la croisée du transept représente deux cavaliers affrontés (la tradition populaire y voit une entrevue entre Charlemagne et son fils Charles).

Champ-le-Duc fut incendié par les Allemands en 1944, beaucoup d'hommes furent déportés. C'est à la hâte que le village fut reconstruit à la fin de la guerre.

★ Champ de roches de Granges-sur-Vologne B2

Dans Granges-sur-Vologne, bourg industriel lié au textile, prenez la D 31 à gauche. À Barbey-Seroux, empruntez la route forestière à droite (à la deuxième intersection) et traversez la forêt de Vologne. À 2,4 km, à une bifurcation près de laquelle se trouve une maison, prenez à gauche et laissez la voiture à environ 150 m.

Cette extraordinaire coulée morainique, longue d'environ 500 m, scinde la forêt en ligne droite comme un fleuve de pierre figée. La surface de cet amoncellement est constituée de blocs serrés les uns contre les autres.

Revenez à Barbey-Seroux et à Granges, puis rejoignez Gérardmer, par la D 423.

NOS ADRESSES À GÉRARDMER

HÉBERGEMENT

PREMIER PRIX

Camping de Ramberchamp – *21 ch. du Tour-du-Lac - 88400 Gérardmer - 03 29 63 03 82 - www.camping-de-ramberchamp.com - ouv. de déb. avr. à fin sept. - ♿ - 155 empl. : forfait pour deux 16,50 €.* Un vrai petit village vacances, bien situé, à proximité de la base nautique du lac et d'une piscine. Une quinzaine de mobile-homes complètent l'offre.

BUDGET MOYEN

Camping du Mettey – *Rte du Camping - 88120 Vagney - 03 29 23 19 45 - www.campingdumettey.com - ♿ - réserv. conseillée - 80 empl. et 18 hébergements - forfait camping pour deux 18/26 €, tente suspendue 30 €, roulotte 60/80 €, nuitée en bulle 99 €, cabane 300/500 €/sem., écologîte 340/800 €/sem.* Cet écocamping tout neuf, ouvert en 2014, séduira bien plus que les simples campeurs avec ses hébergements originaux, parfois insolites, et toujours douillets. Le site, traversé par des sentiers de randonnée, prête aussi des vélos et propose des « écobaignades » dans une piscine naturelle sans chlore ni produit chimique.

Les Reflets du Lac – *201 ch. du Tour-du-Lac, au bout du lac - 03 29 60 31 50 - www.lesrefletsdulac.com - fermé*

15 nov.-15 déc. - 14 ch. 65/70 € - ☕ 8 €. Son nom ne ment pas : la plupart des chambres – certaines avec balcon – offrent une vue apaisante sur les reflets du lac… Accueil simple et sympathique, dans un décor d'esprit chalet : un établissement chaleureux, à l'écart de Gérardmer.

POUR SE FAIRE PLAISIR

Beau Rivage – *Esplanade du Lac - ☎ 03 29 63 22 28 - www.beau-rivage-hotel.fr - fermé de fin juin à déb. juil. - 49 ch. 80/295 € - ☕ 13 € - suppl. demi-pension : 48 € ; pension complète : 78 €.* Que demander de plus ? À quelques pas du centre-ville et en bordure du lac, cet hôtel des années 1950 a su préserver son cachet. Chambres raffinées récemment rénovées et belles prestations. Deux restaurants, une piscine intérieure et un spa.

À proximité

POUR SE FAIRE PLAISIR

Domaine du Haut Jardin – *88640 Rehaupal - 13 km à l'ouest de Gérardmer par la D 30 - ☎ 03 29 66 37 06 - www.hautjardin.com - fermetures annuelles, se rens. - ♿ - P - 8 ch. et 7 chalets 79/269 € - ☕ 13 € - rest. (fermé lun. midi et merc. hors saison) 26,50/55 €.* De vrais cocons raffinés, imprégnés du calme des alentours et réservés à quelques « happy few ». De jolies chambres et, depuis peu, quelques chalets cachés dans les arbres. Sauna pour certains, Jacuzzi dans d'autres. Vous serez ravi de sortir, après une belle balade, pour passer à table et faire le plein de saveurs locales.

Les Vallées – *31 r. P.-Claudel - 88250 La Bresse - 10 km au sud de Gérardmer - ☎ 03 29 25 41 39 - www.lesvallees-labresse.com - 55 ch. 66/119 € - ☕ 13 € - plat du j. 13 €, rest. 21/46 €.* Chambres fonctionnelles de taille variée, équipements complets pour séminaires et installations de loisirs : cet imposant complexe hôtelier est fréquenté hiver comme été. Ses atouts ? Une haute charpente en bois blond, de grandes baies vitrées et de bons plats régionaux au restaurant.

RESTAURATION

PREMIER PRIX

Le Bistrot de la Perle – *32 r. Ch.-de-Gaulle - ☎ 03 29 60 86 24 - fermé 1 sem. en juil., 3 sem. en oct., 1 sem. en mars, mar. soir et merc. - ♿ - formule déj. 11,40 € - 20/29 €.* Cette perle de bistrot a conservé la jolie devanture « rétro » de la boucherie-charcuterie dans laquelle il s'est installé, mais l'intérieur, complètement réaménagé, s'avère actuel et chaleureux. Aux beaux jours s'y ajoute une agréable terrasse. Côté cuisine, la spécialité de la maison est la moule-frites escortée d'un vaste choix de petits plats « bistrotiers » à prix doux.

BUDGET MOYEN

Le Toit du Lac – *Esplanade du Lac - ☎ 03 29 63 22 28 - fermé les merc. et jeu. sf pendant les vacances scolaires - ♿ - formule déj. 17,50 € - 20/35 €.* Situé au 2e étage de l'hôtel Beau Rivage, ce restaurant panoramique propose une carte restreinte (surtout des viandes au grill ou à la plancha) et abordable sous une agréable verrière. Ou carrément en terrasse avec vue sur le lac si le temps le permet.

L'Assiette du Coq à l'Âne – *Pl. du Tilleul - ☎ 03 29 63 06 31 - www.grandhotel-gerardmer.com - formule déj. 20 €, rest. 20/30 €.* Sautez allégrement sur ce restaurant du Grand Hôtel, la bonne petite adresse « terroir » de Gérardmer, en forme de chalet vosgien.

Spécialités : la choucroute, généreuse et goûteuse, la tartiflette, revigorante dès les premiers frimas, ou encore un authentique… « hamburger du bûcheron » !

PETITE PAUSE

Mémé – *5 pl. Albert-Ferry - ☏ 03 29 63 11 66 - dim.-jeu. 8h-20h, vend.-sam. 8h-1h30.* Un lieu atypique, résolument vintage avec sièges en rotin et tables en Formica. À la carte, des gourmandises maison (tartes aux mirabelles), des en-cas qui tiennent au corps (« Croq´ Mémé » cervelas, emmental, lard) et des cafés servis avec des bonbons gélifiés familiers. À l'entrée, un espace épicerie propose quelques douceurs à emporter. Et à l'extérieur, une agréable terrasse.

Lido – *138 ch. du Tour-du-Lac - ☏ 03 29 63 67 33.* Quand viennent les beaux jours, ce bar-restaurant s'ouvre sur une belle terrasse face au lac et sur une petite plage de sable blanc, où les enfants peuvent s'adonner à quelques activités nautiques. Bref, un endroit idéal pour un verre ou une gourmandise en journée.

ACHATS

Linvosges – *6 pl. des Déportés - ☏ 03 29 60 11 00 - www.linvosges.com - 10h-12h, 14h-19h, vac. scol. 10h-19h - fermé 1er Mai, 25 déc. et 1er janv. Visite commentée gratuite de l'atelier de confection et de la zone d'expédition à partir de 6 pers. et sur réservation le jeudi à 10h30, sf vac. scol. et j. fériés.* Créée en 1923, la société Linvosges s'est aussitôt lancée dans la vente directe et a ainsi contribué à faire de l'industrie textile un atout touristique. La société perpétue la tradition du beau linge vosgien pour le lit, la table, la cuisine ou la salle de bains. Vente des produits à prix d'usine.

Le Jacquard Français – *35 r. Charles-de-Gaulle - ☏ 03 29 60 82 50 - www.le-jacquard-francais.fr - 10h-12h, 14h-19h - fermé 1er janv., 1er Mai et 25 déc.* Linge de table, de toilette et de plage.

Usine Garnier-Thiébaut – *Kichompré - rte des Granges - ☏ 03 29 60 30 59 - www.garnier-thiebaut.fr - vac. scol. : 10h-12h, 14h-19h ; reste de l'année : tlj sf dim. et j. fériés 10h-12h, 14h-19h - possibilité de visite guidée sur demande (1h) - possibilité de visite guidée des ateliers (45mn - gratuit) sur réserv. (10 pers. mini), tte l'année sf août.* Dotée du label Entreprise du patrimoine vivant, cette société (200 salariés) produit du linge de maison en tissu Jacquard. Au cours de la visite, vous découvrirez la fabrication du tissu Jacquard, de la préparation des fils de couleurs à la confection des pièces.

Confiserie géromoise – *680 rte d'Épinal - ☏ 03 29 50 22 12 - www.confiserie-geromoise.fr - tlj sf dim. 10h-12h, 14h-18h30 - fermé j. fériés - visites gratuites menées par un artisan confiseur entre 14h et 17h15.* Une gamme 100 % bio de bonbons des Vosges (ainsi que de délicieux oursons gélifiés) aux plantes, aux baies, au miel ou aux huiles essentielles des montagnes voisines.

Marché – *Pl. du Vieux-Gérardmer - jeu. et sam. 8h-12h : marché traditionnel ; sam. en juil.-août : 8h-12h marché artisanal.* Ce RV bihebdomadaire des artisans et producteurs régionaux en fait l'un des marchés les plus populaires de la région.

La Saboterie des Lacs – *25 bd de la Jamagne - ☏ 03 29 60 09 06 - 10h-12h, 14h-17h30 - fermé w.-end et j. fériés - gratuit.*

Dans cette saboterie artisanale, vous assisterez à la fabrication complète d'une paire de sabots. Vous pourrez également en acheter sous de multiples formes, en frêne ou en érable : utilitaires, décoratifs, en porte-clés, etc.

Les Petits Crus Vosgiens – *10 ch. de la Scierie - Le Beillard - ✆ 03 29 63 11 70 - 10h30-12h30, 14h-19h - fermetures annuelles, se rens. - fermé merc. et dim. hors vac. scol.* Daniel Villaume, maître des lieux (en l'occurrence une ancienne scierie), vous fera découvrir les produits de sa fabrication et déguster ses boissons fermentées à base de groseilles, cassis, rhubarbe, fleurs de pissenlit, d'acacia et de sureau. Ces boissons de fruits ou de fleurs, très réputées dans les Vosges, se boivent en apéritif ou au dessert.

Société des producteurs du terroir vosgien – *5 pl. du Vieux-Gérardmer - ✆ 03 29 63 21 93 - hiver : 10h-12h, 14h30-18h30 - vac. scol. : tlj sf dim. apr.-midi - été : 10h-12h, 15h-19h - fermé du 11 Nov. à déb. déc. et 1 sem. fin juin.* Cette association installée dans une belle bâtisse de 1789 réunit 25 producteurs du département des Vosges et commercialise plus de 250 produits : confiseries, miel de sapin, terrines lorraines, munster fermier, farine du moulin de Nomexy, confitures, sirops, vins, alcools divers, eaux-de-vie à la mirabelle…

ACTIVITÉS

Luge d'été – *Col de la Schlucht - ✆ 03 29 63 11 38 - www.laschlucht.labellemontagne.com - 1er Mai-1er nov. : 10h30-18h30 ; hors sais. : 13h-17h30, sam.-dim. 10h30-18h - montée et descente : 6,50 € (gratuit pour les plus de 3 ans et - de 1,25 m avec un adulte).* Deux pistes de 850 m sur 107 m de dénivelé à découvrir avec ou sans luge : les télésièges sont aussi ouverts aux piétons. Aire de jeux pour enfants.

Casino Joa – *3 av. de la Ville-de-Vichy - ✆ 03 29 60 05 05 - dim.-jeu. 10h-2h, vend.-sam. et veille de j. fériés 10h-3h.* Ce centre de loisirs comprend des machines à sous et des jeux traditionnels (boule, roulette, black-jack), un cinéma-théâtre et un restaurant dont la terrasse donne sur le lac.

AGENDA

Fête des jonquilles – *Tous les deux ans, mi-avr.* Une trentaine de chars pour lesquels des millions de fleurs sont nécessaires. Fanfares, majorettes et groupes folkloriques animent le cortège annonciateur du printemps. Le défilé est exceptionnel.

Festival international du film fantastique – *Fin janv. - ✆ 03 29 60 98 21 - www.festival-gerardmer.com.* Depuis 1994, courts, longs-métrages et nouvelles fantastiques y sont présentés et primés.

Rencontres du cinéma de Gérardmer – *Mi-avr. - www.rencontres-du-cinema.com.* Chaque année, une vingtaine de films sont présentés en avant-première au cinéma du casino de Gérardmer, près du lac. Projections ouvertes au public en présence des équipes de tournage.

Graines des toiles – *Mi-oct. - www.grainesdestoiles.com.* Depuis 2008, le jeune public a lui aussi son festival. Une vingtaine de films, des animations et des expositions chaque année.

Route des Crêtes

★★★

Haut-Rhin (68), Vosges (88)

Créée pendant la Grande Guerre pour assurer les communications nord-sud entre les différentes vallées, la route des Crêtes relie le col du Bonhomme à Thann. C'est le royaume des grands espaces, dont le décor et les attraits changent avec les saisons. Au printemps, les vaches quittent l'étable pour paître dans les chaumes. En été, gentianes jaunes et pensées des Vosges égayent les paysages. L'automne offre de délicieuses myrtilles, et l'hiver, des kilomètres de randonnées à skis...

NOS ADRESSES PAGE 340
Hébergement, restauration, achats, activités, etc.

S'INFORMER

Office du tourisme de Cernay et de la région du Vieil-Armand – *1 r. Latouche - 68700 Cernay - 03 89 75 50 35 - www.hautes-vosges-alsace.fr - juil.-août : 10h-12h, 13h30-17h, dim. et j. fériés 10h-12h ; mai-juin et sept. : tlj sf dim. 10h-12h, 14h-17h, lun. 14h-17h ; reste de l'année : tlj sf dim.-lun. 10h-12h, 14h-16h, sam. 10h-12h - fermé certains j. fériés.*

SE REPÉRER

Carte de microrégion BC2-3-4 (p. 293-293). Le circuit démarre au col du Bonhomme, à 30 km à l'ouest de Colmar et 20 km au sud-est de St-Dié-des-Vosges, par la D 415 ; il descend vers le sud jusqu'à Thann, en passant par les hauteurs du Hohneck et du Grand Ballon.

À NE PAS MANQUER

Par temps clair, les panoramas du Grand Ballon et du Hohneck.

ORGANISER SON TEMPS

En été, empruntez la route si possible en semaine quand elle est moins fréquentée. Profitez, si vous le pouvez, de la navette des Crêtes, qui dessert une quinzaine de stations tout au long du circuit. Attention, en hiver, la route des Crêtes est fermée et transformée en piste de ski de fond entre la Schlucht et le Grand Ballon. Dates de fermeture communiquées par l'office du tourisme de Thann *(voir p. 247)*.

AVEC LES ENFANTS

À Cernay, le parc de réintroduction des cigognes et le train à vapeur.

Circuit conseillé Carte de microrégion p. 336

Circuit de 83 km, au départ du col du Bonhomme, tracé en vert sur la carte p. 336. Comptez environ une demi-journée.

Col du Bonhomme *(voir p. 321)*

Suivez « route des Crêtes » par la D 148.

Au départ du col, belles échappées à gauche sur la vallée de la Béhine dominée par la Tête des Faux et le Brézouard. Du col du Louchbach, jolie vue au sud sur la vallée de la Meurthe. La route traverse de charmantes forêts d'épineux bien droits qui créent comme de longs codes-barres d'ombre et de lumière.

Au col du Calvaire, tournez à droite en direction du col de la Schlucht.

Petit détour possible jusqu'au lac Blanc *(voir p. 321)* par la D 48.

La route des Crêtes traverse la réserve naturelle de Tanet-Gazon du Faing.
B. Rieger/hemis.fr

★ Gazon du Faing

45mn à pied AR.

La réserve naturelle de Tanet-Gazon du Faing est située entre 1 160 m et 1 306 m d'altitude. Elle se compose de tourbières et de hêtraies. Les fleurs y forment de beaux tapis qui évoquent la Scandinavie. À partir de l'auberge, montez, en passant par le sommet du Gazon du Faing (1 303 m), jusqu'à un gros rocher. De cet endroit, la **vue** est superbe. Au fond du cirque de Lenzwasen, le petit étang des Truites a été transformé en réservoir par un barrage. Au-delà, on distingue de gauche à droite le Linge, le Schratzmaennele, le Barrenkopf ; plus à droite, au-delà de la vallée de la Fecht, on devine Munster ; à droite de celui-ci, à l'horizon, la silhouette du Grand Ballon (1 424 m) ; plus à droite encore, on aperçoit le Petit Hohneck (1 288 m) et le Hohneck (1 362 m).

Possibilité de rejoindre le lac Vert en 1h30 par un chemin bien balisé.

4

Lac Vert (également appelé lac de Soultzeren)

À 5 km avant la Schlucht, un panneau indique un sentier conduisant au lac Vert. Des lichens en suspension donnent leur teinte aux eaux du lac.

Col de la Schlucht

Il est situé à 1 135 m d'altitude. Au croisement de la route des Crêtes et de la route de Gérardmer, ce passage, l'un des plus fréquentés des Vosges, fait communiquer la vallée de la Meurthe, qui prend sa source à 1 km de là, avec celle de la Fecht.

Suivez la D 430 dir. Markstein.

Jardin d'altitude du Haut-Chitelet

À 2 km après le col de la Schlucht, vers le Markstein, sur le côté droit de la D 430. Col de la Schlucht - ✆ 03 29 63 31 46 - www.jardinbotaniquedenancy.eu - juil.-août : 10h-18h ; juin : 10h-12h, 14h-18h ; sept. : 10h-12h, 14h-17h30 - 4,30 € (-13 ans gratuit).

Ce jardin aménagé à 1 228 m d'altitude, sur 11 ha, conserve une belle hêtraie et une tourbière en réserve intégrale. Des rocailles couvrant plus de 1 ha

VOSGES DU SUD

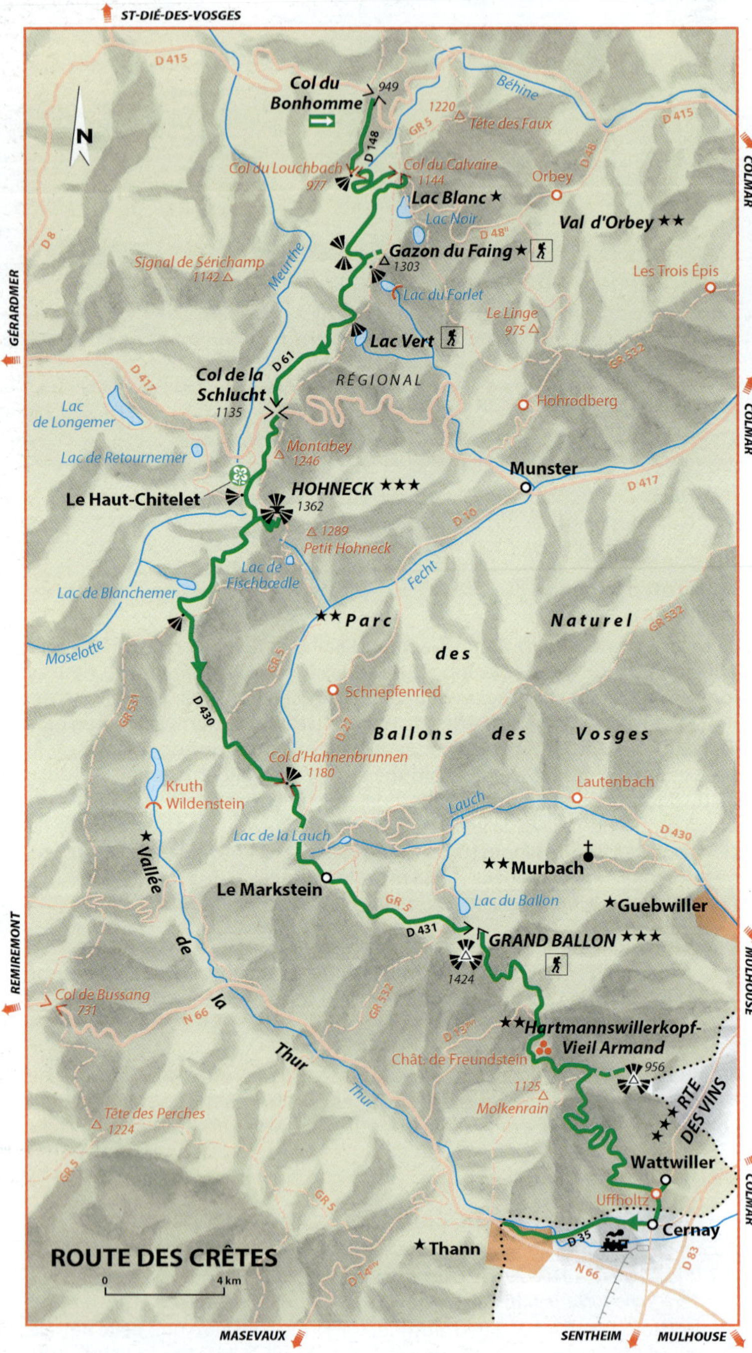

présentent 2 700 espèces de plantes originaires des principaux massifs montagneux du monde. À visiter en priorité au printemps et au début de l'été.

Plus loin, jolie **vue★** sur la vallée de la Vologne au fond de laquelle dorment les lacs de Longemer et de Retournemer *(belvédère aménagé)*.

★★★ Le Hohneck

Le chemin d'accès en forte montée s'embranche sur la route des Crêtes à 4 km de la Schlucht (ne prenez pas le chemin privé qui précède – à 3 km – en mauvais état). Attention au vent glacial dans les derniers mètres qui mènent au sommet.

Ce sommet herbeux, l'un des plus célèbres des Vosges et l'un des plus élevés (1 362 m), est le point culminant de la crête qui constituait, avant la guerre de 1914-1918, la frontière franco-allemande. Une stèle aux tirailleurs tunisiens rappelle l'effroyable bataille hivernale (5-14 décembre 1944) qui y a eu lieu.

Panorama★★★ exceptionnel *(table d'orientation)* sur les Vosges, du Donon au Grand Ballon, sur la plaine d'Alsace et la Forêt-Noire. À l'ouest, on remarque le longiligne lac de Longemer. Par temps clair, on aperçoit les sommets des Alpes.

La route parcourt les **chaumes**. Domaine estival des troupeaux, celles-ci sont constituées de vastes prairies aux herbes courtes et fleuries. Sur la droite, le lac de Blanchemer, tout rond, inséré dans un très beau site boisé. Plus loin, vue magnifique sur la grande vallée de la Fecht.

Le Markstein

Dans cette station de sports d'hiver et d'été, des promenades à pied ou à dos de poney permettent de découvrir les environs en traversant hêtraies et sapinières. De la route, vues sur la vallée de la Thur (voyez le village de Wildenstein étiré dans la vallée) et le ballon d'Alsace, et sur la vallée de la Lauch et le Petit Ballon. Au fond d'un entonnoir boisé se niche le petit **lac du Ballon**.

Suivez la route 431 dir. Cernay.

★★★ Grand Ballon

Garez-vous à hauteur de l'hôtel et prenez le sentier à gauche (30mn à pied AR).

Le voilà, le point culminant des Vosges (1 424 m) ! Le Grand Ballon ou ballon de Guebwiller. Le **panorama★★★** est prodigieux sur les Vosges méridionales, la Forêt-Noire et, par temps clair, le Jura et les Alpes. N'oubliez pas vos jumelles ! Un peu en contrebas du sommet s'élève le monument des « Diables bleus », à la mémoire des bataillons de chasseurs.

En descendant du Grand Ballon en direction du Hartmannswillerkopf, on passe près des ruines du château de Freundstein.

★★ Hartmannswillerkopf (ou Vieil-Armand)

Route des Crêtes - 68700 Wattwiller. À Uffholtz, empruntez la D431 (départ de la route des Crêtes) pour accéder au col du Silberloch, après une dizaine de kilomètres. Accès libre au site et à la crypte entre le 1er Mai et le 1er Nov. Crypte : 10h-13h, 14h15-18h ; du 1er Mai au 15 juin et du 15 sept. au 1er nov. : fermé lun. - gratuit (dons bienvenus). Renseignements et réservations pour les visites guidées auprès du Comité du monument national du Hartmannswillerkopf à Colmar. ✆ 03 89 20 10 68.

RENCONTRES INSOLITES

Sentiers balisés, verts pâturages, fleurs sauvages, chants d'oiseaux, murmures de ruisseaux… une nature émouvante et fragile à préserver avant tout. Il n'est pas impossible de rencontrer des troupeaux de chamois et des oiseaux rares, comme le pipit spioncelle ou le tarier des prés.

4

Jusqu'au 11 novembre 1918 et l'armistice qui mit fin à la Grande Guerre, le secteur du « HWK » comme l'appelaient les soldats (aussi baptisé « Vieil-Armand » par la presse de l'époque) fut classé comme « calme » par les communiqués militaires. Et pourtant, c'est bien sur cet éperon rocheux pyramidal, contrefort des Vosges à 956 m d'altitude, que s'est déroulée l'une des batailles les plus emblématiques des Vosges lors de la Première Guerre mondiale. Classé Monument historique en 1921, le Hartmannswillerkopf fut aussi désigné en 1928 « Nécropole nationale » de la Grande Guerre avec Douaumont (Verdun), Notre-Dame-de-Lorette (Pas-de-Calais) et la chapelle de Dormans (Seine-et-Marne). Il reçoit chaque année plus de 250 000 visiteurs.

La visite du Hartmannswillerkopf commence toujours au col du Silberloch. Garez-vous sur le parking situé devant la nécropole.

Un parcours scénographié de 4,5 km, achevé en 2014, permet de parcourir la crête sommitale en toute sécurité. Il sera complété par un Historial franco-allemand en cours d'édification au col du Silberloch. L'ouverture de ce centre d'interprétation est annoncée pour le printemps 2017.

La visite débute par la **crypte ossuaire** et une invitation au recueillement. Une galerie souterraine mène à la **statue de la Vierge à l'Enfant**, œuvre du sculpteur Antoine Bourdelle, l'un des élèves de Rodin. Au sol, un bouclier en bronze de 6 m de diamètre recouvre les ossements d'environ 12 000 soldats inconnus, français et allemands, exhumés du champ de bataille.

Un vaste parvis recouvre la crypte. L'**esplanade** surmontée d'un autel de la Patrie offre un premier point de vue remarquable sur tout le secteur ouest et sud du champ de bataille. À son extrémité, on accède à la **Nécropole nationale** aménagée dès 1921 sur la pente du ravin du Silberloch. 1 256 soldats français y reposent dans des tombes individuelles. 384 autres, non identifiés, y ont été également inhumés dans six fosses communes. Quant aux Allemands, ils ont été enterrés à Cernay et à Guebwiller.

Un portillon sur le chemin de terre permet de quitter le cimetière par le bas et débuter la randonnée vers le sommet.

Champ de bataille – *Comptez entre 3h et 5h pour explorer la crête sommitale et prévoyez un équipement adéquat (vêtements et chaussures de randonnée en moyenne montagne). Le parcours est déconseillé aux jeunes enfants.*

À la sortie du cimetière débute le nouveau **parcours scénographié** de 4,5 km à travers une partie du champ de bataille de la crête : une partie seulement, car le site comportait, à la fin de la guerre, 90 km de tranchées et 6 000 ouvrages divers ! Le visiteur s'enfonce d'abord dans le « boyau 0 », l'un des anciens sentiers de communication, étroits et tortueux entre les tranchées. Le circuit, en forme de 8, dessine une première boucle dans les lignes françaises

HISTOIRE D'UNE « MANGEUSE D'HOMMES »

À un général qui, en avril 1915, l'interpelle sur l'inutilité stratégique d'un nouvel assaut français sur la montagne, le commandant en chef Joffre répond : « Le Hartmannswillerkopf est devenu un Drapeau pour la France. Le sommet doit être repris coûte que coûte ! » La bataille du HWK reste emblématique de la « guerre d'usure » en 1915. Cette année-là, le sommet changera huit fois de main. La lutte pour la possession de la montagne fut si acharnée que les Poilus la surnommèrent la « Mangeuse d'hommes ». Après la guerre, nombre d'historiens citèrent le HWK comme le symbole même des « batailles stériles » qui ponctuèrent l'année 1915. Au final, elle a englouti 15 000 soldats français et autant de soldats allemands.

Monument du 152e RI sur la crête sommitale du Hartmannswillerkopf.
A. de Valroger/Michelin

et allemandes, puis une seconde dans les lignes allemandes jusqu'au plateau mémoriel de la grande croix (pour les non-marcheurs, il est possible de s'en tenir à la première boucle). Le parcours traverse de nombreux vestiges : blockhaus, rochers fortifiés, postes et fortins, le tout admirablement conservé grâce au travail des bénévoles du Comité du monument national du Hartmannswillerkopf (CMNHWK), gestionnaire du site. On sillonne ensuite les tranchées de pierre jusqu'à la crête surplombant la plaine d'Alsace, où est érigé le monument du 152e RI. Le sommet du Hartmannswillerkopf (956 m) est surmonté d'une croix de 22 m de haut, borne-limite du front français. Sachant que près de la moitié des visiteurs viennent d'Outre-Rhin, cette croix inaugurée en 1931 a été baptisée « Croix de la Paix en Europe ».

La boucle 2 mène vers la croix en fer des engagés volontaires alsaciens-lorrains, dressée sur un promontoire rocheux.

Cette seconde boucle mène jusqu'au bien nommé rocher **Panorama★★**. La vue sur la plaine d'Alsace, la chaîne des Vosges, la Forêt-Noire et les Alpes par temps clair est exceptionnelle. Sa croix blanche, de 6 m de hauteur, rend hommage aux Alsaciens (entre 17 000 et 25 000) qui s'engagèrent dans l'armée française alors que 380 000 soldats alsaciens combattaient dans l'armée impériale allemande.

★ **Monument du 152e RI** – L'imposant monument en bronze en hommage aux « Diables rouges » du « 15-2 », aujourd'hui figure iconique du site, surgit de la montagne dominant la plaine d'Alsace. Il a été construit sur une terrasse aménagée à la place d'anciens abris allemands. Inauguré en 1921 au rocher Panorama, le monument commémore les combats qui ont décimé le régiment en mars, avril et décembre 1915. Œuvre du sculpteur Victor Antoine, également soldat dans cette unité mythique, il a été reconstruit à l'identique en 1954 après son dynamitage par les Allemands, en 1940.

La route traverse ensuite le lieu-dit du Molkenrain où, dans le chalet du ski-club, furent tournées plusieurs scènes du fameux *Jules et Jim* de François Truffaut.

Reprenez la route des Crêtes, bifurquez à gauche et continuez sur 1 km.

Wattwiller

Ses eaux minérales réputées étaient probablement déjà exploitées par les Romains. Mais elles servent aussi de source d'inspiration à la **Fondation François Schneider** *(27 r. de la Première-Armée - 68700 Wattwiller - ☏ 03 89 82 10 10 - www.fondationfrancoisschneider.org - merc.-dim. 10h-18h - entrée 7 €, -12 ans gratuit).* Ce lieu, ouvert au public depuis 2013, est dédié à l'expression artistique sous toutes ses formes sur le thème de l'eau. Ne manquez pas la *Star Fountain* de Niki de Saint Phalle dans le jardin de sculptures et cherchez sur le site les expositions temporaires en cours.

Lors de la descente vers Cernay, à Uffholtz, la forêt laisse place aux vignes.

Au rond-point du cimetière militaire de cette localité, suivez Vieux-Thann jusqu'au parking du musée de Cernay.

Cernay

Cette ville industrielle située au pied de Vieil-Armand conserve encore des restes de son enceinte fortifiée du Moyen Âge, dont la porte de Thann, frappée du blason de la ville. Un petit **musée** d'expositions temporaires y est aménagé *R. de Thann - ☏ 03 89 75 88 80 - www.musee-cernay.org - juin-sept. : 14h-18h - fermé lun.-merc. - 2 € (enfant 1 €),* voisinant avec l'office de tourisme.

Face à l'église, prenez à gauche la rue Poincaré jusqu'à la rivière. Après le pont, tournez à droite et suivez les panneaux « Parc à cigognes ».

Parc de réintroduction des cigognes – *R. Guibert (av. le camping) - horaires des repas 11h - rens. à l'office de tourisme.*

Ce parc en accès libre a vu le jour en 1978. Les cigognes sont en liberté et nourries tous les jours. Certaines restent toute l'année tandis que d'autres migrent de mi-août à mi-février. Si vous assistez au repas, n'hésitez pas à poser des questions à leur nourricier qui connaît ses oiseaux et vous montrera les petits. De retour chez vous, vous pourrez continuer à observer les nids grâce à une webcam *(http://194.250.20.130/home/homeJ.html).*

À proximité, sur la même rive, le parc de la Thur offre un agréable espace de promenade et de détente.

Rejoignez Thann via Vieux-Thann.

★ **Thann** *(voir p. 247)*

NOS ADRESSES SUR LA ROUTE DES CRÊTES

Voir aussi nos adresses dans le PNR des Ballons des Vosges *(p. 302)* et à Thann *(p. 251).*

VISITES

Navette des Crêtes – *Entre le Grand Ballon et le col des Bagenelles, voici un autre moyen de visiter les Crêtes l'été, sans prendre votre véhicule. Vous pouvez même transporter vos vélos. Rens. auprès des offices du tourisme du PNR ou sur le site Internet.*

Train touristique Thur-Doller Cernay – *1 r. Latouche - ☏ 03 89 82 88 48 - www.train-doller.org - ♿ - juin-sept. : j. et horaires sur Internet - fermé certains j. fériés - 10,50 € (-14 ans 9 €) - 34 € billet famille - possibilité de visite guidée sur réserv. (3h).* Parcours de 13 km entre Cernay et Sentheim. Animations, spectacles et expositions tout au long de la saison.

HÉBERGEMENT

BUDGET MOYEN

Wolf Hôtel-Restaurant – *Rte des Crêtes - 68610 Le Markstein - ☏ 03 89 82 64 36 - www.hotelwolf.*

info - fermé nov. - 🅿 *- 21 ch. 67 € -* ☕ *11 € - rest. 16/34 €.* Cet hôtel-restaurant ne s'encombre pas de fantaisies mais s'avère fonctionnel et bien situé. On appréciera donc la simplicité de sa cuisine servie dans la grande salle à manger ou, l'été, sur la terrasse.

POUR SE FAIRE PLAISIR

Hôtel Le Collet – *Au Collet, 2 km du col de la Schlucht sur la rte de Colmar - 88400 Xonrupt-Longemer - ✆ 03 29 60 09 57 - www.chalethotel-lecollet.com -* 🅿 *- 25 ch. 94/114 € -* ☕ *15 € - rest. 18/58 €.* La façade de ce chalet-hôtel entouré d'une forêt de sapins dissimule l'essentiel : un coquet décor montagnard, une délicieuse cuisine du terroir et un état d'esprit, car on cultive ici l'art de recevoir. Mille détails font ainsi la différence : les brioches et confitures maison du petit-déjeuner, les spectacles de magie pour les enfants… Une très bonne adresse sur la route des Crêtes.

RESTAURATION

Votre périple vous fera sûrement passer devant l'une des fermes-auberges qui proposent, toute la journée, de juin à octobre, outre le menu « marcaire », une sélection de plats et desserts régionaux à base de produits de la ferme.

PREMIER PRIX

Ferme-auberge du Molkenrain – *Rte des Crêtes - 68700 Wattwiller - 4 km au sud de Vieil-Armand par D 431, puis rte secondaire - ✆ 03 89 81 17 66 - fermé 11 Nov.-Pâques et lun. sf j. fériés - réserv. obligatoire - rest. 15/19 €.* Dans un site fantastique, au-dessus de la route des Crêtes, cette ferme construite en 1926 domine la plaine d'Alsace. Sur sa terrasse avec vue ou dans une salle chaleureuse, vous dégusterez plats « marcaires » *(19 €)*, à base de pommes de terre et d'oignons, et fromages locaux mais aussi de la viande de Salers (les vaches paissent non loin) et divers desserts aux myrtilles. Les randonneurs y trouveront quelques dortoirs.

BUDGET MOYEN

Ferme-auberge Freundstein – *Avant le Vieil-Armand - 68760 Willer-sur-Thur - ✆ 03 89 82 31 63 - fermé de fin nov. à fin janv., lun. soir (sf été) et mar. - carte de 10 à 12 €, rest. 16/19,50 €.* Dans un bel environnement, vous y dégusterez d'excellentes spécialités fermières alsaciennes.

Ferme-auberge du Treh – *Près du Markstein, en descendant vers Kruth - 68610 Le Markstein - ✆ 03 89 39 16 79 - tlj sf lun. - fermé 2 sem. en nov. - 20,50 €.* On oublie vite les murs gris un peu austères de la vaste ferme en s'attablant dans la salle chaleureuse devant de belles portions de spécialités régionales.

ACTIVITÉS

Centre d'initiation à la nature de Rothenbach – *✆ 03 89 82 20 12 - www.cpie-hautes-vosges.com - 10h-18h tlj de juil. à sept. et les w-end du 15 mai au 30 juin et du 1er au 15 oct.* À Wildenstein, cette maison se propose d'initier les familles comme les randonneurs à la nature montagnarde.

Sports de glisse – Certaines stations (lac Blanc, Schlucht, Hohneck, Markstein) proposent ski alpin, ski de fond, balades en raquettes et luge. Certaines sont équipées pour le ski nocturne.

Domaine skiable du Markstein – *✆ 03 89 82 13 90 - www.hautes-vosges-alsace.fr.* Alt. 1 030-1 267 m, 11 pistes de ski alpin, un stade de slalom ; ces pistes, éclairées la nuit, bénéficient d'un enneigement artificiel.

Saint-Dié-des-Vosges

★

21 447 Déodatiens – Vosges (88)

Entre un camp celtique datant de plus de 4 000 ans et une usine unique au monde signée Le Corbusier, St-Dié-des-Vosges cultive un patrimoine parfois insoupçonné. Ravagée en 1944, la ville a su rebâtir son imposante cathédrale de façon fidèle et s'inventer quelques touches de modernité, à l'image de son étonnante tour de la Liberté en forme de vaisseau spatial. C'est aussi à St-Dié que fut publiée par Martin Waldseemüller, en 1507, la première carte du monde mentionnant le nom d'Amérique : quelle meilleure justification pour y organiser, depuis 1990, un original Festival international de géographie !

NOS ADRESSES PAGE 346
Hébergement, restauration, achats, activités, etc.

S'INFORMER

Office de tourisme – *6 quai du Mar.-Leclerc - 88100 St-Dié-des-Vosges - ✆ 03 29 42 22 22 - http://tourisme-saint-die-des-vosges.fr - juil.-août : 9h30-18h30, dim. et j. fériés 10h-13h - fermé certains j. fériés.*

Office du tourisme du Pays des Abbayes – *18 pl. Dom-Calvet - 88210 Senones - ✆ 03 29 57 91 03 - www.paysdesabbayes.com - juil.-août : 9h-12h, 14h-18h, dim. et j. fériés 10h-12h ; reste de l'année : tlj sf j. fériés et dim. 9h-12h, 14h-17h - fermé 1er janv., lun. de Pâques, 1er Mai, 1er et 11 Nov., 25 déc. - documentation, visites guidées thématiques (abbayes, principauté de Salm, Grande Guerre…) - boutique, billetterie.*

SE REPÉRER

Carte de microrégion B1 (p. 292-293).
St-Dié est distant d'une trentaine de kilomètres au nord de Gérardmer, la ville est desservie par la N 59.

SE GARER

Parkings au centre-ville : quai Jeanne-d'Arc, r. d'Alsace et r. du 11-Novembre.

À NE PAS MANQUER

Les chapiteaux et les vitraux de la cathédrale de St-Dié, la papeterie Clairefontaine et les trois abbayes (Étival-Clairefontaine, Moyenmoutier, Senones).

ORGANISER SON TEMPS

La visite du musée Pierre-Noël suivra celle de la cathédrale : vous percevrez ainsi les correspondances entre la verrière moderne de la cathédrale et la collection d'œuvres de Bazaine, Manessier… au musée.

Se promener

★ Cathédrale Saint-Dié

3 pl. du Gén.-de-Gaulle - ✆ 03 29 42 22 22 - entrée libre - possibilité de visite guidée, se rens. à l'office de tourisme.

Saint Dieudonné (abrégé en Dié) ou Déodat, évêque de Nevers selon la légende, moine irlandais en réalité, a fondé ici au 7e s. un monastère bénédictin.

Deux tours carrées solennelles (18e s.) contrastent, sur le flanc sud, avec un beau portail roman. Dynamitées en novembre 1944, les voûtes et les parties orientales ont été rebâties à l'identique. La nef romane montre une alternance de piles fortes et faibles couronnées de **chapiteaux★** sculptés, du 12e s. Des vitraux fin 13e s., dans la deuxième chapelle à gauche, relatent des épisodes de la vie de saint Déodat. La cathédrale s'est enrichie en 1987 d'un bel ensemble de **vitraux★** abstraits, réalisés par une équipe d'artistes animée par Jean Bazaine.

★ Cloître gothique

8 pl. du Gén.-de-Gaulle - ✆ 03 29 42 22 22 - se rens. à l'office de tourisme.

Reliant la cathédrale et l'église N.-D.-de-Galilée, cet ancien cloître de chanoines est demeuré inachevé depuis les 15e et 16e s. Admirez les baies flamboyantes donnant sur la cour et les voûtes en croisées d'ogives. À un contrefort de la galerie s'adosse une chaire extérieure du 15e s.

★ Église Notre-Dame-de-Galilée

8 pl. du Gén.-de-Gaulle - ✆ 03 29 42 22 22 - www.saint-die.eu - se rens. à l'office de tourisme.

Très bel exemple de l'architecture romane de la Lorraine Sud : la façade est précédée d'un clocher-porche aux frustes chapiteaux. Dans la nef, les voûtes d'arêtes du 17e s. ont remplacé les croisées d'ogives du 12e s., dont on voit encore les départs en pointe.

Musée Pierre-Noël

11 r. St-Charles - ✆ 03 29 51 60 35 - ♿ - mai-sept. : 10h-12h, 14h-18h, dim. 14h-18h ; reste de l'année : 14h-18h, merc. 10h-12h, 14h-18h - fermé lun. et j. fériés - 5 € (enfant 3 €) - gratuit 1er dim. du mois.

Édifié à l'emplacement de l'ancien palais épiscopal dont subsiste la porte d'entrée monumentale, il consacre neuf sections à l'histoire, la nature et la culture sous toutes ses formes. L'archéologie (fouilles du site de la Bure), les beaux-arts (œuvres de Léger, Chagall…), les arts décoratifs (faïence de l'Est et verrerie), les arts et traditions populaires (la vie rurale dans les Hautes-Vosges avant 1945), l'ornithologie ou encore l'histoire militaire sont à l'honneur. Une belle salle, avec mobilier d'époque, est dédiée à Jules Ferry *(lire ci-dessous)*, fondateur de l'école laïque, gratuite et obligatoire. Le poète et romancier expressionniste Yvan Goll, né à St-Dié, est également célébré. Enfin, une passionnante pièce consacrée à Le Corbusier présente la maquette d'un projet d'urbanisme proposé par l'architecte – mais non retenu car jugé trop avant-gardiste – pour la reconstruction de la ville après-guerre.

4

Bibliothèque

11 r. St-Charles - ✆ 03 29 51 60 40 - www.mediatheque.saint-die.eu - merc. et vend. 10h-12h, 14h-18h30, mar. 10h-18h30, jeu. 14h-18h30, sam. 10h-12h, 14h-18h - fermé dim., j. fériés et lun. - possibilité de visite guidée sur demande (20mn) - visites commentées sur réserv. Horaires modifiés en juil.-août, se rens. sur Internet.

LA VILLE NATALE DE JULES FERRY

Jules Ferry (1832-1893) est né à St-Dié. Cet avocat et journaliste fut député des Vosges de 1871 à 1889, et occupa à plusieurs reprises le poste de ministre de l'Instruction publique. C'est pour cette fonction qu'il est passé à la postérité en rendant l'école primaire laïque, gratuite et obligatoire. Il s'est préoccupé ensuite de promouvoir l'expansion coloniale française, ce qui lui valut sa chute politique.

UN « FIG » POUR VOUS FAIRE AIMER LA GÉOGRAPHIE

C'est une matière rarement à l'honneur des festivals. En créant le **Festival international de la géographie** à St-Dié en 1990, Christian Pierret a permis à sa petite ville de se faire un nom. Chaque mois d'octobre, le temps d'un week-end, des spécialistes de renommée mondiale, des aventuriers, des scientifiques, des artistes et le public se rencontrent, s'écoutent et débattent autour de thèmes d'actualité : les forêts, les réseaux, les paysages, les villes, les religions, etc. Et chaque année, un pays est invité à investir la ville *via* des installations et manifestations variées.

Elle possède 230 000 ouvrages (!) dont 600 manuscrits et 140 incunables (livres imprimés avant 1501). Dans la salle du Trésor est présenté un exemplaire de la rarissime *Cosmographiae Introductio*, réalisé par l'humaniste rhénan allemand Martin Waldseemüller. Cet ouvrage a été imprimé à St-Dié dans l'une des plus vieilles imprimeries du monde par le Gymnase vosgien (assemblée de savants). En 1507, le continent découvert par Christophe Colomb y fut, pour la première fois, dénommé America, en hommage au navigateur Amerigo Vespucci.

Tour de la Liberté

Parc Jean-Mansuy - ✆ 03 29 42 22 22 - avr.-oct. : 14h-18h ; reste de l'année : tlj sf dim. 14h-18h - fermé lun. et j. fériés.

Érigé au jardin des Tuileries, à Paris, en 1989, cet édifice d'acier, de câbles et de verre a été rebâti ici l'année suivante. Il abrite une **collection de 52 bijoux** créés par Heger de Lœwenfeld d'après l'œuvre du peintre Georges Braque, un des inventeurs du cubisme. Un escalier en hélice conduit à un belvédère d'où la **vue** sur la ville et la ligne bleue des Vosges est magnifique.

À proximité Carte de microrégion p. 292-293

Camp celtique de la Bure B1

À 7,5 km au nord-ouest de St-Dié par la N 59. Après 4 km, prenez à droite vers la Pêcherie puis, encore à droite, la route forestière de la Bure, et enfin, à gauche, la route forestière de la Crénée. Au col de la Crénée, laissez la voiture et gagnez par le sentier de crête l'entrée principale du camp.

45mn à pied AR. Le site archéologique de la Bure a conservé les traces d'une occupation humaine remontant à 2 000 ans av. J.-C. et n'ayant pris fin qu'au 4e s. de notre ère. Établi sur l'extrémité ouest (582 m) de la crête de la Bure, le camp celtique révèle une terrasse d'enceinte émergeant de 40 à 60 cm, épaisse de 2,25 m (3 pas gaulois). Dans le camp, on distingue trois bassins dont deux consacrés à des divinités gauloises, à côté d'un grand atelier sidérurgique. Deux enclumes de 11 kg et de 23,5 kg ont été découvertes ainsi que 450 kg de scories de fer. Le matériel archéologique mis au jour est exposé au musée de St-Dié-des-Vosges. Belles **vues★** *(table d'orientation)* à l'ouest sur la vallée de la Meurthe, au sud sur le bassin de St-Dié-des-Vosges.

Jardins de Callunes B1

À 10 km env. au nord de St-Dié par la D 49. À hauteur de la cathédrale, prenez la direction de St-Jean-d'Ormont, puis suivez le fléchage.

5 ch. de la Prelle - 88210 Ban-de-Sapt - ✆ 03 29 58 94 94 - www.jardindecallunes.fr - de mi-avr. à mi-oct. : 10h-12h30, 14h-18h - fermé lun. - possibilité de visite guidée sur demande (1h30) - 7 € (-4 ans 3 €) - tarif réduit Fête des rhododendrons, Fête des bruyères et RV aux jardins.

Ce parc paysager et botanique étale, sur 4 ha, 230 variétés de bruyères, des collections de rhododendrons, d'azalées, de plantes vivaces, d'érables. Son nom rend hommage à la vedette du lieu, *Calluna Vulgaris*, la « fausse » bruyère dont le nom grec *Calluna* signifie balayer. On découvre les huit zones paysagères en foulant librement du gazon doux et souple. Les insectes et les oiseaux s'en donnent à cœur joie tandis que vous prenez place sur un banc pour respirer mille et un parfums et contempler le paysage de montagnes rurales alentour. À voir en particulier au printemps et à l'automne.

Circuit conseillé Carte de microrégion p. 292-293

LE PAYS DES ABBAYES

Circuit de 43 km au départ de St-Dié, tracé en rose sur la carte p. 292 et sur la carte p. 348-349. Comptez environ 2h30. Quittez St-Dié au nord-ouest par la N 59.

Étival-Clairefontaine B1

Cette petite ville de la vallée de la Meurthe est située sur la Valdange, affluent de la Meurthe. Son nom est célèbre, au moins chez les écoliers… grâce aux papeteries qui y sont installées. Sur les bords de la rivière, on peut voir les restes du moulin à papier de Pajaille, qui date de 1512. Des éléments en grès des Vosges de l'ancienne abbaye, détruite par les révolutionnaires, forment l'architecture de plusieurs maisons d'habitation.

Dans l'**église★**, la nef centrale et les bas-côtés témoignent de la transition du roman au gothique. *Pl. de l'Abbatiale - ✆ 03 29 57 91 03 - www.paysdesabbayes.com - 10h-17h - possibilité de visite guidée (1h30) vac. de printemps, juil.-août et vac. de la Toussaint : vend. et 1er sam. du mois 14h30 ; avr.-juin et sept.-oct. : 1er sam. du mois 14h30 - documentation disponible à l'office de tourisme et à la mairie (gratuit).*

Moyenmoutier B1

Le « monastère du milieu » est situé entre les abbayes d'Étival, de Senones et de St-Dié. De très vastes dimensions, l'**église** baroque, rebâtie au 18e s., est un des plus beaux monuments religieux de cette époque dans les Vosges. Malheureusement, les façades de l'église et des immenses bâtiments conventuels sont défigurées et rendues invisibles, en partie, par une usine.

Senones B1

Un amphithéâtre de montagnes boisées sert de cadre à cette petite ville qui fut, à partir de 1751, la capitale de la principauté de Salm, État souverain de 100 km^2 rattaché à la France en 1793. Elle possède encore quelques constructions princières : châteaux et hôtels particuliers du 18e s.

L'escalier de pierre (18e s.) de l'**ancienne abbaye**, orné d'une rampe de fer ouvré, menait à l'appartement que Voltaire habita lors de son séjour en 1754. *Pl. Dom-Calmet - ✆ 03 29 57 91 03 - www.paysdesabbayes.com - 9h-17h30 - possibilité de visite guidée (1h30) - avr.-oct. : 2e et 4e sam. du mois 14h30, vac. scol. jeu. 10h, certains dim. se rens. (gratuit).* Le philosophe se rendit en effet par deux

L'EMPREINTE DU CORBUSIER

Il avait proposé un projet d'urbanisme pour la reconstruction de la ville incendiée en 1944. Bien que son projet ait été rejeté, Le Corbusier bâtira tout de même à St-Dié entre 1948 et 1951 **l'usine Claude et Duval,** aujourd'hui classée Monument historique. Située avenue de Robache, non loin de la cathédrale, c'est la seule usine au monde édifiée par l'architecte. Construite parallèlement à la Cité radieuse de Marseille, elle arbore la même forme linéaire et polychrome avec de larges baies vitrées. Encore en activité, l'usine est fermée au public.

fois à Senones pour visiter l'abbé Augustin Calmet (1672-1757), considéré comme le premier historien de la Lorraine, qui possédait ici 15 000 volumes.
Quittez Senones par la D 424 au nord. Dans la Petite-Raon, à 2 km, prenez à gauche la D 49 qui s'engage dans le val de Senones, puis traversez Moussey.
La route forestière qui succède à la D 49 suit la vallée encaissée du Rabodeau. Le **col de Prayé**, situé sur la crête des Vosges, marquait l'ancienne frontière allemande. On atteint ensuite le **col du Donon** *(voir p. 362)*.

NOS ADRESSES À SAINT-DIÉ-DES-VOSGES

HÉBERGEMENT

BUDGET MOYEN

Le Régal – *189 r. d'Épinal - ✆ 03 29 56 61 41 - www.leregal.fr - P - 39 ch. 69 € - ☕ 9,50 € - rest. 26,50/48 € (fermé sam. midi, lun. midi, dim. soir et 15-30 août, 20-31 déc.).* Une très agréable étape à l'écart de la ville. Les chambres (classiques ou « tendance » dans la nouvelle aile) offrent tout le confort et le restaurant jouit d'une bonne réputation *(soirée étape à 77 €)*. Les enfants apprécieront le parc, ses jeux, les cygnes et les… wallabies.

Chambre d'hôte Le Bout du Chemin – *6 r. d'Hadremont - 88580 Saulcy-sur-Meurthe - ✆ 03 29 50 90 13 - P - ⊭ - 5 ch. 60 € ☕*. Les chambres de cette maison, située tout près de St-Dié, possèdent une terrasse privative d'où vous pourrez observer les chevreuils et les écureuils. Tarif dégressif selon le nombre de nuits. Salon, avec cheminée et piano, et véranda ouverte sur le parc.

POUR SE FAIRE PLAISIR

Ibis – *5 quai Jeanne-d'Arc - ✆ 03 29 42 24 22 - www.ibishotel.com - 58 ch. 66/89 € - ☕ 10 €.* Sur les berges de la Meurthe, chambres petites mais optimisées. Préférez celles côté rivière. Au restaurant, atmosphère de bistrot (bois dominant, esprit bar à bières) et petite carte *ad hoc*.

RESTAURATION

BUDGET MOYEN

Voyageurs – *22 r. d'Hellieule - ✆ 03 29 56 21 56 - www.restaurant-des-voyageurs.fr - fermé 15 j. déb. août, dim. soir et lun. - formule déj. 21 € - 26/39 €.* Dans un cadre égayé de jaune, on se régale de plats traditionnels (desserts maison, produits frais scrupuleusement choisis). Courte carte de vins avec l'Alsace en tête.

Pisciculture Ste-Odile – *27 r. Ste-Odile - 88480 Étival-Clairefontaine - ✆ 03 29 41 40 83 - merc.-dim. 9h-13h, 15h-19h - fermé de mi-janv. à fin fév.* Élevage de truites arc-en-ciel et fario, déclinées dans l'assiette en une infinité de recettes : terrine au riesling, mousse aux herbes, filets fumés, rillettes… Les pêcheurs peuvent venir avec leur matériel.

ACHATS

Papeteries Clairefontaine – *19 r. de l'Abbaye - 88480 Étival-Clairefontaine - ✆ 03 29 42 42 42 - www.clairefontaine.com.* Pas de visite pour les individuels.

AGENDA

Festival international de géographie – *1er w.-end d'oct. - ✆ 03 29 42 22 22 - www.fig.saint-die-des-vosges.fr.*

Relève de la garde des princes de Salm – *Certains dim. mat. en juil.-août, à Senones - ✆ 03 29 57 91 03 - www.paysdesabbayes.com.*

Maison du val de Villé, musée d'arts et traditions populaires, la salle de classe.
Christophe Dumoulin/Maison du Val de Villé

Col d'Urbeis et val de Villé

★

Vosges (88) et Bas-Rhin (67)

Paradis absolu des randonneurs, entre Sélestat et St-Dié-des-Vosges, le col d'Urbeis tient lieu de carrefour entre les vallées de la Fave et du Giessen. Le Club vosgien balise et entretient des centaines de kilomètres de circuits pédestres le long des crêtes et au plus profond des vallées encaissées. C'est l'occasion de se régaler de toutes sortes de baies sauvages, myrtilles et framboises, sans oublier de goûter les cerises et de rendre visite aux bouilleurs de kirsch du val de Villé.

NOS ADRESSES PAGE 350
Hébergement, restauration, achats, activités, etc.

S'INFORMER

Office du tourisme du val de Villé – *14 pl. du Marché - 67220 Villé - ✆ 03 88 57 11 69 - www.tourisme-valdeville.fr - juil.-août : 9h-12h30, 13h30-19h, dim. et j. fériés 10h-13h ; juin et sept. : 9h-12h, 14h-18h ; fév.-mai, oct. et déc. : tlj sf dim. et j. fériés 9h30-12h, 14h-17h30 ; reste de l'année : tlj sf dim. et j. fériés 10h-12h, 14h-17h.*

SE REPÉRER

Carte de microrégion C1 (p. 292-293).
Situé entre St-Dié-des-Vosges et Sélestat, le col d'Urbeis ouvre sur le département du Bas-Rhin.

À NE PAS MANQUER

La Maison du val de Villé à Albé.

Circuits conseillés Carte ci-dessous

★ VALLÉES DE LA FAVE ET DU GIESSEN

Circuit de 22 km au départ de Provenchères-sur-Fave, tracé en bleu sur la carte ci-dessous. Comptez environ 45mn.

Provenchères-sur-Fave B1

Cité au pied de l'Ormont, de part et d'autre de la rivière.

De Provenchères, la route suit la vallée de la Fave, serpente et bientôt pénètre sous bois pour atteindre le **col d'Urbeis★** (602 m) qui s'ouvre dans la section affaissée de la chaîne vosgienne. Peu après, à droite, en contrebas, on peut voir une ancienne mine de cuivre gris argentifère.

À l'entrée d'Urbeis, ancien village minier où de grosses fermes se répartissent sur 2 km, se dressent les ruines du château de Bilstein.

On descend la vallée du Gissen, la rivière d'Urbeis.

Dans l'agglomération de Fouchy, laissez à droite la route du col de Fouchy (voir ci-contre), à moins que vous ne désiriez rejoindre Ste-Marie ou le Haut-Kœnigsbourg.

Villé C1

Durement éprouvé en 1944, Villé n'a pu conserver que quelques jolies maisons des 16e et 18e s. Elles forment un bel ensemble autour de la place du Marché, animée par une petite foire chaque mercredi matin.

En été, un marché artisanal *(jeu. 17h-20h)* permet aux touristes de découvrir les spécialités locales.

★ Albé C1

Cet adorable village cerné par les vignes porte le nom du ruisseau qui le traverse. Il doit sa célébrité à ses maisons de vignerons dites « à galeries », dans lesquelles l'étable et le cellier sont contigus.

L'intéressant petit complexe de la **Maison-musée du val de Villé** est aménagé de chaque côté d'un gros tilleul *4 pl. du Tilleul - ✆ 03 88 57 08 42 - www.maisonduvaldeville.com - 11 avr.-28 sept. : jeu.-dim. et j. fériés 14h-18h - 3,50 € (-12 ans gratuit) - audioguide disponible.* Chaque pièce de l'ancienne ferme vosgienne (1709) a été meublée et décorée de façon à présenter la vie locale, du 18e s. au début du 20e s. Suite dans le musée (1878), de l'autre côté de la place ; il abrite des expositions temporaires.

ROUTE DU COL DE STEIGE

Circuit de 19 km qui relie le col d'Urbeis à la région du Hohwald, tracé en orange sur la carte ci-contre. Comptez environ 2h.

Au **col d'Urbeis** *(voir ci-dessus)*, prendre la route 214.

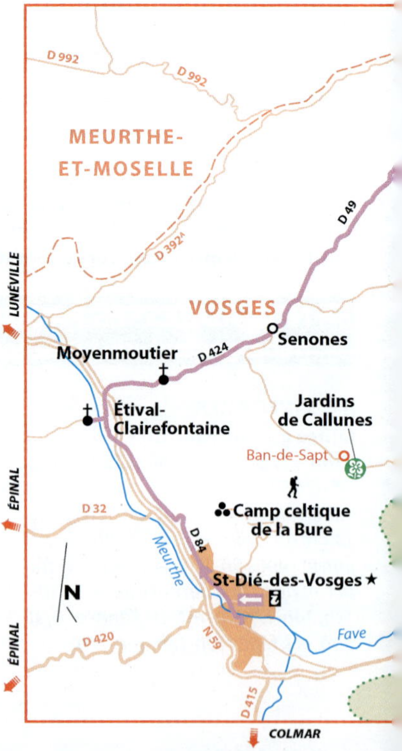

COL D'URBEIS ET VAL DE VILLÉ

Le col de Steige, vue sur le Climont et le Moyemont.
D. Bringard/hemis.fr

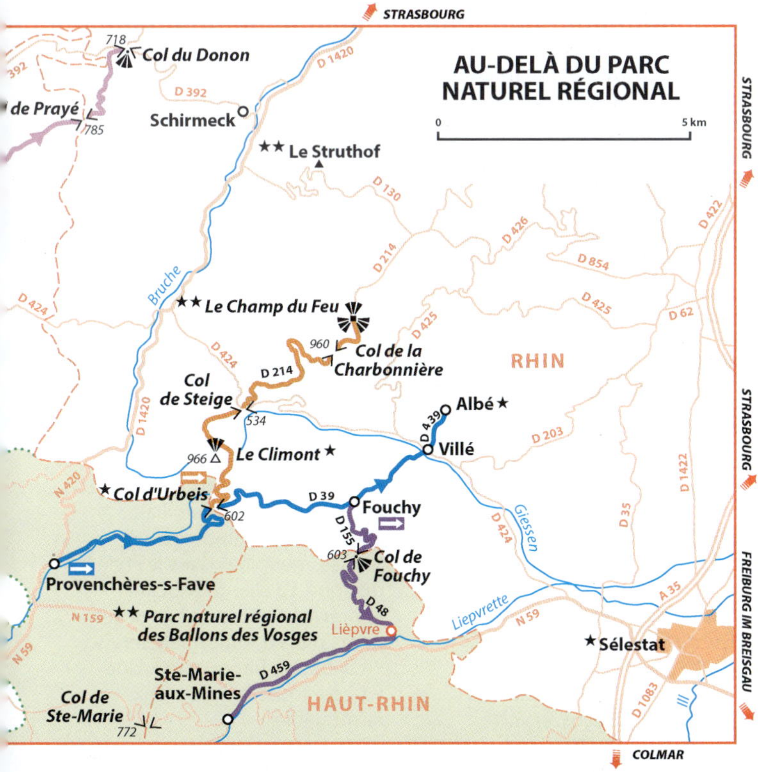

★ Le Climont C1

1h30 à pied AR. À la sortie nord du Climont, 300 m après l'église, un discret petit panneau en bois (en hauteur) signale le sentier d'accès, qui s'amorce sur un carrefour, à gauche de la D 214.

Ce sentier, abrupt et étroit, souvent encombré par la végétation *(balisage : croix jaunes)* aboutit à un chemin forestier transversal que l'on prend à gauche. *Au carrefour proche du sommet, prenez le chemin en montée à droite.*

On atteint le pied de la tour Euting qui se trouve sur le sommet boisé du Climont *(966 m)* ; celui-ci offre un beau point de vue. La tour d'observation a été construite en 1897 par le Club vosgien de Strasbourg. En médaillon, au-dessus de l'entrée, le président de l'époque, Jules Euting.

Du haut de la tour *(78 marches)*, **point de vue★** sur les Vosges : à gauche, la vallée de la Bruche ; au nord, le Donon ; à droite, le Champ du Feu avec sa tour.

De retour sur la D 214, poursuivre vers le **col de Steige** qui, à 534 m, offre une belle vue au sud-ouest sur le Climont.

La route continue ensuite vers le **col de la Charbonnière** puis le **Champ du Feu★★** *(voir Le Hohwald, p. 167)*, Andlau, le mont Ste-Odile et la région d'Obernai.

★ ROUTE DU COL DE FOUCHY C1

Circuit de 13 km au départ de Fouchy, tracé en violet sur la carte p. 348-349. Comptez environ 30mn. À Fouchy, prenez à droite la D 155.

La route du col de Fouchy fait communiquer les vallées de la rivière d'Urbeis et de la Liepvrette. Elle remonte le vallon de Noirceux et celui de Froide-Fontaine et vous permet de rejoindre Ste-Marie-aux-Mines ou le Haut-Kœnigsbourg.

Elle débute au niveau du village *welche* de **Fouchy**, jadis connu pour ses artisans. L'asphalte serpente entre les fermes doublées d'auberges et chambres d'hôte. Nombre de chemins de randonnée partent d'ici. De petites prairies trouent la forêt, servant de pâturages aux moutons, chèvres et ânes.

Du **col de Fouchy**, belle vue sur le Champ du Feu, reconnaissable à sa tour, et sur les montagnes du Hohwald.

La route suit le ravin de Pierreuse-Goutte et descend vers la vallée de la Liepvrette qu'elle rejoint à Lièpvre.

On remonte ensuite le cours de la rivière en enpruntant la D 459 jusqu'à Ste-Marie-aux-Mines *(voir p. 352)*.

NOS ADRESSES AUTOUR DU COL D'URBEIS

Voir aussi nos adresses à Ste-Marie-aux-M. *(p. 356)* et dans le Hohwald *(p. 168)*.

HÉBERGEMENT

BUDGET MOYEN

Hôtel La Bonne Franquette – *6 pl. du Marché - 67220 Villé - 03 88 57 14 25 - www.hotel-bonne-franquette.com - fermé 1re sem. de juil. et vac. de fév. et de la Toussaint - 9 ch. 64/68 € - 8 € - rest. 20/42 €.* Sur une placette du centre-ville, avenante auberge familiale abritant des chambres bien tenues, meublées dans le style rustique. La clientèle locale apprécie le restaurant pour ses petits plats traditionnels servis… « à la bonne franquette ». Une adresse toute simple à prix raisonnables.

POUR SE FAIRE PLAISIR

La Romance – *17 r. de Neuve-Église - 67220 Dieffenbach-au-Val - 4 km au sud-est de Villé par D 697 - ✆ 03 88 85 67 09 - www.la-romance.net - 5 ch. 95/105 €.* Au bout d'un chemin privé qui longe la forêt, cette charmante maison d'hôte à colombages respire la sérénité. Chambres soignées et joliment colorées. Aux beaux jours, on peut prendre le petit-déjeuner au jardin.

RESTAURATION

PREMIER PRIX

Pfister – *9 pl. Ch.-de-Gaulle - 67220 Villé - ✆ 03 88 57 17 56 - www.patisserie-restaurant-pfister.fr - mar.-vend. 7h30-18h45, w.-end 7h30-18h - fermé 10 j. fin janv. - formule du j. 10 €.* Sur la place principale, une institution locale où déguster en terrasse ou dans le patio de belles pâtisseries, des tourtes, des bouchées à la reine ou l'une des nombreuses salades. Et peut-être repartirez-vous avec une belle boîte de biscuits ou de pâtes de fruits.

ACTIVITÉS

✆ 03 88 57 11 69. Le val de Villé est parcouru par 350 km de chemins balisés par le Club vosgien. Randonnées et sorties thématiques les 1er s. dim. et jeu. de chaque mois, mais aussi diverses activités : VTT (7 circuits thématiques), balade à dos de cheval ou avec un âne… Informations auprès de l'office du tourisme de Villé et de la Compagnie des accompagnateurs de montagne (www.rando-emotion-vosges.com). L'office de tourisme fournit aussi une carte des sentiers de découverte « chemins du patrimoine » : Albé et son vignoble, Fouchy et le pays welche, Urbeis à l'époque minière.

ACHATS

G.E. Massenez – *1 zone industrielle du Haechy - 67220 Dieffenbach-au-Val - ✆ 03 88 85 62 86 - http://massenez.com - 9h-12h, 14h-18h, lun.-mar. 9h-12h, 14h-17h30 - fermé j. fériés.* Les eaux-de-vie Massenez symbolisent l'art de la distillation à la française ; dans cette famille, il s'enseigne de père en fils depuis 1870. Outre les incontournables eaux-de-vie de framboise et de poire Williams, les vieilles liqueurs et fruits à l'eau-de-vie confortent la réputation de la maison, plusieurs fois primée.

Distillerie artisanale Nusbaumer – *23 Grand'Rue - 67220 Steige - ✆ 03 88 57 16 53 - www.jos-nusbaumer.com - de mi-avr. à fin oct. : 9h-12h, 14h-18h30, sam. 10h-12h, 14h-18h ; nov.-Pâques : 10h-12h, 14h-18h - fermé dernière sem. de janv. et dim.* Les produits Nusbaumer sont présentés dans un véritable musée de l'art alsacien et lorrain, renfermant notamment une collection d'objets de bouilleurs de cru et un superbe comptoir de vente. Eaux-de-vie de kirsch, poire et framboise, médaillées d'or au concours général agricole.

Ferme Humbert – *83 r. Principale - 67220 Urbeis - ✆ 03 88 57 06 00 - www.biofermehumbert.com - 16h30-18h30 - fermé dim.* Ferme bio où acheter laitages, œufs, charcuterie de bœuf, viande de veau, fruits et légumes. Visite de la ferme et traite *(16h30).*

Confitures du Climont – *La Salcée - 14 rte du Climont - 67420 Ranrupt - ✆ 03 88 97 72 01 - www.confituresduclimont.com - 10h-12h, 14h-18h - fermé dim.-lun.* Un atelier boutique qui sent bon la cuisson du jour : confitures, sirops, gelées…

Sainte-Marie-aux-Mines

5 495 Sainte-Mariens – Haut-Rhin (68)

Cité-carrefour dominée par le bulbe de l'église Ste-Madeleine (18e s.), elle s'étend de part et d'autre de la Liepvrette. Façades Renaissance et tissus colorés vous accueillent dans cette petite ville située au milieu des sapins : ici, ni charbon ni corons dans le paysage ! Les mines, exploitées du 9e au 18e s., étaient d'argent, de plomb et de cuivre. Les manufactures de fil se sont reconverties en filatures de coton, puis la ville s'est spécialisée dans le tissage des lainages légers, du cachemire. Il y a trente-cinq ans, Ste-Marie-aux-Mines vivait encore au rythme des métiers à tisser. La ville n'a rien effacé de son passé : fête des tissus, carrefour européen du patchwork et visites de mines sont là pour le rappeler.

NOS ADRESSES PAGE 356
Hébergement, restauration, achats, activités, etc.

S'INFORMER

Office du tourisme du val d'Argent – *86 r. Wilson - 68160 Ste-Marie-aux-Mines - ✆ 03 89 58 80 50 - www.valdargent-tourisme.fr - avr.-sept. : 9h-12h, 14h-18h, dim. et j. fériés 10h-13h ; reste de l'année : tlj sf dim. 9h-12h, 14h-17h - fermé 1er janv., 1er Mai, 11 Nov., 25-26 déc. - possibilité de visite guidée sur demande (1h) - riche documentation thématique : les fermes, le textile, les mines, les églises - visites gratuites l'été dans le cadre du programme du Pays d'art et d'histoire, dates et horaires se rens. sur site.*

Visite guidée de la ville – *4 € - tte l'année, visites découvertes (1h30) organisées dans le cadre du label Pays d'art et d'histoire du val d'Argent, boutique ouverte tte l'année, vente de tissus au mètre, mercerie, matériel patchwork… Programme disponible auprès de l'office du tourisme du val d'Argent.*

SE REPÉRER

Carte de microrégion C1 (p. 292-293). À 22 km à l'ouest de Sélestat, 32 km au nord-ouest de Colmar, 29 km à l'est de St-Dié-des-Vosges.

À NE PAS MANQUER

L'Espace des musées pour découvrir les industries qui ont fait la prospérité de la ville.

ORGANISER SON TEMPS

Comptez une demi-journée pour la visite d'une mine *(téléphonez quelques jours avant pour connaître les horaires et vous inscrire).*

AVEC LES ENFANTS

La visite d'une mine, casqués, les pieds dans l'eau, la visite d'une confiserie.

Découvrir les mines

Ce sont des moines, dépendants du monastère de Moyenmoutier, qui auraient découvert les premiers filons d'argent au 9e s. et contribué ainsi au développement de la ville. Au Moyen Âge, le val d'Argent était un véritable eldorado européen où étaient exploitées plus de 300 mines, avec 300 km de galeries, entretenant une ruée vers l'argent dont la valeur était alors huit fois supérieure à celle d'aujourd'hui.

Espace des musées

Pl. du Prensureux - ✆ 03 89 58 56 67 - www.musees-valdargent.fr - visite guidée (30mn) juin-sept. : 10h-19h ; reste de l'année : tlj sf dim. 10h-13h, 14h-18h, sam. 10h-17h - fermé j. fériés - 5,50 € (-12 ans 3 €).

Visite des galeries des mines d'argent du parc touristique de Tellure à Sainte-Marie-aux-Mines.
D. Bringard/hemis.fr

Musée minéralogique – Riche collection de minéraux d'origine vosgienne et d'ailleurs. Malgré la présentation basique, on découvre avec plaisir quelques-unes des 150 espèces minérales répertoriées dans la vallée.
Musée du Textile – Atelier où l'on suit les étapes de la fabrication du tissu avec différents métiers à bras et mécaniques (ourdissoirs, bobinoirs, dévidoirs…).
Musée du Patrimoine minier – Il est consacré à l'histoire des mines et des techniques minières : reconstitution d'une galerie du 16e s.

Visite des Mines

✆ 03 89 58 62 11 - prévoir des chaussures de marche et des vêtements chauds (bottes, imperméable et casque sont fournis).
St-Barthélemy – *R. St-Louis - visite guidée (40mn) juil.-août, dép. fréquents entre 10h et 18h - tarif, se rens.* La seule mine située en ville. Après un commentaire sur l'historique des mines, on visite différentes galeries taillées au marteau et à la pointerolle par les mineurs au 16e s.
Mine St-Louis-Eisenthür – *4 r. du Dr-Weisgerber - ✆ 03 89 58 62 11 - www.asepam.org - visite guidée sur demande préalable (3h) - 12 € (enfant 5 €) - 1 km de réseaux souterrains pour découvrir les techniques minières du 16e* s. Panorama complet des sites miniers et des techniques utilisées au 16e s. dans une mine ouverte en 1549.

LE BERCEAU DES AMISH

En 1693, Jakob Amman, un anabaptiste expulsé de Suisse pour puritanisme excessif, se réfugie dans la vallée de Ste-Marie-aux-Mines et y fonde le mouvement amish, connu pour son austérité et son opposition à la civilisation moderne. Expulsés de France au début du 18e s., les Amish se réfugièrent alors en Pennsylvanie, où la communauté prospère toujours. La présence des Amish à Ste-Marie ne fut pas étrangère à la naissance du patchwork. Les femmes fabriquaient des couvertures (quilts) avec des bouts de tissu qu'elles découpaient et assemblaient. Certains quilts sont de véritables œuvres d'art.

Mine Gabe-Gottes – *4 r. du Dr-Weisgerber - ✆ 03 89 58 62 11 - www.asepam.org - visite guidée sur demande préalable (1h30) tte l'année (2 pers. mini) - 8 € (enfant 4 €) - dernière mine exploitée dans le val d'Argent, ouverte au 16ᵉ s., fermée en 1940.* La visite de la mine Gabe-Gottes (« don de Dieu ») met en évidence l'évolution des techniques d'exploitation du 16ᵉ s. au 20ᵉ s. (argent mais aussi arsenic pour fabriquer du raticide). On distingue bien les galeries du 16ᵉ s., tout juste taillées pour le passage d'un homme à la pointerolle à raison de 5 cm par jour, celles élargies à l'explosif au 18ᵉ s., puis au marteau-piqueur au 20ᵉ s. Au bout du parcours, on parvient au cœur de la mine : la salle du puits, qui suit la trajectoire verticale du filon de cuivre argentifère.

Centre d'exploration des mondes souterrains de Tellure

À 5 km de Ste-Marie par la D 48 dir. col des Bagenelles (col du Bonhomme) - lieu-dit Tellure - ✆ 03 89 49 98 30 - www.tellure.fr - juil.-août : 10h-19h ; 26 mars-30 juin et 1ᵉʳ sept.-11 Nov. : tlj sf lun. 10h-18h - fermé 1ᵉʳ janv., 1ᵉʳ Mai, 25 déc. - 12 € (-12 ans 9 €) - également des visites sportives (spéléologiques) avec échelle et tyrolienne.
Ouvert en 2009 dans la vallée de la Liepvrette, le Centre d'exploration des mondes souterrains invite à la découverte d'une mine d'argent alsacienne. Une muséographie résolument moderne raconte, à travers des stations muséographiques, l'histoire des mineurs du 16ᵉ s. et les conséquences à la fois humaines, politiques et économiques de l'activité minière. La visite se poursuit par l'exploration d'une mine préservée depuis cinq siècles. On descend à la découverte des exploitations des anciens filons verticaux et parcourt brièvement une galerie du 16ᵉ s.

Départ 1 500 m après Tellure, sur la droite. Le sentier forestier **Forestum** *(2 itinéraires d'1h)* parcourt une forêt du val d'Argent, en présentant 43 essences. D'autres curiosités de la **vallée de la Liepvrette** (sentier du patrimoine de Neuenberg, église de St-Pierre-sur-l'Hâte) sont décrites dans le circuit val d'Argent *(ci-dessous).*

Sainte-Croix-aux-Mines

La commune voisine compte quelques curiosités à visiter si l'on s'attarde dans la région. Les amateurs d'artisanat se rendront à la **Scierie Musée** qui présente des machines classées. *2B r. Maurice-Burrus - ✆ 03 89 58 78 18 - ♿ - visite guidée (2h) mai-sept. : 10h-19h ; reste de l'année : sur demande préalable - 6 € (-10 ans 3 €).*
Dans le **parc de la Villa Burrus**, aménagé en 1935 par le riche industriel André Burrus, vous lèverez les yeux vers des arbres du monde entier et déambulerez entre des jardins thématiques passionnants (plantes médicinales, potagers, « patchwork »). *En été, un marché paysan s'y tient tous les mardis de 16h30 à 21h.*

Sentier minier et botanique – *✆ 03 89 58 73 12 - 2h30. À la sortie de Ste-Marie, 100 m avant le panneau « Les halles », départ du circuit sur la gauche de la route.* Il parcourt le bois de St-Pierremont qui recelait de riches filons argentifères exploités au 16ᵉ s. Tout au long du chemin, des panneaux sur les arbres indiquent les essences de la forêt.

Circuit conseillé Carte de microrégion p. 292-293

LE VAL D'ARGENT

Circuit de 70 km au départ de Ste-Marie-aux-Mines, tracé en vert clair sur la carte du PNR autour de Munster et Ste-Marie-aux-Mines p. 310-311. Comptez environ 2h. Quittez Ste-Marie à l'ouest par la D 459.

Argent, cuivre et autres métaux des Vosges ont été exploités depuis le Moyen Âge. Après leur apogée aux 16e et 17e s., les mines déclinèrent au milieu du 19e s. Depuis, plusieurs sites sont protégés et réaménagés, pour un public curieux de patrimoine minier.

Col de Sainte-Marie C1

Alt. 772 m. Du col, belle vue d'un côté sur le vallon de la Cude, de l'autre sur le bassin de la Liepvrette, la plaine d'Alsace et le château du Haut-Kœnigsbourg.
Un tableau sur le parking de l'autre côté de la route précise les circuits suivants : Du col, à partir de la pierre tombale située à droite de la route, vous pouvez emprunter un intéressant chemin menant au **Roc du Haut de Faite** *(30mn à pied à partir du col de Ste-Marie)*. Prenez à droite de la stèle pour atteindre au plus vite le sommet et bénéficier d'un **beau panorama** sur la crête des Vosges et les versants alsacien et lorrain ; ou à gauche pour rejoindre le même but tout en passant par la Roche des Chèvres et la Tombe de Richter.
Revenez sur la D 459 et poursuivez en direction de St-Dié-des-Vosges.
Dans une vallée bucolique se love le village de fermes de **Wisembach**.
Au Giron, tournez à gauche et prenez la D 23.
Vous suivez alors la route qui s'élève doucement dans la vallée de la Morte, ses fermes, ses pâturages et ses points de vue. N'hésitez pas à quitter la route principale pour découvrir la campagne alentour.

Circuit minier de la Croix-aux-Mines B2

Au lieu-dit Le Chipal. 8,5 km - environ 2h45.
Au niveau de la chapelle du Chipal, un hameau minier qui compta jadis 234 habitants, suivez ce chemin balisé par des panneaux, cercle noir sur fond jaune avec l'emblème du sentier : un marteau et un pic. Sur ce site, des mineurs extrayaient (du 10e au 20e s.) le sulfure de plomb argentifère, communément appelé galène, pour en retirer l'argent.
Poursuivez sur la D 23 et à Fraize, prenez à gauche la D 415 (dir. Colmar).
À Plainfaing, offrez-vous un détour *(6 km AR)* vers la **Confiserie des Hautes-Vosges** *(voir p. 357)* en tournant à droite au premier feu en direction de Gérardmer.
Revenez sur la D 415 que vous suivez jusqu'au col du Bonhomme.

Col du Bonhomme B2 *(voir p. 321)*

Au col, poursuivez par la D 415.

Le Bonhomme C2 *(voir p. 322)*

Prenez à gauche la D 48 pour rejoindre le col des Bagenelles et le Brézouard.

★★ Le Brézouard C2

45mn à pied AR. Laissez votre véhicule sur l'aire de stationnement près du refuge des Amis de la nature.
La plus grande partie de l'excursion du Brézouard peut être effectuée en voiture à partir du **col des Bagenelles**, d'où la vue est très belle sur la vallée de la Liepvrette *(4 km - monter sur la droite dir. Haycot puis laisser la voiture au refuge)*. Au sommet du Brézouard, qui a donné son nom au type de granit qui le compose, le **panorama**★★ est très étendu. Au nord, on découvre le Champ du Feu, le Climont et au loin le Donon. Au nord-est, Strasbourg est visible. Au sud, vous verrez le Hohneck et le Grand Ballon. Le Mont-Blanc se révèle dans le lointain, par temps clair. Le Brézouard et la région environnante furent de hauts lieux de la guerre de 1914-1918 (tranchées et abris).

Revenez vers Ste-Marie-aux-Mines par la D 48.
Après quelques kilomètres dans la forêt, la route sinueuse rejoint la vallée de la Liepvrette où les vergers succèdent aux pâturages d'altitude.

★ Vallée de la Liepvrette C1-2

Le Rombach, qui jaillit de la terre au-dessus de La Hingrie, vient y alimenter la Liepvrette, charmant ruisseau courant entre les deux routes avant de traverser Ste-Croix-aux-Mines.
En route vers Ste-Marie, vous passez devant le sentier forestier Forestum puis l'intéressant **Centre d'exploration des mondes souterrains de Tellure** *(voir p. 353).*

Sentier patrimoine de Neuenberg C1

À partir d'Échery, 2 km avant Ste-Marie, deux circuits sont possibles : court (2h30) ou long (4h).
Au cours de la promenade, on aperçoit notamment la tour des Mineurs et la maison du Receveur des dîmes caractéristique de la Renaissance avec sa tourelle, ainsi qu'une galerie de recherche de la mine Énigme.
Dans Échery, prenez à droite.

Saint-Pierre-sur-l'Hâte C1-2

Ce hameau joliment situé dans un espace boisé accueillait jadis un prieuré bénédictin. Il possède encore une **église** œcuménique dite « des mineurs » qui sert de cadre en été aux concerts du Festival aux chandelles *(voir Agenda ci-contre).*
Revenez à Ste-Marie-aux-Mines par la D 48.

NOS ADRESSES À STE-MARIE-AUX-MINES

HÉBERGEMENT ET RESTAURATION

BUDGET MOYEN

Aux Mines d'Argent – *8 r. du Dr-Weisgerber - ✆ 03 89 58 55 75 - www.auxminesdargent.com - 9 ch. 55/75 € - ☕ 6 € - rest. 15/32 €.* Près de l'hôtel de ville, cette bâtisse du 16e s. attire par sa coquette façade fleurie. Une fois attablé dans la salle aménagée façon *winstub,* demandez la petite brochure qui vous contera l'histoire de la maison, avant de découvrir la cuisine du cru.

Auberge de Lorraine – *5 r. du 8-Mai - 88520 Ban-de-Laveline - ✆ 03 29 51 78 17 - www.auberge-lorraine.biz - fermé de fin janv. à déb. fév., 1 sem. en mars - 7 ch. 61 € - ☕ 11 € - formule déj. (sf août) 14 € - rest. 21/45 €.* Dans un calme village agricole, cette auberge aux murs jaunes est une étape très appréciable à mi-chemin entre Ste-Marie et Fraize *(voir circuit du val d'Argent),* pour se restaurer ou passer une nuit au calme.

À proximité

BUDGET MOYEN

Auberge du Sobache – *40 Sobache - 68160 Ste-Croix-aux-Mines - ✆ 03 89 58 83 01 - www.auberge-sobache.info - P - 6 ch. 58 € - ☕ 7 € - rest. tlj sf mar., merc. 21/29 €.* Cuisine locale, produits du marché, plats savoureux (comme une palette fumée au munster…) et chambres simples mais douillettes : que demander de plus ?

POUR SE FAIRE PLAISIR

Hôtel de la Poste – *76 r. du 3e-Spahis-Algériens - 68650 Le Bonhomme - ☏ 03 89 47 51 10 - www.hotel-la-poste.com - fermé 20-26 déc. - ♿ - P - 31 ch. 66/92 € - ☕ 9 € - rest. (fermé mar. midi) 12/49 €.* Imposante bâtisse régionale bordant un axe animé. Chambres sobres et fonctionnelles, plus calmes côté jardin. Sympathique petit bar alsacien. Lambris, mobilier rustique et cuivres donnent du cachet au restaurant tourné vers le ruisseau et la colline. Après une longue randonnée, vous apprécierez la piscine couverte et le sauna.

Les Bagenelles – *15 La Petite-Liepvre - ☏ 03 89 58 70 77 - www.bagenelles.com - fermé 15 fév.-15 mars - 12 ch. 110 € ☕ - rest. (fermé lun.-mar. soir de déb. janv. à mi-mars) 13,50/30 €.* Entre Ste-Marie et le col des Bagenelles, un hôtel agréable, offrant beaucoup d'espace et un accueil familial. L'étape est appréciée des randonneurs et cyclistes. Au restaurant, on appréciera les flambées, viandes grillées et le buffet dominical *(24 €).*

ACHATS

Savonnerie du Val d'Argent – *41 r. d'Untergrombach - ☏ 03 89 58 83 43 - www.argasol.fr - lun.-vend. 8h30-11h30, 14h30-16h30.* Fabrique artisanale de savons bio aux parfums parfois étonnants.

Confiserie des Hautes-Vosges (CDHV) – *Habeaurupt - ☏ 03 29 50 44 56 - www.cdhv.fr - visite guidée 10h-12h, 14h-18h - magasin 9h-12h15, 13h45-18h30 - fermé dim. et j. fériés.* Du sucre, du miel des Vosges, des arômes naturels, parfois même des huiles essentielles… Tout cela cuit à feu nu dans des chaudrons en cuivre sous vos yeux. Il ne vous reste plus alors qu'à goûter… et acheter ces friandises aux saveurs d'autrefois : bonbons des Vosges (plus de 30 sortes), bergamotes de Nancy, myrtilles, violettes, coquelicots…

AGENDA

Carrefour européen du patchwork – *☏ 03 89 58 33 10 - www.patchwork-europe.com.* Chaque année a lieu, en septembre, une exposition artistique consacrée au patchwork. Cours d'initiation et de perfectionnement, conférences sur l'histoire amish et les techniques de patchwork, présentation de quilts anciens ou contemporains se déroulent dans 18 sites de la vallée : églises, Villa Burrus, théâtre…

Mode et Tissus – *☏ 03 89 58 33 10 - www.modetissus.com.* En mars et en octobre, cette fête présente des collections et met en vente des étoffes tissées en partie à Ste-Marie et des textiles plus variés, surtout destinés à la haute couture. Les artisans, créateurs et commerçants proposent des accessoires de mode. Plusieurs présentations par jour dans le hall « Val d'Argent expo ».

Bourse internationale des minéraux, gemmes et fossiles – *☏ 03 89 73 53 52 - www.sainte-marie-mineral.com - dernier w.-end de juin.* Cette bourse pas comme les autres, la troisième au monde derrière Tucson et Munich, attire les passionnés du monde entier.

Festival aux chandelles – *☏ 03 89 58 80 50 - www.festivalauxchandelles.fr.* À l'Ascension et en août, concerts dans l'église de St-Pierre-sur-l'Hâte.

Région de Saverne et Vosges du Nord

5

Cartes Michelin Départements 307, 314 et 315 – Moselle (57), Bas-Rhin (67)

L'art du verre au musée Lalique à Wingen-sur-Moder.

J. Frumm/hemis.fr

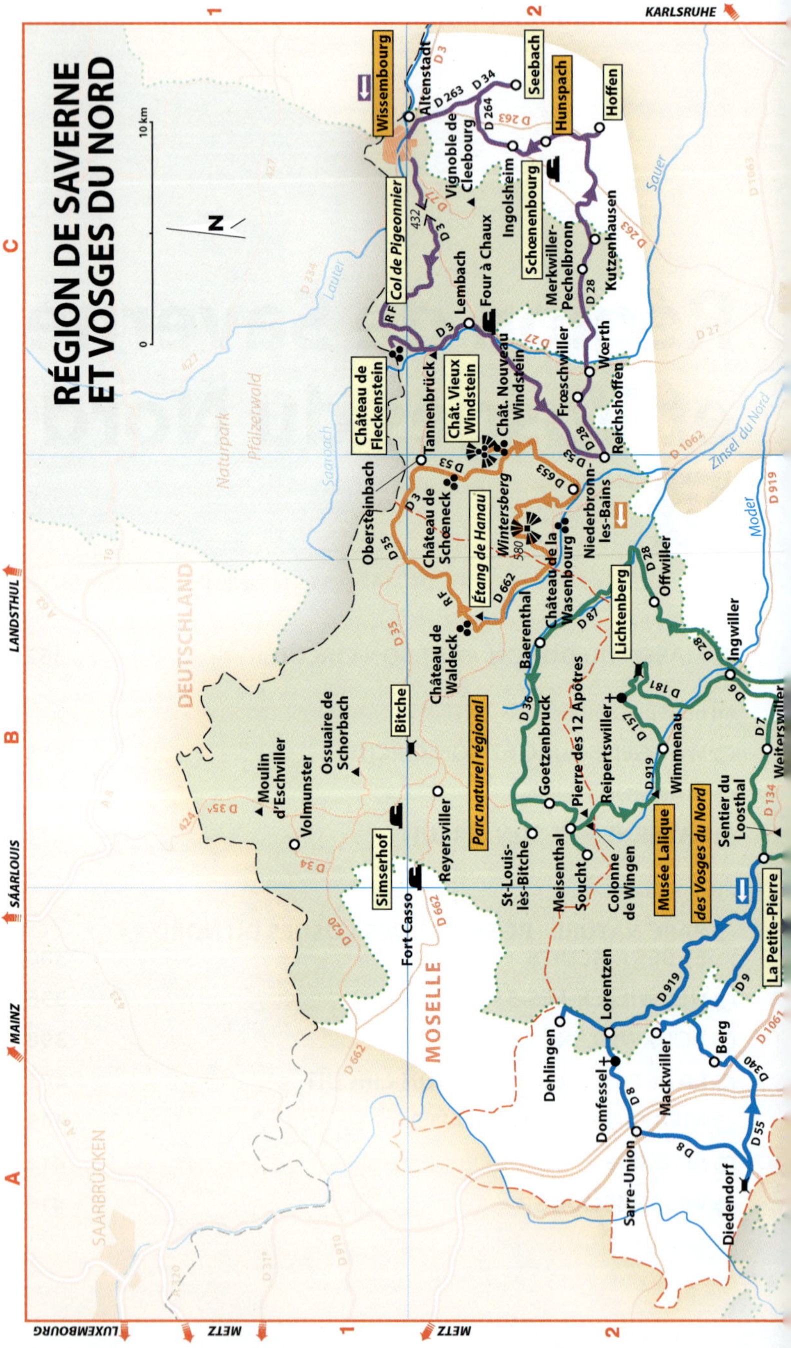
RÉGION DE SAVERNE ET VOSGES DU NORD
0
10 km
N
Wissembourg
Altenstadt
Seebach
Hunspach
Hoffen
Vignoble de Cleebourg
Ingolsheim
Schœnenbourg
Col de Pigeonnier
Merkwiller-Pechelbronn
Kutzenhausen
Lembach
Four à Chaux
Château de Fleckenstein
Tannenbrück
Chât. Vieux Windstein
Chât. Nouveau Windstein
Frœschwiller
Wœrth
Reichshoffen
Obersteinbach
Château de Schœneck
Étang de Hanau
Wintersberg
Niederbronn-les-Bains
Château de la Wasenbourg
Château de Waldeck
Baerenthal
Lichtenberg
Offwiller
Ingwiller
Parc naturel régional
Bitche
Ossuaire de Schorbach
Moulin d'Eschviller
Volmunster
Reyersviller
Simserhof
Fort Casso
Goetzenbruck
St-Louis-lès-Bitche
Meisenthal
Soucht
Pierre des 12 Apôtres
Reipertswiller
Wimmenau
Colonne de Wingen
Musée Lalique
des Vosges du Nord
Sentier du Loosthal
Weiterswiller
La Petite-Pierre
Lorentzen
Dehlingen
Domfessel
Mackwiller
Berg
Sarre-Union
Diedendorf
MOSELLE
DEUTSCHLAND
Naturpark Pfälzerwald
SAARBRÜCKEN
Lauter
Sauer
Moder
Zinsel du Nord
Saarbach
KARLSRUHE
LANDSTHUL
SAARLOUIS
MAINZ
LUXEMBOURG
METZ
METZ
A
B
C
1
2
1
2

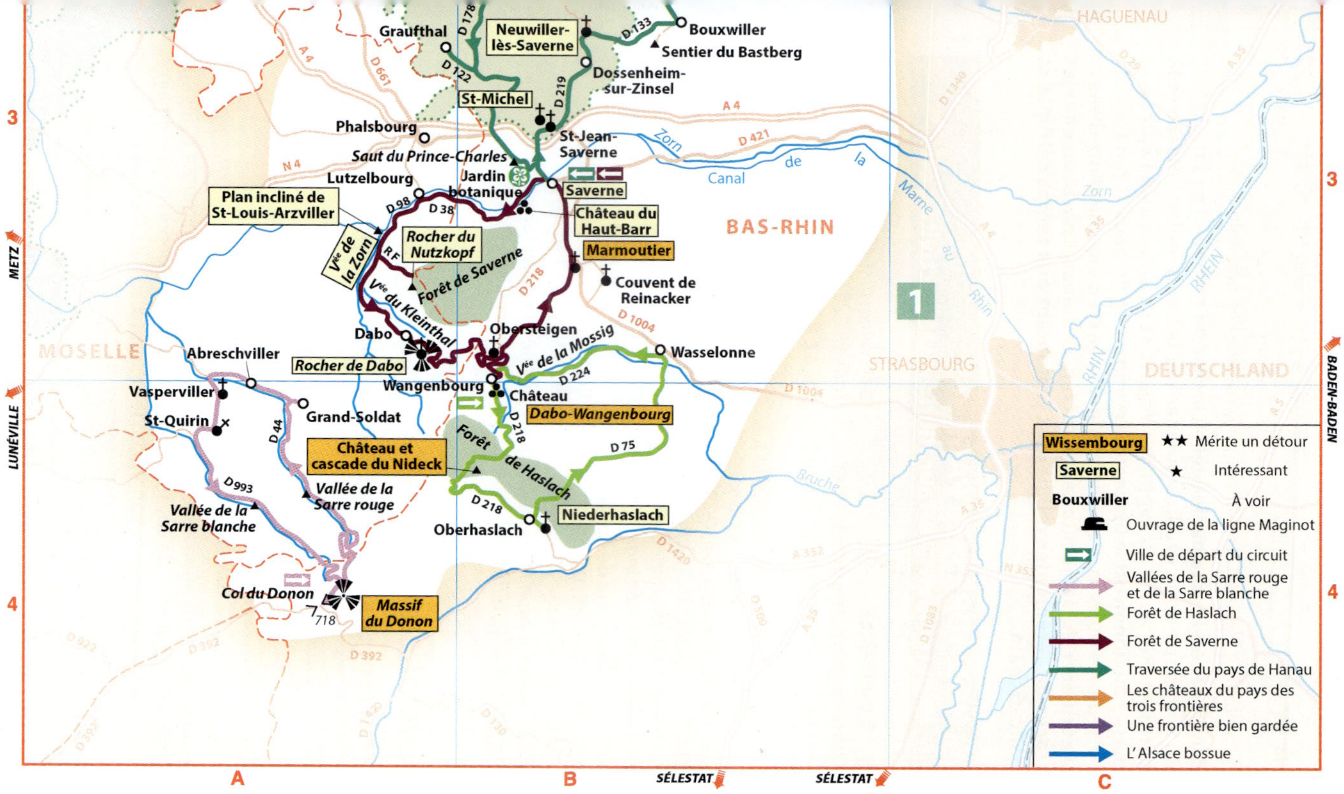

HAGUENAU
Graufthal
Neuwiller-lès-Saverne
Bouxwiller
Sentier du Bastberg
Dossenheim-sur-Zinsel
St-Michel
Phalsbourg
St-Jean-Saverne
Saut du Prince-Charles
Jardin botanique
Lutzelbourg
Saverne
Plan incliné de St-Louis-Arzviller
Château du Haut-Barr
Rocher du Nutzkopf
Vée de la Zorn
Forêt de Saverne
Vée du Kleinthal
Marmoutier
Couvent de Reinacker
BAS-RHIN
Canal de la Marne au Rhin
Zorn
Dabo
Obersteigen
Vée de la Mossig
Wasselonne
MOSELLE
Abreschviller
Rocher de Dabo
Wangenbourg
Château
Dabo-Wangenbourg
Vasperviller
St-Quirin
Grand-Soldat
Château et cascade du Nideck
Forêt de Haslach
Vallée de la Sarre rouge
Vallée de la Sarre blanche
Oberhaslach
Niederhaslach
Col du Donon
Massif du Donon
718
STRASBOURG
DEUTSCHLAND
RHIN
Bruche
1
METZ
LUNÉVILLE
SÉLESTAT
SÉLESTAT
BADEN-BADEN
A
B
C
3
4
Wissembourg ★★ Mérite un détour
Saverne ★ Intéressant
Bouxwiller À voir
Ouvrage de la ligne Maginot
Ville de départ du circuit
Vallées de la Sarre rouge et de la Sarre blanche
Forêt de Haslach
Forêt de Saverne
Traversée du pays de Hanau
Les châteaux du pays des trois frontières
Une frontière bien gardée
L'Alsace bossue

Massif du Donon

★★

Moselle (57), Meurthe-et-Moselle (54), Vosges (88), Bas-Rhin (67)

Quel que soit le côté par lequel on arrive, on reconnaît sa silhouette : un sommet à deux gradins qui marque la limite entre l'Alsace et la Lorraine. Royaume du sapin des Vosges et de son cousin l'épicéa, le massif du Donon est le berceau de nombreux ruisseaux et pourrait, du haut de ses 1 009 m, s'attirer la jalousie de bien des châteaux d'eau... Il était autrefois une montagne sacrée. Le sommet porte en effet les traces de cérémonies religieuses remontant aux temps celtique et gallo-romain.

NOS ADRESSES PAGE 365
Hébergement, restauration, achats, activités, etc.

S'INFORMER

Office du tourisme du pays des lacs de Pierre-Percée – *La Grande-Haie - 88110 Celles-sur-Plaine - ✆ 03 29 41 19 25 - www.paysdeslacs.com - juil.-août : 10h30-19h, lun. 13h-18h ; juin : w.-end 10h30-19h ; avr.-mai : w.-end 13h30-18h30 ; reste de l'année : sur demande préalable - fermé de mi-oct. à fin mars.*

Office du tourisme de Raon-l'Étape – *Quai de la Victoire - 88110 Raon-l'Étape - ✆ 03 29 41 28 65 - www.ot-raon.fr - de mi-juil. à mi-août : 9h-19h, dim. 10h-12h ; reste de l'année : tlj sf dim. 9h-12h, 14h-18h, sam. 9h-12h - fermé certains j. fériés.*

SE REPÉRER

Carte de microrégion A4 (p. 360-361). Entre St-Dié-des-Vosges et Saverne, le massif du Donon occupe la partie sud des Vosges gréseuses.

À NE PAS MANQUER

Le col du Donon, le sentier des passeurs.

AVEC LES ENFANTS

Le chemin de fer forestier d'Abreschviller à Grand-Soldat.

Circuit conseillé Carte de microrégion p. 360-361

VALLÉES DE LA SARRE ROUGE ET DE LA SARRE BLANCHE A4

Circuit de 55 km tracé en rose sur la carte de microrégion p. 360-361. Comptez env. 2h.

Col du Donon A4

1h30 à pied AR env. Parking en face de la maison forestière du Haut-Donon.

Axe de communication ancestral, le col du Donon est le carrefour d'un trafic soutenu de pèlerins, de voyageurs, puis de touristes, depuis des millénaires. Les Celtes, les premiers, y bâtirent un temple au dieu Cerf. Des traces de culte gallo-romain ont aussi été découvertes : nos ancêtres honoraient à Donon Mercure, le dieu des voyages. Le fruit des découvertes faites sur le site du col se trouve aux musées archéologiques de Strasbourg et d'Épinal.

Du sommet *(alt. 718 m)*, **panorama**★★ sur la chaîne des Vosges, le plateau lorrain, la plaine d'Alsace et la Forêt-Noire. Entre les deux tables d'orientation

Le petit temple d'inspiration antique au sommet du col du Donon.
B. Gardel/hemis.fr

s'élève un petit temple à l'antique, datant de Napoléon III, tandis que des vestiges gallo-romains subsistent sur les pentes.

Le trajet, en descendant du col du Donon, suit d'abord la belle **vallée de la Sarre rouge**, ou vallée de St-Quirin, puis passe sur le plateau lorrain.

Après une légère montée sur la D 993, laissez à gauche la route de Cirey-sur-Vezouze pour suivre la D 145, puis D 44.

Aussitôt commence une très agréable descente entre les arbres vers la vallée de St-Quirin. La route, très encaissée, suit les sinuosités de la Sarre rouge, un ruisseau plutôt modeste.

LA BATAILLE DU DONON

Le **Grand et le Petit Donon**, annexés depuis 1871, deviennent un enjeu stratégique au démarrage de la Première Guerre mondiale lorsque le 21e corps (1re armée de Dubail) reçoit l'ordre de prendre sa position le long de la frontière entre les Vosges (Lorraine) et le Reich (Alsace). Selon les ordres du ministre de la Guerre Messimy, les troupes françaises ont l'interdiction de s'approcher à moins de 10 km de la frontière afin de laisser à « l'ennemi » la responsabilité de déclencher les hostilités.

À partir du **4 août 1914**, la 1re armée du général Dubail reçoit l'ordre de s'emparer de tous les cols des Vosges. La bataille pour le massif du Donon fait rage dès le **14** et culmine les **20, 21 et 22 août** comme l'indique le monument au centre du cimetière de la Fontenelle. Les chasseurs à pied du 21e corps d'armée doivent alors couvrir le retrait de ce dernier de la vallée de la Bruche.

Côté allemand, c'est le 14e corps de réserve badois qui est chargé de défendre le plateau et en particulier d'interdire l'accès au **Petit Donon**. La forteresse naturelle restera aux mains des Allemands jusqu'en 1918.

Abreschviller A4

Un **petit train forestier** à vapeur ou Diesel *(2 pl. Norbert-Prévot - ✆ 03 87 03 71 45 - http://train-abreschviller.fr - ♿ - avr.-oct. : horaires, se rens. - possibilité de visite guidée sur demande (1h30) - 13 € (-4 ans 8,50 €) - pers. à mobilité réduite sur réserv. - places limitées. Possibilité de voyager dans une voiture plus luxueuse style « Orient Express » 17 € (4-12 ans 10 €).)* conduit à Grand-Soldat (6 km) à travers les richesses naturelles de la Sarre rouge.

Grand-Soldat – Hameau qui vit naître Alexandre Chatrian, moitié d'Erckmann-Chatrian, écrivain à quatre mains du 19e s. Émile Erckmann est lui-même natif de Phalsbourg.

3 km plus loin, tournez à gauche dans la D 96F vers St-Quirin.

Vasperviller A4

Sur les premiers contreforts du Donon, ce village doit à l'architecte Litzenburger une remarquable petite **église** moderne, Ste-Thérèse (1968). Du sommet du campanile, accessible par un original escalier-chemin de croix de 75 marches, point de vue sur l'agglomération et le vallon que borde la route de St-Quirin. L'intérieur de l'église Ste-Thérèse est éclairé par de jolis vitraux illustrant l'« arbre généalogique du Christ ».

Saint-Quirin A4

Cet agréable petit village doit beaucoup à son bel **ensemble prioral★** immédiatement repérable grâce à l'étonnante silhouette de l'**église** (1722). De style baroque, elle est en effet surmontée de deux tours et d'un clocheton coiffés de bulbes superposés. À l'intérieur, admirez l'orgue rénové de Silbermann (1746) et le mobilier style Louis XIV et Louis XV.

Un peu plus bas, au pied de la statue de saint Quirin, une source dite miraculeuse guérirait les maladies de peau.

Prenez le chemin face à l'église pour atteindre la chapelle haute.

Elle est située à l'emplacement d'un ancien sanctuaire celte. La **vue★** sur la forêt de St-Quirin y est très belle. Les promeneurs ne seront pas déçus grâce aux nombreuses randonnées balisées dans le secteur.

Quittez St-Quirin par la D 96, à l'ouest, et, 2 km plus loin, prenez à gauche la D 993.

La **vallée de la Sarre blanche**, que longe la D 993, traverse de belles forêts. Elle est peu peuplée (quelques scieries ou maisons forestières seulement en bordure de route), mais offre un très beau paysage.

En fin de parcours, on repasse en Alsace et, laissant à gauche la route d'Abreschviller, on regagne le col du Donon par la D 993.

NOS ADRESSES DANS LE MASSIF DU DONON

HÉBERGEMENT

BUDGET MOYEN

Chambre d'hôte Le P'tit Bonheur – *21 Les Noires-Colas - 54540 Bionville - ✆ 03 29 41 12 17 - www.vosgespetitbonheur.fr -* P - ⊭ - *5 ch. 57/89 € ☕ - repas 24 € (-12 ans 12 €) bc sur réserv.* Vous serez toujours le bienvenu dans cette grande ferme bercée par le murmure d'un ruisseau. Confort douillet dans les chambres baptisées du nom de danses folkloriques. Après le dîner, vous aurez peut-être la chance de voir la maison s'animer au rythme d'instruments traditionnels.

Chambre d'hôte Monique et Daniel Bouvery – *18 r. du Val - 54480 Cirey-sur-Vezouze - ✆ 03 83 42 58 38 - www.chambres-haute-vezouze.com -* P - ⊭ - *5 ch. 70/105 € ☕ - repas 23 € sur réserv.* Cette maison de maître posée au pied des Vosges dispose de chambres bien équipées. Agréables moments de détente en perspective auprès de la cheminée du salon ou autour du billard. Petits-déjeuners complets avec charcuteries et fromages ; cuisine régionale à la table d'hôte.

POUR SE FAIRE PLAISIR

Étable gourmande – *3 lieu-dit Stossberg - 57870 Plaine-de-Walsch - ✆ 03 87 25 66 34 - www.aubergedeletable.com - fermé 2 sem. en janv., 2 sem. en août, lun. midi, mar. midi, sam. midi et dim. soir -* ♿ - P - *10 ch. 69 € - ☕ 9 € - rest. 23,50/58 €.* Élégant et rustique, le cadre surprend d'abord agréablement. Les chambres sont bien agencées dans un esprit chalet. Puis viennent les délices du saumon fumé maison, de la belle charcuterie de cochon fermier, d'une cuisine généreuse et bien maîtrisée.

RESTAURATION

POUR SE FAIRE PLAISIR

Hostellerie du Prieuré – *163 r. du Gén.-de-Gaulle - 57560 St-Quirin - ✆ 03 87 08 66 52 - www.saint-quirin.com - fermé 1 sem. en mars, fin août, vac. de la Toussaint, sam. midi, mar. soir et merc. -* ♿ - P - *8 ch. 65/75 € - ☕ 9 € - formule déj. 13,50 € - 30/72 €.* Dans une vieille bâtisse au cœur d'un village apprécié des randonneurs, le chef s'en donne à cœur joie avec les produits du terroir et les portions sont généreuses. Chambres d'étape, aménagées dans la maison familiale, typique, située à deux pas.

Auberge de la Forêt – *276 r. des Verriers - 57560 Abreschviller - ✆ 03 87 03 71 78 - www.aubergedelaforet57.com - fermetures annuelles, se rens. - fermé mar. soir et lun. -* P - *formule déj. 14 € - 30/58 €.* Une auberge qui en impose avec sa tourelle. Place à un style moderne et cossu, élégant, en phase avec la cuisine, bien de son époque.

ACTIVITÉS

Sentier des passeurs – Aujourd'hui balisé à partir de la maison forestière de Salm jusqu'à Moussey, il fut emprunté de 1941 à 1944 par nombre d'habitants de l'Alsace annexée désireux de fuir le régime nazi et de rejoindre la France. Les passeurs étaient de fins connaisseurs de la montagne. Randonnées guidées en été. *Rens. à l'office de tourisme - 114 Grand'Rue - 67130 Schirmeck - ✆ 03 88 47 18 51 - www.valleedelabruche.fr - de mi-avr. à mi-oct. - gratuit (retour en bus de Moussey payant).*

Wangenbourg

1 395 Wangenbourgeois et Engenthalois – Bas-Rhin (67)

Avec ses paysages de montagne, ses immenses forêts, ses prairies qu'on croirait d'altitude et ses chalets qui rappellent ceux des Alpes, la région de Wangenbourg mérite bien son surnom de « Suisse d'Alsace ».

NOS ADRESSES PAGE 368
Hébergement, restauration, achats, activités, etc.

S'INFORMER

Office de tourisme – *32A r. du Gén.-de-Gaulle - 67710 Wangenbourg-Engenthal - ✆ 03 88 87 33 50 - www.suisse-alsace.com - juil.-août : 9h-12h, 15h-17h, sam. 9h-12h ; mai-juin et sept. : 9h-12h, 15h-17h, sam. 9h-12h, dim. et j. fériés 15h-17h ; reste de l'année : tlj sf dim. et j. fériés 9h-12h, 15h-17h, sam. 9h-12h - fermé 14 Juil., 15 août.*

SE REPÉRER

Carte de microrégion B3/4 (p. 360-361). À 20 km au sud de Saverne par la D 218, 41 km à l'ouest de Strasbourg par la D 1004, puis la D 224.

À NE PAS MANQUER

Le château et la cascade du Nideck.

ORGANISER SON TEMPS

Comptez une demi-journée pour découvrir Wangenbourg et son château ; prévoyez une autre demi-journée pour le circuit proposé.

Se promener

Château

Pour y accéder (15mn à pied AR), laissez la voiture sur le parking de l'office de tourisme. 200 m après l'église, passez près d'un énorme tilleul et suivez un chemin dans le prolongement de la rue principale.

Du château, des 13e et 14e s., qui appartenait à l'abbaye d'Andlau, il reste un donjon pentagonal et d'importants vestiges de murs. Par le donjon (24 m de haut), on accède à une plate-forme. Très belle vue sur la région.

Un sentier, en partie tracé dans les fossés du château, permet de faire le tour de l'énorme rocher de grès qui porte les ruines. Par un pont, on accède à l'ancienne cour.

Circuit conseillé Carte de microrégion p. 360-361

La région de **Dabo-Wangenbourg★★** appartient aux Petites Vosges. Ses massifs gréseux, d'apparence farouche et tourmentée, sont séparés par des vallées fraîches et calmes dont les eaux coulent sur des lits de sable fin. L'ancienne et puissante maison de Dabo, ou Dagsbourg, descend du duc d'Alsace Étichon, père de sainte Odile. C'est dans le château de Dagsbourg que certains historiens situent, en 1002, la naissance de Bruno de Dabo, qui deviendra le pape Léon IX, puis saint Léon. D'autres affirment que cette illustre naissance a eu lieu à Eguisheim. Le débat reste ouvert…

FORÊT DE HASLACH B4

Circuit au sud de Wangenbourg tracé en vert clair sur la carte p. 360-361. Comptez environ 2h30.

Forêt de Haslach A/B4

Après Wolfsthal, la D 218 monte dans la belle forêt de Haslach. Un parcours agréable conduit à la maison forestière. À 500 m commence une descente parfois sinueuse qui se poursuivra jusqu'à Oberhaslach. On aperçoit en avant et à gauche, toute proche, la tour ruinée du château du Nideck.

★★ Château et cascade du Nideck B4

1h15 à pied AR. Laissez la voiture sur le parking situé en contrebas de la maison forestière du Nideck et prenez le sentier signalé par des panneaux.

Une tour du 13e s. et un donjon du 14e s., dans un **site★★** romantique, sont les restes de deux châteaux incendiés en 1636. D'en haut, belle vue sur la forêt, la vallée de la Bruche, le château de Guirbaden et les hauteurs du Champ du Feu.

À droite du donjon, prenez à gauche le sentier de la cascade. Après un abri en bois, puis un pont, c'est à droite jusqu'au belvédère (très dangereux, malgré le garde-fou).

Du belvédère, la **vue★★** est superbe sur la vallée glaciaire et le gouffre boisé, dans lequel la cascade du Nideck se jette du haut d'une muraille de porphyre. Pour voir la chute, suivez, au-delà du belvédère, le sentier aménagé *(30mn AR)*.

Revenez à la D 218 et faites 1,2 km.

Belvédère B4

À 20 m de la route, à hauteur d'une borne commémorant sa construction.

Belle **vue★** sur le château du Nideck et la vallée. Ensuite, la vue se dégage à gauche sur les ravins boisés de la Hasel et de ses affluents et, au loin, sur la vallée de la Bruche et les hauteurs qui la dominent au sud.

Oberhaslach B4

22 r. du Nideck - 67280 Oberhaslach - 03 88 50 90 15 - 8h-12h, 13h30-17h, vend. 8h-12h, sam. 10h-12h - fermé mar., jeu., dim. et j. fériés.

Lieu de pèlerinage dédié à saint Florent, assez fréquenté : au 7e s., on disait le saint capable d'adoucir les animaux les plus sauvages; il est resté le protecteur des animaux domestiques. La chapelle élevée en 1750, de style baroque, rappelle l'endroit où le saint vécut en ermite avant de devenir le 7e évêque de Strasbourg.

★ Église de Niederhaslach B4

Elle se dresse à l'emplacement d'une abbaye fondée par saint Florent. Style gothique avec un portail encadré de statuettes et orné d'un tympan qui illustre l'histoire du saint guérissant la fille du roi Dagobert. Dans les bas-côtés et l'abside, **beaux vitraux★** des 14e et 15e s. Une chapelle, à droite du chœur, abrite sous ses voûtes aux clés sculptées le tombeau de Gerlac et un saint-sépulcre du 14e s.

Suivez la D 75.

Wasselonne B3

Ancienne place forte dominée par un château fort réduit à une vieille tour, la porte de ville et quelques vestiges. Ses maisons s'étagent sur les contreforts du Kochersberg. L'**église protestante** date du 18e s. (orgue de Silbermann).

Vallée de la Mossig B3

Les blocs de grès en saillie donnent aux hauteurs qui encadrent la Mossig une physionomie très particulière. Le grès des environs de Wasselonne servit à la construction de la cathédrale de Strasbourg.

NOS ADRESSES À WANGENBOURG

HÉBERGEMENT ET RESTAURATION

POUR SE FAIRE PLAISIR

Parc Hôtel – *39 r. du Gén-de-Gaulle - ✆ 03 88 87 31 72 - www.parchotelalsace.com - 25 mars-5 nov. - 29 ch. 84/111 € - ☕ 12 € - rest. (fermé à midi en sem.) 20/45 €.* Cette grande maison vosgienne se dresse dans un parc peuplé d'arbres centenaires, propice à la sérénité… Accueil chaleureux, chambres spacieuses et confortables (modernes ou de style). Cuisine traditionnelle.

AGENDA

Foire de Wasselonne – *Dernier w.-end d'août - ✆ 03 88 59 12 00 - www.wasselonne.fr ou www.suisse-alsace.com.* Foire annuelle, manèges, braderie dans tout le centre-ville.

Marmoutier

★

2 822 Maurimonastériens – Bas-Rhin (67)

À la lisière entre les larges champs cultivés et les Vosges du Nord, ce village possède une certaine dose de grâce. L'église abbatiale de Marmoutier constitue un véritable joyau de l'art roman alsacien. Elle abrite un orgue Silbermann prestigieux, sur lequel Albert Schweitzer aimait jouer. Le banquier Albert Kahn et l'illustrateur Alphonse Lévy sont tous deux enfants de la ville.

NOS ADRESSES PAGE 370
Hébergement, restauration, achats, activités, etc.

S'INFORMER

Office de tourisme – *1 r. du Gén.-Leclerc - 67440 Marmoutier - ✆ 03 88 71 46 84 - www.marmoutier.net - sais. : horaires, se rens. ; reste de l'année : tlj sf jeu., sam. apr.-midi et dim.-lun. - fermé certains j. fériés.*

SE REPÉRER

Carte de microrégion B3 (p. 360-361). À 6 km au sud de Saverne par la D 1004. Accès par l'A 4-E 25 Paris-Metz-Strasbourg : sortie Saverne. Des abords du Sindelsberg (1,5 km au nord-ouest par l'ancienne route de Saverne), jolie vue plongeante sur le site.

L'ÂGE D'OR DE L'ABBAYE

Au 14e s., les abbés de Marmoutier imposent sur la région une influence considérable, tant spirituelle que temporelle. Nombre d'artisans et d'agriculteurs gravitent autour. Une communauté juive s'installe, chargée, par les abbés, du négoce. En 1792, la Révolution disperse tout ce petit monde.

Église de Marmoutier, ancienne abbatiale à façade romane.
S. Nicolas/Iconotec/Photononstop

Visiter

★★ Église abbatiale

8 pl. du Gén.-de-Gaulle - ✆ 03 88 71 46 84 - www.paysdemarmoutier.eu - mai-sept. : 9h-18h ; reste de l'année : 9h30-11h30, 13h30-16h - fermé 1er w.-end de sept. - possibilité de visite guidée sur demande (1h).

La **façade occidentale**★★ est construite en grès rouge des Vosges. Le clocher est carré et les deux tours d'angle octogonales. Le porche comporte une voûte d'ogives centrale, entre deux voûtes en berceau.

Le narthex, surmonté de coupoles, est la seule partie intérieure romane. Dans les bras du transept, monuments funéraires élevés en 1621 et très abîmés pendant la Révolution. De belles boiseries dans le chœur : stalles Louis XV et quatre dais surmontés de feuillages et de branches d'arbres ; au couronnement des stalles, petits anges charmants. Les **orgues** authentiques de Silbermann, construites de 1709 à 1745, comptent parmi les plus belles d'Alsace.

5

Des vestiges d'une **église mérovingienne** construite en 724 ont été découverts sous le transept *(accès par la crypte ; entrée dans le bras sud du transept).*

Musée du Patrimoine et du Judaïsme alsacien

6 r. du Gén.-Leclerc - ✆ 03 88 71 46 84 - www.marmoutier.net - visite guidée (1h) juil.-sept. : 14h-17h, w.-end et j. fériés 10h-12h, 14h-18h ; 5 mai-30 juin et oct. : dim. 10h-12h, 14h-18h ; reste de l'année : sur demande préalable - fermé certains j. fériés - 4 € (enfant 2 €).

Installé dans une jolie maison patricienne de 1590, ornée d'un oriel, le musée propose des reconstitutions authentiques de la vie rurale alsacienne d'autrefois : pièces aménagées (*stube*, cuisine…), ateliers d'artisans (forgeron, tonnelier, tailleur de pierre…). Notez les plafonds d'origine, peints ou mouchetés (la tulipe pour l'amour, la grenade pour la fertilité), et remarquez l'importante collection de moules à pâtisserie en terre cuite. Plus loin, des témoins de la communauté juive alsacienne : objets du culte synagogal et domestique. À la cave, un bain rituel du 18e s. signale que des rabbins logeaient dans la maison.

À proximité Carte de microrégion p. 360-361

Couvent de Reinacker B3

2 km à l'est de Marmoutier, au sud de Reutenbourg.

Lieu de pèlerinage marial depuis le Moyen Âge, le sanctuaire de Reinacker est aujourd'hui tenu par des religieuses franciscaines. L'église gothique de grès rose reconstruite au début du 15e s. sur des vestiges plus anciens se reconnaît de loin grâce à son clocher (fin 17e s.) couvert de tuiles vertes vernissées et à la Vierge monumentale qui orne sa façade depuis 1827. En faisant le tour de l'église par le jardin, on aperçoit de curieuses gargouilles, dont un diable prêt à lancer une pierre. À l'intérieur, voyez les sculptures qui décorent les niches du chœur (soleil et lune à tête humaine, rosace sculptée, scène de chasse) et la console supportée par un atlante. L'autel latéral de droite abrite une Vierge miraculeuse de la fin du 15e s. Sur celui de gauche, la pietà de bois est datée de 1443. *Le couvent propose un hébergement.*

NOS ADRESSES À MARMOUTIER

HÉBERGEMENT ET RESTAURATION

BUDGET MOYEN

Le Gourmet – *8 r. du Gén.-Leclerc - ☎ 03 88 02 32 11 - fermé lun. soir, mar. soir et merc. - rest. 12,50/39 €.* Dans un décor moderne aux coloris grenat, on sert une cuisine du terroir généreuse et à prix doux. Terrasse.

À proximité

PREMIER PRIX

Auberge du Tannenwald – *1 r. de Hengwiller - 67440 Dimbsthal - ☎ 03 88 70 60 34 - 4 ch. 50 € - rest. 14/30 €.* Cette ancienne exploitation agricole met à votre disposition des chambres simples et bien tenues, ainsi qu'un gîte *(60 € la nuit pour 2).* Sur réservation, table d'hôte et auberge en fin de semaine. Bonne cuisine. Accueil chaleureux.

ACTIVITÉS

Randonnées – *Dép. possible r. de la Gare ou au parking Schlossgarten dans le centre. Parcours dans la forêt de Tannenwald (5 à 13 km à pied ou VTT). Pupitres informatifs sur le parcours (flore, faune…).*

Saverne

★

12 087 Savernois – Bas-Rhin (67)

Au pied des Vosges, à l'entrée du passage qui conduit en Lorraine, Saverne a toujours bénéficié de sa position stratégique. Ville-étape dans l'Antiquité – elle était alors nommée Tres Tabernae (« les trois tavernes ») –, elle devint au 14e s. la résidence des princes-évêques de Strasbourg, issus des maisons de Fürstenberg et de Rohan. L'écluse sur le canal de la Marne au Rhin, le château des Rohan, la création du Club vosgien et de jardins, font de Saverne une cité riche en culture et ouverte sur la nature.

NOS ADRESSES PAGE 377
Hébergement, restauration, achats, activités, etc.

S'INFORMER
Office de tourisme – *37 Grand'Rue - 67700 Saverne - 03 88 91 80 47 - www.tourisme-saverne.fr - mai-sept. : 10h-12h, 14h-18h, lun. 14h-18h ; janv.-avr. et oct.-nov. : tlj sf dim. 14h-18h, sam. 9h-13h ; déc. : 10h-12h, 14h-17h, lun. 14h-17h, 4 dim. de l'avent 14h-18h - fermé 1er janv., dim.-lun. de Pâques, 1er Mai, 25-26 déc.*

SE REPÉRER
Plan de microrégion B3 (p. 360-361).
45 km au nord-ouest de Strasbourg par l'A 351 et la D 1004. Deux trains directs par jour depuis Paris et, grâce au TGV, à moins de 2h de la capitale.

SE GARER
En centre-ville : pl. du Gén.-de-Gaulle, pl. du Château et pl. des Dragons.

À NE PAS MANQUER
Les maisons à colombages, le château des Rohan et la roseraie en saison.

ORGANISER SON TEMPS
Mai et juin constituent la période idéale pour visiter Saverne : c'est l'époque de la floraison des orchidées sauvages au jardin botanique du col de Saverne ; c'est aussi la période de la Fête des roses.

AVEC LES ENFANTS
Le plan incliné de St-Louis-Arzviller.

Se promener

★ Château
Des hôtes prestigieux, dont Louis XIV, Louis XV et Goethe, ont séjourné dans cet ancien château fort du 12e s. Entouré d'un beau parc, que limite le canal de la Marne au Rhin, l'édifice s'est métamorphosé en palais Louis XVI, bâti en grès rouge. Incendié en 1779, il fut reconstruit par le fastueux cardinal Louis de Rohan. Comme l'évêque de Metz convoitait l'évêché de Strasbourg, le cardinal de Rohan s'est installé à Saverne, en particulier pour profiter de la position stratégique de la ville et des garnisons présentes sur le Haut-Barr, mais il ne put jamais en jouir puisqu'il fut contraint à l'exil à la suite de l'affaire du collier de la reine *(voir encadré p. 372)*. La Révolution interrompit les travaux d'aménagement intérieur. De 1870 à 1944, le château fut transformé en caserne. Il abrite aujourd'hui des écoles, des salles de spectacle et un musée.
De la place du Général-de-Gaulle, vue sur la façade sud du château. Pour voir la **façade**★★ nord, la plus belle, passer à droite du château après la grille.

5

L'AFFAIRE DU COLLIER DE LA REINE (1785)

Cette escroquerie qui fit grand bruit, quatre ans avant la chute de la royauté, cristallisa l'hostilité de l'opinion publique envers la reine **Marie-Antoinette** perçue comme légère et dispendieuse.

Le cardinal **Louis de Rohan** (1734-1803), archevêque de Strasbourg, grand-aumônier de France et académicien, avait acquis une position très en vue sous le règne de Louis XV. Mais, en froid avec la reine Marie-Antoinette pour avoir émis des critiques à l'encontre de sa mère, l'impératrice Marie-Thérèse, il était mal en cour depuis l'avènement de Louis XVI.

Prêt à tout pour retrouver la faveur des monarques, il fut approché par une prétendue **comtesse de La Motte-Valois**. Celle-ci, se faisant passer pour une amie intime de Marie-Antoinette, fausses correspondances à l'appui, fit miroiter à Rohan la possibilité de se réconcilier avec la jeune reine. À la suite d'une brève entrevue nocturne à Versailles, mise en scène par la comtesse de La Motte-Valois, le cardinal accepta de se porter caution de Marie-Antoinette pour l'achat d'un collier de 800 diamants. Ayant remis le collier à la comtesse et ses complices, qui dépecèrent aussitôt le fabuleux bijou pour en écouler les pierres dans toute l'Europe, le cardinal s'étonna de n'avoir aucune nouvelle de la reine. Pendant ce temps, les bijoutiers s'inquiétant du paiement donnèrent l'alarme à Versailles. Louis XVI fit alors arrêter, en pleine galerie des Glaces, le cardinal de Rohan qui s'apprêtait à célébrer la messe en grande pompe devant la cour. Il confia le jugement de l'affaire au Parlement de Paris. Ce dernier, traditionnellement hostile à l'autorité royale, acquitta l'accusé, laissant ainsi entendre que la reine n'était pas innocente dans cette affaire. Le cardinal de Rohan, déchu de sa charge de grand-aumônier, fut exilé à l'abbaye de la Chaise-Dieu, en Auvergne.

Musée – *Pl. du Gén.-de-Gaulle - ✆ 03 88 71 63 95 - ♿ - de mi-juin à mi-sept. : 10h-12h, 14h-18h ; de déb. janv. à mi-juin : 14h-18h, w.-end 10h-12h, 14h-18h ; reste de l'année : se rens. - fermé mar., Vend. saint, 1er janv., 1er Mai, 1er nov., 25 et 31 déc. - 3,10 € - possibilité de visiter le toit du château avec vue panoramique de la ville de Saverne tlj sf mar. 14h-16h.*

Dans l'aile droite du château, le sous-sol abrite les **collections archéologiques, surtout gallo-romaines**, en particulier des stèles funéraires. Le 2e étage est consacré brièvement à l'art et à l'histoire de Saverne : sculptures religieuses médiévales ; vestiges lapidaires et objets provenant des fouilles des châteaux forts environnants. L'exposition **Louise Weiss** (1893-1983) nous fait découvrir avec intérêt cette journaliste d'origine alsacienne. Écrivain, féministe, militante pour la construction d'une Europe de paix au 20e s., elle a fait de la ville de Saverne sa légataire universelle.

Enfin, ne manquez pas la visite du lanternon et sa terrasse avec **vue★** sur la ville, le Haut-Barr, le canal et le col de Saverne.

Prenez à gauche dans la Grand-Rue et traversez le canal. Remontez la rue du Griffon jusqu'à la Roseraie.

Roseraie

Rte de Paris - ✆ 03 88 71 83 33 - www.roseraie-saverne.fr - ♿ - 22 mai-1er sept. : 10h-19h ; 2-30 sept. : 14h-18h - fermé certains j. fériés - possibilité de visite guidée sur demande (1h30) - 2,50 € (-16 ans gratuit) - gratuit 14 Juil., 15 août et RV aux jardins.

À la fin du 19e s., des jardiniers locaux testent des rosiers, sur un terrain qui appartient à l'hôpital de la ville. Rapidement, ces essais transforment le lieu en roseraie. Ouverte en 1900, à l'initiative de Louis Walter, employé des Postes à Saverne, celle-ci compte aujourd'hui **près de 8 500 rosiers de plus de 550 variétés**. Dans les allées aménagées ou autour du kiosque, la reine des

À Saverne, le château des Rohan.
B. Rieger/hemis.fr

fleurs se révèle à la fois arbustive, grimpante ou couvre-sol. Ses couleurs, ses parfums, ses formes font tourner la tête, tout comme parfois ses appellations (Rhapsodie blues, Lætitia Casta, Minerva, Jet Set…). La roseraie accueille un Concours international de roses nouvelles depuis 1923. Amateurs et professionnels s'y retrouvent. Les créations sont à observer entre l'espace dédié aux roses anglaises, aux pygmalions alsaciens ou à l'allée des Amoureux.
Revenez sur vos pas, remontez la Grand-Rue et prenez à droite la rue Poincaré.

Ancien cloître des Récollets

Il s'ouvre à gauche de l'église des Récollets (franciscains réformés), édifiée par les frères d'Obersteigen en 1303. De style gothique, le cloître présente de belles arcades ogivales en grès rouge et, dans la 1re galerie à droite de l'entrée, une série de neuf peintures murales ajoutées en 1618 (restaurées). Le retable date de 1736.
Revenez dans la Grand-Rue.

★ Maisons anciennes

Les deux plus jolies maisons du 17e s. encadrent l'hôtel de ville. Remarquez la **maison Katz** à colombages, construite par Nicolas et Hans Faber pour Henri Katz, receveur général de l'évêché. Au n° 96 (à l'angle de la Grand-Rue et de la rue des Églises), la maison Mitterspach, du nom de son premier propriétaire, date de 1569.
Prenez à gauche la rue du Tribunal.

5

Vieux château

Ancienne résidence des évêques aux 16e et 17e s., il abrite aujourd'hui la sous-préfecture. Une belle porte de style Renaissance orne la tour d'escalier.
Vous arrivez place de l'Église.

Église Notre-Dame-de-la-Nativité

On y entre par un clocher-porche roman du 12e s. À l'intérieur, dans la nef du 16e s., trône une chaire de 1495, œuvre d'Hans Hammer, maître d'œuvre de la cathédrale de Strasbourg. À gauche, dans un enfeu, un Christ au tombeau du 15e s. En haut du collatéral gauche, dans la chapelle du St-Sacrement, une pietà du 16e s. et un grand bas-relief en bois peint et doré du 16e s. également, représentant l'Assomption. Les vitraux de la chapelle datent des 14e, 15e et 16e s. Ils illustrent l'Adoration des Mages, ainsi que des scènes de la Passion. Dans le jardin attenant à l'église ont été rassemblés des vestiges de monuments funéraires gallo-romains et francs.

Poursuivez rue Dagobert-Fischer. Vous arrivez de nouveau Grand-Rue. Prenez à droite le quai du Château pour rejoindre le canal de la Marne au Rhin.

Prenez le temps de flâner sur les quais du port de plaisance jusqu'à la capitainerie (de l'autre côté du canal) pour admirer toute la façade du château.

À proximité Carte de microrégion p. 360-361

Jardin botanique du col de Saverne B3

3 km, 45mn. Sentier balisé avec cercle bleu, dép. au pont du canal de Saverne. En voiture, quittez Saverne par la D 1004. À 2,5 km, parking à droite de la route. Traversez la D 1004 et suivez le panneau indicateur.

Rte du Col - 03 88 91 21 00 - mai-août : 10h-18h ; avr. : w.-end et j. fériés 14h-18h ; reste de l'année : se rens. - fermé oct.-mars - possibilité de visite guidée (1h30) - 2,50 € (-12 ans gratuit).

Créé à l'initiative d'un pharmacien botaniste en 1931, ce jardin est situé à 335 m d'altitude, en bordure du massif vosgien. Il bénéficie d'un sol gréseux et de traces de calcaire, ce qui fait de lui un terreau idéal pour la quinzaine d'espèces d'orchidées poussant à l'état sauvage (floraison aux mois de mai et juin). Sur ces 3 ha se développent également un bel arboretum, un alpinum, deux tourbières avec des plantes insectivores et de nombreuses espèces de fougères. Vous remarquerez au fond du site le « carré permanent », une zone non fauchée, véritable niche écologique.

Saut du Prince-Charles B3

En sortant du parc botanique, continuez tout droit en forêt.

D'après la légende, un cavalier aurait sauté avec son cheval de ce rocher d'une dizaine de mètres de haut pour échapper à ses poursuivants. Le prince Charles qui a donné son nom à ce rocher pourrait être Charles IV, duc de Lorraine, qui a participé à la guerre de Trente Ans dans la région. De cette falaise de grès rouge, on a une jolie vue sur les contreforts des Vosges et la plaine d'Alsace.

Télégraphe Claude-Chappe B3

À 200 m du château du Haut-Barr (voir p. 376), au sud.

R. du Haut-Barr - 03 88 52 98 99 - www.shpta.com - ♿ - de mi-mai à mi-sept. : 13h-18h - fermé lun., certains j. fériés - possibilité de visite guidée (30mn) - 2 € (-12 ans 1,50 €) - 5 € billet famille - gratuit J. nationale Chappe (déb. juin).

Il s'agit de la reconstitution d'une tour-relais du fameux télégraphe optique inventé en 1794 par le Sarthois Claude Chappe. Grâce à un système de signaux géométriques et de codes, les informations ont circulé dans plus de 500 stations en France, dont celles situées entre Paris et Strasbourg, de 1798 à 1852. Un petit **musée** permet d'assister à une démonstration de l'appareil remis en état.

Saint-Jean-Saverne B3

5 km au nord de Saverne.

L'**église St-Jean-Baptiste** est le dernier vestige d'une abbaye bénédictine de femmes fondée au début du 12e s. par le comte Pierre de Lutzelbourg et dévastée successivement par les Armagnacs, au début du 15e s., et les Suédois, au début du 17e s. À l'extérieur, elle est dominée par une tour ne datant que du 18e s., mais sous laquelle une porte romane présente des pentures en fer forgé remarquables. Remarquez à l'entrée du chœur les très beaux chapiteaux cubiques à feuillages stylisés.

★ Chapelle Saint-Michel B3

2 km, puis 30mn à pied AR au départ de l'église St-Jean. Prenez la route du Mont-St-Michel qui s'élève en sous-bois puis, 1,5 km plus loin, un chemin à gauche à angle aigu. Rte Forestière - 03 88 91 69 45 - www.cvstjeansav.com - ♿ - de mi-mars à fin oct. : dim. et j. fériés ; de mi-déc. à mi-janv. : dim. et 26 déc. - présentation d'une crèche durant la période de Noël.

Contemporaine de l'abbaye de St-Jean-Saverne, la chapelle fut remaniée au 17e s. et restaurée en 1984 par le Club vosgien.

En prenant à droite de la chapelle, on atteint, à 50 m, l'extrémité du rocher, constituant une plate-forme d'où la **vue★** *(table d'orientation)* est très étendue sur les coteaux d'Alsace et, au loin, sur la Forêt-Noire. La surface de cette plate-forme est évidée circulairement et le trou ainsi formé est appelé **« École des Sorcières »** : la légende raconte que des sorcières s'y rassemblaient la nuit pour se communiquer leurs maléfices.

Revenez à la chapelle.

Sur son flanc droit, descendez un escalier de 57 marches, puis suivez à gauche le chemin longeant le pied de la falaise. Il mène à une grotte dont le fond communique avec l'extérieur par une étroite ouverture, le Trou des Sorcières.

Phalsbourg A3

11 km à l'ouest de Saverne.

Pl. d'Armes - 57370 Phalsbourg - 03 87 24 42 42 - www.phalsbourg.fr - de mi-avr. à fin sept. : 8h-12h, 13h30-17h30, sam. 10h-12h, 14h-17h ; reste de l'année : 8h-12h, 13h30-17h, sam. 10h-12h - fermé dim. et j. fériés.

Les **porte de France** et **porte d'Allemagne** sont deux témoins des fortifications que Vauban a apportées à la ville au 17e s.

Installé au 1er étage de l'hôtel de ville, ancien corps de garde de la forteresse (17e s.), le **musée historique et Erckmann-Chatrian** *(Pl. d'Armes - 03 87 24 40 00 - www.phalsbourg.fr - juil.-août : 9h-12h, 14h-17h, w.-end 10h-12h, 14h-17h ; reste de l'année : tlj sf dim. 9h-12h, 14h-17h, sam. 10h-12h - fermé certains j. fériés - 2 € (-16 ans 1 €).)* consacre à l'histoire militaire de la cité la majeure partie de ses collections. Mélange d'uniformes français et étrangers, armes blanches et à feu, casques. Quelques œuvres d'artistes locaux, des costumes traditionnels et des objets usuels s'intercalent dans les salles. Des documents retracent aussi le cheminement littéraire d'**Émile Erckmann** (1822-1899), né à Phalsbourg, et d'**Alexandre Chatrian** (1826-1890) qui ont écrit à quatre mains nombre de contes, de romans et d'œuvres dramatiques traduits dans divers pays *(L'Ami Fritz, Histoire d'un conscrit de 1813…)*.

Circuit conseillé Carte de microrégion p. 360-361

FORÊT DE SAVERNE A-B3

Circuit de 78 km à l'ouest et au sud de Saverne, tracé en bordeaux sur la carte p. 360-361. Comptez environ 3h30. Empruntez la D 132 entre le canal et la Zorn.

★ Vallée de la Zorn A3

Cette vallée, aux versants couverts de hêtres et de sapins, a toujours été le passage le plus fréquenté des Vosges du Nord. La Zorn y coule, abondante et claire, sur un lit de sable et de cailloux. Après 1840, une nouvelle impulsion est donnée avec la construction simultanée du canal de la Marne au Rhin et de la ligne de chemin de fer Paris-Strasbourg; deux ouvrages terminés en 1852.

★ Château du Haut-Barr B3

Son panorama exceptionnel valut à la forteresse le surnom d'« Œil de l'Alsace ». Par temps clair, il est en effet possible d'apercevoir la flèche de la cathédrale de Strasbourg. Bâti au 12e s. sur trois gros rochers, ce château de grès rouge domine la vallée de la Zorn et la plaine d'Alsace. Il fut entièrement transformé au 16e s. par Jean de Manderscheidt, évêque de Strasbourg, qui y établit sa résidence. Il y fonda la « confrérie de la Corne », dont le rituel consistait à vider d'un trait une énorme corne d'aurochs remplie de vin d'Alsace!
Du portail d'entrée, une rampe pavée conduit à une porte derrière laquelle se trouve à droite une chapelle romane restaurée.
Au-delà de la chapelle, on accède à une plate-forme *(table d'orientation)*, d'où la **vue★** s'étend sur Saverne, les coteaux du Kochersberg et, au loin, sur la Forêt-Noire. Par un escalier métallique *(64 marches)*, appliqué contre la paroi de grès, on peut atteindre un premier rocher. En revenant devant le restaurant, on monte cette fois 81 marches, pour atteindre un deuxième promontoire, lui-même relié par une passerelle, le « pont du Diable », à un troisième rocher. De là, la **vue★★** est encore plus incroyable.
Poursuivez sur la D 132/D 38.
À **Lutzelbourg**, sur un promontoire, ruines féodales du château du même nom.

★ Plan incliné de Saint-Louis-Arzviller A3

On peut l'observer depuis la D 98F. ✆ 03 87 25 30 69 - www.plan-incline.com - ♿ - visite guidée (30mn) juil.-août : tlj sf lun. 10h-12h, 14h-17h; mai-juin et sept. : tlj sf lun. 9h45-11h45, 14h-17h30; avr. et oct. : 10h-11h45, 13h30-16h45 - fermé de mi-oct. à déb. avr., 1er Mai - 3 € (-15 ans 2 €) - circuits en bateau sur le canal du haut ou en train touristique sur demande préalable.
À vélo ou à pied, belle promenade entre Saverne et le plan incliné de St-Louis-Arzviller le long du canal (le trajet total fait 15 km).
Présenté comme une attraction touristique dans la région, cet ouvrage n'en demeure pas moins intriguant. Pour moderniser le canal de la Marne au Rhin, le plan incliné a permis de remplacer 17 écluses, étagées sur 4 km, le long de la voie ferrée. Depuis 1969, une dénivellation de 44,55 m s'effectue en 4mn. C'est une journée de gagnée pour les 10 000 bateaux qui l'empruntent chaque année, des péniches de plaisance et (de moins en moins) de péniches de marchandises (sable, gravier, céréales). Un **chariot-bac**, d'une longueur de 43 m, se déplace sur les rails d'une rampe de béton par un système de contrepoids pour une descente tout en douceur.
Une visite dans la salle des machines et le petit musée installé dans une péniche complètent le parcours. Plusieurs propositions : visite commentée seule, circuit en vedette avec le passage du plan incliné, croisière plan incliné-viaduc, train touristique. Luge d'été en contrebas.
Après Sparsbrod, empruntez la D 98 en direction d'Haselbourg et continuez vers Hellert.

★ Rocher du Nutzkopf A3

45mn à pied AR. Entre Hellert et La Hoube, vous trouverez sur votre gauche le départ d'un chemin de randonnée, balisé.
Au sommet (515 m) de ce curieux rocher tabulaire, **vue★** sur le rocher du Dabo, le village de La Hoube, la verdoyante vallée du Grossthal.

Revenez sur la D 98ᶜ, puis prenez la D 45 à gauche, vers Schaeferhof.
De Schaeferhof, on aperçoit le village d'Haselbourg perché au sommet de sa colline. La route traverse la pittoresque **vallée du Kleinthal**.

Dabo A3
Le **site★** de Dabo est très agréable et les belles forêts environnantes en font une station estivale fréquentée.

★ Rocher de Dabo A3
Signalisation « Rocher St-Léon ». Sur la D 45 - ✆ 03 87 07 47 51 - www.ot-dabo.fr - avr.-oct. : 10h-18h - 2 € (-16 ans 0,50 €) - accès à la chapelle et sa tour d'observation (sf fortes intempéries).
Le rocher de grès est perché avec élégance à 647 m. Ce site naturel, formé il y a plus de 200 millions d'années, a accueilli un château au milieu du 10ᵉ s. La bâtisse fut détruite en 1679 sur ordre de Louis XIV. Une première chapelle, rapidement démolie, puis une seconde prirent place sur les lieux au 19ᵉ s. Dans la tour de la chapelle est encastrée la statue du pape Léon IX.
À gauche du portail percé sous la tour et permettant d'entrer dans la chapelle, une petite porte s'ouvre sur l'escalier *(92 marches, faire attention à la fin).*
Beau **panorama★** du haut de la tour, d'où il est possible de repérer les principaux sommets des Vosges gréseuses (Spillberg, Geisfels, Schneeberg, Grossmann, Donon, etc.). De là, le village de Dabo a la forme d'un X.
Reprenez la D 45.
La route sinueuse continue dans une superbe forêt. Belles échappées sur le rocher et le pays de Dabo, le plateau fertile du Kochersberg et la plaine d'Alsace.

Obersteigen B3
La petite église de grès rose a été construite au 13ᵉ s. par les chanoines de St-Augustin qui, trouvant le climat de la montagne un peu rude, déménagèrent vers Saverne au 16ᵉ s. Son architecture, d'un style homogène, marque la transition du roman au gothique : arcs en plein cintre, chapiteaux à crochets. Des colonnettes annelées ornent le portail.
Empruntez la D 229 pour rejoindre Marmoutier.

★ Marmoutier B3 *(voir p. 368)*
Retour vers Saverne par la D 1004.

NOS ADRESSES À SAVERNE

5

HÉBERGEMENT

BUDGET MOYEN

Le Clos de la Garenne – *88 r. du Haut-Barr - ✆ 03 88 71 20 41 - www.closgarenne.unblog.fr - 14 ch. 58/98 € - ☕ 12 € - formule déj. 20 € - 31/80 €.* Sur les hauteurs de la ville, établissement chaleureux. Chambres cosy à souhait, même si certaines sont de taille modeste. On y déguste de beaux produits travaillés dans un esprit gastronomique ou *winstub*.

POUR SE FAIRE PLAISIR

Hôtel Chez Jean – *3 r. de la Gare - ✆ 03 88 91 10 19 - www.chez-jean.com - 40 ch. 89/110 € - ☕ 10 € - menu du j. 15 € - rest. 29/41 €.* À deux pas du centre, des chambres claires, très confortables, décorées dans l'esprit alsacien ou contemporain (couettes et linge de qualité). Cuisine régionale servie dans une salle à manger habillée de boiseries.

À proximité

PREMIER PRIX

Restaurant Zollstock – *57850 La Hoube - ✆ 03 87 08 80 65 - fermé lun., jeu. soir - P - menu du jour 10,50 € - 17/23 €.* Dans un esprit cantine, une cuisine d'un bon rapport qualité/prix. Réputé pour ses cochonnailles en hiver, apprécié aussi pour son gigot ou ses cuisses de grenouille. Adresse attrayante pour les randonneurs *(à proximité du Nutzkopf).*

POUR SE FAIRE PLAISIR

Chambre d'hôte La ferme de Sophie – *13 r. de l'Église - 67440 Kleingoeft - 9 km au sud-est de Saverne - ✆ 03 88 70 87 22 - www.lafermedesophie.fr - 3 ch. 65/100 € ☕.* Au cœur de ce village coquet, une très belle adresse à l'exquise décoration chinée (jolie collection de faïences et moules à gâteaux). Le confort des chambres se poursuit jusque dans les salles de bain. Accueil de qualité et bon petit-déjeuner maison.

Hôtel-Restaurant Erckmann-Chatrian – *Pl. d'Armes - 57230 Phalsbourg - ✆ 03 87 24 31 33 - www.erckmann-chatrian.net - ♿ - 16 ch. 70/82 € - ☕ 12 € - rest. fermé dim. soir, mar. midi et lun., formule déj. 14 € - rest. 23/46 €.* Cette maison ancienne à la façade fleurie ne manque pas de cachet. Les chambres, de bonnes dimensions, sont pourvues de meubles de style. Cuisine traditionnelle.

Dans la forêt de Saverne

POUR SE FAIRE PLAISIR

Hostellerie Belle Vue – *16 rte de Dabo - 67710 Obersteigen - ✆ 03 88 87 32 39 - www.hostellerie-belle-vue.com - fermé de déb. janv. à fin mars, dim. soir et lun. hors sais. sf j. fériés - P - 25 ch. 80/95 € - ☕ 10 € - 1/2 P. 85 € - rest. 25/45 €.* Au cœur de la forêt de Saverne, cette auberge offre une vue magnifique sur la vallée. Chambres confortables, espace bien-être, parc, belle piscine. Grande salle à manger de style régional et terrasse d'été fleurie ; cuisine de saison. Deux appartements loués à la semaine.

Au Chasseur – *7 r. de l'Église - 67440 Birkenwald - ✆ 03 88 70 61 32 - www.chasseurbirkenwald.com - fermé fin déc.-déb. janv. - 19 ch. 75/99 € - ☕ 15 € - rest. (ouvert mar.-dim. soir et dim. midi) 31/45 €.* Dans un charmant village, une auberge chaleureuse, proposant de belles chambres contemporaines (certaines ont vue sur les Vosges). Élégant restaurant, cuisine savoureuse (foie gras au gewurztraminer, *spaetzele* maison).

RESTAURATION

PREMIER PRIX

Caveau de l'Escale – *10 quai du Canal - ✆ 03 88 91 12 23 - www.escale-saverne.fr - fermé 2e quinz. juil., 25 déc.-1er janv., 1 sem. fin oct., sam. midi, mar. soir, merc. - formule déj. 10,40/13,60 € - rest. 17,40/32 €.* Cette maison discrète, proche du canal, abrite un restaurant. Sous sa cave voûtée, attablez-vous autour de plats régionaux, complétés le soir par un large choix de tartes flambées. Accueil cordial.

BUDGET MOYEN

Taverne Katz – *80 Grand-Rue - ✆ 03 88 71 16 56 - www.tavernekatz.com - formule déj. 17,50 € - rest. 45/56 €.* Dans cette très ancienne boucherie puis tonnellerie, on défend la cuisine locale dans une atmosphère conviviale.

Zum Staeffele – *1 r. Poincaré - ✆ 03 88 91 63 94 - fermé 3 sem. en* *août, 22 déc.-3 janv., dim. soir, lun. et mar. - rest. 25/59 €.* Une cuisine dans l'air du temps, proposée dans un cadre contemporain. Les hôtes du château des Rohan auraient sans doute apprécié !

À proximité

POUR SE FAIRE PLAISIR

Kasbür – *8 r. de Dettwiller - 67700 Monswiller - ✆ 03 88 02 14 20 - www.restaurant-kasbur.fr - fermé 2 sem. en août, vac. de fév., dim. soir, lun., merc. soir et le soir des j. fériés en sem. - P - formule déj. 23/29 €, 48/75 €.* En pleine campagne, cette table de tradition familiale (1932) accueille dans une salle à manger ouverte sur le jardin. Produits de qualité, sauces pleines de parfums, pointe d'inédit… Une valeur sûre.

PETITE PAUSE ET ACHATS

Boulangerie-pâtisserie Boistelle – *92 Grand-Rue - ✆ 03 88 91 10 55 - www.boistelle.com - 6h45-18h30, dim. 7h30-12h - fermé dim. apr.-midi et lun.* Christian Boistelle, maître chocolatier, crée depuis 1995 des spécialités à la rose. Une saveur obtenue à partir du pétale de la rose Lubéron, choisie pour son parfum et sa résistance. Bouton de rose de Saverne (gelée de rose et massepain enrobé de chocolat noir), sablé inventé pour le centenaire de la roseraie. La confiture, le sorbet et le kouglof à la rose complètent la gamme.

ACHATS

Cristallerie de Vallerysthal – *3-12 r. des Cristalleries - 57870 Vallerysthal-Troisfontaines - ✆ 03 87 25 62 04 - www.terresdest.fr - ♿ - mai-déc. : 10h-12h, 13h-18h, w.-end et j. fériés 10h-12h, 14h-18h ; reste de l'année : 10h-12h, 13h-17h30, w.-end et j. fériés 14h-17h30, lun. 13h-17h30 - fermé 1er janv., 25 déc. - possibilité de visite guidée - démonstration de soufflage de verres. Animation, se rens.* C'est le baron de Klinglin (nom prédestiné !) qui transporta en 1838 la très ancienne verrerie de Plaine-de-Walsch au val de Valléry. Entreprise prospère dont les produits étaient très demandés au 19e s., notamment en Allemagne, la verrerie comptait 1 300 salariés en 1914. Vaisselle, objets de décoration, luminaires, bijoux fabriqués à Troisfontaines ou à Portieux dans les Vosges sont en vente.

ACTIVITÉS

Randonnées – *✆ 06 71 08 82 43.* Plus de 260 km de sentiers balisés par le Club vosgien de Saverne dont plusieurs circuits présentés en fiches en vente à l'office de tourisme : circuit « Fontaine Mélanie », « Le Haut-Barr », « Sur les pas du Club Vosgien » et « Le grand circuit du Brotsch ».

VTT – *✆ 03 88 91 80 47.* Plusieurs circuits VTT disponibles à l'office de tourisme.

Location de bateaux sans permis (utilisables sur le canal).

Navig France – *Port de plaisance, 57810 Lagarde - ✆ 03 87 86 65 01 - www.navigfrance.com.* Location de bateaux pour 2 à 10 personnes.

Kuhnle Tours Sarl – *Port fluvial Tannenheim, 57565 Niderviller - ✆ 03 87 24 92 00 - www.kuhnle-tours.fr.* Location de bateaux habitables et de petites embarcations à moteur.

AGENDA

Fête des roses – *3e dim. de juin - ✆ 03 88 71 21 33 - www.roseraie-saverne.fr.* Depuis 1923, chaque année ont lieu le Concours international des roses nouvelles et la très populaire Fête des roses.

Festival de théâtre – *Fin juil.-déb. août, à Phalsbourg - ✆ 03 87 24 42 42 - www.phalsbourg.fr.*

5

Parc naturel régional des Vosges du Nord

★★

Moselle (57) et Bas-Rhin (67)

Les Gaulois appelaient les Vosges « la montagne des taureaux sauvages » (Vasagus). Aujourd'hui encore, dans le Parc naturel régional des Vosges du Nord, il n'est pas rare d'apercevoir cerfs, chevreuils, sangliers et gélinottes des bois. Côté paysage, vallées boisées, prairies, étangs, forêts de hêtres, de sapins, d'épicéas et d'érables seront le théâtre de vos plus belles randonnées. Au cœur de cette nature, l'homme a laissé sa trace à travers des châteaux perchés, auréolés de mystère, de beaux villages discrets et un intéressant patrimoine industriel.

NOS ADRESSES PAGE 394
Hébergement, restauration, achats, activités, etc.

S'INFORMER

Maison du Parc naturel régional des Vosges du Nord – *R. du Château - 67290 La Petite-Pierre - ✆ 03 88 01 49 59 - www.parc-vosges-nord.fr - 10h-12h, 14h-18h - fermé lun.-mar., 31 déc.-31 janv., 24-25 déc.*

SE REPÉRER

Carte de microrégion A1/2/3 B1/2 C1/2 (p. 360-361). Le Parc s'inscrit dans un triangle Wissembourg-Saverne-Volmunster délimité au nord par la frontière franco-allemande, au-delà de laquelle s'étend le Parc naturel allemand du Palatinat, et au sud par l'A 4 Paris-Metz-Strasbourg. Sorties d'autoroute à Sarreguemines, Sarre-Union, Phalsbourg, Saverne et Hochfelden.
Le GR 53 traverse le Parc.

À NE PAS MANQUER

Les maisons troglodytiques de Graufthal, les charmants villages de Hunspach et de Seebach, les ruines majestueuses des châteaux de Lichtenberg et Fleckenstein, le musée Lalique à Wingen-sur-Moder.

AVEC LES ENFANTS

Le château des défis et le P'tit Fleck, au Fleckenstein ; les amuse-musées (un week-end sur deux en saison, découverte ludique proposée dans chaque musée du parc. Maison du Parc, ci-dessus), les démonstrations des verriers au Centre international verrier de Meisenthal, le musée du Sabotier à Soucht, l'aire de jeux médiévale de Gimbelhof, la Maison rurale de l'outre-forêt à Kutzenhausen.

Circuits conseillés Carte du Parc naturel régional p. 382-383

TRAVERSÉE DU PAYS DE HANAU

Circuit de 125 km au départ de Saverne, tracé en vert sur la carte p. 382-383. Comptez environ 4h30.

Peu après la sortie de Saverne par Ottersthal, la D 115, dans un virage à droite, traverse le vallon très frais de Muhlbach, puis passe sous l'autoroute.

Le Pays de Hanau tire son nom d'une ancienne seigneurie prospère, créée par les comtes du Lichtenberg au 13e s. puis gérée par les comtes de Hanau

Fabrication d'une boule de Noël, Centre international verrier de Meisenthal.
G. Guittot/Photononstop

jusqu'au 18e s. Territoires majoritairement agricoles, certaines communes connurent le développement d'une industrie textile et chimique au 19e s. Les collines sous-vosgiennes, les balconnières en fleurs et les colombages soignés invitent à musarder, avant de plonger dans les forêts.

Saint-Jean-Saverne *(voir p. 374)*

Peu après St-Jean-Saverne, on distingue à droite, sur une hauteur boisée dominant Saverne, les **ruines du Haut-Barr★** *(voir p. 376)*; plus à droite, au sommet du versant opposé de la vallée de la Zorn, les ruines du château du Griffon.

Prenez à gauche en direction de Dossenheim-sur-Zinsel.

Dossenheim-sur-Zinsel

Le **site d'interprétation du refuge fortifié** *(81 cour de l'Église - ✆ 03 88 70 00 04 - juil.-août : tlj sf mar. 14h-18h ; avr.-juin et sept.-oct. : dim. et j. fériés 14h-18h ; reste de l'année : sur demande préalable - fermé 1er janv., 1er et 11 Nov., Vend. saint, 25-26 déc. - possibilité de visite guidée (1h) - 1,50 € (-18 ans gratuit).)* permet de comprendre pourquoi et comment, au Moyen Âge, les paysans construisirent autour de l'église un épais mur d'enceinte auquel ils adossèrent des habitations. Les pièces trapézoïdales du sous-sol leur servaient de réserve ou de refuge lors des guerres féodales.

5

★ Neuwiller-lès-Saverne *(voir p. 396)*

Bouxwiller *(voir p. 398)*

On peut couper par Niedersoultzbach pour atteindre Ingwiller.

Ingwiller

89 r. du Gén.-Goureau - 67340 Ingwiller - ✆ 03 88 89 23 45 - www.tourisme-hanau-moder.fr - de déb. juil. à mi-sept. : 10h-12h, 14h-18h, sam. 10h-12h, 14h-17h, dim. et j. fériés 10h-12h ; reste de l'année : tlj sf dim. et j. fériés 10h-12h, 14h-18h, sam. 10h-12h.

RÉGION DE SAVERNE ET VOSGES DU NORD

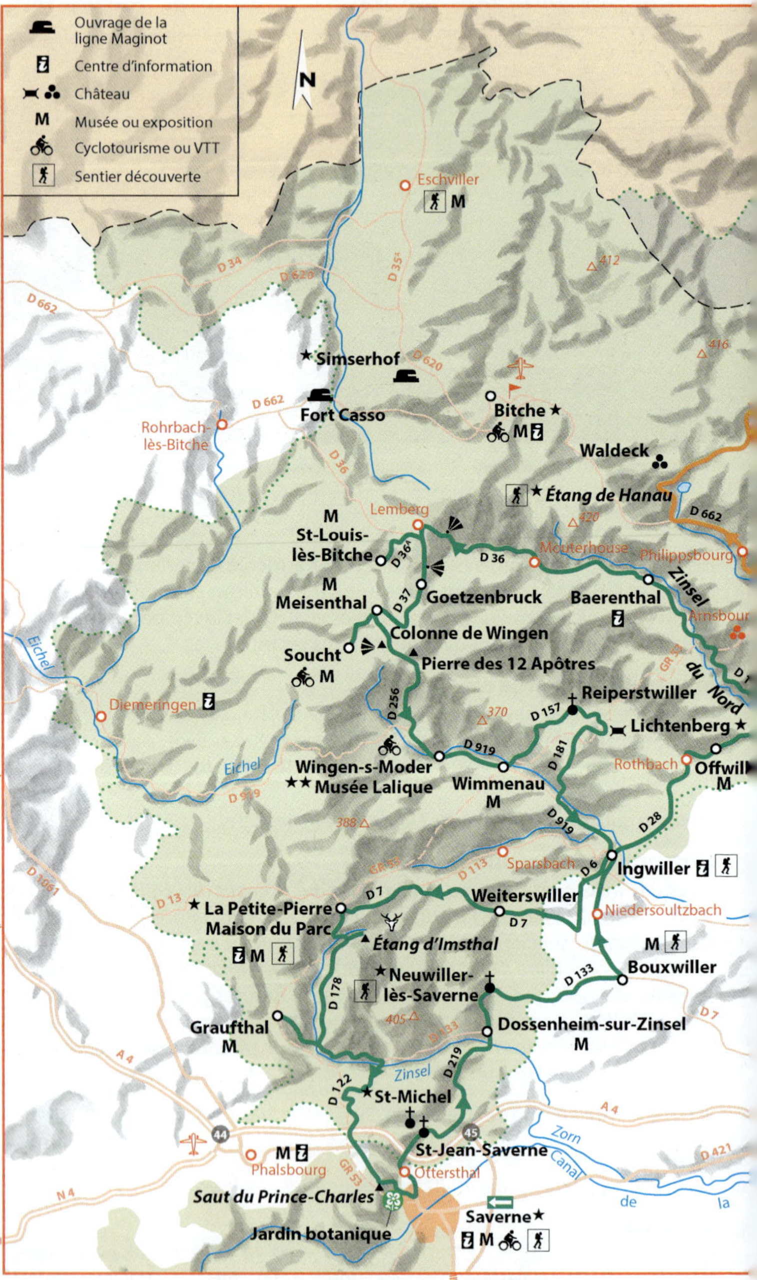

PARC NATUREL RÉGIONAL DES VOSGES DU NORD
0
5 km
DEUTSCHLAND
Naturpark Pfälzerwald
Saarbach
Wegelnburg
Hohenburg
Loewenstein
Fleckenstein
Col de Litschhof
Wissembourg ★★
Weiler
Lutzelhardt
Obersteinbach
Gimbelhof
GR 53
D 3
432
Col du Pigeonnier ★
D 263
Château de Schœneck
Niedersteinbach
Tannenbrück
Climbach
D 53
Wineck
Lembach
Vieux Windstein ★
Wineckerthal
Nouveau Windstein
Four à Chaux
D 34
Ingolsheim
Seebach ★
Wintersberg
Schœnenbourg
Niederbronn-les Bains
Sentier des Turcos
Merkwiller-Pechelbronn
Hunspach ★★
Schœnenbourg
D 264
Wasenbourg
Oberbronn
Wœrth
D 28
Kutzenhausen
Hoffen ★
Reichshoffen
Frœschwiller
Sauer
Zinsel
D 1062
Forêt de Haguenau
D 263
D 1063
Moder
du Nord
Pfaffenhoffen
D 919
HAGUENAU
KARLSRUHE
Sessenheim
D 1063
D 29
A 35
D 1340
Marne au Rhin
Zorn
D 2
RHIN
RHEIN
STRASBOURG
STRASBOURG

Ne manquez pas le sentier botanique et poétique du Seelberg (2h).
En prenant la D 28 à la sortie d'Ingwiller, on traverse Rothbach, Offwiller et Zinswiller.

Offwiller

Arrêtez-vous au **musée d'Arts et Traditions populaires** *(42 r. de la Libération - 03 88 89 31 31 - www.maison-offwiller.webmuseo.com - visite guidée sur demande préalable (1h30) juin-sept. : dim. 14h-18h - fermé j. fériés - 2 € (-15 ans 1 €).)* pour découvrir le charme rural et culturel de la région.

Prenez la D 141 qui longe la Zinsel du Nord entre la forêt d'Offwiller et celle de Niederbronn. À droite en forêt, près du GR 53, ruines du château d'Arnsbourg.

Entrez maintenant au cœur du Parc naturel régional des Vosges, par des routes forestières clairsemées de soleil et au relief tourmenté.

Baerenthal

Charmant village, sur la rive gauche de la **Zinsel**. Sur la rive nord, un mirador permet d'observer l'avifaune (au printemps ou en automne pour les oiseaux migrateurs).

On peut faire le tour de l'étang de Baerenthal, réserve naturelle dont la flore est très riche. Vous noterez dans la région de nombreux étangs. La plupart ont été créés au 18e s. pour les besoins de l'industrie. L'énergie hydraulique servait à mouvoir les marteaux des forges locales.

La route de Baerenthal à Mouterhouse était jalonnée de nombreuses usines métallurgiques, aujourd'hui presque entièrement disparues, installées au début du 19e s. par la famille de Dietrich, protagoniste du développement industriel local, spécialisée dans l'électroménager, le chauffage et le ferroviaire. La Zinsel s'élargit souvent en nappes d'eau, fleuries de nénuphars. Belle vue sur des monts séparés par de jolies trouées.

Continuez sur la D 36 jusqu'à Lemberg.

Saint-Louis-lès-Bitche

Rien ne laisse imaginer, quand on arrive à St-Louis-lès-Bitche, que ce petit village isolé dans une vallée boisée est la patrie des célèbres **cristalleries** de St-Louis fondées en 1767. Ces anciennes verreries royales ont acquis une renommée internationale dans la production d'articles de table et d'ornementation.

★ **Musée du Cristal St-Louis** – *R. Coëtlosquet - 03 87 06 40 04 - www.saint-louis.com - ♿ - 10h-18h - fermé mar., 1er janv., 25 déc. - 6 € (-18 ans 3 €) - 13 € visite guidée manufacture, 15 € billet combiné musée + manufacture, gratuit J. des métiers d'art.*

Très discret à l'extérieur, le musée créé par les architectes **Lipsky** et **Rollet** séduit d'emblée grâce au jeu subtil des transparences et de la lumière. Organisé

UN PATRIMOINE NATUREL DÉDIÉ À LA VERRERIE

Localement, les premières traces de la verrerie remontent au 15e s. Les Vosges du Nord réunissaient trois conditions indispensables pour le développement de cette activité. D'abord, les massifs de grès constitués de sable fournissent la matière première. La silice, en entrant en fusion, se transforme en verre. Pour cette opération, il faut un combustible, le bois, disponible en quantité dans la région. Les fougères mélangées aux cendres de bois aidaient à atteindre ce point de fusion, difficile à obtenir il y a plusieurs siècles, sans l'aide de l'industrie chimique. Enfin, les rivières nettoyaient le sable en enlevant les matières organiques et les particules argileuses. Les familles de verriers, nomades, se déplaçaient suivant leur besoin de bois.

ENTRE HARMONIE DE LA NATURE ET ÉVEIL DES CITOYENS

Créé en décembre 1975, le Parc naturel régional des Vosges du Nord s'étend sur 113 communes et 133 000 ha, répartis entre les départements de Moselle et du Bas-Rhin dans la partie la plus septentrionale du massif. Si les arbres couvrent près de 60 % du territoire, les paysages sont divers : falaises ou pitons gréseux, reliefs érodés ou plus doux, étangs et tourbières ; de nombreuses rivières, des pinèdes ou des hêtres, des clairières agricoles ou des vergers traditionnels, des vallées plus ou moins larges. Une nature à l'origine d'une étonnante architecture en grès, de développements industriel et artisanal dès le 17e s. et de parcours sportifs complets. Le Parc compte 2 000 km de randonnées pédestres, plus de 600 km à vélo et de généreuses parois d'escalade. L'équilibre écologique, la diversité de la faune et la flore ont valu au Parc de recevoir le titre de « Réserve mondiale de la biosphère » décerné par l'Unesco en 1989 et d'être lauréat du concours EDEN (Destination européenne d'excellence) en 2009. Le Parc s'est donné quatre objectifs : aménager son territoire et maîtriser l'évolution du paysage ; protéger et mettre en valeur les patrimoines naturel et culturel ; assurer un développement respectueux de l'environnement ; informer et éduquer le public. Sur ce dernier point, de nombreuses animations sont programmées dans l'année et les « Amuse-musées » proposent des activités adaptées au jeune public dans les établissements partenaires. *Renseignements dans* Le Carnet du Parc, *gratuit.*

autour d'un espace central ouvert sur les vestiges d'un four, éclairé par de superbes lustres de cristal, un parcours thématique et chronologique s'élève en pente douce sur quatre niveaux. Il fait revivre par une magnifique collection d'objets et de petites vidéos didactiques **les grandes heures et les exploits techniques de la cristallerie** : maîtrise de la technique du cristal en 1781, puis de la couleur dans la masse, les opalines de cristal, les boules à millefiori (presse-papier à décor floral), la gravure à l'acide ou à la roue, la taille, etc. Après l'âge d'or du 19e s., l'activité et la créativité de la verrerie sont toujours au rendez-vous. Une passerelle surplombant l'atelier permet d'observer le travail des souffleurs.

Revenez sur la D 37.

Goetzenbruck

Dès le 18e s., un artisan de Meisenthal apporte l'économie du verre à Goetzenbruck. Spécialisées dans les boules de Noël, ces petites verreries ont aujourd'hui disparu. De cette industrie, il ne reste qu'une usine familiale de verres de lunettes qui fournit nombre d'opticiens français.

Meisenthal

De petits artisans s'y associent pour se lancer dans la verrerie en 1711. L'activité connaît ses heures de gloire avec Émile Gallé et Désiré Christian, maîtres verriers à la fin du 19e s. Elle aurait pu disparaître avec la fermeture du site en 1969, mais des passionnés l'ont relancée en créant en 1992 le **Centre international verrier**, étonnant mélange entre passé et modernité.

À côté de la belle halle verrière de 3 200 m² qui propose concerts et festivals de théâtre, on découvre la **Maison du verre et du cristal★** *(Pl. Robert-Schuman - 03 87 96 91 51 - http://webmuseo.com/ws/musee-verre - 27 mars-31 oct. : tlj sf mar. 14h-18h ; 12 nov.-29 déc. : 14h-17h ; reste de l'année : sur demande préalable - fermé 1er janv., Vend. saint, 1er nov., 25 déc. - possibilité de visite guidée (2h) - 6 € (-18 ans 3 €) - 14 € billet famille (2 adultes + 1 enf. mini) - brocante du* *verre.).* Le musée s'applique à raconter l'historique du lieu et le processus de fabrication. À l'étage, il expose de superbes pièces Art nouveau, avec la technique du décor à l'émail intercalaire, caractéristique de Meisenthal. Enfin, on peut observer le travail des souffleurs de verre du haut d'une mezzanine. Dans une atmosphère mêlant un grand calme et une vraie émotion, les artisans fabriquent aujourd'hui des objets conçus par des créateurs contemporains.

Soucht

À 2 km au-delà de Meisenthal, le **musée du Sabotier** *(11A r. des Sabotiers - 03 87 96 25 58 - www.museedusabotier.fr - ♿ - de fin mars à fin oct. : 14h-18h - fermé mar., certains j. fériés - possibilité de visite guidée (1h) - 3,50 € (-10 ans 2,50 €).)* est installé dans un récent bâtiment en bois. On assiste à la fabrication des pièces, on repère les sabots suivant leur lieu d'origine et les coutumes qui y sont rattachées. Pour les audacieux, possibilité de faire la visite sabots aux pieds.

Colonne de Wingen

De cette ancienne borne routière, vue dégagée à gauche sur la vallée de Meisenthal et, au loin, Rohrbach.

Pierre des Douze Apôtres

D 12. Appelée également Breitenstein, cette « pierre levée » ne fut sculptée qu'à la fin du 18e s., en exécution d'un vœu : sous la croix, on reconnaît les 12 apôtres, répartis, trois par trois, sur les faces du menhir.

★★ Musée Lalique

R. du Hochberg - 67290 Wingen-sur-Moder - 03 88 89 08 14 - www.musee-lalique.com - ♿ - avr.-sept. et déc. : 10h-19h ; reste de l'année : tlj sf lun. 10h-18h - fermé janv., 25 déc. - 6 € (-18 ans 3 €) - 14 € billet famille (1-2 adultes + enf.), 2,50 € visioguide - possibilité de visite guidée (1h30) juil.-août.

Installé à quelques kilomètres de la manufacture Lalique, ce récent musée présente le travail de l'un des plus célèbres ambassadeurs du luxe et de l'élégance *made in France*. L'exposition a pris place dans une ancienne verrerie doublée d'un bel édifice moderne tout en baies vitrées et granite noir

LE POÈTE DU VERRE

Paul Morand résume le parcours de René Lalique (1860 Aÿ -1945 Paris) par « le passage de décorateur de chignons à celui de paquebots de luxe ». Ou l'itinéraire d'un génial précurseur qui se mua en industriel entrepreneur et commerçant hors pair. Né dans la Marne, René Lalique est fasciné petit par la nature et le dessin. Il entre en apprentissage chez un joaillier parisien avant d'étudier les arts graphiques à Londres. En créant des bijoux modernes mariant la faune et la flore à l'image du corps féminin, Lalique participe au succès de l'Art nouveau. Le grand public devine son talent lors de l'Exposition universelle de 1900. Puis sa réputation grandit lorsqu'il dessine les flacons des plus grands parfumeurs. Lalique prend une dimension internationale en signant la porte monumentale et la fontaine de l'Exposition de 1925 où un pavillon entier lui est consacré. Trop à l'étroit dans ses ateliers successifs en Île-de-France (Paris, Clairefontaine, Combs-la-Ville), il installe sa manufacture à Wingen-sur-Moder, ancien village verrier, en 1921. Il évolue vers l'Art déco, les arts de la table et réalise des commandes pour des voitures, des navires ou trains de luxe… À sa mort, son fils Marc reprend le flambeau de l'entreprise et la transforme en cristallerie. Depuis 2008, la société est propriété du groupe suisse Art et Fragrance.

signé J.-M. Wilmotte. Dès le hall d'entrée, un énorme lustre (1951) « explosif » composé de 339 pièces et pesant 1,7 tonne hypnotise. Passé la boutique et l'espace dédié aux expositions temporaires, commence la visite proprement dite. Quelque 650 œuvres fort bien scénarisées (espace, lumières, interactivité) racontent chronologiquement la carrière de René Lalique. Après les dessins et esquisses de bijoux, un espace est consacré aux flacons de parfum et aux nouvelles techniques qu'il invente, celles qui l'amènent à passer au verre industriel. Le poète du verre surfe sur la vague Art déco et diversifie sa production en dessinant aussi bien des verrières d'églises que des carafes ou de luxueux bouchons de radiateurs d'automobiles. L'exposition raconte aussi le passage au cristal. L'utilisation de nouvelles techniques (injection, soufflé-moulé, coloration) est illustrée par la présentation des étapes de fabrication du célèbre vase Bacchantes *(voir photographie p. 358)*. Ce savoir-faire permet des créations de plus en plus « vivantes » : banc de poissons colorés, animaux et figures humaines. Cet héritage est aujourd'hui entretenu, perfectionné, à travers un large éventail de créations. Le parcours s'achève le long d'un jardin minéral et végétal, coloré par quelques-unes des fleurs qui inspirèrent l'artiste. Divers ateliers et activités sont proposés pour faire vivre les lieux dans l'année. Tout au long de la visite, on est subjugué par l'imagination de ce génie du verre et du cristal, frappé par la modernité des objets exposés, leur capacité à traverser les décennies et les modes. Seule frustration : ne pas avoir pu assister au travail des ouvriers-artisans qui matérialisent l'imaginaire Lalique, compensée seulement par quelques vidéos.

Wimmenau

À l'instar d'autres villages de la vallée de la Moder, Wimmenau fut peuplé d'immigrants suisses après la guerre de Trente Ans, comme en témoigne la **Maison de l'histoire et des traditions de Haute-Moder** *(✆ 03 88 87 70 77 - visite guidée sur demande préalable - 2 €)*.

Reiperstwiller

Clocher carré du 12e s. pour l'**église St-Jacques**. Le chœur de style gothique de 1480 est dû au dernier des Lichtenberg, Jacques le Barbu.

★ Château de Lichtenberg

Suivez le prolongement de la rue principale de Lichtenberg (D 257) jusqu'au sentier d'accès au château, où laisser la voiture.

✆ 03 88 89 98 72 - www.chateaudelichtenberg.com - juil.-août : 10h-18h ; avr.-sept. : tlj sf merc. 10h-18h ; mars et oct. : w.-end : 10h-17h - fermé de déb. nov. à fin fév. - possibilité de visite guidée (1h) - 4 € (-16 ans 3 €) - 16 € billet famille (2 adultes + 2 enf.).

Bâti sur un promontoire rocheux (414 m) dès le début du 13e s., ce château a beaucoup changé au cours de l'histoire. Il est d'abord la résidence des sires de Lichtenberg. Puis, à la fin du 16e s., Philippe IV de Hanau-Lichtenberg passe commande auprès de l'architecte Daniel Specklin. Il fait alors du château une forteresse de défense adaptée aux progrès de l'artillerie, sans pour autant lésiner sur la décoration Renaissance. Lors de la guerre de Hollande en 1678, le site est pris par les troupes du maréchal de Créqui, sous les ordres de Louis XIV. Le château se trouve intégré au dispositif de défense des nouvelles frontières du royaume de France. Légèrement remanié par Vauban et habité par une garnison, il est violemment bombardé le 9 août 1870. Les travaux de restauration ont dépassé la simple restitution historique : on reconnaît la griffe des 20e s. et 21e s. Dans l'auditorium contemporain, des expositions, notamment sur le grès, complètent le parcours extérieur. Remarquez la chapelle du 16e s.,

les casemates et la jolie vue panoramique de la terrasse d'artillerie. De nombreuses animations et pièces de théâtre font vivre le lieu toute l'année.
Rendez-vous à Ingwiller par la D 919, puis empruntez la D 6 en direction de Bouxwiller. Après Obersoultzbach, tournez à droite sur la D 7 vers La Petite-Pierre.

Weiterswiller
Le petit village possède deux églises *(R. Principale - ✆ 03 88 89 47 50 - mai-sept. : dim. et j. fériés 14h-18h ; reste de l'année : sur demande préalable - ✆ 03 88 89 52 34 M. Léon Fernbach ou ✆ 03 88 89 27 45 M. André Dorschner).* La plus ancienne, du 14e s., devint protestante dès le 16e s. Les belles **fresques★** du 15e s., couvertes d'un badigeon, ne furent retrouvées qu'en 1906. Sur la gauche, on distingue à peine la Création, avec une main tendue vers le fruit défendu. À droite, les scènes de la Passion sont reconnaissables.

★ La Petite-Pierre *(voir p. 402)*

Graufthal
Dans ce hameau de la vallée de la Zinsel, on visite les **maisons des rochers** maçonnées dans de belles falaises de grès rouge hautes de 70 m *(R. Principale - ✆ 03 88 70 19 59 - www.maisonsdesrochers-graufthal.fr - juil.-août : 10h-18h ; 15 mars-11 Nov. : lun.-sam. 10h-12h, 14h-18h, dim. et j. fériés 10h-18h30 - fermé 1er janv., 25 déc. - 2,50 € (-12 ans gratuit) - gratuit J. du patrimoine - possibilité de visite guidée sur réserv. 10 pers. mini.).* Ces maisons troglodytiques ont été habitées jusqu'en 1958. Les chambres, pièces à vivre et ateliers ont été reconstitués.
Départ de nombreuses randonnées dans le village.

LES CHÂTEAUX DU PAYS DES TROIS FRONTIÈRES

Circuit de 54 km au départ de Niederbronn-les-Bains (voir p. 409), tracé en orange sur la carte p. 382-383. Comptez environ 2h.
Aux confins des zones d'influence du Palatinat, de l'Alsace et de la Lorraine, dans le « pays des Trois Frontières », presque chaque piton rocheux porte la ruine d'un vieux château médiéval. Construits au 12e s. et dans la première moitié du 13e s. par les très puissants Hohenstaufen, ducs d'Alsace, ou par les familles nobles qui contestaient leur pouvoir (ducs de Lorraine, comtes des Deux-Ponts, évêques de Spire ou de Strasbourg…), ces châteaux ont été détruits et abandonnés avant le 18e s.
Quittez la ville en direction de Philippsbourg. En face des ruines du château de Wasenbourg, sur la D 1062, prenez à droite, puis à gauche par la route forestière.

Le Wintersberg
C'est le point culminant des Vosges du Nord (580 m). Du haut de la tour-signal *(112 marches),* très beau **panorama★★** sur les Basses-Vosges et la plaine.
La boucle forestière de 6,5 km revient sur la D 1062. Atteignez l'étang de Hanau par l'embranchement à droite à 3 km.

★ Étang de Hanau
Au cœur d'une région de tourbières, ce lac de 18 ha est aménagé pour les loisirs nautiques (baignade surveillée, barques, pédalos). De l'autre côté de l'étang, **château de Waldeck**.
Deux parcours pédestres fléchés partent à la hauteur de l'étang de Hanau : le **sentier botanique de la tourbière** *(accès à 300 m à gauche du parking du restaurant sur la D 162, départ depuis l'aire de pique-nique située au-delà des terrains de tennis, durée 45mn)* et la **promenade de l'arche naturelle d'Erbsenfelsen**

(accès à partir du parking du restaurant, suivre le balisage n° 3 bleu, en passant derrière les courts de tennis, durée 1h30).
Suivez la route forestière entre l'étang et le château, récupérez la D 87 puis la D 35 qui mène à Obersteinbach. Au passage, ruines du Lutzelhardt sur la gauche.

Obersteinbach

Joli village aux maisons à colombages sur base de grès rouge. Installée dans l'ancien presbytère, la **maison des châteaux forts** explique, à l'aide de quelques maquettes, photographies, l'histoire des châteaux, leurs accès, leurs maîtres. *(42 r. Principale - ✆ 03 88 09 50 65 - www.parc-vosges-nord.com - ♿ - avr.-oct. : w.-end et j. fériés 14h-18h ; reste de l'année : sur réserv. au ✆ 03 88 09 56 82 ou 03 88 09 50 59 - fermé 1er janv., 1er et 11 Nov., 25 déc. - possibilité de visite guidée (40mn) - tarif, se rens.).*
Peu avant l'entrée du village, la D 53, sur la droite, reprend le chemin de ce qui fut l'une des principales routes de la région durant le haut Moyen Âge. Plusieurs des ruines qui la surplombent ont appartenu vraisemblablement à la couronne de forteresses mise en place pour protéger le palais impérial de Haguenau, à la fin du 12e s.

Château de Schœneck

✆ 07 50 40 87 90 - http://chateau.schoeneck.free.fr - 25mn à pied du parking - en cours de réhabilitation - visite guidée avec les bénévoles de l'association Cum Ulmer Grüm les 1er s. sam. du mois de mai à sept.
Érigé sur une barre rocheuse, le château fut donné en fief à un Lichtenberg en 1301 par l'évêque de Strasbourg ; la même famille tenait également Wineck, qui lui fait face au fond de la vallée. L'association Cun Ulmer Grün restaure avec passion depuis une dizaine d'années le lieu : fouilles archéologiques, consolidation et restauration de murs, voûtes et encadrements de porte…
À Wineckerthal, prenez à gauche.

Châteaux de Windstein

Parc de stationnement auprès de la mairie sur la droite.
Les deux châteaux de Windstein, distants de 500 m l'un de l'autre, auraient été bâtis le premier à la fin du 12e s., le second en 1339. Tous deux ont été détruits en 1676 par les troupes françaises du baron de Montclar.
Les ruines du **Vieux Windstein★** *(45mn à pied AR)*, incorporées à deux hautes piles gréseuses, se réduisent à quelques vestiges. Les parties du château creusées à même la roche sont les mieux conservées : escaliers, chambres, cachots, puits (profond de 41 m). **Panorama★** sur les sommets environnants. Vous croiserez peut-être des sportifs autour de ce spot d'escalade réputé dans la région.
Sur sa propre butte, le **Nouveau Windstein** *(30mn à pied AR)*, de style gothique, a gardé une partie de ses fortifications et de belles fenêtres ogivales.
Retour à Niederbronn par la D 653.

UNE FRONTIÈRE BIEN GARDÉE

Circuit de 42 km au départ de Wissembourg (voir p. 416), tracé en violet sur la carte p. 360-361. Comptez une demi-journée.
Coiffée de feuillus et résineux, la frontière avec l'Allemagne est parsemée de châteaux semi-troglodytiques. Les vocations militaires ou stratégiques de ce territoire se retrouveront à la fin du 19e s. et en 1940. Plus au sud, débute l'Outre-Forêt, une région bucolique longtemps enclavée et qui conserve de très beaux villages.

★ Col du Pigeonnier

30mn à pied AR. Accès à droite de la route. Empruntez le sentier de la Schérol (balisage « rond rouge ») à travers la forêt, au-dessus du refuge du Club vosgien. Un belvédère permet de découvrir une **vue★** superbe sur la plaine d'Alsace et la Forêt-Noire.

Retour par le même chemin ou possibilité de faire le tour de la Schérol par la forêt pour revenir au col (compter 15mn de plus).

Au cours de la descente, au sortir de la forêt, à gauche, jolie vue sur Weiler et la vallée verdoyante de la Lauter. Après avoir passé un carrefour, vue en avant sur Wissembourg et, derrière, sur le vignoble ; dans le lointain, on distingue le Palatinat.

Reprenez la D 3 jusqu'à Climbach, tournez à droite dans le village. On franchit le col de Litschhof.

★ Château de Fleckenstein

03 88 94 28 52 - www.fleckenstein.fr - juil.-août : 10h-18h ; 23 mars-11 Nov. : 10h-17h30 ; reste de l'année : se rens. - fermé du 12 nov. à mi-mars - possibilité de visite guidée sur demande (1h) - 4,50 € (4-18 ans 3 €).

À sa fondation au 12e s., ce château s'inscrivait dans le dispositif défensif des frontières nord du duché d'Alsace, contrôlant la vallée de la Sauer. Des murs d'enceinte cernent la basse-cour, où l'on pénètre par une porte fortifiée. En approchant du rocher principal, on aperçoit l'impressionnante tour carrée qui lui fut accolée à la fin de l'époque gothique. Des escaliers intérieurs *(attention aux marches)* conduisent à plusieurs chambres taillées dans le roc, dont l'étonnante salle des Chevaliers et son pilier central monolithe, puis à la plate-forme, large de 8 m, où se trouvait le logis seigneurial ; jolie **vue** sur la haute vallée de la Sauer et son confluent avec le Steinbach.

En face de l'accueil, chez le **P'tit Fleck** (espace ludique, jeux sensoriels), les enfants (surtout les 3-6 ans) sont invités à découvrir la nature et le patrimoine vosgiens. On peut se suspendre à l'envers comme les chauves-souris, construire un puits à l'aide d'un treuil ou reconnaître des arbres… *(4,50 €, 4-18 ans : 4 € - mêmes horaires que Le château des défis, voir ci-dessous.)*

Pour les 6-12 ans, le parcours **« Le château des défis »** propose une vingtaine de jeux qui commencent dans le P'tit Fleck, se poursuivent dans la forêt aux alentours et se terminent dans les « pièces secrètes » du château. *(Lieu-dit Fleckenstein - 03 88 94 28 52 - www.fleckenstein.fr - juil.-août : 10h-18h30 ; de fin mars à fin juin et de déb. sept. à déb. nov. : 10h-18h - fermé en hiver - 9,50 € (4-18 ans 8 €) - billet donnant accès au château, au P'tit Fleck et à la Maison de la biosphère (Fischbach Dahn) - nouveau parcours depuis 2015.)* Le chevalier-fantôme Hugo parviendra-t-il à reconstruire son château ?

Tour des quatre châteaux forts – *Départ du parking au pied du Fleckenstein. 4 km. Comptez environ 2h.*

Engagez-vous sur le chemin balisé d'un rectangle rouge, puis après quelques mètres à droite dans le sentier des Rochers (triangle rouge) qui conduit à la fontaine de la Jeune Fille. Selon la légende, cette fontaine fut le théâtre d'un amour malheureux entre un chevalier du Wegelnburg et une demoiselle du Hohenburg. *Tournez à gauche (rectangle bleu).* Après avoir franchi la frontière avec l'Allemagne, on atteint le **Wegelnburg**, forteresse impériale qui, devenue repaire de brigands, fut en grande partie détruite vers la fin du 13e s. Jolie vue sur le Palatinat. Revenez vers la fontaine de la Jeune Fille, continuez tout droit (rectangle rouge) vers le **Hohenburg**, fief des Fleckenstein détruit en 1680, dont la partie basse Renaissance a conservé un puissant bastion d'artillerie et le logis seigneurial. Impression de flotter au-dessus de la forêt et **vue remarquable★**

Maisons troglodytiques à Graufthal.
C. Philippe/ArTerra Picture Library/age fotostock.

sur les Vosges du Nord. En poursuivant par le même chemin vers le sud, on accède au **Loewenstein**, détruit en 1386 après avoir, lui aussi, servi de repaire à des chevaliers-brigands. Le même sentier balisé d'un rectangle rouge passe devant un curieux chicot de grès rouge (le Krappenfels) et mène à la ferme de Gimbel *(ferme-auberge, restauration en saison)*. Superbe **point de vue** sur le château du Fleckenstein.

À l'emplacement de l'ancien château de **Gimbelhof**, aire de jeux médiévale.

Retour au parking par le chemin de droite (rectangle rouge-blanc-rouge).

Tannenbrück

Là, on franchit la Sauer. Le pont fut rendu célèbre par les combats livrés en 1793 par l'armée de la Moselle, que commandait Hoche.

Lembach

Petite ville ornée de bâtisses anciennes : maisons bourgeoises, lavoirs, auberges. Un circuit panoramique *(dép. de la mairie ; durée 1h)* permet de découvrir les alentours et de s'initier au paysage, à la géologie et aux milieux vivants comme les vergers et les haies.

À 1 km de Lembach, sur la route de Wœrth, à gauche, se trouve l'accès à l'ouvrage du **Four à Chaux**.

Four à Chaux de Lembach

D 65B (direction Pfaffenbronn) - 03 88 94 48 62 - www.lignemaginot.fr - visite guidée (1h30) mai-sept. : 10h, 13h30, 15h et 16h30 ; avr. et oct. : 13h30 et 15h ; reste de l'année : w.-end 14h30 - fermé 1er janv., 11 Nov., 25-26 déc. - 7 € (-18 ans 6,50 €) - 9,50 € billet combiné avec le château du Fleckenstein - température constante de 13 °C - prévoir un pull.

Le bombardement massif du Four à Chaux et du petit ouvrage de Lembach, le 19 juin 1940 par 27 stukas, aboutit au cessez-le-feu le 25 juin. Les troupes se rendirent le 1er juillet, l'armistice étant signé. Cet ouvrage d'artillerie de taille intermédiaire (6 blocs de combat et 2 entrées, effectif théorique de 580 hommes) a conservé des locaux en bon état, équipés de leur matériel d'origine. À 25 m de profondeur entre anecdotes et tactique militaire, on découvre les conditions de vie des soldats : système d'aération, cuisines, dortoirs, infirmerie, casernement, poste de commandement, central téléphonique, usine électrique, système de chauffage central et d'alimentation en eau chaude, puits artésien… Originalité : un plan incliné muni d'une crémaillère relie l'entrée des munitions, construite en contrebas, au reste de l'ouvrage. Il servait au transit des wagonnets. À l'extérieur, un fragment de réseau de rails antichars est resté en place. Un petit musée est installé dans l'ancienne gare de triage de l'entrée des munitions.

À Lembach, prenez à droite la petite route longeant la Sauer, direction Reichshoffen. On traverse des villages que la guerre de 1870 a rendus célèbres : Reichshoffen, Frœschwiller et Wœrth. Au bord de la route, des dizaines de monuments commémorent le sacrifice des combattants français et allemands.

Reichshoffen

À cause de la dépêche envoyée par Mac-Mahon pour annoncer la défaite, Reichshoffen a eu le triste et glorieux privilège de donner son nom à l'héroïque charge de cuirassiers venue se briser dans le village de Morsbronn le 6 août 1870.

Musée du Fer – *9 r. Jeanne-d'Arc - ☏ 03 88 80 89 30 - www.lacastine.com - mai-oct. : 14h-18h - fermé lun.-mar. - 2,50 € (-14 ans gratuit) - gratuit Nuit des musées.* Il retrace tout autant l'époque gallo-romaine, que l'histoire locale des mines et forges du Jaegerthal depuis le 14e s. La présence de minerai de fer localement, de forêts et de rivières a permis le développement de l'industrie métallurgique. Le château de la famille De Dietrich, fin 18e s., est un des souvenirs de son essor industriel précoce.

Frœschwiller

Charmant village alsacien où eut lieu l'assaut définitif de la bataille. Si le nom de « bataille de Reichshoffen » est passé dans l'histoire de France, l'armée française s'en souvient comme de la bataille de Frœschwiller, tandis que les Allemands l'associent à Wœrth.

Wœrth

Au château est installé le **musée de la Bataille du 6 août 1870** (*2 r. du Moulin - ☏ 03 88 09 40 96 - www.cheminsdememoire.gouv.fr - ♿ -* **fermeture pour travaux. Réouv., se rens.**) : uniformes, armes, équipements, documents et tableaux relatifs aux deux armées en présence lors de la bataille

BATAILLE DU 6 AOÛT 1870

Mi-juillet 1870, la guerre franco-prussienne est déclarée ; début août Wissembourg est attaquée. Sur place, l'avant-garde du général Mac-Mahon enregistre la première défaite française. Les combattants se replient alors sur les hauteurs de Frœschwiller, poste de résistance. 45 000 hommes sont stationnés au milieu des vergers, entrecoupés de vignes et de houblonnières. Après des manœuvres prussiennes d'encerclement le 6 août, les cuirassiers français chargent l'opposant au-delà du village de Wœrth. Ils sont arrêtés par le feu des tireurs prussiens, embusqués juste avant Morbronn-les-Bains. En dix heures de combat, 20 000 hommes sont à terre et le front s'ouvre vers Paris pour les troupes prussiennes. Cette bataille, sans bénéfice militaire, sera très souvent exploitée par la propagande française pour la reconquête de l'Alsace.

de Wœrth-Frœschwiller. Un grand diaporama évoque la bataille à l'aide de 4000 figurines d'étain.

Sentier des Turcos – *Départ quelques mètres après l'usine Star-Auto, sur la gauche, à la sortie de Wœrth vers Lembach.*

Ce circuit pédestre de 2 km *(assez difficile)*, jalonné de panneaux explicatifs, évoque les faits marquants de la bataille du 6 août 1870. En prenant la direction d'Elsasshausen, on peut aussi suivre, en voiture, le circuit du champ de bataille principal. À noter, les divers monuments construits après 1870 par les régiments provenant de différents États allemands.

Merkwiller-Pechelbronn

C'est le centre du bassin pétrolifère du nord de l'Alsace dont l'exploitation s'est arrêtée en 1970. Le **musée français du Pétrole** *(4 r. de l'École - ✆ 03 88 80 91 08 - www.musee-du-petrole.com - juil.-août : tlj sf lun. 14h-18h ; avr.-juin et sept.-oct. : jeu., dim. et j. fériés 14h30-18h - 5 € (-18 ans 4 €) - animations proposées (avr.-oct.), se rens.)* raconte l'histoire captivante de l'or noir en Alsace depuis 1498 avec une vidéo passionnante, des maquettes et photographies. Étonnante collection de bruts, la « brutothèque » et explications détaillées des techniques d'exploitation. Les paysans récupéraient ce liquide pour graisser leur charrue ou se soigner avant qu'une famille ne fonde une raffinerie. En 239 ans d'existence, 3,5 millions de tonnes de pétrole y ont été extraites, soit l'équivalent de ce que consomment les États-Unis en deux jours.

Kutzenhausen

La **Maison rurale de l'outre-forêt** *(1 pl. de l'Église - ✆ 03 88 80 53 00 - www.maison-rurale.fr - mai-sept. : mar.-dim. 11h-18h ; reste de l'année : mar.-jeu. 11h-17h, w.-end et j. fériés 14h-18h - fermé janv., 25 déc. - visite guidée (1h) le dim. à 15h - 6 € (enfant 4 € - pass famille jusqu'à 2 adultes et 4 enf. 14 €))* raconte la vie quotidienne des paysans d'Alsace du Nord au début du 20e s. On parle d'Outre-Forêt, car la région, dans le sens du cours du Rhin, se trouve « sous les forêts » de Haguenau. Marquée par la polyculture, cette région est longtemps restée en dehors des sentiers touristiques. Le musée est installé dans un beau corps de ferme reconstituant avec beaucoup de soin l'époque des années 1920-1950. Un parcours fléché traverse l'espace apicole, l'espace boulangerie, la forge, différents ateliers (charron, tonnelier, cordonnier, sabotier), le hangar aux machines, la basse-cour et le petit potager. La visite se termine par l'amusante reconstitution d'une salle de classe d'antan, où il fait bon tester la plume un instant. Expositions temporaires, conférences et animations font régulièrement revivre cette maison-musée.

★ Hoffen

Maisons fleuries, certaines à triple auvent, autour de l'église et de la curieuse petite mairie soutenue par trois piliers de bois. Près du vieux puits communal, se dresse un tilleul planté sous la Révolution.

★★ Hunspach

Hunspach est classé parmi « les plus beaux villages de France ». Des maisons blanches au poutrage apparent et aux auvents débordant sur la façade dont quelques-unes ont conservé leurs vitres bombées – mode remontant à l'époque baroque – s'alignent harmonieusement le long des rues de ce village purement alsacien et très rural, comme l'attestent ses cours fermières, ses vergers et ses fontaines à balanciers.

Ingolsheim

La rue principale de ce gros hameau est perpendiculaire à la grande route. Il est environné de vergers et entrecoupé de jardins et de cours de fermes.

★ Seebach

Ce bourg fleuri est resté le village alsacien type avec ses maisons à poutres apparentes et à auvents qu'encadrent souvent des jardins, même si quelques constructions sans style rompent l'harmonie de l'ensemble aux abords du village.

Revenez sur vos pas et regagnez Wissembourg par la D 34 puis la D 263.

NOS ADRESSES DANS LE PNR DES VOSGES DU NORD

Voir aussi nos adresses à Neuwiller-lès-Saverne *(p. 397)*, Bouxwiller *(p. 401)*, La Petite-Pierre *(p. 407)*, Niederbronn-les-Bains *(p. 410)* et Wissembourg *(p. 421)*.

HÉBERGEMENT

BUDGET MOYEN

À Graufthal

Hôtel Au Vieux Moulin – *7 r. du Vieux-Moulin - 67320 Graufthal - ☎ 03 88 70 17 28 - www.auvieuxmoulin.eu - fermé de mi-fév. à déb. mars et de fin juin à mi-juil. - ♿ - P - 14 ch. 57/73 € - ☕ 9,50 € - rest. menu du jour 11/13 € - rest. 21/45 €.* Dans un hameau dont Erckmann et Chatrian ont vanté la sérénité, ce petit hôtel réserve un accueil chaleureux. Chambres de style actuel, simples et fraîches. Plan d'eau privé (nécessite la carte de pêche). Cuisine familiale aux accents alsaciens.

À Windstein

Auberge des Deux Châteaux – *Windstein - ☎ 03 88 09 24 41 - www.auberge-des-deux-chateaux.com - fermé de mi-déc. à mi-fév. et lun., mar. - 5 ch. 55 € - ☕ 10 € - carte de 7 à 25 €.* Dans une vallée isolée au fond des bois, l'Auberge des Deux Châteaux est une étape agréable pour les promeneurs. Au menu : tartes flambées le week-end et petite brasserie. Grande terrasse.

À Meisenthal

Auberge des Mésanges – *R. des Vergers - 57960 Meisenthal - ☎ 03 87 96 92 28 - www.aubergedesmesanges.fr - fermé 23 déc.-3 janv. - P - 20 ch. 53/70 € - ☕ 9,50 € - rest. 24/33 €.* Après une visite à la Maison du verre et du cristal, cette auberge constitue une bonne halte, pour une nuit ou un repas. Chambres petites et bien tenues, cuisine sans prétention. Le w.-end, *flammekueches* et pizzas en vedette.

À Reipertswiller

La Couronne – *13 r. Wimmenau - 67340 Reipertswiller - ☎ 03 88 89 96 21 - www.hotel-la-couronne-67.com - fermé 1re quinz. de fév., 2e quinz. de juin et 1 sem. fin nov., dim. soir, lun.-mar., merc. soir - ♿ - P - 16 ch. 49/72 € - ☕ 13 € - formule déj. 21 € - rest. (ouv. du jeu. midi au sam. soir et dim. midi) 28/52 €.* Dans un paisible village, hôtel confortable aménagé dans un esprit contemporain. Chambres spacieuses, accueil familial. Côté restaurant, savoureuse cuisine classique dans un décor cossu, ouvert sur la nature.

À Baerenthal

Le Kirchberg – *8 imp. de la Forêt - 57230 Baerenthal - ☎ 03 87 98 97 70 - www.le-kirchberg.com - fermé de déb. janv. à déb. fév. - ♿ - P - 20 ch. 56/71 € - ☕ 8 €.* Sur les hauteurs d'un paisible village, cet hôtel des années 1990 garantit le calme et l'air pur. Chambres fonctionnelles dont certaines offrent une jolie vue. Accueil charmant.

POUR SE FAIRE PLAISIR

À l'étang de Hanau

Beau Rivage – *1 r. de l'Étang - 57230 Philippsbourg - ✆ 03 87 06 50 32 - fermé fév. - 22 ch. 65/93 € - ☕ 9 €.* La plupart des chambres sont de facture contemporaine, avec un balcon pour celles qui donnent sur l'eau. D'autres ont un mobilier alsacien.

À Lembach

Au Heimbach – *15 rte de Wissembourg - 67510 Lembach - ✆ 03 88 94 43 46 - www.hotel-au-heimbach.fr - P - 18 ch. 70/115 € - ☕ 10 €.* Dans cette belle maison à colombages, on se sent bien dans les chambres, confortables et rustiques. Accueil convivial. Petit-déjeuner alsacien.

RESTAURATION

BUDGET MOYEN

À Philippsbourg

Au Tilleul – *24 rte de Niederbronn - 57230 Philippsbourg - ✆ 03 87 06 50 10 - www.resto.fr/autilleul/ - fermé lun. soir, mar. soir, merc. et janv. - P - menu du j. 12,40 €, rest. 17,50/41,20 €.* Au bord de l'eau, laissez-vous tenter par les suggestions de cette table familiale : carré de veau à la crème de morilles ou truite au bleu, élevée dans le vivier, sont les spécialités de la maison.

À Wimmenau

À l'Aigle – *55 r. Principale - 67290 Wimmenau - ✆ 03 88 89 70 41 - www.hotel-restaurant-aigle.com - fermé lun., dim. et merc. soir - rest. 28/36 €.* Aux fourneaux, le chef concocte des plats régionaux et une cuisine de saison. Dans les salles, sobres et agréables, on vous sert généreusement.

À Merkwiller-Pechelbronn

Auberge Baechel-Brunn – *3 rte de Soultz - 67250 Merkwiller-Pechelbronn - ✆ 03 88 89 78 61 - www.baechel-brunn.com - fermetures annuelles, se rens. - dim. soir, lun. et mar. - formule déj. 20/26 €, 45/55 €.* Côté assiette, la finesse est au rendez-vous, entre grands classiques et recettes nouvelles. Côté cadre, la grange d'antan a laissé place à l'épure contemporaine. Quelques chambres parfont cette agréable maison *(☕ 75/140 €).*

POUR SE FAIRE PLAISIR

À Graufthal

Le Cheval Blanc – *19 r. Principale - 67320 Graufthal - ✆ 03 88 70 17 11 - www.auchevalblanc.net - fermé 3 sem. janv., 1re quinz. de sept., lun. soir, merc. soir et mar. - menu du jour 12 € - rest. 25/49 €.* Une sympathique auberge, chaleureuse et familiale. Derrière les fourneaux, le chef concocte une cuisine traditionnelle, soignée et savoureuse. En prime : décor rustique et terrasse d'été orientée vers les maisons troglodytiques. Une bonne base pour randonner sur l'un des nombreux sentiers alentour.

PETITE PAUSE

Café Crista'Lion – *R. du Hochberg - 67290 Wingen-sur-Moder - ✆ 03 88 02 54 04 - mar.-dim. 10h-18h (haute saison tlj 10h-19h).* Juste à côté du musée Lalique, parfait pour une pause dans l'après-midi ou un déjeuner simple (soupes, quiches ou salades).

ACTIVITÉS

Spectacles, expositions – Le Parc s'anime toute l'année d'expositions et de spectacles : musique, théâtre ou festival littéraire. Marchés de Noël en décembre. Un carnet gratuit sur le Parc informe, de mai à octobre, des événements ponctuant la vie des Vosges du Nord. Maison du Parc, p. 380.

Baignade – Sur le plan d'eau du Fleckenstein.

5

Neuwiller-lès-Saverne

★

1 147 Neuwillerois – Bas-Rhin (67)

Au 8e s., les évêques de Metz, qui savaient vivre, n'avaient pas choisi ce lieu au hasard pour construire une abbaye. Au milieu des collines et des forêts, l'endroit était protégé des vents. Aujourd'hui, si les miracles de saint Adelphe sont quelque peu oubliés, la remarquable église St-Pierre-et-St-Paul, où reposent ses reliques, attire toujours des visiteurs.

NOS ADRESSES PAGE CI-CONTRE
Hébergement, restauration, achats, activités, etc.

S'INFORMER

Office du tourisme du pays de Hanau et du val de Moder – *89 r. du Gén.-Goureau - 67340 Ingwiller - ✆ 03 88 89 23 45 - www.tourisme-hanau-moder.fr - de déb. juil. à mi-sept. : 10h-12h, 14h-18h, sam. 10h-12h, 14h-17h, dim. et j. fériés 10h-12h ; reste de l'année : tlj sf dim. et j. fériés 10h-12h, 14h-18h, sam. 10h-12h.*

SE REPÉRER

Carte de microrégion B3 (p. 360-361). Sur la D 14 à 13 km au nord de Saverne.

ORGANISER SON TEMPS

Si vous pouvez prévoir votre visite, manifestez-vous à l'avance pour voir les tapisseries de la chapelle haute de l'église St-Pierre-et-St-Paul.

Visiter

★ Église Saint-Pierre-et-Saint-Paul

Cours du Chapitre - ✆ 03 88 70 00 51 - 9h-19h (se rens. av. de venir en raison des travaux) - possibilité de visite guidée de la crypte et de la basilique supérieure (avec les tapisseries de St-Adelphe) et des reliques. Visite 30mn.

L'évêque Siegebald de Metz aurait fondé au 8e s. une abbaye dans laquelle les reliques de saint Adelphe furent transférées en 826 ou 836. Les pèlerins affluèrent, espérant la guérison sur le tombeau du saint.

La partie la plus ancienne de cette abbatiale renommée est la crypte. Le chœur, le transept et une travée de la nef sont du 12e s. Le flanc gauche, donnant sur une grande place entourée des maisons des chanoines, est percé de deux portes : à droite, une porte du 13e s., de chaque côté de laquelle se dressent les statues de saint Pierre et de saint Paul ; à gauche, une porte du 12e s. dont le tympan représente un Christ bénissant. Au fond de la nef, tribune et orgue de 1773-1777.

Au bas du collatéral droit, tombeau de saint Adelphe (13e s.) sur huit colonnes élevées, disposition permettant autrefois aux fidèles de passer sous le tombeau du saint. En remontant le bas-côté droit jusqu'au croisillon, on verra une **Vierge★** assise du 15e s. Dans le bras gauche du transept, saint sépulcre polychrome de 1478. Au-dessus du groupe formé par les trois saintes femmes portant des vases de parfums, autour du corps de Jésus, une niche abrite une Vierge du 14e s.

Les **chapelles superposées★** sont toutes les deux du 11e s. et de même plan. Les chapiteaux cubiques, complètement nus dans la chapelle inférieure, sont décorés de beaux motifs dans la chapelle supérieure. La chapelle haute contient quatre panneaux de remarquables **tapisseries★★** de la fin du 15e s. représentant la vie et les miracles de saint Adelphe.

Les divers remaniements du 11e au 19e s. donnent à cette abbatiale une physionomie très particulière et en font l'une des églises les plus intéressantes de Basse-Alsace.

Église Saint-Adelphe

Église de transition romano-gothique (12e-13e s.). Au moment de la Réforme, en 1562, la collégiale St-Adelphe a été la première en Alsace à pratiquer le *simultaneum*, c'est-à-dire un partage du lieu de culte entre les catholiques et les protestants, en l'occurrence le chœur aux catholiques et la nef aux protestants. Aujourd'hui, seul le culte protestant y est célébré.

NOS ADRESSES À NEUWILLER-LÈS-SAVERNE

Voir aussi nos adresses à Bouxwiller *(p. 401)* et La Petite-Pierre *(p. 407)*.

HÉBERGEMENT ET RESTAURATION

POUR SE FAIRE PLAISIR

Hôtel du Herrenstein – *20 r. du Gén.-Kœnig - ✆ 03 88 70 00 53 - www.herrenstein.fr - fermé jeu., fin déc.-déb. janv. - ♿ - P - 13 ch. 63/83 € - ☕ 8,50 € - menu du jour 14,20 € - rest. 32,50/35 €.* Cette belle demeure familiale datant du 18e s. a été reprise par la jeune génération. Bel accueil. Les chambres, sobrement contemporaines, sont tout simplement superbes. Au restaurant, on dégustera une cuisine de saison à l'accent du sud-ouest et des tartes flambées le week-end.

À Dossenheim-sur-Zinzel

Restaurant Klauss – *2 montée du Tilleul - ✆ 03 88 70 00 81 - fermé lun., merc. soir et sam. midi - P - menu marché (en sem.) 19 €, rest. 25/45 €.* Dans un décor pierre et bois apparent, le restaurant propose une cuisine dans l'air du temps et de la couleur dans les assiettes.

ACHATS

Ferme-fromagerie Herrenstein – *7 r. de la Gare - ✆ 03 88 70 31 07 - 10h-12h, 14h-18h (sam. 17h) - fermé dim.-lun. et j. fériés.* Élevage de vaches laitières et production fromagère. Vous y découvrirez, outre le munster, quelques spécialités originales comme les fromages aux orties et des glaces maison.

Bouxwiller

3 941 Bouxwillerois – Bas-Rhin (67)

Blottie au pied du Bastberg, que la légende désigne comme un repaire de sorcières, Bouxwiller était la capitale du comté des Hanau-Lichtenberg. Le château de ces derniers n'a pas survécu à la Révolution, mais de nombreuses maisons à pans de bois et torchis, des 16e et 17e s., subsistent, s'imbriquant avec art les unes dans les autres. Une ancienne cheminée visible dans le centre rappelle discrètement que la ville était un pôle industriel et chimique au 19e s.

NOS ADRESSES PAGE 401
Hébergement, restauration, achats, activités, etc.

S'INFORMER

Office de tourisme – *3 pl. du Château - 67330 Bouxwiller - 03 88 00 38 30 - www.tourisme-hanau-moder.fr - de déb. juil. à mi-sept. : merc.-vend. 10h-12h30, 14h-18h, w.-end 14h-18h ; reste de l'année : merc.-dim. 14h-18h - fermé 1er janv., dim. de Pâques, 25 déc.*

SE REPÉRER

Carte de microrégion B3 (p. 360-361). Bouxwiller se situe à 15 km au nord-est de Saverne par la D 16 et la D 6 et à 25 km à l'ouest de Haguenau par la D 919 et la D 24.

À NE PAS MANQUER

Le centre historique avec ses maisons à pans de bois et le musée judéo-alsacien.

ORGANISER SON TEMPS

En mai et juin, allez contempler les orchidées qui bordent le sentier géologique du Bastberg.

Se promener

La ville de Bouxwiller propose un « circuit de découverte historique » *(livret-guide en vente à la mairie)* pour découvrir les rues typiques du centre, bordées de « cours nobles » ou de maisons de style Renaissance alsacienne. Les pans de bois des maisons de Bouxwiller sont ornés de motifs qui sont autant de recommandations pour leurs habitants. Ici une forme d'œil rappelle à la vigilance ; associé à un bec, il protège du mal ; ailleurs, la croix de St-André veille à la fécondité des familles…

UN « PETIT VERSAILLES »

Après la guerre de Trente Ans, **Caroline de Hesse**, la « Grande Landgravine », est venue s'installer à Bouxwiller. Elle a fait aménager de beaux jardins qui ont valu à Bouxwiller le surnom de « Petit Versailles », surnom aussi flatteur qu'éphémère puisque tout disparut à la Révolution. Bouxwiller était par ailleurs connue pour son **bleu de Prusse**, vendu comme colorant aux usines textiles de Mulhouse. Les usines chimiques de Bouxwiller le produisaient à partir du lignite qu'on trouve en abondance à proximité de la bourgade. Enfin, c'est ici qu'est née **la fameuse coiffe alsacienne** au grand nœud noir, portée sur les cheveux nattés et relevés.

Maison à oriel, à Bouxwiller.
R. Mattes/hemis.fr

Hôtel de ville

C'est l'ancienne chancellerie du château de Hanau-Lichtenberg dont le portail arrière de 1659, restauré en 1909, s'orne des armoiries comtales.
Allez vers la place du Marché-aux-Grains, à droite en sortant.

Place du Marché-aux-Grains

Les façades à colombages des maisons du 17e s. sont parfois en léger encorbellement. Beau bâtiment de l'ancienne balance publique. La déclivité de la jolie place est rattrapée par de petits perrons de pierre devant chaque habitation.
Prenez la rue des Seigneurs, puis la rue de l'Église.

Église protestante

R. de l'Église - ✆ 03 88 70 79 32 - juil.-août : vend.-dim. apr.-midi.
Cette église fut transformée en temple protestant en 1542 quand Philippe IV de Hanau-Lichtenberg introduisit la Réforme à Bouxwiller. Sa **chaire★** est en pierre sculptée et en bois peint, elle possède un orgue Silbermann et une loge seigneuriale au décor délicat de stucs.

À voir aussi

Musée du pays de Hanau

3 pl. du Château - ✆ 03 88 70 99 15 - www.museedupaysdehanau.eu - ♿ - de déb. juil. à mi-sept. : 10h-12h30, 14h-18h, w.-end et j. fériés 14h-18h ; reste de l'année : 14h-18h - fermé lun.-mar., janv., dim. de Pâques, 25 déc. - 4,50 € (-16 ans 2,50 €).
Installé dans l'ancienne chapelle castrale du 14e s., attenante à la halle au blé du 16e s., ce centre tente de traduire l'histoire et la culture de ce territoire, ancien comté de Hanau. Il présente un bel ensemble de **meubles polychromes★**, un intérieur paysan, ainsi qu'une salle de séjour bourgeoise, des costumes et des objets traditionnels.

★ **Musée judéo-alsacien**

62A Grand-Rue - ✆ 03 88 70 97 17 - http://judaisme.sdv.fr/today/musee - ♿ - de mi-mars à fin oct. : 10h-13h, 14h-18h ; reste de l'année : sur demande préalable au ✆ 03 88 89 23 45 - fermé lun. et sam., certains j. (se rens.) - possibilité de visite guidée (1h30) - 6 € (-8 ans gratuit).

Situé dans l'ancienne synagogue (1842), lieu de culte abandonné en 1963 et sauvé de la démolition, il retrace l'histoire et la culture des juifs d'Alsace, de la fin du 14e s. jusqu'au 20e s. Dans un parcours aménagé de rampes et de plateaux, la scénographie est très soignée et didactique. Les salles thématiques évoquent autant les codes vestimentaires, que la cuisine, l'élévation sociale au 19e s. ou les migrations. Habitant l'Alsace, les juifs sont accusés de propager la peste et sont chassés des villes. Les comtes de Hanau, parmi les premiers à être passés à la Réforme, favorisent leur installation dans les villages, en échange de taxes. Près de cinq siècles plus tard, beaucoup partiront à Paris ou aux États-Unis.

Randonnée Carte de microrégion p. 360-361

Sentier géologique du Bastberg B3

✆ 03 88 70 70 16 - document disponible à l'office de tourisme. À la sortie de la ville, boulevard Bolgert-D 6, tournez à gauche rapidement dans la rue du Bastberg (ne prenez pas la D 133).

Ce sentier suit un parcours de 6 km (ou, plus court, de 2,3 km) pour mettre en évidence son histoire géologique. Il conduit au sommet du Bastberg, également appelé « colline des Sorcières », d'où l'on domine la ville *(tables d'orientation)*. En mai et juin, de petites orchidées (dont la cueillette est interdite) poussent sur ce sol calcaire. Les nombreux fossiles que l'on trouve le long du sentier géologique contribuent à la renommée internationale du site de Bouxwiller, qui fut étudié par le grand paléontologue Georges Cuvier (1769-1832).

NOS ADRESSES À BOUXWILLER

Voir aussi nos adresses à Neuwiller-lès-Saverne *(p. 397)*.

HÉBERGEMENT ET RESTAURATION

PREMIER PRIX

Restaurant S'Bastberger Haxe Stuewel – *25 r. Principale - 67330 Imbsheim - 03 88 70 73 85 - fermé 2 sem. en janv., 2 sem. en juin, lun. et mar. soir - - P - rest. 16,80/32,80 €.* Derrière sa façade verte et ce nom, le « chaudron du Bastberg » se remarque. Les salles, joliment décorées de proverbes, sorcières peintes et meubles en bois, dessinent une atmosphère conviviale. Côté cuisine, les galettes de pommes de terre au munster, les omelettes au foie de volaille ou les bouchées à la reine, spécialité de la maison, régalent les appétits.

POUR SE FAIRE PLAISIR

Hôtel La Cour du Tonnelier – *84a Grand'Rue - 03 88 70 72 57 - www.courdutonnelier.fr - hôtel fermé 3 sem. fin juil.-déb. août, 2 sem. en période de Noël ; rest. fermé sam. et dim. - - P - 24 ch. 84/97 € - 8,50 € - rest. 12/37 €.* Cette maison traditionnelle, proche du centre-ville, abrite un hôtel parfaitement entretenu. Dans les chambres : mobilier en bois cérusé et salles de bains modernes et fonctionnelles. Steack alsacien, escargots ou pot-au-feu font partie des spécialités de la maison.

À Ingwiller

Hôtel Aux Comtes de Hanau – *139 r. du Gén.-de-Gaulle - 03 88 89 42 27 - www.aux-comtes-de-hanau.com - P - 11 ch. 75/91 € - 9 € - formule déj. 8,40/14 €, rest. 23/54 €.* Cette maison alsacienne du 19e s. abrite un hôtel très correct en dépit de son mobilier quelque peu vieillot. La moitié des chambres disposent d'une terrasse ouvrant sur la campagne alentour. Cuisine traditionnelle servie dans la salle à manger rustique ou plat du jour proposé à la brasserie.

ACHATS

Marché de Noël – 2e w.-end de décembre.

Brasserie Météor – *6 r. du Gén.-Lebocq - 67270 Hochfelden - 03 88 02 22 22 - www.brasserie-meteor.fr - juil.-août : lun.-jeu. 14h sur RV.* Pour découvrir les différentes étapes de fabrication de la bière. En fin de visite, dégustation des diverses boissons élaborées dans cette brasserie réputée.

ACTIVITÉS

Le Royal Palace-Music Hall Adam Meyer – *20 r. de Hochfelden - 67330 Kirrwiller - 03 88 70 71 81 www.royal-palace.com - merc.-dim. - P - spectacle et repas à partir de 28 €.* Ce petit village d'environ 500 habitants accueille un lieu aussi magique qu'improbable depuis plus de trente ans. Revues de music-hall réputées, deux restaurants et un bar.

La Petite-Pierre

★

615 Parva-Pétriciens – Bas-Rhin (67)

Les origines de La Petite-Pierre remontent au Moyen Âge. Situé au carrefour de routes importantes, le bourg est fortifié par Vauban – on peut encore voir les vestiges de remparts –, puis abandonné en 1870. L'agréable station, par sa position dominante au cœur du massif forestier des Vosges, est à la fois le point de départ de plus de 300 km de sentiers balisés et une halte séduisante pour les visiteurs l'été. L'hiver, la cité se pare d'un charme envoûtant, surtout pendant l'avent.

NOS ADRESSES PAGE 407
Hébergement, restauration, achats, activités, etc.

S'INFORMER

Office de tourisme – *2A r. du Château - 67290 La Petite-Pierre - ✆ 03 88 70 42 30 - www.ot-paysdelapetitepierre.com - ♿ - juil.-août : 10h-12h30, 14h-18h ; juin et sept. : 10h-12h, 14h-17h ; avr.-mai et oct. : tlj sf dim.-lun. 10h-12h, 14h-17h ; reste de l'année : se rens. - fermé 1er janv.* Vous pourrez vous y procurer de la documentation sur tout le territoire du Pays de La Petite-Pierre comme sur l'Alsace entière.

Maison du Parc régional des Vosges du Nord – *R. du Château - 67290 La Petite-Pierre - ✆ 03 88 01 49 59 - www.parc-vosges-nord.fr - 10h-12h, 14h-18h - fermé lun.-mar., 31 déc.-31 janv., 24-25 déc.*

SE REPÉRER

Carte de microrégion B2 (p. 360-361). À 55 km au nord-ouest de Strasbourg, 22 km au nord de Saverne.

À NE PAS MANQUER

Le musée du Sceau alsacien.

ORGANISER SON TEMPS

Avant d'entamer l'exploration du Parc naturel régional des Vosges du Nord, rendez-vous au château, qui abrite la Maison du Parc.

AVEC LES ENFANTS

La Grange aux Paysages.

Se promener

On accède à la ville ancienne par un chemin en forte montée, puis en suivant la rue du Château.

Le bourg doit son nom au comte Hugues de Parva Petra, premier propriétaire (1180) du château fort : la coutume voulait que les seigneurs locaux attachent leur nom à la dénomination du site (« Lützelstein », en version alsacienne).

Église

La voûte du chœur est décorée de **peintures à la détrempe** du 15e s. représentant, entre autres, le Couronnement de la Vierge, la Tentation d'Adam et Ève. La tour et la nef ont été rebâties au 19e s., mais le chœur gothique remonte au 15e s. L'église sert depuis 1737 aux cultes catholique et protestant *(voir p. 67)*.

Spingerle et moules en bois et métal.
FoodCollection/Photononstop

Musée du Sceau alsacien

17 r. du Château - ✆ 03 88 70 48 65 - http://musee.sceaualsacien.pagesperso-orange.fr - ♿ - juil.-sept. et 25 déc.-1er janv. : tlj sf lun. 10h-12h, 14h-17h ; mars-juin et 1er oct.-24 déc. : dim. et j. fériés 10h-12h, 14h-17h, sam. 14h-17h - fermé 1er janv., Vend. saint, 11 Nov. - possibilité de visite guidée (30mn) - 2,50 €.

Retracer le passé alsacien à travers l'observation de sceaux et préserver ce patrimoine constitue l'objectif, original, de ce musée créé à l'initiative de Charles Haudot, sigillographe travaillant aux archives de Strasbourg. Cette collection exceptionnelle est conservée dans la chapelle St-Louis, construite en 1684 et jadis réservée à la garnison (monuments funéraires de gouverneurs ou commandants d'armes). Les reproductions de sceaux concernent les villes ou seigneuries, les grands personnages ou les vieilles familles, les métiers ou les corporations, les ordres religieux ou de chapitres. Il est intéressant de voir comment ces personnes choisissaient de se faire représenter.

5

Château et Maison du Parc

✆ 03 88 01 49 59 - www.parc-vosges-nord.fr - 10h-12h, 14h-18h - fermé lun.-mar. (sf j. fériés), janv., 24-26 et 31 déc. - 2,50 € (-12 ans gratuit) - 7 € billet famille (2 adultes + enf.).

Ce château du 12e s. a subi de nombreuses transformations, notamment sous l'impulsion du comte palatin du Rhin, George Jean de Veldenz, au 16e s. Une petite partie du musée retrace l'histoire de la fortification et de la ville.

Depuis 1977, la Maison du Parc a investi les lieux. L'exposition permanente permet, en six salles thématiques et multimédias, de découvrir les richesses historiques, culturelles et techniques de la région. L'important patrimoine naturel du Parc naturel régional des Vosges du Nord est mis en valeur (végétation, faune, climat, etc.).

Revenez par la rue des Remparts, d'où l'on a de beaux points de vue sur la campagne et les sommets boisés.

CIRCUIT POÉTIQUE RENÉ CHAR

« Je t'ai montré La Petite-Pierre, la dot de sa forêt,
le ciel qui naît aux branches,
L'ampleur de ses oiseaux chasseurs d'autres oiseaux,
Le pollen deux fois vivant sous la flambée des fleurs,
Une tour qu'on hisse au loin comme la toile du corsaire,
Le lac redevenu le berceau du moulin, le sommeil d'un enfant… »

Extrait du poème « Les parages d'Alsace », dans *Le Nu perdu*, Gallimard, 1971.
Un chemin de 8 km *(dép. du stade de football, rte de Petersbach)* égraine des poèmes de René Char. Des écrits du Vauclusien évoquent La Petite-Pierre. Mobilisé en 1939-1940 dans la région, il y était revenu après la guerre.

Musée des « Spingerle », arts et traditions populaires

11 r. des Remparts - ✆ 03 88 70 48 65 - www.musee-sceau.com - juil.-août : tlj sf lun. 10h-12h, 14h-17h ; mars-juin et sept.-déc. : w.-end et j. fériés 10h-12h, 14h-17h - fermé 1er janv., 25 déc. - gratuit.

Les *spingerle* (« gâteaux à l'anis ») sont ces biscuits décoratifs auxquels des moules, autrefois en bois et aujourd'hui en silicone, donnent une curieuse forme. De nombreuses reproductions en plâtre sont suspendues dans l'ancienne poudrière du château (16e s.). Regroupés par thème, ils peuvent figurer des scènes de Noël, mais aussi des fleurs, des musiciens, des bateaux, etc. Des plâtres de **lebkuche** (« pains d'épice ») complètent la collection.

Poursuivez dans la rue des Remparts qui rejoint la rue du Château.

À voir aussi Carte de microrégion p. 360-361

Sentier botanique du Loosthal B2

Accès sur la D 134, parking au niveau de la maison forestière de Loosthal, entre La Petite-Pierre et Neuwiller. Parcours de 1,8 à 4 km (45mn à 2h).

Il fait découvrir la diversité du milieu forestier des Vosges du Nord (essences des arbres, écologie forestière, géologie, traces d'animaux…).

Étang d'Imsthal

Le chemin qui y mène s'embranche sur la D 178 à 2,5 km de La Petite-Pierre.

But de promenade reposant, au fond d'un bassin de prairies entourées de forêts. L'étang est privé.

Circuit conseillé Carte de microrégion p. 360-361

L'ALSACE BOSSUE

Circuit de 48 km au départ de La Petite-Pierre, tracé en bleu sur la carte p. 360-361. Comptez un après-midi. De La Petite-Pierre, prenez la D 78 et la D 919.

On observera en chemin la transition entre le pays de grès couvert de forêt des environs de La Petite-Pierre et les paysages de larges vallées parsemées de vergers de l'Alsace bossue.

Pointe ultime du nord-ouest de l'Alsace enclavée dans le plateau lorrain, ce territoire cultive les particularismes issus de ce mélange. Cet ancien comté de Sarrewerden, constitué au 13e s., vassal de l'Empire germanique, était proche de la Lorraine. Mais la décision des princes de Nassau-Sarrebruck de se convertir au protestantisme rattache finalement ce territoire à l'Alsace luthérienne

en 1793. Certains parlent alors populairement de « bosse sur le dos » de l'Alsace. L'expression se comprend aussi au vu des paysages. Les villages-rues campent sur une campagne vallonnée, tapissée d'arbres fruitiers, de haies et de bosquets.
Quant à l'architecture, elle se singularise par des maisons à « schopf » (munies d'un appentis), et une discrétion qui éveille la curiosité.

Lorentzen A2

Ce village s'est agencé autour d'un château, édifié au début du 14e s. Dans le Saint Empire romain germanique, cette bâtisse défensive protégeait la frontière est du comté de Sarrewerden face à la Lorraine. Propriété des Nassau-Sarrebruck puis confisqué à la Révolution, il sert aujourd'hui d'habitation à plusieurs familles. Dans la cour intérieure, remarquez sur votre droite l'escalier à balustres, en chêne massif, construit probablement au 18e s., et à gauche, la tour Renaissance. Quelques mètres plus loin, s'établissent les dépendances constituées de la maison de maître, d'un moulin avec ses deux roues à aubes restaurées et de la grange dîmière, érigée en 1770.
Cette dernière accueille aujourd'hui l'office de tourisme de l'Alsace bossue et **La Grange aux Paysages** *(90 r. Principale - 03 88 00 55 55 - www.grangeauxpaysages.fr - - juil.-août : 10h-12h, 14h-18h, dim.-lun. et j. fériés 14h-18h ; mai-juin et sept. : tlj sf lun. 10h-12h, 14h-17h, dim. et j. fériés 14h-17h ; oct.-avr. : tlj sf dim.-lun. 10h-12h, 14h-17h - fermé sam., 1er janv., 25-26 déc.).* Une exposition interactive et permanente est consacrée à la découverte des paysages de l'Alsace bossue, à la faune et la flore locales et à l'histoire de ce pays.
Poursuivez 5 km au nord sur la D 8.

Dehlingen A2

5 r. de l'Église - 03 88 01 84 60 - http://cip-lavilla.fr - - juil.-août : mar.-dim. 10h-18h ; avr.-juin : merc.-vend. 14h-18h ; sept.-oct. : merc.-vend. 14h-18h ; reste de l'année : merc.-vend. 14h-17h - fermé certains j. fériés - possibilité de visite guidée sur demande - 3 € (-12 ans gratuit) - 10 € billet famille (2 adultes + 2-4 enf. de plus de 12 ans) - ts les 3e dim. du mois un temps fort est proposé à partager entre une visite commentée, un atelier, une dégustation… À l'extérieur du village, **site archéologique** fléché. Sur la voie des salines, entre Dieuze et Mayence, de nombreuses villas gallo-romaines s'installent du 1er s. au 4e s. après J.-C. Ici, quelques vestiges de la villa de Gurtelbach d'une surface de 400 m^2 sont dégagés. Un jardin expérimental avec céréales et herbes aromatiques complète le site à ciel ouvert. Au cœur du village, un **centre d'interprétation** vient d'ouvrir pour comprendre ce réseau de fermes antiques installées en Alsace bossue et observer des objets issus des fouilles de la Société pour la recherche archéologique en Alsace bossue (SRAAB) depuis les années 1990.
Revenez sur vos pas jusqu'à Lorentzen, avant de prendre vers l'ouest, à droite, la D 8.

Domfessel A2

R. Principale - 03 88 00 40 39 - www.tourisme.alsace-bossue.net - entrée libre.
L'église fortifiée St-Gall, qui emprunte à l'art gothique, est édifiée au 14e s. À l'époque, elle sert aussi à la défense des villageois en cas d'attaque. Un mur d'enceinte, à l'origine plus élevé, est relié à une tour-porte devant l'entrée (sous le porche deux pierres tombales du 17e s.), agrémenté d'une tour fortifiée. Cette dernière abrite une chambre de veilleur, accessible par l'intérieur de l'église. D'abord catholique, le lieu devient protestant pendant la Réforme. Le mobilier du chœur, de style gothique, date du 15e s.

Sarre-Union A2

Cette appellation provient de la réunion, fin 18e s., des communes de Bouquenom, cité catholique créée en 1328 sur la rive droite de la Sarre et de Neu-Sarrewerden, bourgade protestante fondée, rive gauche, par les comtes de Nassau-Sarrebruck. Connectée aux réseaux ferrés alsacien et lorrain entre 1870 et 1918, la ville se transforme en petit pôle industriel. La chapellerie De Langenhagen, la corderie Dommel, la fabrique de couronnes en perles de verre Karcher ou le gazogène à bois du chimiste Imbert y furent créés.
Poursuivez la D 8 vers le sud.

Diedendorf A2

03 88 01 01 96 ou 06 08 58 50 62 - www.chateau-de-diedendorf.com - visite guidée 19 juil.-31 août : tlj sf lun. - 5 € (-18 ans gratuit).
Le château Renaissance, un des rares en Alsace, fut construit par Jean Streiff de Lauenstein, bailli du comté de Sarrewerden, vers 1580. Les tours rondes avec leurs dômes en bulbe signent la façade de l'édifice. L'intérieur recèle des peintures murales illustrant des architectures en trompe-l'œil et de jolis plafonds de poutres en chêne, dans différents états de conservation. Le parc est animé de concerts l'été.
Empruntez la D 55 jusqu'à Eywiller, puis la D 340 pour rejoindre Berg.
De Diedendorf à Berg, puis de Mackwiller à La Petite-Pierre, l'itinéraire vous donnera l'occasion d'observer l'organisation des villages-rues et quelques maisons caractéristiques du pays.

Berg A2

R. du Relais-du-Kirchberg. Dans le village, suivez les flèches « Kirchberg » - du parking, deux sentiers d'interprétation. Livret guide disponible sur place ou à l'office de tourisme - 3 €.
Symbole de l'Alsace bossue avec son clocher rond, la **chapelle du Kirchberg★** offre un panorama intéressant sur Berg et, vers l'est, sur les premiers reliefs boisés des Vosges du Nord.
Au croisement avec la D 9, prenez à gauche.

Mackwiller A2

R. de l'École - vestiges fléchés et panneaux explicatifs, à côté d'un quartier résidentiel - en libre accès.
Pendant la période gallo-romaine, une villa impériale s'était établie localement. Un notable exploitait les richesses du sous-sol, en particulier le grès gris et l'argile. Sur le site, on peut voir aujourd'hui des thermes et un mausolée, non loin d'un four.
Le retour vers le sud se fait par la D 9 qui mène à La Petite-Pierre.

NOS ADRESSES À LA PETITE-PIERRE

Voir aussi nos adresses dans le PNR des Vosges du Nord *(p. 394).*

HÉBERGEMENT

POUR SE FAIRE PLAISIR

Hôtel des Vosges – *30 r. Principale - 03 88 70 45 05 - www.hotel-des-vosges.com - fermé de mi-fév. à mi-mars - ♿ - P - 33 ch. 66/92 € - 11,50 € - formule déj. 18,50 € - rest. 30/57 €.* Chambres douillettes, variées (typiquement alsaciennes ou à l'esprit randonneur) et bien tenues, complétées par un agréable espace bien-être. Salle à manger ouverte sur la vallée, spécialités régionales et traditionnelles accompagnées de vins choisis.

Au Lion d'Or – *15 r. Principale - 03 88 01 47 57 - www.liondor.com - P - 38 ch. 80/254 € - 15 € - formule déj. 18 €, rest. 39/59 €.* En pleine nature, cet établissement dispose d'un centre d'arbrothérapie (ou comment utiliser les ressources de la forêt pour se sentir mieux). Les chambres actuelles et épurées sont bien plaisantes. Au restaurant, de bonnes recettes régionales, très « nature ». Décoration élégante, boiseries et vue panoramique sur la vallée.

Auberge d'Imsthal – *À l'étang d'Imsthal - 3 rte forestière, 2,5 km au sud-est de La Petite-Pierre par D 178 - 03 88 01 49 00 - www.petite-pierre.com - 23 ch. 63/113 € - 11,50 € - rest. 11,50/49 €.* Avec la forêt, la campagne tout autour et l'étang à ses pieds, cette maison à colombages comblera les amoureux de nature et de tranquillité. Chambres agréables. Sympathique salle à manger rustique et terrasse ; sauna, hammam et salle de jeux.

Dans l'Alsace bossue

BUDGET MOYEN

Chambre d'hôte Au Fenil – *5 r. Principale - 67260 Rimsdorf - 03 88 00 26 14 - www.aufenil.fr - P - 5 ch. 55/95 €* . Derrière la façade couleur fuchsia de la grande maison, on trouve des chambres un brin rétro, fonctionnelles et confortables.

POUR SE FAIRE PLAISIR

Arche de Noé – *9 r. du Goussaud - 67260 Keskatel - 06 12 33 34 07 - www.archedenoe.eu - P - 1 ch. 115/130 € (enf. 6-16 ans 25 €).* Passer la nuit à 6 m de hauteur dans une jolie cabane, en face des cigognes et retomber, l'espace de quelques heures, en enfance. Voilà ce que propose ce grand-père avenant qui a construit ce nid douillet, après une promesse faite à son petit-fils Noé. L'intérieur est bien aménagé : lit principal et mezzanine, toilette sèche et petit-déjeuner livré grâce à un système de poulies.

RESTAURATION

PREMIER PRIX

Restaurant Au château – *12 r. du Château - 03 88 70 45 18 - fermé jeu. soir et lun. - 13/20 €.* Bordant l'accès piéton de la vieille ville, le restaurant sert aussi bien des tartes flambées (salées et sucrées), des plats à l'accent régional que des pizzas.

Dans l'Alsace bossue

PREMIER PRIX

Au Tilleul – *18 rte de Phalsbourg - 67320 Drulingen - 03 88 00 63 41 - fermé mar. et jeu. soir, merc. - plat du j. 9,50 €, rest. 20/38 €.* Des recettes régionales et plats traditionnels dans une ambiance conviviale et un cadre simple.

BUDGET MOYEN

La Grange du Paysan – *23 r. Principale - 67260 Hinsingen - ✆ 03 88 00 91 83 - fermé 1 sem. été, 2 sem. hiver et lun. sf j. fériés - formule déj. 12 €, rest. 20/45 €.* Vieilles poutres, licous et autres objets du monde agricole forment le décor : on appréciera dans cette salle champêtre une cuisine de terroir généreuse (produits de l'élevage familial).

L'Art du bœuf – *17 r. de l'Église - 67320 Rauwiller - ✆ 03 88 89 05 63 - fermé lun. et sam. midi - carte de 25 à 40 €.* Dans une ancienne grange, mariant photographies de mode et vitraux, la viande bovine est à l'honneur. Sauces maison. L'été, on s'attable sur la terrasse.

POUR SE FAIRE PLAISIR

Windhof – *Lieu-dit Windhof - 67260 Burbach - ✆ 03 88 01 72 35 - www.windhof.fr - fermé 2 sem. août, 1 sem. déb. janv., et 2 sem. en mars, dim. soir, lun. et mar. soir - formule déj. 15,70 €, rest. 26/57 €.* Cabillaud au chorizo, agneau en croûte d'herbes, glace maison… Une halte gourmande s'impose dans cette sympathique bâtisse, aussi massive qu'isolée.

L'Écluse 16 – *67260 Lieudit-Bonnefontaine (à 3,5 km au sud-est d'Altwiller) - ✆ 03 88 00 90 42 - www.ecluse16.com - fermé 1 sem. fin août, 1 sem. déb. sept., 26 déc.-3 janv., vac. de fév., mar., merc. - formule déj. 20 €, rest. 25/48 €.* On se régale de belles saveurs dans cet ancien relais de chevaux de halage ; il borde le canal des houillères de la Sarre à quelques pas… d'une écluse.

PETITE PAUSE

Dans l'Alsace bossue

Moulin Klein – *31 r. du Moulin - 67430 Voellerdingen - ✆ 03 88 00 42 48 - avr.-sept. : tlj sf lun. 7h-19h.* Au cœur du moulin et le long d'un petit étang, zone de pique-nique et vente de casse-croûte avec le pain maison. Carte de pêche journalière.

ACHATS

Atelier de l'artiste Guy Untereiner – *8 r. Gén.-Leclerc - 67320 Drulingen - ✆ 03 88 01 11 55 - lun.-sam. 10h-12h, 14h-18h.* Dans une maison de caractère du 18e s., le peintre, dessinateur et illustrateur a installé son bureau. Cet Alsacien, amoureux de son pays, explore l'identité locale sur de nombreux supports (cartes postales, livres, linges, affiches, etc.). Il expose aussi d'autres œuvres, plus personnelles.

ACTIVITÉS

La Petite-Pierre est le point de départ de très nombreux sentiers balisés de 1,8 km à 12 km (350 km au total) et de plusieurs circuits VTT (150 km au total). Superbes points de vue sur la région. Tableau indicateur dans le village et à l'office de tourisme.

Cyclotourisme et randonnées – *✆ 03 88 70 42 30 - fermé 1er janv., dim.-lun. de Pâques, 1er Mai - possibilité de visite guidée sur demande (2h) - près de 350 km de sentiers balisés pour la randonnée et le VTT - propositions de circuits et topoguides disponibles à l'office de tourisme.*

Balades sur la Sarre – *R. des Comtes-de-Nassau - ✆ 03 88 00 40 39 - www.alsace-bossue.net/decouvrir/incontournables1.html - visite guidée sur demande préalable (2h) juil.-août : mar.-dim. et j. fériés, dép. 10h, 14h et 16h30 ; 7-30 juin et sept. : vend.-dim. et j. fériés, dép. à 10h, 14h et 16h30 - en barque à fond plat, balade autour de Sarrewerden, avec commentaire sur l'histoire et le patrimoine de la Sarre - visites thématiques organisées tout l'été sur réserv.*

Niederbronn-les-Bains

4 366 Niederbronnois – Bas-Rhin (67)

Vers 48 av. J.-C., les Romains exploitaient déjà la source thermale qui jaillit au cœur de Niederbronn-les-Bains. Pendant le développement de la métallurgie dans la vallée aux 18e et 19e s., les barons de Dietrich, premiers de la fameuse dynastie d'industriels, s'employèrent à faire connaître la station thermale. Ses eaux proviennent de deux sources : la source romaine, qui jaillit depuis 2 000 ans en plein cœur de la ville, et la source Celtic. Cette dernière, l'une des moins minéralisées en France, est mise en bouteilles depuis 1989. Aujourd'hui, la ville est toujours animée par ce savant mélange : des curistes, des randonneurs et des entreprises industrielles installées en périphérie.

NOS ADRESSES PAGE 410
Hébergement, restauration, achats, activités, etc.

S'INFORMER

Office de tourisme – *6 pl. de l'Hôtel-de-Ville - 67110 Niederbronn-les-Bains - 03 88 80 89 70 - www.niederbronn.com - mai-sept. : 10h-12h, 14h-18h, dim. et j. fériés 15h-18h ; avr. et oct. : tlj sf dim. 10h-12h, 14h-17h ; janv.-mars et nov. : tlj sf w.-end 10h-12h, 14h-17h - fermé 1er janv., lun. de Pâques, Vend. saint., 1er Mai., 24-26 déc.*

SE REPÉRER

Carte de microrégion B2 (p. 360-361). À 17 km au nord-ouest de Haguenau. Situé dans le Parc naturel régional des Vosges du Nord, Niederbronn est le point de départ d'un circuit des Châteaux *(voir p. 360-361).*

À NE PAS MANQUER

La spécialité locale, le *keschtewurscht* (entraînez-vous pour le prononcer !) est un boudin aux châtaignes très apprécié. À l'automne, vous en trouverez sur la carte de la plupart des restaurants de la région.

Visiter

Maison de l'archéologie des Vosges du Nord

44 av. Foch - 03 88 80 36 37 - www.niederbronn-les-bains.fr/maison-de-l-archeologie.html - visite guidée sur demande préalable (1h) mars-oct. : tlj sf mar. et sam. 14h-17h - fermé certains j. fériés - 2,60 € (-16 ans 1,80 €) - journée Amuse-musées (enf. gratuit, adultes payant) organisée par le Parc naturel régional des Vosges du Nord, se rens.

Trois axes de visite. Plus classique, une collection archéologique provenant des fouilles effectuées dans la proche région est présentée. Une autre salle est consacrée aux poêles de fonte, spécialité de Niederbronn depuis plus de trois siècles. Puis, sous le nom de l'Expéridrome, on découvre une maison néolithique faite de bois, d'argile et de paille. Enfin, il y a la possibilité de réaliser un sentier de 8 km (3h30), « Janus », imaginé autour du paysage.

Château de la Wasenbourg B2

À l'ouest. 2h45 à pied AR. Partez de la gare SNCF et suivez l'allée des Tilleuls. Après être passé sous la voie de contournement, à hauteur du lieu-dit « Roi-de-Rome », tournez à gauche dans le sentier GR 53.

Le chemin mène aux ruines d'un château gothique du 15e s. détruit par les Français en 1677. Vous remarquerez la belle porte d'entrée en arc brisé, couronnée à l'intérieur d'une superbe frise. Cette dernière est dotée d'une tête sculptée du 13e s. Observez à l'étage la fenêtre aux neuf lancettes. La vue depuis ce promontoire qui semblait imprenable est très belle sur le vallon du Falkensteinbach.

Au nord-est, vestiges d'un camp celtique, **le Ziegenberg** : mur de 1 à 2 mètres de haut construit de blocs de pierre à l'état brut, qui présente quelque analogie avec le Mur païen du mont Ste-Odile.

NOS ADRESSES À NIEDERBRONN-LES-BAINS

Voir aussi nos adresses dans le PNR des Vosges du Nord *(p. 394).*

HÉBERGEMENT

POUR SE FAIRE PLAISIR

Hôtel Le Bristol – *4 pl. de l'Hôtel-de-Ville - 03 88 09 61 44 - www.lebristol.com - ♿ - P - 26 ch. 73/78 € - ☕ 9 € - rest. formule déj. 9,50/11,50 € - carte à partir de 31 €.* Hôtel familial situé au centre de la station thermale. Les chambres refaites se révèlent chaleureuses et coquettes avec leur mobilier artisanal et leurs couleurs gaies. Salle cossue, agrandie d'une véranda utilisée les jours d'affluence. Carte traditionnelle.

Chambre d'hôte La Renardière – *5 r. Baigneurs - 3 km au sud de Niederbronn - 67110 Reichshoffen - 06 79 59 82 50 - www.larenardiere-alsace.fr - 2 ch. ☕75 € - table d'hôte sur réserv. 15 € bc.* Dans une rue calme, près du centre-ville, une maison alsacienne du 18e s. tout en sobriété. Les chambres sont agréables et cosy. La terrasse et le jardin face à une petite île invitent à la sérénité. Bel accueil.

Hôtel du Cheval Blanc – *11 r. Principale - 67510 Niedersteinbach - 03 88 09 55 31 - www.hotel-cheval-blanc.fr - fermé de déb. fév. à mi-mars - P - 28 ch. 81/97 € - ☕ 13 € - formule déj. 12 €, 29/60 €.* Toute une famille passionnée tient les rênes de ce Cheval Blanc campé sur l'axe principal du village. Cette maison à colombages allie chambres coquettes, confortables et accueil sympathique. Au restaurant *(fermé le jeudi)*, on retrouve l'âme d'une *winstub*… et le goût du pays porté avec amour : quiche lorraine, truite du vivier au riesling, mousse au kirsch, etc. Même esprit côté décor, tout en boiseries, avec une pièce pour la cuisine du jour et d'autres salles rustiques pour la carte. Une belle adresse.

Hôtel Mercure – *14-16 av. Foch - 03 88 80 84 48 - www.mercure.com - P - 59 ch. 75/108 € - ☕ 16 €.* Cet établissement abrite de grandes chambres standardisées et des suites. Décoration épurée (tons pastel, esprit Belle Époque). Bar-salon design.

Hôtel du Parc – 33 *r. de la République - 03 88 09 01 42 - www.parchotel.net - P - 46 ch. 65/95 € - ☕ 10 € - rest. formule déj. 10,50 € - rest. 20/36 €.* Dans une rue passante, hôtel composé de deux bâtiments. Chambres régulièrement rénovées et très bien tenues. Cuisine traditionnelle servie dans une salle de style alsacien ou sous la tonnelle en été.

RESTAURATION

BUDGET MOYEN

Le Caveau de l'Étable – *43 r. Gén.-de-Gaulle - 03 88 09 62 02 - fermé lun., jeu. et* *sam. midi - formule déj. 11 €, rest. 23/25 €.* Cette ancienne étable cultive son style. La table propose des spécialités alsaciennes et une cuisine de saison, avec enthousiasme et simplicité. Par petites touches, elle rappelle ses anciennes fonctions.

POUR SE FAIRE PLAISIR

L'Atelier du Sommelier – *35 r. des Acacias, à 2 km du centre vers complexe sportif - ✆ 03 88 09 06 25 - www.atelierdusommelier.com - fermetures annuelles se rens., dim. soir, lun. et mar. - P - 29/55 €.* À l'orée de la forêt, ce restaurant au charme rustique est dédié à Bacchus : caisses de vin et crus exposés. Cuisine épurée.

Anthon – *40 r. Principale - 67510 Obersteinbach - ✆ 03 88 09 55 01 - www.restaurant-anthon.fr - fermé mar. et merc. et en janv. - P - 12 ch. 80/140 € - ☕ 12 € - rest. 26/52 €.* Maison à colombages (1860) abritant une élégante salle à manger en rotonde tournée vers le jardin. Cuisine du terroir. Chambres rafraîchies, dont deux conservent une boiserie d'alcôve intégrant les lits.

PETITE PAUSE

Le Pâtissier des Thermes – *2 pl. des Thermes - ✆ 03 88 80 32 83 - 5h30-18h.* Cette boulangerie, au cœur de la ville, propose toutes sortes de pâtisseries et un plaisant salon de thé.

ACTIVITÉS

Établissement thermal – *5 pl. des Thermes - ✆ 03 88 80 30 70 - www.valvital.fr.* L'établissement propose des stages de balnéothérapie et de remise en forme. La source romaine agit, entre autres, sur la rhumatologie et les séquelles de traumatisme.

EN SOIRÉE

Casino Barrière de Niederbronn-les-Bains – *10 pl. des Thermes - ✆ 03 88 80 84 88 - www.lucienbarriere.com - 10h30-2h en sem., vend.-sam. et j. fériés 4h.* Ce casino compte 150 machines à sous et une salle de jeux traditionnels. Trois restaurants dont une brasserie alsacienne, deux bars et une salle de cinéma.

La Winstub (au casino de Niederbronn) – *10 pl. des Thermes - ✆ 03 88 80 84 88 - www.lucienbarriere.com - brasserie alsacienne ouv. tlj sf sam. midi.* Restaurant agrandi et entièrement rénové dans un style contemporain d'inspiration coloniale. Tous les 15 jours, dîner spectacle ou dîner dansant.

AGENDA

Nuit artisanale – *www.nuit-artisanale.com - juil. - 3 € (-16 ans gratuit).* Le temps d'une soirée, le centre-ville se fait piéton et met à l'honneur les artisans qui viennent présenter leur savoir-faire. Boutiques et ateliers.

Bitche

★

5 319 Bitchois – Moselle (57)

Perchée sur l'énorme socle rocheux autour duquel Bitche s'est construite, la citadelle de Vauban en grès rose à l'admirable architecture plante le décor. Longtemps marquée par son statut de ville de garnison, la cité réussit à renouveler son image. Entourée de magnifiques forêts, elle mise aujourd'hui sur le tourisme vert, la proximité des Vosges et le patrimoine historique autour de la ville.

NOS ADRESSES PAGE 415
Hébergement, restauration, achats, activités, etc.

S'INFORMER

Office de tourisme – *2 av. du Gén.-de-Gaulle - 57230 Bitche - 03 87 06 16 16 - www.tourisme-paysdebitche.fr - de déb. mai à fin oct. : 9h-12h, 13h30-17h30, w.-end et j. fériés 10h30-15h30 ; reste de l'année : tlj sf dim. et j. fériés 9h-12h, 13h30-17h30.*

SE REPÉRER

Carte de microrégion B2 (p. 360-361). Bitche est située à 21 km de la frontière allemande. Voies de circulation les plus importantes à proximité de la ville, la D 35^A en direction de l'Allemagne et à l'ouest la D 662 qui conduit à Sarreguemines.

À NE PAS MANQUER

La citadelle Vauban (la visite guidée dure 2h) et le jardin pour la Paix.

AVEC LES ENFANTS

Le moulin d'Eschviller à Volmunster.

Visiter

★★ Citadelle

R. des Tilleuls - 03 87 96 18 82 - juil.-août : 10h-18h ; reste de l'année 10h-17h, dim. et j. fériés 10h-18h - fermé nov.-mars, 1er janv., 25 déc. - possibilité de visite guidée (2h) - 10 € (-18 ans 8 €) - 12 € billet combiné avec le jardin pour la Paix.

La citadelle est construite par Vauban en 1681. Reconstruite par Cormontaigne, la forteresse réputée imprenable est caractéristique de l'architecture militaire du 18e s. Après avoir gravi la rampe et franchi la porte monumentale, on atteint le tertre central, d'où la **vue★** est remarquable : à l'ouest se détachent les cloches cuirassées du Simserhof et au sud le Parc naturel régional des Vosges. Cette vue circulaire sur la région a fait de Bitche un point militaire stratégique.

Prenez une bouffée d'air frais avant de pénétrer au cœur de la citadelle et de son vaste complexe souterrain *(la température est fraîche, prévoyez un pull).*

Un parcours audiovisuel intéressant et vivant permet de comprendre le long et difficile siège de Bitche : revivez, des dortoirs aux cuisines, l'histoire quotidienne de ces hommes et leurs doutes face aux horreurs de la guerre.

Seul vestige du château construit sous Vauban, la chapelle semble résister aux épreuves du temps, notamment aux bombardements de 1945. Restaurée conformément aux plans du 18e s., elle abrite un plan-relief de la ville de 1794 et une belle horloge.

LE SIÈGE DE BITCHE

17 juillet 1870 : la France répond à une provocation de Bismarck (dépêche d'Ems) en déclarant la guerre à la Prusse. La désillusion est brutale. Les Prussiens, rejoints par les États allemands, infligent de lourdes défaites aux troupes françaises. Le 6 août, la terrible bataille de cavalerie à Reischoffen montre les limites de l'héroïsme face à une armée supérieure en nombre et très organisée. La garnison de Bitche qui vient d'être confiée au **colonel Teyssier** avec un bataillon du 86e d'infanterie de ligne, voit arriver des soldats de nombreuses unités en déroute. Quelque 2 400 hommes, avec seulement 17 canons en état, vont tenir plusieurs mois de siège avec l'aide de la population.

D'intenses bombardements, dont un de plus de 10 jours et 10 nuits, détruisent les bâtiments du fort, à l'exception de la chapelle, avant de toucher la ville. La défaite de Sedan avec la capture de Napoléon III le 2 septembre, la capitulation de Paris et même l'armistice du 28 janvier 1871 ne font pas renoncer le colonel Teyssier. Il attend un ordre écrit du gouvernement français. Ce n'est que le 25 mars que les défenseurs quittent la ville en héros. La signature du traité de Francfort le 10 mai 1871 confirme l'annexion ; Bitche devient allemande.

Au pied de la citadelle, le **jardin pour la Paix** *(fin avr.-déb. oct.)* propose une approche végétale du thème « Guerre et Paix » à travers les rapports harmonieux et conflictuels entre les plantes. Cet espace permet par ailleurs d'avoir des perspectives nouvelles sur la forteresse.

À proximité Carte de microrégion p. 360-361

Reyersviller B2

5 km au sud-ouest par la D 662.

Après le village, sur la droite de la route, le **chêne des Suédois**, impressionnant par son âge (environ 450 ans) et sa taille, aurait servi de potence aux Suédois pour pendre les paysans du village disparu de Kirscheid pendant la guerre de Trente Ans.

★ Le Simserhof B1

4 km à l'ouest de Bitche par la D 35, puis la route militaire en face de l'ancien casernement du Légeret. R. André-Maginot - Le Légeret - ☎ 03 87 96 39 40 - www.simserhof.fr - ♿ - visite guidée sur demande préalable (3h) juil.-août : 10h-18h ; de mi-mars à fin juin et de déb. sept. à mi-nov. : tlj sf lun. 10h-17h - 12 € (-18 ans 8 €) - réserv. conseillée. Prévoir un vêtement chaud. Comptez 2h30 de visite.

De l'extérieur, on voit le bloc d'accès des munitions (et les aménagements touristiques), orienté au sud, avec sa porte blindée de 7 t, ses créneaux de flanquement précédés de fossés « Diamant ». Les cloches de tir ou d'observation qui surmontent les blocs de combat sont disséminées dans un espace de plusieurs kilomètres de façon à dominer la plaine en contrebas.

(On voit quelques-unes de ces « cloches » depuis la D 35A, route de Hottwiller, 1 km au départ de la D 35.)

La partie enterrée du fort se compose de deux secteurs : l'un « arrière », de service, l'autre « avant », de combat, distribués sur un même niveau et reliés par 5 000 m de galeries dont 1 700 m de réseau ferré.

La visite débute par la projection d'un film d'archives qui situe l'histoire de la ligne Maginot. Elle se poursuit dans un véhicule automatisé. C'est un passionnant voyage à 30 m sous terre qui commence alors. Le récit d'un sous-officier imaginaire reprend plusieurs témoignages très émouvants d'anciens combattants de la ligne Maginot. Les visiteurs revivent à l'aide d'une scénographie bien adaptée l'ambiance de la drôle de guerre, celle des combats et de la défaite à laquelle les équipages des forteresses ont dû se plier. Du 10 mai au 30 juin 1940, le Simserhof s'est illustré par une résistance héroïque mais devenue inutile. Accompagné d'un guide, vous terminerez à pied pour visiter les casernements (chambres, cuisine, infirmerie, usine électrique…), l'occasion d'apercevoir les fresques murales peintes en 1939 qui reprennent le dessin animé *Blanche-Neige et les sept nains* sorti dans les salles en 1937.

Ossuaire de Schorbach B1

6 km au nord-ouest par les D 962 et D 162^B à gauche.
Près de l'église reconstruite en 1774 et dédiée à saint Rémi, un petit bâtiment percé d'arcatures romanes s'ouvre sur un ossuaire né de l'exiguïté du cimetière.

Volmunster B1

11 km au nord-ouest par les D 35 et D 34.
L'**église St-Pierre**, détruite lors de la Seconde Guerre mondiale, a été reconstruite en 1957. Une mosaïque de 70 m^2 représentant saint Pierre en marin-pêcheur figure au « tympan » du portail.
Moulin d'Eschviller *(à 4 km, suivre les indications - 03 87 96 76 40 - www.moulindeschviller.fr - - visite guidée (1h30) de mi-mars à fin oct. : 10h, 14h et 16h, w.-end 14h et 16h - 6 € (-17 ans 4 €).* Vous y découvrirez le fonctionnement d'un moulin à grain et d'un moulin à scier et observerez le monde des abeilles autour du rucher. En libre accès, un sentier d'interprétation menant jusqu'à une source agrémente le cadre bucolique.

Fort Casso B2

À Rohrbach-lès-Bitche, 15 km à l'est de Bitche par la D 662. 1 km après Rohrbach, prenez la D 84.
D 84 - 03 87 02 70 41 - http://casso.fortiff.be - visite guidée (2h) de mi-juin à fin août : 10h-14h, dim. et j. fériés 15h-16h, sam. 15h ; de mi-mars à mi-juin : 15h ; reste de l'année : se rens. - fermé 1er janv., 25 déc. - 6 € (-14 ans 3 €). Après le Simserhof, une visite s'impose dans cette forteresse plus « intime » qui présente des particularités intéressantes : locaux crépis, dortoirs à hamacs, tourelle pour armes mixtes et tourelle pour mitrailleuses en état de fonctionnement. Bien conservés, les locaux sont progressivement rééquipés : PC de tir, central téléphonique, etc. Fort Casso fut attaqué le 20 juin 1939 mais, couvert par les canons de l'ouvrage du Simserhof, il ne subit pas le sort de Villy-la-Ferté et dut se rendre sur ordre de l'état-major.

NOS ADRESSES À BITCHE

Voir aussi nos adresses dans le PNR des Vosges du Nord *(p. 394)*.

HÉBERGEMENT

BUDGET MOYEN

Hôtel Le Strasbourg – *24 r. Col.-Teyssier - ✆ 03 87 96 00 44 - www.le-strasbourg.fr - fermé lun., mar. midi et dim. soir - 13 ch. 80/110 € - 12 € - menu sem. 28 €, 38/75 €.* Une véritable auberge du 21e s., sobre et épurée, bien en phase avec son époque. La cuisine est séduisante, soignée et généreuse. Quant aux prix, ils savent rester sages. Les chambres ont chacune leur style (Afrique, Asie, Provence, etc.), qu'elles cultivent avec discrétion.

RESTAURATION

PREMIER PRIX

Auberge du Moulin – *R. du Moulin - 57720 Volmunster - ✆ 03 87 96 67 15 - www.auberge-moulin-eschviller.fr - fermé nov.-fév. : lun. soir et mar. soir - carte de 10 à 15 €.* Ambiance champêtre pour une cuisine simple : en-cas, salades ou pizzas. Soirées à thèmes et grande terrasse.

BUDGET MOYEN

Au Relais des Bois – *13 r. Principale - 57230 Sturzelbronn - ✆ 03 87 06 20 30 - www.aurelaisdesbois.fr - fermé janv.-fév. sf w.-end, lun. et mar. - plat du j. 12 €, rest. 20/29 €.* Une petite adresse familiale nichée au cœur d'un village du Parc naturel. À la carte, une cuisine de saison et des plats traditionnels.

L'Argousier – *1 r. de Sarreguemines - 57720 Volmunster - ✆ 03 87 96 28 99 -www.largousier.fr - fermé 2 sem. en fév., 2 sem. de fin juil. à déb. août, lun. soir, mar. et merc. - rest. 19/60 €.* Dans ce restaurant contemporain, la cuisine du chef valorise joliment les produits de saison et se révèle très convaincante. Présentation soignée et service aux petits oignons.

POUR SE FAIRE PLAISIR

Restaurant de la Tour – *3 r. de la Gare - ✆ 03 87 96 29 25 - www.latour-bitche.fr - fermé lun. et mar. soir (merc. soir en hiver uniquement) - formule déj. 11/15 €, rest. 25/58 €.* Entre gare et centre-ville, on reconnaît cette grande bâtisse à sa tourelle. Inspiration Belle Époque dans les trois salles à manger, parfaitement adaptées à une cuisine traditionnelle éprise de produits tripiers.

ACTIVITÉS

Golf de Bitche – *R. des Prés - ✆ 03 87 96 15 30 - www.golf-bitche.com - hiver : 9h-16h ; été : 8h30-18h - fermé 22 déc.-5 janv.* Situé au cœur du Parc naturel régional des Vosges du Nord, ce parcours de 27 trous offre de beaux panoramas.

Tépacap – *Étang de Hasselfurth - ✆ 03 87 06 40 00 - www.tepacap-bitche.fr.* Parc d'attractions en forêt et hébergement sous tipis en bois.

Wissembourg

★★

7 803 Wissembourgeois – Bas-Rhin (67)

Wissembourg est sortie miraculeusement préservée d'une histoire parsemée de sièges, de désastres et de faits de guerre – une bataille de 1870 porte d'ailleurs son nom. Une promenade sur les remparts, dans les quartiers anciens ou dans celui de la « Petite Venise » vous fera découvrir plus de 70 maisons bâties avant 1700. L'imposante église St-Pierre-et-St-Paul se démarque dans cette douce ville. C'est la deuxième en taille des églises gothiques d'Alsace, après la cathédrale de Strasbourg.

NOS ADRESSES PAGE 421
Hébergement, restauration, achats, activités, etc.

S'INFORMER

Office de tourisme – *11 pl. de la République - 67160 Wissembourg - ✆ 03 88 94 10 11 - www.ot-wissembourg.fr - mai-oct. : 10h-12h30, 14h-18h, dim. et j. fériés 14h-17h30 ; reste de l'année : tlj sf dim. et j. fériés 10h-12h, 14h-17h30.*

Visites guidées – *L'office du tourisme de Wissembourg organise tout au long de l'année de multiples promenades en ville et dans ses environs. Des visites guidées d'une journée dans la région, avec guide, aux visites à thème de la ville, en passant par la découverte du pays de Wissembourg (route des Villages pittoresques, route des Châteaux forts, du Parc naturel du Palatinat et du « Pays de Bade » avec la route de la Forêt-Noire) - ✆ 03 88 94 10 11 - www.ot-wissembourg.fr.*

SE REPÉRER

Carte de microrégion C2 (p. 360-361).
Wissembourg est une ville frontalière, dominée à l'ouest par le Hochwald et au nord par le Mundatwald.

SE GARER

Parkings : r. Bannacker, pl. de la Foire et r. de la République.

À NE PAS MANQUER

L'église St-Pierre-et-St-Paul et sa fresque de saint Christophe, le quartier de la Petite Venise, le vignoble de Cleebourg.

ORGANISER SON TEMPS

Consacrez une demi-journée au tour de la ville, puis partez explorer la campagne environnante, à pied de préférence. Nombreuses animations à la Pentecôte.

Se promener Plan de ville ci-contre

★ **LA VIEILLE VILLE**

Comptez 1h40. Départ : place de la République.

Hôtel de ville B (H)

Construit de 1741 à 1752 en grès rose, avec fronton, petite tour et horloge selon les plans de Massol, il remplace l'ancien Rathaus disparu dans l'incendie de la ville du 25 janvier 1677.

Prendre la rue du Marché-aux-Poissons qui mène à la Lauter et offre, à son extrémité, une **vue** agréable sur de beaux massifs fleuris, au premier plan, et sur le chevet de l'église St-Pierre-et-St-Paul, à l'arrière.

LA VILLE DU PÈRE FOUETTARD

Le légendaire Hans Trapp, le père Fouettard alsacien, est né ici. À la fin du Moyen Âge, Hans von Drodt terrorisait les Wissembourgeois depuis son nid d'aigle du Berwarstein voisin. Les parents se mirent donc, à leur tour, à menacer les enfants pas très sages des foudres du terrible Hans.

Maison du sel B

Reconnaissable à sa toiture divisée en auvents sous lesquels les lucarnes ouvrent en balcons, ce fut d'abord un hôpital (1448) avant de devenir un dépôt de sel et un abattoir.

Suivez le quai Anselman.

Maison Schaaf ou À l'Ancienne Couronne A

Cette très ancienne maison de patriciens (1491) servit d'auberge jusqu'en 1603, puis appartint aux Bartholdi à la fin du 18e s. avant qu'Auguste Schaaf, un passionné d'histoire locale, n'en fasse l'acquisition au 20e s.

Maison Vogelsberger A

Avec son riche portail Renaissance et son blason peint, elle date de 1540. L'un de ses propriétaires, Sébastien Vogelsberger, un maître d'école devenu un chef de mercenaires, fut décapité en 1548 sur l'ordre de Charles Quint pour

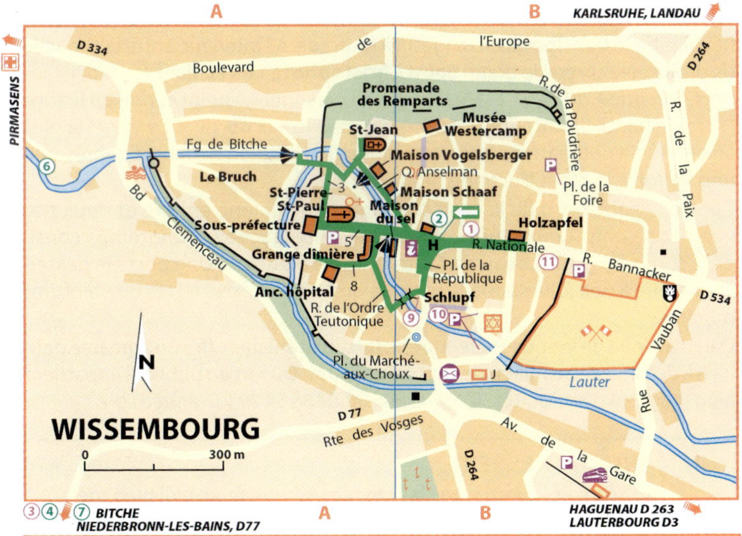

SE LOGER	Carrousel Bleu (Le) ... 1
Cygne (Hostellerie du) ... 2	Pfaffenschlick (Auberge du) ... 3
M. et Mme Klein (Chambre d'hôte) ... 4	Petit Dominicain (Au) ... 11
Moulin de la Walk (Au) ... 6	Pont M (Au) ... 9
Moulin des sept fontaines (Ferme-Auberge) ... 7	INDEX DES RUES
SE RESTAURER	Chapitre (R. du) ... 3
Ange (L') ... 10	Sous-Préfecture (Av. de la) ... 5
	Stanislas (R.) ... 8

avoir assisté au sacre d'Henri II. Le bienheureux Charles de Foucauld passa dans cette maison les deux premières années de sa vie.
Tournez à droite dans la rue du Presbytère.

Église Saint-Jean A

Cette église protestante restaurée remonte au 15e s., à l'exception du clocher, roman (13e s.). **Martin Bucer** (ou Butzer) (1491-1551), réformateur alsacien né à Sélestat, y a prêché la Réforme en 1522, avant de partir pour l'Angleterre. Dans la cour, sur le côté gauche de l'église, anciennes pierres tombales en grès rouge des Vosges.
Du haut des remparts, vue d'ensemble de l'église St-Jean et St-Pierre-et-St-Paul.
Revenez sur vos pas, traversez la Lauter et prenez à droite le quai du 24-Novembre.

Quartier du Bruch A

Du pont sur la Lauter, on a une belle vue sur ce vieux quartier, autrefois faubourg de la ville. La première maison à droite, dont le pan coupé est orné d'une petite loggia ou oriel (1550), servit de décor au tournage du film *L'Ami Fritz*, en 1933. En face, sur l'autre rive, maison patricienne des 16e et 17e s.
Revenez sur l'autre rive et prenez à droite la rue du Chapitre.

★ Église Saint-Pierre-et-Saint-Paul A

Bâtie en grès, c'est l'ancienne église gothique, élevée au 13e s., d'un monastère bénédictin fondé au 7e s. Un clocher carré, vestige de l'église romane antérieure, reste accolé au flanc droit de l'édifice. Remarquez le décor de la toiture, restaurée d'un motif losangé composé de tuiles vertes et jaunes. La Révolution le transforma en magasin à fourrage. À l'intérieur, entre la chapelle de droite et le chœur, le grand **Saint Christophe** tenant l'Enfant Jésus dans ses bras, **fresque★** du 15e s., est le plus grand personnage peint connu en France (11 m de haut). Le chœur est éclairé par des vitraux du 13e s. Le vitrail le plus ancien est la petite rose placée au pignon du croisillon gauche; il représente une Vierge à l'Enfant (seconde moitié du 12e s.).
Contre le flanc nord de l'église subsistent une galerie entière et deux travées d'un somptueux **cloître gothique** resté inachevé, longtemps considéré comme « le plus beau de toute la vallée du Rhin ». Une porte le desservant mène à une jolie chapelle romane du 11e s. avec des restes de peintures murales.
Dans l'avenue de la Sous-Préfecture, le **jardin Stanislas** offre un agréable petit havre de verdure au milieu de buis centenaires. Ouvert au public, il appartient à un magasin d'antiquités. *R. Stanislas - ✆ 03 88 54 29 54 - entrée libre.*

UN MARIAGE INESPÉRÉ

Roi détrôné de Pologne, Stanislas Leszczyński vivait un exil bien mélancolique dans une maison de Wissembourg. L'ancien roi ne regrettait son royaume et sa fortune que pour sa fille, Marie, qu'il n'imaginait pas voir convoler un jour, faute de dot et de fortune. Or, en 1725, le duc d'Antin apporte une nouvelle inespérée : Louis XV, roi de France, le Bien-Aimé, a jeté son dévolu sur la modeste héritière. Marie sera reine de France…
Stanislas emprunte argent et carrosses, dégage ses bijoux et peut offrir un mariage décent à sa fille qui, à 22 ans, devient l'épouse d'un roi de 15 ans.

La Maison du sel, avec sa toiture à auvents.
Bildagentur RM/Tips/Photononstop

Sous-préfecture A
À l'extrémité de l'avenue de la Sous-Préfecture, l'élégant pavillon de la fin du 18e s. occupe l'ancien hôtel du doyenné de la collégiale.
Prenez à gauche l'avenue de la Sous-Préfecture. Place du Saumon, prenez à droite la rue Stanislas.

Grange dîmière A
La grange dîmière de l'ancienne abbaye jouxte la maison des Chevaliers teutoniques, de 1606. L'ordre teutonique, fondé en Terre sainte au 12e s., a disparu à la Révolution. Sur le mur qui fait face à l'abbatiale se trouve sculpté le moine Otfried qui, au 9e s., soucieux de transmettre le message évangélique aux peuples de langue allemande, en fit pour la première fois une adaptation à partir du texte latin.

Ancien hôpital (Palais Stanislas) A
C'était la résidence du roi Stanislas Leszczyński de 1719 à 1725, dont la fille, Marie, épousa Louis XV en 1725. Après avoir été un collège (1869), un hôpital (1875-1973), une maison de retraite y est maintenant installée.
Faites demi-tour, tournez à droite dans la rue de l'Ordre-Teutonique puis à gauche dans le passage dit « rue pittoresque ».
Empruntez la petite passerelle au-dessus de la Lauter, dans le quartier appelé le **Schlupf**, « Petite Venise » de Wissembourg.
Rejoignez par la gauche la rue de la République, puis tournez à droite dans la rue Nationale.

Holzapfel B
La maison gothique avec tourelles d'angle fut d'abord, dès 1506, une maison des corporations, puis un relais de poste de 1793 à 1854; Napoléon s'y arrêta en 1806.
Faites demi-tour pour revenir place de la République.

LES REMPARTS AB

La balade *(30mn)* le long du talus des anciens remparts, planté d'ormes et de frênes, permet de découvrir les toits patinés du quartier ancien, les tours majestueuses de l'église St-Pierre-et-St-Paul et, dans le lointain, le moutonnement des Vosges. Un premier mur longe en pleine ville un bras de la Lauter. Non loin de la maison Stanislas s'élève le **Schartenturm**, vestige de l'enceinte du monastère construite sous la direction de l'abbé Samuel au 11e s. Une deuxième enceinte part de l'extrémité du faubourg de Bitche, où l'on découvre une belle maison patricienne des 16e et 17e s. et la tour des Husgenossen (de 1420), et se poursuit jusqu'au sud de la ville. Au nord, la promenade des Remparts permet d'admirer les fortifications du 13e s.

À voir aussi Plan de ville p. 417

Musée Westercamp B

3 r. du Musée - ✆ 03 88 05 96 63 - www.musee-wissembourg.webmuseo.com - **fermé pour rénovation**. *Entrée libre expositions temporaires, se rens.*

Au début du 20e s., un musée s'est installé dans cette maison viticole du 16e s., qui a gardé son authenticité. La visite commence par la cuisine, atmosphère intimiste assurée. Même ambiance dans les autres pièces, qui renferment des meubles anciens (superbes armoires), des costumes paysans et des souvenirs du champ de bataille de 1870. Antiquités préhistoriques et romaines, salle d'armes.

Le musée conserve même une maquette en bois de cerisier du lustre-couronne de l'abbatiale représentant la Jérusalem céleste, détruit par les révolutionnaires. L'original de 1070 en métal argenté, célèbre dans tout l'Occident, faisait 6 m de diamètre ! On parlait alors de Wissembourg-la-Couronne.

À proximité Carte de microrégion p. 360-361

Vignoble de Cleebourg C2

Sur les contreforts des Vosges du Nord, cette section septentrionale de la route des Vins parcourt des vignobles harmonieux, tous orientés sud et sud-ouest. Ils ont été plantés dès 1956 après que leurs prédécesseurs ont été arrachés pendant la Seconde Guerre mondiale. Sur les 189 ha de coteaux, les vignerons se sont spécialisés notamment sur le pinot gris et le pinot blanc auxerrois. On peut traverser les terroirs de Steinseltz et Oberhoffen pour gagner Cleebourg.

Trois sentiers d'interprétation au départ de Cleebourg, à côté de la cave viticole (3h à une journée complète) pour découvrir vignoble, vergers et forêts. Rens. au ✆ 03 88 94 50 33 - www.cave-cleebourg.com/fr.

Altenstadt C2

2 km à l'est.

Intéressante église romane des 11e et 12e s. Nef et bas-côtés sont plafonnés. En pénétrant dans l'église, on passe sous un curieux porche de près de 7 m de profondeur. Le clocher du 11e s., décoré de bandes lombardes, a été surélevé d'un 3e étage au 12e s.

★ Ouvrage d'artillerie de Schœnenbourg C2

12 km au sud, par la D 264, puis la D 65, fléchage.

Rte du Cdt-Reygnier - ✆ 03 88 80 96 19 - www.lignemaginot.com - ♿ - avr.-sept. : 14h-16h, dim. et j. fériés 9h30-11h, 14h-16h - 7 € (-18 ans 5 €) - possibilité de visite guidée (2h) oct. : sur demande préalable (15 j. av.) - prévoir des vêtements chauds.

Élément important du secteur fortifié de Haguenau, cet ouvrage de la ligne Maginot est aussi le plus visité d'Alsace et de Lorraine. À l'époque de l'achèvement du Schœnenbourg en 1935, on considérait qu'aucune arme connue ne pouvait venir à bout d'un tel fort. Après avoir repoussé le 20 juin 1940 l'assaut d'une division allemande, le Schœnenbourg fut pilonné par les bombardiers et les mortiers lourds. Aucun autre ouvrage ne sera soumis à un tel déluge de feu, mais la qualité de ses protections permettra à celui-ci de tenir jusqu'à l'armistice, et même au-delà. Il ne déposera les armes que sur ordre du haut commandement français, le 1er juillet.

Le Schœnenbourg se découvre seul *(comptez 2h)* à travers de longues galeries de liaison fléchées (plus de 3 km au total). Parmi les installations souterraines à voir : la salle de tir, la cuisine, l'usine électrique, la centrale de filtrage de l'air, l'infirmerie, les postes de commandement. Au détour d'une galerie, des reproductions de peintures réalisées par les soldats vous feront sourire. Les blocs de combat avec tourelle à canons concluent le circuit. Plus de 17 000 obus ont été tirés au printemps 1940.

NOS ADRESSES À WISSEMBOURG

VISITES

Minitrain touristique – *11 pl. de la République - ✆ 03 88 94 10 11 - ♿ - 6,50 € (enfant 3,50 €) - circuit commenté (1h15) en français, anglais, allemand et néerlandais 1er juin-4 oct. : dép. 11h, 13h15, 15h10 et 17h; 3 avr.-31 mai et 5 oct.-1er nov. : vend.-dim. et j. fériés dép. 11h, 13h15, 15h10 et 17h - fermé dim. et lun. de Pentecôte.*

HÉBERGEMENT

BUDGET MOYEN

À Cleebourg

Chambre d'hôte M. et Mme Klein – *56 r. Principale - ✆ 03 88 94 50 95 - www.chez.com/cleebourg - P - non-fumeurs - 4 ch. 54 € ☕.* Cette maison alsacienne des 17e et 18e s. nichée au cœur du village de Cleebourg dont le vin est justement renommé réjouira les amateurs de calme et d'authenticité. Les chambres, toutes situées au rez-de-chaussée, sont garnies de beaux meubles anciens. Restaurants dans le village.

À Drachenbronn-Birlenbach

Ferme Auberge Moulin des Sept Fontaines – *Rue Moulin-des-Sept-Fontaines - ✆ 03 88 94 50 90 - www.auberge7fontaines.com - P - 5 ch. 50/64 € ☕ - rest. (fermé lun. et jeu.) 14/32 €.* Aux abords de la forêt, ce ravissant corps de ferme propose des chambres fonctionnelles dans un des bâtiments restaurés. Accès direct aux animaux pour les enfants.

POUR SE FAIRE PLAISIR

Hostellerie du Cygne – *3 r. du Sel - ✆ 03 88 94 00 16 - www.hostellerie-cygne.com - fermé 16 fév.-2 mars, 4-17 juil., 11-25 nov. - 23 ch. 70/250 € - ☕ 12 € - formule déj. 20 €, 35/65 € (rest. fermé merc., jeu. midi et dim. soir).* Au cœur du pittoresque Wissembourg, hostellerie aménagée dans plusieurs maisons anciennes. Cuisine traditionnelle servie à la *winstub* ou dans une salle de style alsacien Renaissance. Chambres agréables et confortables.

Au Moulin de la Walk – *2 r. Walk - ✆ 03 88 94 06 44 - www.moulin-walk.com - fermé janv. (se rens.) - ♿ - P - 25 ch.*

79/85 € - ☕ 11 € - rest. 36/52 €. Au bord d'une rivière, bâtiments aménagés sur les vestiges d'un moulin dont la roue tourne encore. Décor chaleureux et épuré avec du bois brut pour rappeler le style local. Carte classique et régionale (spécialité de foie gras), vins choisis. Jolie terrasse d'été.

RESTAURATION

BUDGET MOYEN

Au Petit Dominicain – *36 r. Nationale - ✆ 03 88 94 90 87 - fermé 15 j. fév., 15 j. août, lun., mar. - plat du j. 9 €, 18/30 €.* La salle aux couleurs mauves est conviviale. La carte est exactement dans le ton : une cuisine de saison, fraîche et sans manière.

POUR SE FAIRE PLAISIR

Au Pont M – *3 r. de la République - ✆ 03 88 63 56 68 - www.aupontm.com - fermé du dim. soir. au mar. soir -menu du j. 15 €, 29/55 €.* Au cœur du quartier de la « Petite Venise », on se régale d'une belle cuisine dans l'air du temps. Le chef concocte des recettes aux saveurs franches. Dans la salle, on profite de la vue sur l'eau et l'église St-Pierre-et-St-Paul. Service prévenant.

Le Carrousel Bleu – *17 r. Nationale - ✆ 03 88 54 33 10 - www.le-carrousel-bleu.fr - fermé dim. et le soir - carte à partir de 20,40 €.* Ce sympathique et intimiste restaurant, situé dans une maison du 18e s., propose des recettes actuelles, originales et dépaysantes, à mille lieues de la « Petite Venise ».

Restaurant de l'Ange – *2 r. de la République - ✆ 03 88 94 12 11 - www.restaurant-ange.com - fermetures annuelles, se rens. ; dim. soir, lun. et mar. - rest. 32/45 €.* Spécialité de cette maison de 1617 ? Les recettes du terroir local… revues et corrigées à la mode contemporaine ! En revanche, le cadre joue la carte de la tradition, entre esprit alsacien et classicisme.

À Climbach

BUDGET MOYEN

Auberge du Pfaffenschlick – *Col de Pfaffenschlick - 67510 Climbach - ✆ 03 88 54 28 84 - www.pfaffenschlick.com - fermé de mi-janv. à mi-fév., lun. et mar. - ♿ - 🅿 - formule déj. 12/15 € - rest. 24/38 €.* En pleine forêt, juste en face d'une cabane qui servit de cantine pendant la construction de la ligne Maginot, ce restaurant longtemps fréquenté par les seuls randonneurs continue de servir une cuisine ménagère du cru, solide et abondante. Agréable terrasse.

PETITE PAUSE

Pâtisserie Daniel Rebert – *7 pl. du Marché-aux-Choux - ✆ 03 88 94 01 66 - www.rebert.fr - mar.-vend. 7h30-18h30, sam. 7h-18h, dim. 8h-18h ; avr.-oct. : salon de thé, déjeuner - fermé lun.* Ce chocolatier déborde de bonnes confiseries. Derrière la boutique, une ravissante cour fleurie fait office de salle à déjeuner et salon de thé.

ACHATS

Au P'tit Kugelhopf – *20 r. Nationale - ✆ 03 88 94 00 56 - tlj sf lun.-mar. 7h-18h.* Cette accueillante boulangerie-pâtisserie fabrique chaque jour 10 variétés de pains spéciaux, tous plus croustillants les uns que les autres. Mais on vient ici avant tout pour les kouglofs (ou *kugelhopfs*) : sucrés ou salés, mini ou géants, vendus à l'unité ou au poids, ils sont divinement bons.

Cave vinicole de Cleebourg – *Rte du*

Vin - 67160 Cleebourg - ✆ 03 88 94 50 33 - www.cave-cleebourg.com - caveau ouvert 8h-12h, 13h30 (sam. 14h)-18h, dim. et j. fériés 10h-12h, 14h-18h - fermé 1er janv., Pâques et 25 déc. Ce domaine viticole, reconstitué en 1946 sous une forme coopérative dans le cadre du premier programme de remembrement, cultive les sept cépages alsaciens traditionnels. Ses deux valeurs sûres sont le pinot gris et le pinot blanc. Chaque année, une « cuvée de la confrérie » est sélectionnée parmi les vins de Cleebourg. La cave de Cleebourg propose également une large gamme de vins issus de lieux-dits et quatre crémants d'Alsace.

ACTIVITÉS

Espace Cycles – *Allée des Peupliers - ✆ 03 88 54 33 77 - www.espace-cycles.com - mar.-vend. 9h-12h, 14h30-18h30 ; sam. 9h-12h, 14h-17h - fermé dim. et lun.* Location de vélos.

Carte de circuit à vélo – *✆ 03 88 94 10 11 - possibilité de visite guidée - des cartes de circuit à vélo sont à disposition à l'office de tourisme.*

AGENDA

Avent – Animations à l'occasion de l'avent les w.-end (cortège d'Hans Trapp, concerts, veillées de Noël, célébrations religieuses, crèches vivantes, spectacles, contes et légendes, venue de saint Nicolas, marché de Noël, marche et cross). *Rens. à l'office de tourisme - ✆ 03 88 94 10 11 - www.ot-wissembourg.fr.*

Pentecôte – Depuis 1864, Wissembourg célèbre la Pentecôte avec gaieté et bonne humeur : somptueux cortège de costumes traditionnels, folklore, gastronomie, courses hippiques, feu d'artifice.

Festival international de musique – *Fin août-déb. sept. - ✆ 03 88 94 10 11 - www.wissembourg-festival.com.*

Streisselhochzeit à Seebach – *www.uas.fr.* Le premier w.-end qui suit le 14 Juillet fait revivre des scènes de la vie quotidienne d'antan.

ESCAPADE EN FORÊT-NOIRE ET À BÂLE

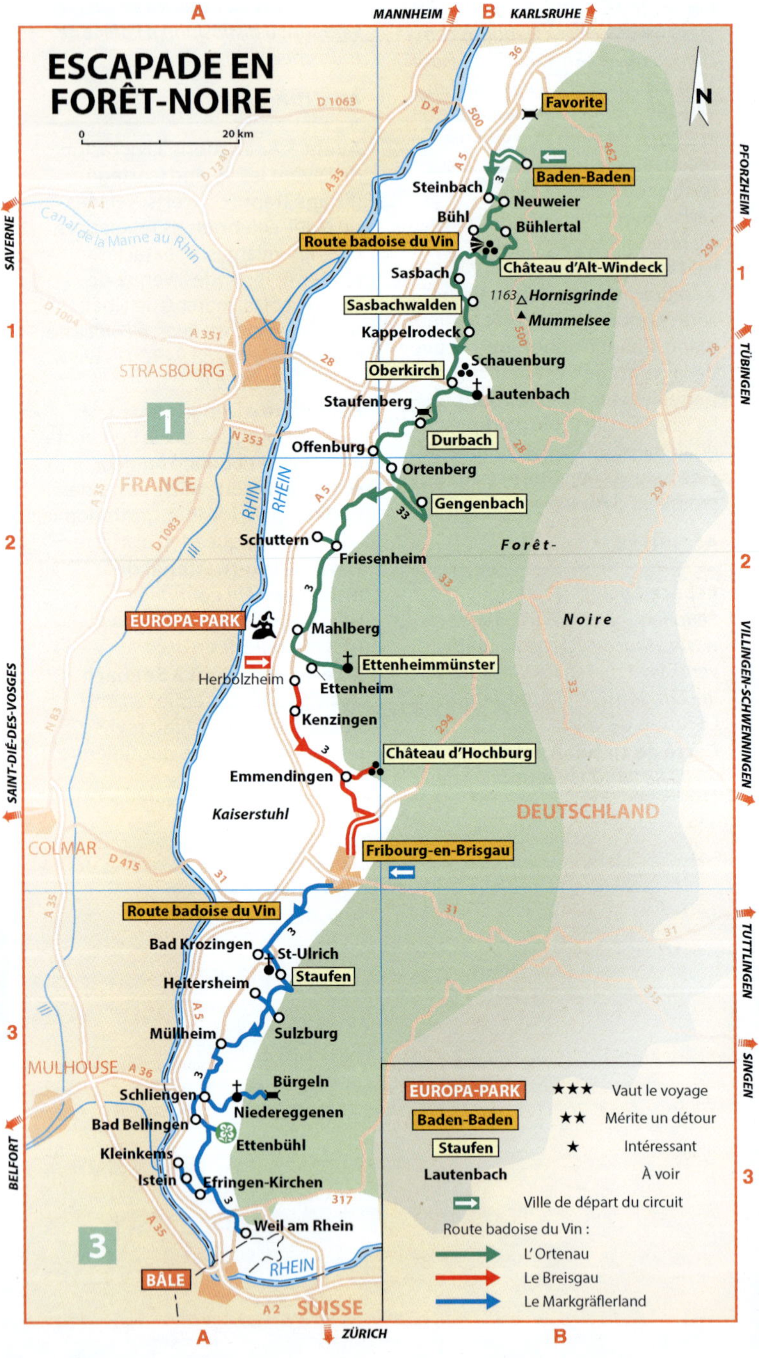

Escapade en Forêt-Noire et à Bâle 6

Carte Michelin 545 – Bade-Wurtemberg (Allemagne)

La route badoise du Vin commence à Baden-Baden et se termine à Weil am Rhein, à 170 km au sud :

À 82 km au sud de Baden-Baden et 40 km au nord de Fribourg :

À 115 km au sud de Baden-Baden :

À 72 km au sud de Fribourg-en-Brisgau :

La Forêt-Noire en trois thèmes et cinq mots

Son nom évoque à la fois les sombres forêts de conifères, un pays de légendes et une délicieuse pâtisserie. Fondée sur un bloc cristallin qui domine le fossé du Rhin, la Forêt-Noire s'étend sur près de 190 km, de Karlsruhe au nord, à Bâle au sud et peut s'enorgueillir d'être parmi les premières destinations touristiques et de nature d'Allemagne. Longtemps enchantée par les divinités et légendes païennes, cette forêt a abreuvé l'imaginaire germanique. Au Moyen Âge, les moines et ecclésiastiques qui vivaient sur ce territoire se sentaient menacés dans ce sombre paysage; ils lui ont alors donné le qualificatif de « silva negra », forêt noire. Le terme aurait pu être aussi utilisé dès l'époque romaine.

PAYSAGES

Les massifs de la Forêt-Noire peuvent se rapprocher de ceux des Vosges. Ils ont en commun leur socle cristallin et des sommets d'altitudes proches (1 493 m au Feldberg, 1 424 m au Grand Ballon). Ils partagent un contraste identique entre le versant abrupt s'abaissant vers la plaine du Rhin, et les pentes plus douces qui se fondent dans les plateaux souabe d'une part, lorrain de l'autre. Si vous avez l'opportunité de traverser la Forêt-Noire, vous distinguerez différents paysages. Au nord, les épicéas bordent des routes escarpées; au centre, les coteaux couverts de vignobles et de vergers s'épanouissent aux côtés de superbes fermes-auberges; au sud, lacs et hauts sommets se partagent la vedette.

Dans le Land du Bade-Wurtemberg, plus large que la stricte Forêt-Noire, les massifs forestiers constituent 38 % du territoire. La région englobe également deux parcs naturels dont la superficie est aux deux-tiers boisée.

RÉALITÉS ÉCONOMIQUES

Plantée de conifères dont la hauteur atteint parfois 65 m, la Forêt-Noire s'est longtemps appuyée sur le bois pour bâtir son économie. Dans le passé, la forêt d'épineux et de feuillus couvrait toute cette région. Bon combustible, le bois était aussi pratiquement l'unique matériau de construction, la base pour le flottage, la verrerie, l'artisanat.

Dès le 13e s., l'industrie minière (fer et argent) a contribué à exploiter les forêts. Et des clairières ont été ouvertes pour faire paître le bétail et cultiver des parcelles de terres. Le 19e s. a vu la fin de ces activités traditionnelles et le développement du tourisme, de l'activité thermale (l'horlogerie reste également un secteur très actif).

ESSOR TOURISTIQUE

La Forêt-Noire devint alors un lieu de villégiature estivale et aussi hivernale. Les vignobles, les parcelles plantées d'asperges et de fraises séduisent les gourmands, tandis que les 23 000 km de sentiers font fondre les randonneurs et les skieurs. Le massif forestier se trouve maintenant géré de manière raisonnée avec, entre autres, des espaces classés en réserves naturelles.

Dans une atmosphère décontractée, la région vit au rythme du carnaval de tradition alémanique, des fêtes du vin, des vendanges et des marchés de Noël.

CINQ MOTS POUR RACONTER LA FORÊT-NOIRE

Les montagnes

Avec une altitude oscillant entre 700 et 1 500 m, la Schwarzwald présente un visage résolument montagnard. Les massifs de la Forêt-Noire présentent la même topographie et la même diversité que ceux des Vosges. À quelques kilomètres de distance, le contraste est étonnant entre les coteaux de vignobles et de vergers qui s'étendent au sud de Baden-Baden, et les hauts pâturages (*Grinde*) de la lande que traverse la route des Crêtes. La forêt primitive rassemble ses conifères au nord et au centre du massif. Partout le relief a donné naissance à des lacs, des rivières, et les vallées profondément entaillées de la haute Forêt-Noire, au sud, forment un paysage presque alpestre.

Le coucou

L'artisanat horloger de la Forêt-Noire prend son essor dans la première moitié du 18e s. et les premières horloges à coucou datent de cette époque. Mais c'est vers 1850 que Friedrich Eisenlohr conçoit des boîtiers rappelant les maisonnettes de garde-barrière (*Bahnhaüsele*), bientôt ornés de feuillages, et dont la forme originelle est presque restée inchangée. La route allemande de l'Horlogerie (*Deutsche Uhrenstraße*) propose de découvrir, sur environ 320 km, musées, fabriques ouvertes à la visite et coucous (*Kuckucksuhren*) remarquables, www.deutsche-uhrenstrasse.de (site en français).

Le jambon fumé

La Forêt-Noire tire de son terroir et de sa vocation agricole un excellent jambon fumé. Pour être fabriqué de manière traditionnelle, le *Schwarzwälder Schinken* doit d'abord être frotté d'un mélange de sel et d'épices dont chaque fabricant a le secret (ail, laurier, coriandre, poivre, genièvre…). On le laisse ensuite macérer en saumure avant de le fumer avec du bois de sapin. La dernière étape, celle du séchage, peut durer plusieurs semaines.

La Forêt-Noire

Cette pâtisserie, qui tient son nom de la région même où elle est née, serait le dessert le plus apprécié d'Allemagne. Avec sa génoise au cacao garnie de crème, ses cerises et ses copeaux de chocolat, le tout parfumé au kirsch, la *Schwarzwälder Kirschtorte* est un incontournable de la gastronomie régionale.

Le Bollenhut

Ce chapeau à pompons accompagne le costume traditionnel. Les boules de laine sont rouges pour les jeunes filles, noires pour les femmes mariées. Devenu le symbole régional, il n'était porté au moment de son apparition (17e s.) que par trois communes : Gutach, Kirn Bach et Reichenbach.

Baden-Baden

★★

53 380 habitants – Bade-Wurtemberg – Voir aussi Le Guide Vert Allemagne

De son passé de ville mondaine fréquentée par tout ce que l'Europe comptait de têtes couronnées et de personnalités en vue, Baden-Baden conserve l'empreinte de la Belle Époque. Palaces et villas au bord de la rivière Oos composent la vitrine de la cité thermale. Le casino attire la vie nocturne, tandis que le parc de la Lichtentaler Allee se transforme en salon vert les après-midi de promenade. Retraités fortunés et nouveaux riches venus de Russie ou du Moyen-Orient forment la clientèle touristique la plus visible. Mais peu importe que vous ne soyez ni l'un ni l'autre. Le charme de Baden-Baden et les vertus bienfaisantes de ses thermes agissent sur chacun de ses visiteurs.

NOS ADRESSES PAGE 434
Hébergement, restauration, achats, activités, etc.

S'INFORMER

Office de tourisme – *Schwarzwaldstraße 52 (sur la B500) - (07221) 27 52 00 - www.baden-baden.de - lun.-sam. 10h-18h, dim. et j. fériés 9h-13h.*

Visite guidée – *En allemand - dim. 14h (2h), dép. de l'office de tourisme - 5 €.*

SE REPÉRER

Carte de microrégion B1 (p. 424).

Entre le vignoble badois et la Forêt-Noire, Baden-Baden n'est qu'à 65 km de Strasbourg par l'A 5-E 52. La circulation automobile dans le centre est en partie interdite de 11h à 19h (un tunnel permet de passer sous la ville).

À NE PAS MANQUER

La Lichtentaler Allee (LA promenade de Baden-Baden), l'église collégiale, l'allumage des réverbères chaque soir devant le Kurhaus et, incontournable, le château de la Favorite.

ORGANISER SON TEMPS

Cédez à l'atmosphère du lieu, allez au casino (on n'est pas obligé de jouer), installez-vous dans une des pâtisseries de la ville, flânez…

Se promener Plan de ville ci-contre

Circuit de 6 à 7 km AR (pour aller jusqu'à l'abbaye de Lichtenthal) tracé en vert sur le plan ci-contre. Comptez 2h15 sans les visites des musées. Départ du cœur du quartier mondain.

★ Maison des thermes - Casino (Kurhaus) A2

Visite guidée du casino uniquement en allemand, document en français - avr.-oct. : 9h30-12h ; nov.-mars : 10h-12h - 5 €.

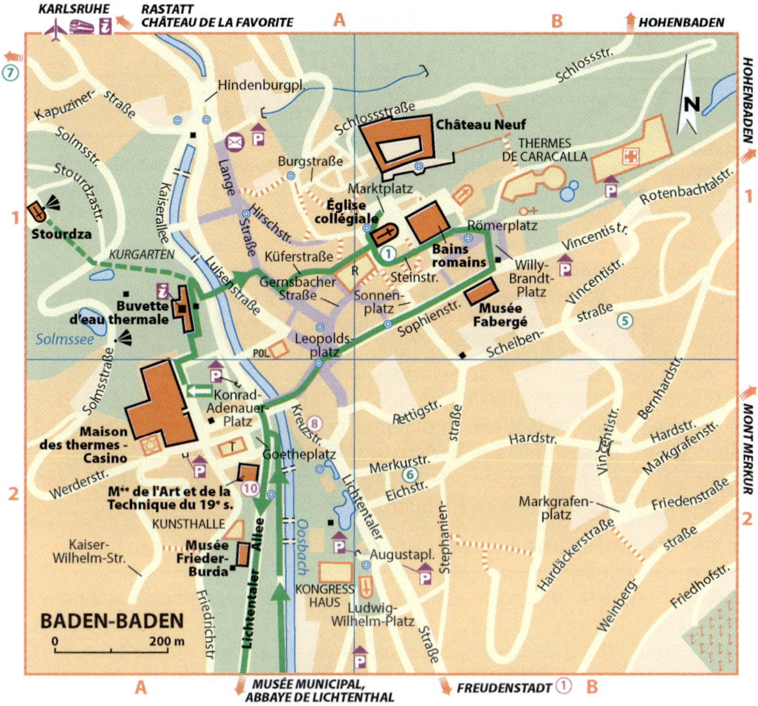

SE LOGER		SE RESTAURER	
Am Markt	①	Auerhahn	①
Magnetberg Hotel	⑤	Das Olivenhaus	⑧
Merkur	⑥	Rive gauche	⑩
Schweizer Hof	⑦		

Réalisation néoclassique (1821 à 1824) due à Friedrich Weinbrenner, elle était la « maison de conversation », le lieu de rendez-vous de la haute société qui organisait là bals et concerts. Le **casino**, le plus ancien et le plus prestigieux d'Allemagne, occupe l'aile droite. Les quatre **salles de jeu★** furent aménagées par Bénazet en 1855 dans l'esprit des pièces d'apparat des châteaux royaux français.

En face, le kiosque à musique. Prenez à gauche.

Buvette d'eau thermale (Trinkhalle) A1

Édifiée de 1839 à 1842, la Trinkhalle s'ouvre par une longue galerie ornée de peintures murales évoquant les légendes locales. Les curistes y buvaient un verre d'eau thermale, ou du petit-lait de vache, chèvre ou jument. Le site abrite maintenant l'office de tourisme.

Derrière, quelques chemins se déploient à travers le **parc du Kurhaus**, ourlé de massifs de rhododendrons et d'azalées. La **chapelle Stourdza**, roumaine orthodoxe et dont le vocable provient de princes moldaves, s'élève sur les hauteurs du parc. De là, jolie vue sur le **vieux château** *(Altes Schloss)*, « Hohenbaden » des margraves de Bade.

Traversez l'Oos par un des ponts pour rejoindre la vieille ville et la arktplaz.

Un vent de nostalgie souffle sur Baden-Baden

UNE VILLE SOUS LE SIGNE DES BAINS

De l'Antiquité... – Les vertus curatives des eaux de Baden-Baden étaient déjà connues à l'époque romaine. Habitée par les Celtes, la vallée de l'Oos était occupée aussi par les Romains, qui stationnaient à Strasbourg. De nombreux établissements de bains étaient alors en activité.
... aux Temps modernes – À partir du 12e s., la ville devient la résidence des margraves de Bade (princes du Saint Empire), de la lignée des Zähringen. En 1514, le margrave Cristophe Ier la dote de fortifications et introduit, en même temps qu'un nouveau statut pour la cité, une sorte de taxe thermale. À cette époque, des médecins et écrivains visitent déjà Baden-Baden, qui compte 12 auberges. Cette double dénomination (« les Bains dans le pays de Bade ») serait utilisée depuis 1535 afin de différencier la ville des communes de Baden-Durlach, située aux environs, Baden près de Vienne et Baden en Suisse.
Mais les épidémies, la guerre de Trente Ans, les conflits économiques vont entraîner une diminution de l'activité thermale.

CAPITALE MONDAINE À LA BELLE ÉPOQUE

Il faut attendre le 19e s. pour que Baden-Baden prenne un nouvel essor, avec le lancement du casino. Celui-ci est géré par le Français Jacques Bénazet, surnommé « le roi de Bade ». Les diplomates et chefs d'État de toute l'Europe comme le roi Guillaume de Prusse, Napoléon III ou le tsar Alexandre de Russie s'y croisent. La ville attire aussi les artistes tels que Hector Berlioz, Johannes Brahms, Eugène Delacroix, Fedor Dostoïevski, Alfred de Musset ou Clara Schumann. Les vitrines de grandes marques s'installent, le golf et le tennis se répandent. Les joueurs se succèdent à la roulette ou à l'hippodrome.
Les bains sont modernisés, comme en témoigne le Friedrichsbad, un palais de style néo-Renaissance construit en 1877. Seules les guerres (1870, 1914-1918, 1939-1945) ralentissent cette frénésie.

UN PEU DE FRANCE À BADEN-BADEN

En 1945, le commandement en chef des Forces françaises en Allemagne (FFA) est installé à Baden-Baden. Dans « la cité française », le quartier qui entoure la caserne, vivent environ 5 000 personnes. Le site se videra à la fin des années 1990. Sur son emplacement, un centre commercial a maintenant pris place.
Sous le sceau du secret – Le 29 mai 1968, après un mois de crise politique et sociale dans toute la France, le général de Gaulle « disparaît » de l'Élysée et se rend à Baden-Baden afin d'y rencontrer le général Massu, alors commandant des FFA. La version officielle veut qu'il vienne pour s'assurer du soutien de l'armée si les émeutes dégénèrent... Il rentre le lendemain, dissout l'Assemblée et affirme : « Je me suis mis d'accord avec mes arrière-pensées. » Massu écrira pourtant dans ses mémoires que, ce jour-là, de Gaulle était « dégonflé » et prêt à abdiquer.
Depuis les années 1950, la ville, reine de la musardise organisée, accueille de nombreux festivals, prix et opéras. Cette humeur fantasmée aurait inspiré son nom de scène au groupe de musiciens français *Baden Baden*, qui joue une pop mélodique, doucement folk et mélancolique.

La Trinkhalle (buvette d'eau thermale) à Baden-Baden.
Kara/Fotolia.com

Château Neuf (Neues Schloss) B1
Ancienne résidence des margraves (équivalent de nos marquis) de Bade bâtie à la Renaissance, le château est privé. Il a été racheté par un groupe du Koweït, et un hôtel de luxe va y être établi.

Église collégiale (Stiftskirche) B1
Le chœur de la collégiale contient plusieurs monuments funéraires parmi lesquels ceux des margraves Léopold-Guillaume (à gauche, fin du 17e s.) et **Louis le Turc** (à droite, 1753). Dans le chœur, le **crucifix en grès**★, réalisé par Nicolas Gerhaert de Leyden en 1467, constitue un remarquable témoignage de la sculpture de la fin du Moyen Âge et attire aujourd'hui encore les regards vers le chœur. Ne pas manquer le tabernacle tout en filigrane, du gothique tardif, à l'entrée du chœur.

★ **Bains romains** (Römische Badruinen) B1
Römerplatz 1 - ✆ (07221) 27 59 34 - 16 mars-15 nov. : 11h-12h, 15h-16h - fermé reste de l'année - audioguide en français - 2,50 € (1 € enf.).
Des fouilles ont mis au jour les vestiges de ces bains pour soldats romains sous l'actuel établissement thermal **Friedrichsbad**. On remarque particulièrement l'hypocauste, système de chauffage par le sol, et les murs très bien conservés. Des animations numériques restituent l'architecture complète d'origine.

Musée Fabergé (Fabergé Museum) B1
Sophienstr. 30 - ✆ (07221) 97 08 90 - www.faberge-museum.de - tlj 10h-18h - 12 € (6-9 ans 6 €).
Musée privé tenu par le milliardaire et collectionneur russe Alexander Ivanov. Très belle collection (700 objets d'art) consacrée au bijoutier et orfèvre russe Pierre-Karl Fabergé (1846-1920). Dans les vitrines, on découvre des pièces captivantes par leur finesse et leur brillance : vases, diadèmes, étuis à cigarettes, animaux miniatures et le fameux œuf impérial par lequel Fabergé s'était fait connaître de la famille impériale russe.

Franchissez la rivière de nouveau. Face à vous, le théâtre et l'allée dite des « Colonnades », bordée d'arbres et de boutiques de luxe.

★★ Lichtentaler Allee A2
Tracée le long de l'Oos, elle constitue la plus belle promenade de Baden-Baden. Sous ses ombrages, on vit passer Napoléon III et Eugénie, la reine Victoria, ainsi que Bismarck; c'est aussi là qu'eut lieu en 1861 l'attentat contre le roi de Prusse, le futur empereur Guillaume Ier. On y croise les bustes de célébrités de l'époque : Coubertin, Tourgueniev ou Clara Schumann. Plantée d'abord de chênes il y a plus de trois cents ans, elle s'est enrichie d'arbres et d'arbustes ornementaux du monde entier.

Musée de l'Art et de la Technique du 19e s.
(Museum für Kunst und Technik des 19. Jahrhunderts) A2
Lichtentaler Allee 8 - ✆ (07221) 50 07 960 - www.museum.la8.de - tlj sf lun. 11h-18h - audioguide en français - 7 € (10-19 ans 3 €).
L'objectif est ici de combiner l'art et les techniques du 19e s. dans une approche réfléchie et didactique. Pour chaque exposition temporaire, des liens sont établis entre un artiste et l'essor technologique de l'époque : développement du tramway, invention du téléphone, révolutions industrielles, vie urbaine… Animations régulières pour enfants.

Galerie d'art nationale (Staatliche Kunsthalle Baden-Baden) A2
Lichtentaler Allee 8a - ✆ (07221) 30 076 400 - www.kunsthalle-baden-baden.de - tlj sf lun. 10h-18h - fermé 24 et 31 déc. - audioguide en français - 7 €.
Musée public établi dans la galerie construite par l'architecte Hermann Billing en 1909, qui fit scandale à l'époque par la sobriété de son architecture. Une demi-douzaine de salles mettent très bien en valeur les œuvres. Pas de collection permanente, mais plusieurs expositions temporaires par an dédiées à des mouvements ou figures internationales de l'art contemporain. Café design.

★★ Musée Frieder-Burda (Museum Frieder Burda) A2
Lichtentaler Allee 8b - ✆ (07221) 39 89 80 - www.museum-frieder-burda.de - tlj sf lun. 10h-18h - fermé 24, 31 déc. - 12 €.
Les collections d'œuvres d'art de Frieder Burda, l'un des héritiers du groupe de presse allemand, font l'objet de trois expositions par an depuis 2004, année d'inauguration du musée. Des toiles de Picasso, d'artistes américains (Pollock, Rothko, Kooning) ou allemands de l'après-guerre (Georg Baselitz) s'installent dans le lumineux bâtiment conçu par le New-Yorkais Richard Meier. L'architecte a créé ses propres tableaux en ménageant des ouvertures et des perspectives sur la nature environnante. La façade d'aluminium couleur blanc cassé s'intègre avec réussite dans le parc, à côté de la **Galerie nationale d'art** de style néoclassique.
Poursuivez sur la Lichtentaler Allee jusqu'au Musée municipal.

★ Musée municipal (Stadtmuseum) hors plan par A2
Lichtentaler Allee 10 - ✆ (07221) 93 22 72 - www.stadtmuseum-baden-baden.de - notices en allemand - tlj sf lun. 11h-18h -fermé 24, 25, 31 déc. et 1er janv. - 5 €.
Le musée retrace 2000 ans d'histoire de la ville, des origines romaines à aujourd'hui, en mettant l'accent sur la société mondaine et les cures au 19e s., à travers des objets, reproductions et reconstitutions. Antiquités romaines et sculptures gothiques de l'église collégiale dans le pavillon de verre.
Continuez sur la Lichtentaler Allee. Sur la gauche, après la piscine et les courts de tennis, franchissez un pont qui vous amène dans un joli jardin de roses, la **Gönneranlage**. *De nombreux bancs pour se reposer.*

Château de la Favorite.
M. Mehlig/mauritius images/age fotostock

★ **Abbaye de Lichtenthal** (Abtei Lichtenthal) hors plan par A2
Hauptstraße 40 - ✆ (07221) 50 49 10 - www.abtei-lictenthal.de - visite guidée les merc. et w.-end à 15h - 3 €.
Fondée en 1245, cette abbaye abrite depuis plus de 760 ans une communauté de sœurs cisterciennes. On accède librement à la cour du monastère et à l'abbatiale. La chapelle des Princes *(Fürstenkapelle)* abrite les sépultures des margraves de Bade.
Rejoignez le centre par le même chemin.

À proximité Carte de microrégion p. 424

★★ **Château de la Favorite** (Schloss Favorite) B1
À 8,5 km au nord de Baden-Baden. ✆ (07222) 412 07 - www.schloss-favorite-rastatt.de/en - visite guidée en allemand (1h), document d'accompagnement en français - tlj sf lun. 10h-18h (17h de déb. oct. à mi-nov.) - dernière entrée 1h av. la fermeture - fermé de mi-nov. à mi-mars - 9 €.
Ravissante réalisation baroque, le **château de la Favorite** fut construit entre 1710 et 1712 par **Rohrer** pour la margrave Sibylla Augusta. Véritable résidence de chasse et de plaisance, le château accueillait la cour pour des concerts et des banquets. La façade est recouverte d'un crépi original fait de gravillons et de petits morceaux de granit, caractéristique de l'époque. Le vaste parc paysager à l'anglaise, aménagé en 1780, invite à la flânerie. L'**intérieur**★★ est particulièrement précieux : **sols en scagliola** brillant (stuc imitant le marbre avec incrustations), effets de glaces, chinoiseries. Remarquer particulièrement la **chambre florentine**, décorée de portraits miniatures et de travaux en pierre dure, les appartements de la margrave, le **cabinet des glaces** (313 miroirs et un lustre splendide), la luxueuse cuisine avec collection de faïences (Francfort, Delft, Strasbourg) et enfin les porcelaines (Meißen, Nymphenburg, Chelsea).

NOS ADRESSES À BADEN-BADEN

Plan p. 429

INFORMATIONS PRATIQUES

Pour **téléphoner** de France en Allemagne, composez le **00 49 + l'indicatif de la ville (sans le 0) + le n° de votre correspondant.** Quand vous êtes en Allemagne, composez seulement l'indicatif de la ville (avec le 0 cette fois) + le n° de votre correspondant.

TRANSPORTS

Train – La gare, située dans le quartier de Oos, à 7 km au nord-ouest du centre-ville, est desservie par bus et taxi. Liaisons avec le réseau des transports en commun de Karlsruhe. *Compagnie Baden-Baden-Linie - Beuerner Straße 25 - ✆ (07221) 27 76 38 ou hôtel de ville - ✆ (07221) 27 73 52.*

Aéroport – *✆ (07229) 66 20 00 - www.badenairpark.de.* L'aéroport de Karlsruhe/Baden-Baden (15 km du centre-ville de Baden-Baden, accès par l'A 5, sortie Baden-Baden « Baden-Airpark ») propose des vols vers plusieurs villes d'Europe.

VISITES

Train touristique – *✆ (072) 199 19 98 - www.citybahn.de.* Grand tour de ville (50mn) avec le City-Bahn (dessert la gare du funiculaire du mont Merkur). *De mi-mars à fin oct. - 10h-17h - commentaires en français - 6,50 €.*

HÉBERGEMENT

BUDGET MOYEN

Am Markt B1 – *Marktplatz 18 - ✆ (07221) 2 70 40 - www.hotel-am-markt-baden.de - fermé 14-26 déc. - P - 23 ch. 85/95 € ☕.* Cette vieille maison de ville datant de 1718 abrite aujourd'hui un petit hôtel soigné et propre, tenu par deux sœurs.

Schweizer Hof hors plan par A1 – *Langestr. 73 - ✆ (07221) 30 460 - www.schweitzerhof.de - P - 29 ch. 99/119 € ☕.* Voisin du Festspielhaus, cet hôtel de tradition propose des chambres au mobilier moderne, certaines avec balcon ou même terrasse.

POUR SE FAIRE PLAISIR

Merkur B2 – *Merkurstr. 8 - ✆ (07221) 30 30 - www.hotel-merkur.com - P (payant) - 32 ch. 118/159 € ☕.* Cet hôtel central abrite des chambres confortables et modernes, décorées dans des teintes chaleureuses.

Hotel Magnetberg B1 – *Scheibenstr. 18 - ✆ (07221) 3640 - www.hotel-magnetberg.de - P - 76 ch. 116/166 € - ☕ 12 €.* À 10mn à pied du centre, chambres douillettes aux tons clairs et à l'aménagement contemporain. Certaines possèdent une jolie vue sur la ville.

RESTAURATION

PREMIER PRIX

Das Olivenhaus A2 – *Kreuzstr. 3 (passage) - ✆ (07221) 27 18 10 - www.olivenhaus-baden-baden.de - fermé dim. et lun. et le soir - 10/17 €.* Quelques tableaux, des murs patinés et des tables robustes pour donner le ton. Olivia prépare, devant nous, une cuisine fraîche et pleine de saveurs. Service convivial dans ce restaurant de poche *(20 couverts).*

BUDGET MOYEN

Rive Gauche A2 – *Lichtentaler Allee 8 - ✆ (07221) 90 09 900 - www.la8.de - tlj sf lun. - fermé 12-26 janv. - 16,50/32 €.* Restaurant engageant avec ses chaises originales et ses pots de fleurs. À table, les recettes de saison cohabitent avec des plats créatifs aux touches méditerranéennes.

À proximité

POUR SE FAIRE PLAISIR

Auerhahn hors plan par A2 – *Geroldsauer Str. 160 - 76534 Geroldsau (5 km au sud de B.-B. par la 500) - ✆ (07221) 74 35 - www.gasthaus-auerhahn.de - 27/39 €.* Cette auberge rustique propose de bons petits plats du terroir et quelques chambres simples *(18 ch. 79/99 € ☕).* Accueil attentif et *biergarten.*

PETITE PAUSE

Café König A2 – *Lichtentaler Str. 12 - ✆ (07221) 2 35 73 - 8h30 (10h30 le dim.)-18h30.* Établissement incontournable de la ville, fréquenté tant par les locaux que par les touristes. Ce café, qui sert aussi des en-cas chauds à midi, doit surtout son succès à ses succulentes pâtisseries maison, dont le fameux *apfelstrudel* et sa crème vanille…

Capri A2 – *Sophienstr. 1b - ✆ (07221) 2 37 51 - à partir de 8h (9h le w.-end).* Petite pause bienvenue avant de repartir à l'assaut des magasins alentour : ce café situé en plein quartier piétonnier dispose d'une superbe terrasse, où vous pourrez déguster une boisson chaude accompagnée d'une des nombreuses pâtisseries maison, ou encore savourer des glaces maison.

EN SOIRÉE

Depuis quelques années, les concerts classiques, opéras, ballets et pièces de théâtre sont programmés en majorité à la Festspielhaus, qui remplace peu à peu le prestigieux Kurhaus.

Casino Baden-Baden – *Kaiserallee 1 - ✆ (07221) 3 02 40 - www.casino-baden-baden.de - à partir de 14h - fermé Vend. saint, 1er nov., Jour de deuil national, Jour de pénitence et de prière, 24-25 déc. - 5 €.* Laissez-vous tenter par le démon du jeu sous toutes ses formes : roulette, poker, black-jack, machines à sous, etc.

In der Trinkhalle A1 – *Kaiserallee 3 - ✆ (07221) 30 29 05 - www.in-der-trinkhalle.de - 10h-18h (vend., sam. 2h).* Pour prolonger la soirée, ce café-bar avec fauteuils en cuir et belle terrasse propose une large sélection de boissons et d'en-cas.

ACTIVITÉS

Friedrichsbad B1 – *Römerplatz 1 - ✆ (07221) 27 59 20 - 9h-22h (dernière entrée 2h av. fermeture) - fermé 24-25 déc. - à partir de 25 €. Les bains se prennent sans maillot (lun., jeu. et sam. sf j. fériés - hommes et femmes séparés, sinon baignade mixte) - serviettes fournies.* Rebaptisés « temple du bien-être » par les connaisseurs, ces thermes perpétuent une tradition qui date de 1877 : un parcours de 17 stations. Au programme, bains traditionnels ou vapeur, massages, dans un cadre somptueux.

Thermes Caracalla B1 – *Römerplatz 1 - ✆ (07221) 27 59 40 - www.caracalla.de - 8h-22h (dernière entrée 2h av. fermeture) - fermé 24-25 déc. - à partir de 15 €.* Ces thermes modernes ont conservé leur charme antique. On fait le plein de bien-être dans leurs superbes bassins à eau froide ou chaude (entre 18 et 38 °C) incluant bains à remous, saunas romains, finlandais et bains de vapeur classiques.

AGENDA

Courses hippiques – En mai, fin août et fin octobre sur l'hippodrome d'Iffezheim.

Festival de la rose – Chaque année entre juin et juillet.

Route badoise du Vin

★★

Badische Weinstrasse – Bade-Wurtemberg

Longue de 170 km, la route badoise du Vin court de Baden-Baden jusqu'à Weil am Rhein, aux portes de Bâle. Si elle permet à l'amateur de découvrir de bons vins, elle offre à tous la beauté et la variété de ses paysages, ainsi que l'occasion de goûter à de délicieux produits de saison. Pour mieux en profiter, faites plusieurs étapes !

NOS ADRESSES PAGE 447
Hébergement, restauration, achats, activités, etc.

S'INFORMER
Les principaux offices de tourisme sont indiqués ville par ville.

SE REPÉRER
Carte de microrégion de B1 à A3 (p. 424). La route badoise du Vin suit du nord au sud un tracé à peu près parallèle, mais distant, à l'A 5.

À NE PAS MANQUER
Sasbachwalden, Oberkirch, l'église Mariä Himmelfahrt, Durbach, Gengenbach, Ettenheim, l'église St-Landelin, Emmendingen, Staufen et le musée du Design Vitra à Weil.

AVEC LES ENFANTS
Les musées du Carnaval à Kenzingen ou à Gengenbach.

Circuits conseillés Carte de microrégion p. 424

L'ORTENAU

Circuit tracé en vert sur la carte p. 424. Quittez Baden-Baden par la route 3 en direction d'Offenburg.

Les derniers coteaux gréseux de la Forêt-Noire du Nord, au sud de Baden-Baden, et les 1 700 heures d'ensoleillement par an, permettent aux vignobles, aux jardins maraîchers et aux vergers de s'épanouir.

Steinbach B1
Charmant village au pied des collines que dominent les ruines d'Yburg. Un monument célèbre la mémoire d'Erwin von Steinbach, l'un des architectes de la cathédrale de Strasbourg.

Neuweier B1
Planté au pied du château, le vignoble produit un cru réputé, le **mauerwein** (riesling). Les châtelains étant membres de la noblesse française, une autorisation historique spéciale du prince-archevêque de Würzburg permet la mise en bouteille du vin sur place, ainsi qu'à Steinbach, Umweg et Varnhalt. On emploie pour cela des *Bocksbeutel* (bouteilles à col court et à panse ventrue). *Au village d'Altschweier, quittez la route du Vin pour visiter le petit centre de Bühl.*

Bühl B1
Cette petite ville commerçante est célèbre pour ses quetsches et le vin d'Affental. La Fête de la quetsche *(Zwetschgenfest)* a lieu chaque mois de septembre (dégustations de tartes). La collégiale néogothique St-Pierre-et-Paul

présente dans son chœur de beaux vitraux modernes (1955-1958) d'Albert Burkart.
De retour à Altschweier, poursuivez jusqu'à Bühlertal.

Bühlertal B1

Le vignoble et les forêts forment le cadre romantique de cette petite station climatique appréciée pour la douceur de son climat.
La route s'élève jusqu'à Hof (quartier résidentiel de la commune de Bühlertal). Prenez à droite en direction de Neusatz et son château de Waldsteg du 13e s., puis vers Waldmatt jusqu'à Alt-Windeck.

★ Château d'Alt-Windeck B1

Ce vieux château, de plan circulaire, fut construit en 1200. Tombé en ruine au 16e s., il est aujourd'hui transformé en hôtel-restaurant. Subsistent deux beffrois, deux habitations et une enceinte. De ses abords, la **vue★** est bien dégagée sur la plaine du Rhin. À côté du parking, beau jardin de jeux.
Rejoignez la route 3.

Sasbach B1

15mn à pied AR. Laissez la voiture pour pénétrer dans le parc.
Un obélisque et une stèle aux inscriptions française, allemande et latine marquent l'endroit où, en 1675, un boulet frappa mortellement le maréchal de Turenne, que Louis XIV avait chargé de protéger l'Alsace contre les Impériaux pendant la conquête de la Franche-Comté.
L'église paroissiale, dédiée à sainte Brigitte, est de style baroque, mais conserve quelques parties d'un ancien bâtiment gothique.

★ Sasbachwalden B1

Ce village viticole et fleuri s'est taillé une réputation comme vainqueur national du concours « Notre village doit s'embellir ». Son centre ancien aux coquettes maisons à colombages fait l'objet de soins attentionnés.
Des sentiers permettent de gagner le **Mummelsee** et le **Hornisgrinde**.
Revenez sur vos pas, puis prenez la L86a vers le sud.

Kappelrodeck B1

Le **château de Rodeck** édifié au 11e s., remanié à la Renaissance et ultérieurement, domine le village. En contrebas de ses murs croît la « sorcière de Dasenstein » *(Hex vom Dasenstein)*, sorte de bourgogne tardif. Le vin rouge de Waldulm *(Waldulmer Spätburgunder)* connaît également une certaine notoriété.
Poursuivez le long de la L86a vers le sud sur 10 km.

★ Oberkirch B1

Am Marktplatz 2a - 77704 Oberkirch - (07802) 70 66 85 - www.oberkirch.de - 9h-12h, 13h30-18h (17h nov.-avr.), sam. 9h-12h (sf nov.-avr.) - fermé dim. et j. fériés.
Cette ravissante ville, possession des évêques de Strasbourg de 1303 à 1803, est entourée de vergers, de vignes et de forêts. Elle conserve, le long du Mühlbach, des maisons à colombages, dont les plus anciennes datent du 17e s. Oberkirch détient deux records : celui du plus grand marché de fraises d'Allemagne et celui du nombre de bouilleurs de cru. La ville est dominée par les ruines du **Schauenburg**, fondé au 11e s. par les ducs de Zähringen ; du château, vue étendue sur la plaine du Rhin jusqu'à Strasbourg.
L'auberge Zum Silbernen Stern, située à Oberkirch-Gaisbach, vit l'élaboration du fameux roman *Simplicissimus* par l'écrivain baroque **Grimmelshausen** ; c'est lui qui fit construire le bâtiment au 17e s.
Poursuivez la B 28 vers l'est sur 3,5 km.

Lautenbach B1

La bourgade, qui occupe un site de prairies, de vignobles et de forêts dans la vallée de la Rench, est connue pour ses différentes variétés de fruits à noyau et ses fraises. De nombreux points de vue offrent une vue magnifique sur les vallées de la Rench et du Rhin.

L'**église de pèlerinage Mariä Himmelfahrt**, de style gothique tardif, recèle l'un des rares jubés conservés en Allemagne et un superbe **maître-autel★**, formant l'un des plus beaux triptyques gothiques de la région. Créé à la fin du 15e s., il est attribué à l'école de Strasbourg et représente une symbiose magistrale de la sculpture et de la peinture.

Revenez sur vos pas vers Oberkirch puis prenez au sud par la K 5369.

★ Durbach B1

Cette commune pratique la culture de la vigne, et notamment de la variété « traminer » depuis le Moyen Âge. Depuis 1836, on y cultive également du sauvignon à la suite d'un échange avec le propriétaire du Château-Yquem. Grâce à son joli **site★** au milieu des vignes s'étalant à perte de vue sur les vallons et à son centre pittoresque, Durbach, dominé par le **château de Staufenberg** (11e s.), est devenu un village très apprécié des touristes.

Offenburg A1

Fischmarkt 2 - 77652 Offenburg - ✆ (0781) 82 20 00 - www.offenburg.de - 8h-18h, sam. 8h-12h - fermé dim.

Probablement fondée en 1148 par les ducs de Zähringen, la ville était déjà habitée par les Romains au tout début de notre ère. Offenburg fut érigée au rang de ville d'Empire en 1240 par l'empereur Frédéric II, mais son développement fut brutalement interrompu en 1689 lorsque les troupes de Louis XIV l'incendièrent pendant la guerre de la Ligue d'Augsbourg. C'est à présent le centre administratif et industriel de la région de l'Ortenau.

La **rue principale** *(Hauptstraße)* et les ruelles adjacentes *(zone piétonne)* sont jalonnées de maisons étonnantes et de places aux architectures variées : la pharmacie à la Licorne (Einhornapotheke), édifice baroque de 1720 avec sa façade à volutes sur laquelle trône une licorne ; la fontaine de Neptune datant de 1783 ; le marché aux poissons (Fischmarkt) et la pharmacie au Cerf (Hirschapotheke) de 1698 avec, devant, une fontaine au Lion (Löwenbrunnen) de 1599 ; la maison Beck (Beck'sches Haus), de style baroque flamboyant, et

LE VIGNOBLE BADOIS

Couvrant sept régions viticoles, le Land du Bade-Wurtemberg est dans le top du classement concernant les vins en Allemagne. Sur la route badoise, on trouve principalement du **riesling**. Localement, on parle de *klingelberger*. Produit dans la région depuis plus de 220 ans, il se révèle à la fois sec ou demi-sec. Peu acide, le **traminer** fait aussi partie des cépages installés. Le **chasselas** ou *gutedel* est davantage utilisé entre Bâle et Fribourg. Très influencés par le climat, le type de sol et l'emplacement, ces raisins donnent des vins légers. Le **pinot noir** donne l'essentiel des cépages rouges. Sur la route des Vins, il est dénommé *spätburgender*. Corsé et cependant caractérisé par un arôme sucré, ce vin se marie bien avec les rôtis aux oignons que l'on déguste dans le coin. Vous aurez peut-être aussi l'occasion de goûter au **trollinger**. Couleur rubis, ce vin fruité libère des notes de cerise, groseille et muscade. Les tavernes à vins, *weinstube*, tout comme les coopératives, vous donnent la possibilité de les goûter, en ville ou sur les routes de campagne.

Vue sur les vignobles de Forêt-Noire.
A Laule/Blickwinkel/age fotostock

la maison Jenewein, bâtiment à colombages du 19e s. ; la maison Battiany, grande bâtisse bourgeoise décorée de motifs au sgraffite.

L'**église du St-Esprit★** (Heilig-Kreuz-Kirche), édifice baroque aussi sobre qu'élégant de la Pfarrstraße, fut élevée à partir de 1700 sur les bases d'une église du 13e s., détruite lors de l'incendie de 1689. À l'intérieur, le maître-autel et les autels latéraux sont l'œuvre de Franz Lichtenauer (1740) ; le tableau de l'autel de Joseph Esperlin (1737). Dans la chapelle St-Joseph se trouve un crucifix Renaissance de 1521. À noter une remarquable chaire néoclassique de Johann Nepomuk Speckert (1795), en marbre et stuc, ainsi que la grille rococo de la tribune d'orgue, sculptée avec virtuosité.

L'**église baroque N.-D. du monastère des Franciscains** (Franziskanerkloster), érigée en 1702 selon le schéma de l'école du Vorarlberg, détient un autel très décoré et un orgue Silbermann.

Dans la Spitalstraße, près du marché aux poissons, l'hôpital St-André (Sankt-Andreas-Hospital) est un complexe du 18e s. On peut apercevoir, à l'extérieur de l'église attenante aux bâtiments, une madone gothique du 14e s.

L'hôtel de ville **(Rathaus)**, enfin, séduit par ses belles proportions (1741). Les armes de la ville et le double aigle au-dessus du balcon témoignent du passé de la cité. Elle fut possession de l'Autriche du milieu du 16e s. jusqu'en 1706 et de 1771 à 1805. Le carillon, constitué de 25 cloches de bronze, dispose d'un répertoire de 100 mélodies.

Installé dans la résidence d'un ancien dignitaire de l'empire, le **musée de la Ritterhaus (Ritterhaus Museum)** expose près de 10 000 objets mêlant archéologie, géologie, histoire naturelle locale (chasse, pêche), art religieux, etc. *Ritterstr. 10 - ✆ (0781) 82 25 77 - www.museum-offenburg.de - mar.-dim. 10h-17h - fermé j. fériés, déc. et lun.*

Continuez au sud-est par la L 99.

Ortenberg B2

Le « village du vin, des fleurs et des fontaines » est dominé par le **château d'Ortenberg**. Érigé au 12e s. par les ducs de Zähringen pour condamner l'accès à la vallée de la Kinzig, il fut détruit en 1678 par les Français et

« ressuscité » en 1838 par Friedrich Eisenlohr, qui réalisa un édifice néogothique au goût de l'époque. À présent, le château d'Ortenberg abrite une auberge de jeunesse.

La chapelle **Mariä Ruh (Bühlwegkapelle Mariä Ruh)**, située à Ortenberg-Käferberg, date de 1497. Elle est renommée pour ses fresques murales (début du 15e s.), remarquable témoignage de la peinture gothique flamboyante.

Poursuivez sur la L 99 sur 7,5 km.

★ Gengenbach B2

Im Winzerhof - 77723 Gengenbach - (07803) 930143 ou 19433 - www.stadt-gengenbach.de - sept.-juin : lun.-vend. 9h-12h30, 13h30-17h ; juil.-août : lun.-vend. : 9h-17h ; mai-oct. : sam. 10h-12h. Parcours de visite de la ville disponible en français.

Sise au bord de la Kinzig, au cœur de l'Ortenau, Gengenbach offre le charme d'une bourgade ancienne à l'architecture préservée. Le médiéval y côtoie avec bonheur le baroque, dont la petite cité se para après les destructions de la guerre de Trente Ans. Élevée au rang de ville libre en 1360, elle passa à la Réforme dès 1525. Mais dès 1547, elle embrassa à nouveau la foi catholique à la suite de son entrée sous juridiction autrichienne.

Les rues de **la vieille ville★** sont bordées de maisons à colombages ou à pignons baroques. La porte de la Kinzig et la porte Haute sont deux vestiges des anciennes fortifications. L'hôtel de ville de la fin du 18e s. se dresse sur la place du marché. Aux abords de la vieille ville, le vaste couvent du 18e s. cache une très ancienne fondation bénédictine, remontant au 8e s. L'**église Ste-Marie** reste le témoin architectural de cette époque. Ce vaste édifice roman, dont le chœur fut rebâti à l'époque gothique (14e et 15e s.), est surmonté d'une élégante tour baroque que l'on doit à Jakob Rischer. L'intérieur fut remanié dans le style néoroman. Près de cette église conventuelle, on peut visiter l'ancien moulin de l'abbaye. Remarquez le bief aérien qui traverse la rue pour l'alimenter.

Le **musée du Flottage et du Transport** (Flösserei und Verkehrsmuseum) campe dans l'ancienne maison de garde-barrière, à l'entrée de la ville. Il retrace l'histoire locale d'une activité économique notable, le flottage. Le bois des environs était transporté sous forme de longs radeaux sur les rivières jusqu'aux portes de Strasbourg et même aux Pays-Bas, où le matériau était vendu. Une pratique qui a persisté à Gengenbach jusqu'en 1896. *(07803) 37 64 - www.floesserei-museum.de - avr.-oct. : sam. 14h-17h, dim. 10h-12h, 14h-17h - 2,50 €.*

Le **musée du Carnaval** a été aménagé dans la tour de Niggel, ancienne prison. *(07803) 93 01 43 - www.narrenzunft-gengenbach.de - avr.-oct. : merc. et sam. 14h-17h, dim. et j. fériés 11h-17h ; pendant l'avent : tlj 16h-19h - 2,50 € (6-14 ans 1 €).* Au détour des six étages, on apprend à connaître la longue tradition du carnaval rhénan, à distinguer les costumes et à appréhender la confection des masques en bois. Au sommet, panorama sur les toits de la ville et les alentours.

À voir également, le **palais Löwenberg**, maison patricienne du 18e s., qui accueille des expositions renommées. *(07803) 93 01 41 - www.museum-haus-loewenberg.de - vend.-dim. et j. fériés 14h-18h - 4 € (2 €).*

À la sortie sud de Gengenbach, rejoignez la route 33 et reprenez la direction d'Offenburg. La route du Vin quitte la route 33 à la hauteur de Zunsweier.

Friesenheim A2

Petit centre aux belles maisons à colombages. Entre Friesenheim et Schuttern se trouvent à découvert les vestiges d'une cité romaine *(chemin fléché)*.

À **Schuttern** *(2 km à l'ouest)*, on visitera l'église conventuelle Mariä Himmelfahrt. Ce village abritait au Moyen Âge le très riche monastère d'**Offoniscella** ; créé

en 603, il a été complètement détruit au 19e s. Le site a fait l'objet de fouilles qui ont permis de mettre au jour la plus ancienne **mosaïque** allemande. Datée du 11e s., elle présente la forme d'un médaillon de plus de 3 m de diamètre (qui recouvrait la tombe du fondateur de l'abbaye, le moine irlando-écossais Offo).
Poursuivez le long de la B 3 vers le sud.

Mahlberg A2

Quittez la route du Vin. Détour de 6 km AR.
Cette petite ville abrite un château élevé au 13e s., une chapelle baroque dédiée à sainte Catherine, mais aussi un très intéressant **musée du Tabac** (Oberrheinisches Tabakmuseum). *✆ (07825) 84 380 - www.tabakmuseum-mahlberg.de - mai-sept. : dim. et j. fériés 10h-17h - 3,50 € (enf. 1,50 €).*
Regagnez la route 3, puis la L 103 vers la gauche.

Ettenheim A2

Ettenheim, qui doit son nom au duc d'Alsace Étichon II, fit partie jusqu'en 1803 des domaines de l'évêché de Strasbourg. La cité garde le souvenir du cardinal de Rohan et de l'infortuné duc d'Enghien.
La **vieille ville**, séparée du reste de l'agglomération par deux portes du 18e s., se groupe au pied de la grande église paroissiale. En face de l'hôtel de ville s'élève le pignon de l'ancien palais du **cardinal de Rohan**, longue bâtisse où le trop fameux héros de l'affaire du Collier acheva fort dignement, dans l'exil (de 1790 à 1803), son existence mouvementée. L'église conserve, sous le chœur, le caveau du cardinal de Rohan.
Plus haut, à l'endroit où la rampe de Rohanstraße se coude vers l'église, on voit la maison *(armes au-dessus de la porte)* où logeait le duc d'Enghien. C'est là que ce dernier, fiancé à Charlotte de Rohan, nièce du prince-évêque, fut appréhendé dans la nuit du 14 au 15 mars 1804, au cours d'un raid organisé sur ordre de Napoléon, en violation de la souveraineté de l'État de Bade. Six nuits plus tard, le duc était exécuté à Vincennes.
Prenez la L 103 en direction de l'est sur 6 km.

★ Ettenheimmünster A2

7 km à l'est.
Cette commune était autrefois le siège d'un monastère de bénédictins sécularisé en 1803, dont il ne reste que l'église de pèlerinage. Bâtie entre 1687 et 1689, l'église **St-Landelin** fut agrandie au 18e s. La tour néogothique a été édifiée au milieu du 19e s. L'intérieur se distingue par des ornements abondants : maître-autel richement décoré, sculptures virtuoses, stucs, fresques de plafond. Au nombre de ses pièces les plus précieuses, le trésor compte le **buste de Landelin★**, travail d'orfèvrerie strasbourgeoise datant de 1506. Il contient une relique crânienne du missionnaire et martyr irlando-écossais, qui fut assassiné ici vers 640, près de la source Landelin *(eau potable : 8h30-19h30, w.-end et j. fériés 8h30-18h)*.
L'**orgue★** somptueux, fabriqué en 1769 par **Johann Andreas Silbermann**, passe pour être le mieux conservé sur la rive droite du Rhin *(concerts durant les mois d'été)*.

LE BREISGAU

Circuit tracé en rouge sur la carte de microrégion p. 424.
Le circuit longe la Forêt-Noire centrale par l'ouest. Une fois que votre regard se sera acclimaté, vous distinguerez les superbes nuances de vert qui composent le massif forestier.

Kenzingen A2

La fondation de la ville par les seigneurs d'Uesenberg remonte à l'an 1259. À l'instar des villes créées au 12e s. par la dynastie des Zähringen, comme Fribourg ou Villingen, la ville fut construite selon un plan en quadrillage. En 1564, elle revint à l'Autriche, puis en 1806 au grand-duché de Bade.

Les fortifications médiévales ont disparu depuis 1700. Seul témoin restant : la **Schwabentor**, avec ses colombages. L'axe nord-sud, l'actuelle rue du Marché, est bordé de vieilles maisons dont les plus anciennes datent de la fin de la période gothique, d'autres présentant des éléments de décor Renaissance ou rococo. L'**hôtel de ville★** (milieu du 16e s.) présente, à l'étage supérieur de sa façade, un décor architectural très proche de celui de l'hôtel de ville d'Ensisheim, en Alsace. L'**église St-Laurent** (Laurentiuskirche) était, lors de sa construction en 1275, une basilique à trois nefs. Sa transformation en église-halle au 16e s. n'affecta pas sa façade occidentale, qui reçut en 1734 une statue de la Vierge attribuée à l'artiste fribourgeois **Johann Christian Wentzinger**.

Le **musée du Carnaval (Oberrheinische Narrenschau)** présente près de 300 personnages grandeur nature, parés de leurs habits de fête, rassemblés par la « Fédération des confréries de fous du sud rhénan ». L'exposition permet d'appréhender toute l'année les coutumes du carnaval alémanique. *(07644) 90 01 13 - w.-end et j. fériés 14h-17h - visite guidée sur réserv. (2 sem. av.) - fermé déc. - 3 € (-16 ans gratuit).*

Emmendingen A2

Bahnhofstraße 8 - 79312 Emmendingen - (07641) 194 33 - www.emmendingen.de - tlj mat. et apr.-midi, sam. mat. (sf oct.-mars) - fermé dim. et j. fériés.

Emmendingen, vieille cité des margraves, porte du Kaiserstuhl et de la Forêt-Noire, fut officiellement mentionnée dans les annales dès 1091. En 1418, elle se vit conférer le statut de place de marché, et en 1590, elle devint ville affranchie. Aujourd'hui chef-lieu de circonscription aux ambitions affichées, Emmendingen s'enorgueillit d'un héritage architectural restauré avec goût, mais elle a su, dans le même temps, s'ouvrir aux nouvelles tendances urbanistiques.

La **place du Marché** (Marktplatz), entourée de belles maisons bourgeoises, est, avec sa fontaine jaillissante, le cœur de la ville. Remarquez les maisons aux nos 4, 5, 8 et 10. Côté est de la place, l'**ancien hôtel de ville** (Altes Rathaus), édifice baroque surmonté d'une tour à horloge, fut élevé en 1729. Le superbe balcon en fer forgé porte les armoiries des margraves de Bade et de Hachberg. L'ancien hôtel de ville abrite aujourd'hui les archives allemandes des journaux intimes. En empruntant l'idyllique Lammstraße et la rue Westend à l'atmosphère médiévale, on parvient au **nouvel hôtel de ville** (Neues Rathaus), situé dans la rue des Baillis (Landvogtei). Le bâtiment fonctionnel, inauguré en 1992, tout de verre et de lumière, contraste avec le centre-ville et le parc Goethe. Le hall d'entrée a été aménagé sous la voûte de la maison Stuck (19e s.). À droite, la **Schlosserhaus**, actuelle bibliothèque municipale, fut la résidence de Cornelia Goethe (sœur du poète) de 1774 à sa mort en 1777 ; elle était mariée au chef de l'administration locale. Cette bâtisse baroque accueillit les grands esprits de l'époque : Goethe, Herder, Lavater, Heinse, Lenz et le duc Charles-Auguste de Weimar. Le **château des Margraves** (Markgrafenschloss) a fait partie du monastère cistercien de Tennenbach, avant d'appartenir au margrave Jacques III en 1588. Il fut transformé en somptueux château Renaissance, doté d'une tour octogonale.

À l'intérieur, le **Musée historique de la ville** (Stadt Museum) et le **musée de la Photographie** (Photo Museum). *(07641) 45 23 24 - merc. et*

dim. 14h-17h - 2 €. Le premier, bien aménagé, relate les dates marquantes de la ville, son commerce, ses industries, son passé nazi. Le deuxième reconstitue, avec originalité et finesse, la boutique et l'atelier de la famille Hirsmüller, photographes à Emmendingen de 1851 à 1993. On découvre avec curiosité les appareils photo, les bobines de pellicules et une amusante collection de portraits en studio de 1900 à 1980.
En sortant, sur la place, vous apercevrez des pavés noirs. Ils symbolisent l'emplacement de la synagogue détruite en 1938.
L'**église St-Boniface** (Pfarrkirche St. Bonifatius), de style gothique flamboyant, renferme un joyau exceptionnel de la peinture primitive allemande. Le **triptyque★** datant de 1473 est attribué au maître Friedrich Herlin de Nördlingen. Il relate la Nativité : sont représentés sur le volet gauche la Naissance du Christ, sur le panneau central l'Adoration des Mages et sur le volet droit Jésus au Temple.
Porte monumentale, érigée au début du 17e s., la **Stadttor** est surmontée d'une « tête de démon » destinée à railler l'ennemi lors de l'attaque.

★ Ruines du château d'Hochburg A-B2

3 km à l'est. Garez-vous sur le parking, puis marchez 400 m en légère pente.
Ces ruines, qui comptent parmi les plus imposantes du pays de Bade, occupent un promontoire rocheux dominant la plaine rhénane. Le château, construit au Moyen Âge, fut transformé en place forte aux 16e et 17e s., avant d'être détruit par les troupes françaises en 1689. Il abrite un musée *(avr.-oct. : dim. et j. fériés 13h-17h).*

★★ Fribourg-en-Brisgau *(voir p. 454)* A2

LE MARKGRÄFLERLAND

Circuit tracé en bleu sur la carte de microrégion p. 424.
La route du Vin quitte Fribourg au sud et se poursuit en direction de Bâle.
Le Markgräflerland est surnommé la Toscane d'Allemagne pour son climat doux et ensoleillé. C'est la Forêt-Noire du Sud qui s'incline progressivement vers le cours du Rhin.
Le **Wiiwegli**, le chemin des vignes, permet de parcourir le Markgräflerland à pied. Il conduit à Weil am Rhein à travers vignobles et collines.

Bad Krozingen A3

Herbert-Hellmann - Allee 12 - 79189 Bad Krozingen - (07633) 40 08 154 - www.bad-krozingen.info - avr.-oct. : 8h30-18h, w.-end et j. fériés 10h-12h ; reste de l'année : tlj sf w.-end et j. fériés 9h-17h.
La localité, fondée à l'époque de la colonisation romaine, est devenue station thermale au début du 20e s. grâce à la découverte de sources chargées en acide carbonique, utilisées pour améliorer la circulation du sang. Le parc thermal couvre une superficie de 4 ha. Le château, construit en 1679 et « baroquisé » au milieu du 18e s., abrite une intéressante collection d'instruments de musique.
Surtout, à 2 km au nord-est, près du Glöcklehof à Oberkrozingen, visitez la **chapelle St-Ulrich**, qui renferme les **fresques★** romanes les plus anciennes de la région (9e s.), représentant le Christ dans une mandorle.

★ Staufen A3

La ville est située à la lisière de la Forêt-Noire méridionale, au milieu des vignobles du Markgräflerland, et dominée par les ruines du château de Staufenburg. Le quartier médiéval, aux ruelles tortueuses, est particulièrement pittoresque. La Marktplatz, avec sa fontaine du 17e s., et l'hôtel de ville (1546) en constituent le cœur. Staufen est surnommée la ville de Faust (Fauststadt), car d'après la légende, c'est ici qu'en 1529 le diable enleva le docteur Faust, appelé auparavant par les châtelains pour fabriquer de l'or. La scène se serait déroulée dans la chambre n° 5 de l'**hôtel du Lion** (Gasthaus zum Löwen). Le musée installé dans la Stubenhaus (15e s.) est consacré à l'histoire de la ville. On visite aussi le musée de la Céramique.

Sulzburg A3

Entre le 10e s. et la guerre de Trente Ans, on exploita le sous-sol riche en argent, plomb, cobalt et antimoine. Jusqu'en 1830, on y a également extrait le sel. C'est de cette activité que la localité tire son nom.

Le **musée de la Mine du Bade-Wurtemberg** (Landesbergbaumuseum), installé dans l'ancienne église évangélique (1834), comme l'office de tourisme, présente l'histoire de l'extraction du sel et des différents minerais de la région au cours des temps. Très riche collection de minéraux (pyrite, argent, quarz, hématite, etc.). *✆ (07634) 56 00 40 - mar.-dim. 14h-17h - fermé vend. de Pâques, 24 et 31 déc. - notices uniquement en allemand - possibilité de visite guidée - 2 € (enf. 1 €), gratuit le 1er w.-end d'oct.*

Sulzburg regroupait autrefois une très grande partie de la bourgeoisie juive, qui représentait encore un quart de la population au 19e s. En témoignent aujourd'hui encore le cimetière juif qui date du 16e s. *(direction Bad Sulzburg)*, ainsi que la **synagogue** de style classique/fin du baroque (19e s.). *Gustav-Weil-Str. 20 - 1er et dernier dim. du mois 16h-18h.*

L'**église St-Cyriaque** (Kirche St. Cyriak), fondée en l'an 993, est un témoignage intéressant de l'architecture religieuse de la période ottonienne.

Non loin de l'église St-Cyriaque démarre un **sentier de randonnée illustrant l'histoire des mines** *(5 km, guide d'accompagnement spécialisé disponible au musée)* qui mène sur les traces de l'ancienne exploitation minière.

Heitersheim A3

Les chevaliers de Malte résidèrent longtemps dans cette ville de la plaine du Rhin. On peut y découvrir les vestiges d'un château très coloré et un musée dédié à l'ordre.

Müllheim A3

i Wilhelmstraße 14 - 79379 Müllheim - ✆ (07631) 80 15 00 - www.muellheim.de - lun.-vend. mat. et apr.-midi, sam. mat. - fermé dim. et j. fériés (nov.-avr. : fermé w.-end et j. fériés).

Le centre historique de la petite ville est piéton. Le **musée local** (Markgräfler Museum Müllheim), installé dans l'ancienne Auberge de la Couronne (« Zur Krone »), belle demeure du début du classicisme, est consacré à la préhistoire, la protohistoire et l'histoire de la ville. Des intérieurs d'habitations de grands bourgeois aux 18e et 19e s. ont été reconstitués. Le dernier étage présente la culture et le mode de vie dans les campagnes viticoles de la région. *Wilhelmstraße 7 - ✆ (07631) 154 46 - www.markgraefler-museum.de - mar.-dim. 14h-18h - 2 €.*

Schliengen A3

Au milieu d'un vaste parc à l'anglaise, le **château d'Entenstein** (Wasserschloss Entenstein) est ceint de douves. Sa construction remonte à l'an 1000 mais il fut remanié de nombreuses fois par ses propriétaires successifs, dont le prince-évêque de Bâle et les seigneurs d'Andlau. Ce château abrite aujourd'hui la mairie de Schliengen.

Édifiée en 1753, l'**église paroissiale de St-Leodegar** possède deux autels latéraux remarquables. Celui de droite présente un tableau de saint Sébastien, réalisé par Johann Pfunner en 1760, et deux très belles statues de sainte Catherine et sainte Barbe, dues à Johann Michael Winterhalder.

À 7 km à l'est, le village de **Niedereggenen** possède une église paroissiale protestante dont la tour est de style roman, le chœur et la nef de style gothique. Dans la nef, remarquez les peintures murales du milieu du 15e s. montrant la Rédemption du monde. Dans le chœur, on découvre le Couronnement de Marie et l'épisode des vierges sages et des vierges folles. La prédelle de l'autel (1500) représente le Christ au milieu des apôtres (école de Schongauer).

Après avoir suivi une route charmante qui traverse la forêt, il est facile d'atteindre le beau château de **Bürgeln**, imposante bâtisse baroque dont les grilles de fer forgé et doré sont remarquables. *Parking puis 300 m à pied, en côte - ☎ (07626) 237 - www.schlossbuergeln.de - mars-oct. : tlj 11h, 14h, 15h, 16h et 17h ; nov.-fév. : vend.-dim. après-midi - visite guidée en français - 6 € (6-10 ans 3 €).* L'intérieur simple se distingue par de jolis stucs, un cabinet vert et une séduisante bibliothèque. De la terrasse, entretenue par les jardiniers bénévoles de l'association qui gère le château, jolie vue sur la Forêt-Noire.

Bad Bellingen A3

Installée le long du Rhin, pas loin de zones industrielles, Bad Bellingen est une ville d'eaux récente. En 1955, à l'occasion d'un forage de recherche pétrolifère, on trouva des eaux minérales et thermales à une profondeur de 629 m. Ces eaux thermales, d'une température de 36 °C, soulagent ceux qui souffrent de douleurs aux articulations et à la colonne vertébrale.

À Bamlach, une demeure à pignon crénelé érigée vers 1600 sert de cadre au **Musée thermal du Rhin supérieur** (Oberrheinisches Bädermuseum), l'unique musée du sud de l'Allemagne consacré à l'histoire du thermalisme sur les rives du cours supérieur du Rhin – pays voisins compris –, de Rome jusqu'à nos jours. *Alte Weinstraße 25 - 79415 Bad-Bellingen-Bamlach - ☎ (07635) 81192 ou (07635) 82 21 60 - www.bad-bellingen.de ou www.baedermuseum.de (site complet mais en allemand) - merc. et dim. 14h-17h - 1,50 € (-15 ans gratuit), 2,50 € visite guidée - notices en français.* Y sont évoqués le monde des thermes au Moyen Âge, tout comme les voyages des curistes au 16e s., ainsi que la vie mondaine dans les stations thermales aux 19e et 20e s. Le sous-sol et les combles abritent le **musée d'Histoire locale** (Heimatmuseum) dont le principal attrait est la **forge Berger** de Hertingen : datant de 1880 et reconstruite à l'identique, elle est encore en parfait état de marche.

Les amateurs de jardins apprécieront une halte au jardin anglais d'**Ettenbühl**, au sud de la commune d'Hertingen.

Efringen-Kirchen A3

Le territoire de cette commune regroupe neuf villages disséminés sur les collines de piémont du sud-ouest de la Forêt-Noire, dans une région évoquée par le poète alémanique et chantre local **Johann Peter Hebel** comme le « jardin du paradis ». Cette zone rurale et agricole est principalement marquée par la viticulture. Les vins issus de la **cave viticole du Markgräflerland** (Bezirkskellerei Markgräflerland) à Efringen-Kirchen proviennent des vignobles les plus au sud de toute l'Allemagne. La cave est le plus grand producteur du Markgräflerland, avec une capacité de 20 millions de litres. De la cour de l'exploitation part un **sentier de découverte du vignoble** *(3,5 km environ)* qui conduit vers de beaux panoramas.

Istein, dont le centre est daté des 16e et 17e s., est un ancien village de pêcheurs. Un sentier fléché gagne, à travers les vignes, le sommet du rocher d'Istein (Isteiner Klotz), occupé par l'homme depuis la préhistoire. Ce rocher constitue une avancée des contreforts de la Forêt-Noire dans la plaine du Rhin. Son climat méridional explique la flore et la faune méditerranéennes qui s'y développent. **Vues** ravissantes sur la Forêt-Noire, le Jura suisse et les Vosges.

À proximité de **Kleinkems** se trouvent des grottes de jaspe, exploitées au néolithique par les hommes préhistoriques pour la fabrication d'armes et d'outils.

Weil am Rhein A3

Hauptstraße 290/1 - 79576 Weil am Rhein - (07621) 422 04 40 - www.w-wt.de - 9h30-12h30, 14h-17h, sam. 10h-12h - fermé dim. et j. fériés.

Toute proche de la frontière suisse, la ville, d'origine romaine et chef-lieu de canton, est plutôt connue comme cité viticole. Les vignobles produisent du bourgogne tardif et du chasselas. Elle conserve quelques bâtiments intéressants comme le Stapflehus, ancien siège du bailli (aujourd'hui galerie municipale).

La physionomie actuelle de la ville est façonnée par la présence de l'entreprise Vitra, fondée en 1950 et spécialisée dans la réalisation de meubles. Au début des années 1980, les bâtiments de production sont incendiés. Quelques années plus tard, un musée et un ensemble architectural, appelé campus, voient le jour. Une stratégie d'entreprise intéressante qui apporte au grand public une médiation nécessaire entre les fruits de l'imagination des designers, les architectes et la vie des réalisations.

Le **Vitra Design Museum★★**, **édifice★** de style « déconstructiviste », éclatant de blancheur, est la première œuvre européenne de l'architecte américano-canadien Frank Gehry. *Charles-Eames Str. 1 - (0049) 7621 702 32 00 - ♿ - www.design-museum.de - 10h-18h - 10 € (-12 ans gratuit).* Les diverses expositions de ce musée sont consacrées à l'histoire et aux tendances actuelles du mobilier industriel de style « design » et à l'architecture. Deux ou trois expositions (de portée internationale) par an.

Près du musée, un véritable **parc architectural★** (Architekturpark) présente une exposition d'œuvres réalisées par de célèbres architectes contemporains : l'Irakienne **Zaha Hadid**, établie à Londres, se chargea du poste d'incendie, le Japonais Tadao Ando réalisa le pavillon des conférences. D'autres bâtiments (bureaux, hall de fabrication, magasin d'exposition) furent conçus par des architectes aussi renommés que Nicholas Grimshaw, Álvaro Siza, Jacques Herzog et Pierre de Meuron, Jean Prouvé, Kazuyo Sejima et Ryue Nishizawa (Sanaa). *Visite guidée possible : 11h, 13h, 15h en allemand, 12h et 14h en anglais (2h) -12 €.*

Autres suggestions de visites : le musée du Patrimoine local (Dorfstube Ötlingen) présente l'habitat rural au 19e s. ; le Musée agricole (Landwirtschaftsmuseum) permet de découvrir l'outillage et les techniques anciennes ; le musée du Textile, dans le centre culturel du Kesselhaus, met en scène un siècle d'histoire du textile à Weil am Rhein ; enfin, le musée am Lindenplatz permet de revenir aux sources romaines de la ville. *Rens. à l'office de tourisme.*

Sentier balisé, le **Weiler Weinweg** permet une promenade dans le vignoble environnant, au départ de la Röhriggasse et en direction du joli village d'Ötlingen.

NOS ADRESSES SUR LA ROUTE BADOISE DU VIN

INFORMATIONS PRATIQUES

Pour **téléphoner** en l'Allemagne ou depuis l'Allemagne, voir « Informations pratiques » p. 434.

HÉBERGEMENT

PREMIER PRIX

Sternen – *Hauptstr. 32 - 77815 Bühl - ✆ (07223) 9 86 50 - www.sternen-buehl.de - P - 16 ch. 75 € ☕ - rest. 12/30 € (fermé merc.).* Cette petite auberge simple dirigée en famille se situe dans le centre-ville. Chambres rustiques et soignées.

Roederhof – *Im Nußgärtel 2 - Neuweier 76534 Baden-Baden - ✆ (07223) 80 83 790 - www.hotel-roederhof.de - P - 15 ch. 60/65 € ☕.* Au calme, la pension de la famille Schmalz s'est fait un nom surtout parmi les habitués, en raison de ses chambres spacieuses et de son atmosphère amicale et intime.

BUDGET MOYEN

Zur Blume – *Hubstr. 85 - 77815 Bühl - ✆ (07223) 2 21 04 - www.blume-rittersbach.de - P - 19 ch. 72/99 € ☕ - rest. 15/35 €.* Situé au centre de la localité, ce petit hôtel tenu par une mère et sa fille propose des chambres de style contemporain, aménagées en chêne sombre ou en bois naturel clair.

Landhotel Salmen – *Weinstr. 10 - 77704 Oberkirch - ✆ (07802) 44 29 - www.hotelsalmen.de - fermé 18 fév.-4 mars et 2-5 sept. - P - 30 ch. 96 € ☕ - rest. 17/37 €.* Cette auberge de couleur jaune est composée d'une maison mère et d'une construction récente. Les chambres de cette dernière sont légèrement plus grandes et confortables.

Obere Linde – *Haupstr. 25/27 - 77704 Oberkirch - ✆ (07802) 80 20 - www.obere-linde.de - P - 27 ch. 80/140 € ☕ - rest. (sf lun.) 22/45 €.* Derrière ces colombages et volets verts se cachent des chambres spacieuses au mobilier de caractère. Cuisine de terroir généreuse et jolie présentation dans l'assiette. Jardin.

Hotel Sonne – *Haupstr. 94 - 77652 Offenburg - ✆ (0781) 932 160 - www.hotel-sonne-offenburg.de - P - 71/129 € ☕ - rest. (sf dim.) 29/43 €.* Cadre élégant, cerné de boiseries et d'armoires baroques. Malgré les différences de gammes, les chambres sont très plaisantes et apprêtées avec soin. Cuisine régionale et traditionnelle de qualité.

RESTAURATION

BUDGET MOYEN

Grüner Baum – *Burgheimer Str. 105 - 77933 Lahr - ✆ (07821) 2 22 82 - www.gruenerbaum-lahr.de - P - fermé merc. - plat du j. 9 €, 18/45 €.* Auberge rurale traditionnelle. Cuisine fraîche, régionale et internationale. Terrasse dans la cour. Chambres simples mais personnalisées dans le bâtiment principal et la maison d'hôte *(17 ch. 66/76 € ☕).*

Schieble – *Offenburger Str. 6 - 79341 Kenzingen - ✆ (07644) 9 26 99 90 - www.hotel-schieble.de - fermé 2 sem. pdt le carnaval et 2 sem. entre juil. et août - P - 22/32,50 €.* Dans le triangle formé par la Suisse, l'Alsace et la Forêt-Noire, un hôtel-restaurant confortable et traditionnel. Les jolies chambres sont situées en partie dans le bâtiment principal et en partie dans l'annexe récente *(27 ch. 90 € ☕).*

Haus am Berg – *Am Rebhof 5 - 77704 Oberkirch - ✆ 07802 47 01 - www.haus-am-berg-oberkirch.de -* 🅿 *- fermé lun. - 22/42 €.* Dans une atmosphère familiale, savoureuse cuisine internationale aux accents badois. En été, belle terrasse où l'on profite de la vue qui s'étend jusqu'à Strasbourg.

Pfeffermühle – *Victor-Kretz Str. 17 - 77723 Gengenbach - ✆ 07803 93 350 - www. pfeffermuehle-gengenbach.de -* 🅿 *- fermé jeu. - 12/26 €.* Charmante ambiance rustique dans ce restaurant. Profitez des plats régionaux à l'accent du sud. Et laissez-vous tenter par les raviolis faits maison ou l'oie rôtie.

Rebenhof – *Weinstr. 58 - 76534 76534 Neuweier - ✆ (07223) 9 63 10 - www.hotel-rebenhof. de - fermé dim. - 25/35 €.* Cuisine régionale actuelle dans un cadre idyllique. De l'autre côté de la fenêtre panoramique, jolie vue sur la France. L'été, les plats s'apprécient sur la grande terrasse.

POUR SE FAIRE PLAISIR

Traube – *Mauerbergstr. 107 - 76534 Neuweier - ✆ (07223) 9 68 20 - www.traube-neuweier. de - 31/45 €.* Le Rebland de Baden-Baden est réputé pour sa bonne cuisine. Laissez-vous tenter par le *Ländliche Menü* à prix doux, et ses plats tels que le rôti de bœuf mariné au vinaigre ou les paupiettes de bœuf.

Zum Rebstock – *Kutzendorf 1 - 77876 Kappelrodeck-Waldulm - ✆ 07842 94 80 - www.rebstock-waldulm.de - fermé lun. - 24/47 €.* Établissement familial depuis 1750 où l'on se régale de plats régionaux savoureux. Les salles de l'auberge sont décorées avec soin.

Schwanen – *Haupstr. 121 - 79576 Weil am Rhein - ✆ 07621 97 860 - www.schwanen-weil. de -* 🅿 *- fermé merc. et jeu. midi - 25/60 €.* L'ambiance champêtre et raffinée séduit. Quant à l'assiette, elle ne triche pas. La cuisine régionale est goûteuse.

Die Reichsstadt – *Engelgasse 33 - 77723 Gengenbach - ✆ 07803 96 630 - www.die-reichsstadt.de -* 🅿 *- fermé lun., mar. midi - 30/56 €.* Cette charmante maison de ville dissimule un restaurant convivial et moderne. À table, spécialités régionales ou plats internationaux plus sophistiqués. Terrasse idyllique pour les repas d'été.

Rebstock – *Halbgütle 30 - 77770 Durbach - ✆ 0781 48 20 - www.rebstock-durbach.de - fermé 10-26 janv. et lun. - 25/64 €.* Ambiance conviviale dans cette salle à manger rustique où l'on savoure des plats locaux, comme la soupe d'escargot, le civet de chevreuil ou les quenelles de brochet. L'été, on profite du jardin enchanteur.

PETITE PAUSE

Café Decker – *79219 Staufen im Breisgau - ✆ (07633) 53 16 - www.cafe-decker.de - 6h30-18h, dim. 13h30-18h.* La réputation de ce salon de thé-pâtisserie au mobilier cossu s'étend à toute la région. On y sert, entre autres douceurs, le Staufener Forest Taler, spécialité maison ressemblant étrangement à la forêt-noire... Succulent.

Staudengärtnerei, Gräfin von Zeppelin – *Weinstr. 2 - 79295 Sulzburg-Laufen - ✆ (07634) 69 716 - www.graefin-von-zeppelin. de - mars-oct. : lun.-vend. 8h-18h, sam. 9h-14h (avr.-mai 16h et dim. 11h-14h) ; nov.-fév. : lun.-jeu. 8h-16h, vend. 8h-15h.* Pittoresque salon de thé au milieu d'une pépinière, créée par la comtesse Helen von Zeppelin, nièce du fameux inventeur. Dans les années 1920, après des études de jardinage, elle se lance dans les iris. Aujourd'hui, la jardinerie avec ses 2 500 références de vivaces vaut le détour. Atmosphère plaisante.

Gmeiner Confiserie – *Haupstr. 38 - 77704 Oberkirch - ✆ (07802) 2629 - ou Steinstr. 2 - 77652 Offenburg - ✆ (0781) 70302 - lun.-vend. 8h-18h30, sam. 8h-17h30, dim. 13h-18h (sf juil.-août à Offenburg).* Deux belles chocolateries qui disposent d'agréables salons de thé, et d'un large choix de gourmandises.

ACHATS

Durbacher Winzergenossenschaft – *Nachtweide 2 - 77770 Durbach - ✆ (0781) 9 36 60 - www.durbacher.de - 9h-18h, w.-end 10h-13h.* La salle de vente attire le regard avec ses boiseries et ses armoiries régionales, mais les vedettes principales restent bel et bien les bouteilles que l'on y trouve. Quelques superbes cuvées, dont le Kochberg Spätburgunder en rouge et le Steinberg Klingelberger en blanc. Dégustation sur place.

Gut Nägelsförst – *Nagelsförst 1 - 76534 Baden-Baden - ✆ (07221) 55 50 - www.naegelsfoerst.de - tlj sf dim. et j. fériés 9h-18h, sam. 10h-16h.* Dans cet établissement proche du centre-ville, on trouve les vins du domaine Nägelsförst qui figurent parmi les meilleurs d'Allemagne, mais aussi de très bons crémants, des alcools forts, du kirsch, différentes sortes de vinaigres de vin et de l'huile de raisin.

Schladerer – *Alte Schwarzwälder Hausbrennerei GmbH - Alfred-Schladerer-Platz 1 - 79219 Staufen im Breisgau - ✆ (07633) 83 20 - www.schladerer.de - tlj sf dim. 9h30-12h30, 14h-18h, sam. 10h-14h.* Depuis plus de 170 ans, cette entreprise familiale distille toutes sortes d'eaux-de-vie de fruits. Une des maisons les plus renommées d'Allemagne, où l'on peut trouver, entre autres liqueurs nobles, la fameuse Kirschwasser de la Forêt-Noire ou la Williamsbirne, non moins célèbre poire Williams.

Winzergenossenschaft – *Auf dem Rempart 2 - 79219 Staufen im Breisgau - ✆ (07633) 55 10 - www.winzergenossenschaft-staufen.de - 9h-18h, sam. 9h-14h, dim. (mars-déc.) 10h-15h.* Depuis plus de 80 ans, cette petite coopérative du Markgräflerland produit des crus de grande qualité.

Weingut Andreas Bieselin – *Im Brünnelinsgraben 1 - 77955 Ettenheim - ✆ 07822 446319 - www.andreas-bieselin.com - fermé 10 j. en août.* Ce jeune vigneron cultive 60 % de cépages blancs et le reste en rouge. Ses riesling sont délicats et ses pinots noirs, très convaincants.

Weingut Alexander Laible – *Unterweiler 48 - 77770 Durbach - ✆ 0781 2842380 - www.weingut-alexanderlaible.de - 14h-18h, sam. 9h-17h, le matin en semaine et le dim. sur RV.* Dans la famille Laible, le travail de la vigne remonterait à 1672. Alexander travaille essentiellement des vins blancs (riesling et chardonnay).

AGENDA

Concours international de création de roses – *Mi-juin.*

Europa-Park

★★★

Bade-Wurtemberg

Europa-Park a construit sa réussite autour du thème de l'Europe. Plus d'une centaine d'attractions et de spectacles emmènent les visiteurs en voyage à travers 13 pays du Vieux Continent. Sans prendre l'avion, vous pouvez rejoindre une piazza italienne en partant des fjords scandinaves, et en faisant escale au pays d'Homère. Architecture, décoration, végétation, gastronomie, univers sonore : tout y est, dans le moindre détail. Spécialiste des grands huit, ce parc familial propose une variété de sensations adaptée à chaque membre de la famille. Et pas besoin d'être polyglotte ; le personnel parle aussi bien français qu'allemand.

NOS ADRESSES PAGE 453
Hébergement, restauration, achats, activités, etc.

S'INFORMER

Centre d'information – *Europa-Park-Straße 2 - 77977 Rust - ✆ 07822 77 6697 - www.europapark.de - ♿ - été : 9h-18h ; hiver : 11h-19h - fermé 2 sem. en nov. et de janv. à fin mars, 24 et 25 déc. - 35/41 € (4-11 ans 30/36 €) ; il existe des billets pour une visite de 2 jours ainsi que des cartes annuelles. Boutiques, restaurants et snacks, relais-bébé. Accès aux chiens autorisé si tenus en laisse.*

SE REPÉRER

Carte de microrégion A2 (p. 424).
Europa-Park se trouve à la lisière de Rust, à 40 km au nord de Fribourg et à 50 km environ au sud de Strasbourg. De Strasbourg, suivez la direction Kuhl, sortie 57b Rust, ou prenez la D 468 (Erstein) et la D 5 (bac à Rhinau). Stationnement payant *(5 € par jour)*. Des navettes desservent le parc à partir de Strasbourg *(voir Transports p. 453)* mais aussi de Colmar, Mulhouse, Sélestat.

À NE PAS MANQUER

Parmi les grands huit, le Silver Star, Blue fire, Wodan et Eurosat. Pour vous rafraîchir, faites un tour à l'Atlantica ou au Poséidon. Les amateurs de spectacles apprécieront les cascades équestres et le show de patinage artistique.

ORGANISER SON TEMPS

Comptez une journée complète, voire plus, en passant la nuit sur place. Le pique-nique est autorisé. Pensez à tenir compte des horaires des spectacles et animations du jour *(dépliant à l'entrée)*. Attention aux dates d'ouverture : le parc est saisonnier. L'affluence est à son comble en été et en octobre. Pour éviter la foule, visitez le parc en sens inverse, en commençant par l'Espagne. Animations thématiques pour Halloween et Noël.

AVEC LES ENFANTS

Pour les tout-petits : l'univers des enfants, de l'aventure et la Forêt enchantée Grimm.

Visiter

Le plan distribué à l'entrée vous sera bien utile pour vous repérer dans le parc, car l'implantation des quartiers thématiques, illustrations de 13 pays européens, ne respecte pas la géographie du continent : c'est sans sourciller que l'Autriche côtoie l'Espagne. Pour vous faire d'emblée une idée d'ensemble ou pour gagner l'autre bout du parc, vous pourrez emprunter le **train panoramique ou l'EP-Express**,

CHRONIQUE D'UN SUCCÈS

En 1975, la famille Mack, spécialiste des transports (agricole, forestier, forrain) depuis 1780, puis constructeur de manèges pour les plus grands parcs d'attractions du monde dès 1921, se dote d'une prestigieuse vitrine en inaugurant son propre parc d'attractions. Le choix du lieu, le petit village frontalier de Rust, surprend les plus sceptiques. Mais le parc du château Balthasar (1442), avec ses arbres centenaires et ses petits cours d'eau, offre au constructeur 12 ha de verdure. Aujourd'hui, ce sont 134 ha...
Dès 1982, les Mack adoptent la thématique européenne, qui fait l'originalité du parc. À raison d'au moins une nouveauté par an, Europa-Park ne cesse d'investir, de créer, de s'étendre et d'accumuler les distinctions en tout genre. Le premier hôtel 4 étoiles a été bâti en 1995 conjointement à un centre de conférences en 1998. Ainsi, le site accueille des séminaires d'entreprises, des émissions de TV, des fêtes privées. Il développe aussi des partenariats avec plusieurs grandes marques. Une recette, mêlant affaires et recherche du détail, qui a l'air de plaire. Le parc a reçu plus de 4,5 millions de visiteurs en 2012 dont 80 % de fidèles.

dont les principales gares se situent en Allemagne, en Angleterre, en Grèce, en Russie et en Espagne. Le cadre boisé et les différents plans d'eau contribuent beaucoup à l'agrément général du parc.
En période d'affluence, prévoyez des files d'attente (toujours accompagnées d'un compteur). À noter, les attractions surveillent avec rigueur les questions de tailles, âges, poids. L'hiver, les sorties aquatiques sont fermées.

Allemagne

Le pays hôte du parc ouvre le bal des quartiers thématiques ; peut-être y serez-vous accueilli par la souris Euromaus, mascotte du site. Dans l'allée allemande, on reconnaît aussitôt l'architecture propre aux différentes régions d'Allemagne, du pays de Saxe à la Bavière. Les alentours du château médiéval **Balthasar** fournissent l'occasion de profiter de la verdure, dans une agréable roseraie.

Italie

Pendant une balade au cœur de l'art de vivre méditerranéen, faites un détour au **Teatro dell'Arte** pour un spectacle de variétés, au **château hanté** pour un léger frisson ou au manège **Volo da Vinci** où il fait bon pédaler.

France

Pour profiter d'une vue panoramique sur le parc et sur la plaine du Rhin jusqu'à l'orée des Vosges et de la Forêt-Noire, montez à l'**Euro-Tower** (75 m). Avec le **Silver Star★★**, l'un des plus hauts (73 m) et plus rapides des grands huit d'Europe, les émotions sont garanties. Tout en fluidité, le bolide vous propulse à 130 km/h sur des pentes à 70°. La grande boule blanche que l'on voit de partout abrite **Eurosat★**, un grand huit qui évolue dans le noir et en musique, à la conquête de l'espace. Enfin, le **Magic cinéma 4D★** projette régulièrement un film de 10mn. Laissez-vous surprendre par les effets tactiles, sonores et même olfactifs.

Suisse

Les petits chalets qui donnent au quartier son cachet sont d'authentiques constructions du Valais, démontées et sauvées de la destruction. L'**Éclair du Cervin★** met en œuvre ingénieusement un enchaînement de virages plats en épingle à cheveux qui donnent l'impression que le wagon va quitter les rails. Puis, glissez en **bobsleigh** : la glace a laissé place à un canal en acier sur lequel le train descend librement.

Grèce

L'attraction **À la découverte d'Atlantis** emmène des équipages armés de pistolets infrarouges à bord de sous-marins, à la découverte de la légendaire cité engloutie. Au milieu d'un décor antique – temple grec, palais de Knossos, cheval de Troie –, le **Poséidon★** conjugue le mouvement d'un grand huit au plaisir rafraîchissant de la descente d'un torrent. Le Pégasus reste, lui, un grand huit familial, accessible aux enfants dès l'âge de 4 ans. Entre deux attractions, assistez au spectacle de **patinage artistique sur glace★**, vivant et très coloré.

Russie

Deux options s'offrent à vous pour pénétrer au pays des coupoles dorées. Côté tradition, le manège **flocon de neige** invite à flâner dans un paysage hivernal enchanteur. Depuis l'espace, vous pourrez suivre les aventures aérospatiales de la station **Mir**. Pour prolonger le voyage, les amateurs de sensations fortes essaieront l'**Euro-Mir★** avec sa belle descente finale. Les nacelles de ce grand huit ne cessent de pivoter sur elles-mêmes, tandis que le train zigzague entre les cinq grandes tours à miroirs.

Autriche

Pour une ambiance familiale, la descente des **Rapides du Tyrol** dans une embarcation en forme de tronc d'arbre et le manège classique des **chaises volantes de Vienne** amusent et charment.

Islande

Amateurs d'adrénaline et d'expériences saisissantes, ce coin est pour vous, avec deux grands huit impressionnants. **Blue fire Megacoaster★★** vous propulse en 2,5 secondes à la vitesse de 100 km/h puis vous emmène dans son looping vertical et ses vrilles. Quant au **Wodan Timburcoaster★★**, il enflamme votre pouls, tout en vous berçant avec les cliquetis du bois de la structure.

Ceux qui ne craignent pas les éclaboussures embarqueront, de leur côté, à bord des chalutiers de **Whale Adventures** pour un joli tour.

Espagne

À voir absolument dans le quartier : le **tournoi des chevaliers★**, mis en scène par le dresseur français Mario Luraschi. Au milieu d'une arène, des cavaliers s'affrontent à l'aide d'épées et enchaînent des cascades à cheval. Quant au spectacle de **flamenco**, il vous mettra sans retard à l'heure espagnole !

Portugal

Sur le thème des grands explorateurs, tentez le grand huit aquatique **Atlantica SuperSplash ★**. Votre barque effectue des descentes en marches arrière et avant, tout en vous promettant tous les embruns souhaités.

À deux pas, un spectacle de plongeon **Acrosplash★** étonne.

Sachez que les autres pays méritent eux aussi une petite visite : en **Angleterre**, plusieurs haltes évoquent le football ; aux **Pays-Bas**, rien de tel qu'une visite de la grotte des pirates ou un tour en tasses ; et pour une pause fraîcheur, les **pays scandinaves** proposent le fjord-rafting et un grand bateau balançoire.

L'univers des enfants, l'univers de l'aventure et la Forêt enchantée Grimm

Les petits ont ici de quoi s'amuser, entre un bateau viking, une plage, un labyrinthe de toboggans géants, des trampolines, le manège de Dino et ses dinosaures, ou bien encore une douce croisière en radeau dans la jungle.

Dans un cadre ombragé, l'allée des Contes ménage de joyeuses surprises à hauteur d'enfants. Maisonnettes animées autour de Raiponce, le vaillant petit tailleur, Hansel et Gretel… Les maillots de bain peuvent servir l'été.

Arthur au royaume des Minimoys

Lancée en 2014, cette attraction est inspirée de l'univers des livres puis des films d'animation de Luc Besson. Sous un dôme de 15 m de hauteur, partez à la recherche du trésor dans le royaume des sept terres sur des wagons suspendus au milieu d'effets spéciaux saisissants.

NOS ADRESSES À EUROPA-PARK

INFORMATIONS PRATIQUES

Pour **téléphoner** en Allemagne ou depuis l'Allemagne, voir « Informations pratiques » p. 434.

TRANSPORTS

Train – *Gare de Ringsheim - 4 km d'Europa-Park.* Trains en provenance d'Offenburg et Fribourg, puis bus navette. Liaisons TGV Est et Rhin Rhône.

Bus – Navettes directes de Strasbourg *(gare routière des Halles)* à Europa-Park : ligne 271. *09 72 67 67 67 - tlj en juil.-août : le reste de l'année se rens. - réserv. conseillée - 8 € AR (-12 ans 4 €).*

HÉBERGEMENT

Réservation recommandée. Large choix d'hébergements à deux pas du parc dans des thématiques et gammes de prix très variées : hôtels accessibles depuis l'extérieur (ouverts aussi hors saison avec chambres familiales), des chambres d'hôte au cœur du parc, un camping-caravaning, et même un village de tipis. On trouvera d'autres possibilités d'hébergement plus classiques à Rust et dans les villages alentour.

PREMIER PRIX

Camp Resort – Roulottes, maisons en rondins ou tipis, et un coin feu de bois pour une alternative originale. *Par exemple, tipi 4 lits chauffé 88 € - 4,50/8,50 €.*

Pension Kern – *Franz-Sales-Straße 30 - 77977 Rust - (07822) 61 278 - www.pensionkern.de - - 7 ch. 80 €.* Voisine du parc d'attractions, cette agréable maison fleurie vous séduira par son calme et le confort de ses 7 chambres. Petits-déjeuners servis sous forme de buffet. Chambres familiales disponibles.

POUR SE FAIRE PLAISIR

Circus Rolando – *23 ch. - 70 €/pers. ou une nuitée avec petit-déj. et 2 entrées au parc 147 € /pers.* Hébergement convivial dans cette maison d'hôte située au cœur du quartier allemand.

RESTAURATION

Plusieurs aires de pique-nique sont installées, en particulier près du lac. Le parc propose aussi une vaste gamme de restaurants à la cuisine simple et thématique, en self-service ou service à table, qui reflètent la diversité des cultures culinaires européennes. Inspiration française chez **Marianne**, poisson à la mode scandinave au **Fiskhuset**, tapas à la **Bodega**, spécialités grecques à la taverne **Mykonos** ou cocottes qui virevoltent dans des loopings avant d'être servies sur les tables au **Foodloop**.

Fribourg-en-Brisgau

★★

Freiburg im Breisgau – 224 191 habitants

Installée au pied des collines de la Forêt-Noire, Fribourg distille une douceur de vivre unique, avec ses airs de village aux ruelles pavées dans le centre ancien. Les guerres successives ont épargné son admirable cathédrale, et après la Seconde Guerre mondiale, la reconstruction minutieuse des bâtiments historiques a rendu à la ville son charme d'autrefois. Capitale de l'écologie, Fribourg s'affiche pionnière en matière d'énergie solaire et d'architecture économe en énergie.

NOS ADRESSES PAGE 460
Hébergement, restauration, achats, activités, etc.

S'INFORMER

Office de tourisme – *Am Rathausplatz - ✆ (0761) 388 18 80 - www.freiburg.de - juin-sept. : lun.-vend. 8h-20h, sam. 9h30-17h, dim. et j. fériés 10h30-15h30, oct.-mai : lun.-vend. 8h-18h, sam. 9h30-14h30, dim. et j. fériés 10h-12h.*

Freiburg-Kultour – Mandaté par l'office de tourisme, cet organisme prévoit des visites guidées de la ville et de la cathédrale et des parcours de découverte. *www.freiburg-kultour.de.*

SE REPÉRER

Carte de microrégion A2-3 (p. 424).
Au débouché du Höllental (Val d'Enfer) sur la plaine rhénane, entre Bâle et Strasbourg, Fribourg borde l'A 5 qui dessert Karlsruhe *(130 km au nord)*. La ville est construite au pied du Schlossberg, à l'est, et du Schauinsland, au sud.

À NE PAS MANQUER

La cathédrale et le riche musée des Augustins, notamment pour sa section consacrée au Moyen Âge.

ORGANISER SON TEMPS

Comptez une demi-journée pour le centre historique de Fribourg.

Découvrir Plan de la cathédrale p. 456

★★ La cathédrale (Münster)

Münsterladen - centre d'information et de documentation - Herrenstraße 30 (derrière la cathédrale) - ✆ 0761 285 37 11 - www.muensterbauverein-freiburg.de - tlj sf dim. 10h-17h, dim. et j. fériés 13h-19h30 - brochure en français disponible à l'entrée.

De la cathédrale romane primitive, commencée vers 1200, subsiste la croisée du transept, flanquée de tours octogonales, les « tours des Coqs », dont le couronnement est gothique. La construction se poursuivit lentement vers l'ouest, en tenant compte de l'évolution de l'art de bâtir à l'époque gothique. Cette étape s'acheva par l'édification de la splendide tour de façade dont les multiples pans se recoupent en arêtes vives. C'est l'une des rares tours d'Allemagne à avoir été entièrement achevées au Moyen Âge. En 1354 fut ouvert le chantier ambitieux d'un nouveau chœur ; il fallut

Les toits de Fribourg-en-Brisgau.
C. Kober/John Warburton-Lee/Photononstop

attendre 1513 pour que soit consacré ce vaste vaisseau à déambulatoire, d'allure purement germanique, avec ses voûtes en réseau propres au style gothique tardif.

Extérieur

Au tympan du **portail nord** du chœur, exécuté vers 1350, est illustré l'épisode du péché originel. L'archivolte (ensembles des arcs sculptés encadrant le portail) montre la création du monde selon la Genèse ; à droite, on remarque la représentation assez rare du Créateur au repos, le septième jour. Le **flanc sud**, particulièrement riche, présente, aux contreforts, de nombreuses statues de rois de l'Ancien Testament et d'apôtres. Le portail sud est abrité par un porche Renaissance. Au-dessus du **portail de façade** (portail ouest), le porche est décoré de statues de la fin du 13e s. Sur la paroi de gauche, on aperçoit une représentation de Satan, sous l'apparence séduisante du « Prince de ce monde » et de sa victime, sommairement vêtue d'une peau de bouc. Des personnages bibliques et les vierges sages leur font suite. Sur la paroi de droite se succèdent les vierges folles au visage amer, les statues des Arts libéraux, celles de sainte Marguerite et de sainte Catherine, patronnes de la sagesse chrétienne. Le portail lui-même, flanqué des statues de l'Église à gauche et de la Synagogue aux yeux bandés à droite, est entièrement consacré au mystère de la Rédemption : détail assez rare, le tympan juxtapose des scènes de la vie terrestre du Christ et un intéressant Jugement dernier.

La **tour★★★** est composée d'une souche carrée, très sobre, qui forme le soubassement du clocher octogonal ajouré, autour duquel court une galerie en étoile aux belles gargouilles. Il est possible d'y monter *(accès par l'extérieur, côté sud)*, puis d'atteindre la plate-forme supérieure, coiffée par l'admirable flèche en dentelle de pierre. **Vues★** sur Fribourg, le Schlossberg, et, au loin, sur le Kaiserstuhl et les Vosges. *✆ (0761) 29 28 07 34 - lun.-sam. : 10h-16h45, dim. et j. fériés 13h-17h - 2 €.*

Le **porche de la tour★★** apparaît dans toute sa splendeur : 418 statues de pierre de la fin du 13e s. Le tympan à trois registres, au-dessus de la porte, raconte la naissance du Christ, la Passion et le Jugement dernier.

Intérieur

La **nef**, modérément élancée, est ornée d'une gracieuse galerie à arcades trilobées courant le long du mur des bas-côtés. Les vitraux des 13e et 14e s. sont absolument remarquables. On reconnaît sur certains les blasons des corporations donatrices : botte des cordonniers, ciseaux des tailleurs, bretzel et miche de pain des boulangers. Le mobilier et la statuaire comprennent en particulier : une Vierge au pilier (fin du 13e s.) vénérée par deux anges **(1)** ; une chaire à motifs rustiques **(2)** du gothique tardif (1560) où le sculpteur s'est représenté dans une lucarne sous l'escalier. La statue du gisant **(3)**, refait au 17e s., est celle de Berthold V, le dernier duc de Zähringen. Derrière une claire-voie gothique, remarquez le saint-sépulcre de 1340 **(4)**. Aux trois fenêtres du croisillon sud **(5)**, les vitraux à médaillons sont les plus anciens de l'édifice (13e s.) ; ils proviennent de l'ancien chœur roman. En **6**, groupe sculpté de l'Adoration des Mages (1505).

Le **chœur** dévoile la disposition savante des voûtes du déambulatoire, et celles des chapelles latérales largement ouvertes. Dans la chapelle Stürzel **(a)**, les fonts baptismaux rococo ont été dessinés par Wenzinger. La chapelle voisine, celle de l'Université **(b)**, présente un retable d'Oberried (1521). Les deux panneaux (la Nativité et l'Adoration des Mages) sont de Hans Holbein le Jeune. Au revers du grand retable **(d)**, peinture de la Crucifixion. Dans la deuxième chapelle impériale **(c)**, le retable sculpté de Schnewlin, par Hans Wydyz, représente le Repos de la sainte Famille. Les peintures sont de l'atelier de Baldung Grien. Dans la chapelle Böcklin **(e)** se trouve un crucifix Locherer, œuvre romane en argent repoussé. Enfin, la chapelle Locherer **(f)** abrite un retable (1521-1524) de Sixt von Staufen avec une Vierge en manteau protégeant l'humanité. Au maître-autel, admirez le **retable★★** réalisé de 1512 à 1516 par **Hans Baldung Grien**. Le panneau central représente le Couronnement de la Vierge.

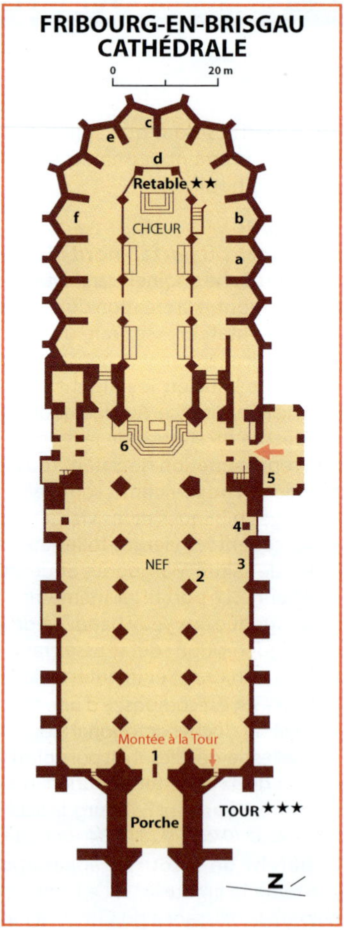

Se promener

Plan de ville ci-contre

Place de la Cathédrale

(Münsterplatz) B1

Face au flanc sud de l'église se dressent différents bâtiments ayant servi, par leur pompe, le prestige municipal ou ecclésiastique.

Palais archiépiscopal (Erzbischöfliches Palais) B1 – Construit en 1756 pour accueillir l'ordre de la Chevalerie, ce palais possède un beau balcon de fer forgé.

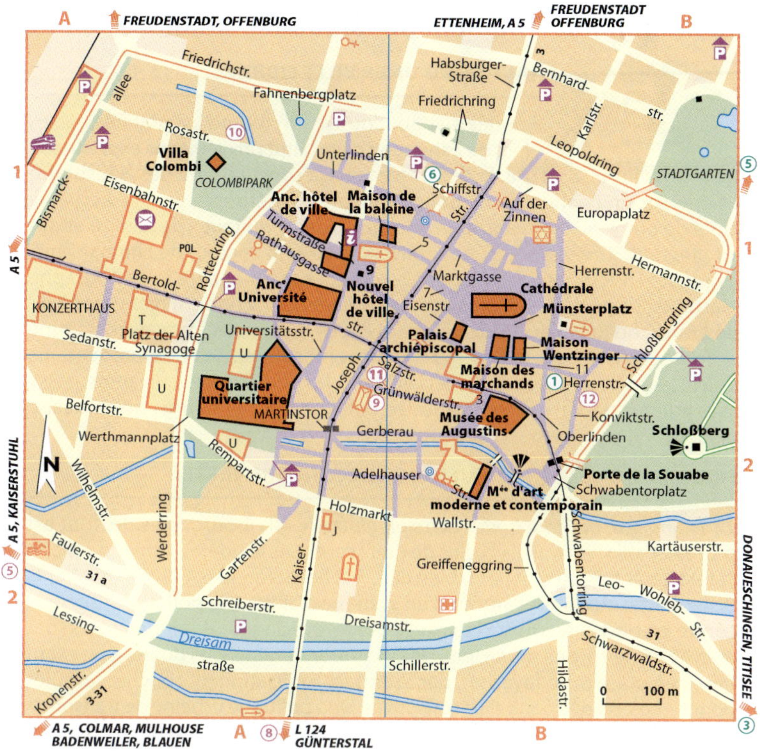

FRIBOURG-EN-BRISGAU

SE LOGER		SE RESTAURER		INDEX DES RUES	
Central	6	Drexlers	10	Augustinerplatz	3
Schwarzwälder Hof	1	Grosser Meyerhof	11	Franziskanerstraße	5
Zum Kreuz	3	Hirschen	5	Münsterstraße	7
Zur Tanne	5	Külher Krug	8	Rathausplatz	9
		Licht Blick	12	Schusterstraße	11
		Markt Halle	9		

Maison des marchands★ (Historisches Kaufhaus) – Centre de la vie commerciale de Fribourg au Moyen Âge, ce bâtiment gothique crépi de rouge, défendu par des échauguettes (guérites placées aux angles) au toit aigu, est couvert de tuiles vernissées et repose sur une galerie à arcades. Les grandes statues des empereurs (1530), au 1er étage, rappellent l'allégeance de la ville aux Habsbourg.

Wentzingerhaus – *Münsterplatz 30 - ✆ (0761) 201 25 15 - www.freiburg.de - mar.-dim. 10h-17h - fermé 1er janv., 24-25 et 31 déc. - 3 € (-18 ans gratuit).* L'hôtel que se fit construire en 1761 le grand peintre et sculpteur fribourgeois Christian Wentzinger complète dignement l'ordonnance de la place. Il abrite le **Musée historique de la ville** (Museum für Stadtgeschichte). À l'intérieur, admirez l'escalier et le plafond baroques, ainsi que la cour ornée des statues des quatre saisons. Les expositions temporaires se révèlent intéressantes.

Fribourg à travers les âges

HISTOIRE D'UNE « VILLE LIBRE »

Fondée au début du 12e s., Fribourg est gratifiée par les ducs de Zähringen d'un statut privilégié qui explicite son nom (*frei* : libre). En 1388, la cité passe sous la souveraineté des Habsbourg et devient un bastion du catholicisme après la Réforme. La ville accueille alors de nouveaux arrivants parmi lesquels des dignitaires de l'Église et des intellectuels. Créée en 1457, son université se veut vecteur de l'humanisme. Le juriste Ulrich Zascius, le poète Jakob Locher ou encore le cartographe Martin Waldseemüller fréquentent l'établissement. Fribourg reste propriété de l'Autriche jusqu'en 1805 malgré diverses incursions françaises, comme celle de Louis XIV de 1677 à 1697. En novembre 1944, les bombardements détruisent une grande partie de la ville qui, les deux années suivantes, passe sous administration militaire française. Enfin, en 1952, Fribourg rejoint le Land de Bade-Wurtemberg.

FRIBOURG, UNE DES PIONNIÈRES DE L'ÉCONOMIE VERTE

« *Z'Freiburg in de Stadt/surfer isch's un glatt* » (« À Fribourg, en ville, tout est propre et joli ») écrivait il y a plus de deux cents ans le poète allemand Johann Peter Hebel. Il ne croyait pas si bien dire. À la fin des années 1980, les habitants de la ville se mobilisent autour d'un système d'alerte à la pollution à l'ozone, contre les pesticides, le nucléaire et pour le recyclage… Rapidement, ils sont relayés par le conseil municipal. Des incitations financières ou des taxes sont mises en place pour favoriser, par exemple, l'utilisation de couches lavables pour bébés, ou des poubelles collectives. Une politique urbaine de transports s'installe avec le développement du tramway, de pistes cyclables *(500 km, 9 000 emplacements de stationnement)* et l'appui aux commerces de proximité. En 2002, Fribourg élit le premier maire d'une grande ville d'Allemagne issu du parti des Verts.

Parallèlement, la ville investit massivement dans l'économie « verte », qui occupe plus de 10 000 personnes localement. L'université se dote de parcours universitaires en correspondance avec le domaine de l'environnement, et des entreprises engagées dans ce secteur voient le jour dans le Bade-Wurtemberg. Une des plus célèbres reste celle qui a équipé le stade de football du SC Freiburg de tribunes à panneaux solaires.

Autre projet emblématique : la création de deux éco-quartiers. Le premier, le quartier Vauban, est établi sur l'ancienne base militaire des forces françaises au sud de la ville. Dès les années 1990, le casernement est transformé en hébergements pour 5 000 habitants, majoritairement des familles. Couleurs chaudes et végétation se mêlent aux constructions passives, dotées de toits végétalisés ou solaires, reliées au centre-ville par le tramway et agrémentées d'écoles et terrains de jeux. À l'ouest de Fribourg, le Riesefeld, du nom de l'ancien champ d'épandage, peut accueillir près de 11 000 personnes. Les bâtiments sont gérés tant par des promoteurs que par des collectifs d'habitants et comprennent quelques logements sociaux. La mixité sociale reste un point à cultiver dans ces initiatives. *www.greencity-cluster.de*

LES « BÄCHLE »
Ces caniveaux à ciel ouvert, qui bordent les rues de la vieille ville, étaient autrefois destinés à alimenter en eau les jardins, ou les rues en cas d'incendie. Cette tradition reste vivace et même les nouveaux quartiers en sont dotés. On remarquera aussi les élégants trottoirs pavés. Depuis environ 1 500 ans, selon une technique venue d'Europe du Sud, des galets du Rhin sont agencés afin de dessiner des blasons devant de nombreuses échoppes.

★ Place de l'Hôtel-de-Ville (Rathausplatz) A1 (9)
Cette place avec ses balcons fleuris et son bouquet de marronniers encadre la statue de Berthold Schwarz, moine franciscain qui aurait inventé la poudre à canon vers 1350. À gauche de l'ancien hôtel de ville, peint au badigeon rouge vif, le **nouvel hôtel de ville★** (Neues Rathaus) est composé de deux maisons bourgeoises du 16e s., noyau de l'ancienne université de Fribourg, qui furent raccordées en 1901 par un corps central à arcades. La fenêtre avancée, ou oriel, qui marque l'angle de la place et de l'Eisenbahnstraße, a gardé son décor sculpté, représentant la Dame à la Licorne.

Maison de la baleine (Haus zum Walfisch) A-B1
Au 3 de la Franziskanerstraße, cette maison (1516) offre un portail richement orné dans le goût de la fin du gothique et surmonté d'un oriel. Elle servit de refuge au philosophe humaniste Érasme lorsqu'il fuyait les foudres de la Réforme.

Villa Colombi (Colombischlössle) A1
Ce manoir de style néogothique anglais situé au cœur du parc du même nom abrite un **musée d'Archéologie intéressant** (Archäologisches Museum Colombischlössle). *✆ (0761) 201 25 21 - www.freiburg.de - mar.-dim. 10h-17h - fermé 24 et 31 déc. - 3 € (-19 ans gratuit).* Recueil d'objets, des temps préhistoriques au Moyen Âge, de la région du Breisgau et du sud du Bade.

★★ Musée des Augustins (Augustinermuseum) B2
Augustinerplatz 1-3 - ✆ (0761) 201 25 31 - www.freiburg.de - mar.-dim. 10h-17h - fermé 1er janv., 24-25 et 31 déc. - 7 € - audioguide en français.
Installé dans l'église de l'ancien couvent des augustins, le musée présente une **section d'art du Moyen Âge★★**. Parmi ses trésors, on compte un volet du retable de Grünewald (miracle de sainte Marie-des-Neiges) (1519), des œuvres de Lucas Cranach et Hans Baldung Grien, ainsi qu'un impressionnant **crucifix★** du 14e s. La statuaire est représentée par des œuvres admirables des 14e et 15e s. Dans les combles, on découvre des peintures du 19e s. dont celles d'Anselm Feuerbach, Hans Thomas et Franz Xaver Winterhalter. Accès à l'ancien cloître.

Musée d'Art moderne et contemporain (Museum für Neue Kunst)
Marienstr. 10a - ✆ (0761) 201 25 83 - www.freiburg.de - mar.-dim. 10h-17h - fermé 24 et 31 déc. - 3 € (exposition 7 €).
La plupart des grands courants de l'art moderne (20e s.) en Allemagne y sont représentés (expressionnisme, nouvelle objectivité, abstraction). Vous découvrirez des œuvres de Carl Hofer, Otto Dix, Rudolf Dischinger ou encore Max Ackermann et Karl Otto Götz. Une salle est dédiée à l'enfant du pays, Julius Bissier. Dans les étages, des expositions temporaires didactiques explorent des problématiques contemporaines.

Porte de la Souabe (Schwabentor) B2

De la **porte de la Souabe**, vestige des fortifications du Moyen Âge, on peut descendre sur les quais bordant le Gewerbekanal : c'est le pittoresque mais pauvre quartier de l'Insel, où se groupaient jadis les pêcheurs et les tanneurs.

★ **Schlossberg** B2

Des bois remplacent aujourd'hui le château des Zähringen, dont Vauban avait édifié les fortifications mais qui fut détruit au 18e s. par les Français. La montée, que l'on peut effectuer soit en **télécabine** *(départ du Stadtgarten)*, soit à pied à partir de la porte de la Souabe, fait découvrir la cathédrale.

20mn à pied depuis la station supérieure de la télécabine. Vue sur Fribourg et sa région du haut de la tour panoramique.

NOS ADRESSES À FRIBOURG-EN-BRISGAU

INFORMATIONS PRATIQUES

Pour **téléphoner** en l'Allemagne ou depuis l'Allemagne, voir « Informations pratiques » p. 434.

ARRIVER OU PARTIR

En train – Le TGV relie Paris-Gare de Lyon à la capitale de la Forêt-Noire en 3h48, à raison de 1 train quotidien tlj sf sam. à 17h11. La ligne dessert par ailleurs Dijon (2h), Besançon Franche-Comté (1h31), Belfort-Montbéliard (1h07) et Mulhouse (41mn). *Rens. ✆ 3635 - www.voyages-sncf.com.*

VISITES

Historix-Tours – Cette société propose des visites guidées thématiques. *Se rens. à l'office de tourisme - www.historix-tours.de.*

HÉBERGEMENT

PREMIER PRIX

Zur Tanne hors plan par B1 – *Altgasse 2 - 79112 Freiburg-Opfingen - ✆ (07664) 18 10 - fermé 12 janv.-13 fév. et 2 sem. en juin-juil. - 10 ch. 52/91 € ☕ - rest. (fermé lun.-mar.) 17/33 €.* Dans cette auberge badoise datant de 1786 et qui est depuis longtemps propriété familiale, les chambres arrangées avec goût promettent un séjour agréable. Terrasse sur cours l'été.

BUDGET MOYEN

Zum Kreuz hors plan par B2 – *Großtalstr. 28 - 79117 Freiburg-Kappel - ✆ (0761) 62 05 50 - www.gasthaus-kreuz-kappel.de - fermé 2 sem. déb. janv. - P - 15 ch. 85/105 € ☕ - rest. 25/45 €.* Depuis plusieurs générations, l'auberge, datant de 1755, est propriété familiale. Les chambres sont confortablement aménagées, certaines dotées d'un balcon.

Schwarzwälder Hof B2 – *Herrenstr. 43 - ✆ (0761) 3 80 30 - www.shof.de - 40 ch. 95/115 € ☕ - rest. 18/29 €.* Cet hôtel occupe un emplacement central dans la vieille ville. Les chambres, sobrement aménagées, sont pour la plupart dotées de sols parquetés et de meubles aux lignes épurées.

Central B1 – *Wasserstr. 6 - 79098 Freiburg - ✆ (0761) 3 19 70 - www.central-freiburg.de - fermé 20-28 déc. - 48 ch. 130 € ☕.* Au bord de la zone piétonne, cet établissement familial propose des chambres fonctionnelles et bien tenues.

RESTAURATION

PREMIER PRIX

MarktHalle A2 – *Kaiser-Joseph Str. 237 - 79098 Freiburg - www.markthalle-freiburg.de - lun.-jeu. 8h-20h, vend.-sam. 9h-0h - fermé dim. et j. fériés - 5/15 €.* Une adresse attachante. Il s'agit du marché couvert où se mêlent voix, odeurs et saveurs du monde.

Drexlers A1 – *Rosastr. 9 - 79098 Freiburg - ✆ (0761) 59 57 203 - www.drexlers-restaurant.de - fermé sam. midi, dim. et j. fériés - menu du j. 9,50/11 €, 34/44 €.* Derrière la villa Colombi, le cadre est élégant et branché. Cuisine de marché de bon rapport qualité-prix le midi. Plats de saison généreux et raffinés en soirée. Belle carte des vins. (Le proprietaire possède aussi un magasin de vins et spiritueux, dans la famille depuis 1859.)

Grosser Meyerhof A2 – *Grünwälderstr. 1 - 79098 Freiburg- ✆ (0761) 3 83 73 97 - www.grosser-meyerhof.de - 12/20 €.* On se régale de recettes simples et régionales dans une ambiance conviviale. Spectacles littéraires et concerts réguliers.

Licht Blick B2 – *Konviktstr. 41 - 79098 Freiburg - ✆ (0761) 29 28 09 40 - www.lichtblick-freiburg.de - fermé dim. - plat du j. 9,90/12,90 €, 15/32 €.* Cuisine fraîche et d'inspiration italienne dans ce restaurant coquet, lumineux et reposant. Service attentif.

BUDGET MOYEN

Hirschen hors plan par A2 – *Breisgauer Str. 47 - 79110 Freiburg-Lehen - ✆761 897769681 - www.hirschen-freiburg.de - réserv. conseillée - 28/46 €.* Une jolie auberge rustique datant de 1698 et propriété familiale depuis six générations. Les créations du chef satisferont les amateurs de cuisine franco-badoise. L'auberge propose aussi des chambres *(70 ch. 126 € - ☕ 15 €).*

Kühler Krug hors plan par A2 – *Torplatz 1 - 79100 Freiburg-Günterstal - ✆ (0761) 2 91 03 - www.kuehlerkrug.de - fermé merc. - 18/48 €.* Auberge traditionnelle qui met en avant les plats badois tout comme le poisson. Laissez-vous surprendre par les raviolis de chocolat en dessert. Service aimable. L'établissement possède aussi des chambres *(7 ch. 95 € ☕).*

PETITE PAUSE

Oberlinden Café B2 – *Salzstr. 45 - 9h30-18h.* décoration soignée et tranquillité dans ce salon de thé, idéal pour prendre un café et lire le journal.

Marché B1 – *Münsterplatz (autour de la cathédrale) - tlj sf dim. et j. fériés.* Il faut venir ici, de bon matin, manger une saucisse *(rote Wurst)* dans un petit pain, avec les Fribourgeois en train de faire leur marché.

EN SOIRÉE

Hausbrauerei Feierling B2 – *Gerberau 46 - ✆ (0761) 24 34 80 - www.feierling.de - 11h-0h (sam. 1h), Biergarten 11h-23h - autour de 10 €.* Cette microbrasserie fabrique sa bière à partir de produits bio. Pour l'accompagner, une cuisine régionale est servie en salle et dans le Biergarten.

Hemingway Bar A1 – *Eisenbahnstr. 54 - ✆ (0761) 20 734 501 - www.hemingway-freiburg.de - tlj 18h-2h.* À l'intérieur de l'hôtel Victoria, bar cosy-intimiste où l'on sert des cocktails, classiques comme audacieux.

AGENDA

Fête du vin – *Début juillet.*

Carnaval – Mélange de carnaval alémanique (1930) et traditionnel du Rhin, fêté depuis la fin du 19e s.

Münstersommer Freiburg – *Dans la cathédrale - de juin à déc. mar. 20h15 - payant.* Concerts d'orgue.

Marché de Noël – *Nov.-déc.*

Bâle

Basel

★★★

165 566 habitants – Canton de Bâle – Voir aussi Le Guide Vert Suisse

Troisième ville de Suisse par sa population, Bâle est une cité en pleine ébullition culturelle. Ses quelque 40 musées, son université, la plus ancienne de Suisse, et son goût affiché pour le design et l'art contemporain en font une ville branchée, dynamique, mais aussi consciente de la richesse de son patrimoine et soucieuse de son standing. Bâle a, en effet, su asseoir sa prospérité sur son port, ses banques et ses puissantes firmes chimiques et pharmaceutiques. Quelque 30 000 frontaliers viennent travailler chaque jour à Bâle, dont environ un tiers d'Allemands et deux tiers de Français, essentiellement originaires d'Alsace.

NOS ADRESSES PAGE 470
Hébergement, restauration, achats, activités, etc.

S'INFORMER

Basel Tourismus – *061 268 68 68 - www.basel.com - gare CCF/SNCF : lun.-vend. 8h30-18h, sam. 9h-17h, dim. et j. fériés 9h-15h - Stadtcasino am Barfüsserplatz : lun.-vend. 9h-18h30, sam. 9h-17h, dim. et j. fériés 10h-15h.* Visite guidée de la ville à pied *(2h)* ou à bord d'un ancien tram Belle Époque *(20 CHF, sur demande dim 10h30/11h45)*. Un petit guide recense cinq parcours *(45mn-1h30)* à travers la Vieille Ville, matérialisés par des panneaux de couleur, au départ de Marktplatz et disponibles sous format audio *(15 CHF/4h, 22 CHF/j.)*.
La **BaselCard**, valable 1, 2 ou 3 jours – *20 CHF/24h (10 CHF pour les 6-16 ans), 27 CHF/48h (13,50 €)* – permet l'entrée à prix réduit pour certains musées (expositions permanentes), tours de ville, des traversées en bac gratuites, des réductions dans certains restaurants… Pour un couple avec deux enfants, soit 60 CHF/24h pour 4 cartes, la dépense est vite amortie en un musée et un repas. En vente aux guichets de l'office de tourisme et en ligne (www.basel.com/fr/baselcard).

SE REPÉRER

Carte de microrégion A3 (p. 424) et plan de ville (p. 466-467).
À 36 km au sud-est de Mulhouse et 4 km à l'est de St-Louis.

SE GARER

Il est recommandé aux automobilistes de laisser leur voiture à St-Louis, côté français, et de terminer leur voyage en train (8mn). Le centre-ville se visite de préférence à pied et en tramway. Le Rhin sépare la ville en deux : sur la rive occidentale, le Grand Bâle avec la majorité des musées, restaurants et points d'intérêt ; sur la rive orientale, le Petit Bâle plus ramassé.

À NE PAS MANQUER

La Vieille Ville, le musée des Beaux-Arts, la fondation Beyeler, le carnaval, les Läckerli bâlois.

ORGANISER SON TEMPS

Compter 2 jours pour faire le tour des principales curiosités de Bâle.

AVEC LES ENFANTS

Appeler et prendre un bac sur le Rhin. Visiter le musée du Papier.

Défilé du carnaval devant l'hôtel de ville de Bâle.
D. Bringard/hemis.fr

Découvrir Plan de ville p. 466-467

★★★ LA VIEILLE VILLE B-C2

★★ **Cathédrale** (Münster) C2

✆ 061 272 91 57 - www.muensterbasel.ch - de fin mars à fin oct. : lun.-vend. 10h-17h, sam. 10h-17h, dim. 11h30-17h ; reste de l'année : lun.-vend. 10h-16h, sam. 11h-17h, dim. 11h30-16h - fermé Vend. saint, carnaval, 1er Mai, 1er août, 24 et 25 déc. - gratuit, montée de la tour 5 CHF.

La place de la cathédrale offre un des plus beaux points de vue de Bâle. À partir de la terrasse du Pfalz, sa vue panoramique★ embrasse le coude du Rhin, le Petit Bâle et les coteaux de la Forêt-Noire et des Vosges.

La cathédrale, vaste édifice en grès rouge des Vosges (12e s.), fut ébranlée par un séisme en 1356, reconstruite partiellement aux 14e et 15e s. puis restaurée au 19e s. Elle a conservé ses voûtes typiquement romanes, surmontées de deux tours gothiques. Leur ascension (233 marches ouvertes au public, soit l'équivalent de 10 étages à pied) vous vaudra une autre vue spectaculaire sur la ville. Parmi les personnalités qui reposent en son sein, on notera la pierre tombale du philosophe **Érasme** qui fit de Bâle un foyer d'humanisme chrétien et y mourut en 1536.

En contournant l'édifice par la gauche, on atteint le **portail de St-Gall** (12e s.) : au tympan, le Christ juge, les vierges sages et les vierges folles au linteau, et une Résurrection des morts au-dessus de l'archivolte ; une « roue de fortune » surmonte l'ensemble.

★ **Hôtel de ville** (Rathaus) B2

Visite accompagnée à 15h30 le samedi, 5 CHF. Cette visite peut se faire en français : s'adresser à l'office de tourisme au ✆ 061 268 68 68.

Sa longue façade ocre rouge tranche avec les autres bâtiments de la place du Marché. Construit entre 1508 et 1514 dans un style gothique tardif, il a été agrandi et restauré de 1898 à 1902. La façade, décorée de fresques, est flanquée d'un beffroi moderne orné de clochetons dorés. La cour intérieure est aussi richement décorée avec la fresque de Hans Bock (1610) sur le thème de la justice et la statue du fondateur présumé de la ville : Munatius Plancus.

★ **Fontaine Tinguely** (Tinguely-Brunnen) B2

Sur l'esplanade du théâtre municipal (Theaterplatz).

On traite affectueusement en Suisse toute chose compliquée de « machine à Tinguely ». Dans ce vaste bassin, dix créations métalliques articulées, par leurs seuls mouvements cocasses et répétitifs, évoquent avec humour et fantaisie

LES POISSONS ENROULÉS DU RHIN

Ne ratez pas l'occasion de traverser le Rhin à bord de l'un des quatre bacs en service, en appelant le « Fährimaa » (passeur) à l'aide de la cloche fixée sur l'embarcadère. Après lui avoir tourné le dos, Bâle se réapproprie son fleuve. Aux beaux jours, ses rives, côté Petit-Bâle, se couvrent de terrasses éphémères. Et observez les points de couleur qui flottent dans le Rhin : les Bâlois n'hésitent pas à s'y baigner et à se laisser porter par le courant. Et pour garder leurs vêtements au sec, ils s'équipent d'un « Wickelfisch » (un « poisson enroulé », en vente à l'office de tourisme) : un sac hermétique bleu, jaune ou orange vif en Nylon ripstop qui, rempli d'air, sert aussi de bouée.

Histoires et traditions

HISTOIRE

Les premiers temps

À l'époque celtique, une ville fortifiée se dresse déjà sur la colline : des vestiges (environ 100 ans av. J.-C.) ont été exhumés dans le quartier de St Johann.

La colonie romaine d'Augusta Raurica est fondée en 44 av. J.-C. Elle fait partie de l'Empire germanique dès 1032, mais passe sous la domination d'un prince-évêque, vassal de l'empereur – ce que rappellent les armes de Bâle, où figure une crosse épiscopale.

Du concile à la Réforme

De 1431 à 1448, le concile de Bâle s'attache à réformer le clergé et à ramener les hérétiques dans l'Église. De graves discordes entre le pape et les évêques troublent cette assemblée, si bien qu'Eugène IV tente de réunir un autre concile à Ferrare. Le concile offre alors la tiare à Amédée VIII, duc de Savoie, qui accepte et prend le nom de Félix V ; c'est l'époque du Grand Schisme qui prendra fin avec la renonciation d'Amédée à la papauté, en 1449.

Bâle n'entre que tardivement dans la Confédération, en 1501. Accueillante à la Réforme, elle adopte très vite (en 1529) la nouvelle confession.

NAISSANCE DE L'INDUSTRIE

Sa situation géographique et son ouverture intellectuelle valent à Bâle d'accueillir, après la révocation de l'édit de Nantes, des huguenots français qui introduisent le tissage de la soie. Ainsi démarre la production de rubans dont Bâle se fait une spécialité, fournissant toute l'Europe pour les chapeaux et crinolines…

L'industrie de la teinture prend son essor, marquant les débuts de l'industrie chimique avec la création, en 1785, de l'entreprise Geigy. L'âge d'or du 18e s. fait surgir de nombreux palais aristocratiques, empreints de rigueur huguenote. Mais les bourgeois de Bâle ont, vis-à-vis de la campagne environnante, une attitude dominatrice. Après un conflit sanglant, deux demi-cantons sont créés en 1883 : Bâle-Ville (crosse noire) et Bâle-Campagne (crosse rouge).

TRADITIONS

Truculent carnaval

Enraciné en terre alémanique, le carnaval de Bâle tire son origine du Moyen Âge catholique. Ce fut le seul à subsister en pays protestant après la Réforme. Parenthèse ouverte dans la vie quotidienne, il marque le début du carême.

Trois jours durant, cortèges et mascarades déambulent dans les vieilles ruelles, régis par des rites précisément codés. Le *Morgenstraich* (mot à mot : le « coup du matin » rappelant le réveil des armées) marque l'ouverture des festivités, le premier lundi de carême à 4h du matin. La ville est plongée dans le noir…

Les participants, masqués et costumés, se rangent en « cliques » de 20 à 200 personnes derrière un lampion coloré pouvant atteindre 3 m de haut, la *Laterne*. Ils s'ébranlent au son des fifres et des tambours. D'impertinentes banderoles *(Schnitzelbangg)* égratignent la vie politique bâloise. La manifestation s'achève vers 6h dans les restaurants, par la traditionnelle soupe à la farine *(Määlsuppe)* et la tarte à l'oignon *(Zibelewäie)*. Les masques, défilant en ordre ou déambulant individuellement, selon les moments, animent la ville jusqu'au mercredi.

A 35, MULHOUSE
A
MULHOUSE
B
4
PORT
0
200 m
Kannenfeldpl.
Mittlere
Metzerstr.
Johanns-
Ring
Spitalstrasse
St-
Johanns
Vorstadt
Johanniterbrücke
Feldbergstr.
Klybeckstr.
ST-ANTOINE
St-
Kannenfeldstrasse
FRAUENSPITAL
Klingelbergstr.
Schanzenstr.
St-Johanns-Rheinweg
Spitalstrasse
Burgfelderplatz
Str.
KANTONSSPITAL
Blumenrain
M
1
CAFÉ SPITZ
MUSÉE DES MOULAGES
M
Marktgasse
Mittlere Rheinbrücke
ST-PIERRE
2
Missionsstr.
JARDIN BOTANIQUE
Peterspl.
Fischmarktplatz
Rhein
Nonnenweg
Spalengraben
U
M
Hôtel de ville
R
Sprung
Birmannsgasse
PORTE DE SPALEN
Andreaspl.
Marktplatz
Ahornstr.
Spalenring
Socinstr.
Schützen-
Spalenvorstadt
Spalenberg
6
M
Gemsberg
Unterer Heuberg
Mée DES CIVILISATIONS
str.
Heuberg
Freie Str.
Socinstr.
Eulerstr.
graben
MUSÉE JUIF DE LA SUISSE
Falknerstr.
Allschwilerstr.
Schützenmatt-
Kolhenberg
2
Austr.
Holbeinstr.
Steinengraben
13
Barfüsserpl.
M
M
Weiherweg
M
Fontaine Tinguely
5
Austr.
Kohlenberggasse
Theaterstr.
SCHÜTZENMATT-PARK
Bundesstr.
Steinenring
Leimenstr.
T
Auberg
Steinenvorstadt
Brennerstr.
Holbeinstr.
T
Klosterberg
M
Arnold Böcklin-Str.
Bundespl.
Birsigstr.
Elisabethenstr.
BELFORT
Marschalkenstrasse
Rütimeyer-
Birsigstr.
str.
Centralbahnstr.
Viaduktstr.
Centralbahnpl.
3
Str.
Bachlettenstr.
VIVARIUM
N
Erdbeergraben
Binningerstr.
Bernerring
Oberwiler-
JARDIN ZOOLOGIQUE
Margarethenstr.
Centralbahnstr.
Güterstr.
Dornacherstr.
OBERWIL
A
BELFORT
B

BÂLE

BÂLE

SE LOGER

- Auberge de Jeunesse......(1)
- Bed & Breakfast La Vie en Rose..................(4)
- Bildungszentrum 21........(2)
- Stadthof.................................(13)

SE RESTAURER

- Consum.................................(2)
- Kunsthalle............................(5)
- Schlüsselzunft....................(6)
- Zum Alten Warteck.........(18)

l'agitation inutile de l'homme et l'univers de l'artiste. Jean Tinguely (1925-1991) étudia la peinture à l'École des beaux-arts de Bâle, avant de s'établir à Paris comme sculpteur. Un beau **musée Tinguely★** *(www.tinguely.ch)* sur l'autre rive est dédié à l'œuvre de l'artiste et de son épouse, Niki de Saint Phalle.

LE DIALECTE BÂLOIS

Comparé à d'autres dialectes alémaniques, celui de Bâle paraît plus doux, car les voyelles sont étouffées. Point de rencontre de trois frontières, Bâle emprunte des mots au français, comme *Baareblyy* (parapluie) ou *Boorpmenee* (porte-monnaie). Ici, on dit *Exgyysi* pour « Excusez-moi » et *Aadie* pour bonjour… et non adieu.

À voir aussi

★★★ Musée des Beaux-Arts (Kunstmuseum) C2

St Alban-Graben 16 - ✆ 061 206 62 62 - ♿ - www.kunstmuseumbasel.ch - tlj sf lun. 10h-18h - fermé 1er janv., Vend. saint, 24 et 25 déc. - 15 CHF (-13 ans gratuit), gratuit 1er dim. du mois. Réouverture mi-avril 2016 après travaux.

Les Bourgeois de Calais de Rodin dans la cour d'entrée ne sont qu'un début. Ce musée, qui rassemble d'innombrables chefs-d'œuvre, met l'accent sur les peintures et dessins des artistes du Rhin supérieur et des Pays-Bas du 15e au 17e s. On y trouve notamment la plus grande collection au monde des œuvres de la famille **Holbein**. Mais les **collections du 19e et du 20e s.** sont aussi éblouissantes. On s'attardera devant les romantiques (Delacroix, Géricault), les réalistes (Courbet, Manet) et les impressionnistes et postimpressionnistes (Monet, Pissarro, Sisley, Degas, Renoir, Cézanne), mais aussi Van Gogh et Gauguin. Et on y admire les cubistes (Braque, Picasso, Fernand Léger), les expressionnistes allemands (Marc, Nolde, Kokoschka, Corinth), les surréalistes (Chirico, Dalí, Miró, Max Ernst). Quelques salles évoquent l'art abstrait avec Arp, Mondrian, Kandinsky et Schwitters. Matisse, le Douanier Rousseau, Chagall et Paul Klee sont également présents. L'art américain depuis 1945 occupe une place de choix avec l'Action Painting (Kline, Still), le Color Field (Newman, Rothko), le Minimal Art (Stella). Mentionnons enfin le Body Art (Francis, Cy Twombly, Nauman) et le Pop Art (Jasper Johns, Warhol, Lichtenstein).

★ Musée du Papier (Basler Papiermühle) D2

St Alban-Tal 37 - ✆ 061 225 90 90 - ♿ - www.papiermuseum.ch - mar.-vend. 11h-17h, sam. 13h-17h, dim. 11h-17h - fermé 1er Mai et 1er août - possibilité de visite guidée - 15 CHF (-16 ans 9 CHF).

Ce musée ludique et très complet a été créé en 1980 dans l'ancien moulin à blé du couvent de Klingental, devenu moulin à papier à partir de 1453. Il présente de façon vivante sur quatre niveaux l'histoire du papier et des activités qui s'y rapportent. Comme autrefois, la majestueuse roue à aubes continue d'entraîner le pilon. Chaque étage comprend des ateliers où les enfants pourront fabriquer leur papier ou calligraphier leur nom.

TOURS JUMELLES

Inaugurée en septembre 2015, l'étonnante **tour★** blanche triangulaire des laboratoires Roche, conçue par les architectes bâlois Herzog & de Meuron, a redessiné l'horizon. Censée évoquer une voile de bateau, elle culmine à 178 m, ce qui en fait le plus haut édifice de Suisse. Mais elle sera dépassée d'ici à 2021 par une tour adjacente presque jumelle de 205 m de haut.

Le Vitra Design Museum, par l'architecte Frank Gehry.
repistu/iStock

Le port (Hafen) Hors plan par B1
Accès par Klybeckstr., sur la rive est du Rhin.
Les touristes ont coutume de se rendre au bout de la Westquaistrasse, au Petit-Huningue (Kleinhüningen), où un obélisque flanqué de trois drapeaux marque la jonction des frontières française, allemande et suisse.

À proximité

Riehen

Au nord-est. Accès en 30mn par le tram n° 6 au départ de la Marktplatz.

★★★ **Fondation Beyeler** – *Baselstr. 101 - tram n° 6, arrêt « Fondation-Beyeler » - 061 645 97 00 - - www.fondationbeyeler.ch - 10h-18h (merc. 20h) - 25 CHF.*
Pendant cinquante ans, Hildy et Ernst Beyeler, un couple de galeristes et collectionneurs bâlois, ont réuni des œuvres d'art du 20e s. Pour mettre en valeur leurs toiles et sculptures, ils ont sollicité l'architecte génois **Renzo Piano**. Le bâtiment (2 700 m^2), qui fait la part belle aux baies vitrées et à la lumière naturelle, est d'une sobriété exemplaire : créé en 1997, il donne sur le parc à l'anglaise du Berower, agrémenté d'une sculpture de Calder (*The Tree*, 1966) et d'un parterre d'eau – allusion au *Bassin aux nymphéas* de Monet, gigantesque triptyque de 9 m exposé à l'intérieur. La fondation mérite d'être visitée autant pour ses expositions temporaires que pour son éblouissante collection permanente (Giacometti, Cézanne, Van Gogh, Braque, le Douanier Rousseau, Matisse, Picasso, Kandinsky, Miró, Mondrian, Klee, Rothko…) dont la disposition change régulièrement.

Weil am Rhein

En Allemagne. Accès en 30mn par le bus n° 55 au départ de Claraplatz. *À vol d'oiseau, la fondation Beyeler n'est qu'à 6 km du Vitra. On peut aller de l'un à l'autre en 15mn en bus (prendre les Regionalbus 16 et 55 en changeant à Weil Läublinpark). Un joli sentier piétonnier relie également les deux musées depuis octobre 2015.*

★★ **Vitra Design Museum** *(voir p. 446)*.

NOS ADRESSES À BÂLE

INFORMATIONS PRATIQUES

Pour **téléphoner** de France en Suisse, composez le **00 41 + l'indicatif local (sans le 0) + le n° de votre correspondant.** Quand vous êtes en Suisse, composez seulement l'indicatif local (avec le 0 cette fois) + le n° de votre correspondant.

ARRIVER/PARTIR

Train

Gare ferroviaire française (SNCF) – *Elsässer Bahnhof SNCF - Centralbahnstr. 20 - 061 157 10 56 - www.voyages-sncf.fr.* Destinations : St-Louis, Mulhouse, Strasbourg, Paris, Metz, Nancy, Luxembourg, Bruxelles.

TRANSPORTS

Transports publics

La ville et ses environs sont parfaitement desservis par les tramways et bus. Les tickets s'achètent aux automates. Forfaits, valable un ou plusieurs jours, en vente à l'office de tourisme. Toute personne qui séjourne au moins une nuit à l'hôtel reçoit un **Mobility ticket** : usage gratuit du réseau public pendant son séjour.

Bacs

Quatre lignes de *Fähri* traversent le Rhin. *Trajet 5mn - été : tlj 9h-19h ; hiver : seult par beau temps 11h-17h.*

Vélo

Location à la gare.

HÉBERGEMENT

Le prix des chambres est très élevé, mais des réductions sont souvent consenties le week-end.

B+ B Agency Basel – *Sonnenweg 3 - Arlesheim - 061 702 21 51 - www.bbbasel.ch - 119/183 CHF* . Ce centre de réservation propose des chambres, studios, appartements et B & B de qualité à travers toute la ville.

PREMIER PRIX

Auberge de jeunesse D2 - *St Alban-Kirchrain 10 - 061 272 05 72 - www.youthhostel.ch/basel - fermé 24 déc.-2 janv. - 66 ch. (234 lits) 124/136 CHF (dortoir : 43 CHF par pers.)* . Un parfum de campagne flotte dans cette auberge du quartier St Alban. On dort, bercé par le clapotis de l'eau du canal, dans des chambres et des petits dortoirs fort bien tenus.

BUDGET MOYEN

La Vie en Rose hors plan par B1 - *Oetlingerstrasse 25 - 061 693 24 54 - www.bnb-lavieenrose.ch - 5 ch. - 130/140 CHF.* Un adorable B & B, dans le Petit Bâle, avec cinq chambres colorées réparties en deux appartements. Également guide, Monique, la propriétaire, vous donnera de précieux conseils.

Hôtel Stadthof B2 - *Gerbergasse 84 - 061 261 87 11 - www.stadthof.ch - 9 ch. - 130 CHF.* Sur la Barfüsserplatz, l'un des hôtels les moins chers de Bâle. Les chambres, carrelées et blanches, sont monacales mais bien entretenues. Sanitaires communs sur le palier.

POUR SE FAIRE PLAISIR

Bildungszentrum 21 A1 - *Missionsstrasse 21 - 061 260 21 21 - www.bildungszentrum-21.ch -* P *- 74 ch. 185/195 CHF.* Derrière la porte de Spalentor, une ancienne maison des missions transformée en hôtel romantique dans un parc, calme, proche de la gare et du centre. Et un parking !

RESTAURATION

PREMIER PRIX

Consum C1 - *Rheingasse 19 - 061 690 91 35 - consumbasel.ch - lun.-sam. dès 11h, dim. à partir* *de 17h - 18 CHF.* Dans ce bistrot, on mange au comptoir, juchés sur des tabourets ou accoudés à d'antiques tables en bois. Soupes, salades, assiettes de fromages et de charcuterie s'accompagnent merveilleusement des vins proposés au verre *(7/15 CH).*

Schlüsselzunft B2 - *Freie Strasse 25 - ✆ 061 261 20 46 - www.schluesselzunft.ch - fermé dim. en été - 22/48 CHF.* Cuisine du marché et spécialités de poisson frais servies dans la plus ancienne maison de corporation de Bâle ou sur son agréable terrasse.

Zum Alten Warteck D1 - *Clarastr. 59 - ✆ 061 681 40 10 - www.alteswarteck.ch - fermé 2 sem. en juil. - 19/65 CHF.* Charmant restaurant réputé pour sa cuisine fraîche. Le marché n'est pas loin et les herbes du jardin contribuent à la finesse des plats. Belle terrasse.

BUDGET MOYEN

Restaurant Kunsthalle B2 - *Steinenberg 7 - ✆ 061 272 42 33 - www.restaurant-kunsthalle.ch - fermé dim. en hiver - 50/100 CHF (rest.), 35/50 CHF (bistrot).* Située près de la fontaine Tinguely, cette table abrite un restaurant chic (spécialités de gibier) avec nappes blanches et déco design, et une salle de bistrot avec vieilles boiseries et fresques de 1878.

PETITE PAUSE

Confiserie Bachmann B2 - *Gerbergasse 51 - ✆ 061 261 35 83 - www.confiserie-bachmann.ch - lun.-merc. 7h-18h30, jeu.-vend. 7h-20h, sam. 7h-18h.* Cette boulangerie réputée sert le midi des sandwiche sur canapés, en plus des bretzels sucrés, chocolats et pâtisseries habituelles.

Brötli Bar B2 - *Gerbergasse 84 - ✆ 061 261 87 11 - www.broetlibar.ch.* Un petit creux à midi ? Rendez-vous au rez-de-chaussée de l'hôtel Stadthof, sur la Barfüsserplatz. Cochez sur une fiche les garnitures de votre choix, puis patientez jusqu'à ce que les brötlis garnis (canapés en triangle) arrivent. Simple, rapide et économique, depuis 1906 !

PRENDRE UN VERRE

Bar Rouge D1 - *Messeturm (31e étage), Messeplatz 10 - ✆ 061 361 30 31 - www.barrouge.ch - dim.-mar. 17h-1h, merc. 17h-2h, jeu. 17h-3h, vend.-sam. 17h-4h.* Vue hypnotisante sur Bâle depuis ce bar panoramique perché au dernier étage de l'une des plus hautes tours de Suisse, sur la Messeplatz. On s'y presse pour boire un verre avant la tombée de la nuit. Soirées musicales ensuite.

ACHATS

Les abords de la **Marktplatz** (B2) sont dévolus au shopping. De nombreuses boutiques se succèdent dans la **Freiestrasse** ou la **Gerbergasse** (B2) jusqu'à la **Barfüsserplatz**.

Marché de Noël B2 - *Sur Barfüsserplatz - ✆ 061 268 68 68 - www.baslerweihnacht.ch - de fin nov. à fin déc.* Le plus grand marché de Noël de Suisse.

Läckerli Huus B2 - *Gerbergasse 57 - ✆ 061 264 23 23 - www.laeckerli-huus.ch - lun.-sam. 9h-18h30 (jeu. 20h, sam. 18h).* Cette confiserie sert le *Läckerli*, petit biscuit parfumé aux épices.

AGENDA

Baselworld – En mars, foire européenne de l'horlogerie et de la bijouterie. www.baselworld.com

Art Basel – En juin, foire internationale (courtiers et galeristes du monde entier). C'est la plus grande manifestation d'art au monde. www.artbasel.com.

Fête nationale, le 1er août

Foire d'automne (Basler Herbstmesse) - www.basel.ch.

Parce que le monde est mobile, **Michelin** améliore notre mobilité.

PAR TOUS LES MOYENS

ET SUR TOUTES LES ROUTES.

Depuis l'avènement de l'entreprise - il y a plus d'un siècle ! – Michelin n'a eu qu'un objectif : aider l'homme à toujours mieux avancer. Un défi technologique, d'abord, avec des pneumatiques toujours plus performants, mais aussi un engagement constant vis-à-vis du voyageur, pour l'aider à se déplacer dans les meilleures conditions. Voilà pourquoi Michelin développe, en parallèle, toute une collection de produits et de services : cartes, atlas, guides de voyage, accessoires automobiles, mais aussi applications mobiles, itinéraires et assistance en ligne : Michelin met tout en œuvre pour que bouger soit un plaisir !

Michelin Apps

Parce que le confort et la sécurité sont des notions essentielles, pour vous comme pour nous, Michelin a créé un bouquet de 5 applications mobiles gratuites. Un équipement complet pour que la route soit un plaisir !

MICHELIN MyCar

Pour obtenir le meilleur de vos pneus, des services et des infos pour préparer sereinement vos trajets.

ViaMICHELIN

Pour le guidage connecté, l'information trafic en temps réel et les alertes communautaires.

MICHELIN Restaurants

Parce que la route doit être un plaisir, retrouvez un très large choix de restaurants, en France et en Allemagne, dont la sélection complète du guide MICHELIN.

MICHELIN Hôtels

Pour réserver votre chambre d'hôtel au meilleur tarif, partout dans le monde !

MICHELIN Voyage

85 pays et 30 000 sites touristiques sélectionnés par le Guide Vert Michelin et un outil pour réaliser votre propre carnet de route.

Un pneu
→ c'est quoi ?

Rond, noir, à la fois souple et solide, le pneumatique est à la roue ce que le pied est à la course. Mais de quoi est-il fait ? Avant tout de gomme, mais aussi de divers matériaux textiles et / ou métalliques... et d'air ! Ce sont les savants assemblages de tous ces composants qui assurent aux pneumatiques leurs qualités : adhérence à la route, amortissement des chocs, en deux mots : confort et sécurité du voyageur.

1 **BANDE DE ROULEMENT**
Une épaisse couche de gomme assure le contact avec le sol. Elle doit évacuer l'eau et durer très longtemps.

2 **ARMATURE DE SOMMET**
Cette double ou triple ceinture armée est à la fois souple verticalement et très rigide transversalement. Elle procure la puissance de guidage.

3 **FLANCS**
Ils recouvrent et protègent la carcasse textile dont le rôle est de relier la bande de roulement du pneu à la jante.

4 **TALONS D'ACCROCHAGE À LA JANTE**
Grâce aux tringles internes, ils serrent solidement le pneu à la jante pour les rendre solidaires.

5 **GOMME INTÉRIEURE D'ÉTANCHÉITÉ**
Elle procure au pneu l'étanchéité qui maintient le gonflage à la bonne pression.

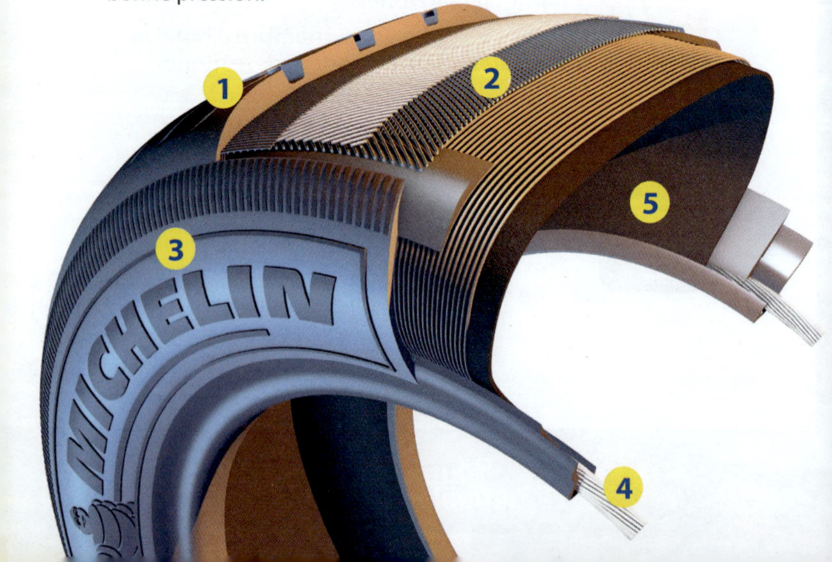

Michelin
→ l'innovation en mouvement

Créé et breveté par Michelin en 1946, le pneu radial ceinturé a révolutionné le monde du pneumatique. Mais Michelin ne s'est pas arrêté là : au fil des ans, d'autres solutions nouvelles et originales ont vu le jour, confirmant Michelin dans sa position de leader en matière de recherche et d'innovations, pour répondre sans cesse aux exigences des nouvelles technologies des véhicules.

→ la juste pression !

L'une des priorités de Michelin, c'est une mobilité plus sûre. En bref, innover pour avancer mieux. C'est tout l'enjeu des chercheurs, qui travaillent à mettre au point des pneumatiques capables de "freiner plus court" et d'offrir la meilleure adhérence possible à la route. Aussi, pour accompagner les automobilistes, Michelin organise, partout dans le monde, des campagnes de sensibilisation à la sécurité routière : les opérations "Faites le plein d'air" rappellent à tous que la juste pression des pneumatiques est un facteur essentiel de sécurité.

La stratégie Michelin :
→ des pneumatiques multiperformances

Qui dit Michelin dit sécurité, économie de carburant et capacité à parcourir des milliers de kilomètres. Un pneumatique MICHELIN, c'est tout cela à la fois.

Comment ? Grâce à des ingénieurs au service de l'innovation et de la technologie de pointe. Leur challenge : doter tout pneumatique – quel que soit le véhicule (automobile, camion, tracteur, engin de chantier, avion, moto, vélo et métro !) – de la meilleure combinaison possible de qualités, pour une performance globale optimale.

Ralentir l'usure, réduire la dépense énergétique (et donc l'émission de CO^2), améliorer la sécurité par une tenue de route et un freinage renforcés : autant de qualités dans un seul pneu, c'est cela Michelin Total Performance.

MICHELIN
Total Performance

Chaque jour, **Michelin** innove en faveur de la mobilité durable.

DANS LE TEMPS ET
LE RESPECT DE
LA PLANÈTE.

La mobilité durable

→ c'est une mobilité propre... et pour tous

La mobilité durable c'est permettre aux hommes de se déplacer d'une façon plus propre, plus sûre, plus économique et plus accessible à tous, quel que soit le lieu où ils vivent.

Tous les jours, les 113 000 collaborateurs que Michelin compte dans le monde innovent :

• en créant des pneus et des services qui répondent aux nouveaux besoins de la société,

• en sensibilisant les jeunes à la sécurité routière,

• en inventant de nouvelles solutions de transport qui consomment moins d'énergie et émettent moins de CO^2.

→ *Michelin Challenge Bibendum*

La mobilité durable, c'est permettre la pérennité du transport des biens et des personnes, afin d'assurer un développement économique, social et sociétal responsable. Face à la raréfaction des matières premières et au réchauffement climatique, Michelin s'engage pour le respect de l'environnement et de la santé publique. De manière régulière, Michelin organise ainsi le Michelin Challenge Bibendum, le seul événement mondial axé sur la mobilité routière durable.

MICHELIN CHALLENGE BIBENDUM

Notes

Notes

Notes

Notes

INDEX GÉNÉRAL

Strasbourg : villes, curiosités et régions touristiques.
Schweitzer, Albert : noms historiques ou termes faisant l'objet d'une explication.
Les **sites isolés** (châteaux, abbayes, grottes...) sont répertoriés à leur propre nom.
Nous indiquons par son numéro, entre parenthèses, le département auquel appartient chaque ville ou site. Pour rappel :

54 : Meurthe-et-Moselle
55 : Meuse
57 : Moselle
67 : Bas-Rhin
68 : Haut-Rhin
88 : Vosges
BW : Bade-Wurtemberg

A

B

C

D

E

F

K

L

M

N

S

T

U-V

W-Z

CARTES ET PLANS

CARTE GÉNÉRALE

Premier rabat de couverture

CARTE DES MICRORÉGIONS

PLANS DE VILLE

Forêt-Noire et Bâle

CIRCUITS

CARTES THÉMATIQUES

SITES

ILLUSTRATIONS

LÉGENDE DES CARTES ET PLANS

Curiosités et repères

- Itinéraire décrit, départ de la visite
- Église
- Mosquée
- Synagogue
- Monastère - Phare
- Fontaine
- Point de vue
- Château - Ruine ou site archéologique
- Barrage - Grotte
- Monument mégalithique
- Tour génoise - Moulin
- Temple - Vestiges gréco-romains
- Temple : bouddhique - hindou
- Autre lieu d'intérêt, sommet
- Distillerie
- Palais, villa, habitation
- Cimetière : chrétien - musulman - israélite
- Oliveraie - Orangeraie
- Mangrove
- Auberge de jeunesse
- Gravure rupestre
- Pierre runique
- Église en bois
- Église en bois debout
- Parc ou réserve national
- Bastide

Sports et loisirs

- Piscine : de plein air - couverte
- Plage - Stade
- Port de plaisance - Voile
- Plongée - Surf
- Refuge - Promenade à pied
- Randonnée équestre
- Golf - Base de loisirs
- Parc d'attractions
- Parc animalier, zoo
- Parc floral, arboretum
- Parc ornithologique, réserve d'oiseaux
- Planche à voile, kitesurf
- Pêche en mer ou sportive
- Canyoning, rafting
- Aire de camping - Auberge
- Arènes
- Base de loisirs, base nautique ou canoë-kayak
- Canoë-kayak
- Promenade en bateau

Informations pratiques

- i — Information touristique
- P — Parking - Parking - relais
- Gare : ferroviaire - routière
- Voie ferrée
- 1 — Ligne de tramway
- Départ de fiacre
- M, RER — Métro - RER
- Station de métro (Calgary, ...) (Montréal)
- Téléphérique, télécabine
- Funiculaire, voie à crémaillère
- Chemin de fer touristique
- Transport de voitures et passagers
- Transport de passagers
- File d'attente
- Observatoire
- D — Station-service - Magasin
- Poste - Téléphone
- @ — Internet
- H — Hôtel de ville
- B — Banque, bureau de change
- J, POL — Palais de justice - Police
- GNR — Gendarmerie
- T, M — Théâtre - Musée
- U — Université
- Musée de plein air
- Hôpital
- Marché couvert
- Aéroport
- P — Parador, Pousada (Établissement hôtelier géré par l'État)
- A — Chambre d'agriculture
- D — Conseil provincial
- G — Gouvernement du district, Délégation du Gouvernement Police cantonale
- L — Gouvernement provincial (Landhaus)
- P — Chef-lieu de province
- Station thermale
- Source thermale

Axes routiers, voirie

- Autoroute ou assimilée
- 1 — Échangeur : complet - partiel
- Route
- Rue piétonne
- Escalier - Sentier, piste

Topographie, limites

- Volcan actif - Récif corallien
- Marais - Désert
- Frontière - Parc naturel

Comprendre les symboles utilisés dans le guide

LES ÉTOILES

★★★ Vaut le voyage **★★ Mérite un détour** **★ Intéressant**

HÔTELS ET RESTAURANTS

9 ch.	Nombre de chambres		Piscine
7,5 €	Prix du petit-déjeuner en sus	CC	Paiement par cartes de crédit
50 €	Prix de la chambre double, petit-déjeuner compris		Carte de crédit non acceptée
bc	Menu boisson comprise	P	Parking réservé à la clientèle
	Air conditionné dans les chambres	Tram	Station de tramway la plus proche
	Restaurant dans l'hôtel	M	Station de métro la plus proche
	Établissement servant de l'alcool (à l'étranger)		

SYMBOLES DANS LE TEXTE

	À faire en famille		Organisme de tourisme
	Pour approfondir		Astuce, conseil
	Promenade à pied		Adresse coup de cœur
	Randonnée à vélo	A2 B	Repère sur le plan
	Facilité d'accès pour les handicapés		

Note au lecteur

Michelin a apporté le plus grand soin à la rédaction de ce guide et à sa vérification. Toutefois, les informations pratiques (formalités administratives, prix, adresses, numéros de téléphone, adresses Internet, etc.) doivent être considérées comme des indications du fait de l'évolution constante de ces données.

Il n'est pas totalement exclu que certaines d'entre elles ne soient plus, à la date de parution du guide, tout à fait exactes ou exhaustives. N'hésitez pas à nous signaler toute omission ou inexactitude que vous pourriez constater, ainsi qu'à nous faire part de vos avis et suggestions sur les adresses contenues dans ce guide.

Avant d'entamer toute démarche, formalités administratives ou douanières notamment, vous êtes invité à vous renseigner auprès des organismes officiels. Ces informations ne sauraient, de ce fait, engager notre responsabilité.

Collection Le Guide Vert sous la responsabilité de Philippe Orain

Édition
Irène Lainey, Aurore de Neuville, Hélène et Antoine Storelli

Rédaction
Céline Chaudeau, Mélanie Cornière, Marie Delbès, Laurent Gontier, Guylaine Idoux, Anath Klipper, Annabelle Lebarbé, Sophie Pothier, Jérôme Saglio, François Sichet, Julie Wood

Cartographie
Thierry Lemasson, Denis Rasse

Relecture
Stéphanie Hourcade

Remerciements
Didier Broussard, Maud Lomnitz (iconographie), Bénédicte Lathès
Willian Bielmann (Basel Tourismus)

Conception graphique
Christelle Le Déan (maquette intérieure)
Laurent Muller (couverture)

Régie publicitaire et partenariats
business-solutions@tp.michelin.com
Le contenu des pages de publicité insérées dans ce guide n'engage que la responsabilité des annonceurs.

Contacts
Michelin
Guides Touristiques
27 cours de l'Île Seguin, 92100 Boulogne-Billancourt
Service consommateurs : tourisme@tp.michelin.com
Boutique en ligne : www.michelin-boutique.com

Parution 2016

Michelin Travel Partner
Société par actions simplifiées au capital de 11 288 880 EUR
27 Cours de l'Ile Seguin - 92100 Boulogne Billancourt (France)
RCS Nanterre 433 677 721

Dépôt légal : 02-2016 – ISSN 0293-9436
Compograveur : Nord Compo, Villeneuve-d'Ascq
Imprimeur : CHIRAT, St-Just-la-Pendue - N° 201704.0304
Imprimé en France : 05-2017
Sur du papier issu de forêts gérées durablement